SCHICHTEN DER ZEIT

Herausgegeben von **APOLLINA SMARAGD**

Mit Beiträgen von
**GÜNTHER BUCHINGER · GEORG DRIENDL
SABINE HAAG · STEFANIE LINSBOTH
GABRIELE LENIKUS · MARTIN LENIKUS
M&S ARCHITEKTEN · MARTIN MOSSER
BERNHARD PLOYER · OLIVER RACHBAUER
PETER RAUSCHER · MARTIN SCHEUTZ
DORIS SCHÖN · APOLLINA SMARAGD
HERWIG WEIGL**

SCHICHTEN DER ZEIT

The Leo Grand
Wien

Das fertig gestellte »The Leo Grand« Hotel mit neuer Begegnungszone: Wo bis vor kurzem noch Autos parkten, wurzeln heute rund um das »The Leo Grand« Bäume, Gräser und Blumen, Passanten flanieren und genießen das neue Ambiente.

INHALT

12 Ein Fest für alle und die Sinne
SABINE HAAG

16 Herzblut
MARTIN LENIKUS

22 Ausgangspunkt – Das Gebäude am Bauernmarkt 1 im Herzen Wiens
KARLA POPPER im Gespräch mit **APOLLINA SMARAGD**

33

61

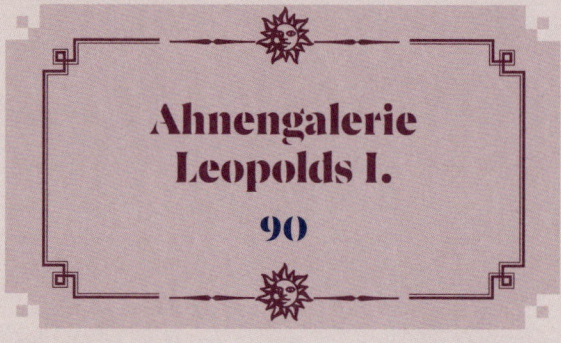

71

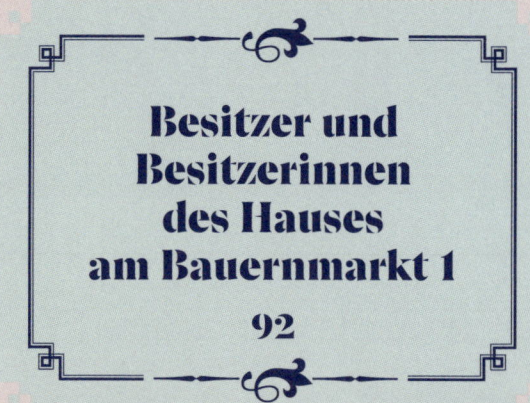

DIE ANFÄNGE DER STADT WIEN

95

- **96** Ein Rundgang durch das römische Wien
- **100** Am Hof und die Babenberger
- **104** Ein großes Bild sagt mehr als tausend Worte
- **108** Das Privilegium minus legt den Grundstein für das Herzogtum Österreich und verleiht ungewöhnliche Rechte
- **115** Die Affäre Richard Löwenherz
- **116** Kultur am Hof der Babenberger
- **120** Das mittelalterliche Haus am Bauernmarkt 1
- **124** Die Rekonstruktion des mittelalterlichen Palastes am Bauernmarkt 1
- **134** Wer waren im Mittelalter die Besitzer des Hauses Bauernmarkt 1, und was machte ihre Lebenswelt aus?
- **136** Licht und Farbe im Mittelalter

GESCHICHTE: »ZU DIENSTEN!«

141

- **142** Wie sah die unmittelbare Lebenswelt Leopolds I. aus?
- **146** Die habsburgischen Länder als Heimat der Musen
- **150** Geschichte: Zu Diensten?
- **155** Konrad Celtis
- **160** Aus der Vergangenheit in das Jetzt, aus dem Jetzt in die Zukunft
- **164** Maximilians Kunstprogramm
- **166** Mythos Dürer
- **168** Vielseitige Anforderungen an den (Macht-)Menschen
- **172** Der Anspruch auf Weltherrschaft: Die Nachkommen Maximilians

LEOPOLD, DER GEKRÖNTE JÜNGLING

175

- **182** Das Zeremoniell bestimmt Leopolds Leben und sogar die ihn umgebende Architektur
- **184** Spanische Mode
- **192** Ideale und Stilmittel der spanischen Mode
- **196** Leopold Wilhelms kunstreiches Erbe

DER KAISER SPIELT MIT

199

DES STREITBAREN KAISERS HELFER

279

- 280 Der streitbare Kaiser
- 282 Prinz Eugen von Savoyen: Ein streitbarer Kaiser braucht einen tüchtigen Feldherrn
- 288 Ein philosophischer Gesprächspartner: Gottfried Wilhelm Leibniz

EIN KAISERFREUND lebt und arbeitet im Haus am Bauernmarkt 1

319

- 212 Musikdrama
- 216 Der Kaiser als Schauspieler
- 220 Alles eine Sache der Perspektive
- 232 Barockes Welttheater – Alle Menschen sind Schauspieler
- 234 Barocke Hochzeitspracht
- 240 Der Wettstreit der Elemente
- 242 Der Wettstreit der Höfe
- 246 Eucharius Gottlieb Rinks Leopold-Biografie
- 254 »Il pomo d'oro«: Die Huldigungsoper für Leopolds erste Frau Margarita Teresa
- 260 Die drei Frauen des Kaisers
- 264 Barock, was ist das?
- 268 Kaiserliches Vergnügen
- 272 Die Schlafkammerbibliothek

CARPE DIEM

295

- 298 »Ave Maria!«: Das Fassadenrelief zur Abwehr der Pest
- 306 Andachtsbild versus Herrscherdank und -darstellung
- 312 Ein Haus im Dreieck der Monumente

- 324 Juden im barocken Wien
- 326 In welchem Haus hat Samuel Oppenheimer mit seiner Familie gelebt?
- 332 Der Absolutismus und die jüdischen Hoffaktoren
- 338 Wer war Samuel Oppenheimer?
- 344 Woher kam Samuel Oppenheimer?
- 346 Das Temperament eines Herkules

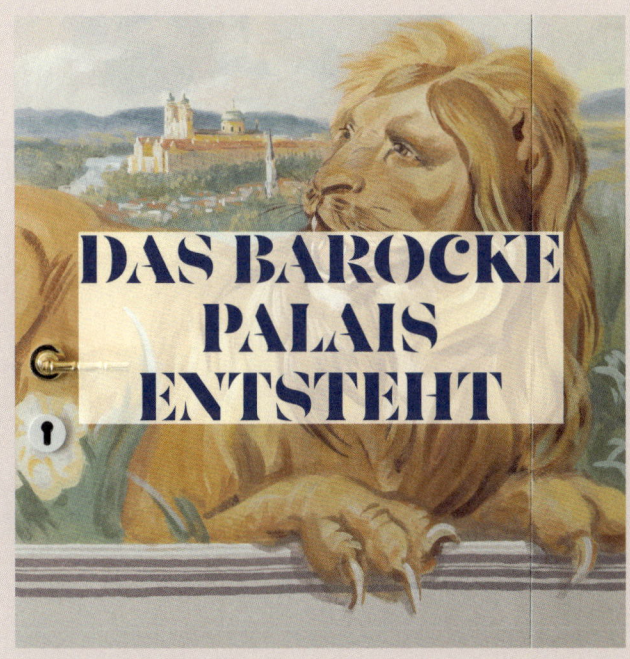

DAS BAROCKE PALAIS ENTSTEHT

355

- **360** Ein sich wandelndes Palais
- **370** Der Dachstuhl
- **380** Ein stadtbildprägendes Gebäude
  GEORG DRIENDL
- **382** Die Fassade
- **392** Die Wand als Palimpsest
- **400** Ein origineller Nepomuk
- **402** Die Statue des hl. Johannes von Nepomuk
  STEFANIE LINSBOTH

DAS IM BIEDERMEIER ERKLINGENDE PALAIS

411

- **412** Rauschende Feste und hitzige Konversationen in den Salons rund um den Bauernmarkt 1
- **432** Die Loslösung von Musik und Kunst aus höfischen Strukturen
- **434** Eine neue Wohnkultur: Gemütlich sollte es sein
- **436** Eine junge französische Malerin gibt in der Mode den Ton an

BEWOHNER IM STADTPALAIS ab Mitte des 19. Jahrhunderts

441

- **442** Franz de Paula Wirer Ritter von Rettenbach
- **448** Sigmund Edler von Wertheimstein
- **458** Eine bekannte Familie: Louise Beyfus, Sophie und Heinrich Jaques
- **464** Ausgangspunkt Wien: Das Elternhaus Karl Poppers

»THE LEO GRAND«

473

- **486** Ich glaube an Rosa
  GABRIELE LENIKUS

Baugeschichtliche Aspekte und historische Einordnung

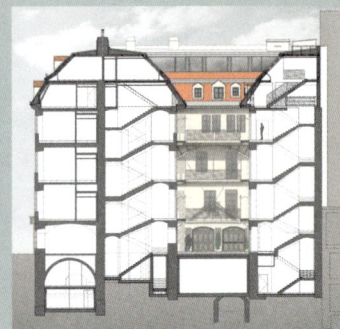

ARCHITEKTUR UND STATIK

Gutes braucht Zeit: Die Herausforderungen der Planung
M&S ARCHITEKTEN 494

Statische Betrachtung des Umbaus des Hauses Bauernmarkt 1
BERNHARD PLOYER 506

IN DER RÖMERZEIT

Die archäologische Grabung im Haus Bauernmarkt 1
OLIVER RACHBAUER 518

Das Legionslager Vindobona
MARTIN MOSSER 524

IM HOCH- UND SPÄTMITTELALTER

Die Methodik der Bauforschung: Die Vorgangsweise bei der bauhistorischen Untersuchung des Hauses Bauernmarkt 1
GÜNTHER BUCHINGER / DORIS SCHÖN 530

Ein mittelalterliches Patrizierhaus im Zentrum Wiens als Sitz einer Ratsbürgerfamilie
GÜNTHER BUCHINGER / DORIS SCHÖN 532

Die Wiener Ratsbürger vom 13. zum 16. Jahrhundert: Städtische Eliten im Wandel
MARTIN SCHEUTZ / HERWIG WEIGL 538

IN DER FRÜHEN NEUZEIT

Ein bürgerliches Wohn- und Geschäftshaus des 16. und 17. Jahrhunderts
GÜNTHER BUCHINGER / DORIS SCHÖN 548

Von der Grenzstadt zur Metropole: Wiener Handelsgeschichte in der Frühen Neuzeit
PETER RAUSCHER 556

IM BAROCK

Zerstörung und Wiederaufbau als barockes Stadtpalais
GÜNTHER BUCHINGER / DORIS SCHÖN 562

Hofjuden
PETER RAUSCHER 568

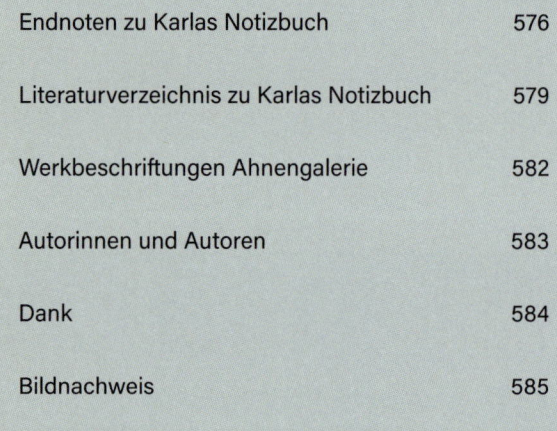

Endnoten zu Karlas Notizbuch 576

Literaturverzeichnis zu Karlas Notizbuch 579

Werkbeschriftungen Ahnengalerie 582

Autorinnen und Autoren 583

Dank 584

Bildnachweis 585

Impressum 586

→ Wanddetail im Gebäude Bauernmarkt 1 während der Bauarbeiten, 2021

EIN FEST FÜR ALLE UND DIE SINNE

SABINE HAAG
Generaldirektorin und wissenschaftliche Geschäftsführerin KHM-Museumsverband
Präsidentin Österreichische UNESCO-Kommission

Die barocke Festkultur ist ein aufregendes Gebiet der Kulturgeschichte: Sie war vergänglich in ihrem Wesen und ist deswegen nur indirekt überliefert. Beschreibungen und Gemälde, Kostüme und Bühnenbilder und – ja – auch Kochrezepte und Benimmregeln entstanden im nahen zeitlichen Umfeld höfischer Operninszenierungen und opulenter Feste.

Doch letztlich sind dies nur trockene Übersetzungen von Bewegung, Gesang und Musik, von Gerüchen und Geschmacksnoten in ein permanenteres Medium. Die pulsierenden, hörbaren Momente der Festkultur zu Zeiten Kaiser Leopolds I., des prominenten Namensgebers für das neueste Hotelprojekt der Unternehmensgruppe LENIKUS, müssen von jeder Generation, von jedem interessierten Menschen immer wieder aufs Neue imaginiert werden – wissenschaftlich neu aufbereitet, modern kontextualisiert und zeitgemäß formuliert.

Oder – und das ist natürlich weitaus sinnlicher – im Rahmen historisch inspirierter Bühnenaufführungen, mit Hilfe aufwendiger Filme oder digitaler Projekte, wie die zuletzt von meinem Haus und internationalen Partnern umgesetzte virtuelle Ausstellung »From real life into the world of art«, die sehr schön und anschaulich die Verschmelzung von bildender und darstellender Kunst in der europäischen Festkultur des 16. bis 18. Jahrhunderts schildert. Zum Stöbern und Studieren hier der Link zur Website: https://www.artes-exhibition.digital/de/ausstellung/.

Jedoch – what if …? Wie wäre es, tatsächlich in ein solches Fest einzutauchen? Unkonventionell, wild, gegensätzlich, irgendwie eben barock – und gleichzeitig modern, niederschwellig und leichtfüßig?

Das »The Leo Grand« am Bauernmarkt 1 hat den faszinierenden Anspruch, gerade diesen Traum möglich zu machen – in ganz unterschiedlichen Dimensionen und Settings, punktuell und elegant, überwältigend und vielfältig. Dazu wurde ein denkmalgeschütztes Gebäude im Herzen Wiens aufwändig und behutsam saniert und dessen bald 2000 Jahre währende Geschichte recherchiert.

Für ein gelungenes Fest braucht es neben einer funktionierenden »Bühne« auch ausgeruhte Gäste und motivierte Gastgeber und Gastgeberinnen. Hierfür wurden wunderbare Zimmer und Suiten geschaffen und Martin Lenikus und sein Team sorgen für ein wertschätzendes Ambiente – hervorragende Ingredienzien also für einen neuen Lebensort im Zentrum der Stadt.

Mehr über die Pestsäule ab S. 306.

Kaiser Leopold I. – wie hielt er es mit der Kunst? Er hat den Neubau von Schloss Schönbrunn initiiert, unter ihm wurde der Leopoldinische Trakt der Wiener Hofburg errichtet, 1683 stiftete er die Pestsäule am Wiener Graben, er gründete Opern- und Theaterbauten und sprach neben Deutsch auch Latein, Spanisch, Französisch und Italienisch.

Mehr über das Rossballett ab S. 240.

In unserem Zusammenhang am interessantesten aber sind seine Feste. Am 29. Januar 1667 wurde – anlässlich seiner Vermählung mit der spanischen Infantin Margarita Teresa – im Inneren Burghof in Wien mit mehr als 1300 kostümierten Mitwirkenden ein »Freuden-Fest zu Pferd« aufgeführt, das sogenannte Rossballett.

Mehr über diese Hochzeitsoper ab S. 254.

Für denselben Anlass ließ Leopold die Festoper »Il pomo d'oro« (»Der guldene Apfel«) schreiben und aufwendig inszenieren: Sie erzählt die berühmte mythologische Geschichte rund um das Paris-Urteil. Der begnadete Theateringenieur Lodovico Ottavio Burnacini (1636–1707) hatte für die spektakuläre Aufführung insgesamt 23 Bühnenbilder und zahlreiche Kostüme entworfen, sie dauerte vermutlich insgesamt zehn Stunden, auf zwei Tage verteilt.

Der für das habsburgische Mäzenatentum nicht minder relevante Onkel Leopolds, Erzherzog Leopold Wilhelm (1614–1662), residierte als Statthalter der spanischen Habsburger in Brüssel und legte dort eine ebenso qualitätsvolle wie umfangreiche Sammlung von Gemälden an, die mit 1400 Werken den Grundstock für die heute wohl populärste Sammlung des Kunsthistorischen Museums bildete.

Ich freue mich sehr darüber, dass in dieser Publikation der – wie ich finde – äußerst gelungene Versuch unternommen wurde, Werke der Gemäldegalerie des Kunsthistorischen Museums und aus Schloss Ambras in Tirol als beredte Zeitzeugen auftreten zu lassen. Die elegante Collage aus Gemälden und Grafiken wird von klugen Texten begleitet.

Es wäre wunderbar, wenn ihre Betrachtung und Lektüre die zukünftigen Gäste des »The Leo Grand« auf charmante Art und Weise auch zu einem Ausflug in die Welt der Kunst inspirierte.

Reisenden und Heimischen wünsche ich im »The Leo Grand« illustre Gespräche, mit Heiterkeit angereicherte Stunden, einen gesegneten Appetit – und glückliche Nächte!

Mehr dazu ab S. 196.

HERZBLUT

MARTIN LENIKUS

Durch einen Zufall, gepaart mit Engagement, nennen wir es Glück, hatte ich im Jahr 2001 die Chance, das Haus an der Adresse Bauernmarkt 1/Ecke Freisingergasse 4 zu kaufen. Die Lage war und ist prominent, die unmittelbare Nähe zum Herzen Wiens, dem Stephansdom, einfach bestechend. Das Gebäude selbst und seine Umgebung war allerdings in einem nicht sehr attraktiven Zustand. Aus heutiger Sicht war dieses Haus trotzdem ein Rohdiamant, allerdings ungeschliffen, ungefasst und obendrein auch noch unter einer dicken Kruste Altersstaub. Gerade solche Immobilien bergen mitunter die Chance, etwas Besonderes daraus zu erschaffen. So haben wir uns an die Arbeit gemacht mit dem Wissen, dass gute Dinge und Ideen, will man sie in die Tat umsetzen, ihre Zeit und einen langen Atem brauchen – und nicht zuletzt auch eine Menge Flexibilität.

Der Weg bis zum Beginn des Umbaus war steinig, allerdings durfte das Gebäude schon in den ersten zehn Jahren unseres Besitztums seinen noblen Charakter und seine Wandlungsfähigkeit unter Beweis stellen: Es diente in dieser Zeit vornehmlich der Unterbringung von jungen Künstlerinnen und Künstlern im Rahmen eines langjährigen Artist in Residence Programms. Die von uns eingeladenen österreichischen und internationalen Kunstschaffenden fanden dort Atelierräume, Wohnmöglichkeiten und vor allem auch Platz zum Feiern vor. Teil der Unterstützung in dieser sehr produktiven Zeit war eine Vielzahl an Ankäufen durch die Sammlung Lenikus. Freuen Sie sich mit mir darauf, dass viele der Werke in den nächsten Jahren im Wege von Wechselausstellungen im »The Leo Grand« zu sehen sein werden.

Nach und nach kristallisierte sich immer mehr der Wunsch, aber auch die Möglichkeit heraus, dieses Gebäude in ein Luxushotel umzuwandeln. Dies war zwar sowohl technisch als auch rein rechtlich und behördenseitig ein schwieriges Unterfangen, aber letztendlich konnten wir starten.

Die Restaurierung und der umfassende Um- und Ausbau eines denkmalgeschützten Barockjuwels in dieser sehr prominenten Lage Wiens mit vielen hundert Jahren Baugeschichte war von Anfang an Herzensprojekt und Herausforderung zugleich. Nahezu zehn Jahre Planungs- und Bauzeit waren für diese Aufgabe notwendig.

Kernidee des Hotelprojektes war, dieses besondere Stadtpalais für Wienerinnen und Wiener und gleichzeitig auch für internationale Gäste zu öffnen. Dieser Ort sollte Geschichte erlebbar machen, eine Quelle der Inspiration sein, eine lebendige und doch friedvolle Oase inmitten der Innenstadt bieten. Zentraler Ansatz für die Sanierungs- und Restaurierungsarbeiten war die größtmögliche Bewahrung der historischen Substanz des zur Gänze unter Denkmalschutz stehenden Barockgebäudes.

Die wissenschaftliche Aufbereitung dieser historischen Stätte wurde mit viel Akribie und bestem Know-how unter Aufsicht des Bundesdenkmalamtes und der Stadtarchäologie unternommen. Das ehemals nur in geringen Teilen unterkellerte Gebäude wurde vollständig unterminiert und somit gänzlich unterkellert. Dafür wurde ein Bodenaushub von mehr als sechs Metern unter dem bestehenden Gebäude bewerkstelligt, der hervorragende Aufschlüsse über die Baugeschichte dieser Parzelle durch alle Jahrhunderte hindurch bis in die Römerzeit erlaubte. Das stellte unsere Bauleitung, die für die Statik verantwortlichen Ingenieure des Projekts und die ausführende Baufirma vor immense Herausforderungen, sollte doch das wertvolle Gebäude trotz aller notwendigen Eingriffe unversehrt bleiben.

Ein besonderes Herzensanliegen war die Erhaltung des barocken Dachstuhls für die Nachwelt. Unser Interieur-Konzept integriert nunmehr dieses historische Dokument Wiener Baukultur in ein zeitgenössisch barockes Flair. Insgesamt charakterisiert die Innenausstattung eine einmalige Verbindung von zeitgemäßem Komfort und historischer Substanz in allen Zimmern und Suiten.

Oftmals war es notwendig, Überformungen und Eingriffe des 19. und 20. Jahrhunderts in die historische Bausubstanz wieder so weit wie möglich in den Originalzustand zu versetzen. Dies betraf zum Beispiel beide Straßenfassaden, die Stiegenhäuser und die Pawlatschengänge im Innenhof. Auch einem im 20. Jahrhundert mehrmals durch Einbauten zerschnittenen barocken Deckenspiegel im 1. Obergeschoß wurde seine zartgliedrige Pracht zurückverliehen – dies und vieles mehr erfahren Sie noch auf den nächsten fast 600 Seiten.

Der Innenhof ist nunmehr das pulsierende Herz des Hauses: Hier treffen sich Wienerinnen, Wiener und internationale Gäste in einer anregenden Oase des Austauschs. Für den Schutz vor unterschiedlichen Witterungsbedingungen konnte eine weltweit einzigartige zeltähnliche Membrandachkonstruktion in enger Zusammenarbeit der internen und externen Planungsteams entwickelt werden. Dieses singuläre Membran-Dach lässt sich an heißen Sommertagen komplett öffnen, sodass man den kühlen Innenhof open air genießen kann, und bei Regenwetter erklingt ein wunderschönes Tropfenkonzert unter dem schützenden Zeltdach. Unmittelbar an den Innenhof schließen zwei vorbarocke Renaissancegewölbe an, die nunmehr – ausgestattet mit Wandmalereien ferner Kontinente – als Salons dienen.

Diese im Inneren des Hauses geschaffene »Begegnungszone« brachte mich auf die Idee, auch den Straßenraum rund um das Gebäude zu einer Zone für das Zusammenfinden der Menschen unter Einbindung von möglichst viel Grün zu gestalten.

Es reifte der Gedanke, das »Grätzel«, wie wir Wiener sagen, rund um den Petersplatz – konkret die Straßenzüge zwischen Brandstätte und Tuchlauben – durch Verkehrsberuhigung aufzuwerten. Ziel war eine möglichst weitgehende Reduktion des fahrenden und ruhenden Individualverkehrs. In über fünfjähriger beharrlicher Abstimmungsarbeit mit den politisch verantwortlichen Personen der Stadt Wien und des Bezirks Innere Stadt sowie den Abteilungen des Wiener Magistrats, also den Verwaltungsbehörden, ist dies in Form einer überwiegend privat finanzierten Begegnungs- bzw. Fußgängerzone gelungen. Wo bis vor kurzem noch Autos parkten, wurzeln heute rund um das »The Leo Grand« Bäume, Gräser und Blumen, Passanten flanieren und genießen das neue Ambiente.

Ziel war es, mit dem »The Leo Grand« ein Projekt zu realisieren, das mehrere wichtige Themen vereint:

1. Die einfühlsame Restaurierung eines denkmalgeschützten Barockjuwels im historischen Wiener Stadtzentrum, einer UNESCO-Weltkulturerbestätte,
2. die Verwirklichung eines internationalen »State of the Art«-Hotelkonzepts und
3. die Umgestaltung und Verkehrsberuhigung des öffentlichen Raums eines wichtigen Teils der Wiener Innenstadt.

Gleichzeitig war es mir ein Anliegen, mit viel Sorgfalt und Liebe einen Ort des Zusammenkommens und des Austausches zu gestalten, sodass die

Begegnung des Heute mit der Geschichte, die Begegnung von Menschen unterschiedlicher Kulturen und die Begegnung mit der Natur, die in die Stadt geholt wurde, Wirklichkeit werden kann.

Kurz und bildlich gesprochen: Aus dem hässlichen Entlein ist ein stolzer Schwan geworden und er schwimmt nicht mehr in einem morastigen Tümpel, sondern in einem klaren Bergsee.

DANKSAGUNG

Ohne die vielen an diesem Projekt beteiligten Menschen und deren unermüdlichen Einsatz wäre es nie möglich gewesen, dieses Projekt umzusetzen, weswegen ich hier sowohl meinen höchsten Respekt vor ihrer Expertise als auch meinen aufrichtigen Dank aussprechen möchte.

Ich bin sehr stolz, Initiator dieses Projektes und Teil des Teams zu sein, das über viele Jahre gegen vielfältigste Widerstände »against all odds« gearbeitet und dabei nie das große gemeinsame Ziel aus den Augen verloren hat. Es hat sich absolut ausgezahlt!

Für diese hervorragende Zusammenarbeit danke ich euch allen und auch all jenen, die gar nicht namentlich genannt werden wollen, aber hinter den Kulissen zum Gelingen beigetragen haben:

Walter Hanausek: 24/7 Bauleiter, Flohzirkusdirektor und Mister Problemlöser.

Gabriele Lenikus: Kreativ-Direktorin, Exterior- und Interior-Designerin, ständige Ideengeberin und In-Frage-Stellende, immer auf der Suche nach dem schönsten Optimum.

Katharina Sickha: Fels in der Brandung der Detailplanung und dabei immer gut drauf.

Claudia Hannak: lange stark engagiert im Designteam mit vielen kreativen Einfällen.

Akos Csorna: Leiter unserer Bauabteilung mit ganz viel Routine in der Abwicklung komplexer Bauaufgaben.

Hans-Jürgen Kurz: Ohne »Shorty's« Einsatz in der Hausverwaltung gäbe es das Projekt so nicht.

Niki Sladek: Danke, lieber Niki, dass du seit vielen Jahren meine rechte und meine linke Hand und mein Kopf bist.

Mein Dank gebührt natürlich auch dem gesamten externen Konsulententeam, allen voran *M&S Architekten ZT GmbH*, den Tragwerksplanern der *Dr. Pech Ziviltechniker GmbH* und der *Kunz – Die innovativen Brandschutzplaner GmbH* sowie allen anderen Beratern, Sachverständigen und allen Bauschaffenden.

Ausdrücklich erwähnen möchte ich die Abteilungsleitung der *Wiener Baupolizei Magistratsabteilung 37*, ohne deren Know-how, fachliche Kompetenz und Unterstützung dieses Projekt niemals diese Qualität hätte erreichen können.

Zuletzt danke ich auch all jenen Menschen und Institutionen, die uns bzw. diesem Projekt negativ gegenübergestanden sind oder es sogar behindert bzw. uns mit überaus bürokratischer Vorgangsweise oder überlanger Verfahrensdauer das Leben nicht unbedingt einfacher gemacht haben. All diese Widerstände haben uns nur noch kreativer und stärker gemacht und uns angespornt, noch besser zu werden.

Nicht zuletzt sei *Apollina Smaragd* gedankt, die mit der Konzeption und Ausführung dieser Publikation eine inspirierende Bereicherung zur Geschichte des »The Leo Grand« Hotels liefert.

→ »The Leo Grand« Hotel, 2022

AUSGANGS-PUNKT

Das Gebäude am Bauernmarkt 1 im Herzen Wiens

Die anfänglichen Überlegungen für die Konzeption eines Buches über das Gebäude mit der Adresse Bauernmarkt 1/Freisingergasse 4 im ersten Wiener Bezirk waren vielfältig. Ein Gespräch zwischen Apollina Smaragd und Karla Popper gibt Einblicke in diesen Prozess.

> Apollina Smaragd betritt die Rezeption durch den Haupteingang des „The Leo Grand", Karla Popper über den Bühneneingang. Als Requisit bringt sie ein imposantes Notizbuch zum Gespräch mit.

Karla Popper (KP): Wir sitzen hier in der Lobby des »The Leo Grand«. Es ist Sommer, das Hotel empfängt seit einigen Monaten Gäste; ein Stimmengewirr vieler internationaler Besucher umgibt uns. Das fast 600 Seiten umfassende Buch »Schichten der Zeit«, das die Geschichte dieses Gebäudes erzählt, liegt auf einem Tisch vor uns. Wie ich sehe, blättern gerade einige der anwesenden Gäste in diesem Buch. Apollina, wie kam es zu dieser Gestalt von »Schichten der Zeit«?

Apollina Smaragd (AS): Unterschiedliche Überlegungen, Ereignisse und Gespräche leiteten meine Suche nach der geeigneten Form.

KP: Der erste Bezirk Wiens ist Weltkulturerbe. Das Gebäude mit der Adresse Bauernmarkt 1 steht unter Denkmalschutz. 2000 Jahre Geschichte sind hier verborgen und geborgen!

AS: Wie kann ein Buch über 2000 Jahre Geschichte enthalten und weder zu oberflächlich noch zu detailliert sein? Wie kann über ein Gebäude geschrieben werden, ohne dass daraus bloß eine Auflistung der Besitzer und Besitzerinnen und Bauformen wird? Daran schließt sich die entscheidende Frage an: Wie kann und muss Geschichte immer wieder neu und interessant geschrieben werden?

KP: Geschichte schreiben, heißt eigentlich, Geschichten schreiben, und das letzte Wort in ihr ist noch nicht geschrieben (frei nach Helmut Schmidt).

AS: Ja, das ist ein entscheidender Satz. Dass das Gebäude hier unter Denkmalschutz steht, hatte konkrete Auswirkungen auf die Bauarbeiten. Bevor

Karla Popper und Apollina Smaragd
in der Lobby des »The Leo Grand«
Hotels, 2022

irgendwelche Genehmigungen erteilt wurden, musste die gesamte Struktur, musste jedes Detail eingehend untersucht werden. Spezialisten und Spezialistinnen ihres Faches wurden dafür beauftragt. Die Untersuchungen und Ergebnisse wurden daraufhin in Protokollen und Berichten festgehalten.

KP: Nach meinem Besuch auf der Baustelle – die war zu jenem Zeitpunkt wirklich beeindruckend – durfte ich die Berichte lesen. Das war sehr spannend, aber auch verwirrend. Nicht alle Details erschlossen sich mir sofort.

AS: Jeder Aufenthalt auf dem Areal der Baustelle brachte neue Erkenntnisse, öffnete neue Blickwinkel des Hauses, verwies auf weitere Geschichten, die das Gebäude in sich barg. Die Berichte über die Sanierungsarbeiten lesend, stellten sich mir viele Fragen. Ein Beispiel: Das Haus gehörte im Mittelalter einer bedeutenden Familie – sogar Bürgermeister der Stadt gingen aus ihr hervor. Ich fragte mich also: Wie sah Wien in dieser Zeit aus und wie waren die Ausmaße der Stadt? Wie verhielt es sich mit der Stadtstruktur? Wie lebten die Menschen – hatten sie ein Bad oder gingen sie in bestimmte Badeanstalten? Wie sah der Stephansdom zu dieser Zeit aus? Welche ästhetische Ideale herrschten in der Zeit? Gab es bereits eine Universität? Ich ging also in Bibliotheken, um Antworten auf diese und viele weitere Fragen zu suchen. Ich besuchte Museen und die Kunstwerke gaben mir stummes Zeugnis ihrer jeweiligen Zeitgenossen. Durch Bildbeschreibungen versuchte ich, mit ihnen in einen Dialog zu treten. Dieser Prozess folgte im Grunde einem Schneeball-Prinzip: Je mehr ich wusste, desto bewusster nahm ich Gleichzeitigkeiten und Verbindungen wahr, erkannte Korrelationen, die mir bis dahin verborgen geblieben waren.

KP: Mir ging es ebenso! Ich kann gleich ein weiteres Beispiel ergänzen: Mehrere Tage versuchte ich zu verstehen, welche Welt das war, in die Kaiser Leopold I. hineingeboren wurde. Ich stellte fest, dass bekannte Philosophen, Astronomen und Künstler in einem Zusammenhang standen, der mir vorher nicht bewusst gewesen ist. Dass zum Beispiel die Künstlerin Artemisia Gentileschi mit Galileo freundschaftlich verbunden war. Allmählich verstand ich den geistigen Raum, in dem sich der Kaiser und seine Zeitgenossen im weitesten Sinn bewegt haben mussten, in dem sich Europa zu dieser Zeit befand. Die Geschichte wurde plötzlich ungemein lebendig und vielfältig. So nahm ich mir vor, die wissenschaftlichen Texte mit Informationen aus unterschiedlichen Kultursphären zu bereichern. Kunstwerke und Kunstgeschichte sollten auch wichtige Ankerpunkte sein, da sie mir anschaulich ein Gefühl für die jeweilige Zeit vermitteln konnten.

Detail in der Lobby des »The Leo Grand« Hotels, 2022

AS: Wie aber sollte das alles in einem Buch dargestellt werden – das war die nächste wichtige Frage. Meine erste Idee war, einen Roman aus der Sicht des Hauses zu schreiben. Bei dieser Variante diktierte das Haus einem besonders »hellhörigen« Studenten seine Geschichte, der dann in Bibliotheken die Richtigkeit der Erzählungen zu eruieren versuchte. Bei dieser Vorgangsweise war ich allerdings bereits in der Römerzeit auf Seite fünfzig. So konnte das nicht weitergehen. Und ich suchte nach einem neuen Konzept.

KP: Und da haben wir uns kennengelernt.

AS: Ich sah dich eines Tages mit deinem Notizbuch im Toreingang des Gebäudes stehen. Plötzlich kam mir die zündende Idee: Das Buch sollte eine Art Notizbuch sein. Das ermöglichte, einen sehr persönlichen Zugang zur Geschichte zu vermitteln. Das Notizbuch sollte die Recherchen und Aufzeichnungen eines kulturell interessierten Menschen beinhalten. Es sollte dessen Gedanken über die Geschichte Wiens und das Geschlecht der Habsburger zeigen. Und das alles mit der Auflage, immer wieder den Zusammenhang zur Geschichte des Gebäudes am Bauernmarkt 1 herzustellen. Zum Beispiel: Während Samuel Oppenheimer Besitzer des Gebäudes war, regierte Kaiser Leopold I., und Samuel war als Hoffaktor einer derjenigen, der die Kriege und den Prunk des Barockkaisers finanzierte. Aus diesem Grund hast du über all diese Themen recherchiert: Was und wer waren sogenannte »Hofjuden«? Was sind die Merkmale des Barock? Wie zeigt sich der kulturelle Zeitgeist im Erscheinungsbild der Stadt? Wie wurden die Feste am Hof gefeiert? All diesen Fragen bist du nachgegangen. Aber nicht chronologisch oder streng wissenschaftlich, sondern intuitiv und dennoch nicht willkürlich.

KP: Die Leser werden sich bestimmt fragen: Wie verhält es sich nun mit der Verbindung zu den Habsburgern? Warum sind sie im Buch derart präsent? Und auch hier – im Hotel – gibt es Verweise zu dieser Herrscherfamilie.

AS: Nun, wie gesagt, einer der Besitzer des Gebäudes ist Samuel Oppenheimer gewesen. Er war Hoffaktor Kaiser Leopolds I. und seiner beiden Nachfolger. In dieser Funktion trug er in großem Maße Verantwortung für die finanzielle Ermöglichung der Opulenz des Hofes der Habsburger im Barock. Die Schulden des Kaiserhofes bei ihrem prominenten jüdischen Hoffaktor stürzten das Reich nach Oppenheimers Ableben in eine große Krise. Da sich das Kreditnetz Oppenheimers über ganz Europa erstreckte, wurde vom erklärten Staatsbankrott der Habsburger auch der gesamte Kontinent in Mitleidenschaft gezogen.

Detail in der Lobby des »The Leo Grand« Hotels, 2022

Detail in der Lobby des »The Leo Grand« Hotels, 2022

KP: Du schweifst ein bisschen ab.

AS: Verzeihung. Jedenfalls lebte also in diesem Gebäude ein Mensch, der die barocke Pracht des Hofes zu großen Teilen finanziert hatte. Die Errichtung des berühmten »Vienna Gloriosa« fiel in die Zeit nach der zweiten erfolgreich abgewehrten Türkenbelagerung von 1683. Oppenheimers Beitrag zum Erfolg des Entsatzes war beträchtlich. Gabriele Lenikus, die Kreativ-Direktorin der Unternehmensgruppe LENIKUS und ideengebende Interior-Designerin des Hotels »The Leo Grand« kam deshalb auf die Idee, das barocke Wien und besonders Leopold I. als inspirativen Ausgangspunkt für ihre Gestaltung zu nehmen. Während meiner Recherchen wurde zunehmend klar, dass man relativ wenig über diesen wichtigen Barockkaiser wusste. Ludwig XIV. war allseits bekannt, aber wenige wussten, dass eigentlich Leopold I. der hochrangigere Herrscher im Europa dieser Zeit gewesen ist. Kaiserin Maria Theresa war fast allen ein Begriff, ohne zu wissen, wer ihr Großvater war – nämlich Leopold I. Das bedeutete natürlich einen Ansporn für mich und auch für dich, hier mehr erfahren zu wollen.

KP: Und interessanterweise habe ich genau das getan, ohne dass du mir den Auftrag dazu erteilt hättest, sondern weil mich unterschiedliche Ereignisse bei meiner Ankunft in Wien in diese Richtung inspirierten. Das beschreibe ich gleich im ersten Kapitel meines Notizbuchs unter der Überschrift »Meine Ankunft in Wien«.

AS: Das war eine wunderbare Fügung! Gleichzeitig war es für mich sehr spannend, dass du nicht aus Europa stammst. Bei unseren ersten Gesprächen hast du Fragen gestellt, die ich bisher nicht oft gehört hatte. Zum Beispiel: Warum wurden Kaiser als antike Götter dargestellt? Und: Kommt euch das heute nicht lächerlich vor? Solche Fragen zeigten mir deinen unverstellten Blick auf die europäische Geschichte. Und so war ich sehr gespannt, was das mit sich bringen würde. Als wir dann dein Notizbuch zusammen durchgingen, war ich überrascht von der Fülle der Formen, Gedanken und Textarten. Gerade auch deine Bildrecherchen halfen mir, ein Gefühl für die Atmosphäre der jeweiligen Zeit zu entwickeln.

KP: Mein Notizbuch war ja anfänglich nicht zur Veröffentlichung gedacht, daher konnte ich frei assoziieren und schreiben. Ich probiere unterschiedliche Textsorten aus und manchmal traute ich mich sogar, meine Recherchen in fiktive Geschichten und Gedichte zu kleiden. Hätte ich von Anfang an ein Buch im Kopf gehabt, wäre ich bestimmt anders vorgegangen.

AS: Gerade dieser subjektive Zugang gefiel mir besonders. Ich glaube, deshalb dürfte das Buch für sehr viele Menschen, auch mit den unterschiedlichsten Interessen, spannend sein. Kannst Du noch kurz erläutern, was dich nach Wien geführt hat und warum dich das Gebäude am Bauernmarkt 1 so sehr interessierte?

KP: Wenn ich etwas ausholen darf, erzähle ich die ganze Geschichte: Geboren bin ich in Neuseeland. Die Spuren meiner Vorfahren verlieren sich irgendwann vor 200 Jahren. Der Familienlegende nach war der Urgroßvater meines Urgroßvaters, David White, ein englischer Händler, der im 19. Jahrhundert im Zuge der europäischen Besiedlung Neuseelands den weiten Weg wagte. In Christchurch, der ältesten Stadt der Inseln, lernte er seine spätere Frau Maia Jasmine, eine Maori, kennen.

AS: Spannend. Wenn ich deinen Namen höre, muss ich unweigerlich an den Philosophen Karl Popper denken – gibt es da einen Zusammenhang?

KP: Ja. Mein Großvater Samuel White – ihm war es als zweitgeborenem Sohn einer Kaufmannsfamilie vergönnt, sich »höheren« Dingen zu widmen – studierte bei dem Philosophen Karl Popper, als dieser an der Universität Christchurch Zuflucht vor dem in Europa wütenden Nationalsozialismus gefunden hatte. Er war begeistert von Poppers Idee, die Menschlichkeit und die Fehlbarkeit des Menschen in den Vordergrund zu rücken, eine Fehlbarkeit, die er allerdings nicht als »Fehler«, sondern als methodische Grundlage begriff, nie bei einer entdeckten »Wahrheit« stehenzubleiben, da sie sonst zu einem Dogma erstarren würde. Popper nannte diese Vorgehensweise das Prinzip der Falsifikation. Es war ein Wunsch meines Großvaters, eines Tages nach Europa auszuwandern und seinem Lehrer nach London zu folgen. Leider konnte er diesen Wunsch nie verwirklichen – das Leben kam dazwischen, wie man so sagt. Poppers Andenken war meinem Großvater aber ein Anliegen und so änderte er seinen Familiennamen. Und mein Vater nannte mich natürlich Karla. Es war also das Gefühl einer Geistesverwandtschaft, die meinen Namen mitbestimmt hat.

AS: Vor deiner Ankunft in Wien – hast du da bereits Kontakt mit europäischer Kultur und Geschichte gehabt?

KP: Gottfried Lindauer, ein Maler aus Böhmen, der für seine detailreichen Porträts der Maori bekannt ist, hatte an der Akademie der bildenden Künste in Wien studiert und wurde 1881 neuseeländischer Staatsbürger. Er war ein naher Freund meines Urgroßvaters – beide sprachen Deutsch und sie trafen einander zu literarischen Zusammenkünften, bei denen gemeinsam Texte von

Detail in der Lobby des »The Leo Grand« Hotels, 2022

Herder, Lessing, Goethe, Schiller, Grillparzer, Tieck, den Schlegels, Novalis und vielen anderen deutschsprachigen Autoren gelesen wurden. Meine Großeltern führten diese Tradition weiter – es kamen Autoren wie Zweig, Musil, Kraus und andere hinzu – und ich liebte es, an diesen Treffen teilzunehmen und die deutsche Sprache zu erlernen. Poppers »Ausgangspunkte« lasen wir viele Male. Meine Eltern brachten mir die Kunst der Wiener Jahrhundertwende, besonders die der Secessionisten, nahe: »Der Zeit ihre Kunst, der Kunst ihre Freiheit«! Die Kunst beanspruchte ihre Unabhängigkeit über alle Zeiten hinweg – ein heiliger, ewiger Frühling der ständig sich wandelnden Künste! Enthusiastisch begann ich vor vier Jahren mein Kunstgeschichts- und Philosophiestudium und schrieb meine Bachelorarbeit über den Wiener Kreis. Mit einem Stipendium, das ich für meine Abschlussarbeit erhielt, konnte ich nun in der Geburtsstadt Poppers ein Jahr lang leben und recherchieren. Das Thema meines Aufenthaltes in Wien war mir selbst überlassen worden.

AS: Wirklich außergewöhnlich, dass du diese Freiheit vom Wissenschaftsbetrieb zugestanden bekommen hast. Dein Notizbuch – und so auch dieses Buch – enthält sehr viele Abbildungen aus unterschiedlichen Museen. Das bedeutete zunächst ein Problem, der Abbildungsrechte wegen. Es war daher eine große Freude, als wir das Kunsthistorische Museum für eine Kooperation gewinnen konnten. Jetzt vermochten wir auf der Bildebene aus dem Vollen zu schöpfen. Ohne die Abbildungen wäre das Buch ein ganz anderes geworden.

KP: Für mich hätte das nicht funktioniert. Sind doch gerade die Kunstwerke oftmals Anstoß für weitere Recherchen gewesen, sie gaben der Suche eine intuitive Ebene. Es waren meine Bildbetrachtungen, durch die ich immer wieder Anregungen zu neuen Fragen erhielt. Die Besuche im Kunsthistorischen Museum und auch in deren Online-Datenbank hatten für mich einen unschätzbaren inspirativen Wert. In den Lesepausen stöberte ich oft auch in Online-Datenbanken anderer Institutionen. Besonders die des Wien Museums, des Belvedere und des Städel Museums waren immer sehr ergiebig. Aber zurück zum Buch: Durch die entdeckten Bild-Welten wurden die behandelten Epochen für mich nicht nur sichtbar, sondern sogar spürbar; daher platzierten wir auch zu Zeit-Räumen und Themen passende Kunstwerke und Fotos als Hintergründe für die Aufzeichnungen aus meinem Notizbuch.

AS: Das war nun vom ästhetischen Standpunkt aus gesehen die Grundidee für das Buch. Inhaltlich sollten natürlich auch die Personen, die an den Bau- und Sanierungsarbeiten beteiligt gewesen sind, zu Wort kommen. Zusätzlich

Detail in der Lobby des »The Leo Grand« Hotels, 2022

bat ich Wissenschaftlerinnen und Wissenschaftler, die bereits vorhandenen Berichte der Protagonisten während der Bau- und Sanierungsarbeiten historisch einzuordnen.

Zum Beispiel: Der Text von Günther Buchinger und Doris Schön mit dem Titel »Ein mittelalterliches Patrizierhaus im Zentrum Wiens als Sitz einer Ratsbürgerfamilie« zeigt, dass das Haus im Mittelalter bedeutenden Familien der Stadt Wien gehörte. Ich bat daher die Autoren Martin Scheutz und Herwig Weigl, uns Einblicke in die Bürger-Struktur der mittelalterlichen Stadt zu geben: »Die Wiener Ratsbürger vom 13. zum 16. Jahrhundert: Städtische Eliten im Wandel« ist das Ergebnis dieser Anfrage. Der Text »Ein bürgerliches Wohn- und Geschäftshaus des 16. und 17. Jahrhunderts« von Günther Buchinger und Doris Schön korrespondiert mit Peter Rauschers Untersuchung zu »Von der Grenzstadt zur Metropole: Wiener Handelsgeschichte in der Frühen Neuzeit«, weil das Gebäude am Bauernmarkt 1 ungewöhnlich viele Geschäftslokale aufwies – insgesamt dreizehn waren im Erdgeschoß vorhanden, was eine Einmaligkeit in Wien darstellt. »Zerstörung und Wiederaufbau als barockes Stadtpalais« von Doris Schön und Günther Buchinger findet seine Entsprechung im Text »Hofjuden«, der ebenfalls von Peter Rauscher stammt.

KP: Alle diese Texte waren dann wiederum Ausgangspunkte für meine eigenen Recherchen. Ich ging dabei oftmals assoziativ vor: Eine Zeile oder eine Fußnote in einem Text führte mich zu einem Buch; die dortigen Ausführungen evozierten dann neue Ideen und Konnotationen. Ein Bild im Museum ließ mich weitere Recherchen in den Online-Datenbanken der Museen anstellen. Ein Verweis gab dem nächsten die Hand. Als du mich dann gefragt hast, das Notizbuch publizieren zu dürfen, bin ich es nochmals durchgegangen und habe versucht, eine gewisse Ordnung hineinzubringen. Allerdings sollte die assoziative Vorgehensweise dennoch erhalten bleiben.

AS: Das vorliegende Buch erzählt keine zusammenhängende Geschichte, auch wenn alle Geschichten zusammenhängen. Den Zusammenhang sollen die Leser und Leserinnen selbst finden – sich leiten lassend durch ihr eigenes Interesse und ihre eigenen Vorlieben. Wichtig war mir aber, dass jede einzelne Doppelseite so gestaltet wurde, dass sie für sich funktioniert. Und wenn sie zum Umblättern, Weiterblättern oder auch zum Verfolgen der Verweise anregt, dann haben wir nicht umsonst gearbeitet. Das Buch soll im besten Fall zu eigenen Assoziationen verführen, vielleicht sogar Anstoß geben, sich selbst auf eine historische Spurensuche zu begeben.

Detail in der Lobby des »The Leo Grand« Hotels, 2022

Detail in der Lobby des »The Leo Grand« Hotels, 2022

KP: Für mich war die Möglichkeit, in Wiens Bibliotheken über dreihundert Jahre alte Bücher ausheben und lesen zu können, einmalig und faszinierend. Das kann also jeder tun! Ich denke, das wissen nicht alle, und daher habe ich auch die Stellen, die meine Faszination für diese Rechercheräume zeigen, oftmals drinnen gelassen, auch wenn solche Themen in einer wissenschaftlichen Arbeit normalerweise wegfallen. Da muss es natürlich viel nüchterner zugehen.

AS: Nüchternheit war unser Ziel wahrlich nicht. Opulenz, Assoziation, Möglichkeitsräume, imaginäre wie tatsächliche, zu öffnen; Anregen, Aufregen, Unterhalten und Informieren – das waren unsere Leitideen.

KP: So ist es, ob uns das gelungen ist, das werden wir von den Leserinnen und Lesern erfahren.

→ Die Lobby des
»The Leo Grand« Hotels, 2022

Eine frühere Wohnung im zweiten Stock des Gebäudes, 2019

SCHICHTEN DER STEINE

Die Baustelle

Bauleiter Walter Hanausek erklärt, was auf den Fotos der folgenden Bildstrecke vom Keller bis zum Dach des Hauses am Bauernmarkt 1 jeweils zu sehen ist.

Der frühere Eingang des Gebäudes am Bauernmarkt 1. Die Logos der Sammlung Lenikus säumten die Wand: Sofort war klar, dass man hier einen Raum der Künste betrat. Die Mauern links und rechts wurden entfernt, sodass wir heute an dieser Stelle inmitten der Lobby stehen, 2017.

Mehr über die statischen Herausforderungen im Text von Bernhard Ployer ab S. 506.

Der Innenhof während der Fundamentuntersuchungen und archäologischen Arbeiten, 2017

Der Innenhof nach Abschluss der Fundamentuntersuchungen und archäologischen Arbeiten. Die Bodenplatte des jetzigen Kellers ist zu sehen, 2019.

Dieser Raum beherbergt heute mehrere Räume: Unten befindet sich ein Lagerraum, im oberen Teil befinden sich Geschäftsräume, 2019.

Dieses Foto zeigt im Vordergrund das heutige Geschäftslokal 1 und im hinteren Bereich die Rezeption des »The Leo Grand« Hotels während der archäologischen Grabungen, 2017.

Ein Raum im dritten Obergeschoß, in welchem
früher ein Goldschmied seiner Arbeit nachging,
2018

Eine Wohnung im ersten Obergeschoß; um so viel wie möglich an alter Bausubstanz erhalten zu können, wurden hier schadhafte Dippelbaumdecken mittels Betonrippen ertüchtigt, 2018.

So sah der Pawlatschenverbau vor der Sanierung aus. Aufgrund der schlechten Substanz musste er vollständig erneuert werden, 2018.

In diesen Räumen waren bis 2012 Ateliers untergebracht, wo auch Ausstellungen zeitgenössischer Kunst stattfanden. Hier wurden alte Dielenbodenbeläge freigelegt, sorgfältig ausgebaut, nummeriert und gelagert. Aus diesem einen Raum entstanden zwei Hotelzimmer mit Blick auf die Peterskirche, 2018.

Der Ausbau des zweiten Dachgeschoßes, 2018

Blick vom unteren Stockwerk der heutigen *Leopold-Suite* während der Bauarbeiten, 2021

Das obere Stockwerk der heutigen *Leopold-Suite* während der Bauarbeiten, 2021

Eine zukünftige Suite im zweiten Dachgeschoß mit Blick auf die Peterskirche, 2020

Blick vom Dach auf die Dachlandschaft und den Innenhof des »The Leo Grand« Hotels in Richtung des Stephansdomes, 2017

Rückstände an der Wand in einem der ehemaligen Ateliers im Jahr 2018 des heutigen »The Leo Grand« Hotels

Frontispiz des Buchs *Chronica oder Historische Beschreibung der weitberühmten kayserlichen Hauptstadt Wienn in Oesterreich*, Detail, Frankfurt am Main 1692

Meine Ankunft in Wien

Der Flohmarkt beim Naschmarkt ist gleich nach meiner Ankunft das erste Ziel in Wien. Ein Sammelsurium unterschiedlichster Dinge lässt sich hier, unter freiem Himmel, finden: alte Uhren, Gemälde, Möbel, Schallplatten, Postkarten aus der Zeit um die Jahrhundertwende und – Bücher. Auf einem großen Tisch, verloren zwischen vielen bunten Einbänden, fällt mir ein eher unscheinbares, aber sehr alt wirkendes Buch auf. Als ich das Buch öffne, blickt mich ein Barockherrscher mit Allongeperücke und durchdringenden Augen an: »Leopoldus Magnus«. Als ich zahlen möchte, schaut der Verkäufer kurz ins Buch, um nach dem auf dem Vorsatz mit Bleistift angegebenen Preis zu sehen: 10 Euro steht da. Plötzlich weiten sich seine Augen, und sein Gesicht läuft rot an. »This is not possible«, sagt er. Was ist nicht möglich, frage ich ihn. Aufgeregt sieht er sich um, aber nur er und ich stehen um den Tisch. Ein Fehler, sagt er, ein großer Fehler. Dieses Buch sei ein vielgesuchtes und sehr, sehr wertvolles. Sein Mitarbeiter hat es anscheinend achtlos auf den Stapel geworfen. Wir kommen ins Gespräch, und ich erzähle ihm den Grund meiner Wienreise. Er hat Philosophie studiert und lässt mich an seinem Wissen teilhaben – schwindlig wird mir ob der vielen Informationen. Ich könne ihn bei Fragen jederzeit kontaktieren. So kommen wir ins Geschäft: Während meines Wienaufenthalts darf ich das Buch behalten, nur soll ich es ihm anschließend wieder zurückbringen zusammen mit dem Bericht über meine Wienerfahrungen. Ich kann mein Glück kaum fassen und beginne mit den Recherchen rund um diesen Schatz.

Frontispiz des Buchs *Chronica oder Historische Beschreibung der weitberühmten kayserlichen Hauptstadt Wienn in Oesterreich*, Frankfurt am Main 1692

Das Buch ist die „Chronica oder Historische Beschreibung der Weitberühmten Kayserlichen Hauptstadt Wienn in Österreich".

Verfasst hat diese erste 1546 erschienene Stadtgeschichte Wiens Wolfgang Lazius (1514–1565). Heinrich Abermann übersetzte das Werk im Jahr 1619 in die hochdeutsche Sprache, und das Exemplar in meinen Händen wurde durch einen »Liebhaber der Nation« »auff grosses Verlangen continuirt und corrigirt« und 1692, während der Regierungszeit Leopolds I., durch Philipp Fieber, einen Buchdrucker in Frankfurt am Main, nochmals herausgegeben.

Später sehe ich mir das Buch genauer an: Es beschreibt unter anderem das dynastische Verständnis der Habsburgerfamilie. Siehe S. 153.

Von 1555 bis 1557 ließ Wolfgang Lazius auf eigene Kosten die Peterskirche renovieren. Für sein Engagement wurde ihm 1586 eine aufwendige Grabplatte in der Kirche gestiftet.¹ Am nächsten Tag möchte ich daher die Peterskirche im Herzen Wiens entdecken.

Google Maps verrät mir, dass das Haus Bauernmarkt 1, in dem Karl Poppers Familie lebte – der Philosoph beschreibt die Wohnung in seinem Buch „Ausgangspunkte" –, nur wenige Schritte von der Kirche entfernt ist, direkt dem Riesentor des Stephansdoms gegenüber, wie Popper schreibt.

Mehr über Karl Poppers Elternhaus auf S. 464.

Ein Fund am Naschmarkt führt mich direkt in das Herz von Wien – ein Zufall?

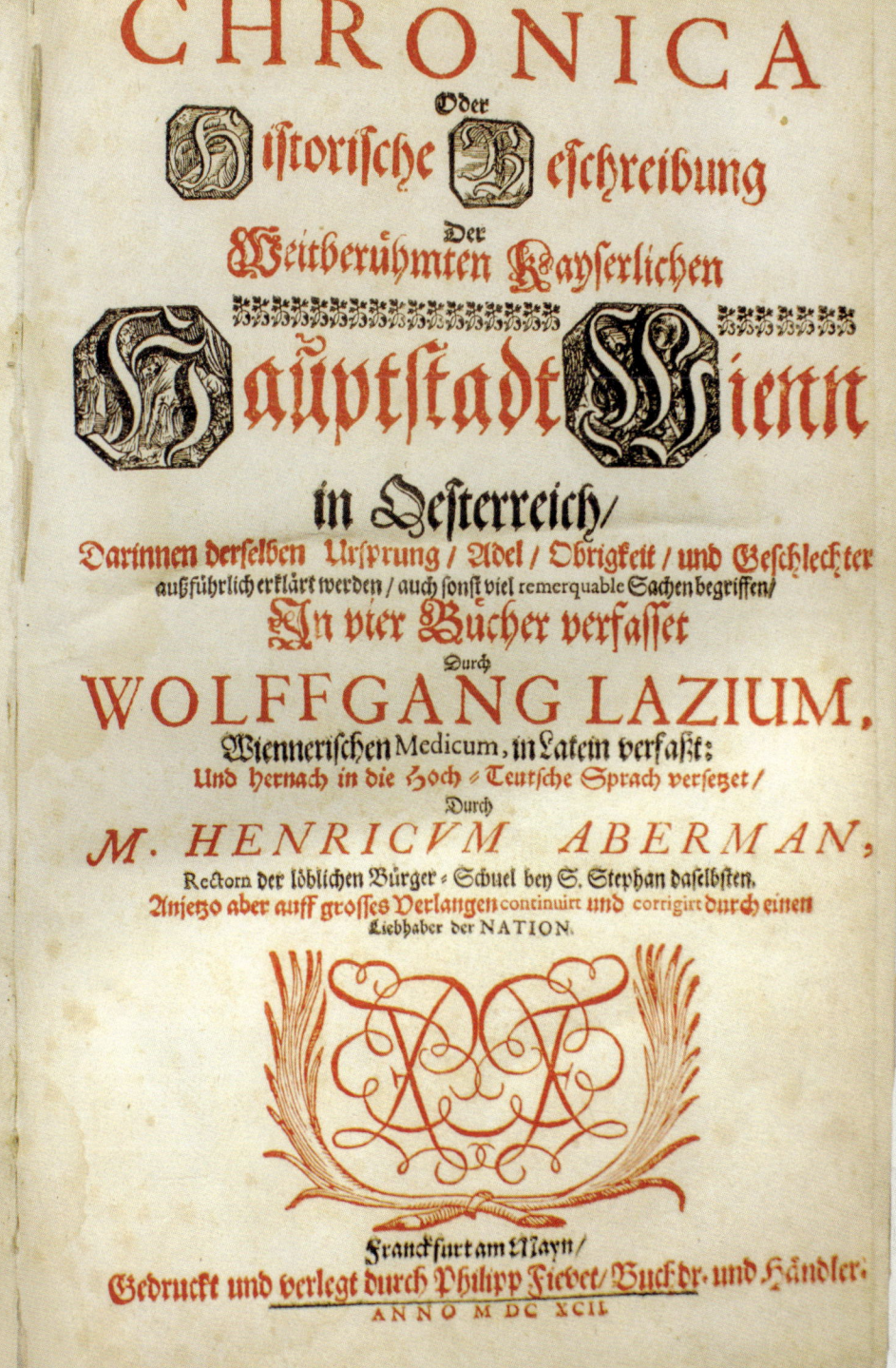

Seite aus dem Buch *Chronica oder Historische Beschreibung der weitberühmten kayserlichen Hauptstadt Wienn in Oesterreich*, Frankfurt am Main 1692

Erste Begegnungen und ein Entschluss

Beim Eintreten in die Peterskirche fällt mir sofort links eine in die Wand eingearbeitete Marmorplatte mit einem langen Text in lateinischer Sprache auf. Wikipedia verrät mir die Übersetzung:

> Dem hochachtbaren, edlen, überaus berühmten und mit höchster Bildung ausgestatteten Mann, Herrn Wolfgang Lazius aus Wien, Doktor der Philosophie und der Medizin, und ranghöchstem Professor des hochberühmten Wiener Gymnasiums, Rektor und kaiserlicher Superintendent und der heiligen kaiserlichen Majestät Ferdinand sehr erfahrener Historiograph, gestorben am 19. Juni 1565, errichtet seligen Angedenkens 1686.

Details der Grabplatte von Wolfgang Lazius in der Peterskirche in Wien

1686? Das überrascht mich. Warum soll Lazius erst so viele Jahre nach der Renovierung ein Grabstein gestiftet worden sein? So etwas kommt schon vor, erscheint mir aber fragwürdig. So sehe ich mir noch einmal die Zahl auf der Marmorplatte an und muss feststellen, dass das Datum der Stiftung tatsächlich mit 1586 angegeben ist.

Lazius war lange Zeit Arzt Kaiser Ferdinands I. Im 19. Jahrhundert sollte Dr. Franz de Paula Wirer Edler von Rettenbach, Besitzer des Palais am Bauernmarkt 1, Hofarzt der Kaiserfamilie sein. Näheres auf S. 442.

Später erfahre ich: Mit Ferdinand ist der Urururgroßvater Leopolds I. gemeint. Ferdinand, der Bruder Karls V., förderte im Bereich der Herrschaftsrepräsentation die Antikenrezeption – das Schweizertor der Hofburg ist ein markantes Beispiel dafür.

Mehr dazu ab S. 172.

Über dem Triumphbogen in der Mittelachse des Kirchenraums ist ein Wappen zu sehen: Laut Booklet, welches mir ein freundlicher Kirchendiener überreicht hat, ist es das Wappen Kaiser Leopolds I. Darunter ist auf einer Banderole sein Wahlspruch »Consilio et industria« zu lesen, was »Mit Klugheit und Eifer« bedeutet.

Vor dem Altarbereich rechts fesselt mich eine bewegte Skulpturengruppe, die den heiligen Johannes Nepomuk beim Sturz in den Fluss zeigt.

Später werde ich mehr über den Kult des Heiligen erfahren, da im Palais Bauernmarkt 1 eine der ältesten Nepomuk-Skulpturen Wiens erhalten geblieben ist. Siehe S. 400.

Nepomuk-Gruppe in der Peterskirche in Wien

Peterskirche Wien, Wappen mit dem Wahlspruch Leopolds I. »Consilio et industria«

Der Grundstein für die barocke Kirche wurde 1702 von Leopold I. gelegt.

Später werde ich lesen, dass das Haus am Bauernmarkt 1 ebenfalls ab etwa 1702 eine barocke Prägung erhielt. Siehe S. 355.

Einer der Architekten des barocken Neubaus der Kirche war wahrscheinlich der in Italien geborene Johann Lucas von Hildebrandt.

Später werde ich lesen, dass das Haus Bauernmarkt 1 vielleicht als eines der ersten privaten Bauwerke seiner Art in Wien mit seinem Fassadendekor typische Stilmerkmale Hildebrandts rezipiert hat. Siehe S. 385.

Die Kirche St. Peter wurde aufgrund eines während der Pest von 1669 von Leopold I. geleisteten Gelöbnisses der Heiligen Dreifaltigkeit geweiht und neu erbaut. Auch die Dreifaltigkeitssäule, landläufig oftmals Pestsäule genannt, gleich um die Ecke am Graben, wurde in Erfüllung dieses Gelöbnisses Leopolds während der Pestepidemie errichtet.

Später werde ich herausfinden, dass auch ein Relief an der Fassade des Hauses Bauernmarkt 1 von den damaligen Besitzerinnen zur Abwehr dieser Pest gestiftet wurde. Siehe S. 298.

Gleich am zweiten Tag meines Aufenthalts in Wien begegnen mir mehrere Hinweise, die zu Kaiser Leopold I. führen. Mir stellt sich die Frage: Wer war dieser Kaiser?

Ich verlasse die Kirche durch das nach Südwesten hin gelegene Tor und wende mich nach links: Schon ist die Freisingergassenfassade des Hauses Bauernmarkt 1 zu sehen, das auch eine zweite Adresse – Freisingergasse 4 – hat, da es an zwei Straßenzügen gebaut ist.

Ein Palais im Umbau

Das Palais ist eingerüstet. Ich betrete es durch eine weitläufige Einfahrt und über eine steil abfallende Rampe aus aufgeschütteter Erde. An diesem heißen Sommertag ist es im Innenhof angenehm kühl. Ist das den metertiefen Gruben zu verdanken? Der Boden wurde abgetragen und es riecht nach Erde, was mitten in der Stadt überrascht. Es herrscht eine konzentrierte Atmosphäre; ein Mann kniet weit unter mir im Innenhof und säubert einzelne Steine mit einem Pinsel, fotografiert einen Stein und legt ihn wieder zurück an seinen Platz – so macht er das Schicht für Schicht, wie er mir erklärt.

> Später wird mir klar, dass ich hier den Archäologen Oliver Rachbauer kennengelernt habe, den Leiter der Grabungen bei der Sanierung des Hauses. Siehe seinen Text auf S. 518.

Die eingerüstete Fassade des »The Leo Grand« Hotels, 2018

Einblicke in die Baustelle des Gebäudes am Bauernmarkt 1 vom Eingang in der Freisingergasse, 2019

Eingerüstet wacht eine sich von ihrer jahrhundertelangen Anbetung nicht abhalten lassende alte Steinskulptur über den Hof. Später erfahre ich, dass in ihr die vielleicht erste Johannes-Nepomuk-Skulptur Wiens zu sehen ist. Siehe S. 400.

Innenhof des Hauses Bauernmarkt 1 während der Ausgrabungsarbeiten, 2017

Der Archäologe kommt mit einigen Kollegen ins Gespräch – einer von ihnen ist der Bauleiter Walter Hanausek. Seine Frage danach, was ich hier zu suchen habe, beantworte ich mit dem Hinweis auf meine Faszination für Karl Popper und Geschichte im Allgemeinen. Scherzend schlägt er mir vor, die Berichte zu lesen, die im Zuge der Sanierungsarbeiten für dieses Haus geschrieben worden sind. Lachend nehme ich den Vorschlag an und stecke seine Visitenkarte ein. Mir drängt sich die Frage auf, welche Geschichten in diesen Steinen verborgen sind, besonders hier, wo die Erde aufgewühlt ist, die Steine in Aufruhr zu sein scheinen. Vielleicht können ihnen gerade hier bisher unbekannte Geschichten entlockt werden.

Ein Gedankenexperiment und ein Entschluss

Ich verlasse das Haus und betrachte durch die Jasomirgottstraße schlendernd das mittelalterliche Tor des Doms.

Bei genauerer Betrachtung des Doms verstärkt sich der Eindruck, dass der Bau über viele Jahrhunderte zusammengefügt worden ist. Nichts passt zueinander, und doch bildet er eine Einheit. An der Westmauer, im Inneren des südlichen Querschiffs, sind Reste des 1945 zerstörten Türkenbefreiungsdenkmals zu sehen. Hier kniet Leopold I. in ehrfürchtiger Anbetung Mariens. Durch den erhöhten Aufstellungsort wirkt die eher zierliche Skulptur fast monumental. Nun ist dieser Kaiser mir gleich zu Beginn meines Aufenthalts bereits zum dritten Mal begegnet, was mich zu einem Gedankenexperiment inspiriert:

Kann ich die Geschichte Kaiser Leopolds I. mit der Geschichte des Hauses an der Adresse Bauernmarkt 1 in Verbindung bringen und mir anhand dieser beiden Ankerpunkte die Geschichte Wiens und von ihr ausgehend schlaglichtartig die Europas aneignen? Spontan fasse ich den Entschluss: Den Bezugsrahmen für meine Erkundung sollen Kaiser Leopold I. und das Haus Bauernmarkt 1, Karl Poppers Adresse während seiner Kindheit, bilden.

Ich werde ja sehen, welche Erkenntnisse und Ergebnisse diese Reise durch die Zeit hervorbringen wird. Ich glaube weder an Zufälle noch an Schicksal. Meiner Meinung nach ist vieles miteinander verbunden, und wenn die Aufmerksamkeit fein genug eingestellt ist, offenbaren sich die entscheidenden inneren Zusammenhänge.

Später lerne ich, dass der Name Jasomirgott auf die Anfänge Wiens verweist. Siehe S. 100.

Blick aus einem Zimmer des »The Leo Grand« Hotels, 2022

Edmund Hellmer, *Detail des 1945 zu großen Teilen zerstörten Türkenbefreiungsdenkmals im Stephansdom*, südliches Querschiff, Westmauer, errichtet zur Erinnerung an die Befreiung Wiens von der Zweiten Türkenbelagerung von 1683, 1899

Giuseppe Arcimboldo, *Sommer*, 1563, Detail
Kunsthistorisches Museum Wien, Gemäldegalerie © KHM-Museumsverband

EUROPA BEI DER GEBURT LEOPOLDS I.

Thomas Hobbes, *Leviathan*, Titelblatt, Detail, 1651

In welche Welt wurde Leopold 1640 hineingeboren?

1640 wütete der Dreißigjährige Krieg bereits 22 Jahre und sollte noch acht Jahre dauern. Er war vornehmlich ein Krieg der Konfessionen, der Katholischen Liga gegen den aufstrebenden Protestantismus. Es ging um Deutungshoheit und Machtpolitik. Die Habsburger sahen sich als Garanten und Verfechter des rechten Glaubens und standen daher an vorderster Front der Gegenreformation. Weite Teile des Heiligen Römischen Reichs wurden verwüstet und entvölkert. Die Sehnsucht nach Frieden war daher groß.

Salvator Rosa, *Wiederkehr der Astraea*, um 1640/45, Kunsthistorisches Museum Wien, Gemäldegalerie
© KHM-Museumsverband

Ferdinand III. (1608–1657), Leopolds Vater, übernahm die Regierungsgeschäfte mitten im Dreißigjährigen Krieg. Aus seiner Herrschaftszeit geht das Habsburgerimperium deutlich entkräftet hervor – der Westfälische Friede 1648, der den Abschluss des Krieges markiert, bedeutete für das Haus Habsburg und das Heilige Römische Reich eine Schwächung durch Gebietsabtretungen im Elsass. Frankreich konnte seine Vormachtstellung deutlich ausbauen. Die Bande zum spanischen Hof wurden lockerer. Eine Heiratspolitik, die diese beiden Linien zusammenhielt, war daher entscheidend. Ferdinand III. begeisterte sich für die Künste und komponierte selbst – und diese Begeisterung gab er an seinen Sohn Leopold weiter.

Salvator Rosa, *Wiederkehr der Astraea*, um 1640/1645. »Astraea, die Göttin der Gerechtigkeit, kehrt auf die Erde zurück und überreicht ihre Attribute (Waage und Schwert) den friedlichen Landleuten. Ein neues Goldenes Zeitalter ist angebrochen: Mit diesem auf den römischen Dichter Vergil zurückgehenden Mythos wollte das florentinische Herrschergeschlecht der Medici sein Regime immer wieder neu begründen. Salvator Rosa hat dieses Bild, in dem auch Friedenssehnsucht am Ende des Dreißigjährigen Krieges mitschwingt, für den Medici-Hof gemalt.«[1]

Jan van den Hoecke, *Kaiser Ferdinand III.*, 1643, Kunsthistorisches Museum Wien, Gemäldegalerie © KHM-Museumsverband

Frans Luycx, *Eleonore von Gonzaga als Diana, Kaiserin, 3. Gemahlin von Ferdinand III.*, 1651, Kunsthistorisches Museum Wien, Gemäldegalerie
© KHM-Museumsverband

Leopolds Vater Ferdinand III. heiratete 1651 die italienische Fürstentochter Eleonora von Gonzaga-Nevers (1628–1686), Tochter des Herzogs von Mantua. Sie prägte das kulturelle Leben Wiens, und der Kaiserhof erhielt durch ihren Einfluss eine italienische Prägung. In kulturellen Fragen war sie für ihren Stiefsohn Leopold eine wichtige Beraterin.

Leopold Wilhelm (1614–1662), der Onkel Leopolds, war ein bedeutender Kunstsammler. Als Statthalter der Spanischen Niederlande sammelte er in großem Stil. Eigene Agenten suchten für ihn in ganz Europa nach Kunst. Mit seinem Umzug nach Wien wurde die hier befindliche Sammlung vor allem durch venezianische und niederländische Meister erweitert. Leopold I. sollte diese Sammlung erben. Sie bildet zusammen mit den Sammlungen Rudolfs II. und der Sammlung in Schloss Ambras den Grundstock des heutigen Kunsthistorischen Museums.

François Dieussart, *Erzherzog Leopold Wilhelm*, 1656, Kunsthistorisches Museum Wien, Kunstkammer
© KHM-Museumsverband

Claudio Monteverdi (1567–1643) beeinflusste die Musikwelt nachhaltig. Sein Werk markiert die Wende von der Renaissance zum Barock. Mit seiner »Favola in Musica« „L'Orfeo" trug er entscheidend zur Entwicklung der Oper bei.

Lodovico Ottavio Burnacini (1636–1707) kam sechzehnjährig mit seinem Vater von Venedig nach Wien. Hier wurde er zum bedeutenden »Theateringenieur« des barocken Europa. Im Auftrag Leopolds I. inszenierte er für die zahlreichen Festtage die opulente Prachtentfaltung des Wiener Hofes. Dieses Blatt ist eine seiner vorzüglichen Zeichnungen, die heute im Theatermuseum in Wien aufbewahrt werden.

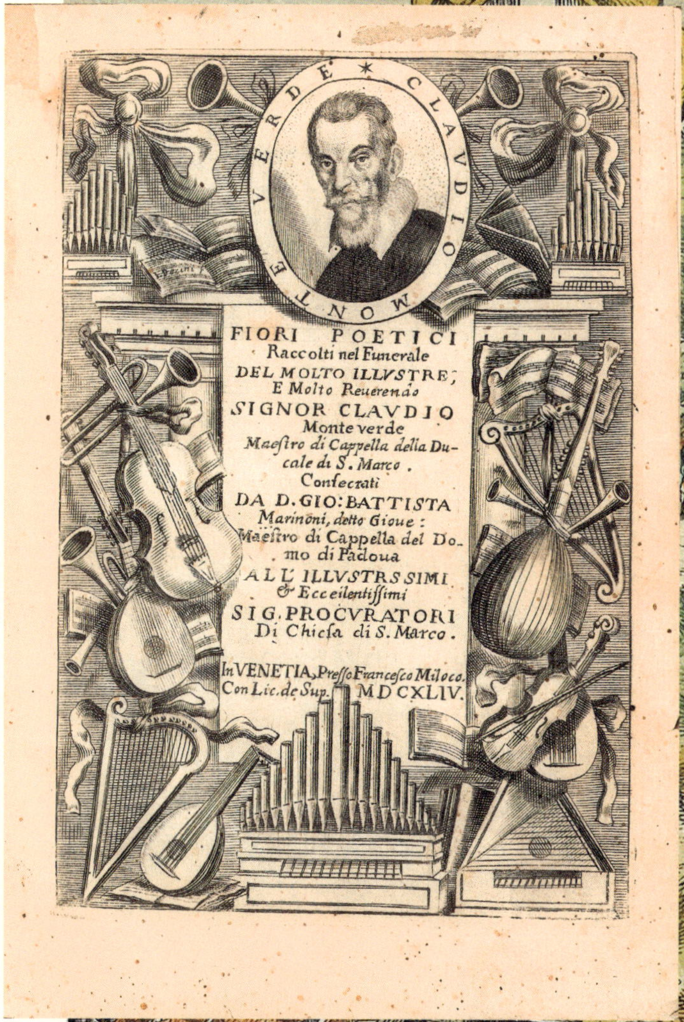
83

CLAUDIO MONTEVERDE

FIORI POETICI
Raccolti nel Funerale
DEL MOLTO ILLVSTRE,
E Molto Reuerendo
SIGNOR CLAVDIO
Monteverde
Maestro di Cappella della Ducale di S. Marco.
Consecrati
DA D. GIO: BATTISTA
Marinoni, detto Gioue:
Maestro di Cappella del Domo di Padoua
ALL' ILLVSTRISSIMI
& Eccellentissimi
SIG. PROCVRATORI
Di Chiesa di S. Marco.

In VENETIA, Presso Francesco Miloco.
Con Lic. de Sup. MDCXLIV.

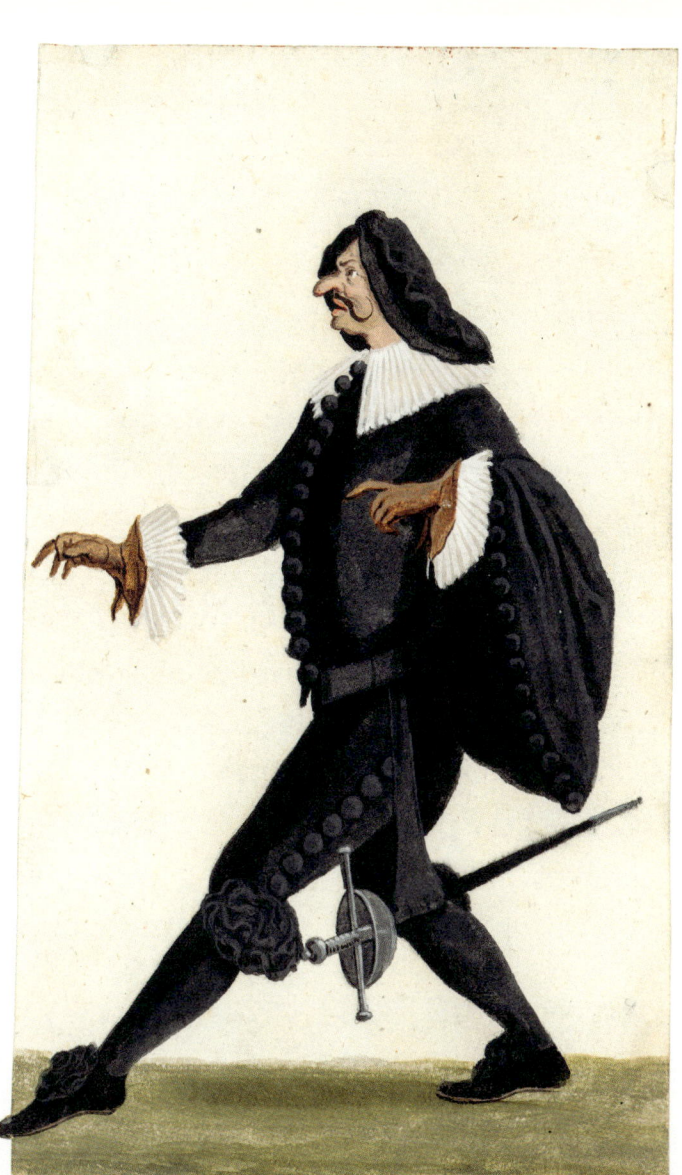

Fiori poetici, ein Buch mit Gedichten zur Beerdigung Claudio Monteverdis, Titelblatt, 1644

Lodovico Ottavio Burnacini, *Gelehrter Capitano (Scaramuccia)*, o. J., Theatermuseum Wien © KHM-Museumsverband

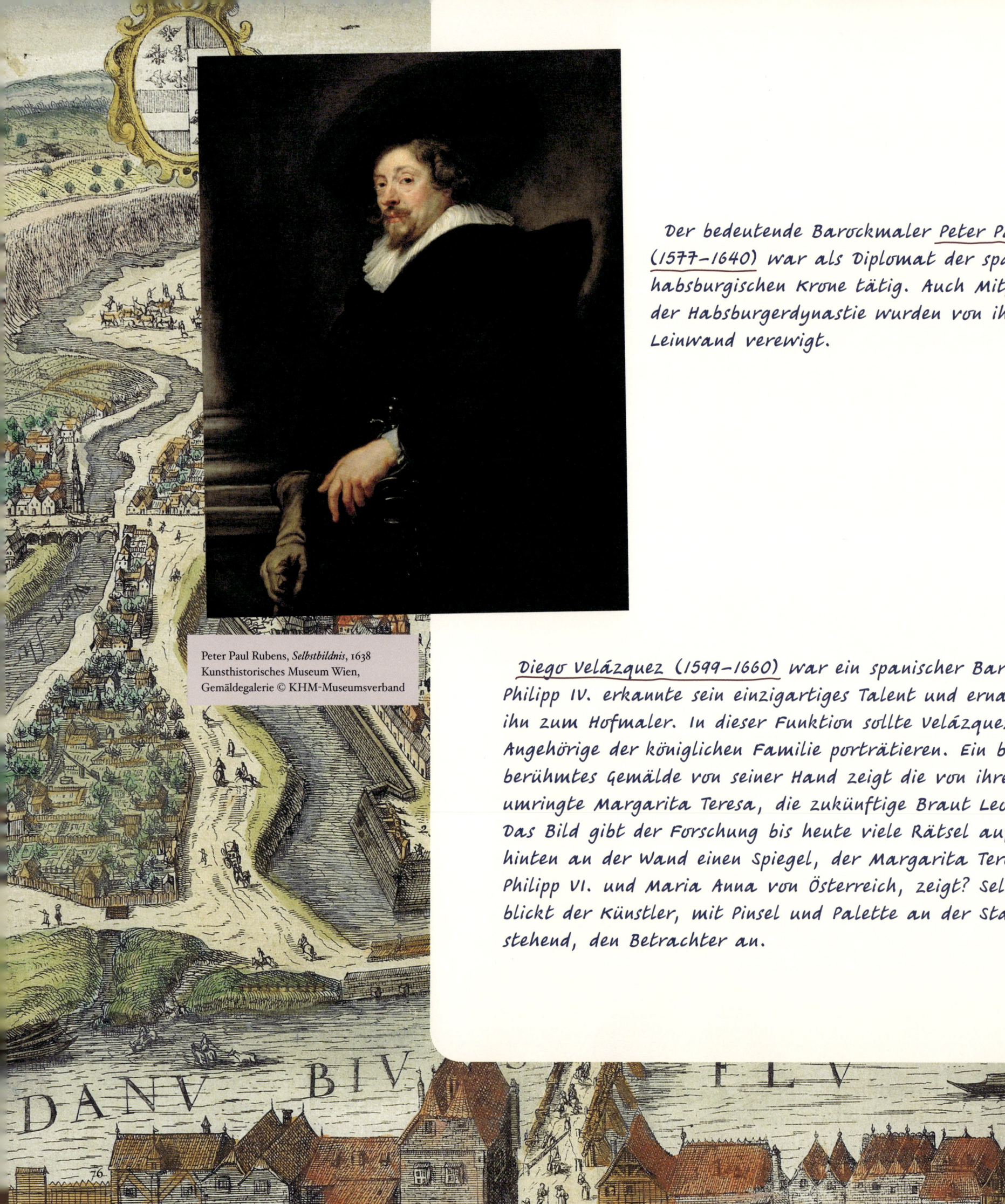

Peter Paul Rubens, *Selbstbildnis*, 1638
Kunsthistorisches Museum Wien,
Gemäldegalerie © KHM-Museumsverband

Der bedeutende Barockmaler Peter Paul Rubens (1577–1640) war als Diplomat der spanisch-habsburgischen Krone tätig. Auch Mitglieder der Habsburgerdynastie wurden von ihm auf Leinwand verewigt.

Diego Velázquez (1599–1660) war ein spanischer Barockmaler. Philipp IV. erkannte sein einzigartiges Talent und ernannte ihn zum Hofmaler. In dieser Funktion sollte Velázquez viele Angehörige der königlichen Familie porträtieren. Ein bis heute berühmtes Gemälde von seiner Hand zeigt die von ihrem Hofstaat umringte Margarita Teresa, die zukünftige Braut Leopolds I. Das Bild gibt der Forschung bis heute viele Rätsel auf. Sehen wir hinten an der Wand einen Spiegel, der Margarita Teresas Eltern, Philipp VI. und Maria Anna von Österreich, zeigt? Selbstbewusst blickt der Künstler, mit Pinsel und Palette an der Staffelei stehend, den Betrachter an.

Artemisia Gentileschi (1593–1653) ist eine bedeutende Malerin des Barock. Besonders bekannt sind ihre Darstellungen heldenhafter Frauen der Bibel und der Antike. Judith mit dem Haupt von Holofernes, Kleopatra und andere damals beliebte Motive setzte sie gekonnt ins Bild. Hier sehen wir ihr „Selbstporträt als Allegorie der Malerei" (um 1638/39). Bedeutende Zeitgenossen zählten zu ihrem Freundeskreis: Mit Galileo Galilei zum Beispiel hielt sie regen Briefkontakt.

Artemisia Gentileschi, *Selbstporträt als Allegorie der Malerei*, um 1638/39, Royal Collection, London

Diego Rodríguez de Silva y Velázquez, *Las Meninas*, um 1656/57, Museo del Prado, Madrid

Galileo Galilei (1564–1641) beobachtete die Natur, versuchte ihre Geheimnisse mithilfe mathematischer Formeln zu ergründen und überprüfte diese durch Messungen – heute allesamt gängige Verfahren der Naturwissenschaft. Zu seiner Zeit allerdings stellten diese Methoden einen Affront gegen die Dogmen der Kirche dar, vermochten sie doch zutage zu bringen, was nicht anerkannte Lehrmeinung war. Galileo war klar, dass das ptolemäische Bild der Welt, dem die Erde als Mittelpunkt des Universums galt, nicht mit den Tatsachen zu vereinbaren war. Das kopernikanische Weltbild, dem zufolge sich die Erde um die Sonne dreht, war eine Lehre, welche die Kirche bekämpfte. Doch unaufhaltsam bahnte die Wahrheit sich durch weitere Forschungen seiner Nachfolger ihren Weg.

In diesem Wissen vereint war Galileo Galilei mit Johannes Kepler (1571–1630), dem Entdecker der Ellipsenform der Planetenbahnen. Zu dieser Erkenntnis gelangte Kepler in Prag am Hof Kaiser Rudolfs II. (1552–1612), der führende Wissenschaftler und Künstler seiner Zeit um sich scharte. Kepler musste aufgrund seines protestantischen Glaubens aus Linz fliehen. In Prag konnte er seine Forschungen weiterführen und auf die Aufzeichnungen Tycho Brahes zurückgreifen, mit denen er die Bahn von Gestirnen über viele Jahre hinweg genauestens zu überprüfen vermochte. Einerseits war Kepler ein Wissenschaftler, der mithilfe von Beobachtungen Erkenntnisse validierte oder verwarf; andererseits war er der Hofastrologe der Habsburger und erstellte fleißig zahlreiche Horoskope. Astronomie und Astrologie waren damals noch nicht streng geschieden. Johannes Kepler ging davon aus, dass die Sonne eine Kraft auf die anderen Planeten

Tiberio Tito, *Galileo Galilei in pelzverbrämtem Mantel*, um 1610/20, Kunsthistorisches Museum Wien, Gemäldegalerie
© KHM-Museumsverband

ausübt und so zu ihrer Bewegung beiträgt. Zeitlebens versuchte er diese Theorie durch Beobachtungen und Versuche mathematisch zu untermauern.

Ein anderer sollte ihm auf diesem Weg folgen: Isaac Newton (1643–1727). Er beschrieb das Wirken der Schwerkraft und formulierte die allgemeinen Bewegungsgesetze. Physik und Mathematik erlangten durch ihn eine neue Bedeutung für die Menschheit.

ASTRONOMIA NOVA
ΑΙΤΙΟΛΟΓΗΤΟΣ,
SEV
PHYSICA COELESTIS,
tradita commentariis
DE MOTIBVS STELLÆ
MARTIS,
Ex obſervationibus G. V.
TYCHONIS BRAHE:

Juſſu & ſumptibus
RVDOLPHI II.
ROMANORVM
IMPERATORIS &c:

Plurium annorum pertinaci ſtudio
elaborata Pragæ,

A S. C. M.tis S. Mathematico
JOANNE KEPLERO,

Cum ejusdem C. M.tis privilegio ſpeciali
ANNO æræ Dionyſianæ cIↄ Iↄ c ix.

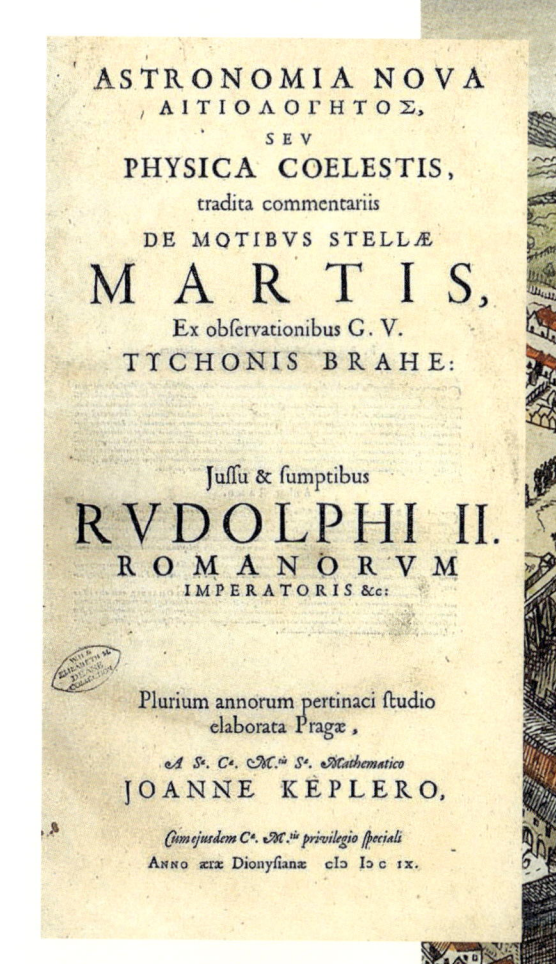

Johannes Kepler, *Astronomia Nova*, Titelblatt, 1609, mit Widmung an Kaiser Rudolf II.

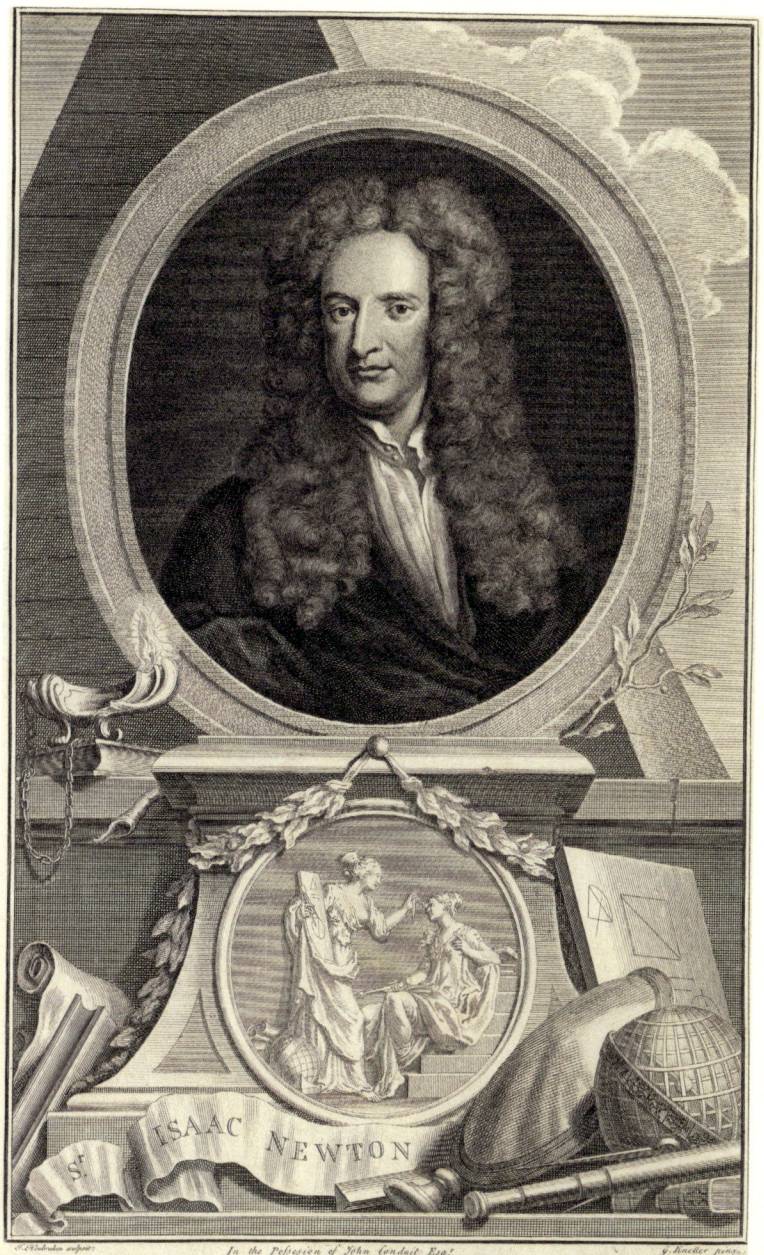

Jacobus Houbraken nach Godfrey Kneller, *Sir Isaac Newton*, vor 1780 © Wien Museum

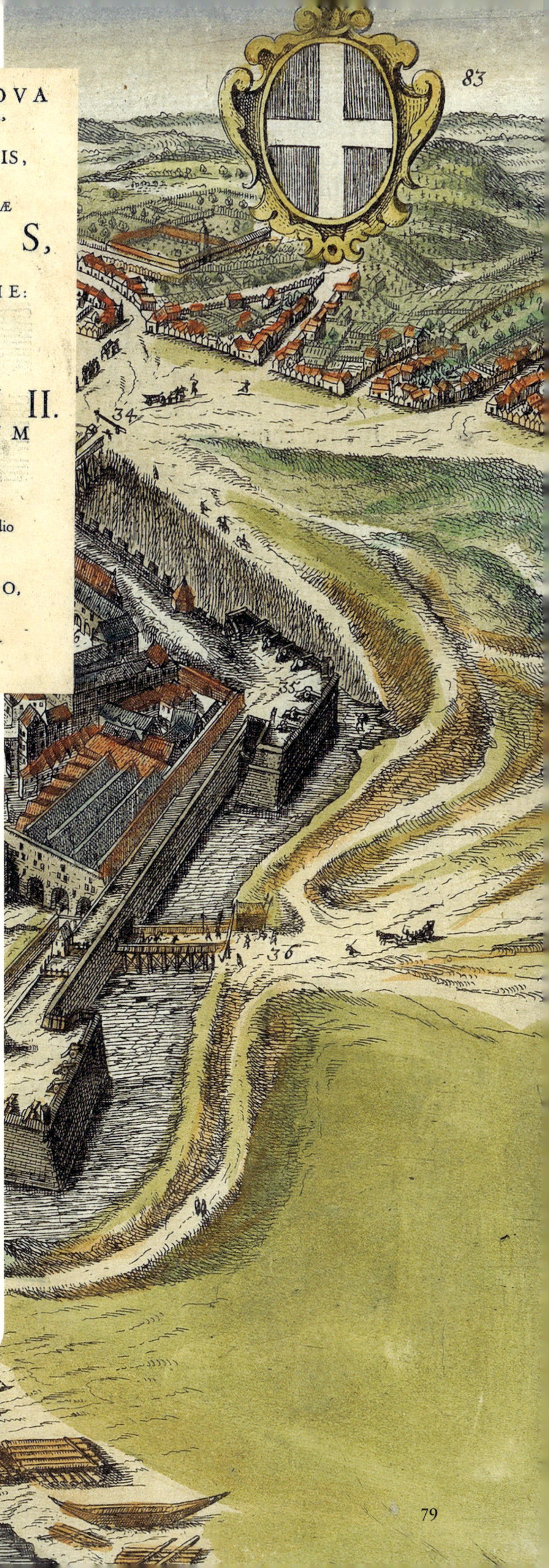

Rudolf II. (1552–1612) war ein Herrscher, der zuweilen weniger an den Regierungsgeschäften interessiert war denn an Wissenschaft, Okkultismus und den Künsten. An seinem Hof versammelte er führende Köpfe seiner Zeit und prägte einen eigenen Kunststil, die sogenannte rudolfinische Kunst, die dem Manierismus zugeordnet wird. Werke von Bartholomäus Spranger und Hans von Aachen zum Beispiel, die an seinem Hofe tätig waren, können bis heute im Kunsthistorischen Museum betrachtet werden. Übrigens: Auch Arcimboldos fantastische Malerei wurde von Rudolf II. hoch geschätzt.

Joseph Heintz d. Ä., *Kaiser Rudolf II.*, 1592
Kunsthistorisches Museum Wien, Gemäldegalerie © KHM-Museumsverband

»Arcimboldo war seit 1562 kaiserlicher Hofmaler in Wien und Prag. Neben der Tätigkeit als Porträtist wurden vor allem seine Arbeiten als Regisseur und Ausstatter höfischer Turniere und Hochzeitsfeierlichkeiten gerühmt. 1563 entstand eine Serie von Jahreszeitenbildern, auf deren Einzigartigkeit sich der Nachruhm des Malers gründet. Aus Pflanzen(teilen) zusammengesetzt, zeigt der *Sommer* an keiner Stelle die Oberfläche eines natürlichen Gesichtes. Signatur und Datierung sind raffiniert in das Stroh eingewoben.«[2]

Giuseppe Arcimboldo, *Sommer*, 1563
Kunsthistorisches Museum Wien, Gemäldegalerie © KHM-Museumsverband

Bartholomäus Spranger, *Minerva als Siegerin über die Unwissenheit*, um 1591, Kunsthistorisches Museum Wien, Gemäldegalerie © KHM-Museumsverband

Athanasius Kircher (1602–1680) war Jesuit und einer der bekanntesten Gelehrten seiner Zeit. Er vereinte okkulte Ansichten mit wissenschaftlichen Ansätzen und äußerte sich zu fast jedem Thema. Er beschäftigte sich mit Mathematik, Physik, Chemie, Geografie, Geologie, Astronomie, Biologie, Medizin, Musik, Sprachen, Philologie und Geschichte. Seine Erkenntnisse zur Ägyptologie und Sinologie sind bis heute wichtig für diese Disziplinen. Er versuchte, seine Forschungen mit den Kirchendogmen in Einklang zu bringen, was zu Widersprüchen und Ungereimtheiten in seinem Lehrsystem führte. Diese christliches Denken und antikes Wissen verbindende Schau war auch vielen Renaissancehumanisten ein Anliegen. Mehr als ein Jahrhundert später als diese verwiesen allerdings Kirchers Bemühungen auf eine Welt, die es bald nicht mehr geben würde.

Siehe S. 158.

Athanasius Kircher wurde von mehreren Mitgliedern der Habsburgerfamilie gefördert, allen voran von Leopold Wilhelm, dem Onkel Leopolds I. Dieser vermittelte die großzügige Unterstützung der prachtvollen Drucklegung des bahnbrechenden Werks „Oedipus Aegyptiacus" durch Kaiser Ferdinand III. Mehrere Publikationen des Gelehrten beinhalten daher Stiche mit Porträts von Mitgliedern der Habsburgerfamilie, darunter auch Leopold I., der als Apollo dargestellt wird.

Zum Thema Apollo und zur Förderung der Künste durch Kaiser Maximilian I. siehe mehr auf S. 156.

Kirchers ungemein dichte Symbolsprache, überliefert in Texten und von ihm in Auftrag gegebenen Druckwerken, wirkt heute faszinierend und geheimnisvoll-kryptisch. Sein System, das entlegene Wissensgebiete im Zusammenhang sieht, gründet auf der Idee der Verbindung von allem mit allem, der Spiegelung von Mikro- und Makrokosmos, wie die Hermetiker sagen würden – einer Vorstellung, die auch in barocken Wunderkammern ihren vielgestaltigen Ausdruck fand.

Cornelis Bloemaert, *Athanasius Kircher*, 1665

Abraham a Sancta Clara (1644–1709) war ein bedeutender Geistlicher und Poet des Ordens der Augustiner-Barfüßer. Abrahams Predigten in Wien waren Massenveranstaltungen. Er rief die Bevölkerung zu Verzicht und einem gottesfürchtigen Leben auf. Gerade in Pestzeiten fielen seine Worte bei Zeitgenossen besonders ins Gewicht.

René Descartes (1596–1650) gilt als Begründer des Rationalismus. Mit seinem Satz »Cogito ergo sum« (»Ich denke, also bin ich«) wurde er zu einem der großen Wegbereiter der Aufklärungsphilosophie. Der Gegensatz von Rationalismus und Empirismus ist für die Philosophie des Barock charakteristisch.

Anonym, *Abraham a Santa Clara (Prediger und Schriftsteller)*, um 1680
© Wien Museum

Frans Hals, *Porträt des René Descartes*, etwa 1646–1649, Louvre Museum, Paris

<u>Baruch de Spinoza (1632–1677)</u> war ein Gelehrter sephardischer Herkunft, der eine spezifische Form des Monismus vertrat: Gott ist Natur und umgekehrt. Es gibt zwar einen Unterschied zwischen Geist und Materie, aber sie sind von einer Substanz. Indem der Mensch nach Erkenntnis strebt, wird er bewusster Teil des Seienden, das er immer schon ist, ohne dessen inne zu sein. Spinoza wird oftmals als Vater des jüdischen Humanismus bezeichnet. Der Denker genießt unter Gelehrten bis heute hohes Ansehen. Auch Goethe und die deutschen Romantiker befassten sich mit seinen Schriften.

Anonym, *Spinoza*, um 1665, Herzog August Bibliothek, Wolfenbüttel

<u>Thomas Hobbes (1588–1679)</u> erdachte das theoretische Gerüst für eine absolute Monarchie, die in England zu seiner Zeit heftig diskutiert wurde. »Der Mensch ist dem Menschen ein Wolf« – aus Angst vor den Mitmenschen gibt der Einzelne seine Macht an einen absoluten Souverän ab. Dieser vereint weltliche wie geistliche Macht in sich und verbürgt das friedliche Zusammenleben seiner Untertanen. Das Titelblatt des Werks „Leviathan or The Matter, Forme and Power of a Common-Wealth Ecclesiasticall and Civil", das diese Gedanken enthält, zeigt den Körper des Monarchen, der aus vielen kleinen Körpern besteht. Durch einen »Gesellschaftsvertrag« ist das Verhältnis zwischen Individuum und Monarch klar geregelt.

Thomas Hobbes, *Leviathan*, Titelblatt, 1651

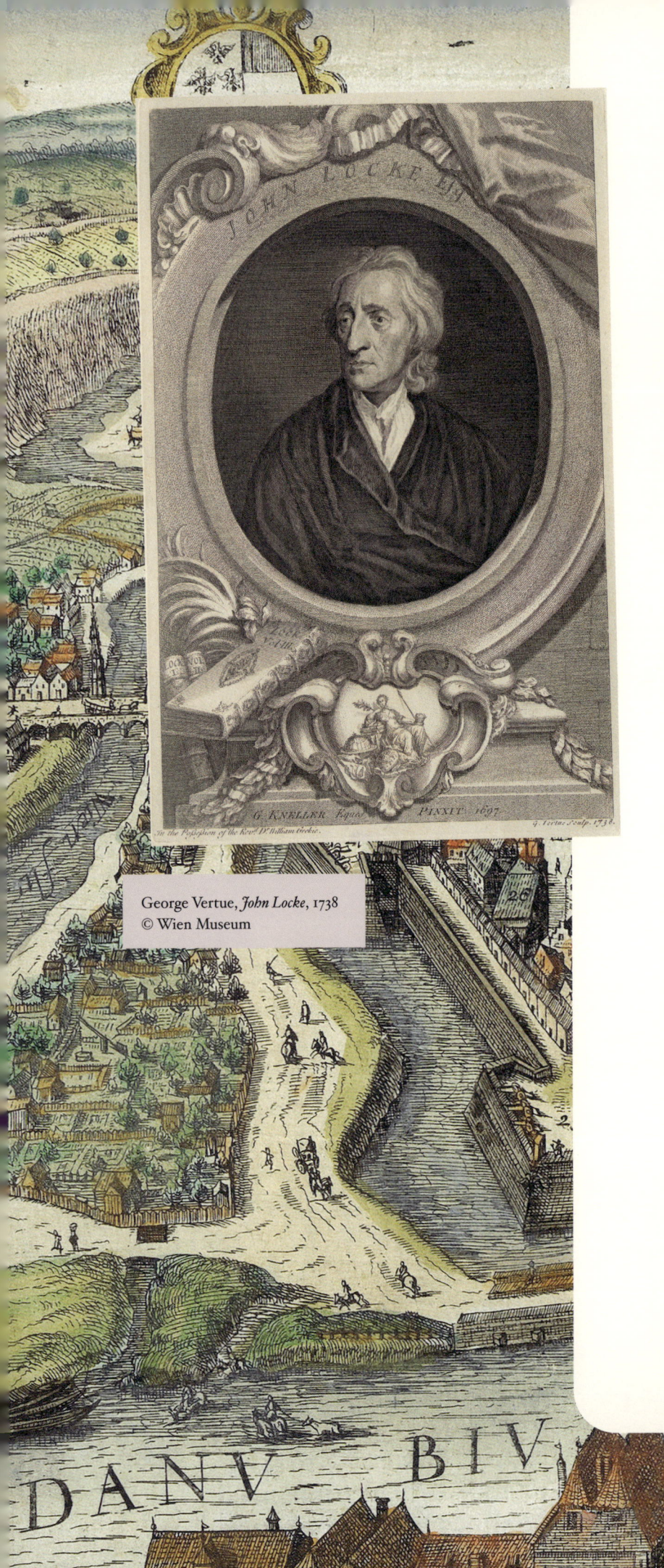

George Vertue, *John Locke*, 1738
© Wien Museum

John Locke (1632–1704) entwickelte die Idee zu einem Gesellschaftsvertrag basierend auf Freiheit und Gleichheit aller Menschen und deren Streben nach Glückseligkeit. Diese Gedanken, die er noch aus der Bibel und dem Schöpfungsglauben ableitete, machten ihn zu einem englischen Vordenker der Aufklärung. Lockes Staatstheorie inspirierte die Amerikanische Unabhängigkeitserklärung (1776) und die Französische Verfassung von 1791. Er gilt als Vordenker des Liberalismus.

Gottfried Wilhelm Leibniz (1646–1716) war ein Universalgelehrter, der einen regen Briefwechsel pflegte: Von seiner Hand sind 20.000 Briefe in Latein, Französisch und Deutsch erhalten, die er an rund 1300 Empfänger in 16 Ländern schrieb. Mehrere Male war er am Wiener Hofe tätig, den Kontakt mit Prinz Eugen schätzte er sehr. Leibniz wollte eine »Akademie der Wissenschaften« gründen, was auch mit etwas Verspätung – ca. 150 Jahre nach seinem Ableben – in Wien geschah.

Christoph Bernhard Francke, *Bildnis des Philosophen Gottfried Wilhelm Freiherr von Leibniz*, 1695, Herzog Anton Ulrich-Museum, Braunschweig

Prinz Eugen von Savoyen (1663–1736) trat bereits mit 20 Jahren in die Dienste Leopolds I. Unter seiner Heeresführung wurden wichtige Schlachten für die Habsburger entschieden. Als Bauherr und Mäzen prägt er bis heute das Bild der Barockstadt Wien.

Eduard Hallberger nach Josef Kriehuber und Jacob van Schuppen, *Prinz Eugen von Savoyen (aus Ueber Land und Meer)*, 1865 © Wien Museum

Samuel Oppenheimer (1630–1703) erhielt wie Prinz Eugen seinen ersten großen Auftrag für das Habsburgerreich während der Besatzung Wiens durch die Osmanen (1683). Er wurde zum wichtigsten Kreditgeber des Reiches. Dank der durch ihn verfügbaren Mittel wurden unter Leopold I. Kriege gewonnen und pompöse Hochzeiten gefeiert.

Josef Kriehuber (Lithograf), Johann Höfelich (Drucker), *Samuel Oppenheimer geb. zu Heidelberg i. J. 1631, gestorben zu Wien i. J. 1703, der Röm. kais. Majestät Leopold I. Oberkriegsu. Hoffactor […]* © Wien Museum

Maria Anna von Österreich (1634–1696) war eine Schwester Leopolds, deren Tochter, Infantin Margarita Teresa, er heiraten sollte. Auch Maria Anna war mit ihrem Onkel, dem spanischen König Philipp IV., verheiratet.

Diego Rodríguez de Silva y Velázquez und Werkstatt, *Erzherzogin Maria Anna, Königin von Spanien*, 1652/53, Kunsthistorisches Museum Wien, Gemäldegalerie
© KHM-Museumsverband

Ludwig XIV. (1638–1715), Leopolds Cousin, war als »Sonnenkönig« von Frankreich dessen erbitterter lebenslänglicher Rivale.

Justus van Egmont, *König Ludwig XIV. von Frankreich*, um 1651/54, Kunsthistorisches Museum Wien, Gemäldegalerie
© KHM-Museumsverband

Diego Rodríguez de Silva y Velázquez, *König Philipp IV. von Spanien*, 1653–1656/1659 Kunsthistorisches Museum Wien, Gemäldegalerie © KHM-Museumsverband

Philipp IV. (1605–1665), Regent der spanischen Linie des Hauses Habsburg, war in erster Ehe mit einer Tochter des französischen Königs Heinrich IV. verheiratet (Élisabeth de Bourbon, Ludwig XIII. war ihr Bruder). Die aus dieser Verbindung stammende Tochter Maria Teresa heiratete Ludwig XIV. Seine zweite Frau war Maria Anna von Österreich, die Schwester Leopolds I. Ihre Tochter heiratete in erster Ehe Leopold I. Philipp IV. war also der Schwiegervater der beiden Rivalen Ludwig XIV. und Leopold I.

Rekonstruktion des Hauses Bauernmarkt 1 in der Zeit der Renaissance (Christian Schienerl in Zusammenarbeit mit Günther Buchinger)

Das prächtige Haus an der Adresse Bauernmarkt 1 (um 150 n. Chr. – heute) zeigte sich 1640 im Renaissancestil. Es hatte ungewöhnlich viele – insgesamt dreizehn – Geschäftsflächen und beherbergte neben der Familie der Besitzer unterschiedliche Mieter und Hofquartiersnehmer.

Siehe die Rekonstruktion des Hauses in der Renaissance auf S. 326; mehr zur Geschichte des Hauses in der Renaissance ab S. 548.

Wie sah die Stadt Wien aus?

Jacob Hoefnagel widmete seinen Vogelschauplan Wiens 1609 dem späteren Kaiser Matthias und der Stadt. Wien hatte zu dieser Zeit den Umfang des heutigen ersten Bezirks. Die mächtigen Festungsmauern verliefen ungefähr an der Stelle der Ringstraße um die Innenstadt. Die Jasomirgottstraße, also die Verbindung zwischen dem Haus Bauernmarkt 1 und dem Stephansdom, gab es zu jener Zeit noch nicht. Das heutige „The Leo Grand" allerdings ist gut sichtbar.

Jacob Hoefnagel, *Vienna Austriae* (Vogelschau von Wien), 1617
© Wien Museum

Ahnengalerie Leopolds I.

FAMILIE

ELTERN LEOPOLDS I.

Maria Anna von Spanien (1606–1646) 01
Die Mutter Leopolds I. wäre beinahe englische Königin geworden. Ihr strenger Glaube aber ließ sie Ferdinand II. den Vorzug geben. Während der langen Abwesenheiten ihres Mannes im Dreißigjährigen Krieg übernahm sie oft die Regierungsgeschäfte. Maria Anna blieb auch nach der Heirat im Besitz ihrer spanischen Thronrechte, während ihre ältere Schwester Anna, die Gemahlin Ludwigs XIII., diese Rechte nicht behalten durfte.

Ferdinand III. (1608–1657) 02
Unter der Regentschaft Ferdinands III. wurde der Dreißigjährige Krieg mit dem Westfälischen Frieden beendet. Ferdinand III. war der erste komponierende Herrscher aus dem Hause Habsburg.

GROSSELTERN LEOPOLDS I. VÄTERLICHERSEITS

Kaiser Ferdinand II. (1578–1637) 03
Der Großvater Leopolds I. war ein Verfechter der Gegenreformation. Unter seiner Herrschaft begann der Dreißigjährige Krieg.

Eleonore Gonzaga I. (1598–1655) 04
Die Stiefgroßmutter Leopolds I. brachte ihre italienische Kultur – vor allem die Liebe zur Musik – von Mantua mit nach Wien.

KAISER LEOPOLD I.
(1640–1705) 12

Claudia Felicitas (1653–1676) 11
Claudia Felicitas war die zweite Ehefrau Leopolds I. Durch die Heirat fiel das Land Tirol wieder an die Hauptlinie der Habsburger, und Leopold wurde hier Landesherr **(mehr über sie ab S. 260)**.

GROSSELTERN LEOPOLDS I. MÜTTERLICHERSEITS

Margarete von Österreich (1584–1611) 09
und **Philipp III.** (1578–1621) 10
Margarete und Philipp waren Cousin und Cousine und verheirateten ihre Kinder an die beiden führenden Königshöfe Europas: Frankreich und Österreich. Philipps Großvater väterlicherseits (und Urgroßvater mütterlicherseits) war Kaiser Karl V.

FAMILIÄRER RIVALE

Leopold I. und Ludwig XIV. waren Cousins mütterlicherseits.

Anna von Österreich (1601–1666) 19
Die Tante Leopolds I. war die Mutter Ludwigs XIV. Durch die Geburt des Thronfolgers im Alter von 37 Jahren war ihr Stand am französischen Hof endlich gesichert **(mehr über sie auf S. 194)**.

Ludwig XIII. (1601–1643) 20
Der Vater Ludwig XIV. war der zweite französische König aus dem Haus Bourbon. Der Roman »Die drei Musketiere« von Alexandre Dumas hat das Andenken an den König erhalten und gleichzeitig negativ beeinflusst, zeichnet er doch das Bild eines eher schwachen Herrschers.

Ludwig XIV. (1638–1715) 21
Der Name des Cousins Leopolds I. ist bis heute ein Synonym für barocke Prachtentfaltung. Sein architektonisches Großprojekt in Versailles war Zeichen der absolutistischen Staatsidee. Zeitlebens waren er und Leopold I. unerbittliche Rivalen um die Vorherrschaft auf dem europäischen Kontinent.

Maria Teresa (1638–1683) 22
Die Infantin Maria Teresa fristete als Königin von Frankreich und Navarra ein Schattendasein neben den Mätressen ihres Sonnenkönigs.

KULTURRATGEBER

Eleonore von Gonzaga (1628–1686) ⑤
Die dritte Ehefrau Ferdinands III. beriet Leopold I. in Fragen der Kultur. Sie brachte viele italienische Künstler nach Wien.

Erzherzog Leopold Wilhelm (1614–1662) ⑥
Die Sammlung von Leopolds Onkel, eines begeisterten Kunstmäzens, bildete den Grundstock der Gemäldegalerie des Kunsthistorischen Museums in Wien **(mehr über ihn auf S. 196)**.

ELTERN DER ERSTEN FRAU LEOPOLDS I.

Maria Anna von Österreich (1634–1696) ⑦
Die zweite Ehefrau Philipps IV. war gleichzeitig Schwester und Schwiegermutter Leopolds I.

Philipp IV. (1605–1665) ⑧
Unter seiner Herrschaft entfaltete sich das »Goldene Zeitalter« Spaniens. Mit dem Begriff »Siglo de Oro« (»Goldenes Jahrhundert«) wird eine Zeit besonderer Prosperität und weltweiter politischer Macht benannt. Das »Siglo de Oro« markiert den Übergang von der Renaissance zum Barock und dauerte etwa von 1550 bis 1660. In der Literaturwissenschaft wird das Ende der Epoche oft mit dem Tod Calderóns, des Autors von »Das Leben ein Traum«, im Jahr 1681 angesetzt. Philipp IV. beschäftigte zum Beispiel Diego Rodríguez de Silva y Velázquez an seinem Hof.

Informationen zu den Gemälden finden sich auf S. 582.

Margarita Teresa (1651–1673) ⑬
Die Infantin war die erste Ehefrau Leopolds I. **(mehr über sie ab S. 260)**.

DIE BEIDEN THRONFOLGER

Joseph I. (1678–1711) ⑮
Veränderungswille und nicht Frömmigkeit oder Bewahren der Traditionen prägte die Regierungsideen des ersten und reformfreudigen Nachfolgers Leopolds I. Seine Herrschaft währte nur sechs Jahre.

Karl VI. (1685–1740) ⑯
Der Sohn und zweite Nachfolger Leopolds I. war der Vater Maria Theresias (1717–1780).

Eleonore Magdalena (1655–1720) ⑭
Die dritte Ehefrau Leopold I. schenkte dem Kaiser die wichtigen männlichen Nachkommen und Thronfolger Joseph und Karl **(mehr über sie ab S. 260)**.

VERBÜNDETE

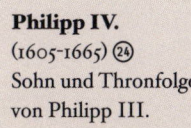

Philipp IV. (1605–1665) ㉔
Sohn und Thronfolger von Philipp III.

Isabella von Bourbon (1602–1644) ㉓
Isabella von Bourbon war die jüngere Schwester Ludwigs XIII. und erste Ehefrau Philipps IV. Isabellas Tochter Maria Teresa heiratete Ludwig XIV., ihren Cousin.

Samuel Oppenheimer (1630–1703) ⑰
Er war Oberster Hoffaktor und »Hofjud« Leopolds I. Er finanzierte die Kriege und die barocke Pracht des Kaiserhofs. Zudem war er »inkognito« Besitzer des Hauses am Bauernmarkt 1. Sein Haus und das gleich nebenan liegende von Samson Wertheimer, der im Gefolge Oppenheimers nach Wien gekommen war, können als Keimzelle der jüdischen Wiener Gemeinde nach deren Vertreibung von 1670 gelten **(mehr über ihn ab S. 319)**.

Prinz Eugen von Savoyen (1663–1736) ⑱
Prinz Eugen von Savoyen diente Kaiser Leopold I. und seinen Söhnen als Feldherr. Er gewann zahlreiche Schlachten im Dienste der drei Kaiser und erbaute prächtige Paläste in Wien **(mehr über ihn ab S. 282)**.

Besitzer und Besitzerinnen des Hauses am Bauernmarkt 1

Rekonstruktion des mittelalterlichen Palastes;
mehr dazu ab S. 124

Rekonstruktion des Gebäudes in der Renaissance;
mehr dazu ab S. 326

Um 1200 möglicherweise die Familie der Paltrame

Vor 1372 Hermann von Eslarn

1399 Hermann der Jüngere und Niklas der Jüngere von Eslarn

Vor 1409 Hermann der Jüngere von Eslarn allein

1409 Chunrat Kunick

1409/10 Hermann der Jüngere von Eslarn

1410 Jekel

Nach 1410 Hermann der Jüngere von Eslarn

Um 1418/19 Jorg von Eslarn

1440 Jorg von Eslarn eine Hälfte, Brüder Hans und Otto andere Hälfte

1464 Cousinen Orea, Frau des Hanns Leschenprannt, und Anna, Frau des Ernreich Köppel, eine Hälfte, Ursula, Witwe des Hans von Eslarn, andere Hälfte

1466 Orea Leschenprannt und Anna Köppel eine Hälfte, Ernreich Köppel andere Hälfte

1493 Hans Köppel

1503 Oswalt Ernst

1503 Heinrich Franckh und dessen Frau Barbara

1513 Heinrich Franckh

1518 Hanns Schober

Vor 1545 Stefan Schober

1545 Margarethe Hohentonnerin

1552 Margarethe Hohentonnerin und ihr Gatte Leonhart Pleyer

1568 Leonhart Pleyer

1569 Johann Prunner und dessen Frau Martha

1592 Martha eine Hälfte, drei Töchter – Elisabeth, nachmals Frau des Oswald Hüttendorfer, Anna Wildin und Barbara – andere Hälfte

Nach 1592 Martha eine Hälfte, Tobias Prunner ein Drittel, Barbara ein Sechstel

1627 Andre Pfeiffer

1632 Dr. jur. Johann Baptist Pfeiffer

1648 Pfeiffers Frau Maria Salome, geb. Straussin

1648 Clemens Radolt

1668 Töchter Maria Franziska und Maria Anna Radolt

Nach 1668 Maria Anna Freiin von Ariazaga

1692 Gottfried Wiser Edler von Wiesenthal / Samuel Oppenheimer

1703 Gottfried Wiser Edler von Wiesenthal / Emanuel Oppenheimer

1705 Johann Bartholomäus von Schweighardt

1731 dessen Sohn Josef von Schweighardt

Vor 1765 St. Peterskirche zwei Drittel, Kanonikatstift Dürnstein und Gräfin von Salvadore ein Drittel

1765 Eleonore von Pelsern, geborene von Führenberg

1802 Rainer Franz von Thys

1830 vier Kinder des Rainer Franz von Thys

1832/36 Dr. Franz de Paula Ritter von Rettenbach

1844 Ferdinand Kappler, Leopold Kappler und Ignaz Gassner

1845 Dr. August Blühdorn

1846 Sigmund Edler von Wertheimstein

1858 Louise Beyfus, Sophie Jaques und Dr. Heinrich Jaques

1859 Eduard Böhm

1872 Maria Böhm

1891 Wiener Bürgerspitalsfonds

1938 Stadt Wien

2001 Unternehmensgruppe LENIKUS

Restauriertes Fassadenrelief, um 1669, Detail, Foto 2019; **mehr dazu ab S. 298**

Restaurierte barocke Stuckdecke, um 1730, Detail, Foto 2021; **mehr dazu ab S. 362**

»The Leo Grand« Hotel mit begrünter Begegnungszone, 2022; **mehr dazu ab S. 472**

DIE ANFÄNGE DER STADT WIEN

Hans Part und Werkstatt, *Der Babenberger-Stammbaum*, um 1489–1492 (Detail: Leopold III., der Heilige)

Ein Rundgang durch das römische Wien

Martin Mosser begleitete die Grabungen am Bauernmarkt 1 mit seinem Wissen über das römische Wien. Mit jedem größeren Umbau, der eine Grabung im Inneren der Stadt Wien zur Folge hat, vervollständigt sich das Bild über das antike Lager »Vindobona«. Auch hier am Bauernmarkt 1 wurden Bestandteile des römischen Lagers freigelegt. Für das vorliegende Buch beschrieb Martin Mosser einen Rundgang durch das antike Wien (siehe ab S. 528). Eines Nachmittags erkunden wir gemeinsam einzelne Stationen, währenddessen er mir erklärt, wie es dazu kam, dass die Römer in dieser Region ihr Lager mit dem Namen »Vindobona« errichteten:

Siehe mehr dazu in den Texten von Oliver Rachbauer und Martin Mosser ab S. 518 bzw. S. 524.

»Bereits zur Zeit Cäsars, Mitte des 1. Jahrhunderts vor Christus, als der Donauraum sich noch lange nicht unter römischem Einfluss befand, lebte auf dem Gebiet des heutigen Wien, das damals noch von den keltischen Boiern besiedelt war, eine Gruppe römischer Kaufleute. Der günstig gelegene Handelsstützpunkt an der Donau ließ sie Kontakte nicht nur zu den Kelten selbst, sondern auch zu Bevölkerungsgruppen an der Nord- und Ostsee und in den Balkanraum bis zum Schwarzen Meer pflegen. Doch dauerte es noch mehr als ein Jahrhundert, bis die Römer in Wien, dem römischen Vindobona, sowohl eine militärische als auch eine zivile Verwaltung installierten. Es war zunächst eine 1000 Mann starke Elitetruppe, die Reitereinheit der *ala I Flavia Britannica*, die im Zuge von kriegerischen Auseinandersetzungen mit den Germanen um ca. 90 nach Christus im Bereich des heutigen Schottenklosters auf der Freyung ein Kastell erhielt. Nur wenige Jahre später begann mit der Machtergreifung Kaiser Trajans im Jahr 98 nach Christus im mittleren und unteren Donauraum ein groß angelegtes militärisches Bauprogramm, das zum Ziel hatte, Germanen und Daker nördlich der Donau in Schach zu halten bzw. die Okkupation des dakischen Königreiches (im heutigen Rumänien) vorzubereiten. Im Zuge dessen erbaute zunächst die *legio XIII gemina* (13. Legion) und danach die *legio XIIII gemina Martia victrix* (14. Legion) ein ca. 22 ha großes Legionslager auf dem leicht erhöhten Plateau im Umkreis des heutigen Hohen Marktes, also etwa zwischen dem Tiefen Graben, dem Graben, der Rotenturmstraße und dem Donaukanal. Das Lager Vindobona wurde schließlich 114 nach Christus von der *legio X gemina* (10. Legion) übernommen, die bis in die Spätantike hinein hier stationiert war.«

»Kaiser Trajan« lässt mich sofort an die Trajanssäule (112/113 n. Chr.) auf dem Trajansforum in Rom denken. Ich erinnere mich: Dort, auf dem Relief des imposanten Bauwerks, sind die Feldzüge und der Triumph über die Daker dargestellt.

Trajanssäule von Südosten, 2008

Für Bildungsreisende war die Trajanssäule anlässlich ihrer Grand Tour ein »Must see«; damals durfte man sogar noch hinauf zur Plattform steigen, denn das Innere der Säule ist hohl und mit einer Treppe ausgestattet.

Gleichzeitig fällt mir ein: Hier in Wien war die römische Trajanssäule Vorbild für die beiden Glockentürme der Karlskirche (1737), die Kaiser Karl VI., der zweite Sohn Leopolds, hatte errichten lassen.

Auch Napoleon zeigte sich von dieser Ehrensäule inspiriert, denn sie diente als Vorbild für den Bau seiner Siegessäule, der Colonne Vendôme (1806–1810), auf der er seine Feldzüge verherrlichen ließ.

Auch direkt unter dem heutigen Gehweg vor dem Haupteingang des Hotels hat man römische Mauern gefunden. Die gesamte Situation wurde von der Stadtarchäologie Wien mit Hilfe eines digitalen 3D-Modells rekonstruiert. Hier ein Screenshot des Modells.

Johannes Miesler (Hersteller), R. Geiger (Zeichner), *Karlskirche*, 1899 (Gebrauch)
© Wien Museum

Die Nummern verweisen auf folgende Beschreibungen:

1. Steinquader: Fenstersturz
2. Aufgehendes Mauerwerk des Speicherbaus
3. Auflager
4. Auflager
5. Fensterschacht
6. Kellerfenster
10. Außenmauer eines Magazinbaus (?)

Created by Crazy Eye 3D-Studio

Die These ist, dass sich an der Stelle, die heute die Adresse Bauernmarkt 1 trägt, zu römischen Zeiten ein sehr großes Magazingebäude (Horreum) befand, in dem Waren und Lebensmittel gelagert wurden.

Carlo Canella, *Louis-Philippe bei der Einweihung der Napoleonstatue auf der Vendôme-Säule*, Musée Carnavalet Paris, o. J.

Riesentor des Stephansdoms in Wien, Detail, 2022

Hans Hollein, *Haas-Haus*, 2018

Von hier aus ist das sogenannte »Riesentor« des Stephansdoms zu sehen. Wenn man genau hinschaut, erkennt man, dass sich die Farbe der Steine des Tors von denen der Fassade unterscheidet. Das kommt daher, dass hier viele Steine aus der Römerzeit verwendet worden sind.

Vom Riesentor wieder Richtung Graben blickend, fällt das Haas-Haus mit der Rundung seines verspiegelten Erkers auf, das der Architekt Hans Hollein entworfen hat. Spannend ist, dass die Rundung genau die Biegung des antiken Grabens aufnimmt. Ob dies so vom Architekten bewusst in Anlehnung an den Römergraben gestaltet worden ist oder aus Intuition oder Zufall – das ist schwer zu sagen. Mich jedenfalls fasziniert, wie eine zeitgenössische Architektur die historisch tiefste Schicht der Stadt aufnimmt und in das heutige Stadtbild einschreibt.

Eine Art »Spiegelbild« zu dieser Rundung befindet sich, vom Heidenschuss kommend, am Beginn der Naglergasse. Auch diese nimmt die Form des hier zu Römerzeiten befindlichen Grabens sowohl in der Biegung der Gasse als auch in der Rundung des dort befindlichen Hauses auf.

Vom Heidenschuss kommend am Beginn der Naglergasse: Die Rundung des Gassenverlaufs und des Hauses nimmt die Form des römischen Grabens an dieser Stelle auf. Bis heute prägt das antike »Vindobona« an vielen Stellen das Stadtbild Wiens, 2022.

Am Ende der Naglergasse nach links blickend, sehen wir mit unseren imaginären Augen durch das südwestliche Haupttor des Römerlagers, der »Porta Decumana«. Noch bis 1732 befand sich hier ein Tor, das sogenannte »Peilertor«.

Carl L. Wiesböck, *Das Peilerthor vor 1732* © Wien Museum

Nach einem informativen Besuch im Römermuseum begeben wir uns zur Ruprechtskirche, deren Mauerwerk in der Sockelzone die Wiederverwendung römischer Steine zeigt. Auf dem Weg dorthin kommen wir am sogenannten Lazen-Hof vorbei, dessen Name sich auf Wolfgang Lazius, einem frühen Humanisten der Stadt, bezieht, dessen Buch ich gleich am ersten Tag in Wien am Naschmarkt gefunden hatte (siehe S. 62). Hier also lebte dieser wissenshungrige Historiker, Forscher und Mediziner. Er sammelte als einer der Ersten aus wissenschaftlichem Interesse römische Ausgrabungsstücke.

Ostansicht der Ruprechtskirche in Wien, 2022

»Der Hof erhielt seinen Namen nach dem Geschichtsschreiber, Forscher und Arzt Wolfgang Lazius, dessen Geburts- und Sterbehaus er war. [...] Wolfgang, der am 31. Oktober 1514 hier geboren wurde, übernahm den Hof 1548 gegen Auszahlung einer Jahresrente von seiner Mutter Ottilie und ließ ihn noch im selben Jahr von Grund auf neu erbauen.
Im vorderen Teil des Neubaus befand sich eine kostbare Sammlung alter Ausgrabungsstücke aus der Vergangenheit Wiens, vor allem interessante Römersteine, die teilweise in die Mauern eingefügt wurden (die Sammlung ging jedoch nach seinem Tod im Jahr 1565 verloren, da die Erben kein Interesse daran hatten und die Steine als Baumaterial verwendeten).«

„Lazenhof", in: *Wien Geschichte Wiki*, www.geschichtewiki.wien.gv.at/Lazenhof, abgerufen am 18.05.2022.

Weitere Stationen des Rundgangs durch das römische Wien ab S. 528.

Der Eingang zum Lazen-Hof in Wien, 2022

Am Hof und die Babenberger

Blick aus einem Zimmer des »The Leo Grand« Hotels, 2022

Wenn ich das Hotel durch den Haupteingang verlasse, führt mich die Jasomirgottstraße zum Riesentor des Stephansdoms. Der Name »Jasomirgott« ist nicht nur mit den Anfängen der Geschichte Wiens verbunden, als die Habsburger noch nicht ihren Platz in der Stadt eingenommen hatten, sondern auch mit der Mariensäule Am Hof. An diesem Platz hat Heinrich II. (1107-1177), der den Beinamen Jasomirgott trug, seine Residenz erbauen lassen – es war die erste Wiens.

Jasomirgott stammt aus dem bedeutenden Fürstengeschlecht der Babenberger. Ab 1143 residiert er als Bayernherzog in Regensburg. 1156 wird die Markgrafschaft Österreich (Marcha Austria) zum eigenständigen Herzogtum erhoben und Heinrich II. Jasomirgott die Herrschaft übergeben. Im Privilegium minus werden die Konditionen der Herrschaftsverpflichtungen niedergeschrieben. 1156 übersiedelt Heinrich II. mit seiner Frau Theodora, einer byzantinischen Prinzessin, nach Wien und beginnt »im Bereich des heutigen Platzes Am Hof eine Fürstenpfalz nach Regensburger Muster mit einem Palast, zwei Kapellen und einem Kloster zu errichten. Er holte iro-schottische Mönche nach Wien und überließ ihnen Grundstücke in Sichtweite seiner Residenz zum Bau eines Klosters. Grundschenkungen begünstigten Neuansiedlungen im Bereich dieses Schottenstifts und der 1147 geweihten ersten Stephanskirche. Noch als Markgraf nahm er am Zweiten Kreuzzug teil und heiratete 1148 Theodora Komnena, die Nichte des byzantinischen Kaisers. Gemeinsam mit seiner Frau wurde er in der Schottenkirche beigesetzt – der einzige in Wien begrabene Babenberger.«[1]

Kaiser Leopold I. und der Leopolditag

Der Vater von Heinrich II. Jasomirgott war Leopold III. Ihm war es gelungen, Wien auf Dauer unter babenbergischen Einfluss zu bringen. Mit dem Namenszusatz »der Heilige« wurde er aufgrund seiner Klostergründungen benannt, so zum Beispiel von Stift Klosterneuburg in der Nähe Wiens. Kaiser Leopold I. machte ihn 1663 zum Landespatron und ließ den würdevollen Ahnherrn durch einen Leopolditag gebührend feiern. Er verwies damit auf die lange Tradition der Macht seines Hauses – so als sei die Herrschaft der Habsburger bereits durch den 1136 Verstorbenen angelegt worden.

Heiligenverehrung als politische Angelegenheit

»Die Verehrung von heiliggesprochenen Herrschern als Landespatronen war nicht nur eine Frage der Frömmigkeit, sondern eine höchst politische Angelegenheit. Der regierende Monarch sah sich in der Nachfolge des Heiligen, dessen Reliquien als Requisiten bei der Herrschaftseinsetzung zum Zeichen der rechtmäßigen, gottgewollten Herrschaft dienten. [...]

In den österreichischen Ländern gab es keinen für die Gesamtheit der Länder zuständigen Landesheiligen. Diese Lücke wollten die habsburgischen Landesfürsten mit einem Landespatron schließen, der zugleich auch als Hausheiliger der Dynastie fungieren sollte. [...]

Einen ersten Anlauf zur Heiligsprechung Leopolds unternahm schon Rudolf IV. im Jahre 1358, jedoch erst Friedrich III. war 1485 in seinem Bemühen um die Kanonisation erfolgreich. Als Leopolds Gebeine, die als Reliquien des Heiligen nun zur Verehrung freigegeben waren, dem Grab des Heiligen im Stift Klosterneuburg entnommen wurden, fand 1506 eine erste offizielle Hofwallfahrt statt, an der Maximilian I. in den Gewändern eines Erzherzogs von Österreich teilnahm.

In der Gegenreformation wurde der Leopoldskult unter Leopold I. stark propagiert. 1663 ließ der Kaiser seinen Namenspatron zum Patron aller österreichischen Länder erheben. Am Leopolditag (15. November) fand alljährlich eine Wallfahrt des Hofes nach Klosterneuburg statt. Der österreichische Erzherzogshut als Symbol des Kernlandes habsburgischer Macht wurde gemeinsam mit der Schädelreliquie verwahrt und so gleichsam der Obhut des Heiligen anvertraut.

Der heilige Markgraf wurde nun in den habsburgischen Himmel eingegliedert, in wortgewaltigen Abhandlungen und bildreichen Predigten wurde der Heilige als ideologische Klammer beschworen: in der Realität wurde der Leopoldskult in der Folge nur in Wien und Niederösterreich wirklich populär und verdrängte dort den ursprünglichen Landespatron Koloman.«[2]

Begehrtes Gut: Reliquien

Reliquien waren das gesamte Mittelalter über und noch in gegenreformatorischer Zeit ein begehrtes Gut. Die Habsburger sammelten und verehrten solche Gegenstände. Heute sind viele dieser Artefakte in der Geistlichen Schatzkammer des Kunsthistorischen Museums in Wien zu sehen.

»Das Reichskreuz stellt einen Höhepunkt mittelalterlicher Goldschmiedekunst dar und entstand in der Regierungszeit Kaiser Konrads II. (1024–1039). Es ist an der Vorderseite dicht mit Edelsteinen und Perlen besetzt, während die Rückseite eine in Niello ausgeführte Zeichnung der zwölf Apostel, des Apokalyptischen Lamms sowie der vier Evangelistensymbole zeigt. Wie die Reichskrone ist auch das Reichskreuz von tiefer symbolischer Bedeutung erfüllt. Es ist zunächst ein Symbol christlichen Triumphes, da Christus seinen Kreuzestod ja durch die Auferstehung überwand. Seitdem Kaiser Konstantin seinen Sieg an der Milvischen Brücke (312) unter dem Schutze des Kreuzes errungen hatte, galt das Kreuz jedoch auch als Hoheitszeichen des Römischen Reiches, eine Idee, die von Karl dem Großen bewusst fortgeführt wurde und auf die sich auch die ottonischen und frühsalischen Herrscher bezogen. Das Reichskreuz ist daher als Zeichen des christlichen Triumphes, des Sieges sowie der kaiserlichen Repräsentation zu interpretieren. Es gliedert sich ein in eine Reihe berühmter imperialer Stiftungen, an deren Anfang ein juwelenbesetztes Triumphkreuz (*crux gemmata*) steht, das Theodosius II. vor 450 auf dem Golgathahügel hatte errichten lassen. Das Reichskreuz ist aber nicht nur eine triumphale *crux gemmata*, sondern auch ein Reliquienbehältnis. Teile der Vorderseite lassen sich in Platten abnehmen und geben die Ausnehmungen im Inneren frei, in denen einst die Reichsreliquien verwahrt wurden: im Querarm die Heilige Lanze und im Schaft die Kreuzpartikel. Diese höchst kostbaren Passionsreliquien galten als Unterpfand des ›Königsheils‹ und der Siegeskraft des Herrschers. Die Bedeutung der Reliquien findet eine perfekte Entsprechung in der Form der sie bergenden Hülle, die alle weltlichen Herrschaftszeichen an Symbolkraft überragt.«[3]

Das Reichskreuz, um 1024/25, 1325 datiert
Kunsthistorisches Museum Wien,
Schatzkammer © KHM-Museumsverband

Ein großes Bild sagt mehr als tausend Worte

Hans Part und Werkstatt, *Der Babenberger-Stammbaum*, um 1489–1492. Foto im Jahr 2020 am Aufstellungsort in Klosterneuburg aufgenommen. Durch die vor dem Triptychon stehende Besucherin werden die enormen Maße des Werks besonders augenfällig.

Der „Babenberger-Stammbaum": Familiengeschichte für Leseunkundige

Der „Babenberger-Stammbaum" ist ein monumentales, auf Familienforschung basierendes Kunstwerk. Nach der Heiligsprechung Leopolds III. 1485 wurde Ladislaus Sunthaym vom Abt des Stifts Klosterneuburg mit Recherchen zur Familiengeschichte betraut. Der Gelehrte nahm seine Studien sehr ernst und sein Werk zeigt eine überraschende Sorgfalt und Quellenkritik. Auf Grundlage dieser Ergebnisse schufen Hans Part und seine Werkstatt zwischen 1489 und 1492 ein imposantes, über acht Meter breites und vier Meter hohes Triptychon.

Die Werkstatt des Malers Hans Part ersann für das Monumentalwerk eine bis dahin unbekannte Darstellungsform: Die Mitteltafel ist in 27 Szenen gegliedert und stellt die Babenberger-Fürsten in szenischen Zusammenhängen vor. Die männlichen Vertreter werden nicht, wie bisher bei mittelalterlichen Stammbäumen üblich, in Halbfigurenbildern mit ihren Wappen, sondern in eine wichtige Szene ihres Lebens eingebettet gezeigt. Dargestellt werden beispielsweise Jagden, Schiffsreisen, wichtige Schlachten und Belagerungen. Auch eine Stadtansicht Wiens findet sich. Mode, Sitten und Stadtansichten geben die Verhältnisse zur Zeit des Auftrags und nicht die Welten der dargestellten Personen wieder, was wohl nicht möglich war, wusste man doch über Mode und Aussehen der Menschen wenig bis gar nicht Bescheid. Auf den Seitenflügeln sehen wir die weiblichen Vertreterinnen der Familie. Ihre Kleidung ist kostümgeschichtlich interessant, da die Babenbergerinnen in der Mode des späten 15. Jahrhunderts erscheinen.

Detail aus dem *Babenberger-Stammbaum*

»Als erster unternahm Rudolf IV. offizielle Schritte, um eine Heiligsprechung seines berühmten Vorgängers zu erreichen. Diese Bestrebungen erscheinen bei Rudolf dem Stifter deutlich als Teil seines politischen Konzeptes. Er trachtete mit allen Mitteln, seinem Lande und seinem Hause erhöhten Glanz zu verschaffen. Dieser Splendor wird aber nicht bloß als vermehrte Macht oder materieller Reichtum aufgefaßt, sondern ebenso aus mystischen Quellen gespeist, in übernatürlichen Bereichen verankert. Und nichts war geeigneter, das nationale Prestige eines Landes zu erheben, als ein Nationalheiliger.«[4]

Mehr zu Rudolf IV. auf S. 110.

»Seine Berühmtheit verdankt der Babenberger-Stammbaum heute den topographischen Ansichten. Dabei waren diese keineswegs Hauptanliegen des Künstlers oder des Auftraggebers. Als Produkt einer Übergangszeit mischt das Werk topografisch getreue, frei variierte und völlig erfundene Ansichten ohne die geringsten Bedenken.«[5]

Auch wenn der „Babenberger-Stammbaum" ein Bild der Fürsten und Fürstinnen des Herrscherhauses vermittelt, ist der imaginäre Charakter der Darstellungen offensichtlich – was die Zeitgenossen nicht gestört haben dürfte: Besser irgendein Bild als keines – so der Gedanke der Schöpfer und Auftraggeber.

Leopold III., der Heilige

»Um dieses Babenbergers willen wurde unser Stammbaum gemalt. Das Werk war dazu ausersehen, das Grab des neuen Heiligen zu schmücken. Im Gegensatz zu seinem Vater hielt sich Leopold III. aus allen Auseinandersetzungen heraus und widmete sich der inneren Wohlfahrt seines Landes. [...] Seine Friedenspolitik brachte Österreich beachtlichen Wohlstand, sein persönliches Ansehen wurde durch die Heirat mit Agnes, der Tochter Kaiser Heinrichs IV., gewaltig gehoben. [...] Für die Entwicklung des österreichischen Staatsgedankens ist die Regierung Leopolds III. von größter Bedeutung. Unter ihm ist zum ersten Mal von einem Landrecht und von einem Landesfürstentum die Rede.«[6]

Hans Part und Werkstatt,
Der Babenberger-Stammbaum, um 1489–1492
(Detail: Leopold III., der Heilige)

Hans Part und Werkstatt,
Der Babenberger-Stammbaum, um 1489–1492
(Detail: Heinrich II. Jasomirgott)

Heinrich II. Jasomirgott

»Das Bild von Heinrich Jasomirgott gehört zu den schönsten des Werkes. Die Landschaft im Hintergrund läßt schon die Donauschule ahnen. Im Vordergrund sehen wir die Fahrt der österreichischen Kreuzfahrer über das Meer. Die technischen Einzelheiten der Schiffe sind sehr anschaulich wiedergegeben, ebenso das Unbehagen der Festlandbewohner auf dem Ozean. Im Hintergrund ist die alte, romanische Schottenkirche abgebildet, völlig naturgetreu mit dem mächtigen Westwerk, Querschiff und Seitenkapellen. Dies ist die älteste Ansicht der Kirche, die im 17. Jahrhundert abgerissen und völlig neu erbaut wurde. Davor steht der Herzog mit dem schottischen Abt.«[7]

Als der Stammbaum gemalt wird, besteht Christoph Kolumbus einige Abenteuer und entdeckt vermeintlich einen Handelsweg nach Indien – und dann wird klar: Es ist Amerika. Ein wichtiges Ereignis, auch für die Habsburger, die sich vor allem unter der Herrschaft Karls V. (1500–1558) die Reichtümer der Kolonien dort in großem Maßstab aneignen werden.

Das Privilegium minus legt den Grundstein für das Herzogtum Österreich und verleiht ungewöhnliche Rechte

Das Privilegium minus legte 1156 den Grundstein für die Unabhängigkeit des gegründeten bzw. verkündeten Herzogtums Österreich von Bayern. Der Status wurde Heinrich II. von Friedrich I. Barbarossa dafür zugesichert, dass er Bayern an Heinrich den Löwen abtrat. Besonders hervorzuheben ist die Regelung der Nachfolge: Das Herzogtum wurde zum erblichen Reichslehen Heinrichs und Theodoras. Es war also eine Nachfolge aus weiblicher Linie möglich, was zu dieser Zeit Einmaligkeitswert hatte und vielleicht dem hohen Rang der byzantinischen Prinzessin geschuldet war. Im Fall der Kinderlosigkeit durfte das Paar einen Erben bestimmen. Der Umzug Theodoras und Heinrichs nach Wien bereitete den Boden für die Erhebung Wiens zur Residenzstadt des Heiligen Römischen Reiches im Jahr 1438.

Das Privilegium minus ist somit die Geburtsurkunde eines im damaligen Reichsverband selbstständig agierenden Österreich.

1156 lebten schätzungsweise 8000 Menschen in der Stadt Wien.[9]

Ein würdevolles Herrscherpaar

Heinrich II. erweiterte durch intelligente Heiratspolitik seinen Herrschaftsraum und rückte in unmittelbare Nähe sowohl des deutschen – er heiratete in erster Ehe die einzige Tochter Kaiser Lothars III. – als auch des byzantinischen Kaisers. Auf dem Weg zum Zweiten Kreuzzug machte er Rast in Konstantinopel und verliebte sich dort in die Nichte des Kaisers. Nach seiner Rückkehr durfte er die standesgemäß über ihm stehende Prinzessin Theodora heiraten. Konstantinopel und der dort herrschenden Familie der Komnena war es zu dieser Zeit ein Anliegen, Bündnispartner unter den deutschen Fürsten zu wissen, stellten doch die Seldschuken eine reale Gefahr vor den Toren der Stadt dar. Das Herzogtum Österreich wurde von Friedrich I. Barbarossa an Herzog Heinrich II. Jasomirgott und seine Frau Theodora Komnena übergeben.

Die Tradition der Akkumulation von Macht in den Händen weniger Familien war bereits damals nichts Neues: Theodora und Heinrich II. Jasomirgott waren verwandt. Sie stammten beide in weiblicher Linie von Kaiser Heinrich III. (1016–1056) aus dem Haus der Salier ab.

Eine byzantinische Prinzessin in Wien

Byzanz war in jenen Jahren bereits eine kulturell bedeutende Weltstadt. Eine wichtige Grundlage dafür war die 425 von Theodosius II. reformierte Hochschule Konstantinopels, an der es Lehrstühle für Grammatik, Rhetorik, Philosophie, Recht, Musik, Astronomie, Geometrie und andere Disziplinen gab. Außerdem förderten umfangreiche öffentliche Bibliotheken die Denk- und Leselust der Bewohner der Stadt. Es kann daher sein, dass der Herzog unter Zugzwang stand und seiner Frau einiges bieten wollte – zunächst in Bayern und dann nach dem Umzug in Wien, wo er eine prächtige Residenz erbauen ließ, die ihren Ansprüchen genügen sollte.

»So wurde er [Heinrich II. Jasomirgott] mit Theodora, der Nichte des Kaisers, vermählt, was im Westen eine ungeheure Steigerung des herzoglichen Ansehens bewirken musste.«[8]

Das Paar war oft Gastgeber hoher Würdenträger, und man vermutet, dass Theodora aktiv am politischen Geschehen beteiligt war und als wichtige Ratgeberin ihres Gemahls fungierte.

> Bemerkenswert, dass bereits Mitte des 12. Jahrhunderts eine Frau, die ihre Kultur aus Konstantinopel, der Hauptstadt des oströmischen bzw. byzantinischen Reiches, mitbrachte, als Marktgräfin von Österreich, Herzogin von Bayern und erste Herzogin von Österreich die Geschicke dreier Länder mitbestimmte.

Eine Fälschung wird zur Wahrheit erklärt: Das Privilegium maius

Das Privilegium maius führt uns nun fast zwei Jahrhunderte in die Zukunft, zu einem charismatischen Herrscher Wiens: Rudolf IV. (1339-1365). Obgleich seine Regentschaft aufgrund seines frühen Todes nur sieben Jahre währte, legte er den Grundstein für viele spätere Entwicklungen.

Rudolfs Ehrgeiz war es, Österreich zu einem Königtum des Römischen Reichs zu machen und seine Hauptstadt Wien in den Rang einer Residenzstadt wie Prag erhoben zu sehen. So schuf er die Grundlage für den spätgotischen Ausbau der Stephanskirche und gründete nach Prager Vorbild 1365 die bis heute bestehende Universität „Alma Mater Rudolfina".

Rudolf setzte weitreichende Neuerungen durch:

> »Er verfügte, unbebaute Parzellen aus Kircheneigentum, die ›tote Hand‹, weiterzugeben, um die Häufung ungenützten kirchlichen Realbesitzes einzuschränken und Neuzuwanderung zu erleichtern. Die Aufhebung des Zunftzwanges diente der Neuansiedlung von Handwerken, der Baubeginn für den Südturm und das spätgotische Langhaus der Stephanskirche sorgte für entsprechende Arbeitsplätze.«[10]

Die edle Abstammung der Familie der Habsburger

Rudolf IV. war der Schwiegersohn Kaiser Karls IV (1316-1378). Dieser bedeutende Herrscher des Mittelalters wurde ihm zum Vorbild, aber auch zum Rivalen – seine Frau Katharina von Luxemburg (1342-1395) musste oftmals zwischen Vater und Ehemann vermitteln.

Rudolf war die Rangerhöhung seines Herrschaftsbereichs ein wichtiges Anliegen: Um Größe und Glanz seiner Herkunft zu beweisen, ließ er genealogische Forschungen durchführen und zahlreiche Schriftstücke anfertigen.

Das Ergebnis war klar: Der Herrschaftsanspruch des Hauses Habsburg leitete sich in direkter Linie von römischen Kaisern ab, und seinem Geschlecht stand daher ein königsgleicher Rang zu. »Besonders anmaßend war die Fälschung eines Briefes Kaiser Heinrichs IV. aus 1058, worin angebliche Privilegien Österreichs, die von den antiken Herrschern Cäsar und Nero verliehen worden wären, bestätigt wurden.«¹¹

Das Privilegium minus muss weichen

Rudolf ließ ein neues Schriftstück erstellen, das er als Privilegium minus aus dem Jahr 1156 ausgab. Die echte Urkunde wurde vermutlich vernichtet, die neue Urkunde mit dem alten Siegel versehen. Das neue Dokument enthielt weitreichende Änderungen der Stellung des Herzogtums im Reich; zum Beispiel räumte es dem Haus Habsburg den Titel eines Pfalzerzherzogs (ein bis dahin unbekannter Titel) und eine Reihe zusätzlicher Privilegien ein.

Doch dieses Dokument war nicht das einzige, das er anfertigen ließ: Ein angebliches Schreiben Friedrich Barbarossas gestand Heinrich II. noch weitreichendere Rechte zu. Briefe von König Heinrich VII. (datiert mit 1228), Friedrich II. (1245) und Rudolf I. (1238) erweiterten oder bestätigten die von Rudolf IV. gewünschten Bestimmungen.

Petrarca erkennt den Betrug

Am Hofe Karls IV. war der bereits damals hoch geschätzte Dichter und Gelehrte Francesco Petrarca, den man heute als Schlüsselfigur des Renaissance-Humanismus betrachtet, »angestellt«. Petrarca sollte die Echtheit der Dokumente prüfen.

> »In Österreich hätten die vorgeblichen Urkunden Caesars und Neros kaum Verdacht erweckt. Die Fälscher rechneten wohl nicht damit, dass sich einer der besten Kenner der römischen Antike der Sache annehmen würde. Der Frühhumanist Francesco Petrarca gab 1361, vom Kaiser um Stellungnahme gebeten, ein empört-abschätziges Urteil über die beiden pseudo-antiken Texte ab.«[12]

Was bezweckte Rudolf IV. mit der Beauftragung der gefälschten Urkunden und Briefe? »Sie sollten in erster Linie die Position der Habsburgerdynastie innerhalb des Reiches verbessern, Rudolf ahmte den König nach, um ihm nahe zu rücken, um selbst eine königsähnliche Rolle zu spielen.«[13]

Der Erzherzogshut

Karl IV. bestätigte seinem jungen Schwiegersohn nur einzelne Teile des Privilegium maius. Dennoch beanspruchte Rudolf IV. seinen Titel und unterschrieb seine Urkunden mit dem von ihm gewählten Titel Pfalzherzog. Um sich auch äußerlich mehr Glanz zu verleihen, erwog Rudolf, sich einen kronenähnlichen Erzherzogshut anfertigen zu lassen.

> »Der Erzherzogshut war das Symbol für einen Titel, der exklusiv (und nicht ganz rechtmäßig) für das Haus Habsburg geschaffen worden war: Herzöge gab es viele in der Welt des Feudaladels, aber Erzherzöge nur in Österreich.«[14]

Urkundenfälschung war im Mittelalter kein Ausnahmefall: »Der Habsburger handelte dabei wohl ebenso im guten Glauben wie hunderte – überwiegend geistliche – Urkundenfälscher vor ihm. Sie alle waren überzeugt, nicht zu fälschen, sondern dem Recht auf die Sprünge zu helfen. [...] Letztlich waren sie [die Fälschungen] eine Art und Weise, Geschichte zu schreiben, indem soziale Akte zu bestimmten Zwecken in eine formalisierte Form gebracht wurden.«[15]

Hinterlasse der Nachwelt dein Bild

Vielleicht könnte man Rudolf IV. als ersten Marketingstrategen der Habsburger bezeichnen: Sein Herrscherbildnis gilt als ältestes selbstständiges Porträt in Dreiviertelansicht nördlich der Alpen. Es zeigt ihn mit dem für ihn entworfenen »Erzherzogshut« – ob es diese »Krone« jemals gab, ist ungewiss. Das Porträt hing ursprünglich im Stephansdom, oberhalb des Grabmals Rudolfs VI. und seiner Gemahlin.

Unbekannt, *Rudolf IV. von Österreich*, 1360–1365, Dom Museum Wien

»Das bekannteste Exemplar eines Erzherzogshutes wurde 1616 von Erzherzog Maximilian III., Regent in Tirol und Hochmeister des Deutschen Ordens, einem Bruder Rudolfs II., gestiftet und dem Stift Klosterneuburg bei Wien zur Verwahrung übergeben, wo es sich bis heute befindet. In Klosterneuburg wurde der Erzherzogshut gemeinsam mit der Schädelreliquie des österreichischen Landespatrons Leopold aufbewahrt, wodurch sich die himmlischen Kräfte des Heiligen auf den damit ›gekrönten‹ Herrscher übertragen sollten.«[16]

Felix Austria: Glückliches Österreich als Staatsmaxime

»Eines der Siegel Rudolfs trägt die Aufschrift ›Felix Austria‹ – ›glückliches Österreich‹. [...] ›Felix Austria‹ war kein realpolitisches Konzept, sondern Bestandteil rudolfinischer Staatsideologie, die die allmähliche Identifikation von Dynastie, Herrschaft und Staat anstrebte, eine Einheit, die auch das ›Privilegium maius‹ postulierte.«[17]

Wahre Fälschung dank kaiserlicher Autorität

»1453 ließ Friedrich [Kaiser Friedrich III. (1415–1493)], nachdem er die Herrschaft im Heiligen Römischen Reich errungen hatte, kraft seiner kaiserlichen Majestätsrechte die gefälschten Privilegien bestätigen. Dadurch wurde aus dem Herzogtum Österreich ein Erzherzogtum, und die Habsburger nannten sich von nun an offiziell Erzherzoge von Österreich. Dieser Titel war im Hause Habsburg erblich und bildete den wichtigsten Teil der Titulatur aller legitimen Mitglieder der Dynastie.«[18]

Die neue Stadtmauer verhilft zum Stadtrecht und zu neuen Reichtümern

Friedrich I. Barbarossa, der 1189 ins Heilige Land zog, machte mit seinem Kreuzfahrerheer in Wien Station. Leopold V., der Nachfolger Heinrich Jasomirgotts, folgte ihm 1190 Richtung Levante. Dort kam es bei der Eroberung Jerusalems zum Zerwürfnis mit Richard Löwenherz, dem König von England. Die Stunde der Vergeltung schlug, als dieser auf dem Weg nach Hause in Erdberg, damals ein Vorort von Wien, Rast hielt: Auf Befehl Leopolds V. wurde Richard gefangen genommen und in Dürnstein arretiert. Dieses Ereignis ist bis heute noch in Wien sichtbar: Mit einem Teil des Lösegeldes wurde die 4,5 km lange Ringmauer erbaut, die einige Jahrhunderte lang die innere Umgrenzung Wiens bildete.[19] Eine Stadtmauer war für die Verleihung von Stadtprivilegien ausschlaggebend. Daher ist dieses Ereignis für die Geschichte Wiens und des Reichtums der Stadt von großer Bedeutung.

»Für das von der neuen Stadtmauer umschlossene Areal wurde ein Raumplanungsmodell entwickelt, wichtige Straßenzüge entstanden, die das Stadtbild bis heute prägen, wie Hoher Markt, Graben und Neuer Markt.«[20]

Die Affäre Richard Löwenherz

Die Gefangennahme von Richard Löwenherz ist für die Stadt Wien ein einschneidendes Ereignis, weil dadurch 12 Tonnen Silber in die Stadt kamen – ein Vermögen, mit dem man zum Beispiel die Stadtmauer bauen konnte.

Wien bekommt Stadtrechte

»Leopold V. bekam von dem Lösegeld 50.000 Silbermark, also 12 Tonnen Silber und richtete zu dessen Ausmünzung mit Hilfe des Juden Schlom in Wien eine Münzprägestätte ein. Schlom ist der erste namentlich bekannte Jude in Wien. Er beschäftigte jüdisches und christliches Dienstpersonal und war zweifellos das Haupt der damaligen Wiener Judengemeinde.

Sein Sohn Herzog Leopold VI. (1198–1230) kam auf seinen Kreuzzugsfahrten bis nach Spanien, Ägypten und Palästina und brachte eine zweite byzantinische Prinzessin, Theodora Angelina, als Herzogin nach Wien. Die Stadt wurde unter diesem Herrscherpaar zu einem wichtigen Kulturzentrum – wichtige Minnesänger banden sie an ihren Hof. Am 18. Oktober 1221 verlieh der Herzog Wien das älteste erhaltene Stadtrecht, in dem das Stapelrecht formuliert ist. Alle durchziehenden Kaufleute hatten in der Stadt ihre Waren zum Verkauf anzubieten, um den Wienern den Zwischenhandel zu ermöglichen. Bald unterhielten sie weitreichende Handelsbeziehungen entlang der Donaustraße und nach Venedig, wodurch die Bedeutung Wiens enorm stieg.«[21]

Wien wird reich: Das Stapelrecht von 1221

»Dem Stapelrecht zufolge dürfen Handelsleute aus dem Westen bestimmte Waren nicht durch Österreich führen, sondern müssen diese den Wiener Kaufleuten anbieten. Nur Wienern ist es gestattet, die Waren aufzukaufen und weiter zu verkaufen.«[22]

Kultur am Hof der Babenberger

Leopold VI., der Glorreiche (1176–1230), war der jüngere Sohn Herzog Leopolds V., der die Stadtmauer um Wien errichten ließ. Unter ihm erreichten die Babenberger den Zenit ihres Ansehens und ihrer Macht. Verheiratet war er mit der byzantinischen Prinzessin Theodora Angela. An seinem Hof wirkten wichtige Vertreter des Minnesangs: Walther von der Vogelweide, Neidhart von Reuental und andere.

Neidhart-Fresken, Tanz junger Adeliger, 15. Jahrhundert, Tuchlauben 19, Wien

Walther von der Vogelweide

Seine Jugend beschrieb Walther von der Vogelweide mit den Worten »ze Ôsterrîche lernt ich singen unde sagen«. Bis zum Tod Friedrichs I. von Österreich im Frühjahr 1198 wirkte er an dessen Hof in Wien. Es scheint ein glücklicher Lebensabschnitt gewesen zu sein.

Erst von Friedrich II. erhielt Walther von der Vogelweide ein Lehen, das ihn vom Zwang befreite, kurzfristig wechselnde Engagements suchen und das Leben eines fahrenden Sängers führen zu müssen.

Das Lehen (1220)

Ich hân mîn lêhen, al die werlt, ich hân mîn lêhen.
nû enfürhte ich niht den hornunc an die zêhen,
und wil alle bœse hêrren dester minre flêhen.
der edel künec, der milte künec hât mich beraten,
daz ich den sumer luft und in dem winter hitze hân.
mîn nâhgebûren dunke ich verre baz getân:
si sehent mich niht mêr an in butzen wîs als sî wîlent tâten.
ich bin ze lange arm gewesen ân mînen danc.
ich was sô voller scheltens daz mîn âten stanc:
daz hât der künec gemachet reine, und dar zuo mînen sanc.

Ich habe mein Lehen, ihr alle, ich habe mein Lehen! Nun fürchte ich nicht, den Hornung an die Zehen zu bekommen, und nehme mir vor, alle geizigen Herren umso weniger anzugehn. Der großmütige König, der gütige König hat mich versorgt, so daß ich es den Sommer über luftig und im Winter warm habe. Meinen Nachbarn komme ich jetzt weit hübscher vor: sie sehen mich nicht mehr wie früher an, als sei ich ein Schreckgespenst. Ich bin zu lange, leider, arm gewesen. Ich war so voller Schmähsucht, daß mein Atem stank. Das alles hat der König rein gemacht und obendrein mein Singen.[23]

Der Minnesänger und die älteste erhaltene Profanmalerei in Wien

Friedrich II. band auch den Minnesänger Neidhart (um 1180–1240) durch eine Hausschenkung an Wien und an seinen Hof. Dessen Dichtungen erfreuten sich das gesamte Mittelalter hindurch großer Beliebtheit. Von der großen Popularität Neidharts zeugen auch die 1979 in Wien entdeckten mittelalterlichen Fresken:

»1979 war es eine kleine Sensation, als man bei Bauarbeiten im Haus Tuchlauben 19 die ältesten nicht kirchlichen Wandmalereien aus dem Mittelalter entdeckte. Sie sind um 1407 entstanden, als der reiche Tuchhändler Michel Menschein seinen privaten Tanz- und Festsaal prächtig ausgestalten ließ. Im Zentrum der lebendigen Darstellungen stehen die Lieder des Tondichters Neidhart von Reuental (ca. 1180–1240). Sie drehen sich um die Liebe und Feste genauso wie um das bisweilen schwierige Verhältnis verschiedener sozialer Schichten in einer Zeit des gesellschaftlichen Umbruchs. Die Liedtradition blieb lange Zeit lebendig und erlebte 100 Jahre später eine neue Blüte, als der Spaßmacher Neidhart Fuchs die Tradition am Habsburgerhof wieder aufnahm und das Liedgut erweiterte. Sein Grabmal ist noch heute an der Südseite des Stephansdoms zu sehen. Bis ins 15. Jahrhundert – also bis in die Zeit der Entstehung der Wandmalereien – waren Neidhartspiele sehr beliebt und könnten als Inspiration gedient haben.«[24]

»Die mehr als 15 Meter lange Bemalung, einst noch farbenfroher als heute, wurde vom wohlhabenden Tuchhändler Michel Menschein in Auftrag gegeben. Erzählt werden Geschichten in der Tradition des berühmten Hofsängers Neidhart (ca. 1180–1240) im Wandel der Jahreszeiten. Das auf das 13. Jahrhundert zurückgehende Gebäude und die berühmten Wandmalereien geben einen faszinierenden Einblick in das Leben einer reichen Familie im Mittelalter.«[25]

Mehr zum Auftraggeber Michel Menschein im Beitrag von Martin Scheutz und Herwig Weigl, S. 538.

Neidhart-Fresken, Liebespaar,
15. Jahrhundert, Tuchlauben 19, Wien

Das mittelalterliche Haus am Bauernmarkt 1

... war ein Palast.

Jahrelange Untersuchungen, Grabungen und Archivarbeit ermöglichen uns Einblicke in die Besitzergeschichte des Hauses. Gleichzeitig können begründete Vermutungen über Struktur und Beschaffenheit des Gebäudes an dieser Stelle im Mittelalter angestellt werden.
Bereits im mittelalterlichen Wien war das Gebäude im Besitz einer bedeutenden Familie und zeigte ungewöhnliche Ausmaße.

S. 120, 121: *Teilungsvertrag von 1399*, Detail, Wiener Stadt- und Landesarchiv, Hauptarchiv, Urkunde 1431, 1399, 17. Juni, Wien

Der Teilungsvertrag von 1399

Dank eines wichtigen Dokuments im Stadt- und Landesarchiv wissen wir über die späteren Besitzverhältnisse und das Haus im 14. Jahrhundert mehr:

»1372 ist Hermann der Ältere von Eslarn gesichert als Besitzer von Bauernmarkt 1 überliefert. Das Patrizierhaus wurde am 17. Juni 1399 unter seinen Söhnen Hermann dem Jüngeren und Niklas dem Jüngeren geteilt. Der bedeutende, da aus dieser Zeit sehr selten erhaltene Teilungsvertrag beschreibt den Gebäudekomplex sehr ausführlich. Dem Schriftstück zufolge war die Parzelle rund um den Innenhof mit mindestens zweigeschoßigen Trakten verbaut, die bereits ab dem Erdgeschoß nicht mehr erhalten geblieben sind. Sowohl die archäologische als auch die bauhistorische Untersuchung legte aber unter Bodenniveau eine Vielzahl von Mauern frei, die mit diesen archivalischen Angaben in Bezug gesetzt werden können.«

Siehe den Beitrag von Günther Buchinger und Doris Schön ab S. 532.

Übrigens: Früher war an der Adresse Bauernmarkt die Münzerstraße. Siehe auch in den Texten von Buchinger/Schön (ab S. 532) und Scheutz/Weigl (ab S. 538).

Um 1200 möglicherweise die Familie der Paltrame

Vor 1372 Hermann von Eslarn

1399 Hermann der Jüngere und Niklas der Jüngere von Eslarn

Vor 1409 Hermann der Jüngere von Eslarn allein

1409 Chunrat Kunick

1409/10 Hermann der Jüngere von Eslarn

1410 Jekel

Nach 1410 Hermann der Jüngere von Eslarn

Um 1418/19 Jorg von Eslarn

1440 Jorg von Eslarn die eine Hälfte, die Brüder Hans und Otto die andere Hälfte

1464 die Cousinen Orea, Frau des Hanns Leschenprannt, und Anna, Frau des Erhreich Köppel, die eine Hälfte, Ursula, die Witwe des Hans von Eslarn, die andere Hälfte

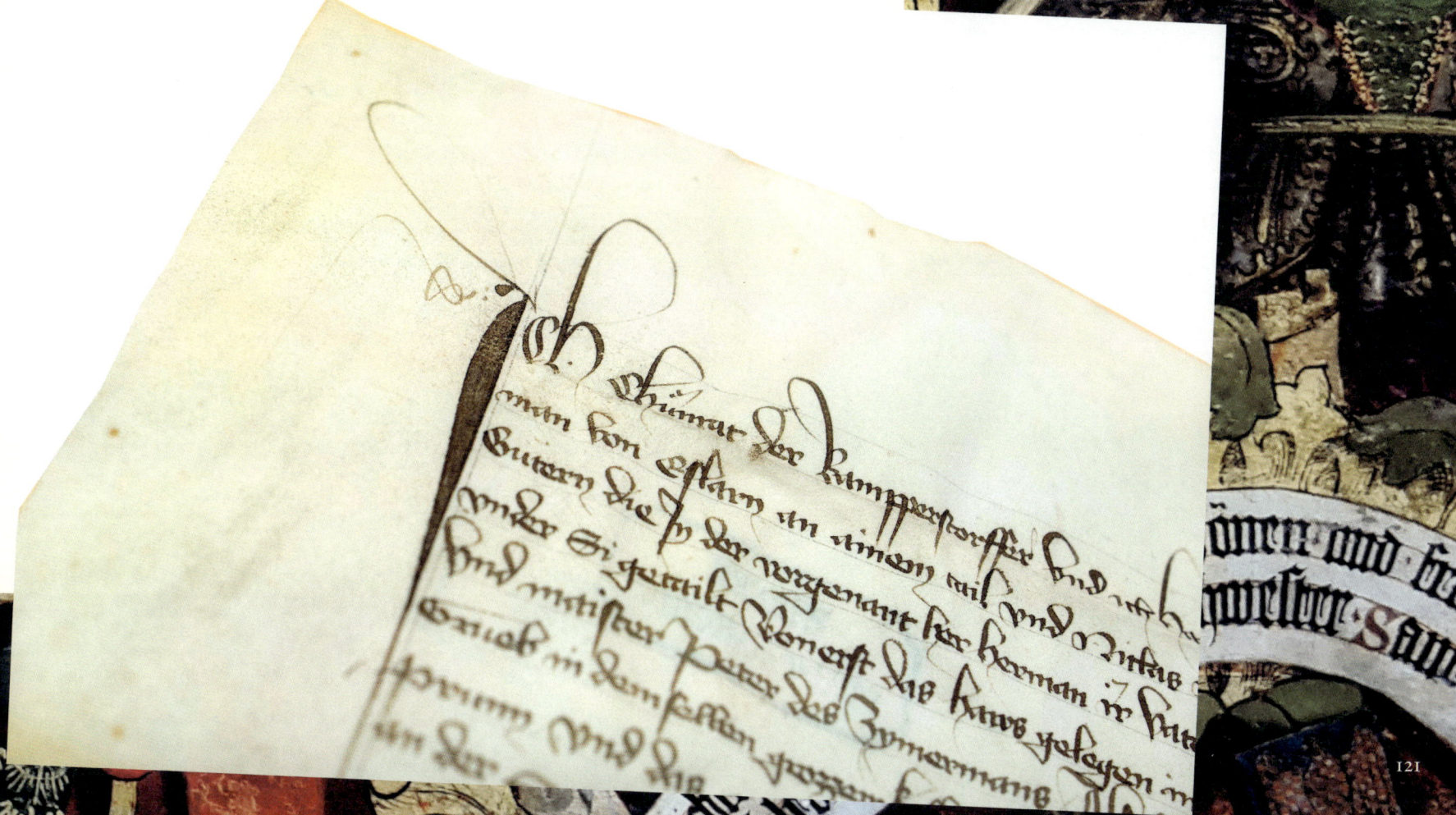

Der Teilungsvertrag ist auf kostbarem Pergament geschrieben:

»Aus dem Hochmittelalter hat sich nur erhalten, was auf Pergament geschrieben für eine längere Frist als bewahrenswert galt: liturgisch-sakrale Texte, Urkunden als eines der Mittel, Rechtsakte zu sichern, einige Verwaltungsbehelfe wie Traditionsbücher und frühe Urbare, aber auch Mustersammlungen, wissenschaftliche Handschriften und Schulschriften, Dichtungen sowie Werke der Geschichtsschreibung.«[26]

Allerdings verbreitete sich im 14. Jahrhundert bereits ein kostenschonender Träger in Europa und revolutionierte, wie später nochmals der Buchdruck, die Verbreitung von Verschriftlichtem: das Papier. »Von Chinesen erfunden, hatten es die Araber nach Italien und Spanien gebracht. [...] Um 1400 kostete Papier etwa ein Zehntel so viel wie Pergament.«[27]

»Auf diesen Grundlagen nahm die Schriftlichkeit im Spätmittelalter rasant zu. Mündliche Kommunikation trat zugunsten der schriftlichen zurück. Aufzeichnungen ergänzten die rechtssymbolischen Handlungen und schufen über die Lebenszeit von Zeugen hinaus Rechtssicherheit. [...] Auch in den Städten, wo die wirtschaftliche Differenzierung und das Zusammenleben verhältnismäßig vieler Menschen auf engem Raum besondere Vorkehrungen notwendig machte, entstanden schriftliche Verwaltungsbehelfe. Das Spektrum reicht von einfachen Stadtbüchern, in denen die Stadtschreiber alles verzeichneten, was die kommunale Verwaltung betraf, bis hin zu sehr speziellen Serien wie den seit 1368/73 erhaltenen Wiener Grundbüchern, die die vor Bürgermeister und Rat durchgeführten Rechtsgeschäfte mit Liegenschaften verzeichneten.«[28]

Im 13. Jahrhundert entwickelte sich die gotische Kursive. Sie ermöglichte schnelleres Schreiben und ersetzte so immer mehr die karolingische Minuskel. Andererseits wurde das Lateinische zusehends von der deutschen Urkundensprache verdrängt.

»Um 1300 schrieb die Wiener Stadtkanzlei bereits fast ausschließlich deutsch.«[29]

Teilungsvertrag von 1399, Wiener Stadt- und Landesarchiv, Hauptarchiv, Urkunde 1431, 1399, 17. Juni, Wien

Die Rekonstruktion des mittelalterlichen Palastes am Bauernmarkt 1

Wir wollen diesen mittelalterlichen Palast vor unseren Augen erstehen lassen und wagen eine Rekonstruktion. Günther Buchinger stand uns mit seiner unentbehrlichen Expertise bei und verfasste die Beschreibungen zu den Rekonstruktionen. Christian Schienerl setzte die Informationen in 3D-Visualisierungen um. Das Ergebnis hat uns alle erstaunt, denn tatsächlich: Das Haus ähnelte eher einem Palast. Seine Besitzer waren Würdenträger der Stadt und hatten ihrem Status entsprechend ein großzügiges mehrteiliges Bauwerk geschaffen.

Zur Methode schreibt Günther Buchinger:

»Die Abbildungsserie zeigt den Zustand des Bauensembles am Ende des Mittelalters im frühen 16. Jahrhundert als gewachsene Anlage mit drei Baukörpern unterschiedlicher Entstehungszeit: im Osten den zweigeschoßigen, spätromanischen Bau aus der Zeit um 1200, nördlich anschließend ein Stallgebäude aus Holz, im Westen an der Freisingergasse einen Trakt aus dem 14. und 15. Jahrhundert, bestehend aus dem ebenerdigen Presshaus im Norden und einem zweihüftigen, dreigeschoßigen Wohnhaus mit rückwärtigem Mus- und Stiegenhaus, sowie im Süden zum Bauernmarkt den repräsentativen spätgotischen Wohntrakt des frühen 16. Jahrhunderts, dessen Außengang auch den spätromanischen Bau mitschloss. Die Grundrisse der Bauteile sind gesichert, die Kubaturen geschätzt, die Baudetails Beispielen zeitgenössischer Gebäude entlehnt.«

S. 124–126 Blick von Südwesten* auf die Fassaden zur Freisingergasse und zum Bauernmarkt. Von links nach rechts: das Presshaus mit großer Toreinfahrt und Schindeldach; das Wohnhaus des 14./15. Jahrhunderts mit einem Spitzbogenportal im Erdgeschoß sowie zweilichtigen Fenstern in den beiden Obergeschoßen, wobei ein Wohngeschoß über einem großen Saal angenommen werden kann; die nicht überbaute Hofeinfahrt; der spätgotische Wohntrakt mit Schulterbogenportal, verstäbten Fenstern und einem repräsentativen Erker an der abgeschrägten Gebäudeecke (im Obergeschoß ist der Speisesaal zu vermuten). Die vergitterten Fenster in den Erdgeschoßen beider Trakte belichteten Geschäfte und Küche.

* Aus Gründen der leichteren Handhabung wurde ein Baustellennord eingerichtet, sodass der Trakt an der Freisingergasse im Westen und jener am Bauernmarkt im Süden liegend betrachtet wird.

Blick vom Innenhof nach Nordosten auf den Hintertrakt der Zeit um 1200 mit spätromanischen Portalen und Fenstern. Das Obergeschoß mit Kammern wird von einem Außengang erschlossen, der in dieser Form erst mit dem spätgotischen Trakt errichtet wurde (ganz rechts der Stiegenaufgang). Links im Hintergrund das Stallgebäude, das von der rückspringenden Hüfte des Wohntrakts des 14./15. Jahrhunderts großteils verdeckt wird. Das Spitzbogenportal führte in das Mushaus, von dem über eine Treppe die Obergeschoße mit dem Saal erreicht werden konnten.

Ansicht des Trakts zur Freisingergasse von Südosten. Der homogen gestaltete zweihüftige Bau besticht durch seine klare Struktur mit einem Wohntrakt und einem kürzeren Erschließungstrakt, der das Mushaus und die Treppe umfasste. Zweilichtige Fenster sorgten schon im 14./15. Jahrhundert für eine ausreichende Belichtung, waren jedoch noch nicht mit Glas versehen. Um vor Kälte zu schützen, mussten die Fenster im Winter mit Holzläden verschlossen werden.

Blick vom Außengang nach Nordwesten. Der Blick reicht von der Einfahrt in der Freisingergasse über das einspringende Mushaus bis zum niedrigen Stallgebäude.

Blick vom Außengang nach Südwesten. Der Gang war von der Einfahrt über eine Holztreppe erreichbar und führte entlang des spätgotischen Trakts, wo er das Portal der Küche überbaute und zum Eingang des Speisesaals geführt haben dürfte, um dann in einem rechten Winkel den spätromanischen Bau zu erschließen. In der Einfahrt ist die Brunnennische zu erkennen. Nach rechts gleitet der Blick auf die einspringende Hüfte des Mushauses mit den steigenden Fenstern des Treppenhauses.

Vogelperspektive von Nordosten mit Überblick über das gesamte Bauensemble. Die Ansicht zeigt die gewaltige Kubatur der Anlage, die einem Palast entsprach.

Vogelperspektive von Südwesten mit Überblick über das gesamte Bauensemble. Diese Ansicht lässt die repräsentative Außenwirkung des Palastes erahnen.

131

Blick aus einem Fenster des Trakts zur Freisingergasse nach Südosten. Während der spätromanische Bau ähnlich wie der Trakt des 14. Jahrhunderts noch über keine Fensterverglasung verfügte, zeigen die Kreuzstockfenster des spätgotischen Trakts zum Bauernmarkt bereits eine durchgehende Butzenverglasung.

Wer waren im Mittelalter die Besitzer des Hauses Bauernmarkt 1, und was machte ihre Lebenswelt aus?

Das Stapelrecht war Grundlage für einen neuen Reichtum und eine erste Blüte Wiens nach der Völkerwanderung. Martin Scheutz und Herwig Weigl beschreiben die Reichen der Stadt im Text „Die Wiener Ratsbürger vom 13. zum 16. Jahrhundert: Städtische Eliten im Wandel" folgendermaßen:

»Ihr Reichtum beruhte wohl auf kommerzieller Tätigkeit, zumal die Wiener dank ihrer Privilegien den Donauhandel anzapften: Fremde Kaufleute, auch die mächtigen Regensburger, mussten ihre Waren den Wienern anbieten, die damit den Ungarnhandel in die Hand bekamen. Auch mit Luxusimporten, die über Venedig zu beschaffen waren, wurde wohl schon Geld gemacht. Freilich müssen auch die Grundherren Handel getrieben haben – oder sie ließen ihn treiben: Wer ein Tuchgewölbe besaß oder Einkünfte aus einer Fleischbank bezog, muss weder nach Flandern gereist sein noch ungarische Ochsen begleitet haben, um die Waren selbst zu beschaffen. Umgekehrt erwarben die Kaufleute Liegenschaften, denn Häuser, Weingärten und rurale Grundherrschaften waren für alle, die es sich leisten konnten, eine erstrangige Kapitalanlage, über die zu verfügen auch den gesellschaftlichen Status zeigte und sicherte.«

Weiteres zum Verhältnis zwischen Bürgern und Landesfürsten in Wien ab S. 538.

Zu diesen ganz Reichen mussten auch die Besitzer des Hauses Bauernmarkt 1 gehört haben. Günther Buchinger und Doris Schön beschreiben das mittelalterliche Haus und seine Besitzergeschichte so:

»Die Nachrichten zu den Besitzverhältnissen des Hauses Bauernmarkt 1 nennen im 14. und 15. Jahrhundert beständig die Familie Eslarn. Das Geschlecht spielte bereits im 13. Jahrhundert eine wichtige Rolle in der Wiener Stadtgeschichte: Konrad der Ältere Eslarn, ein Weinhändler, war 1287 Bürgermeister der Stadt Wien. Nach seinem Tod nach 1294 war sein Sohn Niklas von Eslarn (gestorben 1341) mehrfach Bürgermeister (1309–1313, 1316/17), Amtmann in Österreich (1311) und Münzmeister (1326/27). Der Sohn seines Bruders Otto, Konrad der Jüngere, war 1337/38 Wiener Bürgermeister. Dieses bedeutende Ratsbürgergeschlecht (vielleicht auch schon die Familie der Paltrame) verfügte über einen beeindruckenden Baukomplex, der aus dem Margaretenhof mit Kapelle, einem benachbarten Benefiziatenhaus, dem Wohnhaus des Kaplans der Kapelle, und einem mittlerweile mehrteiligen Wohngebäude auf der gegenüberliegenden Straßenseite des Bauernmarkts bestand. Dieser Komplex von gewaltigen Ausmaßen erinnert an den Palast des Kremser Stadtrichters Gozzo aus dem dritten Viertel des 13. Jahrhunderts, der ähnliche Ausmaße annahm. Im Lauf des 13. Jahrhunderts war es den führenden Familien der Stadt möglich, in bedeutende Machtpositionen aufzusteigen und diese durch große Besitztümer zu untermauern. Diese Tatsache spricht ebenfalls dafür, dass schon die Paltrame im 13. Jahrhundert die Parzellen am Bauernmarkt zu einer Besitzeinheit zusammengefügt hatten, während eine entsprechende Akkumulation erst im 14. Jahrhundert historisch weniger wahrscheinlich erscheint.

Otto von Eslarn war mindestens seit 1327 in der Münzerstraße (heute Bauernmarkt) im gegenüberliegenden Margaretenhof ansässig. Ob er damals auch

Die Tradition der Weinherstellung blieb noch lange erhalten: Im Haus stieß man auf ein in das frühe 16. Jahrhundert datiertes Sammelbecken für die kostbare Flüssigkeit. Mehr dazu im Text „Ein bürgerliches Wohn- und Geschäftshaus des 16. und 17. Jahrhunderts" von Günther Buchinger und Doris Schön, S. 548.

schon das Haus auf der Parzelle Bauernmarkt 1 besaß, ist zwar nicht belegt, doch in Anbetracht des Gesagten sehr wahrscheinlich. In diesem Fall müsste Otto von Eslarn in die Liste der namentlich bekannten Bauherren des gegenständlichen Hauses aufgenommen werden, da im Keller entlang der Freisingergasse die Fundamentmauern eines langgestreckten Gebäudes aus der ersten Hälfte des 14. Jahrhunderts erhalten sind.

1372 ist Hermann der Ältere von Eslarn gesichert als Besitzer von Bauernmarkt 1 überliefert. Das Patrizierhaus wurde am 17. Juni 1399 unter seinen Söhnen Hermann dem Jüngeren und Niklas dem Jüngeren geteilt. Der Teilungsvertrag – ein bedeutendes, weil aus dieser Zeit sonst sehr selten erhaltenes Dokument – beschreibt den Gebäudekomplex sehr ausführlich. Dem Schriftstück zufolge war die Parzelle rund um den Innenhof mit mindestens zweigeschoßigen Trakten verbaut, die bereits ab dem Erdgeschoß nicht mehr erhalten geblieben sind. Sowohl die archäologische als auch die bauhistorische Untersuchung legte aber unter Bodenniveau eine Vielzahl von Mauern frei, die mit diesen archivalischen Angaben in Bezug gesetzt werden können. Zunächst fällt der Umstand auf, dass bereits 1399 im Trakt zur Freisingergasse links der Einfahrt ein großer Keller, rechts der Einfahrt ein kleiner Keller und unter dem Hintertrakt ein weiterer Keller lagen, die allerdings im Zuge späterer Ausbauten neu errichtet wurden. Im Innenhof konnten Fundamente freigelegt werden, die vermutlich die im Teilungsvertrag genannten Gänge trugen.«

Mehr zur bewegten Geschichte des Hauses im Text „Ein mittelalterliches Patrizierhaus im Zentrum Wiens als Sitz einer Ratsbürgerfamilie" von Günther Buchinger und Doris Schön ab S. 532.

Techtelmechtel am Stubentor: Wiens Badehäuser im Mittelalter

So dunkel und triste, wie ich mir das Mittelalter in Europa seit meiner Schulzeit vorgestellt habe, war es nicht. Die Städter des Mittelalters liebten das Wasser sogar mehr als die Menschen im Barock.
Im Mittelalter etablieren sich in Wien Badestuben:

»Ein ganzes Viertel, das Stubenviertel, heißt seitdem so, bis heute. Die Juden, die Orientalen, vorher schon die Römer, liebten die Badekultur und das Dampfbad. [...] Die Kreuzritter erlebten auf ihren unzähligen Zügen die Vorteile des Badens [...]. Mit der Rückkehr der Kämpfer [...] kam diese Mode in unseren Breiten auf. [...] Für das gesellschaftliche Leben waren die Badestuben eine wunderbare Bereicherung. [...] Von ebener Erde bis zum ersten Stock reichten die Etablissements. Zur ebenen Erde befinden sich die Umkleideräume, daneben ein größeres Bassin oder eine Zahl von Bottichen, umgeben von Liegebänken, Sitzgelegenheiten, mit verstreut liegenden Reisigruten und Bürsten. [...] Oben, in der ›Beletage‹, verläuft eine Galerie, um den Besuchern, die gerade keine Lust zum Baden finden, den Blick hinunter zu gönnen. [...] Um es vorwegzunehmen: Nicht der Reinigung wegen waren Badestuben gern besuchte Plätze, nein, es ging einfach ums Planschen im Wasser, Männlein und Weiblein eng im Zuber, verbunden mit Necken, Kosen und Lieben, mit Völlern und Trinken, das war das *dolce far niente* des Mittelalters, und sauber wurde man auch.«³⁰

Albrecht Dürer, *Das Frauenbad*, 1496, Kunsthalle Bremen

Licht und Farbe im Mittelalter

In der Gotik streben die Kirchenhäuser dem Himmlischen entgegen, und ihr Raum erstrahlt durch göttliches Licht erhellt, vielfältig und vielfarbig. Die ästhetische Gestaltung ist Ausdruck einer metaphysischen Idee:

> »Als einer der Ursprünge für die Ästhetik der *claritas* ist sicher anzusehen, dass Gott in vielen Kulturen mit dem Licht gleichgesetzt wurde: Der semitische Baal, der ägyptische Ra und der iranische Ahura Mazda waren Personifikationen der Sonne oder des Lichts, Vorstellungen, die bis zu der Auffassung vom Guten als Sonne der Idee bei Platon weiterwirken und über den Neuplatonismus in die christliche Tradition Eingang finden. Plotin übernimmt aus der griechischen Überlieferung die Vorstellung des Schönen als Proportion, die auch er als harmonisches Verhältnis zwischen den Teilen und dem Ganzen versteht. [...] In den Enneaden (I 6) fragt sich Plotin, warum wir Farben, das Sonnenlicht und den Glanz der nächtlichen Gestirne empfinden, die doch einfach sind und ihre Schönheit nicht aus der Symmetrie der Teile beziehen. [...] Das Licht, das von der Materie ausstrahlt, kann deshalb nicht anders verstanden werden als ein Reflex des Einen, also Gottes, von dem es ausgeht.«[31]

Distinktionsmerkmal: Farbenprächtige Kleidung

> »Der Begriff der *claritas* läßt sich nicht nur philosophisch begründen. Die mittelalterliche Gesellschaft gliedert sich in Reiche und Mächtige, Arme und Machtlose. Obwohl dies nicht allein auf das Mittelalter zutrifft, waren in den Gesellschaften der Antike und des Mittelalters die Unterschiede zwischen Arm und Reich ausgeprägter als in den modernen, demokratischen Gesellschaften des Abendlandes. Der Mangel an Ressourcen, eine auf Naturaltausch basierende Wirtschaft, die Häufigkeit von Pestepidemien und Hungersnöten trugen dazu bei, dass Waffen, bewaffnetes Gefolge und prunkvolle Kleidung exemplarischer Ausdruck waren. Um ihre Macht nach außen zu zeigen, schmücken sich deren Inhaber mit Gold, Edelsteinen und Gewändern in wertvollen Farben wie Purpur. Die künstlichen Farben, die in einem komplizierten Verfahren aus Mineralien oder Pflanzen gewonnen werden, demonstrieren Reichtum. [...] Reichtum der Farben und der Glanz der Edelsteine sind Zeichen von Macht und als solche Objekt der Begierde und des Staunens.«[32]

Das Paradiesgärtlein

Die Farben dieses „Paradiesgärtleins" leuchten bereits mehr als sechshundert Jahre. Momenthaft wirken die dargestellten Szenen, als würde ein Betrachter aus einer Burg unbemerkt in den belebten Innenhof spähen. Alle Dargestellten sind vertieft in ihr Tun, wirken besonnen und ruhig. Die Feinheit der Malerei ist fantastisch: Einzelne Blumen-, Pflanzen- und Tierarten lassen sich eindeutig ausmachen. Das Böse ist besiegt: Der im Vordergrund liegende Drache scheint angesichts aller Schönheit und Eintracht geschrumpft und ohnmächtig geworden zu sein. Das Jesuskind spielt auf der Laute Klänge der Weltharmonie, die Himmelskönigin Maria blättert in der Bibel. Dieses Meisterwerk transportiert über sechs Jahrhunderte bis heute die Intensität des Zusammenklangs von Ruhe, Klarheit und Schönheit.

Auf der Website des Städel, in dessen Sammlung dieses Meisterwerk aufbewahrt wird, finden sich folgende Zeilen:

»Der höfische Charme des spätgotischen, sogenannten Weichen Stils verbindet sich in diesem Gemälde auf unvergleichliche Weise mit realistischer Naturbeobachtung: 24 Pflanzen- und 12 Vogelarten sind präzise identifizierbar. Auch das Verhalten der Tiere ist kenntnisreich wiedergegeben. Thema des Bildes ist das Beisammensein einer Reihe von Heiligen mit Maria und dem Christuskind im Paradies. Es vermischt auf geschickte Weise Elemente des sakralen ›hortus conclusus‹ (›geschlossener Garten‹), der auf die Jungfräulichkeit Mariens anspielt, mit Motiven profaner Schloss- und Liebesgärten.«[33]

Oberrheinischer Meister,
Das Paradiesgärtlein, um 1410/20
© Städel Museum, Frankfurt am Main

Farbenreiche Lichtfülle

»Auch heute noch stellen sich viele Menschen, Opfer des herkömmlichen Mittelalterbildes als das der ›dunklen Jahrhunderte‹, die Epoche auch farblich düster vor. In dieser Zeit lebte man am Abend in kaum erhellten Räumen: In den Hütten spendete – höchstens – das Kaminfeuer Licht, in den riesigen Burgsälen flackerten die Fackeln und in der Mönchszelle eine schwache Laterne; die Straßen waren ohne Beleuchtung (und außerdem unsicher). Nicht viel anders sah es jedoch auch in der Renaissance, im Barock und auch danach – mindestens bis zur Entdeckung des elektrischen Lichts – aus. Doch der mittelalterliche Mensch sah sich (oder stellte sich zumindest in der Dichtung und Malerei so dar) in einer Umgebung von strahlender Helligkeit. An den mittelalterlichen Miniaturen, die vielleicht in düsteren, höchstens von einem einzigen Fenster erhellten Räumen entstanden, überrascht, dass sie voller Licht sind, ja eine besondere Leuchtkraft besitzen, die dadurch entsteht, dass reine Farben nebeneinandergesetzt werden: Rot, Blau, Gold, Silber, Weiß und Grün ohne Abstufungen und Helldunkel. Das Mittelalter spielt mit den Grundfarben, mit chromatisch abgegrenzten Feldern, die keine Nuancen zulassen, mit dem Nebeneinandersetzen von Farbtönen, die durch ihr Zusammenspiel ein eigenes Licht erzeugen und nicht durch ein Licht entstehen, das sie von außen umhüllt [...].«[34]

Das aus einem Steinblock gearbeitete Tympanonrelief ist ein Meisterwerk des 14. Jahrhunderts. Es wurde von der Wiener Hofwerkstatt um 1359/65 erschaffen. Mitglieder der Familie Eslarn waren vielleicht bei dessen Entstehung zugegen; mögliche Mitstifter des Gesamtbaus könnten sie jedenfalls gewesen sein, oblag der Ausbau von St. Stephan doch zu großen Teilen den wohlhabenden Bürgern der Stadt.

Leopold Ernst, *Das Singertor von St. Stephan*, 1841, © Wien Museum

Franciscus van der Steen nach Joachim von Sandrart, *Triumph Ferdinands III.*, Detail
© ALBERTINA, Wien

Albrecht Dürer, *Kaiser Maximilian I.*, 1519, Detail, Kunsthistorisches Museum Wien, Gemäldegalerie © KHM-Museumsverband

Wie sah die unmittelbare Lebenswelt Leopolds I. aus?

Franciscus van der Steen nach Joachim von Sandrart, *Triumph Ferdinands III.* © ALBERTINA, Wien

Dieser Stich in der Sammlung der Albertina zeigt Leopold im Familienverbund. Leopold war etwa zwölf Jahre alt, als dieses Werk entstand, sein Bruder Ferdinand der hoffnungsvolle Thronanwärter – die Welt schien noch in Ordnung. Auffallend ist die Darstellungsweise in »antikem Gewand«:

»Das mythologische Familienbild, das der Verherrlichung des österreichischen Kaiserhauses diente, zeigt Kaiser Ferdinand III. als Jupiter und über ihm schwebend seine beiden verstorbenen Gemahlinnen Maria Anna von Spanien und Maria Leopoldine von Österreich als Juno und Ceres. Rechts außen ist in Rüstung seine dritte Frau Eleonora Magdalena Gonzaga als Bellona zu sehen, links der Bruder des Kaisers, Erzherzog Leopold Wilhelm, als Mars. Weiters sind auch die Kinder Ferdinands III. abgebildet: Ferdinand IV. als Apollo, Maria Anna als Minerva, Leopold (der spätere Kaiser Leopold I.) als schwebender Amor und der jüngste Sohn Karl Joseph als Putto.«[1]

Hier ist Leopold noch als anmutiger Jüngling dargestellt, der sich mehr um die »Liebe« denn um den Krieg kümmern sollte – die Gottesliebe, denn er war wie sein Onkel Leopold Wilhelm als Zweitgeborener für den geistlichen Stand bestimmt: Seine Nachfolge als Kaiser war noch nicht in Sicht.

Die Schwester Leopolds, Maria Anna, wurde 1649 mit dem spanischen König Philipp IV. vermählt. Die Eheleute stammen von dem berühmten Kaiser Maximilian I. ab. Er schuf die Grundlagen für diese beiden Linien der Habsburgerfamilie. Maria Annas Tochter, Margarita Teresa, wird die erste Gemahlin von Leopold I. Seine Schwester ist gleichzeitig seine Schwiegermutter. Was heute abwegig erscheint, war damals durchaus üblich, um die Verbindung zwischen der spanischen und der österreichischen Linie des Hauses Habsburg aufrechtzuerhalten. Die erste Hochzeit des Kaisers wird zu einem Höhepunkt barocker Prachtentfaltung am Wiener Hof.

Mehr dazu auf S. 234.

Auffällig ist die Ähnlichkeit des Porträts der spanischen Königin mit dem eines anderen Werks: Velázquez' Porträt von Maria Anna, das er kurz nach ihrer Heirat malte, zeigt sie mit fast derselben Kopfneigung, fast demselben Gesichtsausdruck, und auch die Haartracht weist eine große Ähnlichkeit auf. Mir ist, als ob Sandrart Velázquez' Gemälde als Vorlage für ihr Porträt herangezogen hätte.

Siehe S. 91.

Ein weiteres interessantes Detail: Hinter Ferdinand und Maria Anna steigt ein Baumstamm gen Himmel hinauf und verschwindet in einer Wolke. Soll damit ein »Stammbaum« angedeutet werden? Die Geschwister tragen dazu bei, die Familiengeschichte bis in alle Zukunft weiterzuführen. Die beiden älteren Brüder, Ferdinand III. und Leopold Wilhelm, werden hier als einander unterstützende Garanten der Macht dargestellt: Wie sie sollen auch die Geschwister der nächsten Generation einander bei der Machterhaltung des Hauses Habsburg behilflich sein. Das Werk evoziert Eintracht und vermittelt die Siegessicherheit, Ruhe, Eleganz und Kraft aller Familienmitglieder – im Dienste Gottes wie der Untertanen.

Ein Kaiserhaus mit langer Tradition

Als Kaiser wird sich Leopold I. in den folgenden Jahren oft als Herrscher in antikem Gewand darstellen lassen – so zum Beispiel auf einem Bühnenbild für Antonio Cestis Oper „Il pomo d'oro" (S. 275) oder einem eindrucksvollen Werk im Kunsthistorischen Museum (S. 204). Warum ließen sich die Herrscher Habsburgs mit solchen »Bildformeln« verherrlichen, wann begann diese Bildtradition und worauf gründet dieses Selbstverständnis, das vor allem mithilfe von Druckwerken in ganz Europa verbreitet wurde?

Mir scheint, dass es Maximilian I., der Urgroßvater des Urgroßvaters Leopolds, ist, bei dem die Anfänge für diese starke Betonung der eigenen dynastischen Herkunft sowie der Rückgriff auf antike Vorbilder und Vorfahren zu suchen sind. Dieses Verständnis kennzeichnet – modifiziert und erweitert – auch noch die Regentschaft Kaiser Leopolds I.

Bernhard Strigl, *Familie des Kaisers Maximilian I. (1459–1519)*. Die Namensinschriften über den Porträts wurden später hinzugefügt, über Maximilian: CLEOPHAS · FRATER · CARNALIS · IO= / SEPHI: MARITI DIVAE VIRG · MARIÆ ·; über Philipp dem Schönen: I / JACOBVS : MINOR EPVS · / HIEROSOLIMITANVS ·; über Maria von Burgund: MARIA CLEOPHÆ SOROR / VIRG · MAR PVTATIVA MA= / TER TERA · D · N ·; unter Ferdinand: III / IOSEPH IVSTVS, unter Karl: II / SIMON ZELOTES CONSO= / BRINVS · DNI · NRI ·; nach 1515, Kunsthistorisches Museum Wien, Gemäldegalerie
© KHM-Museumsverband

Die habsburgischen Länder als Heimat der Musen

Während der Vater, Ferdinand III., im besprochenen Stich Sandrarts (S. 142) als Jupiter dargestellt wird und sich um Krieg und Frieden kümmert, wird der Sohn als Apollo, als Musenführer, gezeigt. Im Thronfolger zeigt sich das Haus Habsburg als Förderer der Künste – Österreich soll Heimat sein für Kunst und Kultur.

Eine viel frühere Darstellung eines Kaisers aus dem Haus Habsburg als Apollo finde ich in dem wunderbaren von Eva Michel und Maria Luise Sternath herausgegebenen Ausstellungskatalog „Kaiser Maximilian I. und die Kunst der Dürerzeit". Hier wird Maximilian I. von dem berühmten »Erzhumanisten« Konrad Celtis als neuer Apoll verherrlicht (S. 157).

Hat die bereits seit dem Mittelalter herrschende Idee der »Translatio imperii« mit Maximilian I. ihre besondere Ausgestaltung in den Künsten gefunden und wurde dann, immer stärker mit Darstellungsweisen »all'antica« verbunden, bild- und wortreich von Generation zu Generation weitergegeben?

Wenn ich in die Onlinedatenbank des KHM den Suchbegriff »all'antica« eingebe, bekomme ich dieses Ergebnis:

Cremolo Modrone, *Rundschild aus einem All'antica-Ensemble mit Sturmhaube*, um 1545/50, Kunsthistorisches Museum Wien, Hofjagd- und Rüstkammer © KHM-Museumsverband

Mit dieser Formensprache assoziiere ich sofort das Zeitalter der Renaissance bzw. manieristische Stilformen und tatsächlich wurde das Ensemble um 1545/50 gefertigt, für Erzherzog Ferdinand II., den Landesherrn von Tirol. Das führt uns auf dem Zeitstrahl in die richtige Richtung: in die Vergangenheit, und wir gehen sogar noch weiter zurück, bis zu Maximilian I., der als erster Habsburger als Kaiser-Apollo dargestellt wurde.

Mehr dazu ab S. 154.

Detail der Wandmalerei im Spanischen Saal von Schloss Ambras Innsbruck

Eine Lichtdurchflutete Ahnengalerie

An einem strahlenden Sommertag ein Besuch auf Schloss Ambras bei Innsbruck: Eindrucksvoll erheben sich die glatten, durch kleine Fenster durchbrochenen Flächen der Baukörper gen Himmel: eine Zeitkapsel, die direkt zurückverweist in die Gegenwart der Renaissance.

Nach der eindrucksvollen Rüstkammer öffnet sich vor mir plötzlich ein lichtdurchfluteter, mit Holzkassettendecke und Malereien ausgestatteter Saal – welch festliche Bankette mögen hier stattgefunden haben! Die Atmosphäre ist erhebend, ehrfürchtig begegnet der Blick der Ahnenreihe des Fürsten, der diesen Saal erbauen ließ. Die Malereien erinnern mich sofort an den Schild, den ich auf der Suche nach einer Antwort für die Darstellungen der Habsburger »all'antica« recherchiert habe. Mein Notizbuch zückend, bin ich erstaunt und beglückt: Der Schild wird in die gleiche Zeit wie die Erbauung des Spanischen Saals datiert und gehörte dem Herrscher, der den Saal erbauen ließ: Erzherzog Ferdinand II. Das erworbene Wissen erweitert und verwebt sich beständig.

»Der Spanische Saal zählt zu den schönsten freistehenden Saalbauten der Renaissance. Er wurde 1569–1572 nach den Vorstellungen Erzherzog Ferdinands II. als Repräsentationssaal errichtet. Die malerische Gestaltung des 43 m langen Saales wird von den 27 ganzfigurigen Porträts der Tiroler Landesfürsten bestimmt und reicht von Graf Albrecht I. von Tirol über die Grafen von Görz-Tirol und Margarethe Maultasch bis zu den Habsburgern, um mit Ferdinand II. zu enden.«[2]

Spanischer Saal im Schloss Ambras Innsbruck

Als »Schlusspunkt« wurden der Ahnenreihe später im Vorraum zu diesem Saal Bildnisse Leopolds I. und seiner beiden Nachfolger Joseph I. und Karl VI. hinzugefügt.

Wandmalerei im Vorzimmer zum Spanischen Saal in Schloss Ambras Innsbruck

Auch die Wunderkammer auf Schloss Ambras ist ein Juwel und führt in eine Zeit, in der es zwar noch keine Museen, aber den Wunsch gab, sich mit wundersamen Dingen zu umgeben und diese anderen zu zeigen.

Detail der Wandmalerei im Spanischen Saal von Schloss Ambras Innsbruck

Geschichte: Zu Diensten?

Popper analysiert auch Platons Schriften kritisch: Platons Gegenüberstellung einer idealen Welt und einer »scheinbaren« zielt letztlich auf eine Abwertung des Daseins, denn das »Wirkliche« ist in der Welt der Ideen – also in einer eigentlichen Welt »hinter« der Welt – zu finden. Für einen Menschen, der sich stets für die Verbesserung der konkreten Lebensumstände einsetzte, konnte eine solche »metaphysische« Sichtweise nur unannehmbar sein. Im Dienste der Menschlichkeit musste Popper große Denker wie Platon, Hegel und Marx – und alle anderen, die sich die richtige Welt entweder »anderswo« oder »zu einer anderen Zeit« vorstellten – im besten Sinn kritisieren.

Geschichte ist nicht einfach: Die Ereignisse werden von unterschiedlichen Personen erlebt, aber kein Zeitgenosse überblickt das gesamte Geflecht ihrer Verbindungen, Ursachen und Wirkungen. Nachfolgende Generationen machen sich an die Arbeit: Geschichte wird recherchiert, rekonstruiert, be- und erdacht, geschrieben und perspektivisch verändert. In Anlehnung an den Spruch der Secession »Der Zeit ihre Kunst« können wir auch formulieren: »Der Zeit ihre Geschichte«. Karl Popper fasst das bündig wie folgt zusammen: »Es kann keine Geschichte ›der Vergangenheit‹ geben, wie sie tatsächlich gewesen ist. Es kann nur historische Interpretationen geben, und von diesen ist keine endgültig; und jede Generation hat das Recht, sich ihre eigenen Interpretationen zu schaffen. Aber sie hat nicht nur ein Recht dazu, sondern fast eine Pflicht; denn hier ist wirklich ein dringendes Bedürfnis zu erfüllen. Wir möchten nicht nur wissen, in welcher Beziehung unsere Schwierigkeiten zur Vergangenheit stehen, sondern wir brauchen dieses Wissen dringend.«[3]

Popper wendet sich allerdings zeitlebens gegen eine, wie er es nennt, »historizistische« Aneignung von Geschichte, eine Form von Historie also, die das Wesenhafte einer Zeit und einer Entwicklung zu entdecken sucht. Konkret fragt der Historizist: »Welchen Weg gehen wir? Welche Richtungen und Tendenzen verfolgt unsere Zeit? Was ist die wesentliche Rolle, die uns die Geschichte zu spielen bestimmt hat?«[4] Dagegen sei es richtiger zu fragen: »Was sollen wir als die für uns dringendsten Probleme ansehen, wie sind sie zustande gekommen, und wie können wir sie lösen.«[5] Historizistische Tendenzen opfern das Einzelne, das Einzelschicksal einer »höheren« Macht, einem »höheren« Ziel – letztlich opfern sie damit die Menschlichkeit einer Ideologie. Das Werk „Das Elend des Historizismus", in dem diese Gedanken systematisch dargelegt sind, schrieb Karl Popper im neuseeländischen Exil. Es war sein Beitrag gegen den Krieg, mit dem er sich allerdings gegen jegliche Tendenz der Unmenschlichkeit wandte – wann und wo immer sie geschehen sein mochte oder noch geschehen könnte.

»Wie schwer es ist, Historia zu schreiben« (Wolfgang Lazius)

Diesen Kommentar in der »ersten Stadtgeschichte Wiens« lesend, vermute ich, zugegeben schmunzelnd, dass sich bereits Lazius über die Eigenart und Schwierigkeit der Geschichtsschreibung Gedanken machte. Er fand wohl eine Lösung, die ihm für seine Zeit angemessen erschien. Am Beginn des Buchs, das ich gleich am Tag nach meiner Ankunft in Wien am Naschmarkt entdeckt habe, steht eine viele Seiten umfassende Herrscherchronologie: Die Ahnenreihe spannt sich vom römischen Kaiser Julius Caesar bis zum »jetzt regierenden Kayser Leopoldum«. Dieser Bogen soll den Herrschaftsanspruch der Dynastie beweisen, auch wenn das nicht ausdrücklich geschrieben steht. Eine solche »Herleitung« wird in der Fachliteratur »Translatio imperii« genannt.

Mehr über dieses Buch ab S. 62.

Kannte Leopold solche Bücher und andere Druckwerke, die sich mit seinem Abbild schmückten? Zum Beispiel die in ganz Europa verbreiteten Blätter, die anlässlich seiner Hochzeitsfeierlichkeiten mit Infantin Margarita Teresa hergestellt wurden? Hatte er selbst teilweise Anteil an deren Konzeption?

In welcher Atmosphäre wuchs ein Mensch auf, dem eine Selbstdarstellung als Jupiter angemessen erschien? Geläufige positive Repräsentationen eines Herrschers seiner Zeit waren »Vergleiche mit Sonne, Adler oder mythologischen Gestalten wie Herkules, Jupiter oder Atlas«.[6]

Die Kaiserwahl – Der Wille zur Kontinuität gewinnt

Leopolds Wahl zum Kaiser ging ein langes Ringen voraus: Die den höchsten Herrscher des deutschen Reiches wählenden Kurfürsten hatten kurz vorher den älteren Bruder approbiert, der bald danach verstarb, und waren nun unsicher, ob ein junger Mensch von 17 Jahren für die Kaiserwürde bereit sei. Letztlich obsiegte der Wille zur Kontinuität und der Glaube daran. Die lange Herrschaftstradition der Familie galt als Indiz für ihre Befähigung und vor allem für Gottes Gnade: Eine Dynastie, die bereits derart lange regierte, musste von ganz oben, von Gott, auserwählt und beschützt sein.

Die lange Tradition des Hauses Habsburg war bei der Wahl und der anschließenden Kommunikation der Herrschaft ein entscheidendes Argument:

»Wesentlich wichtiger als die Bildsymbole, die zur Veranschaulichung der kaiserlichen Macht dienten, war den sich zur Wahl [der Kaiserwahl] äußernden Autoren der Verweis auf die lange Herrschaftstradition der Habsburger. Ein Kaiser aus diesem Haus trug einerseits die in der Familie erblichen Herrschertugenden, die aus zeitgenössischer Sicht eine Garantie für eine erfolgreiche Regierung boten. Andererseits deuteten die zahlreichen aus diesem Haus stammenden Kaiser aber auch auf die besondere Auserwähltheit der Habsburger hin, so daß diese Dynastie mit einem besonderen göttlichen Einverständnis zu regieren schien. Bereits im Vorfeld der Wahl waren diese Argumente wichtige Pluspunkte für den habsburgischen Kandidaten; nach der Wahl gingen viele Autoren in Wort und Bild noch einmal auf die lange kaiserliche Ahnenreihe des neuen Kaisers [Leopold I.] ein.«[7]

Eine lange Ahnenreihe war also nicht nur Zierde, sondern Mittel der Machterhaltung, selbst und gerade in unsicheren Zeiten. Der Dreißigjährige Krieg war allen noch gut im Gedächtnis und der Wille zu Frieden und Friedenserhaltung in der Bevölkerung groß.[8]

Die Bildtradition wurzelt somit in einem überzeitlichen Herrschaftsanspruch: Leopold wird in eine Umgebung, in eine Dynastie geboren, die sich aus der Vergangenheit heraus und gleichzeitig in die Zukunft hinein legitimiert.

Was heute mit sozialem Umfeld und Bildungschancen verbunden wird, wurde zu dieser Zeit mit Gottes Gnade erklärt.

Der Buchdruck, gebildete Herrscher und Dichterfürsten

In der Chronica des Lazius blätternd, entdecke ich eine aufschlussreiche Anmerkung zu Friedrich III. (1415–1493):

»Friedrich III. [...] schaffet viel Nützliches im Reich, war voller Tugend und Gottseligkeit. Die hochlöbliche, weitberühmte Kunst der Buchdruckerei war unter ihm erfunden.«

Die Erfindung des Buchdrucks war für den Autor ein solch wichtiges Ereignis, dass es in die Chronologie der Herrscher aufgenommen werden musste. Dabei hatte Friedrich III. selbst direkt wenig zu dieser Erfindung beigetragen.

Dichter und Fürsten

Auch eine Anmerkung zu Maximilian I. (1459–1519) fällt mir ins Auge:

»Maximilianus der Erste [...] regiert 25. Jahr löblich und wohl / war ein gelehrter und viel Sprachen kundiger Herr / mild / freundlich und wohlthätig.«

Bei keinem anderen Herrscher findet sich ein Hinweis auf dessen Gelehrsamkeit und Mehrsprachigkeit. Lässt dies auf ein verändertes Herrscherverständnis zur Zeit des Autors schließen? Der aufkommende Renaissancehumanismus entwarf ein Herrscherbild, das auf umfassende Bildung Wert legte. Ist hier die beginnende »Wiederentdeckung« der Antike im Hause Habsburg zu suchen? Friedrich III. krönte jedenfalls den italienischen Humanisten Enea Silvio Piccolomini (1405–1464), den späteren Papst Pius II., zum Dichterfürsten. Dichtende Gelehrte konnten damals in höchste Ämter aufsteigen. Maximilian I. wird dem Vorbild seines Vaters folgen und den ersten deutschen Dichter zum Dichterfürsten küren – davon aber später mehr.

Siehe S. 155.

»Die Erfindung des Buchdrucks mit beweglichen Lettern, die Johannes Gutenberg (1397–1468) in Mainz zugeschrieben wird, war grundlegend und im Wortsinn epochemachend. Auf diese Weise waren Bücher billiger und schneller herzustellen als mit Druckplatten aus Holz oder durch das Abschreiben eines Manuskripts. So wurden die Schriften und Erkenntnisse nicht nur schneller und preiswerter verbreitet, sondern sie erreichten auch durch die massenhafte Verbreitung eine größere Leserschaft, die jetzt Anteil an den Entwicklungen nehmen und auch selber Einfluss ausüben konnte. Die Zahl der veröffentlichten Titel wuchs zwischen den Jahren 1450 und 1600 von 30 000 auf 150 000 bis 200 000 an, die Anzahl der gedruckten Exemplare stieg in diesem Zeitraum auf 15 bis 20 Millionen und damit um das Zehnfache. Die [...] Bildungs- und Wissenschaftseuphorie und die Verbreitung ihrer Ergebnisse durch den Buchdruck setzten auch ein reges Anwachsen wissenschaftlicher und technischer Entdeckungen in Gang.«[9]

Mehr über die Lesekultur in der Zeit der Romantik siehe auf S. 460.

Der Kaiser-Apollo: Maximilian und seine Erben

Versuch, ein Lehrgedicht zu schreiben:

Der Kaiser-Apollo

Maximilian war ein Thronfolger von Gottes Gnaden,
doch konnten viele seiner Herrschaft schaden.

Von der kurz zuvor erfund'nen Druckerpresse
war er ganz entzückt und ließ sein Abbild mit Noblesse –
einem römischen Kaiser gleich –
verbreiten im ganzen Reich.

Die Renaissance und ihr Humanismus waren ein neues Phänomen,
die ließen den Menschen sich als Individuum seh'n.
Gott erschuf ihn, doch er selbst durch Kunst und Wissenschaft
Findet Erkenntnis aus eig'ner Kraft.

Die Künstler nahmen an antike Vor-Bilder und Vor-Reiter
und schufen Bilder und Statuen auf allen Plätzen heiter.
In Florenz, Mailand, Urbino und so weiter
Sind sie den Stadtbewohnern heute noch treue Begleiter.

Dem kalten Norden wurde langsam gewahr,
was dort unten in der alten Welt geschah.
Der Celtis machte sich auf nach Italien, um zu studieren dort
und brachte viel Neues zurück an den Heimatort.
In Dürer fand er seinesgleichen –
dem neuen Apelles mussten alle anderen Maler weichen.

Gemeinsam schufen Albrecht und Conrad geschrieb'ne und
gemalte Programme
und waren den Künsten eine gute Amme,
Kaiser Maximilian nahm ihr Können in seine Dienste –

Da war's allen klar:
»Dieser Kaiser ist ein Apollo fürwahr!«

Die Musen fanden ihre neue Heimstatt,
denn sie hatten Italien und ihr Wanderleben satt.
Ihres Schaffens Höhepunkt war gekommen,
als Leopold sich Margarita, die reine Perle, zur Braut
genommen.

Dem aufgeklärten Kaiser Joseph II. waren die Künste
untertan,
und er befand: man hatte für sie genug getan.
Jetzt sollte die Wissenschaft die Welt erhalten,
und der Rest sollte in kleinerer Rolle schalten.

So wurden die Repräsentationen am Kaiserhof nüchtern,
und die Musen langsam schüchtern.
Doch dann kam Kaiser Franz Joseph die rettende Idee:
Ein Museum mit Gemäldegalerie, Kunstkammer etc.,
voll mit Dingen gar aus Übersee
sollte den Musen nun neue Heimat sein –
am Maria-Theresien-Platz in prachtvollem Stein.

Klio, Euterpe, Erato, Polyhymnia, Urania,
Melpomene, Terpsichore, Kalliope und Thalia
zogen ein und zeigen sich bis heute in diesem Schrein:
»Kommt in unseren heil'gen Hain!«

Konrad Celtis

Ein Dichter im Dienste des Kaisers

Konrad Celtis (1459–1508) war der erste deutsche Dichter, der zum Dichterfürsten geadelt wurde – von Kaiser Maximilian I. höchstpersönlich. Seine Studien führten ihn nach Italien, wo er mit führenden Humanisten der Zeit in Kontakt kam. Zurückgekehrt begann er nördlich der Alpen eine eigene Ausformung des Renaissancehumanismus gegen das italienische Vorbild zu entwickeln und zu propagieren. Ein wichtiger Helfer zur Verbildlichung und Verbreitung seiner Ideen wurde ihm Albrecht Dürer, den er zum »neuen Apelles«, zum höchsten aller lebenden Künstler, kürte.

Wie wichtig für Konrad Celtis Apoll und die Musen als Sinnbild kultureller Weiterentwicklung, ja des kulturellen Aufschwungs waren, zeigt sein Gedicht aus dem Jahr 1486:

> An Apollo, den Erfinder der Dichtkunst,
> daß er aus Italien nach Deutschland kommen möge
>
> Phoebus, der erfunden die holde Lyra,
> laß dein teures Heim, Helicon und Pindus,
> komm, von Dichtung, wie du sie liebst, gerufen,
> in unsre Lande.
>
> Sieh wie unsre Musen zu dir mit Freuden
> eilen, singend süß unter kaltem Himmel.
> Unser Land, das roh noch – mit Harfenklängen
> komm und besuch es.
>
> Der Barbar, abstammend von rauhen Kriegern
> oder Bauernvolk, der des Römers Künste
> noch nicht kennt, er lern unter deiner Führung
> nunmehr die Dichtkunst,
>
> so wie einstmals vor den Pelasgern Orpheus
> sang, da wilde Tiere und flinke Hirsche,
> ja sogar am Berghang die hohen Bäume
> tanzten zum Liede.
>
> Hast du doch geruht, übers Meer zu fahren,
> freudig kamst du nach Latium aus Hellas,
> deine Musen mit dir, und gnädig lehrtest
> du deine Künste.
>
> Komm, so beten wir, drum zu unsern Küsten,
> wie Italiens Lande du einst besuchtest;
> mag Barbarensprache dann fliehn, und alles
> Dunkel verschwinden.[10]

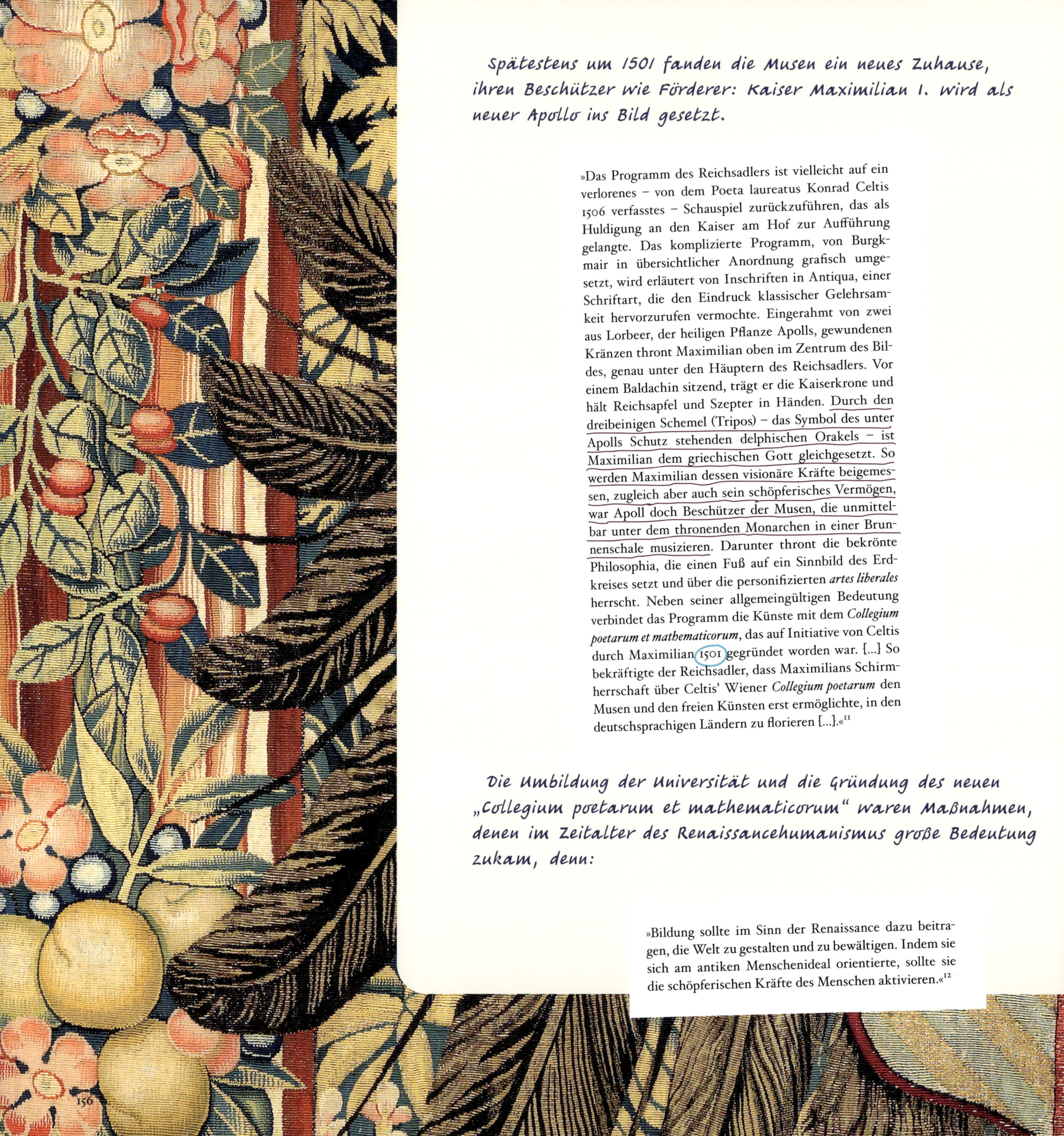

Spätestens um 1501 fanden die Musen ein neues Zuhause, ihren Beschützer wie Förderer: Kaiser Maximilian I. wird als neuer Apollo ins Bild gesetzt.

»Das Programm des Reichsadlers ist vielleicht auf ein verlorenes – von dem Poeta laureatus Konrad Celtis 1506 verfasstes – Schauspiel zurückzuführen, das als Huldigung an den Kaiser am Hof zur Aufführung gelangte. Das komplizierte Programm, von Burgkmair in übersichtlicher Anordnung grafisch umgesetzt, wird erläutert von Inschriften in Antiqua, einer Schriftart, die den Eindruck klassischer Gelehrsamkeit hervorzurufen vermochte. Eingerahmt von zwei aus Lorbeer, der heiligen Pflanze Apolls, gewundenen Kränzen thront Maximilian oben im Zentrum des Bildes, genau unter den Häuptern des Reichsadlers. Vor einem Baldachin sitzend, trägt er die Kaiserkrone und hält Reichsapfel und Szepter in Händen. Durch den dreibeinigen Schemel (Tripos) – das Symbol des unter Apolls Schutz stehenden delphischen Orakels – ist Maximilian dem griechischen Gott gleichgesetzt. So werden Maximilian dessen visionäre Kräfte beigemessen, zugleich aber auch sein schöpferisches Vermögen, war Apoll doch Beschützer der Musen, die unmittelbar unter dem thronenden Monarchen in einer Brunnenschale musizieren. Darunter thront die bekrönte Philosophia, die einen Fuß auf ein Sinnbild des Erdkreises setzt und über die personifizierten *artes liberales* herrscht. Neben seiner allgemeingültigen Bedeutung verbindet das Programm die Künste mit dem *Collegium poetarum et mathematicorum*, das auf Initiative von Celtis durch Maximilian 1501 gegründet worden war. […] So bekräftigte der Reichsadler, dass Maximilians Schirmherrschaft über Celtis' Wiener *Collegium poetarum* den Musen und den freien Künsten erst ermöglichte, in den deutschsprachigen Ländern zu florieren […].«[11]

Die Umbildung der Universität und die Gründung des neuen „Collegium poetarum et mathematicorum" waren Maßnahmen, denen im Zeitalter des Renaissancehumanismus große Bedeutung zukam, denn:

»Bildung sollte im Sinn der Renaissance dazu beitragen, die Welt zu gestalten und zu bewältigen. Indem sie sich am antiken Menschenideal orientierte, sollte sie die schöpferischen Kräfte des Menschen aktivieren.«[12]

Ganz unten am Sockel des Brunnens sehen wir die Geschichte des Paris-Urteils dargestellt. Sie gilt in der Renaissance als Mahnung, sich für den richtigen Weg zu entscheiden. Diese Geschichte wird – allerdings als Huldigung an die junge Braut gemeint – Thema der unglaublich aufwendig ausgestatteten Oper „Il pomo d'oro", die zur Hochzeit Leopolds I. mit Infantin Margarita Teresa aufgeführt wurde.
Mehr dazu auf S. 254.

Hans Burgkmair d. Ä., *Der allegorische Reichsadler des Konrad Celtis*, um 1507
© ALBERTINA, Wien

Die Ankunft humanistischer Ideen in Wien

»Die Hinwendung zum Menschen der Antike und zu seinen Leistungen gilt als wesentliches Kennzeichen der Epoche des Humanismus. Die Bildungsbewegung nahm in Städten sowie an weltlichen und kirchlichen Höfen Italiens im 14. Jahrhundert ihren Ausgang und verbreitete sich bis ins 16. Jahrhundert in den Ländern des Alten Reiches und darüber hinaus. Eine Neuorientierung erfasste die Wissenschaft und ihre Lehre, schließlich das kulturelle Leben in seiner Gesamtheit. Entscheidend begünstigt wurde die Verbreitung humanistischer Erkenntnis mit dem Aufkommen des Buchdrucks. Man entdeckte die Autoren der Antike und des Mittelalters und publizierte ihre Werke in textkritisch ›gereinigter‹ Form neu. Als wichtigste Bildungsfächer der *studia humanitatis* (später: *humaniora*) galten Poetik, Rhetorik, klassische Sprachen (Latein, Griechisch, Hebräisch) sowie die ›humanistischen Naturwissenschaften‹ (*scientiae mathematicae*), besonders Mathematik, Astronomie und Astrologie, bald erweitert um Geschichte und Moralphilosophie. Für die Verbreitung des humanistischen Bildungsgutes spielten neben dem Buchdruck umherziehende Bildungshungrige und Gelehrte (›Wanderhumanisten‹) eine maßgebliche Rolle, zunehmend aber auch die gezielte Förderung durch einzelne Fürsten. So hatte am Hof Kaiser Friedrichs III. Enea Silvio Piccolomini – der spätere Papst Pius II. – gewirkt, der 1442 als erster Gelehrter außerhalb Italiens in Frankfurt den Dichterlorbeer empfing. Piccolomini ist es zu verdanken, dass das neue Bildungsgut am Wiener Hof, an der Stephansschule und an der Universität propagiert wurde. Zum bedeutendsten Förderer der Humanisten wurde aber Kaiser Maximilian I., der bekannte Gelehrte um sich versammelte, insbesondere Hieronymus Balbus, Johannes Cuspinian oder Johannes Stabius. Im Jahr 1497 berief Maximilian I. den hoch angesehenen Konrad Celtis an die Universität Wien, an der dieser die humanistischen Leitfächer Poetik und Rhetorik lehren sollte. Um die Etablierung der humanistischen Fächer an der Universität Wien zu fördern, gründete Maximilian das Wiener Poetenkolleg (*Collecium poetarum et mathematicorum*), das am 1. Februar 1502 eröffnet wurde und die Heranbildung von Dichtern (*vates*), von Beratern und philologisch wie historisch geschulten Rednern und Diplomaten (*oratores*) sowie von ›Mathematikern‹ (Absolventen der ›humanistischen Naturwissenschaft‹) zum Ziel hatte. Kaiser Maximilian, so rühmte Celtis zurückblickend, habe mit dieser Gründung ›den umherirrenden Musen eine neue Unterkunft‹ geschenkt.«[13]

Piccolomini lernt Gutenberg 1454 bei einer Messe in Frankfurt kennen. Als späterer Papst Pius II. erteilt er dessen Druckwerkstatt unglaublich umfangreiche Aufträge und lässt bis zu 150.000 Ablassbriefe auf einmal anfertigen. Mit dem dadurch verdienten Geld kann Gutenberg sich langsam, aber sicher seinen Traum erfüllen: Die gesamte Bibel will er prachtvoll drucken. Bis heute sind die sogenannten Gutenberg-Bibeln begehrte Sammlerobjekte. Die Gutenberg-Bibel ist das erste mit beweglichen Lettern gedruckte Buch der westlichen Welt.

*Ein gekrönter kaiserlich römischer Doppeladler in einer Verdüre,
Teil der Serie Wappen Kaiser Karls V. (9 Stücke)*, um 1540
Kunsthistorisches Museum Wien, Kunstkammer
© KHM-Museumsverband

Diese Tapisserie wurde hundert Jahre vor Leopolds Geburt hergestellt. Ich wähle sie als Hintergrund für dieses Kapitel, weil sie an die glanzvollen Zeiten des berühmten Vorfahren Leopolds I. erinnert, unter dem die habsburgischen Länder zunächst noch nicht in eine spanische und eine österreichische Linie gespalten waren. Durch seine erste Heirat versuchte Leopold I., die beiden Linien wieder zusammenzuführen.
Mehr dazu auf S. 234.

Aus der Vergangenheit in das Jetzt, aus dem Jetzt in die Zukunft

Genealogie – Macht – Kapital.
Eine weit verzweigte Familie: Immer schon und fast überall

Bereits Rudolf IV. (1339–1365) war es ein Anliegen, den Herrscheranspruch seiner Familie bis in die Antike zurückzuverfolgen und zu begründen. Dafür ließ er sogar Dokumente fälschen (S. 110). Was während Rudolfs Herrschaft bei anderen Würdenträgern noch auf Ablehnung stieß, wurde von Friedrich III. (1415–1493) mit kaiserlicher Autorität beglaubigt. Für Friedrichs Sohn Maximilian (1459–1519) stand die lange ehrwürdige Tradition seiner Familie und deren Herrschaftsanspruch außer Frage.

Für die Entwicklung seiner politischen Kommunikation beschäftigte Maximilian I. humanistische Gelehrte. In diesem Zusammenhang war das genealogische Programm vorrangiges Thema: Die »Wurzeln« sollten weit in die Geschichte zurückgreifen, während die Äste des Baumes in die Breite wachsen sollten: Je mehr Familien mit dem eigenen Haus verbunden werden konnten, umso leichter konnte der eigene Machtanspruch vor anderen Familien argumentiert werden: »Noch vor realem Besitz und politischer Machtfülle sind Stammbaum und Ahnenreihe wichtige Kriterien für die adelige Selbstdefinition. Der Glanz einer möglichst alten und illustren Abstammung lässt sich an den zahllosen genealogischen Konstrukten Maximilians ablesen, für die er seine Gelehrten regelrechte Feldforschung in den Klosterbibliotheken und Grablegen Europas betreiben ließ. Deren Beweisführungen sollten im Falle von Verheiratungen, Erb- oder Streitfällen die eigenen Ansprüche als unwiderlegbar erscheinen lassen.«[14]

Die behaupteten römischen Ursprünge seines Hauses waren Maximilian nicht genug. Er zog einen umfassenden Stammbaum vor, der verwandte Königshäuser und »sämtliche europäische Hochadelsgeschlechter in Beziehung zu den Habsburgern« setzen sollte.[15] Auch mythologische Figuren und Götter gliederte er in seine Ahnenreihe ein: »Wenngleich sich früheste Ansätze des Hauses Habsburg erst für das 10. Jahrhundert postulieren lassen, erklärte Maximilian, darin seinen europäischen Standesgenossen folgend, mythologische Figuren wie Herakles, Jupiter oder Osiris, bedeutende biblische oder historische Personen wie Noah, Julius Caesar oder Karl den Großen, vor allem aber all die christlichen Heiligen zu seinen Vorvätern.«[16]

Eine illustre (und reich illustrierte) Vergangenheit ist also für eine vielversprechende Zukunft – auch auf dem Heiratsmarkt – grundlegend.

Das Werk ist über drei Meter lang, um die gesamte Reihe der Ahnen aufzunehmen.

Jörg Kölderer, *39 Ahnen Maximilians I., vormals Kölderrolle*, um 1512/14 oder 1528
Kunsthistorisches Museum Wien, Kunstkammer © KHM-Museumsverband

Tu felix Austria nube: »Geglückte Heiratspolitik«

Bei Maximilians Geburt waren die habsburgischen Länder wesentlich kleiner als zum Beispiel das Königreich Ungarn, das Königreich Frankreich oder gar das Osmanische Reich. Durch seine erste Heirat erweiterte Maximilian das Gebiet der Habsburger aber bereits um die Ländereien des Herzogtums Burgund – was alles andere als einfach war, wollte sich doch der französische König dieses Gebiet nicht entgehen lassen. Maximilian führte zahlreiche Kriege, gewann einige und verlor viele. Letztlich führte seine Heiratspolitik zu enormen Reichserweiterungen nach Westen und Osten hin: Aus den für das Haus Habsburg strategisch geglückten Hochzeiten resultierte das Erbe Spaniens und Böhmen-Ungarns. Bereits Maximilians Enkel Karl V. sollte über ein Reich herrschen, »in dem die Sonne nicht untergeht«.
Die Vision eines Weltreichs unter habsburgischer Herrschaft erfüllte sich also sehr bald:

Die Doppelhochzeit wird wegen ihrer großen Bedeutung für das Haus Habsburg auch »Erster Wiener Kongress« genannt. Mehr über den »Zweiten Wiener Kongress« ab S. 412.

»1516 wurde sein Enkel Karl, der spätere Kaiser des ersten nachantiken Weltreichs, zum König von Spanien gekrönt. Als eigentliche ›Krönung‹ von Maximilians Lebenswerk aber darf wohl die Wiener Doppelhochzeit von 1515 gelten, bei der es zu Verbindungen der Prinzen und Prinzessinnen von Österreich, Ungarn und Polen kam. Sie sollte schon 1526 zur habsburgischen Thronfolge seines Enkels Erzherzog Ferdinand in Ungarn, Böhmen und Kroatien und damit zum österreichischen Vielvölkerstaat führen, wie er bis 1918 Bestand hatte.«[17]

»Bella gerant alii, tu felix Austria nube.« – »Kriege führen mögen andere, du, glückliches Österreich, heirate.«

Albrecht Dürer, *Kaiser Maximilian I.*, 1519
Kunsthistorisches Museum Wien, Gemäldegalerie © KHM-Museumsverband

Maximilians Kunstprogramm

... als Pflicht für die Nachkommen

Maximilians »Macht-, Selbst- und Sendungsbewusstsein«[18] war Voraussetzung für die unglaubliche Erfolgsgeschichte seiner Herrschaft. Sein »humanistisches Programm« – er initiiert Kunstwerke und Bücher und richtet neue Lehrstühle an der Universität Wien ein (mehr dazu ab S. 155) – stellt er in den Dienst einer weitreichenden Kommunikationsstrategie: In ganz Europa, am besten in der ganzen Welt, sollte der Glanz seines Hauses leuchten. Gleichzeitig sind seine Bemühungen mit dem festen Glauben an die Zukunft verbunden: Seine Nachkommen werden – nicht zuletzt durch die sie umgebenden Bildprogramme und Erzählungen von der Vorrangstellung ihrer Familie unterrichtet – die Familientradition weiterführen. Der Anspruch an seine Erben war die Wahrung, Vermehrung und Einlösung seiner Vision von (Welt-)Herrschaft.

Meiner wird gedacht, also bin ich, auch wenn ich nicht mehr bin

Für Maximilian I. galt: »Wer sich im Leben kein gedechtnus mache, werde mit dem letzten Glockenton vergessen.«[19]

Für sein »Gedächtnis« setzte Maximilian die Künste ein: Literatur, Malerei, Skulptur, Druckwerke und Musik. Die Wiener Hofmusikkapelle wurde während seiner Herrschaftszeit aufgestockt und institutionalisiert. Die Wiener Sängerknaben und die Wiener Philharmoniker gehen auf diese kaiserliche Begeisterung für Musik zurück.

Maximilian wollte als größter Kaiser seit Karl dem Großen ins Gedächtnis der Menschheit eingehen. Dafür ließ er von den großen Humanisten der Zeit aufwendige Bildprogramme für seine großangelegten Projekte wie die „Ehrenpforte" oder den „Triumphzug" schaffen. Für ihre Ausführung beauftragte er ausschließlich hervorragende Künstler nördlich der Alpen. So arbeitete oftmals Albrecht Dürer in seinem Dienst. Maximilian ist auch der erste Kaiser aus dem Hause Habsburg, der mit seinem Buch „Der Weißkunig" eine Geschichte seiner Taten hinterließ.

»Der Kaiser förderte den Buchdruck und nutzte ihn, um sein Image in der gebildeten höfischen Gesellschaft wie im städtischen Bürgertum zu verbreiten.

Maximilian I. sammelte Ritterdichtungen wie das ›Ambraser Heldenbuch‹. Am ›Weißkunig‹, einer Beschreibung seines Lebens sowie seines Vaters, ›Theuerdank‹, einer Schilderung seiner Brautfahrt nach Burgund, sowie ›Freydal‹, einem Turnierbuch, war er selbst als Autor beteiligt. Diese Werke orientierten sich an mittelalterlicher höfischer Dichtung, aber auch antiken Biografien. Sie waren mit Holzschnitten versehen und wurden in Buchform verbreitet.

Der Bezug zur Antike kam bei den von Maximilian I. initiierten monumentalen Holzschnitten ›Triumphzug‹ und ›Ehrenpforte‹ zum Ausdruck. Bei beiden Werken stehen Triumph und Ruhm sowie die Errungenschaften der Habsburger, insbesondere jene Maximilians I., im Mittelpunkt – und sollten seinen Machtanspruch rechtfertigen. Ihr Programm wurde von für den Kaiser tätigen Humanisten entwickelt.

›Der Triumphzug‹ – insgesamt 109 Holzschnitte – wurde von Albrecht Altdorfer, Albrecht Dürer und Hans Burgkmair entworfen und gezeichnet, doch erst nach dem Tod Maximilians I. gedruckt. Er zeigt einen Aufzug von Vertretern jener Länder, die Maximilian I. beherrschte, sowie von Kriegern und Fürsten, die Bilder tragen, auf denen die Taten Maximilians I. verherrlicht werden. Dieser selbst nimmt auf einem reich verzierten Wagen an der Veranstaltung teil.

Die ›Ehrenpforte‹, der größte Holzschnitt aller Zeiten, von 192 Blöcken gedruckt, bildet einen drei Meter hohen Triumphbogen. Einige stammen von Albrecht Dürer. Idee und Formen der ›Ehrenpforte‹ erinnern an die Triumphdarstellungen römischer Imperatoren – hier sind sie geschmückt mit Bildern der Leistungen sowie von Vorfahren und Vorbildern Maximilians I.«[20]

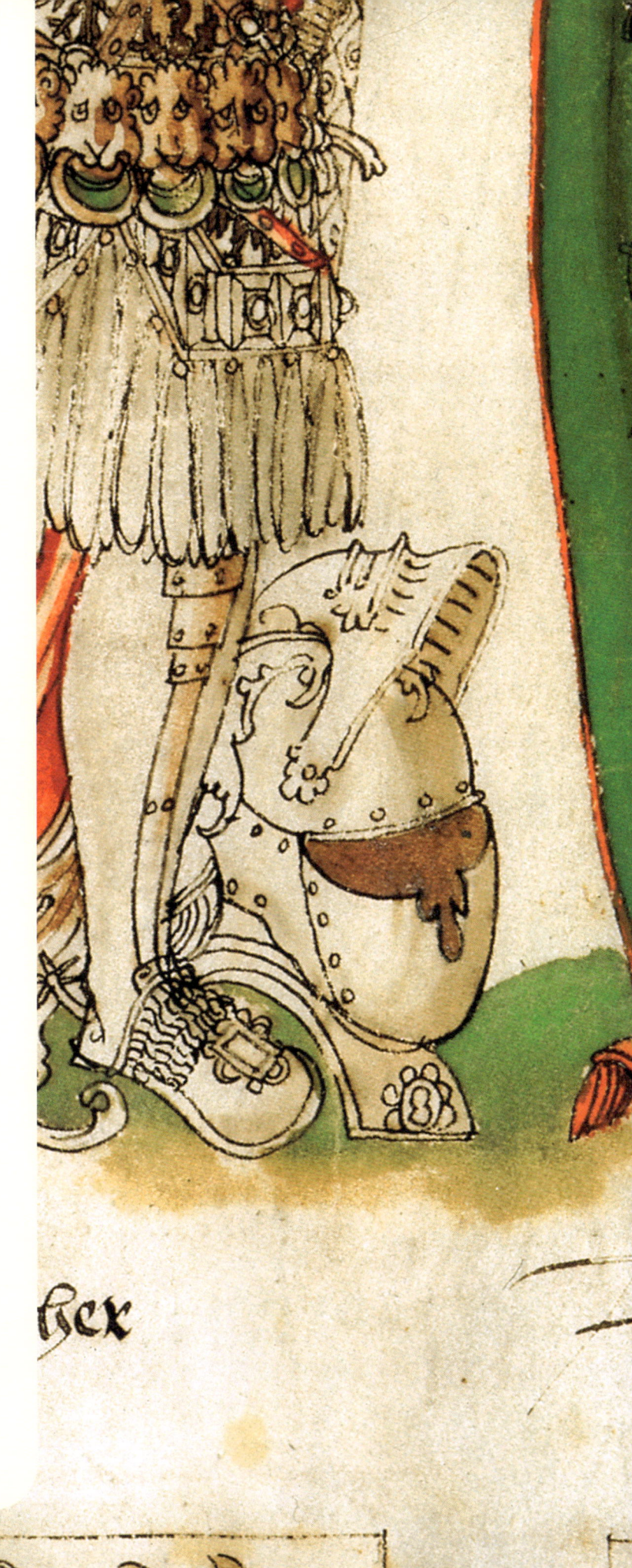

Mythos Dürer

Der Erzhumanist schafft eine legendäre Gestalt

Maximilian nahm mit Albrecht Dürer (1471–1528) einen bereits zu Lebzeiten hochverehrten vielseitigen Künstler in seine Dienste. Dürer beteiligte sich an vielen Projekten des Kaisers, die dessen »Gedächtnis« für die Zukunft garantieren sollten. Der »Mythos Dürer« begriff den Maler als »neuen Apelles«, verglich ihn also mit dem höchsten und berühmtesten unter den Malern der Griechen, und schrieb ihm eine umfassende Bildung zu. Dieses Bild Dürers hatte besonders Konrad Celtis entworfen und gefördert. Vermutlich stilisierte Celtis den Künstler zu jemandem, der eher in sein eigenes Programm – den Vorrang der Deutschen vor anderen Ländern in den Künsten und Wissenschaften zu begründen – passte, denn der Realität entsprach. In seinem ersten Epigramm adressiert Celtis Dürer direkt und verknüpft dessen Würdigung mit einer Aufforderung:

»Dem Nürnberger Maler Albrecht Dürer. Albrecht, in deutschen Landen hochberühmter Maler, [insbesondere] dort, wo Nürnberg sein hohes Haupt in den Himmel erhebt. Du bist für uns ein zweiter Phidias und zweiter Apelles, oder wie einer der anderen, welche das gelehrte Griechenland für ihre Künstlerhand bewundert. Keinen wie dich hat Italien oder das feuchte Frankreich je gesehen, nie wird man einen wie dich in Spanien erblicken. Du übertriffst die Ungarn und die heutigen deutschen Maler und die, die Polen verehrt. Mach dich an die Arbeit, male die Philosophie, die dir alles Wissen der Welt vermittelt.«[21]

»Gelehrsamkeit, lebensnahe Naturwiedergabe (›viva ut crediderim‹), Virtuosität und künstlerisches Genie (›ingenium‹) sowie das Streben nach den richtigen Proportionen, das heißt einer wissenschaftlich begründeten Kunst (›symmetria‹), sind die Merkmale, die Dürer als Künstler auszeichnen. Sie lassen ihn nach Celtis zu einem ›Alter Phidias‹ und vor allem einem ›Alter Apelles‹ werden. Als doppelte Wiedergeburt antiker Kunstfertigkeit wird Dürer zu einem neuen ›Superkünstler‹, wie er in keinem anderen europäischen Land zu finden ist. Damit hebt Celtis den etwa Dreißigjährigen als Erneuerer der deutschen Kunst im Sinne der Renaissance heraus.«[22]

Dürer, Celtis und die Philosophie

»Die allegorische Darstellung der Philosophie bildet den Höhepunkt der Zusammenarbeit zwischen Dürer und dem ›Erzhumanisten‹ Konrad Celtis. [...] Der Holzschnitt vertritt die Idee einer universalen philosophisch-rhetorischen Bildung [...]. Maximilians Stiftung eines *Collegium poetarum et mathematicorum* (1505) sollte den institutionellen Rahmen dazu schaffen. Der Holzschnitt stellt zugleich Geschichte und systematische Gliederung der Philosophie dar. Entsprechend dem Konzept einer *translatio sapientiae* weisen die Vignetten des Blattkranzes den Weg der Philosophie von den Ägyptern/Chaldäern (Ptolemäus) über Griechen (Platon) und Lateiner (Vergil/Cicero) zu den Deutschen, für die der mittelalterliche Philosoph Albertus Magnus steht. [...] Celtis setzt ein umfassendes Verständnis von Philosophie voraus. Philosophie (*sapientia*) umfasst alles ›Wissen um die menschlichen und göttlichen Dinge‹. Der Zugang zum ›Herz‹ der Philosophie erfolgt über eine Stufenleiter, die auf der Vignette der ›Latinorum poetae et rhetores‹ (Lateinische Dichter und Redner) ansetzt. Der Weg führt von einem propädeutischen Studium der Natur (*physiologia*) über die Enzyklopädik der *artes liberales zur theologia*. Celtis geht dabei von Ciceros Konzept einer integralen Verbindung von Redekunst (*eloquentia*) und Weisheit (*sapientia*) aus. Nur die Schulung in Dichtung und Rhetorik, vermittelt durch die bedeutendsten Autoren der Antike (Cicero und Vergil in Personalunion), kann die Grundlage aller weiteren Bildung sein.«[23]

Bildungsgut: Wissen als wichtigstes Merkmal eines Menschen

In der Renaissance wird Bildung als hervorragendes Gut des Menschen gefeiert. Zwar schafft Gott den Menschen, doch der Mensch erschafft sich darüber hinaus selbst, über sich selbst hinaus weiter – mithilfe von Kunst und Wissenschaft.

»Aeneas Silvius rührte in einer Schrift von 1450 sogar an der Ständegesellschaft, indem er die Bildung als das einzige Merkmal für die gesellschaftliche Stellung des Menschen charakterisierte. Weder Reichtum noch Macht könne das Fehlen von Bildung aufwiegen, ein Mensch ohne Bildung sei wie ein Standbild aus Stein, und kein Herzog, kein Kaiser habe ohne wissenschaftliche Bildung irgendeinen Wert oder irgendeine Bedeutung. [...] Bildung sollte im Sinn der Renaissance dazu beitragen, die Welt zu gestalten und zu bewältigen. Indem sie sich am antiken Menschenideal orientierte, sollte sie die schöpferischen Kräfte des Menschen aktivieren. Die Welt, in der er lebte, konnte und sollte der Mensch in seiner ganzen ihm von Gott ursprünglich verliehenen Eigenständigkeit aktiv gestalten. Auch deshalb stieß die Natur jetzt auf großes Interesse, vor allem bei Literaten und Künstlern.«²⁴

Über Menschenwürde und humanistischen Bildungsanspruch wird auch Wilhelm von Humboldt sich Gedanken machen. Mehr dazu auf S. 418.

Albrecht Dürer, *Philosophia*, 1502
© ALBERTINA, Wien

Vielseitige Anforderungen an den (Macht-)Menschen

Fast zeitgleich entstanden die beiden Bücher „Il Principe" („Der Fürst") von Niccolò Machiavelli (1469–1527) und „Il Cortegiano" („Der Hofmann") von Baldassare Castiglione (1478–1529) im frühen 16. Jahrhundert.

„Der Hofmann", zwischen 1508 und 1516 verfasst, wurde 1528 veröffentlicht:

»Entworfen wird dabei das Idealbild des Hofmannes; erörtert werden seine Herkunft, die Frage nach Geburts- und Tugendadel und die vom Höfling abverlangten Fähigkeiten, etwa die Virtuosität in den Waffenkünsten, Kühnheit und edle Gesinnung, rhetorische Begabung, geistige Elastizität, Kenntnisse der Sprachen sowie Übung in den Künsten.«[25]

»Castiglione entwirft mit dem universal begabten und gebildeten Menschen der Renaissance den Prototyp jenes ›Gentiluomo‹, der als ›Honnête homme‹ und ›Gentleman‹ zum gesellschaftlichen Leitbild der nachfolgenden Jahrhunderte werden sollte. *Der Hofmann* avancierte zum Handbuch gesellschaftlichen Aufstiegs und bürgerlicher Selbstverwirklichung.«[26]

»›Das Buch vom Hofmann‹ wurde bereits 1560 erstmals in die deutsche Sprache übersetzt und erlebte bei uns, wie in fast allen anderen europäischen Sprachen, einen lang anhaltenden, unvergleichlichen Erfolg.«[27]

Auch Prinz Eugen von Savoyen (1663–1736) wird seine Umgangsformen am Ideal des »Honnête homme« orientieren. Mehr dazu auf S. 282.

„Der Fürst" von Machiavelli dagegen zeichnet das Bild eines rigorosen Herrschers: Er passt sein Handeln an die jeweilige Situation an – Herrschaftserhaltung und -erweiterung sind die Leitsterne, denen sich alle anderen »Tugenden« unterzuordnen haben.

Die Anschaulichkeit und die Direktheit der Sprache der beiden Autoren sind auffällig – besonders „Der Hofmann" zeichnet sich durch Humor aus, der sich auch in Beschreibungen alltäglicher Situationen findet – ein wichtiger Bestandteil der Argumentation, der zum Reiz des Werks beiträgt. „Der Fürst" hingegen liest sich wie ein »Buch der Belehrungen«, ein Stück Fachliteratur für Herrscher.

Einblicke in Machiavellis „Der Fürst"

Scheinheilig darf und soll der Herrscher jedenfalls sein:

»Inwieweit Fürsten ihr Wort halten müssen«

»Für einen Fürsten ist es also nicht erforderlich, alle oben genannten guten Eigenschaften wirklich zu besitzen, wohl aber den Anschein zu erwecken, sie zu besitzen. Ich wage gar zu behaupten, dass sie schädlich sind, wenn man sie besitzt und ihnen stets treu bleibt, dass sie aber nützlich sind, wenn man sie nur zu besitzen scheint; so musst du milde, treu, menschlich, aufrichtig sowie fromm scheinen und es auch sein; aber du musst geistig darauf vorbereitet sein, dies alles, sobald man es nicht mehr sein darf, in sein Gegenteil verkehren zu können. […] Der Fürst muss also sehr darauf achten, dass nie ein Wort über seine Lippen kommt, das nicht von den vorgenannten fünf Eigenschaften geprägt ist, und dass er, wenn man ihn sieht und hört, ganz von Milde, Treue, Aufrichtigkeit, Menschlichkeit und Frömmigkeit erfüllt scheint. Und es gibt keine Eigenschaft, deren Besitz vorzutäuschen notwendiger ist, als die letztgenannte. Die Menschen urteilen im allgemeinen mehr nach dem, was sie mit den Augen, als nach dem, was sie mit den Händen wahrnehmen. […] Alle sehen, was du scheinst, aber nur wenige erfassen, was du bist; und diese wenigen wagen nicht, der Meinung der vielen zu widersprechen […].«[28]

Machiavellis Ratschläge ohne Umschweife:

»Wenn die Staaten, die man erobert, wie ich gesagt habe, gewohnt sind, unter den eigenen Gesetzen und in Freiheit zu leben, so gibt es drei Methoden, die Herrschaft über sie zu behaupten: erstens, sie zu vernichten; zweitens, seinen persönlichen Wohnsitz dorthin zu verlegen; drittens, sie unter ihren eigenen Gesetzen fortbestehen zu lassen, jedoch eine Abgabe von ihnen zu erheben und eine Regierung aus wenigen Bürgern einzusetzen, welche dir die Ergebenheit der anderen sichern.«[29]

> Kein Wunder, dass das Buch von der Kirche im 16. Jahrhundert in den Index der verbotenen Bücher aufgenommen wurde: Ein solch unberechenbarer Herrscher hätte sich nur schwer von ihr lenken lassen.

Einblicke in Castigliones „Der Hofmann"

Jeder Hofmann sollte ein Mann der Sprache sein:

»Dieser [Hofmann] soll also nach meinem Wunsch mehr als mittelmäßig gebildet sein, wenigstens in den, wie wir sie nennen, humanistischen Wissenschaften; nicht allein die lateinische, sondern auch die griechische Sprache soll er beherrschen, worin so viele Gegenstände auf göttliche Art behandelt sind. Er kenne die Gesänge der Dichter, nicht minder die Werke der Redner und Geschichtsschreiber und besitze die Fertigkeit, in Vers und Prosa zu schreiben, hauptsächlich in unserer Volkssprache, weil ihm dann außer dem eigenen Vergnügen auch die Fähigkeit nicht mangeln wird, die Damen zu unterhalten, die ziemlich allgemein solche Dinge lieben. Wenn er, sei es anderer Geschäfte halber oder wegen zu geringen Eifers, nicht zu solcher Vollkommenheit gelangen kann, daß er Lobenswürdiges hervorbringt, sei er darauf bedacht, sein Geschreibsel niemanden sehen zu lassen, damit er nicht andern zum Spott diene, und zeige es höchstens einem vertrauten Freund […].«[30]

Der Nachruhm wird durch Worte garantiert:

»Wer nicht die schöne Macht des geschriebenen Worts in ihrer ganzen Herrlichkeit erfaßt, kann auch nicht ermessen, wie hoch und wie lange der Ruhm edler Taten der Nachwelt strahlt […].«[31]

Klarerweise nimmt daher das Buch einen hohen Stellenwert ein:

»Daß man aber den wahren Ruhm nur durch den heiligen Schatz weitverbreiteter Gesänge und Bücher erlangen kann, begreift jeder außer den Unglücklichen, die nichts davon wissen.«[32]

Albrecht Dürer, *Marter der zehntausend Christen*, 1508, Detail
Kunsthistorisches Museum Wien, Gemäldegalerie
© KHM-Museumsverband

Ewiglich jetzt: Der Augenblick im Bild. Eine Freundschaft »außerhalb der Zeit«

Inmitten eines grauenvollen Blutbades stehen zwei schwarz gekleidete Personen, die am Geschehen rings um sie herum unbeteiligt scheinen. Ihre dem Betrachter zugewendeten Körper fangen den Blick ein: Der »Erzhumanist« Konrad Celtis und der »neue Apelles« Albrecht Dürer sind so ins Bild gesetzt, als seien sie nicht in die Erzählebene der Bildrealität eingebettet. Sie treten mit dem Betrachter in Verbindung und sind ihm näher als den dargestellten Vorgängen.

Jeder »Augenblick« des Betrachters trifft auf Celtis und Dürer, die auf diese Weise – über alle Zeiten und Räume hinweg – lebendig werden. Ihre Abbilder in diesem Meisterwerk werden jedem Betrachter immer aktuell neu, auf individuelle Weise begegnen. Vollendet ist hier die Vorstellung der Unsterblichkeit derer verbildlicht, die sich den Künsten widmen, den Musen Diener und Untertan sind. Dürer hat diese »zeitlose Verewigung« im Sterbejahr von Celtis gemalt – eine Hommage an den großen Gelehrten, der Dürer durch sein Lob bereits zu Lebzeiten unsterblichen Ruhm zukommen ließ.

Bereits bei meinem ersten Spaziergang im Herzen Wiens fiel mir am Nordturm des Wiener Stephansdoms der Grabstein von Celtis auf – und folgendes Detail brachte mich an dem strahlenden Frühsommertag zum Nachdenken: Im Zentrum von Celtis' Epitaph steht das Wort »VIVO« (»Ich lebe«). Der Dichter Celtis ist durch sein Wort für die Nachwelt lebendig; der Mensch Celtis ist durch sein gottesfürchtiges Leben in himmlische Höhen aufgestiegen: Christliches Heilsversprechen und humanistisches Weltverständnis sind hier prägnant in Stein gemeißelt.

Epitaph von Konrad Celtis an der Fassade des Stephansdoms in Wien

Der Anspruch auf Weltherrschaft: Die Nachkommen Maximilians

Während der Herrschaftszeit Maximilians machte sich in der politischen Kommunikation eine Entwicklung bemerkbar, die bis in die Zeit Leopolds I. ungebrochen weitergeführt, verfeinert und ausgestaltet wurde:

> »Allegorische Programme, die die Herrschaft rechtfertigten, Ansprüche auf Weltherrschaft stellten oder den Kampf gegen die Ungläubigen propagierten, traten immer mehr in den Vordergrund. […] Die Ausgestaltung der Feste des 16. Jahrhunderts mit allegorisch-mythologischen Programmen und theatralischen Elementen verweist schon auf die folgende Blüte der barocken habsburgischen Festkultur, denn Mitte des 17. Jahrhunderts setzte am Kaiserhof ein grandioser Reigen theatralischer Feste ein, deren Kernstück die italienische Oper war.«[33]

Die Nachkommen Maximilians werden sich dem Erbe ihres Ahnen verpflichtet fühlen. Ferdinand I., der Enkel Maximilians, entwickelt eine eigene architektonische Sprache an der Wiener Hofburg, die auf das burgundische und antike Erbe des Hauses Habsburg verweist. Seine Kinder und Kindeskinder würdigen dieses Programm und führen es weiter.

Architekturerbe: Steingewordenes Bewusstsein der Familienwürde

Ferdinand I. (1503–1564), der Ururgroßvater Leopolds I., erhielt 1558 nach jahrelangen diplomatischen Verhandlungen mit seinem Bruder Karl V. die Kaiserwürde. Er war mit antiker Architekturtheorie vertraut und ließ in diesem Geist das Schweizertor erbauen.[34] »Das Schweizertor von 1552/53 ist das Denkmal des politischen Sieges Ferdinands über Karl V. und markiert den Ausgangspunkt der Bindung der Kaiserwürde an die österreichische Linie des Hauses Habsburg.«[35] Ferdinand I. führte ein bauliches Konzept für die Hofburg ein, an das sich spätere Generationen weitgehend hielten.

Was auf den ersten Blick nicht zeitgemäß wirkt, ist gut durch- und bedacht:

> »Die von Ferdinand I. entwickelte Ikonologie, die er ebenso wie seine politischen Wege unspektakulär und zielgerichtet verfolgte, lief auf zwei Hauptschienen: einmal auf der imperialen Konnotation mit einer sehr früh und offenbar bewusst eingesetzten Antikenrezeption; das andere Mal mit der Bezugnahme auf Burgund. Insgesamt lag die Gewichtung auf der dynastischen Traditionspflege, durch die nach der Spaltung des Hauses Habsburg die Macht im Heiligen Römischen Reich auf die österreichische Linie fokussiert werden sollte. Damit gab er eine programmatische Ikonologie vor, die seine Nachfolger nicht verändern ließen und die dadurch bis heute an den Fassaden des Schweizertraktes existiert.«[36]

Die Ikonologie Ferdinands enthält einerseits die Elemente des Erlangens der Kaiserwürde und andererseits die Symbolik des Ordens vom Goldenen Vlies, die das Thema Burgund in den Blick rückt.37 Maximilian I. übernahm den Vorsitz über den Orden vom Goldenen Vlies von seinem burgundischen Schwiegervater Karl dem Kühnen.

Mehr zum Orden vom Goldenen Vlies auf S. 280.

»In der Ikonologie – gebildet aus römisch antiker wie auch zeitgenössisch imperialer Symbolik – manifestiert sich der politische Erfolg, dargeboten als öffentliche triumphale Mitteilung.«38

»Mit der Anbringung des Feuersteins in der Mittelmetope des Gebälks sowohl am Außen- wie am Innenportal des 1552–1553 errichteten Tores ist ein optischer Bezug zu den anschließenden Fassaden mit den Feuereisenreliefs in den Fensterrahmungen her[ge]stellt und an dieser Stelle formal und inhaltlich ein Kulminationspunkt geschaffen.«39

Dem aufmerksamen Betrachter werden die Erlangung der Kaiserwürde und der Anspruch auf deren dauerhafte Bewahrung in der eigenen Familie vor Augen geführt.

Dieses Programm wird von den Nachfahren fortgesetzt:

»Am Ende des [17.] Jahrhunderts präsentierte er [der Burghof] sich wegen der bewussten Weiterführung der Intentionen Ferdinands I. durch seine Nachfahren Ferdinand II. und Leopold I. zugunsten der Alten Burg und seiner ikonologischen Implikationen im neuen Gewand. Die Entscheidung Ferdinands II. und später Leopolds I., auch nach langen Zeiträumen (im Fall Leopolds I. sogar nach über hundert Jahren) diese Implikationen aktuell zu halten, kann nur als Ausdruck eines ausgeprägten dynastischen Traditionsverständnisses gedeutet werden, dem der Vorzug gegenüber architektonischer Modernität gegeben wurde.«40

In diese familiäre Atmosphäre wird Leopold also hineingeboren: Architektur, Bilder, das Hofleben – alles bezeugt die besondere Stellung der Herrscherfamilie »von Gottes Gnaden« und bedeutet Würde, Anspruch und Ansporn zugleich.

Schweizertor von 1552/53, Hofburg Wien

Guido Reni, *Der junge David*, um 1620, Detail
Kunsthistorisches Museum Wien, Gemäldegalerie © KHM-Museumsverband

LEOPOLD, DER GEKRÖNTE JÜNGLING

Guido Cagnacci, *Kaiser Leopold I. (1640–1705) im Krönungsharnisch*, 1657/58, Detail
Kunsthistorisches Museum Wien, Gemäldegalerie
© KHM-Museumsverband

Guido Cagnacci, *Kaiser Leopold I. (1640–1705) im Krönungsharnisch*, 1657/58, Kunsthistorisches Museum Wien, Gemäldegalerie
© KHM-Museumsverband

Hier steht der Jüngling überlebensgroß im golden-bronze schimmernden Krönungsharnisch, das Zepter fest in Händen – die rechte zeigt seine zarte Haut, während die andere im Eisen geschützt ist. Sanftheit und Kraft – die zwei Seiten der Macht: Kenntnisreicher Musenförderer und erfolgreicher Kriegsherr soll er, in der Tradition seiner Vorgänger, sein.

Den linken Fuß nach vorne setzend, schreitet er voran, seine Haltung zeigt Entschlossenheit, begegnet der Zukunft als Kaiser. Des Jünglings Blick irritiert: Es scheint, als würde der Kaiser träumen, vielleicht nach innen schauen, daran denkend, was ihm auf seinem kaiserlichen Lebensweg begegnen und zu erwirken gegeben sein wird. Das jugendliche Gesicht des neuen Herrschers kontrastiert mit seiner »geharnischten« Haltung.

Entrückt steht er in einem von Natur umgebenen Raum – ist hier ein antiker Tempel dargestellt? Das Blau des Himmels und des Meeres im Hintergrund wird von der golden aufgehenden Sonne beleuchtet. Ihr Lichtspiel verleiht Leopold eine kleine Aureole um seine schwarzen, langen Haare und erhellt den von einer Balustrade gesäumten Aufgang. Rechts liegt auf einem Cäsarenumhang eine Krone.

Dieses Gemälde wurde von dem italienischen Maler Guido Cagnacci (1601-1663) im Zuge der Kaiserkrönung Leopolds I. mit ausgesprochenem Sinn für eine auf das Wesentliche konzentrierte Komposition geschaffen. Die Aufmachung des Krönungsharnischs und die golden durchwirkte Atmosphäre dieses lebensgroßen Gemäldes beeindrucken durch edle Pracht.

Leopold ist vierzehn, als er unerwartet zum Thronerben wird. Nach dem Tod seines Vaters übernimmt er nur drei Jahre später (1657) die Regentschaft. Seine Nachfolge als Kaiser des Römischen Reiches gestaltet sich schwierig, da sein Widersacher Ludwig XIV. sich verstärkt in die Reichspolitik einmischt. Er stellt den Anspruch des Habsburgerhauses auf die Kaiserwürde in Frage. Leopolds Wahl muss daher mit viel diplomatischem Geschick bei den deutschen Kurfürsten durchgesetzt werden.

Leopold fördert als Barockkaiser alle Künste, seine Liebe aber gilt der Musik. Er komponiert zahlreiche Stücke, und unter seiner Herrschaft werden barocke Feste mit gigantischem Aufwand inszeniert. Zu seiner ersten Hochzeit wird eine der längsten Opern geschrieben und aufgeführt.

Siehe S. 254.

Leopold I. führt oft Krieg, um das Kräftegleichgewicht in Europa immer wieder neu auszutarieren: gegen Frankreich im Westen und gegen das Osmanische Reich im Osten. Zudem galt es, der Opposition des ungarischen und kroatischen Adels zu begegnen. Leopold I. und Ludwig XIV. waren Zeitgenossen und Zeit ihres Lebens Widersacher. Beide wollten mithilfe der spanischen Thronfolge ihre Macht erweitern. Beide standen im Zentrum der Macht und pflegten in großem Stil ein prächtiges Hofzeremoniell. Heute ist der Name Ludwig XIV. als »Sonnenkönig« weltweit ein Begriff für barocke Herrschermacht und Herrscherpracht, während Leopold I. weniger Beachtung findet. Der Glanz des französischen Königs übt bis heute eine merkwürdige, widersprüchliche Anziehung aus.

Im 20. Jahrhundert wurde Leopold I. eine aussagekräftige Biografie gewidmet – sie erschien 1977 zunächst in England. »Zur Macht nicht geboren« ist der recht unrühmliche Untertitel der 1981 auf Deutsch vorgelegten Biografie, die sich im Stil der damaligen Geschichtsforschung vornehmlich auf Themen wie Krieg und Genealogie konzentriert.

Ironie der Geschichte? Der in Österreich berühmte Franzose Prinz Eugen von Savoyen möchte trotz seiner zierlichen Statur ein großer Feldherr werden. Ludwig XIV. aber verschmäht ihn und so bietet der Prinz seine Dienste Leopold I. an. Für ihn und seine Nachkommen wird er zahlreiche Kriege gewinnen – auch gegen Frankreich. Mehr zu Prinz Eugen ab S. 282.

Wiens Barockkaiser: 47 Jahre an der Spitze der Macht

»Leopold I. war eine prägende Figur der habsburgischen Geschichte. In Leopolds Regentschaftszeit fielen die Konsolidierung der Monarchie nach dem Dreißigjährigen Krieg sowie die entscheidenden Erfolge gegen das Osmanische Reich, die die Habsburgermonarchie zu einer führenden Großmacht Europas aufsteigen ließen. [...] Leopold war durchdrungen von der Würde des Kaiseramtes, wobei er vor allem die religiöse Komponente betonte. Namentlich der Sieg über das Osmanische Reich, dessen Expansion nun endgültig gestoppt werden konnte, diente der pro-habsburgischen Propaganda als ideales Instrument, Kaiser Leopold als Beschützer der Christenheit zu stilisieren. So zeigt die Darstellung Leopolds als Stifter der Pestsäule am Wiener Graben den Kaiser in demütiger Pose kniend, wie er sein Reich den Mächten des Himmels empfiehlt. Bei anderer Gelegenheit bezeichnete sich der Kaiser als ›der heiligen Jungfrau Maria geringster und unwürdigster Knecht‹.«[1]

Mehr zur Pestsäule ab S. 306.

Edmund Hellmer, *Detail des 1945 zu großen Teilen zerstörten Türkenbefreiungsdenkmals im Stephansdom*, südliches Querschiff, Westmauer, errichtet zur Erinnerung an die Befreiung Wiens von der Zweiten Türkenbelagerung von 1683, 1899

Sehr nahe und doch so fern

Leopold I. und Ludwig XIV., ein Mann Gottes und ein Lebemann – Widersacher, die doch durch so manches verwandtschaftliche Verhältnis verbunden sind: Maximilian I., Philipp I. (der Schöne), Johanna von Spanien (die Wahnsinnige), Kaiser Karl V., Maximilian II., Maria von Spanien, Isabella von Portugal, Johanna von Österreich, Karl II. (Innerösterreich), Maria Anna von Bayern, Philipp II. (Spanien), Anna von Österreich, König Philipp III. (Spanien), Margarete von Österreich – alle diese illustren Namen bezeichnen Ahnen Leopolds I. wie Ludwigs XIV.

Um mir die Familienbeziehungen Leopolds besser vor Augen führen zu können, zeichne ich ein Schaubild. Mit Abbildungen versehen wird daraus eine kleine Ahnengalerie, die ich um Kaiser Leopold I. im Zentrum gruppiere. Siehe S. 90.

Henri Gissey, *Der junge Ludwig XIV. in der Hauptrolle des Apollo im Ballet royal de la nuit*, 1653

Ihre Ehefrauen sind Halbschwestern – sehr viel näher können Opponenten einander kaum sein. Diese Nähe führt allerdings immer wieder zu heftigem Zwist, der im Spanischen Erbfolgekrieg gipfelt. Die Anwartschaft beider Häupter auf die Krone ist plausibel, und genau deswegen muss ein zehrender Krieg die ungewisse Frage entscheiden. Am Ende von Ludwigs Herrschaft ist sein Land heruntergewirtschaftet: Des Königs Prunksucht und seine Machterweiterungsversuche treiben Frankreich an den Rand des Ruins – warum sollte man hier nicht den Beginn einer Entwicklung sehen, die schließlich nur wenige Generationen später zur Französischen Revolution führen wird?

Bühnenwirksam

Der französische König steht und tanzt gerne im Mittelpunkt – der junge Dauphin als Apollo sogar auf der Bühne. Während seiner Herrschaftszeit wird das »Lever« institutionalisiert; das meint den im Schlafzimmer Ludwigs stattfindenden zeremoniellen Morgenempfang im Kreise des Hochadels. Ludwig ist als absoluter Monarch Zentrum des Staates. Sein Sonnensymbol im Wappen verrät: Er wäre gerne das Zentrum, um das die Erde sich dreht. Andere Herrscher nutzten das Sonnensymbol ebenfalls für die allegorische Darstellung ihres Machtanspruches – auch Leopold I. Aber nur Ludwig XIV. ist als »Sonnenkönig« in die Geschichte eingegangen. Seine hervorragende strategische Herrscherinszenierung – gutes Marketing, wie man heute sagen würde – wirkt bis in unsere Zeit nach.

Am Wiener Hof geht es privater zu – das Schlafzimmer ist nicht für die Öffentlichkeit zugänglich. Leopold tanzt nicht auf der Bühne, sondern komponiert und lässt andere zu seinen Melodien singen, spielen und tanzen.

Sein Verhalten ist traditionsbewusst, es orientiert sich am dynastischen Selbstverständnis seiner Familie. Während Ludwig XIV. ein Sumpfgebiet trockenlegen lässt, um dort sein gigantisches Schloss (Versailles) zu errichten, kann sich Leopold lediglich dazu entschließen, die alte Residenz um einen Trakt zu erweitern. Diesen lässt er nicht im damals »zeitgemäßen« Stil, sondern in bewusster Anlehnung an die bereits vorhandene Architektur erbauen. Es wird sichtbar: Tradition gilt ihm mehr als Erneuerung.

Siehe S. 172.

Dieser Bauteil der Hofburg wird nach seinem Auftraggeber „Leopoldinischer Trakt" genannt. Heute ist hier die Präsidentschaftskanzlei untergebracht.

Salomon Kleiner (Zeichner), Johann August Corvinus (Kupferstecher), Johann Andreas Pfeffel d. Ä. (Verleger), *Prospect der Keyßerlichen Burg, wie solche von aussen gegen Auffang anzusehen*, (Hofburg, Leopoldinischer Trakt, Heldenplatz), aus: Wahrhafte und genaue Abbildung (...), 2. Teil, Abb. 3, 1725 © Wien Museum

Das Zeremoniell bestimmt Leopolds Leben und sogar die ihn umgebende Architektur

Der Kunsthistoriker Herbert Karner hat die Enfiladen – die Raumfluchten – mehrerer Herrscherresidenzen in Europa untersucht und kommt zu der begründeten These, dass die Raumfolge, wie sie am spanischen Hof gültig war und das Hofzeremoniell bestimmte, sich hiernach auch in anderen habsburgnahen Residenzen finden lässt – so auch in Wien.

»Als entscheidende Leistung zeigt sich [...] die Sicherstellung des mit Madrid gleichgeschalteten Aufbaus der insgesamt vier Säle bzw. Vorkammern vor der Cámera/Ratsstube und deren hierarchischer Funktionsordnung innerhalb der zeremoniellen Struktur.

Die Orientierung an der spanischen Raumordnung ist Ausdruck des Interesses am dahinterstehenden Hofzeremoniell, umfassend und organisch gewachsen ist der Zusammenhang zwischen Raum und Ordnung des Herrschers. Damit ist ein komplexer Problemkreis berührt, der durch die häufig gestellte und häufig vorschnell beantwortete Frage nach der Übernahme des spanischen Hofzeremoniells durch den Kaiserhof oder andere Fürstenhöfe eröffnet wird. [...] Diesem offenen Forschungsfeld können aber [...] mit architekturhistorischen Untersuchungen wichtige Argumente geliefert werden.

Für eine Bau- und Funktionsgeschichte der Wiener Hofburg ab der Mitte des 16. und vor allem des 17. Jahrhunderts bringt die Zusammenschau mit spanischen Residenzen und dem Coudenberg-Palast jedenfalls großen Erkenntnisgewinn. Sie ermöglicht die Erschließung einer verbindlich werdenden dynastischen Tradition für die Residenz in Wien (und auch in Prag). Auf dieser Basis, die künftig noch mit weiteren Argumenten abzusichern sein wird, ist eine nächste Frage zu stellen: Hat es eine internationale, zeremoniell gesteuerte Repräsentationskultur der Habsburger gegeben, die in der mitteleuropäischen Rezeption auf unverwechselbare Weise als kaiserlich etikettiert werden konnte? Wie sehr Spanisches mit Kaiserlichem gleichgesetzt wurde, zeigt das berühmte spanische Mantelkleid. So hat der bayerische Kurfürst Max Emanuel in einer Verordnung festgelegt, dass zu Festbanketten die Edelleute in *Mantl-Claidern à l'Imperial* zu erscheinen haben. Der Schluss liegt nahe, dass der spanische Aspekt des Gesamthauses der Casa Austria einen sehr hohen Beitrag für den Charakter der kaiserlichen Residenz Wien, jedenfalls bis an den Anfang des 18. Jahrhunderts, geleistet hat.«²

Die starke personelle Verflechtung der österreichischen Habsburger mit der spanischen Linie mag, wie Herbert Karner nachvollzieht, ein Grund für die Verbreitung der spanischen Hofhaltung gewesen sein:

»Auch hier verdeutlicht ein Blick auf die Verwandtschaftsbeziehungen der handelnden Personen die dynastische Grundierung dieser Vorgangsweise. Albrecht VII., Sohn von Kaiser Maximilian II. und erzogen am spanischen Hof Philipps II., dessen Tochter Isabella Eugenia er ehelichte, war Bruder seines eigenen Vorgängers als Statthalter in den Spanischen Niederlanden, des 1595 verstorbenen Erzherzogs Ernst. Letzterer wiederum war [...] 1590–95 Vormund des minderjährigen innerösterreichischen Erzherzogs Ferdinand (und späteren Kaiser Ferdinands II.) in Graz. Margarete, die Schwester von Letztgenanntem, wurde im Rahmen der Doppelhochzeit von Valencia 1599 mit Philipp III. – gemeinsam mit Albrecht VII. und Isabella Eugenia – getraut.

Schon alleine diese personelle Verflochtenheit der Herrscher, Erzherzöge und Statthalter in den drei habsburgischen Machtbereichen Österreich, Niederlande und Spanien brachte es mit sich, dass der Austausch, die Migration von höfischen Haltungen – um es ganz allgemein zu formulieren – innerhalb des Hauses Habsburg selbstverständlich und auch Identität stiftend gewesen ist. Es war die Regel, dass österreichische Erzherzöge Ausbildungsjahre in Spanien verbrachten, dort Ämter bekleideten; österreichische Erzherzoginnen wurden nach Spanien verheiratet, spanische Infantinnen nach Österreich. Im Zentrum des Hauses stand die spanische Linie; es gibt vielfach Indizien, wie sehr deren Residenzkultur bis tief in das 17. Jahrhundert hinein Leitlinie gewesen war. So gesehen ist es mehr als naheliegend, eine Orientierung der residenziellen, vom Zeremoniell gesteuerten Raumkultur des Kaisers, die sich in Wien bis allerspätestens 1627 entwickelt hat und in der Folge verbindlich geblieben ist, an jener des spanischen Königshauses zu vermuten.«³

Spanisches in Wien

»Vieles am Wiener Hof kommt uns spanisch vor: Höflinge, gewandet im spanischen Mantelkleid, erweisen würdevoll Seiner Majestät in tiefer Verneigung die Spanische Reverenz, gemäß den gestrengen Regeln des Spanischen Hofzeremoniells. Und im Hintergrund tanzen dazu die weißen Pferde der Spanischen Hofreitschule …

Die Vorbildwirkung des spanischen Hofes während der Blütezeit Spaniens im 16. und frühen 17. Jahrhundert war enorm. In ganz Europa wurden die spanische Sprache und Kultur nachgeahmt: der spanische Stil in Mode und Sitte stand für strenge Eleganz und kühle Repräsentation.

Während des ›Goldenen Zeitalters‹ Spaniens herrschten die spanischen Könige aus dem Hause Habsburg über ein Weltreich und beanspruchten die Führung im Konzert der europäischen Mächte. Spanien war das Musterbeispiel für einen zentral gelenkten Staatsapparat unter der absoluten Herrschaft eines Monarchen. Die österreichischen Habsburger versuchten dem Beispiel ihrer reichen Verwandten zu folgen, waren jedoch oft nur die Juniorpartner im habsburgischen Familienkonzert. Viele der politischen Probleme wie die Bedrohung durch die Expansion des Osmanischen Reiches konnten nur dank der Unterstützung des spanischen Hofes bewältigt werden.

Die Aufrechterhaltung der dynastischen Einheit sollte durch wechselseitige Heiraten zwischen den Linien in jeder Generation bestätigt werden. Der starke spanische Einfluss lässt sich auch durch die Erziehung vieler österreichischer Habsburger erklären, die an den spanischen Hof geschickt wurden, um sie ›auf Linie zu bringen‹. Dank der familiären Verbindungen nach Spanien kam es zu einem massiven Ideologietransfer. Nach dem Muster des kompromisslosen spanischen Katholizismus wurde auch in den mitteleuropäischen Territorien der Habsburger die konfessionelle Einheit von Herrscher und Untertanen durchgesetzt.

Ein letztes Mal wurde der ›spanische Traum‹ am Wiener Hof unter Karl VI. virulent, der, obwohl letztendlich in der Behauptung seines Anspruches auf das Erbe nach dem Aussterben der spanischen Linie der Habsburger nicht erfolgreich, zeitlebens eine ausgeprägte Vorliebe für spanische Traditionen hatte.

Während das spanische Zeremoniell unter Maria Theresia zunehmend durch französische Elemente verändert wurde und das spanische Mantelkleid – ein archaisches Relikt der spanischen Hoftracht des 16. Jahrhunderts – als offizielles Staatskleid unter Joseph II. abgeschafft wurde, lebt ein Relikt spanischen Kultureinflusses bis heute fort: Die Spanische Hofreitschule trägt ihren Namen zu Recht: Die heute als Lipizzaner bekannten Pferde weisen mit ihren Ursprungslinien nach Spanien, genauso wie die Traditionen der hohen Schule der höfischen Reitkunst, die hier gepflegt werden.«⁴

Die Architektur, die den Kaiser, seine Familie und seine Höflinge umgab, verwies sie täglich und immerzu auf das spanische Erbe. Kommen wir den Personen noch näher: Sogar der Stoff, der ihre Haut berührte, sollte an den bedeutenden und einflussreichen Hof erinnern: Die spanische Mode gab in ganz Europa und besonders in Wien lange den Ton an.

Raimund Stillfried von Rathenitz (Fotograf), Anton Schroll & Co. (Verlag), *Burg – Innenansichten – Leopoldinischer Trakt – Spiegelsaal*, um 1900 © Wien Museum

Spanische Mode

Bartolomé González, *Erzherzogin Margarete (1584–1611), Königin von Spanien mit einem Kind, das ein Löwenäffchen hält*, um 1603/09
Kunsthistorisches Museum Wien, Gemäldegalerie © KHM-Museumsverband

Ins Bild gebannte Pracht

Die mit dem spanischen König Philipp III. (1578–1621) verheiratete Margarete von Österreich (1584–1611), die Großmutter Leopolds, ist auf diesem Gemälde mit kostbarem Gewand und Geschmeide ausgestattet: »Die hochschwangere Königin trägt ein schweres, mit Goldborten und Schmuckstücken reich verziertes spanisches Hofkleid mit einer großen mehrlagigen Halskrause aus venezianischer Spitze. Ihre Brust schmückt das berühmte Staatsjuwel ›Joyel Rico de los Austrias‹ aus dem Diamanten ›El Estanque‹ und der damals kostbarsten Perle der Welt, ›La Peregrina‹.«[5] Aus der Ferne wirkt das Gemälde monumental, aus der Nähe filigran: Das Ganzfigurenporträt ist fast zwei Meter hoch – die unglaublich präzise dargestellten Details lassen sich aus der Nähe sehr gut studieren.

Symbolisierte Macht: Zeremoniell und Mode

Repräsentation und Mode sind ein gleichrangiges Paar: Die Kostbarkeit von Gewand und Geschmeide zeigte den Rang der Personen an – im täglichen Zeremoniell und in Porträts. So wie zu Zeiten Leopolds I. die Oper im Wettstreit der Höfe inszeniert wurde, so war die Mode allzeit Zeichen von Prachtentfaltung. Bei dem legendären Zusammentreffen Friedrichs III. mit dem burgundischen Herzog Karl wurden die Habsburger von der damals unerhört reichen Familie der Fugger – die Fugger waren während der Herrschaft Maximilians I. dessen wichtigste Kreditgeber – mit luxuriösen Kleidern ausgestattet. Der burgundische Herzog war für seinen Reichtum und Prunk bestens bekannt, und die Habsburgerfamilie sollte nicht im Schatten seines Glanzes stehen.[6] Das Zusammentreffen war ein Erfolg, und

Mehr dazu auf S. 240.

Maximilian I., Sohn Friedrichs III., wurde Gemahl der Tochter Karls des Kühnen und sehr bald auch Erbe des burgundischen Herrschaftsgebiets.

Eine Gemäldegalerie mit den Porträts der Ahnen und Verwandten, die in höchstem Glanz von berühmten Malern der Zeit gemalt wurden, offenbarte die finanziellen Möglichkeiten des eigenen Herrscherhauses. Kleider stellten finanzielle Mittel und Macht unter Beweis, in Bildwerken wurde das symbolische Kapital festgehalten – durch Räume und Zeiten hindurch wird so die eigene Pracht bestätigt. »Der Kleidung kommt in diesem Kontext eine besondere Bedeutung zu. Als Statussymbol und nonverbales Kommunikationsmittel vermag sie Informationen zur politischen Stellung und zum sozialen Rang der Porträtierten zu geben. Für die prunkvollen Gewebe ihrer Roben, die ebenso dem Zeitgeist zu entsprechen hatten wie der Zuschnitt der Gewänder und ihr Zierrat, wurden Unsummen ausgegeben.« Maler, die diesen Reichtum auf der Leinwand entsprechend zur Geltung bringen konnten, waren sehr gefragt: »Es ist daher nicht verwunderlich, dass die Maler repräsentativer Porträts große Akribie auf die Identifizierbarkeit der kostbaren Materialien und des außerordentlich reichen Dekors legten, wenn sie auch im Rahmen des ihnen gegebenen Interpretationsspielraums eine eigene Bildwirklichkeit erschufen.«[7]

Die Erfindung des Ganzfigurenporträts durch Jakob Seisenegger (1505–1567) um 1530 ermöglichte umfassende Einblicke in die modische Tracht der Abgebildeten: Auf vielen seither gemalten Porträts nimmt luxuriöser Stoff die größte Fläche des Gemäldes ein.

Spanien gibt Schnitt und Farben vor

Spanien war im 16. Jahrhundert politisch und wirtschaftlich eine prägende Kraft in Europa: Die Kolonien in der Neuen Welt brachten der spanischen Linie der Habsburger neue Waren und damit ungeheure Reichtümer. Der damals herrschende Karl V. war eines der mächtigsten europäischen Häupter der Geschichte. »In der Person Karls erreichten die Habsburger erstmals den Status einer Weltmacht. Angesichts der extremen Ausdehnung des Herrschaftsgebietes über mehrere Kontinente sprachen die Zeitgenossen von einem Reich, ›in dem die Sonne nie untergeht‹. [...] Die Trachten des spanischen Hofes, der durch seine dynastischen Verbindungen mit den deutschen Habsburgern und durch die Kaiserwahl Karls V. in Mitteleuropa und Italien großen politischen Einfluss gewann, wurden von den anderen europäischen Höfen als vorbildlich anerkannt. Allerdings setzten sie sich nicht überall sofort durch. Zuletzt legten die Fürsten im protestantischen Deutschland spanische Gewänder an.«[8] Zahlreiche nationale und regionale Abweichungen von der strengen spanischen Mode gab es zu allen Zeiten und vielerorts.

Leopold I. zog bis zum Ende seiner Regentschaft 1705 das schwarze spanische Kostüm vor. Sein Festhalten daran hatte womöglich wichtige Gründe: Wollte er damit Tag für Tag seine Nähe zum und seinen Anspruch auf das spanische Thronerbe bezeugen? Die sich in der zweiten Hälfte des 17. Jahrhunderts durchsetzende französische Mode konnte er aufgrund der Rivalität mit Ludwig XIV. sicherlich nicht annehmen.

Lucas Cranach d. J., *Kurfürst August von Sachsen* (1526–1586), nach 1565, Kunsthistorisches Museum Wien, Gemäldegalerie © KHM-Museumsverband

Lucas Cranach d. J., *Anna von Dänemark* (1532–1585), *Kurfürstin von Sachsen*, nach 1565, Kunsthistorisches Museum Wien, Gemäldegalerie © KHM-Museumsverband

Die Ganzfigurenporträts sind jeweils mehr als zwei Meter hoch und über einen Meter breit. Die großen dunklen Gestalten und edlen Verzierungen müssen sehr großen Eindruck auf die Betrachter gemacht haben. Die Kontrastierung der Figuren vor dem hellen Hintergrund hebt die Pracht der Kleidung hervor – ein meisterlich komponiertes Doppelporträt. Die Dargestellten wirken noch heute, viele Jahrhunderte nach Entstehung der Gemälde, angemessen repräsentiert.

Ein prachtvoll gekleidetes Paar

»Unter Kurfürst August erlebte Sachsen ab 1553 eine wirtschaftliche Glanzzeit. Das Ganzkörperporträt in Lebensgröße des Hofmalers Lucas Cranach zeugt von seinem fürstlichen Anspruch. August ist nach Vorbild des spanischen Hofes mit einem schwarzen Mantel, kurzer Streifenhose, Hut, Strümpfen und hochgeschlossenem Wams gekleidet. Über dem Bauch ist das Wams, einer modischen Entwicklung folgend, wattiert. [...] Annas Kleidung folgt wie die ihres Gemahls dem spanischen Zeremoniell. Der goldene Dekor ist mit demjenigen der Gewänder Augusts identisch. Das Haar wird von einem Barett mit Reiherfeder und einem Netz verhüllt. Ebensolche Geflechte aus Seide mit Perlen und aufgenähten kleinen Schmuckstücken soll die Kurfürstin selbst angefertigt haben.«[9]

Die Entwicklung des Porträts in a Nutshell

»Das Porträt hatte sich bis dato vom antiken Profilbild über das Brustbild zum Halbfigurenbildnis entwickelt. Das Ganzfigurenporträt in voller Lebensgröße übertrifft nun diese Vorgänger: Es schafft Distanz zu den Betrachter*innen, die einen größeren Abstand benötigen, um das Gemälde in seiner Gesamtheit zu erfassen. Das wiederum verleiht der dargestellten Person zusätzliche Autorität und Macht. Aber auch der Blick aus der Nähe kann einem den Atem rauben.«[10]

Aus einem Bilderlexikon der Mode aus den 1960er-Jahren

**Das große Bilderlexikon der Mode.
Vom Altertum bis zur Gegenwart.**

Die spanische Mode (1550–1618)

»Die Herrschaft der spanischen Mode war politisch fundiert. Ihre Hegemonie im universellen Maßstab hing mit der Machtstellung des spanischen Weltreiches zusammen, die unter Karl V. den Höhepunkt erreichte. Er wurde deutscher Kaiser (1519–1556), außer seinem angestammten Königreich beherrschte er auch die Niederlande, Österreich und die unermeßlichen spanischen Besitztümer in Übersee, in Amerika und Afrika.

Philipp II., Karls Sohn und Nachfolger in Spanien, Burgund und den Niederlanden, wußte sehr genau, weshalb er die unterjochten Völker zwang, die spanische Mode zu tragen, die jede fremde Gesinnung dem spanischen Willen anzupassen schien. Die Länder, die sich vom spanischen Joch befreiten, entledigten sich auch rasch der spanischen Mode. Der Sieg der Engländer über die ›unüberwindliche Armada‹ im Jahre 1588 erschütterte genauso die Großmachtstellung des Reiches, in dem, nach einem Ausspruch Karls V., die Sonne nie unterging, wie die Stellung der spanischen Mode in Europa, vor allem aber in England selbst. Die spanische Macht trat als verschworener Widersacher aller fortschrittlichen und reformatorischen Strömungen auf. Der Abstand der höfischen Mode und der Kleidung des Volkes war größer als je zuvor; die Renaissance hatte ja den Unterschied zwischen der Kleidung der einzelnen Stände merklich verringert. Die Tendenzen der Renaissance und der Reformation, die Gedankenfreiheit anstrebten, wurden gerade in den habsburgischen Landen mit größter Härte verfolgt.

Das relativ freie Leben der selbstbewußten Bürger wurde unterdrückt, und man setzte die kalte aristokratische Reserviertheit und die unzugängliche Exklusivität des komplizierten spanischen Hofzeremoniells durch, wo es nur ging. An der Spitze der Bestrebungen um die Einführung einer steifen Hofetikette stand Kaiser Karl V. selbst: der größte Zeremonienmeister aller Zeiten, dessen formalistische Hofordnung zu überwinden niemandem gelang – zu vergleichen in dieser Hinsicht nur noch mit Ludwig XIV.

Die strenge und abgeschlossene spanische Mode des 16. Jahrhunderts war der Ausdruck der katholischen Gegenreformation. Die gestärkte, steife, unbequeme und dunkle Kleidung war das charakteristische Spiegelbild dieser Zeit. Der hohe spanische Kragen vertrug keine lebhafte Bewegung und kein natürliches Lachen.

Die Spanier bewegten sich starr, in ihren Reden, im Leben und in der Kleidung wirkten sie schroff. Die Phantasie der spanischen Mode hatte nicht den eigentlichen Zweck der Kleidung vor Augen, sondern deren dekorative Wirkung. Das spanische Gewand war steif; die Formen des weiblichen Körpers verschwanden darin völlig. Die Männer trugen eine hohe, oben verschnürte Hemdbluse mit spanischem Stehkragen, der nach und nach immer größer und steifer wurde, so daß man ihn schließlich spöttisch, aber treffend ›Mühlstein‹ nannte. Dieser Kragen hob den Kopf zwar stolz in die Höhe, gleichzeitig schien er ihn aber vom übrigen Körper zu trennen. Dem Kragen entsprach der Schmuck der Ärmel oder des Hemdes, Spitzen oder anderer Zierrat.

Später wurde der obere Teil des Kamisols, des Wamses, wattiert, vor allem Schulter und Brust; ein besonders steifer Polster innen bog, am Halse beginnend, seine Spitze bis über den Gürtel. Diesen Magenbuckel nannte man ›Gänsebauch‹. Solche Deformation erfreute sich im frühen 17. Jahrhundert allgemeiner Beliebtheit. Krieger schnallten sich den Gänsebauch wie eine Rüstung vor den Leib. Es waren wohl solche Auswüchse, die uns heute noch angesichts wunderlicher Dinge sagen lassen: ›das kommt mir spanisch vor‹.

Ein *Historisch-literarisches Anekdoten- und Exempelbuch* berichtet über diesen kuriosen Fall von Aufplusterung: ›Unter dem Könige Franz dem Zweiten von Frankreich (1559) kam eine sonderbare Mode bei den Männern auf. Sie fanden, daß persönliche Verdienste durch einen dicken Bauch unendlich gehoben wurden. Leute, die nicht durch innerliche Wege sich dieses Embonpoint, und dadurch Anspruch auf Achtung, verschaffen konnten, versuchten von außen zu supplieren. Man machte falsche Bäuche, und der Schneider mußte die leere Küche ersetzen.‹

›Sogleich glaubten die Damen‹, heißt es in diesem amüsanten Buch weiter, ›der Geschmack der Männer für große Oberfläche wäre vielleicht etwas weiter auszudehnen, und nun erschienen die dicken Hintertheile (Culs). Diese Mode dauerte drei bis vier Jahre; man sah nichts als falsche Bäuche und angeschwollene Hintertheile. Das große Zutrauen der Damen auf die Gewalt ihrer hintern Ansichten bewirkte eine Vernachlässigung ihrer übrigen Reitze.‹

Die kurze, nur knapp unter den Schritt reichende Hose war so stark ausgepolstert, daß sie die Silhouette des Beckens wesentlich verbreitete. Zum Barett gesellte sich ein steifer Samthut oder eine kleine steife seidene Kopfbedeckung mit schmalem Rand. Diese Tracht wurde durch lange Trikotstrümpfe und lederne Zierschuhe ergänzt.

Ein weiteres typisches Element der spanischen Mode stellte das kurze, breite, gestärkte seidene Mäntelchen dar, ›spanische Kappe‹ genannt, das gewöhnlich nicht zugeknöpft wurde und das den vorderen Teil des Brustkorbes nicht bedeckte.

Jakob von Falke, ein verdienstvoller Kostümhistoriker, hat ein plastisches Bild vom Spanier in diesem betont männlichen Jahrhundert der Gegenreformation entworfen; so tritt uns der Edelmann auf vielen Gemälden der Zeit entgegen: ›Den wohlgestützten Kopf mit mächtigem Schnurrbart deckt ein steifer Hut oder das hoch geformte Barett, und die breite Radkrause umgibt den Hals und zwingt das Haupt zu gleicher, steifer Haltung, ein Mäntelchen auf der Schulter, nur des starren Scheines wegen, denn es wärmt nicht und deckt nicht, ein ausgestopftes Wams mit langspitziger Taille umgibt prall den Leib, und um Hüften und Oberschenkel legen sich die dicken Polster des Beinkleides, das im übrigen aufs zierlichste und genauste anliegt; gekrauste Manschetten gleich dem Kragen am Halse, Handschuhe, feine Schuhe und der lange Stoßdegen vollenden die manierierte Tracht.

Keine Falte ist am ganzen Leibe zu entdecken, es sei denn eine künstlich gelegte und mit Draht und Brenneisen hervorgebracht; alles ist rund und prall, aber die natürlichen Formen übertreibend oder ihnen zuwider. In dem Gezierten und Geputzten erkennen wir den Stutzer in dem zugeknöpften Wesen und in der dadurch bedingten steifen und gespreizten Haltung einerseits die Verschlossenheit und Schweigsamkeit des Spaniers, andererseits seinen Ernst und seine Gravität – mit einem Worte die Grandezza. Ein Blick auf diese Gestalt bringt uns den ganzen Hof des unzugänglichen Philipp in Erinnerung, den finstern, fanatischen Geist, die Freudenlosigkeit und endlich die unbeugsame Strenge der Etikette, die von Burgund in viel verschärfterem Maße auf Spanien übergegangen war.‹

Die Kleidung der Frauen entsprach voll und ganz der spanischen Männermode. Das steife Miederleibchen mit tief angesetzter Taille hatte ebenfalls Manschetten und den entsprechenden hohen spanischen Kragen, der nach oben gekämmtes Haar erforderte. Die Ärmel waren meistens schmal und hatten oft wattierte kugelförmige Verzierungen an den Schultern. Auch die Damenhüte waren jenen der Herren ähnlich. Der Rock war bodenlang, bei den Reichen mit Gold, Silber, Perlen und Edelsteinen bestickt, von der Hüfte an oder etwas darüber offen, damit der verzierte, kegelförmige, breiter werdende, gleich lange Unterrock hervortrete, der von einem weiteren kegelförmigen Rock auf steifem Leinen gestützt wurde; dieser ist der Vorgänger des Krinolinenskeletts. Am Ende des 16. Jahrhunderts wurde der spanische Rock oft von einer besonderen Konstruktion aus Reifen gestützt, die aus Eisen oder aus Fischbein war. Solche Röcke trugen offenbar nur adlige und reiche Frauen in den Städten. Die spanische Mode kannte keine Schleppe und reiche Falten. Die damalige Etikette sah streng darauf, daß Beine und Hals völlig verhüllt blieben. Die Spanier des 16. Jahrhunderts waren bemüht, den Größenunterschied zwischen Mann und Frau auszugleichen. Die Damen trugen unter den langen Röcken hohe Kothurne aus Kork oder Holz. Die Kothurne erhielten in Italien unverhoffte Verbündete aus den Kreisen der Kirche. Die Geistlichkeit war voll des Lobes, weil sie in den unbequemen Schuhen ein wirksames Mittel im Kampf gegen die leiblichen Vergnügen sah, vor allem gegen den Tanz – den Trägerinnen solcher Schuhe wurde Ablaß erteilt.

Die weitere Entwicklung und Verbreitung der spanischen Kleidung im übrigen Europa brachte gewisse Änderungen dieser Mode mit sich. Während in Spanien die Farbe der Kleidung monoton, dunkel, ja größtenteils ganz schwarz war, fanden Deutschland und vor allem Frankreich eine Vorliebe an helleren Farben.

Deutschland jedoch widerstand am längsten der spanischen Mode. Als erste nahmen jene deutschen Fürsten die spanische Mode an, die auf der Seite der Gegenreformation kämpften. Einige Zeit trugen die norddeutschen protestantischen Höfe noch die Reformationskleidung, der katholische Süden hingegen kleidete sich bereits spanisch. Schließlich übernahmen dann doch auch die Protestanten im Norden die spanische Mode. Zuerst der Adel, dann, in einer gewissen Form, die Städte und die Landbevölkerung. Italien lehnte die übertriebene Steifheit der spanischen Kleidung ab.

Im frühen 17. Jahrhundert begannen auch die Spanier selbst gewisse Änderungen zu ersinnen und gingen daran, die Kleidung farbenfroher zu gestalten. So wiesen verschiedene Länder und ebenso einzelne Städte bedeutende Unterschiede auf, auch wenn der spanische Schnitt im wesentlichen erhalten blieb. Frankreich eroberte sich einen direkten Anteil an der weiteren Formung der spanischen Mode, und das nicht nur im eigenen Land, sondern auch jenseits seiner Grenzen. Die Franzosen lockerten die herbe Würde der spanischen Kleidung zugunsten einer größeren Farbigkeit, einer Buntheit der Formen und – etlicher Auswüchse. Die Kleidung der Männer blieb grundsätzlich mit der spanischen identisch, die weibliche Kleidung übertrieb noch das ursprüngliche spanische Vorbild.

In Frankreich beharrte man nicht auf den bizarren Kragen, die Frauen trugen Ausschnitte. Der Rock wurde noch breiter und erhielt zunächst die Form einer Glocke und schließlich eine Faßform, was allerdings ohne besondere Trägerkonstruktionen nicht möglich war. Diese komplizierten Röcke nannte man Vertugalle, deutsch etwa ›gallische Tugend‹, oder Vertugadin, was man mit ›Tugendwächterin‹ übersetzen kann.

Die Kleidung der Bürger war immer wesentlich einfacher und in der Regel heller als jene der Aristokraten. Kragen und Manschetten waren zwar weiß, doch ohne Spitzen. Das Landvolk eignete sich bis zu einem gewissen Grad ebenfalls die spanische Kleidung an. Während die Beine der einfachen Frauen verhüllt waren, trugen Bäuerinnen und die Angehörigen armer städtischer Kreise manchmal beachtliche Ausschnitte. Der spanischen Mode paßte sich selbstverständlich auch die Kinderbekleidung voll und ganz an.«[11]

Karl V. trägt auf diesem Gemälde eine sehr edle und kostbare Spielart des bereits mehrfach genannten spanischen Mantelkleids. Diesem Kleidungsstück begegnen wir auch auf David Teniers' des Jüngeren berühmtem Gemälde der Gemäldegalerie Leopold Wilhelms.

Siehe S. 196.

Die Maße des Werks sind 204 x 108 cm. Überlebensgroß überwältigt der Machthaber den Betrachter. Die Dimensionen des Gemäldes und die dunklen Farben schaffen für den Betrachter »einen Körper königlicher Macht«.

Francesco Terzio, *Kaiser Karl V. (1500–1558) als Fünfzigjähriger in ganzer Figur*, um oder nach 1550, Kunsthistorisches Museum Wien, Gemäldegalerie © KHM-Museumsverband

Ideale und Stilmittel der spanischen Mode

Höhenwahn

Kurze Pluderhosen und Seidenstrümpfe betonten, dem Schönheitsideal der Zeit folgend, die schlanken Männerbeine. Für Frauen dagegen ziemte es sich nicht, Füße oder gar Knöchel zu zeigen. Ihre zwischen 10 und 74 cm hohen Plateauschuhe, Chopinen genannt, wurden gänzlich bedeckt; dem weiblichen Körper wurde so eine in die Vertikale gestreckte Silhouette verliehen. Mit solchem Schuhwerk konnten sich die Damen häufig nur mit Unterstützung bewegen.

Chopinen (Stelzschuhe), vor 1540, Schloss Ambras Innsbruck
© KHM-Museumsverband

Diese Schuhe machten ihre Trägerin 21 Zentimeter größer.

Gut verschnürt

Das – wahrscheinlich von beiden Geschlechtern getragene – Korsett wurde ein wichtiges Mittel, um seinen Körper nach außen hin anders zu zeigen, als er war. Die Silhouette der Figur wurde weit in den Raum hinein erweitert, die natürlichen Proportionen des Menschen dem damaligen Ideal angepasst.

»Erst mittels des Korsetts ließ sich der weibliche Oberkörper in der spanischen Hoftracht zu einem spitzen Kegel umformen und die Taille so eng wie nie zuvor schnüren. Das mit Eisen- und Fischbeinstäben, ja sogar mit Bleiplatten gepanzerte Mieder ließ die Wölbung des Busens völlig verschwinden – von Jugend an getragen sollte es die Entwicklung der Brust überhaupt verhindern. Da der Busen als unschön galt, schloss man das Kleid bis zum Hals hinauf, sodass die Krause wie beim Manne gleich einer riesigen Scheibe den Kopf vom Körper zu trennen schien.«[12]

Abgetrennt

»Das Gesicht bekam einen angemessenen Rahmen: Die Halskrause, später auf Grund ihrer Größe sogar ›Mühlsteinkrause‹ genannt, wurde populär. Bei öffentlichen Anlässen konnten sich Mann oder Frau nicht ohne sie zeigen lassen. Oft war die Halskrause aus feinster Spitze gearbeitet und gab den Damen und Herren der Gesellschaft ein ›märchenhaftes Aussehen‹, wie zum Beispiel bei Hans Aachens Bildnis der ›Anna von Tirol‹. Besonders in den Niederlanden hielten sich Halskrausen unterschiedlichster Art noch lange – in den Gemälden von Anthonis van Dyck, Frans Hals, Rubens und Rembrandt können wir bis heute ihre Formenvielfalt bewundern sowie auch die unglaubliche Maltechnik der Meister.

[...] Da die Größe und Steifheit der Krause sowie der hohe Stehkragen des Wamses und die immer kostbarer werdenden Materialien diese Tracht für die arbeitenden Schichten sowohl untragbar als auch unbezahlbar machten, wurde dieses Kleidungsstück zum Standesabzeichen par excellence [...].«[13]

Noch lange fand sich die Halskrause als typisches Element des Pierrot-Kostüms und ist bei Clowns oft noch heute zu sehen.

Weit ausladend

»Der Reifrock, diese ureigenste Erfindung der spanischen Mode tritt hier zum ersten Mal in der Geschichte der Mode auf. Er entsprach so sehr dem Wesen und Geist der spanischen Etikette, daß der spanische Hof Jahrhunderte lang an ihm festhielt. In den dreißiger Jahren des 17. Jahrhunderts, als Frauen an anderen europäischen Höfen den Reifrock wieder ablegten, nahm er in Spanien immer größeren Umfang an.«[14]

»Der Rock, der so manchen Besucher des spanischen Hofes in Staunen versetzt haben mag, symbolisierte die Fruchtbarkeit und Reife seiner Trägerin. Gleichzeitig verschaffte er ihr einen eigenen Bewegungsspielraum und machte sie unnahbar.«[15]

Italienerinnen und Französinnen ließen es sich nicht nehmen, die spanische Mode nach eigenem Geschmack zu variieren: Sie liebten es, ein tiefes Dekolleté zu zeigen. »Wie die Italienerin stattete auch die Französin ihr Kleid mit einem mehr oder weniger tiefen Halsausschnitt aus und rahmte ihn mit jenem hochstehenden fächerförmigen Spitzenkragen, der in Frankreich Medici-Kragen genannt wurde.«[16] Sehr bald wurde die Kleidung auch wieder farbenfroh: »Nicht hell und nuancenreich genug konnte vor allem die Kleidung der Jünglinge sein, mit denen sich Heinrich III. von Frankreich umgab.«[17]

Zwei sehr unterschiedliche Frauen:
Anna von Österreich 1612 und Anna von Österreich 1625

Bartolomé González, *König Philipp IV. von Spanien (1605–1665) mit seiner Schwester, der Infantin Anna (1601–1666)*, 1612, Kunsthistorisches Museum Wien, Gemäldegalerie
© KHM-Museumsverband

»Der spanische Thronfolger und seine Schwester kleiden sich nach der Goldenen Regel der spanischen Haute Couture: ›zeige so wenig Haut wie möglich‹. Das Haarstyling beider ist burschikos – die üppige Halskrause fordert ihren Tribut. Gab Spanien einst die Modefarben vor, sind es nun Anna und Philipp, die mit ihrer hellen Kleidung dem französischen Trend folgen.«[18]

Das Ganzfigurendoppelporträt von Bartolomé González y Serrano zeigt Anna von Österreich und ihren Bruder Philipp IV. Anna ist die Tochter Philipps III. und Margaretes von Österreich, ihr Bruder der spanische Thronfolger. Als das Bild gemalt wurde, war Anna gerade elf Jahre jung und lebte noch am strengen spanischen Hof. Aus dem Gemälde blicken dem Betrachter zwei junge Menschen mit diplomatischen Mienen entgegen – diplomatisch insofern, als schwer zu erkennen ist, was in den beiden Wesen vor sich geht. Annas Oberkörper ist sehr schmal und ähnelt in seiner Form einem auf der Spitze stehenden Kegel. Trägt sie vielleicht ein eisernes Korsett, damit ihre Brüste nicht weiterwachsen mögen, wie es dem Schönheitsideal der Zeit entsprach? Der Rock ihres Kleides greift glockenartig in den Raum aus – vielleicht ist bereits ein Reifrock darunter zu finden, wie er in der spanischen Mode erfunden wurde. Die Halskrause ist aus feinster durchbrochener Spitze gearbeitet und rahmt ihr Gesicht, welches sich dadurch deutlich vom Oberkörper abhebt. Bloß Gesicht und Hände zeigen die zarte weiße Haut der Elfjährigen. Am französischen Hof wird Anna später für ihre Schönheit berühmt sein – besonders bewundert werden ihre anmutigen Hände. Ihre Kleidung und auch die des Infanten Philipp IV. wirkt steif – als könnte nicht einmal ein dramatischer Sturm sie in Unordnung bringen. Während Anna ein wahrscheinlich dem Glauben dienliches Buch in Händen hält, ist Philipp IV. mit einem Hut in der Rechten und einem kleinen Dolch dargestellt. Die Geschlechterrollen sind eindeutig definiert. Schmunzeln lassen mich allerdings die »Strapse« des Jungen. Dieses Detail und seine eigenartigen »Sockenschuhe« lassen ihn für meinen modernen Geschmack weniger streng wirken.

Anna von Österreich wurde im Alter von vierzehn Jahren mit Ludwig XIII. verheiratet. Am französischen Hof hatte sie es schwer, da sie mit 36 Jahren noch keinen Thronerben geboren hatte. Ihr Mann umgab sich schließlich lieber mit anderen Frauen. Die Legende berichtet, dass Ludwig XIII. auf dem Weg zu seinem Jagdschloss in Versailles bei seiner Frau im Pariser Louvre übernachten musste – ihr Schlafzimmer war das einzige beheizte. Neun Monate später brachte sie endlich den lange ersehnten Thronerben zur Welt. Dieser war kein Geringerer als Ludwig XIV. Nach der Geburt eines zweiten Sohnes war ihre Stellung bei Hof endgültig gesichert.

Rubens' 1625/26 entstandenes Gemälde zeigt denselben Menschen und doch eine ganz andere Person als Bartolomé González: Hier ist Anna von Österreich eine 24-jährige Frau. Sie ist bereits seit zehn Jahren verheiratet und hat mehrere Fehlgeburten hinter sich. Die Königin ist hier in einer äußerst luxuriösen französischen Variante der spanischen Mode dargestellt.

Wie unterschiedlich die beiden Gemälde wirken! Eines veranschaulicht den Geist des strengen spanischen Hofs, während das andere die Farben, die Dramatik und das blühende Leben in Szene setzt. Das Halbfigurenporträt von Rubens ist von einem goldenen Leuchten durchwirkt. Das sanfte Kolorit spiegelt sich in den weich fließenden Stoffen, dem von durchsichtiger Seide bedeckten und doch weit ausgeschnittenen Dekolleté, dem weichen und klaren Blick, mit dem sich Anna uns zuwendet, und den zarten Blumen in ihrer noch zarteren Hand. Die kontrastreichen Farben Smaragdgrün und Rot werden durch das sanfte Leuchten gemildert. Ein leichter Windhauch verleiht dem Bild eine angeregte Bewegung. Annas Halskrause wirkt – genau wie die Abschlüsse ihres Kleides an den Händen – wie von einer sanften Frühlingsbrise ganz zart bewegt.

Peter Paul Rubens, *Porträt Anna von Österreich, Königin von Frankreich*, 1625/26, Rijksmuseum Amsterdam

Leopold Wilhelms kunstreiches Erbe

Leopold Wilhelm legte den Grundstock der Gemäldegalerie des Kunsthistorischen Museums

Mit diesem Wissen über die spanische Mode fallen mir die schwarz gekleideten Figuren besonders auf, die David Teniers' Galerie beleben. Hier ist der Onkel Leopolds I. mit anderen kunstverständigen Personen dargestellt. Alle scheinen in Gespräche über Kunst vertieft zu sein. Ob es die Hunde in der Galerie wirklich gab, ist fraglich, sie verleihen dem Gemälde jedenfalls eine verspielte Atmosphäre. Die ernsten Themen der abgebildeten Gemälde, die Meisterwerke der Sammlung Leopold Wilhelms zeigen, werden mit heiteren Diskussionen kontrastiert. Kaiser Leopold I. erbte die hochkarätige Kunstsammlung des Onkels, die weitgehend bis heute Teil der Bestände des Wiener Kunsthistorischen Museums ist.

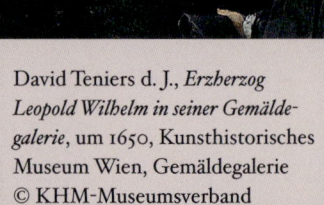

David Teniers d. J., *Erzherzog Leopold Wilhelm in seiner Gemäldegalerie*, um 1650, Kunsthistorisches Museum Wien, Gemäldegalerie
© KHM-Museumsverband

»Die große Bedeutung Leopold Wilhelms (1614–1662) resultiert weniger aus seiner politischen Tätigkeit als Statthalter der Spanischen Niederlande als vielmehr aus seiner Rolle als Kunstmäzen. Er legte eine Galerie von über 1400 Bildern an, die sich größtenteils noch heute im Kunsthistorischen Museum befinden. Hier zeigt Teniers den Erzherzog und sich selbst sowie andere Hofleute bei der Betrachtung von 51 italienischen Werken aus der Sammlung des Duke of Hamilton, die Leopold Wilhelm kurz vor der Entstehung des Galeriebildes erworben hatte.«[19]

Die herausragende Kunstsammlung Erzherzogs Leopold Wilhelms von Österreich wurde von dem Maler David Teniers dem Jüngeren betreut. Er schuf 1660 den ersten illustrierten Sammlungskatalog: „Theatrum Pictorium".[21]

»Das 1658 datierte Frontispiz dieses Katalogwerks präsentiert auf einem reich beschrifteten Sockelaufbau ein Bildnismedaillon Erzherzog Leopold Wilhelms, dem Minerva zur Seite steht.«[20]

Auch der Bauherr und Inhaber des Hotels „The Leo Grand" beauftragte seine Sammlungsleiterin, einen Katalog seiner Kunstsammlung zu gestalten. Dieses umfangreiche Buch wurde 2018 veröffentlicht.

Die hohen Herren sind in diesem Gemälde in feinster spanischer Mode dargestellt. Als ranghöchster Herr im Raum darf Leopold Wilhelm seinen Hut aufbehalten.

David Teniers d. J., Frontispiz des *Theatrum Pictorium*, 1660

Ephemeral Space, Cover der Publikation der Sammlung Lenikus

Lodovico Ottavio Burnacini, *25 Kupferstiche zu »Il pomo d'oro« von Francesco Sbarra und Antonio Cesti in altem Kolorit* (wahrscheinlich Widmungsexemplar für Kaiser Leopold I.), 1668, Österreichische Nationalbibliothek Wien, Musiksammlung © ÖNB

DER KAISER SPIELT MIT

Jan Thomas, *Das Kaiserpaar Leopold I. und Margarita Teresa im Theaterkostüm der Pastorale »La Galatea« in Wien*, 1667, Detail
Kunsthistorisches Museum Wien, Gemäldegalerie © KHM-Museumsverband

Johann Jakob Fugger (Verfasser), Sigmund von Birken (Mitwirkender), *Spiegel der Ehren des Höchstlöblichsten Kayser- und Königlichen Erzhauses Oesterreich*, Titelseite, Nürnberg: Endter 1668

Geschichte wird inszeniert

Leopold I. kommt um 1656 in den Besitz einer Abschrift des „Fuggerschen Ehrenspiegels". Mit der Familie der Fugger war Maximilian I., ein Urahn Leopolds I., aufs Engste verbunden (siehe S. 185). Einer der Sprösslinge der Familie, Hans Jakob Fugger (1516–1575), verfasste ein Geschichtswerk über Maximilian I. Kaiser Leopold I. möchte das Werk erneut in Druck geben und lässt es von dem berühmten und bestens vernetzten Autor Sigmund von Birken umarbeiten. »Inhaltlich befasste sich Birkens Bearbeitung vor allem mit den Römischen Kaisern aus dem Haus Habsburg, angefangen von Rudolf I. bis zu Maximilian I.«[1] Das ist nur ein Beispiel von vielen, wie Leopold I. Geschichtsschreibung, die Geschichte seines Hauses, vorantrieb und förderte – in diesem Fall mit einem über 1000-seitigen Prachtband.

Das Titelblatt des neu aufgelegten „Fuggerschen Ehrenspiegels" zeigt Leopold I. im Kreis seiner Ahnen. Die Bildkonzeption geht wahrscheinlich auf den Wiener Hof zurück:

> »Die Bilddarstellung Kilians zeigt Leopold I. im Kreise seiner Vorfahren Rudolf I., Albert I., Friedrich III., Friedrich IV., Albert II. sowie Maximilian I., wobei alle Ahnen des Kaisers mit ihren Herrschaftsinsignien und Emblemata abgebildet sind. Die Reihe der in einem Halbrund stehenden Herrscher wird durch Putti abgeschlossen, die unter anderem durch die ihnen beigegebenen Attribute auf Herkules, Athene und Pax verweisen. Über dieser tempelartigen Szenerie halten Putti das Portrait Kaiser Leopolds I. Ähnliche Darstellungen finden sich auch bei den anderen Werken, die die Geschichte des Hauses Habsburg bzw. die ruhmreiche Abstammung der Habsburger zum Thema haben.«[2]

Das Porträt am Beginn der Abhandlung, die sich unter anderem auf die genealogischen Studien von Wolfgang Lazius stützt, den wir bereits kennengelernt haben (S. 63 und 153), zeigt Leopold über seinem Wahlspruch »Consilio et industria« und seinem Emblem der aus Wolken herausgreifenden Hände mit Schwert und Zepter sowie weiteren Insignien. Ihm gegenüber auf der Doppelseite ist rechts seine erste Ehefrau Margarita abgebildet.

Johann Jakob Fugger (Verfasser), Sigmund von Birken (Mitwirkender), *Spiegel der Ehren des Höchstlöblichsten Kayser- und Königlichen Erzhauses Oesterreich*, Titelseite, Nürnberg: Endter 1668

Johann Jakob Fugger (Verfasser),
Sigmund von Birken (Mitwirkender),
*Spiegel der Ehren des Höchstlöblichsten
Kayser- und Königlichen Erzhauses Oesterreich*, Titelseite, Nürnberg: Endter 1668

Symbolisches Kapital

Mit Pierre Bourdieu möchte ich beim Repräsentationsverständnis der Barockzeit von »symbolischem Kapital« sprechen:

»Herrschaft beruhte in der Frühen Neuzeit immer auch auf symbolischem Kapital. Die Herrschaft des Adels war ja nicht auf Leistung, sondern auf Abstammung begründet. So war es zwingend notwendig, allgemein anerkannt zu sein. Reputation und Ehre waren Herrschaftsprinzipen. Ein Landesherr durfte nicht der Verachtung anheimfallen; seine Ehre musste kenntlich gemacht und durch äußerliche Zeichen verstärkt werden. Es genügte nicht, einen Rang innezuhaben, er musste sichtbar präsentiert werden. Je höher er war, umso aufwendiger musste die Selbstdarstellung ausfallen.«[3]

Der Kaiser ist nicht nur er selbst, sondern vor allem ein Repräsentant, eine Verkörperung einer weit vor und – so die Hoffnung – nach ihm wirkenden Kraft: der Idee, dass seine Familie unter der besonderen Gnade Gottes steht und zum Herrschen auserkoren ist. Da diese Vorstellung und damit ihr wirklichkeitsherstellendes Potenzial allerdings nicht einfach so in der Welt vorhanden sind, muss nachgeholfen werden: Zur Legitimation der Herrschaft bedarf es ihrer Repräsentation.

Gerard Hoet, *Allegorie auf Kaiser Leopold I. (1640–1705)*, um 1672, Kunsthistorisches Museum Wien, Gemäldegalerie
© KHM-Museumsverband

Kontinuität höfischer Prachtentfaltung

Zur Zeit der Herrschaft Maximilians etablierte sich eine spezifische Ausgestaltung der politischen Kommunikation, die bis in die Zeit Leopolds I. ungebrochen weiterwirkte:

»Allegorische Programme, die die Herrschaft rechtfertigten, Ansprüche auf Weltherrschaft stellten oder den Kampf gegen die Ungläubigen propagierten, traten immer mehr in den Vordergrund. [...] Die Ausgestaltung der Feste des 16. Jahrhunderts mit allegorisch-mythologischen Programmen und theatralischen Elementen verweist schon auf die folgende Blüte der barocken habsburgischen Festkultur, denn Mitte des 17. Jahrhunderts setzte am Kaiserhof ein grandioser Reigen theatralischer Feste ein, deren Kernstück die italienische Oper war.«[4]

Was hat es mit dem Beginn dieses »grandiosen Reigens«, der Operntradition Wiens, auf sich? Wie kann ich mir ihre Entstehungsumgebung vorstellen?

Maximilian I. unterhielt einen »Wanderhof«. Seine Hofhaltung war nicht an eine beständige Residenz gebunden. Der letzte Ritter, wie er zuweilen genannt wird, hielt an ritterlichen Tugendidealen fest, auch wenn der Humanismus damals bereits nördlich der Alpen Einzug hielt und Maximilian dessen Verbreitung förderte (siehe S. 156). Leopold I. dagegen residierte in Wien, wo er Gesandte aus Europa und der ganzen Welt empfing. Er war die Sonne, das Zentralgestirn des Hofs, ein absolutistischer Monarch. Wenn er die Ritterrüstung anlegte, tat er das nicht, um in den Kampf zu ziehen, sondern um sich porträtieren zu lassen.

Anderes wiederum verbindet die zwei Habsburger: Beide sind vom Glauben beseelt, dass Gott ihre Familie zur Herrschaft auserwählt hat. Beide lieben sie die Musik. Die von Maximilian unterhaltene Hofmusikkapelle wird unter Leopold I. enorm erweitert. Neben festlicher Musik waren für Maximilian Drucke, Bücher und Malerei Mittel dynastischer Repräsentation und Legitimation. Unter der Herrschaft Leopolds waren musikalische Aufführungen Mittelpunkt höfischer Prachtentfaltung.

Der Kaiser spielt mit, denn alles steht auf dem Spiel

Bereits Rudolf IV. erweiterte mithilfe einer Fälschung (Privilegium maius, siehe S. 110) die Abstammungslinie der Habsburger bis in römische und christliche Vorzeiten. Die erfundene Genealogie umfasste Imperatoren wie Heilige. In den Jahren der Herrschaft Leopolds I. war die Fiktion längst zur Historie seines Hauses, der »Casa d'Austria«, geworden. Die edle Abstammung war Ehrentitel wie Anspruch des Nachkommen. Noch unter dem Barockkaiser wurden Studien zur Familienabstammung weitergeführt, wie Rouven Pons schreibt:

»Im ersten Buch seines Werks ›De prima origine ...‹ listete der von mir schon mehrfach erwähnte Johann Ludwig Schönleben sämtliche ihm bekannte Abstammungstheorien auf, ohne sie aber alle akzeptieren zu wollen. Trotzdem ist gerade diese große Masse an Material für den heutigen Betrachter von wesentlicher Bedeutung für das Verständnis des kaiserlichen Herrscherbildes. [...] Abstammungen von den Trojanern über Antenor, von Merowingern und Karolingern, von den Pierleoni und Colonna, von oströmischen Kaisern und deutschen Fürsten sowie die schweizerische Herkunft wurden aufgezählt und in Stammbäumen nachgewiesen. Insgesamt kam der Laibacher Domdechant somit auf zwanzig Päpste, fünfundsechzig (west-)römische und hundert oströmische Kaiser mit verwandtschaftlicher Beziehung zum Hause Habsburg. Diese, aus mittelalterlicher Tradition erwachsenen Abstammungslehren, die erst im 18. Jahrhundert aus der Mode kommen sollten, sind teilweise von unschätzbarem Aussagewert für das Herrschaftsverständnis der ›Casa d'Austria‹. Für diese Konstruktionen, die im Verständnis der Zeit wohl seriöse wissenschaftliche Findungsarbeit waren, wurden in Wien gezielt Personen als Hofhistoriographen angestellt.«[5]

Ein dynastisches Kettenglied

»Mit Hilfe dieser Nachweise über die eigenen Vorfahren wurde einerseits der Verpflichtung des Einzelnen auf die Familientradition in der dynastischen Kette, auch in Bezug auf die Zukunft, Ausdruck verliehen, andererseits konnte der Rang der Familie und des Herrschers durch die vielen bedeutenden Familienmitglieder aufgezeigt werden.«[6]

Bei den Verhandlungen zur Kaiserkrönung Leopolds war gerade das Abstammungsargument ein sehr gewichtiges bei seiner Wahl (siehe S. 178). Denn es herrschte die Auffassung:

> »Die Tugenden der im Stammbaum aufgezählten Herrscher waren quasi vererbbar, und somit stellte der gerade Regierende die Summe all der hervorragenden Eigenschaften der Vorfahren dar.«[7]

Wie wir bereits am Beispiel der Architektur der Hofburg sehen konnten, war für Leopold nicht Modernität, sondern Tradition für seine Handlungen maßgeblich (siehe S. 172). Rouven Pons schreibt in diesem Zusammenhang:

> »Diese prachtvolle, aber antiquierte Haltung war ebenfalls Teil der Leopoldinischen Weltanschauung, die tief in der Überzeugung verhaftet war, Teil einer überzeitlichen Tradition zu sein, die gerade die Würde und Bedeutung des Kaisers aus dem Hause Habsburg unterstreichen konnte. Das Althergebrachte, als Überzeitliches verstanden, wurde zur Würdeformel des Herrschers, jegliche größere Veränderung musste dabei auch eine Einbuße an Würde bedeuten. [...]
>
> Der Herrscher selbst trat hinter der Tradition seiner Familie zurück und wurde damit zum Inbegriff, zum Abbild einer durch die Geschichte geweihten Ordnung. Die Regelmäßigkeit des täglichen Lebens und die Gravität kaiserlichen Auftretens waren Resultate dieser Vorstellung. Der Herrscher wurde entpersonifiziert, er wurde in seiner unerschütterlichen, stoischen Würdigkeit zum Inbegriff [...] der Weltordnung. Zugleich musste er als deren Sinnbild Überzeitlichkeit wahren und von modischen Erneuerungen Abstand nehmen. [...] Somit hielt der Kaiser durch die Etikette die ›andrängende Welt‹ nicht nur von sich, sondern er verkörperte den im Barockzeitalter so sehr herbeigesehnten in sich ruhenden, von allen Wirren der Zeit unbeirrten Weltmittelpunkt.«[8]

Vor Augen – im Sinn

Bereits Niccolò Machiavelli (siehe S. 168) **war überzeugt von der Macht der Bilder und des Scheins. In seinem Buch „Der Fürst" schreibt er, dass zu erkennen, was eine Person zu sein scheine, ein Leichtes sei, aber nur wenige erkennen würden, was eine Person sei. Dietrich Erben zufolge kündigt sich hier**

> »ein historisch folgenreicher Begriff von Politik an, der auf den mit Kunstmitteln erzeugten Effekt spekuliert und für den Politikstil des Barock prägend wurde. [...] Die Durchsetzung und Festigung von Herrschaft brauchen Bilder, und erfolgreiches politisches Handeln bedarf der visuellen Beglaubigung – so lässt sich eine politische Maxime des Zeitalters auf den Nenner bringen.«[9]

Die oftmals beschworene – begrifflich als krankhafte Abhängigkeit desavouierte – Prunksucht schien für das politische Handeln unabdingbar.

> »Unter einer solchen Vorgabe war die Förderung von Kunst und Architektur vonseiten der Obrigkeit weit mehr als ein glanzvolles Accessoire der Herrschaft, sie war ein unverzichtbarer Teil des staatlichen Regierungshandelns.«[10]

Johann Christian Lünig beschreibt dies in seiner Publikation über das Zeremonialwesen aus dem Jahr 1719 so:

> »Der gemeine Mann, welcher bloß an den äußerlichen Sinnen hangt und die Vernunft weniger gebrauche«, könne »sich nicht allein recht vorstellen, was die Majestät des Königs ist, aber durch die Dinge, so in die Augen fallen und seine übrigen Sinne rühren«, bekomme »er einen klaren Begriff von seiner Majestät, Macht und Gewalt«.[11]

Diesem System »staatlichen Regierungshandelns« sind Aufführungen von Opern und anderer musikalischer Werke samt ihrer textlichen Grundlagen und räumlichen Zusammenhänge zuzurechnen.

»Libretto, Musik, Aufführungsort, Bühnenraum und Tanz fungierten im Musiktheatersystem des Wiener Kaiserhofes gleichermaßen als Medien der Kommunikation.«[12]

Lodovico Ottavio Burnacini, *Kostümentwürfe für Faschingsfeste des Wiener Hofs*, um 1680, Theatermuseum Wien
© KHM-Museumsverband

Höhepunkt einer langen Tradition

Es finden sich familiäre, strukturelle und persönliche Gründe für den Glanz der Musikkultur Wiens im Barockzeitalter, wie Thomas Leibnitz beschreibt:

> »Es sollte nicht überraschen, dass die kaiserliche Hofmusikkapelle während der Regierungszeit Leopolds I. eine Glanzzeit erlebte. Zum einen konnte sie auf eine mehr als zweihundertjährige Tradition zurückblicken und war auch unter dem musikliebenden Kaiser Ferdinand III. [dem Vater Leopolds I.] auf guten Stand gebracht worden; zum anderen war die Kompositions- und Musizierleidenschaft Leopolds ein Garant für intensive Zuwendung und auch großzügige finanzielle Dotierung. Leopold übernahm zunächst die Kapelle seines Vaters, verzichtete auf größere Umbesetzungen und baute sie allmählich zu dem hochentwickelten Klangkörper auf, der das Rückgrat der legendären musikalischen Festereignisse bei Hof bilden sollte.«[13]

Karl Vocelka und Lynne Heller resümieren:

> »Wie nie zuvor und nie danach spielte die Musik, insbesondere das Musiktheater, die dominierende Rolle in der Manifestation von Geschmack und Macht. Die Oper als Kunstform war das Mittel der Herrschaftsrepräsentation schlechthin, ihre Geschichte ist von der der höfischen Feste nicht zu trennen. Schon im Jahr 1622 nach der Krönung Eleonores (gest. 1655) zur ungarischen Königin gab es die erste große Ballettaufführung in Wien, bei der die Tänzerinnen unter der Choreographie der Kaiserin tanzten und alle Buchstaben des Namens Ferdinand formten. [...] Die Hochzeit Ferdinands III. mit Maria Anna von Spanien 1631 bildete dann den Auftakt des großen Reigens der Opernaufführungen des 17. und frühen 18. Jahrhunderts. 1641 wurden erstmals eine große Oper Monteverdis, ›Il ritorno d'Ulisse‹, und 1642 Francesco Cavallis ›L'Egisto, re di Cipro‹ in Wien aufgeführt, dem folgten nun Opern und Roßballette in großer Zahl.«[14]

Zwei kulturell aktive italienische Frauen in Wien

Die Pflege der italienischen Kultur am Wiener Kaiserhof wurde von zwei Frauen geprägt. 1622 vermählten sich Ferdinand II. und Eleonore Gonzaga von Mantua. Mantua war zu jener Zeit eine eher kleine italienische Stadt. Sie entwickelte sich unter Eleonores Vater Vincenzo I. zu einem Zentrum der Kunst. Claudio Monteverdi zum Beispiel, der mit „L'Orfeo" 1607 eine der ersten Opern der Musikgeschichte schrieb, lebte und arbeitete hier.

Auch in der nächsten Generation blieb die Verbindung zu Italien eng: Eleonore, die dritte Ehefrau von Leopolds Vater Ferdinand III., entstammte ebenfalls dem Hause Gonzaga und auch sie förderte Musik und Theater am Wiener Hof. Im 17. Jahrhundert kamen viele Komponisten und Musiker Wiens aus Italien. Zeit ihres Lebens beriet Eleonore Gonzaga von Mantua ihren Stiefsohn Leopold. Auch dessen Onkel, Erzherzog Leopold Wilhelm, dem wir bereits als Kunstsammler (siehe S. 196) und als Mars (siehe S. 142) begegnet sind, unterstützte Leopolds musikalische Ambitionen und trat am Kaiserhof wiederholt als Organisator von Opernaufführungen in Erscheinung. 1642 war er zum Beispiel für die Aufführung der allegorischen »Opera morale« „Lo specchio di virtù" verantwortlich.[15]

Musikdrama

Una gran Piazza di richi e superbi Edificii.

Lodovico Ottavio Burnacini, *25 Kupferstiche zu »Il pomo d'oro« von Francesco Sbarra und Antonio Cesti in altem Kolorit* (wahrscheinlich Widmungsexemplar für Kaiser Leopold I.), 1668, Österreichische Nationalbibliothek Wien, Musiksammlung © ÖNB

Was wir heute allgemein unter dem Begriff »Oper« subsumieren, hatte anfangs viele Namen:

»Wenn wir den Terminus ›Oper‹ verwenden, müssen wir uns auch seiner historischen Dimension bewusst sein. Diese in vielen Sprachen heute übliche Bezeichnung war in den genannten Anfängen keineswegs gängig [...]. Die Termini für ein durchgehend gesungenes Drama waren sonst bei Emilio de' Cavalieri 1600 (Rom) sehr genau ›Rappresentatione per recitar cantando‹ oder verschiedene andere Substantive wie ›Favola‹, ›Comedia‹ oder ›Pastorale‹ mit dem Zusatz ›in musica‹, der immer auf das Fehlen gesprochener Teile verweist. Das Rezitativ für die Dialoge und Monologe war die einzige dafür nötige Errungenschaft; bis dahin war Theater ja von Anfang an mit Musik verbunden gewesen, und alle anderen Formen wie Chöre, Madrigale, Canzonette, Instrumentaleinlagen und Tänze waren schon im 16. Jahrhundert Bestandteile von Dramen gewesen.«[16]

In den »drammi per musica«, die zu dynastischen Ereignissen (Hochzeiten und Geburten von Thronfolgern) vor einem großen Publikum gespielt wurden, standen thematisch meistens die Verherrlichung der Dynastie und ihre Kontinuität im Mittelpunkt. Aufführungen zu Namenstagen oder Geburtstagen, die oftmals nur einen kleinen inneren höfischen Kreis als Zuschauer erlaubten, hatten belehrenden Charakter und dienten der Erziehung zur Tugend im Sinn der monarchischen Tradition.

»Die meist dreiaktigen Opern zum Geburtstag der Kaiserin und zum Namenstag des Kaisers [...] waren seriöser Natur, im Fall des Kaisers oft heroischen Inhaltes und bezogen sich auf Persönlichkeiten aus der römischen oder griechischen Historie oder hatten einen mythologischen Hintergrund. Für den Fortgang des Dramas bestimmend waren die Herrschertugenden, der Konflikt zwischen Pflicht und Liebe, die Frage nach dem richtigen Handeln.«[17]

Sehr viele Werke bezogen sich auf den habsburgischen Tugendkanon. Das Lob der Dynastie, in diesem Fall wohl ein Lobgesang, durfte nicht zu kurz kommen:

> »Den Abschluss einer Oper bildete oft die sogenannte ›Licenza‹. Lose an die Handlung der Oper anknüpfend, wandten sich die Protagonisten direkt an die zu ehrende Person und idealisierten sie mit Worten höchster Bewunderung. Im Allgemeinen stellten dabei die Tugenden des Kaisers und die Anmut der Kaiserin jene zuvor auf der Bühne agierenden Helden und Heldinnen in den Schatten.«[18]

So auch in der Hochzeitsoper „Il pomo d'oro", siehe ab S. 254.

Wie etwas Einmaligem Dauer verleihen?

Opern waren ephemere Erscheinungen, gelangten sie doch im 17. Jahrhundert meist nur einmal zur Aufführung. Aber sie entfalteten ihre Gestaltungsmacht nicht nur während ihrer Aufführung, sondern durch Libretti und andere Druckwerke, die mehrmals gelesen und in ganz Europa verschickt wurden, lange darüber hinaus. Auch übernationale Veröffentlichungen wie das zwischen 1633 und 1738 erschienene „Theatrum Europaeum" besprachen ausführlich Inhalt und vor allem Prunk einzelner Aufführungen, sodass diese von verschiedenen Hofgesellschaften in Europa wahrgenommen wurden. So auch von Kaiser Leopold I. Er hielt sich über Aufführungen an anderen Höfen auf dem Laufenden und es war ihm ein großes Anliegen, Reproduktionen der prächtigen Wiener Bühnenarchitekturen in der Welt zu verbreiten. Er verschickte zum Beispiel Stiche aufwendiger Bühnengestaltungen seines Bühnenmeisters Ottavio Lodovico Burnacini an viele Höfe Europas – nicht zuletzt an den spanischen, an dem seine Schwester Königin war. Aus diesem Grund sind Stiche beeindruckender Bühnenbilder erhalten geblieben. Einige davon beherbergt das Theatermuseum in Wien. Aber nicht nur Papier war eine Botschafterin der Prachtentfaltung des Herrschers, auch die an den Aufführungen Beteiligten waren geeignete Informationsträger.

Ein Heer von Mitarbeitern und internationalen Kontakten musste aktiviert werden, um eine Opernaufführung angemessen auszustatten. Man suchte nicht nur irgendwelche Sänger, Librettisten, Komponisten, Bühnengestalter, sondern warb um die besten – zu Italien hatte man durch die Stiefmutter Leopolds, Eleonore Gonzaga, besonders gute Kontakte. Auch die Ausstattung war vom Feinsten, und gerade für Aufführungen, die im Rahmen dynastischer Ereignisse stattfanden, scheute man weder Kosten noch Mühe. So zum Beispiel im Fall der Oper „Il pomo d'oro", die anlässlich der Vermählung Leopolds I. mit Margarita Teresa von Spanien entstand, welche die beiden Habsburgerlinien (die österreichische und die spanische) wieder vereinigen sollte.

Von allen Aufführungen bewahrte Kaiser Leopold I. eine Partitur, ein Libretto oder einen Stich in seiner sogenannten »Schlafkammerbibliothek« auf. *Mehr dazu auf S. 272.*

Der Kaiser komponiert selbst

...wie ich im Österreichischen Musiklexikon nachlesen kann:

> »L.s eigene Werke sind stilistisch der venezianischen Tradition der Mitte des 17. Jh.s zuzuordnen (eine Weiterentwicklung des Stils ist kaum zu beobachten); viele sind geistlichen Inhalts (Oratorien und Kirchenmusik) und von der tiefen Religiosität des Kaisers geprägt; daneben entstanden zahlreiche Einlagearien für aktuelle Opernproduktionen des Hofes bzw. kleinere musikdramatische Werke. L. besaß eine umfangreiche Musikbibliothek (*Bibliotheca cubicularia/Schlafkammerbibliothek*), die, einheitlich gebunden, in seinen Privatgemächern aufgestellt war.«[19]

Der Kaiser als Schauspieler

Er schaut und spielt. Für ihn wird gespielt, und er tritt selbst auf. Eine dichte Folge von Opern, Serenaden, Balletten, Oratorien und Aufführungen verschiedener anderer musikalischer Werke – insgesamt waren es ca. 400 – rhythmisierte die 47 Jahre während Regierungszeit Leopolds.[20] Regelmäßig wiederkehrende Anlässe waren Geburts- und Namenstage des Kaisers, der Kaiserin und des Thronfolgers.

Lodovico Ottavio Burnacini, *La costanza d'Ulisse*, 1700, Theatermuseum Wien
© KHM-Museumsverband

Dramma per musica: „La costanza d'Ulisse"

Der Einakter „La costanza d'Ulisse" wurde zu Leopolds sechzigstem Geburtstag im Garten der Favorita, eines Sommerschlosses der Familie auf dem Gelände der heutigen Theresianischen Akademie im vierten Wiener Gemeindebezirk, aufgeführt.

Eindrucksvoll zeigt dieser im Theatermuseum Wien verwahrte Stich die pittoreske Gesamtsituation der Aufführung, die auf einer über dem Teich des Gartens erbauten Bühne stattfand:

Eine bis in nicht mehr sichtbare Ferne reichende Allee, in Urzeiten und den unendlichen Raum fluchtend. Dort wendet sich der Zeitstrahl und macht sich wieder auf den Weg in die Gegenwart (wie das Licht ferner erloschener Sonnen, das uns heute noch am Himmel scheint) – zum »dramma per musica«, welches zum 60. Geburtstag des Kaisers einstudiert wurde und nun aufgeführt wird. Es ist der 29. Juli 1700. Zwei runde Zahlen treffen aufeinander – ein neues Jahrhundert beginnt und eine lange Regentschaft geht langsam zu Ende: Der Thronfolger Joseph ist bereits zum ungarischen und römisch-deutschen König gekrönt.

Leopold musste im Lauf seines Lebens so einiges durchstehen: Zwei seiner Ehefrauen verstarben in jungen Jahren, viele seiner Kinder erreichten das Erwachsenenalter nicht. In insgesamt 47 Regierungsjahren herrschte 33 Jahre Krieg.[21] Der Kaiser aber ließ sich nicht beirren und hielt Kurs: Er war überzeugt, dass seine Beständigkeit (»la costanza«) am Ende siegen würde, war doch sein Haus bereits seit römischer Zeit von Gott zum Herrschen erwählt. Sein Glaube war fest, sein Handeln nicht zögerlich, so schien es ihm, und er konnte es kaum erwarten, dass der Feind sich als das Böse entlarvte – sogar der Halbmond musste vor ihm fliehen.

*Leopold ist im Jahr 1700 in der Oper „La costanza d'Ulisse" in Gestalt des homerischen Helden Odysseus präsent. Geschichte wird hier aktualisiert und überhöht: In dieser Fassung der Odysseus-Erzählung bleibt der Held standhaft. Der Verfasser des Librettos Donato Cupeda erklärt die Idealisierung damit, dass man auf der Bühne nicht zeige, »wie es gewesen sei, sondern wie es hätte sein sollen.«[22]
Die Antike findet ihre Vollendung im Barock.*

»Der römische Kaiser Adrian, der römische Kaiser Servio Tullo, der syrische König Antiochus, die persischen Könige Ciro und Xerxes, Alexander der Große, Ulisses und Telemaco – sie alle wurden auf der habsburgischen Opernbühne in den Dienst einer kontinuitätsorientierten Tugendtypologie genommen, und dies nicht mit dem Ziel, historische Persönlichkeiten zu zeigen, sondern Personifikationen, die ›als typologische Verkörperungen universalhistorisch gültiger [...] Wahrheiten und Maximen‹ galten. Auf dem Weg der Allegorie wurde so ein Bild von Leopold und seinen Herrschertugenden inszeniert und verbreitet, d. h. ein ›Rollenmodell, das er verkörperte respektive verkörpern wollte‹.«[23]

Peter Paul Rubens, Frans Snyders, *Christuskind mit Johannesknaben und zwei Engeln*, um 1615/20, Kunsthistorisches Museum Wien, Gemäldegalerie © KHM-Museumsverband

Alles eine Sache der Perspektive

Die Zuschauer von „La costanza d'Ulisse" nahmen hinter der Kaiserfamilie in elliptischer Formation Aufstellung. Man denkt an den von Kepler entdeckten Verlauf der Bahnen, auf denen sich die Planeten um die Sonne bewegen. Der Vorhang trennt nicht die Bühne ab, sondern umspannt den Zuschauerraum. Die Inszenierung umfasst alles, beschränkt sich nicht auf die Aufführung des »dramma per musica«. Burnacinis Stich macht die soziale Komponente des Raumes sichtbar. Der Raum ist nicht einfach, sondern entsteht und verändert sich permanent: Wer, wo, wie und wann stehen oder sitzen darf, ist von großer Bedeutung. Sozialtheoretiker wie Pierre Bourdieu haben sich eingehend mit der Konstituierung dieses gesellschaftlichen Raums befasst:

Lodovico Ottavio Burnacini, *La costanza d'Ulisse*, 1700, Theatermuseum Wien
© KHM-Museumsverband

»Ähnlich wie die relativistische Raumtheorie in den Naturwissenschaften, denkt Bourdieu den Raum dabei nicht als Behälter, der mit Elementen nur aufgefüllt ist. Vielmehr baut sich seinem Verständnis nach der Raum erst aus den Relationen von Objekten und Akteuren auf. Objekte und Akteure werden in einem aktiven Prozess sozialer Praxis untereinander in Relationen gesetzt, wodurch ihre Beziehungen zueinander soziologisch bestimmbar werden. Der Raum entsteht aus dem Prozess der Zuweisung von Positionen. Wie und in welcher Weise sich die sozialen Elemente zueinander verteilen, in welchen Abständen sie sich befinden, gibt die innere Struktur eines Raumes an und seine Grenzen nach außen. Dies gilt für den physischen wie für den sozialen Raum gleichermaßen. [...] Es ist also die aktive Praxis selbst, die den sozialen Raum erst konstituiert, welcher seinerseits auf den Relationen aufeinander verweisender Elemente beruht.«[24]

Rode-Breymann stellt fest:

»Das Musiktheater am Wiener Hof ist ein mustergültiges Feld für das Phänomen der sozialen Konstruktion von Raum.«[25]

Die Aufführung ist auf einen Punkt ausgerichtet: den Kaiser und seine Familie. Von hier aus – und nur von hier – entfaltet sich das Schauspiel als sinnvolles Spektakel.

»Seinem Wesen nach ist das zentralperspektivische Arrangement der später als Guckkasten bezeichneten Bühne dennoch an den absolutistischen Herrscher gebunden. Nur er konnte jener ideale Betrachter sein, der im einzigen Punkte richtiger perspektivischer Wahrnehmung die repräsentative Wirklichkeit der Darstellung auf der Bühne politisch in die historisch geographische Wirklichkeit gültig vermitteln konnte. [...] Beherrscht wird die Realität solcher repräsentativer Darstellungen von dem Fluchtpunkt der perspektivischen Linien [...]. Die Zentralachse verbindet diesen Fluchtpunkt mit dem Punkt des idealen Betrachtes auf der anderen Seite der die beiden Räume teilenden Bühnenvorderkante. Nur in diesem Punkt hat man die rechte Distanz zur Bühne und zum Fluchtpunkt, um die Verkürzungen der Linien als eine in sich stimmige Darstellung auffassen zu können. [...] Aus jedem anderen Zuschauerpunkte neben dem des idealen Betrachters zerfällt die Illusion, die repräsentative Realität, und kann nur dadurch wiederhergestellt werden, dass alle anderen Zuschauer sich fortwährend an den Platz des idealen Zuschauers versetzt denken. Sie nehmen also die Darstellung vermittelt über ihn in sich auf. Im wesentlichen besteht das Schauspiel darin, dass sie den König in seiner Rolle als idealen Betrachter sehen und verfolgen. Die Rolle des Hofes ist es, Zeugen dieser idealen Betrachterrolle zu sein und von ihr über den Hof hinaus zu berichten.«[26]

Jemandem einen Ort zuzuweisen, war in diesem Kontext also ein »Machtakt«, und häufig wurde um die eigene Position gekämpft.

»Überdies wird, sozialpsychologisch gesprochen, allen immer wieder demonstriert, daß ihre eigene Identität mangelhaft und abhängig von der perfekten Identität des Königs sich ausbildet, über die allein sie Zugang zu den politisch geltenden, der repräsentativen Wirklichkeit haben.«[27]

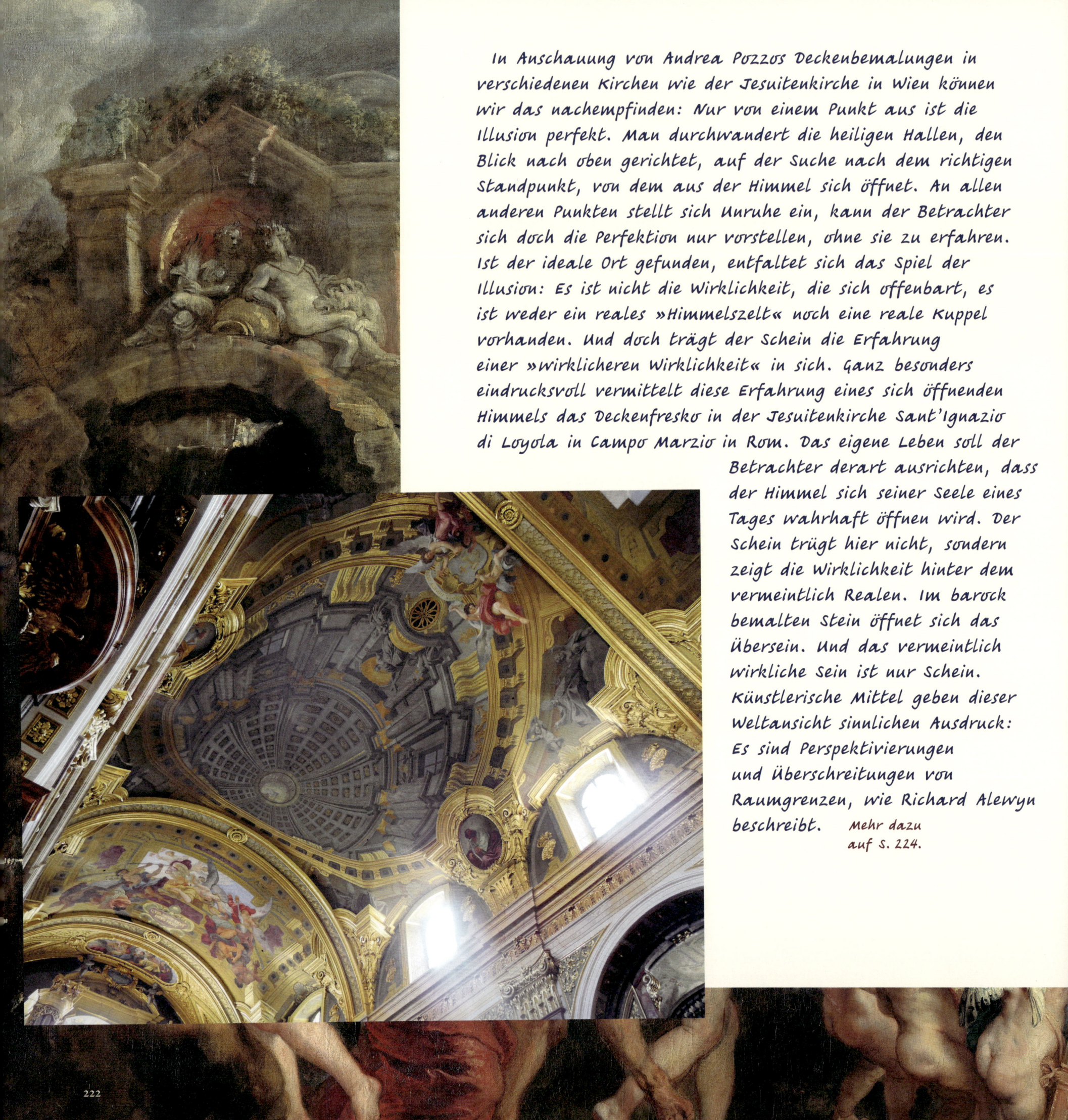

In Anschauung von Andrea Pozzos Deckenbemalungen in verschiedenen Kirchen wie der Jesuitenkirche in Wien können wir das nachempfinden: Nur von einem Punkt aus ist die Illusion perfekt. Man durchwandert die heiligen Hallen, den Blick nach oben gerichtet, auf der Suche nach dem richtigen Standpunkt, von dem aus der Himmel sich öffnet. An allen anderen Punkten stellt sich Unruhe ein, kann der Betrachter sich doch die Perfektion nur vorstellen, ohne sie zu erfahren. Ist der ideale Ort gefunden, entfaltet sich das Spiel der Illusion: Es ist nicht die Wirklichkeit, die sich offenbart, es ist weder ein reales »Himmelszelt« noch eine reale Kuppel vorhanden. Und doch trägt der Schein die Erfahrung einer »wirklicheren Wirklichkeit« in sich. Ganz besonders eindrucksvoll vermittelt diese Erfahrung eines sich öffnenden Himmels das Deckenfresko in der Jesuitenkirche Sant'Ignazio di Loyola in Campo Marzio in Rom. Das eigene Leben soll der Betrachter derart ausrichten, dass der Himmel sich seiner Seele eines Tages wahrhaft öffnen wird. Der Schein trügt hier nicht, sondern zeigt die Wirklichkeit hinter dem vermeintlich Realen. Im barock bemalten Stein öffnet sich das Übersein. Und das vermeintlich wirkliche Sein ist nur Schein. Künstlerische Mittel geben dieser Weltansicht sinnlichen Ausdruck: Es sind Perspektivierungen und Überschreitungen von Raumgrenzen, wie Richard Alewyn beschreibt. Mehr dazu auf S. 224.

»Der aus Trient stammende Jesuit Andrea Pozzo war schon zu Lebzeiten für seine perspektivischen Werke, vor allem aber für die Deckenfresken der Kirche Sant'Ignazio in Rom und für die Innenraumgestaltung der Jesuitenkirche in Wien berühmt. 1693 und 1700 brachte er die beiden Teile des Traktats über die Perspektivkunst *Perspectivae pictorum atque architectorium* heraus; den ersten Teil widmete er Kaiser Leopold I., der ihn dann 1702 nach Wien berief, wo er bis zu seinem Tod 1709 tätig sein sollte. Der später in viele Sprachen übersetzte Traktat geht detailliert auf jene Prinzipien der Geometrie, Architektur, Malerei und Bühnenbildkunst ein, die ein umfassendes Verständnis der Perspektive voraussetzen; er liefert aber auch praktische Hinweise für die Anfertigung ephemerer Architekturen, etwa von Trauergerüsten oder Heiligen Theatern. Die im Barock perfektionierte perspektivische Malerei, auch ›Quadratur‹ genannt, vermittelte dem Auge das Gefühl einer anderen Wirklichkeit. Illusionistische Kniffe (Trompe-l'œil) wie Scheinkuppeln waren nicht nur die äußerste Konsequenz dieser Art von Malerei und das Instrument par excellence für die Dekoration sakraler Räume, sondern wurden auch für die Konstruktion ephemerer Bauten und für Theaterausstattungen verwendet.«[28]

S. 222, 223: Andrea Pozzo, *Deckengemälde mit Scheinkuppel in der Jesuitenkirche in Wien*, um 1704

Perspektivischer Schein

»Die Perspektive beruht auf der Beobachtung, daß auf der Netzhaut ein Gegenstand umso kleiner erscheint, je weiter er entfernt ist. Die mittelalterliche Malerei hatte diesem Gesetz kaum Rechnung getragen. Ihr lag nichts daran, die Dinge in den irdischen Raum einzuordnen. Erst als die Renaissance die Welt entdeckte und den Raum als autonome Größe erschloß, wurde für die Malerei die Klärung der Raumverhältnisse und damit die Darstellung dieses Raumes eine wichtige Aufgabe. Indem sie gleich große Gegenstände verschieden groß auf die Leinwand setzte, erzielte sie den Eindruck eines räumlichen Abstandes, und indem sie alle diese Verhältnisse von einem Punkt aus geometrisch konstruierte, erweckte sie die Vorstellung eines einheitlichen Raumes, die wir seither jedem Bild abzulesen gewohnt sind. Die Renaissance erfreute sich dieser Übereinstimmung von Wissenschaft und Wirklichkeit und bediente sich ihrer, um sich der diesseitigen Welt zu versichern und zu bemächtigen.

Wenn aber nun das Barock mit der gesamten wissenschaftlichen Hinterlassenschaft der Renaissance auch diese Erfindung übernahm, verlieh es ihr einen veränderten Sinn. Es hat sie benutzt, nicht um die Wirklichkeit zu sichern, sondern um sie zu erschüttern, nicht um auch noch dem Schein Wirklichkeit zu verleihen, sondern um auch die Wirklichkeit in Schein zu verwandeln.«[29]

Die Grenzen verschwimmen: Ist der Schein Wirklichkeit oder die Wirklichkeit Schein?

»Das Barock dagegen komponiert ein Bild gern so in den Raum hinein, daß der Rahmen gleichzeitig Bestandteil der Dekoration des Raumes ist, und verschleiert damit die ästhetische Grenze. [...] Die Stelle, wo die Illusionsmalerei ihre Triumphe feierte, befindet sich jedoch nicht in den niederen Regionen, die dem prüfenden Blick ausgesetzt sind. An den Decken der Kirchen und mancher weltlichen Säle und Treppenhäuser, einem Ort, der gegen jede körperliche Annäherung gesichert ist, hoch oben, wo die Architektur endet, errichtet die Malerei ihr luftiges Reich. [...] Warum aber verwendet der Maler eine solche Virtuosität, diesem Schein den Schein der Wirklichkeit zu geben? Auch der gläubigste Kirchenbesucher glaubt ja nicht, daß es wirklich der heilige Ignatius ist, der da oben auf Wolken in die Arme des ewigen Vaters schwebt. Über die Unwirklichkeit des gemalten Vorganges kann der Maler nicht täuschen wollen. Aber über etwas anderes: Auch der ungläubigste Beobachter ist selten imstande, mit voller Sicherheit anzugeben, wo genau die plastische Realität aufhört und das Reich des gemalten Reichs beginnt. [...] Worauf es dem Barock ankam, war, die Grenze zu verwischen und damit den Grenzübertritt zu verschleiern. [...] Man soll etwa glauben, man sei noch diesseits, während man in Wirklichkeit schon jenseits ist, und man soll nie ganz den Zweifel verlieren, ob man sich auch wirklich schon drüben und nicht vielleicht doch noch hüben befindet. Der barocke Weg in das Jenseits ist ein Gleiten und nicht ein Sprung. Von dieser Ungewißheit über die Grenze geht aber nun eine eigentümliche Beunruhigung aus, die auch den Kern dieser Welt in Mitleidenschaft zieht. Wenn man niemals genau wissen kann, wo die Wirklichkeit endet und die Täuschung beginnt, dann ist überhaupt die Realität der Welt in Frage gestellt. Wenn also die illusionistische Malerei an den Kirchendecken den Schein zu solcher Vollkommenheit steigert, dann geschieht es nicht in der Absicht, die Scheinhaftigkeit dieser illusionären Welt zu leugnen, es geschieht vielmehr, um die Wirklichkeit unserer realen Welt in Frage zu stellen.«[30]

Andrea Pozzo, *Die Apotheose des heiligen Ignatius* im Mittelschiff von Sant'Ignazio in Rom, 1694

Der Held der Geschichte

Hauptdarsteller der Aufführungen sind also Leopold I. und Mitglieder seiner Familie. Repräsentieren hieß darstellen, hieß auf Dahinterliegendes hinweisen. In den festtäglichen Vorführmomenten schlägt dieses Dahinterliegende die Augen auf, und in diesem Augenblick berühren die Welten einander: Schein und Wirklichkeit verschmelzen zu einer wirklicheren Wirklichkeit, die eines Tages verwirklicht sein wird. Für diese noch kommende Wirklichkeit gilt es zu kämpfen, denn das, was diese Wirklichkeit verschleiert, ist das Böse: Der Feind im Äußeren und der Feind im Inneren. Aus diesen Momenten wirklicherer Wirklichkeit gehen die Zuschauer gestärkt hervor: Sie können die Wahrheit der Realität erkennen und sind bereit, für sie zu leben und, wenn nötig, zu kämpfen. Eines Tages wird der Vorhang sich auftun und das Schauspiel wird nicht mehr Fiktion, sondern Wirklichkeit sein. Dieses Lebenstheater ist Mahnung, die eigene Rolle gut einzustudieren. Es gilt, ohne Unterlass zu proben. Und der Hauptdarsteller im barocken Welttheater ist der Kaiser:

> »In diesem Punkt ähnelt der Fürst oder König letztendlich einem Schauspieler, der mit seinem individuellen Körper einer anderen Person mimetische Präsenz verleiht – einer Person, die mit ihm nicht identisch, sondern vielmehr Gegenstand einer literarischen und damit fiktiven Bearbeitung bzw. Interpretation ist. Der entscheidende Unterschied zwischen dem gewissermaßen schauspielenden Fürsten und dem schauspielenden Schauspieler besteht darin, dass der Fürst durch sein Auftreten und Agieren – beispielsweise im Zeremoniell – sowie durch seine zeichenhaft-symbolischen Accessoires in Form der Kleidung und der Insignien zwar auch eine seine Person übersteigernde Fiktion – in diesem Falle die Herrschaftsidee – sinnfällig vortragen muss, jedoch mit seiner Person über die Genealogie und Dynastie doch zugleich auch realer Teil der durch das zeremonielle Schauspiel evozierten Fiktion ist, während der Schauspieler durch seine fehlende genealogische Rückbindung und Dignität der dargestellten Rolle ausschließlich seinen Körper leiht.«[31]

Wie wir allerdings noch sehen werden, ist im barocken Hoftheater jeder, nicht nur der Kaiser oder der König, ein Schauspieler.

Der Körper des Kaisers trägt viele (Helden-)Geschichten in sich, die in ihm zu Geschichte geworden sind. Auch die Zukunft wird in der Weiterführung der Geschicke durch seine Nachkommen Teil seines Körpers werden.

William Makepeace Thackeray, *What makes the King?*, 1840

Als man aufhörte, an die gottgegebene Herrschaft zu glauben, wurde der Schein des königlichen Seins entlarvt.

Alltäglich

Was an Festtagen pompös inszeniert wird, wird auch im Alltag dargestellt – soll den Untertanen täglich vor Augen geführt werden: Jeder Tag des Kaisers und seiner Höflinge ist eine Vorstellung. Odysseus, Zeus, Apoll, Leonidas, Christus, Caesar, Karl der Große und viele andere sind in des Kaisers Vexierspiegel sichtbar, wenn er sich morgens ansieht und für

einen Tag von und für Gottes Gnaden zurechtmacht. Und es wird aller Aufwand dafür getrieben, dass auch andere das Bild im Vexierspiegel sehen – nicht das gebrechliche, inzüchtige Fleisch, sondern die im (Sakral-)Körper des Kaisers verkörperte ewige Idee soll immer gegenwärtig sein. So lässt sich (barocke) Macht legitimieren und erhalten.

Dafür bekommt jeder Untertan seinen standesgemäßen Ort zugewiesen: Der Raum wird mit vielen Linien durchzogen, der Hof zu einem sich fortwährend neu formierenden geometrischen Muster. Die Weltharmonie beruht auf dieser Harmonie im Raum. Genauestens werden daher die Bewegungen aller bereits im Vorfeld definiert. Das Zeremoniell wird zum Mittel des Machtspiels mit ernsten Konsequenzen. In diesem Alltagsballett ist jeder Schritt bereits im Voraus bestimmt, Improvisation wäre ein Affront gegen die Weltordnung, in deren Mittelpunkt des Kaisers Zentralgestirn leuchtet.

Der Herrscher war nicht nur Mittelpunkt der Vorstellung, sondern auch

> »im Nullpunkt eines Koordinatensystems situiert, das aus den Achsen des Palastes und seines Parks bestand […]. Er allein besaß das Privileg der Zentralperspektive, die sich virtuell über sein gesamtes Reich erstreckte und es seiner Kontrolle unterwarf. Aber die Strahlen aus dem Zentrum, die das Land dem Blick des Fürsten öffneten, waren vorwiegend Einbahnstraßen. Denn die umgekehrte Sicht auf Fürst und Hof oder gar der Zugang zu ihnen war den Untertanen nur sehr begrenzt gestattet.«[32]

Und selbst für diejenigen, die Zugang hatten, wurde dieser immer neu reglementiert. Diese Regeln waren im Zeremoniell festgeschrieben.

> »Die jeweilige ›Logik‹ des Zeremoniells determinierte die konkrete architektonische Organisation der Raumfolge. Diese Korrespondenz ist geradezu als ›Newtonsches Prinzip der Hofgeschichte‹ bezeichnet worden. Sie beruht auf der Tatsache, daß das zeremonielle Zeichensystem räumliche Beziehungen benutzt, um die soziale und politische Ordnung des Hofes im Wortsinne sichtbar zu machen. Diese Visualisierung bedient sich der differenzierten Zuteilung des höfischen Raumes an die einzelnen Hofangehörigen in Entsprechung zu ihrem Status. […] Die spatiale Position der Individuen, die ihnen das Zeremoniell zubilligte, entsprach also exakt ihrer sozialen Stellung in der hierarchischen Rangordnung. Damit stellt der Hof jene Institution der frühneuzeitlichen Gesellschaft dar, in welcher die allgemein übliche Repräsentation sozialer Ungleichheit durch die Zuordnung von Raum besonders streng und ausgefeilt vollzogen wurde.«[33]

Man darf sich dieses System allerdings nicht so gleichmäßig wie das Planetensystem vorstellen, auch wenn die Sonnenallegorie das nahelegen mag. Rangstreitigkeiten waren bei Hof allgegenwärtig. Wie der Mensch so ist, möchte er sich meist nicht mit seiner Position begnügen. Aufstieg bedeutet aber eine Störung des Systems, manchmal auch den Abstieg anderer. Das Zeremoniell war daher nicht nur Ausdruck der Ordnung des Hofs, sondern auch dessen Spiel- oder Schlachtfeld.

Es kam oft vor, dass Gesandte einer Vorstellung nur inkognito beiwohnen durften, um Rangstreitigkeiten aus dem Weg zu gehen. Schien die Ehre gefährdet, ging es nicht zimperlich her, wie Eucharius Gottlieb Rink in seiner Biografie Leopolds berichtet:

»Das höfische Zeremoniell konnte die höfische Interaktion sowohl ermöglichen als auch behindern. Dies war vor allem abhängig von der Bereitschaft der Teilnehmer, den im Zeremoniell zugewiesenen Rang zu akzeptieren. Bei den Gesandten und dem höfischen Adel am Kaiserhof war diese Akzeptanz durchaus unterschiedlich ausgeprägt. Innerhalb der Gesandten der Fürsten Europas und des Reiches konnte von einer Eindeutigkeit der Ranghierarchie keine Rede sein. Vielmehr gab es einen permanenten Überschuss an Prätentionen. Rangkonflikte waren hier nicht die Ausnahme, sondern eher die Regel. Dabei war diese Permanenz zeremonieller Auseinandersetzungen am Kaiserhof keineswegs ein Sonderfall, sondern spiegelte weitgehend die Situation auch anderer europäischer Fürstenhöfe. Häufig kam ein Zusammentreffen aufgrund zeremonieller Rangstreitigkeiten gar nicht erst zustande, oder man einigte sich darauf, das Zeremoniell mit dem Mittel des ›Incognito‹ vorübergehend zu suspendieren, um Interaktion überhaupt zu ermöglichen. [...] Das Zeremoniell war somit kein Mittel zur Domestizierung des Adels, sondern bot den Hofmitgliedern eine Möglichkeit, den eigenen Rang zu erhöhen.«[34]

Montecuculi Streit mit dem Spanischen Minister.

Hier hatte Montecuculi einigen Streit mit dem Spanischen Minister / so die Prinzessin bekleidete / wegen des Ceremoniels, weil er ihm diejenigen Ehrenbezeugungen / welche man einem Kåyserlichen Plenipotentiario schuldig / nicht ertheilen wollte. Sein Hochmuth war auch so groß / daß er bey seinem Abschiede dem General Lieutenant dieses Complement machte: Che si compiacesse d'assicuras S. M. Imp. di sua amicitia, daß er belieben möchte dem Kåyser wegen seiner Freundschafft zu versichern / welche Grobheit Montecuculi kaum gnug bewundern konnte / und dem Spanier antwortete: Signor si, questo farò jo, e so quel' Imperatore mio Patrone gia da lungo tempo hafatto assicurar V. S. de suoi humilissimi servitij, das ist: Dies will ich thun / und ich weiß daß der Kåyser / mein allergnådigster Herr sich von langer Zeit her bemühet hat / dem Herrn wegen seiner unterthånigsten Dienstfertigkeit zu versichern.
Worauf sie ferner über Mailand gieng / und zu Brescia von dem Venetianischen Extraordinair-Abgesandten / dem Herrn Procurator Valier in Namen seiner Republic complementiret wurde.[35]

Uns Nachgeborenen ist die Unerhörtheit des Verhaltens Raimondo Montecuccolis nicht mehr einsichtig. Eucharius Gottlieb Rink geht allerdings davon aus, dass dieses Ereignis auch über 40 Jahre später in einer Biografie Leopolds erwähnenswert und für die Leser verständlich ist. Mehr über Rinks Leopold-Biografie ab S. 246.

Was ist das eigentlich, was wir »Hof« nennen?

Jakob Wührer und Martin Scheutz:

»Ortsbezogen beschreibt der ›Hof‹ jenen Ort, an dem sich der Hofherr und/oder seine Familienangehörigen aufhielten und wo, damit verbunden, auch architektonisch zunehmend aufwendigere (Residenz-)Bauten entstanden. Personal umfasst Hof jene Personen, die sich bei Hof aufhielten, wobei diese Personengruppe nach verschiedenen Kriterien, unter anderem auch nach jenem der gesellschaftlichen Zugehörigkeit (soziale Ebene des Hofs) differenziert werden kann. Der Hof war in dieser Hinsicht das Hofgesinde, die ›familia‹ des Hofherrn. [...] Auf der strukturellen Ebene entfaltete der Hof seine wichtigsten Funktionen. Diese umfassten zuvorderst die Befriedigung der Grundbedürfnisse des Hofherren und seiner Familie, einem Aufgabenbereich, in dem man den Ursprung des Hofs vermuten kann: Nahrung, Kleidung, Wohnen, Gesundheitsvorsorge (Versorgungsfunktion); der Hof als ›Serviceeinrichtung‹ des Hofherrn. Der Hof erfüllte auch eine Schutzfunktion – nicht nur Personenschutz, sondern der Hof war unter anderem durch die Kontrolle des Zutritts zum Hofherrn ein notwendiger Schutzschirm, der Geheimhaltung vor allem im Bereich der politischen Verwaltung erlaubte. Als Bühne für die Inszenierung der Repräsentation des Hofherrn zu dienen war eine weitere wichtige Aufgabe des Hofs, was sich in der Abhaltung höfischer Feste und sonstiger durch einen festgelegten zeremoniellen Ablauf gekennzeichneter Feierlichkeiten ausdrückte (Repräsentationsfunktion). Und schließlich kann dem Hof eine Verwaltungs- und Regierungsfunktion zugeschrieben werden.«[36]

Der Hof war eine geschlossene Einheit, der Zugang war streng geregelt; er wirkte aus der Distanz zum Volk. Eine Annäherung an die Untertanen war nicht erwünscht: Der zeremonielle Hof

»demonstrierte, ja zelebrierte die Differenz zur Lebenswelt der Untertanen, indem er der Etikette die fast uneingeschränkte Herrschaft über Interaktion und Kommunikation einräumte und so seine soziale Exklusivität herausstellte«.[37]

Der Kaiser und sein Hof waren der Zeit entrückt, denn das Sakrale ist ihr enthoben:

»Durch das Zeremoniell wurden die Höfe zu jenem Rückzugsraum, in dem die sakrale Natur fürstlicher Herrschaft [...] konzentriert und konserviert wurde. Dazu trug auch der Sachverhalt bei, dass die Etikette das Vergehen der Zeit dementierte. Das höfische Personal drehte sich um den Fürsten im endlosen, repetitiven Modus des Zeremoniells, welcher die Zeitlichkeit gleichsam aufhob.«[38]

Jan Thomas, *Hoftafel unter Kaiser Leopold I. (1640–1705)*, 1666, Kunsthistorisches Museum Wien, Gemäldegalerie
© KHM-Museumsverband

Barockes Welttheater – Alle Menschen sind Schauspieler

Alle Vertreter der Hofgesellschaft eint, dass sie mitspielen müssen, da sonst das Spiel ohne sie weitergeht. Zum dahinterliegenden machtpolitischen Kalkül gesellt sich eine metaphysische Weltanschauung. Dem »Memento mori« und »Carpe diem« (mehr dazu auf S. 295) ist das Misstrauen in den Wirklichkeitsgehalt dieser Welt eingeschrieben, welches das immer wieder so bezeichnete »widersprüchliche Barock« prägt.

Im ausgehenden 16. Jahrhundert formulierten zwei Theatergenies die sich entfaltende Geisteshaltung des beginnenden Barock: »Das Leben – ein Traum, die Welt – ein Theater, in diesen beiden Gleichnissen sind nicht nur die Weisheit des alten Shakespeare und der Glaube Calderóns begriffen, tausendstimmig hallt der ganze barocke Raum sie wider.«[39]

Die berühmte Stelle in Shakespeares vermutlich 1599 verfasstem Stück „As You Like It" lautet: »All die Welt ist Bühne, / Und alle Fraun und Männer blosse Spieler. / Sie treten auf und gehen wieder ab, / Sein Leben lang spielt einer manche Rollen […].«[40]

Das Barocktheater ist daher immer schon ein Theater im Theater. Alewyn umschreibt den Kern der Sache folgendermaßen:

»Als Bekenntnis zur Wirklichkeit ist das Theater nicht zu gebrauchen. […] Nur wo die Welt zum Nichts entwertet und das Leben entwertet und das Leben als Traum begriffen wurde, konnte das Theater solche Breiten und Tiefen des Daseins umfassen. Schwebend über dem Abgrund zwischen Wirklichkeit und Schein, verwaltet es mit der Kirche die wichtigste Stelle im barocken Universum. Es beherrscht den Ausgang aus der Wirklichkeit. Was lag näher, als diese Position als geistlichen Auftrag zu verstehen? Den Übergang aus der dritten in die zweite Dimension zum symbolischen Träger des Übergangs aus der dritten in die vierte Dimension zu machen? Dem Unwirklichen das Überwirkliche anzuvertrauen? So eröffnen sich über den Kirchenräumen Überräume, die aus reinem Schein gemacht sind, aber in denen der Himmel sich auftut. […]

Ist aber die Wirklichkeit des Zuschauers selbst nur ein Theater, wie das Gleichnis vom Welttheater es will, dann ist das Theater in Wirklichkeit schon ein Theater im Theater. Dann steht der Zuschauer im Theater seinerseits schon auf der Bühne und spielt in einem Spiel, ob er es weiß oder nicht. Wer aber ein guter Schauspieler ist, der wird sich nicht täuschen lassen. Der weiß, daß die prächtigste Dekoration nur ein Schein ist und auch das prunkvollste Kostüm nur geliehen. Aber er wird seine Rolle trotzdem so gut spielen, wie er nur kann. Denn er weiß im Dunkel des kosmischen Zuschauerraumes unsichtbar den Zuschauer aller Zuschauer: Gott.

Von Gott, dem absoluten Spieler, zu Gott, dem absoluten Zuschauer, führt die Achse durch eine Stufe von Wirklichkeiten. In ihrer Mitte aber steht der Mensch, auch seinerseits Zuschauer zugleich und Schauspieler im großen Welttheater des Barock.«[41]

Lodovico Ottavio Burnacini, *Kindermasken*, Theatermuseum Wien © KHM-Museumsverband

Barocke Hochzeitspracht

Eine begehrte Braut

Margarita Teresa (1651–1673) ist die Tochter des spanischen Herrschers Philipp IV. und seiner zweiten Frau Maria Anna von Österreich, der Schwester Kaiser Leopolds. Diego Velázquez malte die Infantin mehrmals. Ihre Porträts im Alter von drei, fünf und acht Jahren wurden nach Wien verschickt, um Leopold I. über ihre Entwicklung auf dem Laufenden zu halten. Bis heute sind sie wichtige Meisterwerke des Wiener Kunsthistorischen Museums.

Nach langen Verhandlungen wurde die junge Infantin Leopold I. 1666 angetraut. Ihre Halbschwester Maria Teresa von Spanien heiratete den Sonnenkönig Ludwig XIV. bereits 1660. Maria Teresa musste auf die spanische Thronfolge verzichten, obwohl sie die ältere der beiden Schwestern war. Als die spanische Linie mit dem Sohn Philipps IV. erlosch, entbrannte zwischen den Habsburgern und den Bourbonen ein Krieg um das spanische Erbe.

Eine lange Reise

Nach langen, erfolgreich geführten diplomatischen Verhandlungen und einer Stellvertreterhochzeit machte sich Margarita Teresa auf die Reise. Die Uhren tickten damals anders. Sieben Monate war sie vom spanischen Hof nach Wien unterwegs. Dem Kaiser und seinem Hofstaat war allerdings keineswegs langweilig, denn sie arbeiteten mit Hochdruck an den Vorbereitungen zu den aufwendigen Festlichkeiten, die diese Verbindung der spanischen und österreichischen Habsburgerlinie krönen sollten.

Margarita Teresa brach am 28. April 1666 zu ihrem Gatten auf und erreichte nach fünfwöchiger Seereise am 20. August Genua. Die Fortsetzung ihres Wegs über die Alpen nahm drei Monate in Anspruch. Sehnsüchtig reiste ihr der Gatte entgegen und überraschte seine Braut. Bei Eucharius Gottlieb Rink liest man:

»Kåysers Vermåhlung mit der Spanisschen Prinzessin. Das folgende Jahr 1666. beglückte das Kåyserliche Beylager mit der Spanischen Infantin Margaretha Theresia / nachdem die Vermåhlung schon in dem vorigen Jahre durch den Kåyserlichen Ambassadeur Grafen von Lamberg zu Matrid geschlossen / und den 25. April dieses Jahres die Verlôbnus durch den Duca di Medina de las Torres als Kåyserlichen Anwald / in der Hof=Capelle zu Matrid war vollzogen worden. Die Kåyserliche Braut brach darauf den 28. April von Matrid auf / und setzte ihre Reise zu Wasser fort / biß sie den 10. (20.) Augusti zu Final unter der Bedienung Ferdinands de Cuena Hertzogens von Albuquerque ans Land stieg / und von dem ihr entgegen geschickten General Lieutenant Grafen von Montecuculi / und dem Königlichen Stadthalter zu Mayland Ludewig di Gusman empfangen wurde.«[42]

Die Vorbereitungen zur ersten Hochzeit Leopolds waren so umfangreich wie für keine andere Vermählung davor oder danach.

Diego Rodríguez de Silva y Velázquez, *Infantin Margarita Teresa (1651–1673) in rosafarbenem Kleid*
Kunsthistorisches Museum Wien, Gemäldegalerie © KHM-Museumsverband

Ein Kaiser voller Vorfreude

»Der Kåyser reiste seiner Braut entgegen.
[...] er aber selbst satzte sich / nebst etlichen Cavallieren / auf die Post / und reisete nach den Städtlein Schott eine in Nieder=Oestereich. Als nun die Infantin da angekommen / ward er / nebst seinen Cavallieren / unerkannt zu dem Handkusse gelassen / jedoch von ihr / als er ihr dabey die Hand so sehr gedruckt / erkannt / da sie sich zwar gleich neigen / und gegen die Erde lassen wollte / allein der Kåyser verwehrte es.

Verliehrt die Huth-Rose.
Hierauf satzte er so gleich denjenigen Hut welchen er unter andern herrlichen Præsenten von der Infantin Geschmucke bekam / auf / er verlohre aber die kostbare mit Diamanten besetzte Rose bey der Ruckreise / welche endlich ein Bauer fand / und dem Kåyser zu grossen Freuden wieder gab.«[43]

Diese Begebenheit finde ich zwar in der neueren Literatur nirgendwo bestätigt, empfinde aber Rinks Darstellung zumindest als eine schöne Anekdote.

Diego Rodríguez de Silva y Velázquez, *Infantin Margarita Teresa (1651–1673) in weißem Kleid* (oben)

Infantin Margarita Teresa (1651–1673) in blauem Kleid (rechts)
Kunsthistorisches Museum Wien, Gemäldegalerie © KHM-Museumsverband

Feuerwerk, Rossballett, Oper: Die Vermählung wird zwei Jahre gebührend gefeiert

Anlässlich der Vermählung Margarita Teresas wurde eine der längsten Opern der Musikgeschichte aufgeführt: „Il pomo d'oro". Da das Werk jedoch nicht rechtzeitig fertiggestellt werden konnte, sollte zeitnah zum »käyserlichen Beylager« ein Pferdeballett dargeboten werden.

»Fast zwei Jahre dauerten die Feierlichkeiten anlässlich der Vermählung von Leopold I. mit Margarita Teresa von Spanien 1666 – sie bildeten den Höhepunkt barocker Prachtentfaltung am Wiener Hof.

Als Auftakt der Hochzeitsfeierlichkeiten wurde, begleitet von Kanonenschüssen, ein Feuerwerk entfacht – fixer Bestandteil vieler prunkvoller Barockfeste –, das dem Ehepaar huldigte und der Klarstellung der Machtverhältnisse und des Führungsanspruchs des Hauses Habsburg diente: Nach funkelnden Herzen, die die Buchstaben L&M (Leopold und Margarita) zierten, ließen 300 Raketen als Abschluss den Schriftzug A.E.I.O.U. aufleuchten.

Erst ein Jahr später, 1667, fand ein weiterer Programmpunkt der Hochzeitsfeierlichkeiten statt: das Rossballett ›La contesa dell'aria, e dell'acqua‹, das große Versailler Feste in den Schatten stellen sollte und an dem Leopold I. selbst auf seinem Pferd Speranza teilnahm. Aufwendige Maschinen ermöglichten es, Pferde und Kutschen durch die Luft schweben zu lassen.

Als Höhepunkt des Festes wurde die Oper ›Il pomo d'oro‹ von Antonio Cesti, die Leopold teilweise selbst komponiert hatte, in einer Ausstattung von Lodovico Ottavio Burnacini aufgeführt. Das Werk war als Huldigung an die Braut intendiert. An Kosten und Material wurde nicht gespart, Massenszenen und sogar Elefanten wurden bei der Aufführung eingesetzt.«[44]

Die Buchstabenfolge A.E.I.O.U. wurde erstmals im 15. Jahrhundert von Kaiser Friedrich III. verwendet. Welche Bedeutung diese Buchstabenfolge hat, wissen wir allerdings bis heute nicht ganz genau. Der kaiserliche Hofbibliothekar Leopolds I., Peter Lambeck, entschlüsselte dieses Kürzel für den damaligen Hof verbindlich als

<u>Austriae est imperare orbi universo:</u>
Alles Erdreich ist Österreich unterthan.[45]

Es wurde als einprägsames Zeichen für die herausragende Stellung der Habsburger eingesetzt.

Das Feuerwerk

»Das Volk hat auf den Straßen und Plätzen gestaut, wenn eine vornehme Person ihren Einzug hält, es drängt sich respektvoll, wenn am Abend eine Karosse nach der anderen vor dem Schloss oder der Oper auffährt, es erkennt die Livreen, es liest die Wappen und flüstert ehrfürchtig die großen Namen des Landes. Es erfüllt Kopf an Kopf die Dächer oder die Ufer, wenn auf einem Platz die Reiter oder auf dem Fluss geschmückte Schiffe und abenteuerliche Meeresungeheuer Tänze oder Kämpfe aufführen. Es kommt auf seine Kosten vor allem, wenn am Abend die Straßen in festlicher Illumination erglänzen und am Schluss die Raketen krachen und die Nacht in einen künstlichen Tag verwandeln. Zum würdigen Abschluss eines Festes galt das Feuerwerk als unentbehrlich. Die Kunst des Feuerwerks ist heute verfallen, wie so viele Künste, die im Gesamtkunstwerk des Barock einen geachteten Rang einnahmen. Wir haben es verlernt, aus kreisenden Sonnen, sprühenden Sternen, lodernden Garben Symphonien des Lichts zu dichten. Wir hören nur mit Staunen von feurigen Architekturen und leuchtenden Schriften, mit denen die Feuerwerker den Nachthimmel zu zeichnen wussten.«[46]

Auf dem Spruchband steht: »Eigentliche abbild- und Vorstellung deß sehr Künstlichen und kostbarn Feuerwercks, welches auf dem Hochfeyerlichen Kayßerl. Beylager zu Wien, den 8. Decembris (28) Novemb.) deß 1666. Jahrs angezündet und verbranet worden.«

Feuerwerk zur Hochzeit Kaiser Leopolds I. mit der Infantin Margarita Teresa am 8. Dezember 1666, anonymer Kupferstich, Theatermuseum Wien
© KHM-Museumsverband

Der Wettstreit der Elemente

Das Pferdeballett „La contesa dell'aria, e dell'acqua" wurde am 24. Januar 1667 im Rahmen der Feierlichkeiten anlässlich der Hochzeit Leopolds mit der spanischen Infantin Margarita Teresa auf dem Burgplatz aufgeführt. Das Pferdeballett wurde einstudiert, als klar wurde, dass die Hochzeitsoper „Il pomo d'oro" („Der goldene Apfel") für die Ankunft der Braut nicht rechtzeitig fertigwerden würde.

Nikolaus van Hoy, gestochen von Jan van Ossenbeck, *La contesa dell'aria, e dell'acqua*, Theatermuseum Wien
© KHM-Museumsverband

In dieser »festa a cavallo« streiten die nacheinander auftretenden vier Elemente, Luft, Feuer, Wasser und Erde, um die Ehre, die Perle Margarita erschaffen zu haben. Viele Adelige beteiligten sich an der Inszenierung des Stücks. Ihre große Zahl, die prächtigen Kostüme, der Putz der Pferde und die aufwendige Gestaltung der Bühnenwägen hinterließen bei Mitwirkenden wie Zuschauern einen überwältigenden Eindruck. Höhepunkt des Balletts war der Auftritt Kaiser Leopolds I. auf seinem Pferd Speranza.

»Die erste öffentliche Aufführung des so lange vorbereiteten Roßballetts ›La contesa dell'aria, e dell'acqua‹ fand schließlich am 24. Jänner statt; der Musikanteil daran war sehr groß. Bertali hatte die Musik zum szenischen Geschehen geschrieben, Sbarra den Text und Schmelzer die Musik zum Ballett der Pferde [...].«[47]

Ein Buch als Zeitbrücke

In der Wiener Nationalbibliothek lasse ich mir ein Buch aus dem Jahr 1667 mit der Beschreibung des Pferdeballetts ausheben. Dieses Buch vor mir zu haben, überbrückt Jahrhunderte und ich komme nicht umhin, mir vorzustellen, wer dieses Werk wohl im Jahr seiner Entstehung in Händen hielt, vielleicht sogar der Kaiser oder die Kaiserin selbst.

Francesco Sbarra, *Sieg=Streit Deß Lufft und Wassers. Freuden-Fest zu Pferd Zu dem Glorwürdigsten Beyläger Beeder Kaiserlichen Majestäten Leopoldi deß Ersten ... Und Margarita / Gebohrner Königlichen Infantin auß Hispanien ...*, 1667, Titelseite

Der Wettstreit der Höfe

Jeder Hof verfolgte die Aufführungen an anderen Höfen Europas und bemühte sich vermutlich, diese auch thematisch zu überbieten. Ludwig XIV. und Leopold I. sahen sich in direktem Wettstreit zueinander: Beide nahmen die Sonne als Symbol in Anspruch, beide versuchten ihre Genealogie reichlich auszustatten. Die Argonautensage, die im Rossballett von 1667 zur Aufführung kam, kann daher im Hinblick auf eine Aufführung am französischen Hof als deren übersteigernde Antwort gelten.

»Stoffe aus der antiken Götterwelt, dem römischen Kaisertum und der trojanischen Herkunftssage der Habsburger gehörten ebenso wie die Argonautensage zum Standardrepertoire der Darbietungen. Vor allem im 17. Jahrhundert befand man sich dabei in unmittelbarer Konkurrenz zum großen Gegner Ludwig XIV., dessen Feste in Versailles gleichzeitig Maßstab und Herausforderung waren. So reagierten die Habsburger in der Programmatik mancher höfischer Feste heftig auf die Inanspruchnahme des Ordens vom Goldenen Vlies und seiner Insignien durch Ludwig XIV., der bei seinem Einzug 1660 in Paris von einem Schiff, das den Namen ›Argo‹ trug, empfangen wurde. Im selben Jahr schrieb auch der französische Dichter Corneille ein Stück, ›La Toison d'or‹ (›Das Goldene Vlies‹), das ebenfalls provokant wirken musste. Die Betonung der Vliessymbolik bei den Festlichkeiten anläßlich der Hochzeit Leopolds I. 1666/1667 bedeutet daher viel mehr als nur die übliche Tradition – im Zuge dieser Feierlichkeiten fand im inneren Burghof das berühmte Roßballett statt, bei dem auch ein Argonautenschiff in den Burghof einfuhr.«[48]

Der Kenner der Wiener Operntradition Herbert Seifert beschreibt die aufwendig gestaltete Inszenierung des Rossballetts so:

»In Rezitativen, Ensembles und Chören entspinnt sich der Streit, ob Luft oder Wasser das Element der Perlen sei. Schließlich singen alle gemeinsam ›Battaglia, battaglia‹ und greifen zu den Waffen. Die Prunkwagen und das Schiff bewegen sich zur Seite. Trompeten- und Paukenmusik begleiten das mit Degen und Pistolen ausgetragene Turnier, dessen Verlauf genau festgelegt ist und das durch eine ›Dea ex machina‹ beendet wird. An Stelle der Palastdekoration sind nun Wolken zu sehen, aus denen sich der Tempel der Ewigkeit herabsenkt. Über ihm schwebt die Personifikation der Ewigkeit in einer Wolke und fordert die Kämpfer auf einzuhalten. Die Vorsehung habe nämlich Margherita (die Perle) dem größten Monarchen, Leopold, zugedacht. Aus dem Tor des Tempels ziehen die Genien der zwölf Kaiser aus dem Haus Habsburg, allen voran Leopold als sein eigener Genius. Nach den Genien kommt ein von acht Schimmeln gezogener Triumphwagen mit dem personifizierten Ruhm (Gloria) auf den Platz, dahinter vier Kunstreiter. In diesem prächtigen Triumphzug (Trionfo) erscheinen über 300 Darsteller.«[49]

Die Hochzeitsfeierlichkeiten sollten zeigen, dass der Wiener Hof in der Welt der Musik tonangebend war:

»Die moderne italienische Festkultur war inzwischen am Wiener Hof so fest etabliert, dass der Kaiser die Gelegenheit nützen wollte und konnte, Europa seine kulturelle Leistungsfähigkeit zu demonstrieren. Frankreich, Spanien, England und Deutschland hinkten nämlich auf diesem Gebiet weit hinterher. So begann man also in Wien im Jahr 1666 mit der Detailplanung der Hochzeitsfeste [...].«[50]

Das Pferdeballett ließ dem dynastisch wichtigen Ereignis entsprechend eine recht große Anzahl von Zuschauern zu. Öffentlich war die Veranstaltung dennoch nicht.

»Die Zuschauer.
Als nun den 14. 24. Jan. 1667. als der hierzu bestimmte Tag angebrochen / waren besagte Schau=Bühnen von den Vornehmsten von Adel / nicht allein aus dem Oestereichischen / sondern auch aus andern Teutschen Landen / wie nicht weniger mit einer unbeschreiblichen Menge allerhand Ausländer häufig angefüllet. Die vornehmsten Stellen / wie auch die Fenster an den beyden Burgen (woran / obschon ihrer viel von den Sitz=Buehnen verbauet worden / dannoch über 200. offen stunden/) waren alle von Dames und hohen Frauen=Zimmer besetzet. Gegen Morgen aber saß in denen mit den kostbaren Tapezereyen bekleideten Fenstern / der Kåyserl. Wohn=Zimmer / die Kåyserin / die verwittibte Kåyserin Eleonora / und die beyden Ertz=Hertzoginnen Eleonora u. Mariana.«[51]

Zur Zusammensetzung des üblichen Publikums der Wiener Hofoper und zum besonderen Kreis der Besucher des Pferdeballetts merkt Herbert Seifert Folgendes an:

»Wir sehen hier die kaiserliche Familie, den Hofstaat, hohen und niederen Adel, Geistlichkeit, Botschafter und Gesandte sowie andere bedeutende ausländische Besucher. Nur vom Roßballett im Jänner 1667 ist bekannt, daß auch Bürger eingelassen wurden, die unter den Tribünen stehen durften; Diener allerdings waren ausgeschlossen. Bei allen Kammeraufführungen, die immer in Zeiten der Hoftrauer die öffentlichen ersetzen, wurde nur ein sehr kleiner Kreis von Zuschauern zugelassen. Die Sitzordnung drückte Rang oder Wertschätzung aus. Um Streitigkeiten zu vermeiden, mußte daher häufig ein Raum abgetrennt werden, wo dann ein Würdenträger incognito und unsichtbar einer Aufführung beiwohnen konnte.

Während der Vorstellungen wurden – wie in den öffentlichen Theatern Venedigs – unter anderem diplomatische Angelegenheiten besprochen und auch Erfrischungen gereicht. Dennoch nahm man die Opern zumindest als gesellschaftliche Ereignisse sehr wichtig.«[52]

Leopold und seine Getreuen

Die aufwendige Aufführung verdeutlichte den Zeitgenossen den Herrschaftsanspruch des Kaisers. Die Mitwirkenden sind wie die Getreuen Jasons in der antiken Geschichte als die Besten des Landes ausgezeichnet und dürfen das auch demonstrieren. Die Argonautensage eignete sich besonders gut, den Adel, auf dessen Loyalität der Kaiser auch vertrauen können musste, einzuspannen und den Kaiser als leuchtendes Gestirn unter ihnen hell erstrahlen zu lassen. Anders ausgedrückt:

> »Der Hof sollte [...] ein Abbild der göttlichen Vollkommenheit sein. Das Gottesgnadentum und die Heiligkeit des Herrschers forderten nicht nur eine großartige Herrschaft, sondern auch eine großartige Hofhaltung. So wie man in der Welt die Größe Gottes erkennen konnte, sollte man auch von der höfischen Kunst auf die Größe des Auftraggebers schließen können. Es handelte sich oft um eine Überwältigungsstrategie [...].«[53]

Eucharius Gottlieb Rink veröffentlichte seine Biografie Leopolds bereits 1708, also kurz nach dessen Ableben. Nach langer Suche finde ich ein für mich erschwingliches Exemplar der Erstausgabe. Es erstaunt mich, welche Einzelheiten als würdig empfunden wurden, der Nachwelt überliefert zu werden. Die Hochzeit des Kaisers mit der Infantin Margarita Teresa nimmt einen großen Abschnitt ein und erstreckt sich insgesamt über mehr als 30 Seiten.

Das Pferdeballett beschreibt der Verfasser sehr ausführlich: Kein Aspekt scheint zu marginal, um weggelassen zu werden – wohl ein Hinweis darauf, wie wichtig diese Art der

Repräsentation für die Politik damals war. Die Aufführung war auch eine Darstellung der richtigen Weltordnung. So wollte sie verstanden und für die Nachkommenschaft erhalten werden: Der Kaiser steht im Zentrum des Hofstaats, der Elemente, der ganzen Welt.

Eucharius Gottlieb Rink, *Leopolds des Grossen Röm. Käysers / wunderwürdiges Leben und Thaten. Aus geheimen Nachrichten eröffnet. Zwey Theile*, Erstausgabe, Leipzig: Thomas Fritsch 1708, Titelseite

Eucharius Gottlieb Rinks Leopold-Biografie

»Leopolds des Grossen Roem. Kaeysers / wunderwuerdiges Leben und Thaten. Aus geheimen Nachrichten eroeffnet«

Nach dem Tod Leopolds I. erschienen zwei deutschsprachige Biografien, die nicht der Sphäre des Hofs entstammten. Das Werk Rinks publizierte ein Leipziger Verlag.

Während Rink in allen Einzelheiten auf das Pferdeballett eingeht, findet die Heirat von Leopold und Margarita nur in wenigen Zeilen Erwähnung.

»Die Copulation.
Nach erfolgtem prächtigen Einzug / hat der Pápstliche Nuncius Cardinal Julius Spinola den 25. Nov. (5. Dec.) die hiebevor in Spanien mit behörigen Ceremonien vorgegangne Copulation in der Stephans Kirche bestättiget / und die Benediction ertheilet. Was für Lustbarkeiten / und andere prächtige Solennitäten dabey vorgegangen / würde sehr weitläufftig fallen zu beschreiben; weil aber hierunter besonders das vortreffliche Roß=Ballet ist bewundert worden / haben wir dessen Beschreibung mit beyzufügen nicht ermangeln wollen.«[54]

Das Pferdeballett soll ausführlich Darstellung finden, um den Aufwand der Hochzeitsfeierlichkeiten exemplarisch zu verdeutlichen. Kein Zweifel: Nicht Prunksucht, sondern der Wille zur Machterhaltung war der Motor solcher Prachtentfaltung.

»Roßballet.
Nachdem es dem Kåyser beliebet / neben andern / zu dessen höchstansehentlichen Beylager angeordneten unterschiedlichen kostbaren Festivitäten, auch ein seltsames und kunstreiches Rosballet anzustellen [...].«[55]

Die bei Rink genannten Verantwortlichen waren meist italienischer Herkunft: Alessandro Carducci wird für die Konzeption der Figuren des Pferdeballetts aus Italien nach Wien gerufen. Der aus Verona stammende Komponist Antonio Bertali, der sich bereits mehr als vier Jahrzehnte

Eucharius Gottlieb Rink, *Leopolds des Grossen Röm. Käysers / wunderwürdiges Leben und Thaten. Aus geheimen Nachrichten eröffnet. Zwey Theile*, Erstausgabe, Leipzig: Thomas Fritsch 1708, *Anderer (2.) Theil*, S. 121

im Dienst des Kaiserhofs bewährt hat, verfasst die Musik. Für die eindrucksvollen »Kunstgerüste« wird der Meister Carlo Pasetti aus Ferrara engagiert. Francisco Sbarra, der Verfasser des Librettos für die Oper „Il pomo d'oro", ist für die »Erfindung und Erklärung des gesamten Ritterspiels« verantwortlich. Graf Gundacker von Dietrichstein ist die Gesamtverantwortung übertragen. Sein Reiterporträt zeigt ihn im Kostüm seiner Rolle als Erde im Wettstreit der Elemente gekleidet (siehe S. 249). Das Gemälde illustriert die edle und ungemein kostbare Ausstattung dieser Aufführung, die von Rink genauestens beschrieben wird. Sogar der Kleidung des Kaisers ist ein eigener Abschnitt gewidmet.

Ein Höhepunkt der Aufführung war jedenfalls der Auftritt Leopolds, den Rink im Detail beschreibt.

»Des Kåysers Aufzug.
So bald diese ausgeredet / stelleten sich die gesammte Ritter in schönster Ordnung / zu beyden Seiten des Kampf-Platzes längst den Schau-Gerüsten herrunter / und erwarteten den Kåyser. Alsobald eröffnete sich darauf der Tempel / woraus der Kåyser in folgender Suite hervor kam: Zu allererst ritte der Kåyserl. Truchses Graf Ferdinand Lantieri / in weissen silbernem Stück / mit Gold und Edelgesteinen vielfältig besetzt / bekleidet / dessen Pferd auf gleiche Art bedecket war. Ihm folgeten 10. Diener / alle in silbernen mit Gold verbråmten Tuch / und grossen Federn auf den Köpffen. Hinter diesen 8. Hand=Pferde von 16. Reit=Knechten / an güldenen und silbernen Stricken geführet / welche mit weissen Decken von silbernem Stück belegt waren / worauf an jeder Seiten von Gold / Perlen und Edelgesteinen ein doppelter Adler / mit der Kåyserl. Krone / mit unterschiedlichen Sieges=Zeichen umgeben / gestickt / der Saum und Ende aber sonsten auf Perlen=Art köstlich gezieret / mit güldnen Fransen verbråmet / u. mit grossen Quasten behienge. [...]«

Eucharius Gottlieb Rink, *Leopolds des Grossen Röm. Kåysers / wunderwürdiges Leben und Thaten. Aus geheimen Nachrichten eröffnet. Zwey Theile*, Erstausgabe, Leipzig: Thomas Fritsch 1708, *Anderer (2.) Theil*, S. 146

Der Kaiser macht mit

»Das größte Aufsehen erregte freilich der Auftritt des Kaisers und seiner hochadeligen Kavaliere. [...] Die für das Barocktheater typische organische Verschmelzung der aktiven ›irrealen‹ Sphäre des Spiels und der passiven ›realen‹ des Beschauers zeigte sich im Rossballett von 1667 sehr deutlich. Herrscher und Adel waren Zuschauer und Mitwirkende. Von der Darbietung im Inneren Burghof konnte sich der Betrachter nur schwerlich distanzieren, denn es war offensichtlich, dass es sich nicht nur um ein Spiel handelte. Mit ihrer Mitwirkung demonstrierten Monarch und Adel ihre realen Machtansprüche. In einem allegorisch-mythologischen Spektakel führten sie ihre tatsächliche Stellung in der gesellschaftlichen Hierarchie vor. Diese Dimension der Repräsentation bei den höfischen Theateraufführungen war den Zuschauern eine Selbstverständlichkeit. Sie verstanden die Intention und Bedeutung einer aktiven Teilnahme des Monarchen. Im Theater veranschaulichte dieser mittels Allegorien und antiker Mythologien seinen Anspruch auf die Ausübung herrschaftlicher Macht. Durch das Vorzeigen dieser Auserwähltheit steigerte er seine Akzeptanz bei den Untergebenen. Er legitimierte seine Machtposition nicht allein durch den im theatralischen Geschehen vorgeführten Handlungsverlauf, sondern mindestens ebenso durch den Prunk und Aufwand der Aufführung.«[36]

Jan Thomas, *Porträt von Leopold I. beim Rossballett »La contesa dell'aria, e dell'acqua«*, um 1667 © Nationales Institut für Denkmalpflege (Tschechische Republik, Regionalfachstelle Brno)

»Des Kåysers Kleidung.

Hierauf erschien der Kåyser / und stellete selbst seinen Genium vor in Romanischer Kleidung / das Brust-Stück war auf das allerreichste von feinem Gold gestickt / und mitten drauf eine grosse Rose von unschätzbaren Diamantentrauthen / so auf das prächtigste zwischen andern herumstehenden Diamanten / Topasen / und grossen Perlen hervor spielete. Der Schurtz war von weisen mit guldenen Blumen eingetragenen Silberstück gemacht und mit rarsten guldenen Spitzen verbrämt / über welchen mit grossen Steinen und Perlen besetzte doppelte Schupen herabhiengen. Eben dergleichen zierliche und köstliche / aber nur etwas kleinere Schupen / hiengen über die auch von silbernen Stück gemachte / und mit dergleichen guldenen Spitzen verbrämte kurze Ermel / unter welchen das Hembde von der allerfeinesten auch durchgehends auf das künstlichste geneheten Leinwad mit weiten Ermeln hervor ragte. An den Achseln war mit 2. guldenen und mit Diamanten besetzten Löwen-Köpfen ein lang fliegender Mantel angehåfftet / von eben dergleichen Silberstücke mit eingewürckten guldenen Blumen gemacht / und um und um mit der grösten von Kettel-Arbeit auf das rareste geblümten guldenen Spitzen eingefast. Auf dem Haupt führte er die Kåyserliche Krone von den allerkostbarsten Edelgesteinen / und auf derselben einem auf das künstlichste zusammen gefügten hohen und grossen Busch / von den raresten weissen Straussen und Reyger-Federn / mit etlichen lichtblauen Federn untermischt / so alle übersich stunden / und recht prächtig anzusehen waren. In der rechten Hand führete er einen güldenen / mit Edelgesteinen besetzten Zepter / und an der Seite einem Sebel in einer silbernen mit Diamanten besetzten Seide / dessen Gefäß den Reichs-Adler repræsentirte. Die Füsse waren bekleidet / mit Perl-Farbenen Strümpfen / u. darüber auf das reichste gestickte / und mit Steinen besetzte Romanische Stiefelchen.

Nicht weniger war auch des Pferds Zeug / wegen der künstlich-von Gold gestickten Arbeit und der unbeschreiblichen Kleinodien überaus prächtig. Die Stangen und Steigbügel waren von Massiv-Gold mit Diamenten besetzt / ingleichen auch der Zaum und die köstliche Decke / woran zu beyden Seiten die Kåyserl. Krone von Gold hochgesticket / die Säume und Ecken aber / mit guldenen / silbernen / und Perlen / und Edelgesteinen gezierten Quasten besetzt waren.

Neben dem Kåyser zu Fuß gieng der Kåyserl. Hofbereiter mit noch einem in kostbarer Kleidung / wie auch 24. Edelknaben alle in weissen mit Gold verbrämten Silberstück / und mit grossen Feder-Büschen auf den Köpffen. In der rechten Hand hatten sie einen silbernen langen Pfeil / und an dem lincken Arm einen liechtglänzenden Schild / welcher demjenigen / so die obbenannte Cavallieri hatten / nicht viel ungleich war.

Diesem zu beyden Seiten giengen 60. Trabanten / in silbernes Tuch / mit guldenen Schnüren verbraemt / bekleidet / jedoch auf Schweitzerische Art / mit Federbüschen / und ihren Officirern.«[37]

Die Formation, welche die Erde verkörperte, wurde von Gundakar Fürst Dietrichstein angeführt. Auch seine prachtvolle Aufmachung schildert Rink mit großer Liebe fürs Detail.

»Graf von Dietrichstein Führer dieses Troupps. Der Graf von Dietrichstein war bekleidet mit einem glåntzenden Brust=Stück / welches mit unterschiedlichen Bestickwerck von Silber / wie auch von mancherley kostbaren Edelgesteinen zusammen gesetzten Blumen / von allerhand Früchten / künstlich erhoben. Die Ermel waren grün / und weiß eingesprengt / und mit dergleichen Blum=Werck gestickt / die Unter=Ermel aber von dem schönsten Schleyer / mit grossen güldnen / und etwas grünen Spitzen verbrämt. Der Schurtz um den Leib / war von Silberstück / und eben auch mit Blumen und Fruchtwerck auf das reichste gestickt / auch unten mit einer grossen güldnen Spitze besetzt / über welchem / an statt der Schuppen / künstlich gesticktes Laubwerck herab hieng. An den Beinen sahe man über die weisse Strümpffe / zierliche silberne Romanische Stiefelchen. Von der Achsel hieng an einem kostbaren Kleinod ein fliegender Mantel / von grünem Silberstück / mit künstlichen Blumen / von Gold und Edelgesteinen gestickt / und um und um mit grossen güldnen Spitzen verbrämt. Auf dem Helm stund ein Busch von grossen hohen grünen Federn / als wie ein Wald / und gar artig mit Blumen untermischt.

Das Pferd=Zeug war gleichermassen / wie bey den andern / köstlich und schön / und auf dieses Element der Erden gerichtet / immassen auf der Deck unterschiedlichs Laubwerck / mit untermengten Früchten und Blumen / und untenher / an den Enden Wein=Trauben und dergleichen Sachen / aufs natürlichste von Edelgesteinen / Gold und Perlen gestickt waren.

Die Austaffierung der Ritter kam in allem mit ihrem Anführer überein / und neben den Grafen giengen 12. und bey jedem Ritter 6. Laquayen / welche nicht wenig prächtig gekleidet waren.«[58]

Fantastische Federaufsätze scheinen bei Festen am Hofe in Mode gewesen zu sein. Bei „La contesa dell'aria, e dell'acqua" trugen die Herren unglaubliche Federarrangements als Kopfschmuck. Es muss eine wahre Kunst gewesen sein, damit zu reiten oder gar die komplizierten Figuren der Choreografie zu absolvieren. Das Porträt Gundakar Fürst Dietrichsteins veranschaulicht, dass sogar Pferde mit kunstvollen Federaufsätzen geschmückt wurden.

Nach dem Auftritt der zwölf Genien, welche die zwölf Kaiser aus dem Hause Habsburg verkörperten, wird der Wagen der Gloria beschrieben. Ehe das Publikum »die erste Courante des Pferd=Tantzes / welche samt allen folgenden Stuecken Johann Heinrich Schmeltzer Kaeyserl. Kammer=Musicus komponiret« *bestaunen konnte, erklangen einige Arien,*

»worinnen den Kåyser Glück zugeruffen / und die Ritter ermahnet wurden / ihre Freude durch Geschicklichkeit und Tapfferkeit zu bezeugen [...]«[59]

Jan Thomas, *Gundakar Fürst Dietrichstein (1623–1690)*, 1667, Kunsthistorisches Museum Wien, Gemäldegalerie
© KHM-Museumsverband

Und nun beginnt das Ballett, auf dessen zwölf Figuren Rink ebenfalls ausführlich eingeht, wohingegen er den Inhalt recht lapidar zusammenfasst. Der Biografie ist an dieser Stelle sogar ein Stich beigefügt, der die Bewegungen der Reiter schematisch wiedergibt.

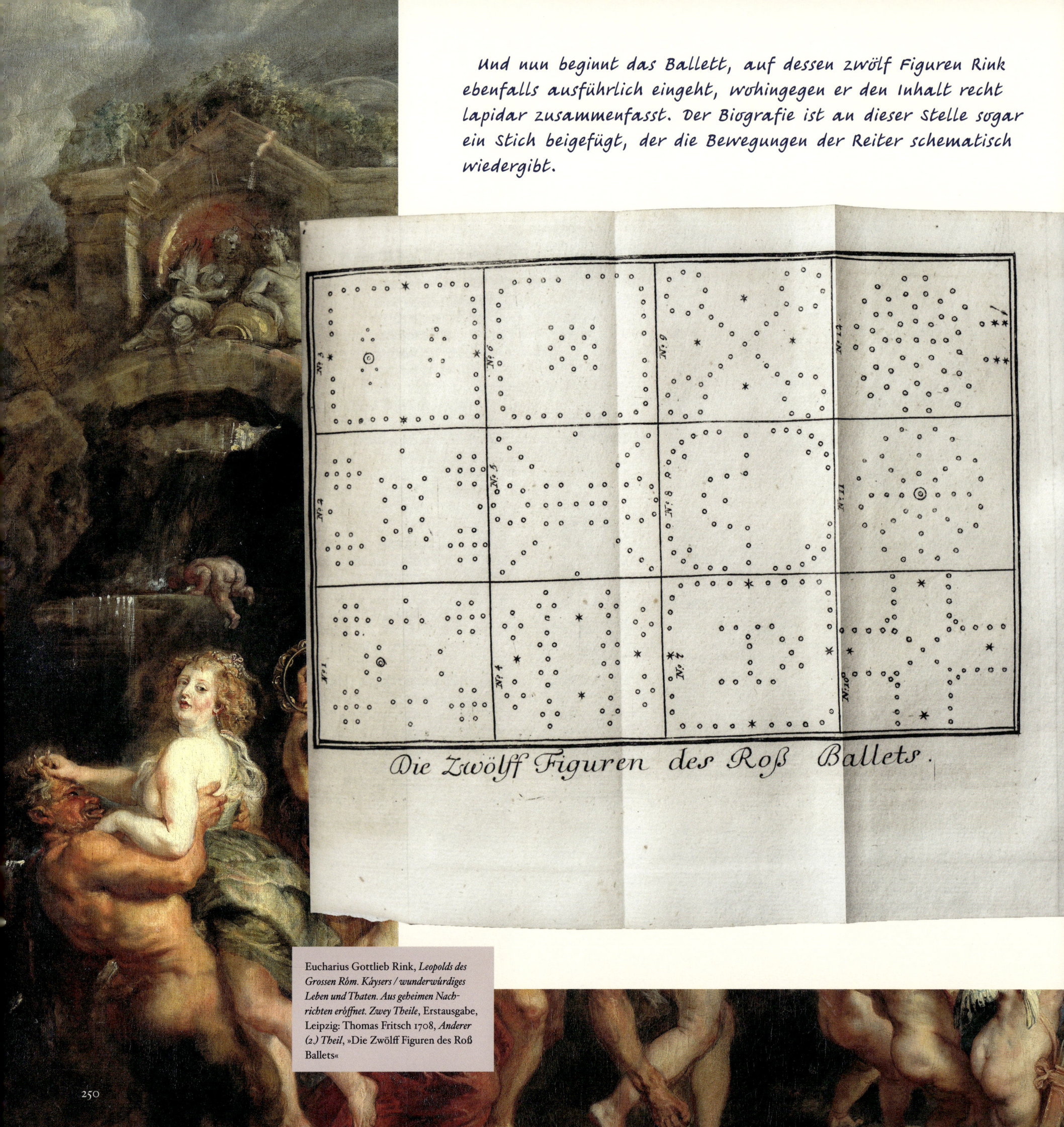

Die Zwölff Figuren des Roß Ballets.

Eucharius Gottlieb Rink, *Leopolds des Grossen Röm. Käysers / wunderwürdiges Leben und Thaten. Aus geheimen Nachrichten eröffnet. Zwey Theile*, Erstausgabe, Leipzig: Thomas Fritsch 1708, *Anderer (2.) Theil*, »Die Zwölff Figuren des Roß Ballets«

Was in der mir vorliegenden Biografie an den Plan eines Parks oder Bauwerks erinnert, stellen uns die Stiche in Francesco Sbarras Band in der Österreichischen Nationalbibliothek figürlich vor Augen.

Jan van Ossenbeeck nach Nikolaas van Hoy, *Figura dodecima nella quale sono introdotti per la ultima volta i Saltatori*, in: Francesco Sbarra, *Sieg=Streit Deß Lufft und Wassers. Freuden=Fest zu Pferd Zu dem Glorwürdigsten Beyläger Beeder Kaiserlichen Majestäten Leopoldi deß Ersten ... Und Margarita / Gebohrner Königlichen Infantin auß Hispanien ...*, 1667, unpag.

Kostspielig und doch angemessen

Zum Abschluss seines Berichts unterstreicht der Verfasser noch einmal die Vortrefflichkeit des Rossballetts, bevor er die großen Unkosten beziffert. Allerdings legt Rink großen Wert auf die Feststellung, dass »Ertzhertzog Siegmund Frantz« dem Kaiser »über eine Million baares Geldes« hinterlassen hat, die für diesen Zweck zum Einsatz kamen.⁶⁰ Das offenbart, wie sehr es Prunk mit Mäßigung zu verbinden galt, sollte doch keineswegs der Eindruck entstehen, dass des Kaisers Untertanen für dessen Repräsentationskosten aufzukommen hatten. Leopold versuchte sich von der »Verschwendungssucht« Ludwigs XIV. abzugrenzen – so jedenfalls finden wir es oft dargestellt.

»Vortrefflichkeit des Roß=Ballets.
Also endigte sich das so hochberühmte Roß=Ballet / welches mit den prächtigsten Aufzügen der Antiquität und der itzigen Zeit kan verglichen werden / und muß man gestehen / daß kaum die Römer selbst etwas vortreflichers vorgestellt. Ebe wegen seiner fast unglaublichen Kostbarkeit / hat man es weitläufftiger hier erzehlen wollen / als sonst der enge Raum zugelassen hätte. Es wurde dasselbe den 11. (31.) Januarii noch einmal præsentiret / und so dann der Inventor desselben Alexander Carducci von dem Käyser zum Baron erklä ret / und mit zwantzig tausend Gülden beschencket.«⁶¹

Hier finden wir eine Formel, die uns bereits bei Konrad Celtis begegnet ist (siehe S. 155): Die hoch geschätzten Römer werden durch die hohe Kunst der eigenen Zeit noch übertroffen.

In ganz Europa soll die Aufführung bekannt werden – darum kümmert sich der Kaiser selbst:

»Und damit sich der Ruf von dem großen Fest an den übrigen Höfen Europas verbreitete, hatte der Kaiser schon vorher italienische und deutsche Beschreibungen mit Abbildungen und die Partitur der Tänze drucken lassen und versandte sie nun in alle Welt. An den Grafen Franz Eusebius von Pötting, seinen Botschafter am spanischen Königshof, schrieb er: ›Ich soll es nit loben, weilln Ich es haldten lassen. Ihr köndt aber gwiß gesichert sain, das a saeculis nix solches gesehn worden dahero Ich Euch hiemitt 10 Exemplaria von deßen Beschraibung mitt Kupfer schicken wollen, das Ihr was davon under dasige gesandten und ministros außthailen konndt, das es ein wenig in weldt komb.‹«[62]

Nach der Beschreibung der Unkosten verweist der Autor Gottlieb Eusebius Rink auf die im Zuge der Hochzeitsfeierlichkeiten gezeigte prachtvolle Oper „Il pomo d'oro" und erklärt sie zur kostbarsten aller Zeiten. Dem stimmt auch Herbert Seifert zu: »Etwas Ähnliches begegnet am Kaiserhof im 17. Jahrhundert nicht mehr; es entspricht in seiner Überdimensionierung der sonstigen Anlage dieses Festes der Superlative.«[64]

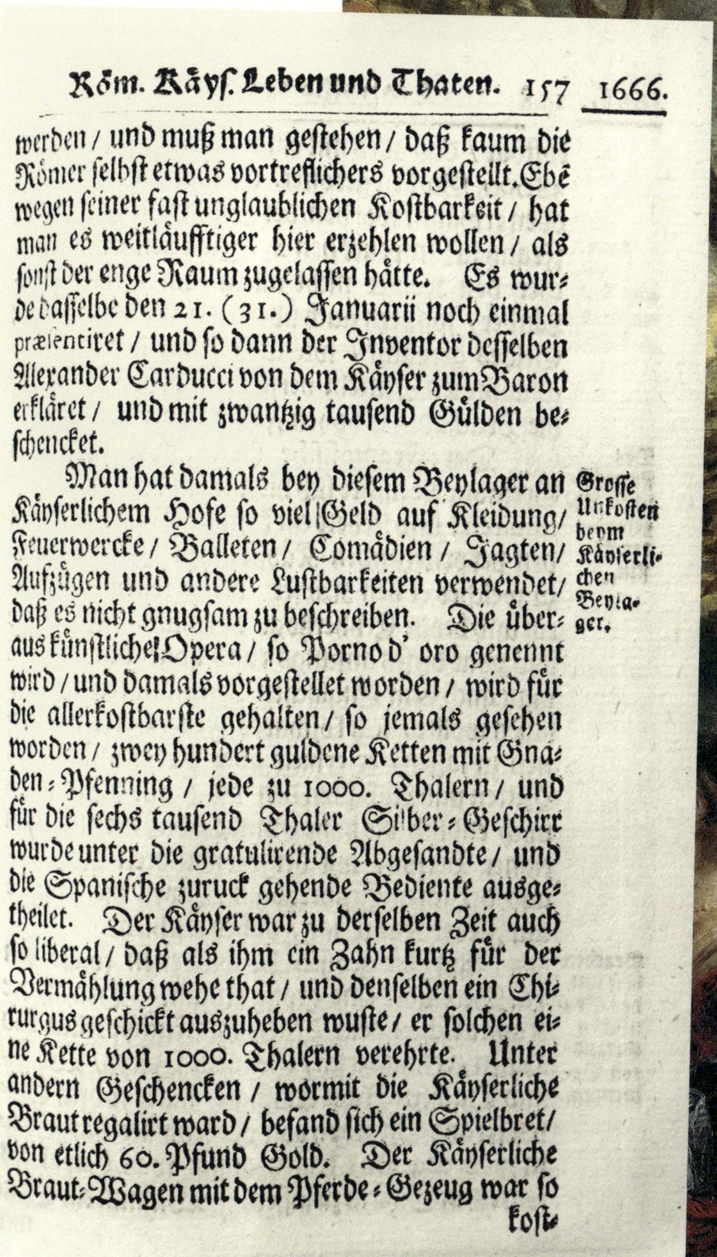

Eucharius Gottlieb Rink, *Leopolds des Grossen Röm. Käysers / wunderwürdiges Leben und Thaten. Aus geheimen Nachrichten eröffnet. Zwey Theile*, Erstausgabe, Leipzig: Thomas Fritsch 1708, *Anderer (2.) Theil*, S. 157

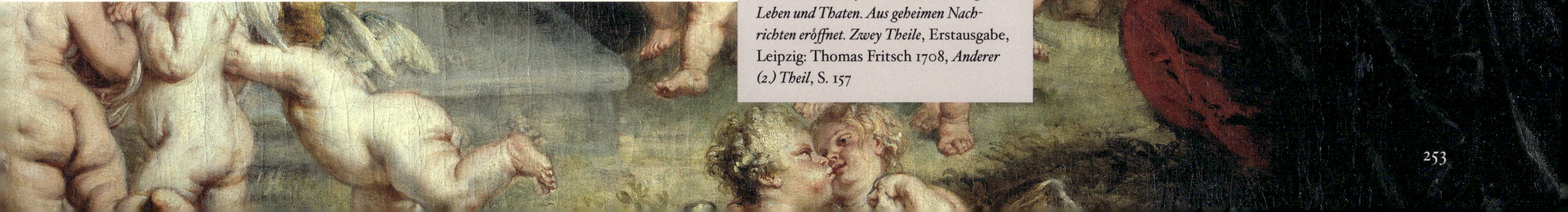

»Il pomo d'oro«: Die Huldigungsoper für Leopolds erste Frau Margarita Teresa

Als sich die Wolkendecke über dem Hochzeitsmahl von Peleus und Thetis öffnet, zu dem alle Götter und Göttinnen außer Eris, der Göttin der Zwietracht, eingeladen worden sind, wirft diese rachsüchtig einen goldenen Apfel in die Runde. Auf dem Apfel stehen die Worte: »Der Schönsten«. Sogleich entbrennt zwischen Aphrodite, Hera und Athene ein Streit darüber, wem der Apfel zugesprochen werden soll. Göttervater Zeus schlägt vor, Paris darüber entscheiden zu lassen.

Lodovico Ottavio Burnacini, *25 Kupferstiche zu »Il pomo d'oro« von Francesco Sbarra und Antonio Cesti in altem Kolorit* (wahrscheinlich Widmungsexemplar für Kaiser Leopold I.), Szenenbild aus der Oper »Il pomo d'oro«: »Reggia di Giove co'l convito de gli Dei«, 1. Akt, 4. Szene, Aufführung am 12. und 14. Juli 1668 anlässlich des Geburtstags der Kaiserin Margarita Teresa in Wien im Theater auf der Kurtine, 1668, Österreichische Nationalbibliothek Wien, Musiksammlung © ÖNB

Aphrodite verspricht dem Jüngling die schönste Frau, Helena. Sie ist allerdings bereits verheiratet. Mit ihrer Entführung durch Paris beginnt der Trojanische Krieg. Als die Göttinnen sehen, dass sich Paris heimlich davonmacht, um Helena zu holen, werden sie aktiv:

»Athene schickte den Athenerkönig Cecrops in den Krieg, und Hera beauftragte den Gott der Winde, Aeolus, einen schrecklichen Sturm auf dem Meer, wo Paris unterwegs war, zu entfachen. Es folgten große Schlachtszenen mit einem ungeheuren Aufgebot an Statisten.«[65]

Die dramatische Inszenierung enthält wilde Natur- und Kampfszenen. Die Hochzeitsoper endet anders als die klassische Sage, die dem Librettisten der Oper, Francesco Sbarra, nur als Ausgangspunkt diente. Er wandelte die Vorlage im Sinn der Huldigung um: In der Oper „Il pomo d'oro" trägt keine der drei Göttinnen den Sieg davon, da sie jeweils nur eine hervorragende Eigenschaft haben. Die Auserwählte vereint alle in sich: Sie übertrifft Hera an Machtfülle, Athene an Weisheit und Venus an Schönheit. Diese wundervollste Frau unter der Sonne kann, Göttervater Zeus zufolge, nur eine sein: Margarita Teresa, die Frau Kaiser Leopolds I. Ihr wird von den drei Göttinnen in Eintracht der goldene Apfel übergeben.

»Was war nun das Außergewöhnliche an *Il pomo d'oro*? Zunächst natürlich der Umfang, der Leopold dazu veranlaßte, die Aufführung auf zwei Nachmittage zu verteilen, wie das auch später bei wenigen, überlangen Werken praktiziert wurde. Weiters die Fünfaktigkeit, die wohl aus der Tradition der Pastoraloper der ersten Jahrzehnte der Operngeschichte zu erklären ist; sie begegnet in Wien nur bei zwei früheren Opern, danach nicht mehr. Und natürlich die Anzahl der Szenenwechsel, nämlich 22, und der Sänger. Das große, aus acht Tänzen bestehende Schlußballett wurde von drei Gruppen ausgeführt: von Cavalieren auf der Erde, kleinen Geistern in der Luft sowie Sirenen und Tritonen im Meer. Etwas Ähnliches hatte es am Kaiserhof bisher nicht gegeben und kommt auch im 17. Jahrhundert nicht mehr vor; es entspricht in seiner Überdimensionierung der sonstigen Anlage dieser Oper der Superlative. Auch daß sie mindestens einmal wiederholt wurde, muß als zu dieser Zeit für Wien seltenes Phänomen angesehen werden. Musikalisch zeigt das Werk keine große Besonderheiten, außer daß es zu den frühesten Opern mit aufgeschriebener Trompetenmusik gehört und andererseits mit der ›kirchlichen‹ Instrumentation der Unterweltszenen an den sechzig Jahre älteren *L'Orfeo* Monteverdis anschließt. Wie sehr der Kaiser diese teure Aufführung als Propaganda ausschlachtete, sieht man daraus, daß er allein an seinen Botschafter in Spanien 16 und an seine Schwester, die Königin von Spanien, 14 Exemplare des Librettos schickte, ›damit es alda Vunder die leutt kemben Möge‹.«[66]

Der Kaiser und sein Bühnenbeauftragter

Bereits Lodovicos Vater, Giovanni Burnacini, war für seine Theater- und Festdekorationen berühmt. Aus Italien stammend, wurde er von Kaiser Ferdinand III., dem Vater Leopolds I., nach Wien berufen. Giovanni wurde von seinem sechzehnjährigen Sohn Lodovico Ottavio begleitet, der sich ebenso begeistert wie begabt zeigte. Nach dem baldigen Tod Giovannis ernannte Leopold I. wenige Jahre später dessen Sohn Lodovico zu seinem Nachfolger. Lodovico Ottavio Burnacinis Wiener Schaffenszeit deckt sich fast genau mit der Regierungszeit Leopolds I.: 55 Jahre diente er dem Kaiser und dessen Sohn und Nachfolger.

Lodovico Ottavio Burnacini, *25 Kupferstiche zu »Il pomo d'oro« von Francesco Sbarra und Antonio Cesti in altem Kolorit* (wahrscheinlich Widmungsexemplar für Kaiser Leopold I.), Szenenbild aus der Oper »Il pomo d'oro«, »Bocca d'Inferno«, 2. Akt, 6. Szene, Aufführung am 12. und 14. Juli 1668 anlässlich des Geburtstags der Kaiserin Margarita Teresa in Wien im Theater auf der Kurtine, 1668, Österreichische Nationalbibliothek Wien, Musiksammlung © ÖNB

Lodovico Burnacini war vielseitig beschäftigt – mit der Realisierung von Theaterstücken, Konzerten, Balletten, der Ausstattung kirchlicher Feiertage, von Faschingsveranstaltungen, Staatsereignissen, Hochzeiten, Geburten und Krönungen. Er erbaute das Theater auf der Kurtine im Bereich vor dem heutigen Prunksaal der Österreichischen Nationalbibliothek. In diesem Theater, das während der Zweiten Türkenbelagerung 1683 wegen Feuergefahr abgerissen werden musste, wurden die aufwendigsten Opernaufführungen des leopoldinischen Hofes inszeniert. Herausragend die Oper „Il pomo d'oro". Für das komplexe Bühnenwerk schuf Burnacini 23 Bühnendekorationen, die durch rasche Verwandlungen und Bühnenmaschinen unterschiedlichster Art das Publikum in Erstaunen versetzten. Durch die eindrucksvollen Druckgrafiken von Matthäus Küsel und Frans Geffels nach Entwürfen Burnacinis wurden die Oper und ihre Ausstattung in aller Welt bekannt.

Lodovico Ottavio Burnacini, Tobias Lobeck (Stecher), *Jahreszeitendarstellung; Allegorische Darstellung des Sommers, Waldlandschaft*, spiegelbildliche Version eines Szenenbilds aus der Festoper »Il pomo d'oro«, o. J. (um 1740), Theatermuseum Wien © KHM-Museumsverband

Bewegliche Kulissen für ein bewegtes Schauspiel

»Giovanni Battista Aleotti (1546–1632) wandte erstmals bewegliche Kulissen an. Schlitze im ansteigenden Bühnenboden dienten der Führung von Kulissenwagen oder Schlitten, welche die Kulissenrahmen trugen, die so rasch gewechselt werden konnten. Die Kulissenführung und Bühnenmaschinerie ermöglichten einen dynamischen Ablauf und eine eindrucksvolle Wahrnehmung der Handlung. Der gezielte Aufbau der Kulissen erzeugte ein Gefühl der Raumtiefe.«[67]

Interessant, wie lebendig das Dekor sowohl hier als auch im Proszenium (siehe S. 198) wirkt. Das ist ein generelles Merkmal der Stiche zu Burnacinis Bühnenbildern. Die Grenzen zwischen Schein und Wirklichkeit verschwimmen (mehr dazu auf S. 224). Die Ausstattung der Opernbühne scheint genauso lebendig wie die Mitwirkenden und Zuschauer. Wer hier wen betrachtet, belehrt und belustigt, ist nicht ganz eindeutig festzustellen.

Innenansicht des Theaters auf der Kurtine während der Aufführung von »Il pomo d'oro«, Wien 1668, kolorierter Kupferstich von Frans Geffels nach Lodovico Burnacini, Österreichische Nationalbibliothek, Musiksammlung © ÖNB

Die Kaiserfamilie im Zentrum der Vorstellung

Das Zeremoniell verteilte auch im höfischen Musiktheater die Plätze und Rollen.

»Wie auch sonst legte es fest, wer auf Sesseln saß, wer Lehnen oder keine Lehnen erhielt, wer auf Platz oder Bank zu sitzen hatte. Auch Material und Farbe orientierten sich an höfischen Formen. Im höfischen Theater ging es nicht darum, ein Stück besonders adäquat zur Aufführung zu bringen, sondern auch darum, die gottgewollte Stellung des Herrschers optimal sichtbar zu machen.«[68]

In diesem Stich sehen wir die Personen in spanischer Mode gekleidet. *Mehr dazu auf S. 184.*

Die Mitglieder der kaiserlichen Familie halten das Libretto in Händen, mit dem sie die Handlung und das Gesungene noch besser nachvollziehen können. Solche Libretti fanden sich oft in der sogenannten »Schlafkammerbibliothek« Leopolds I. *Mehr dazu ab S. 272.*

»Der Kaiser und seine Familie saßen auf einer gesonderten Estrade ganz vorne im Parterre. Das Theater auf der Cortina besaß drei Ränge. Diese Bauweise kam dem adeligen Bedürfnis nach Sichtbarmachung der hierarchischen Ordnung sehr entgegen. [...] Bewusst wurde der Zuschauerraum so gestaltet, dass es keinen Platz gab, an dem man sich den Blicken der anderen entziehen konnte. [...] Da sich der Sitzplatz der kaiserlichen Familie im Parterre befand, konnte diese von allen gesehen werden. [...] Es war unmöglich, der Handlung zu folgen, ohne des Monarchen und seiner engsten Vertrauten gewahr zu werden. Die Nähe zur Bühne suggerierte zusätzlich deren Mitwirken am theatralischen Geschehen. Ihre herausragende Position im Theater ließ sie als Teil der Inszenierung erscheinen.«[69]

Der Theaterbau

»Das neue Theatergebäude war von Burnacini aus Holz auf der Stadtmauer erbaut worden. Die Logen waren in drei Rängen über dem Parkett angeordnet und standen mit ihren Brüstungen entweder parallel oder im rechten Winkel zur Rampe, also nicht wie sonst üblich im Halbrund oder Oval. In der ersten Reihe des Parketts saß auf einem um drei Stufen erhöhten Podest die kaiserliche Familie, dahinter und seitlich davon bis unter die Logen der Adel. Dieses Haus war eines der größten Theater seiner Zeit, übertroffen nur vom Teatro Farnese in Parma. Während der Angriffe der Türken auf Wien im Jahre 1683 wurde es wegen der Brandgefahr abgebrochen, da es direkt im Schussfeld stand und aus Holz erbaut war.«[70]

Die drei Frauen des Kaisers

Vorhang auf für den Triumph der Monarchie: Der Thronfolger ist endlich geboren!

Lodovico Ottavio Burnacini, Titel in Vorlageform: *La monarchia latina trionfante: festa musicale: in applauso del felicissimo natale del Sereniss. Gioseffo, arciduca d'Austria, figlio delle Augustiss. Maestà di Leopoldo imperatore, et Eleonora, Maddalena, Teresa, imperatrice, nata prencipessa di Neoburgo : alle medesime M. M. consacrata*. Alternativtitel: *Die Sieg-prangende Römische Monarchey*, Theatermuseum Wien © KHM-Museumsverband

Kaiser Leopold I. heiratete innerhalb von zehn Jahren drei Mal. Seine ersten beiden Frauen verstarben nach wenigen Ehejahren, zwei Söhne überlebten das Babyalter nicht. Seine erste Frau, Kaiserin Margarita Teresa,

»verstarb am 12. März 1673 im 23. Lebensjahr nach vier Geburten innerhalb von viereinhalb Jahren an einem Lungenleiden. Da nur eine Tochter überlebt hatte, musste Leopold möglichst bald wieder heiraten [...]. So entschloss er sich im Juni, schon bald eine zweite Ehe einzugehen. Die Wahl fiel auf die 20-jährige Erzherzogin Claudia Felicitas, eine Cousine zweiten Grades aus der Tiroler Linie der Habsburger. Der Kaiser sandte also den Grafen Ferdinand von Dietrichstein nach Innsbruck, wo am 15. August 1673 die Verlobung verkündet und mit einem Te Deum in der Franziskanerkirche gefeiert wurde.«[71]

Jan Thomas, *Das Kaiserpaar Leopold I. und Margarita Teresa im Theaterkostüm der Pastorale »La Galatea« in Wien* (Ausschnitt), 1667, Kunsthistorisches Museum Wien, Gemäldegalerie
© KHM-Museumsverband

Aber auch dieses Glück war von kurzer Dauer:

»Claudia Felicitas […] starb schließlich am 8. April 1676 nach nur zweieinhalbjähriger Ehe und der Geburt zweier nicht überlebender Töchter.«[72]

Giovanni Maria Morandi, *Erzherzogin Claudia Felicitas (1653–1676), Kaiserin, als Diana, Gattin Kaiser Leopolds I.*, 1666 (?), Kunsthistorisches Museum Wien, Gemäldegalerie
© KHM-Museumsverband

Sehr bald sah sich der Kaiser nach einer neuen Ehefrau um, und seine Wahl fiel auf Eleonore Magdalena Theresa, die älteste Tochter des Herzogs Philipp Wilhelm von Pfalz-Neuburg aus dem Haus der Wittelbacher. Nur zwei Jahre nach der Eheschließung wurde der lange ersehnte Thronfolger geboren. Dieses glückliche Ereignis wurde mit einer grandiosen Oper mit dem sprechenden Titel „La monarchia latina trionfante" (oder „Die Sieg-prangende Römische Monarchey") gefeiert.

Wer war diese Frau an der Seite Kaiser Leopolds I.?

»Eleonore Magdalena brachte 10 Kinder zur Welt, beginnend mit Joseph I., dessen Geburt 1678 mit *La monarchia latina trionfante* gefeiert wurde, einer ›aufwändigen Maschinenoper‹, deren Opulenz Ausdruck der Erleichterung über die Thronfolgergeburt nach 20-jähriger Regentschaft von Leopold I. ist, und endend mit Maria Margareta im Jahr 1690.«[73]

»Die Kaiserin war – zumindest was ihre Bedeutung betraf – sicherlich eine der stärksten Frauen in der habsburgischen Geschichte. Aufgrund ihrer Kenntnisse hatte sie sich politisch zur grauen Eminenz entwickelt und durfte sich als begeisterte Mäzenin betätigen, weil ihr nicht minder kunstsinniger Mann Verständnis für ihre Ambitionen aufbrachte. Denn beide, Leopold und Eleonore Magdalena, waren hochmusikalisch. […] Die Kaiserin war nicht nur begeisterte Musikerin, sie schrieb auch selber kleine Abhandlungen und erbauliche Schriften, ganz im Stil ihrer fast fanatischen religiösen Einstellung. […] Eleonore Magdalena war eine durch und durch fromme Frau, deren Ziel es war, das Weltliche mit dem Göttlichen schon auf Erden zu verbinden. Sie erneuerte den Sternkreuzorden, den höchsten Orden, den Frauen erwerben können. In die zahlreichen Klöster, die sie in den 34 Jahren ihres Wirkens gegründet hatte, wurden Hunderte von jungen Frauen aufgenommen, mehr als jemals zuvor.«[74]

Anonym, *Eleonore Magdalena (1655–1720) von Pfalz-Neuburg*, Kaiserin, Kniestück, um 1680, Kunsthistorisches Museum Wien, Gemäldegalerie
© KHM-Museumsverband

Barock, was ist das?

Ein europäisches Theater

»Den Zeitgenossen des 17. und des frühen 18. Jahrhunderts wäre es nicht in den Sinn gekommen, vom ›Barock‹ zu reden. Die Namen, die sie der Kultur ihrer Zeit gaben, und die Art und Weise, wie sie diese charakterisierten, haben auf den ersten Blick wenig mit der künstlerischen Prosperität und mit den überwältigenden Produktivkräften zu tun, die man heute mit der Epoche assoziiert. Sie verweisen ganz im Gegenteil auf deren zerstörerisches Potential. Im Zeitalter der Türkenkriege, des Dreißigjährigen Krieges, des Spanischen Erbfolgekrieges und nicht zuletzt der zahllosen Bürgerkriege und Revolten war die Rede vom ›eisernen Jahrhundert‹ oder vom ›martialischen Saeculum‹. Der geschichtliche Schauplatz der Ägide des Kriegsgottes Mars war das ›Theatrum Europaeum‹.«[75]

Warum wird die Zeit »barock« genannt?

»Die bis heute in einigen Aspekten rätselhafte Etymologie des Wortes ›Barock‹ ist schillernd und vielgestaltig. Es geht wahrscheinlich auf das lateinische Wort für Warze (*verucca*) zurück, das man unter anderem für fehlerhafte Auswüchse an natürlichen Dingen oder handwerklich hergestellten Sachen gebrauchte.

Das italienische Substantiv und das gleichlautende Adjektiv *barocco* dürften sich direkt aus der portugiesischen und spanischen Bezeichnung für eine schief geformte Perle oder eine unregelmäßige Edelsteinbildung (*barocco* bzw. *barrueco*) ableiten. Schon im 16. Jahrhundert wurde diese Gegenstandsbezeichnung auf abstrakte Sachverhalte übertragen. Als ein *barocco* galt in der Rhetorik ein skurriler dichterischer Einfall oder eine raffinierte Schlussfolgerung. Seit dem frühen 18. Jahrhundert ist die französische Bezeichnung *baroque* für eine gekrümmte Ornamentform in der Fachsprache der Tischler dokumentiert. Sowohl in der Dichtungstheorie als auch im Kunsthandwerk kündigt sich also ein ästhetischer Sinn des Wortes an, der bis heute verbindlich geblieben ist.

Die Verallgemeinerung zum Stilbegriff und die Verbreitung in den Lexika erfolgten in der zweiten Hälfte des 18. Jahrhunderts. Vorreiter war die Musikliteratur. Der Aufklärer Jean-Jacques Rousseau, der sich als Musikschriftsteller und Komponist dem neuen Stilideal der *simplicité*, der Einfachheit, verschrieben hatte, rubrizierte die Musik der älteren Komponistengenerationen unter dem Sammelnamen der *musique baroque*. Zu definieren vermochte er sie freilich nur unter negativen Vorzeichen. Er attestierte ihr eine verworrene Harmonie, überladene Modulationen und Dissonanzen; ihr Gesang sei hart und unnatürlich, die Verläufe der Melodien seien gezwungen. Ein Hamburger Musikkritiker hatte schon einige Jahrzehnte vor Rousseau im Jahr 1737 ganz in dessen Sinne die Musik von Johann Sebastian Bach kritisiert. [...] Es ließ nicht lange auf sich warten, bis man mit diesen Begriffen auch Werken der bildenden Kunst und der Architektur zu Leibe rückte. Berühmt geworden ist die Definition des Kunsttheoretikers Quatremère de Quincy, die sich in einem Architekturlexikon findet, das im Jahr der Französischen Revolution 1789 gedruckt wurde. Für den Verfasser ist der Barock schlicht eine künstlerische Spielart des Abwegigen (*une nuance de bizarre*).

Der Barock sei die raffiniert zum Superlativ gesteigerte Form des Bizarren und ein einziger Verstoß gegen alle Regeln des Geschmacks; die Idee des Barock treibe alle Lächerlichkeiten bis zum Exzess.«[76]

Eine bedeutsame Begriffswandlung

Barock heute

»Die Erfolgsgeschichte des Barock ist keineswegs geradlinig verlaufen. Anfänglich wurden der Kunst zwischen Manierismus und Klassizismus alle Qualitäten aberkannt, dann wurde allmählich deren besondere Stilprägung erkannt und am Ende anerkannt. Dabei ist es bis heute geblieben. In der Gegenwart finden barocke Kunst und Architektur eine kaum überbietbare Zustimmung und sind Attraktionen für ein breites Publikum.«[78]

»Die positive Umwertung des Barockbegriffs, seine Durchsetzung und seine Popularisierung als Epochenbegriff vollzogen sich in der zweiten Hälfte des 19. Jahrhunderts. Daran war sowohl die sich als akademisches Fach formierende Kunstgeschichte als auch die an der Kunst ihrer eigenen Zeit interessierte Kunstkritik beteiligt. Die Attraktivität des Barockbegriffs beruhte ganz maßgeblich darauf, dass er zwar für die historische Interpretation von Kunst entwickelt wurde, sich dann aber auch als tauglich erwies für die Bestimmung des eigenen ästhetischen und gesellschaftlichen Standorts. Bei Jacob Burckhardt wird erstmals das Bemühen erkennbar, Kunst und Architektur des Barock unter den ihnen eigenen Formprinzipien zu sehen.«[77]

Ein erweiterter Theaterbegriff

»Man kann die Raumauffassung des Barock als ›theatralische‹ bezeichnen. Der Begriff ›Theater‹ wurde freilich deutlich weiter gefasst [...]. Andrea Pozzo prägte für aufwendige temporäre Aufbauten in Kirchenräumen, die dort z. B. anlässlich des sog. Vierzigstündigen Gebets installiert wurden, den Begriff ›Theatrum Sacrum‹. Gerade die Tatsache, dass diese prächtigen Raumschöpfungen nur für kurze Zeit gezeigt wurden, erhöhte ihren Reiz in einem seh-süchtigen Zeitalter. Andererseits war es möglich und erwünscht, die flüchtigen Inszenierungen des Augenblicks in der Gestalt der Druckgraphik für alle Zeiten festzuhalten und überallhin zu verbreiten.

Die Vorliebe für das Sinnlich-Sichtbare – im Unterschied zur Textzentriertheit der Reformationszeit – prägte die gesamte Epoche: Der Seh-Sinn galt als der vornehmste, optische Geräte wie das Mikroskop und das Fernrohr eröffneten völlig neue Ein-Sichten über die Welt. Die zeitgenössischen Philosophen, z. B. John Locke und David Hume, prägten für diese Erfahrung den Begriff des ›Sensualismus‹: Es könnte grundsätzlich keine Erkenntnis geben, die dem Menschen nicht zuvor durch seine Sinne vermittelt worden sei. Abstrakte Ideen wie Staat, Gesellschaftsordnung oder Religion verlangten somit zwingend, ins effektvolle Bild gesetzt zu werden.«[79]

265

Rhetoriktheorie als Grundlage barocker Kunstpraxis

Kunst und Kunstausübung im Barock waren den Absichten und Wünschen des Auftraggebers unterworfen. Kunst wurde im Hinblick auf den Betrachter konzipiert. Neben ihrer belehrenden Funktion verfolgte barocke Kunstausübung immer auch eine emotionale Wirkungsabsicht. In der Renaissance wurden die antiken Autoren wiederentdeckt, und die Dichtung war eine hoch angesehene Kunst – sogar gekrönte Dichterfürsten gab es.

Siehe S. 155.

Im Barockzeitalter blieb die rhetorische Terminologie erhalten und war im Kunstdiskurs von zentraler Bedeutung.

Dietrich Erben fasst dies so zusammen:

»Die barocke Kunsttheorie ging in einem erheblichen Maß aus einem Gelehrtenstreit hervor, dessen Schauplätze teilweise schon im 16. Jahrhundert eröffnet waren. [...]

Über all diese Kontroversen war jedoch die Verbindlichkeit der antiken Rhetorik erhaben. Der Rekurs auf die rhetorische Terminologie findet sich in jeder noch so unscheinbaren Definition von Kunst. Schon die Kunsttheorie der Renaissance hatte die prinzipielle Analogie zwischen visuellen Künsten und der Dichtung behauptet. Letztere umfasste nicht nur die Redekunst im engeren Sinne, sondern auch die fiktionalen Gattungen von Epos, Lyrik und Dramatik sowie die gelehrten Prosagattungen wie die Geschichtsschreibung. [...]

Das hierarchisch geordnete System von rhetorischen Kategorien erfasste sowohl die Herstellung eines Kunstwerks als auch die damit beabsichtigte Wirkung. Die Produktion folgte einem geradezu klassisch gewordenen Dreischritt, ausgehend von der Wahl des Stoffes (*inventio*) über dessen thematisch nachvollziehbare Darlegung (*dispositio*) hin zu der das Publikum affektiv einnehmenden kunstvollen Ausarbeitung (*elocutio*).«[80]

Aus Sicht des Auftraggebers sollte die soziale Praxis der Angemessenheit (des Dekorums) in den Künsten nachhaltigen Ausdruck finden.

Die Gesellschaftsschichten waren im barocken Zeitalter eindeutig voneinander abgegrenzt. Standesmerkmale waren für das soziale (Über-)Leben entscheidend. Rhetorische Mittel und die Künste unterstrichen die sozialen Distinktionen:

»Eine zentrale Bedeutung erlangte auf der Ebene der Darstellungsqualitäten die Lehre von der Angemessenheit (decorum, aptum). Dabei ging es im Kern darum, einen Normenkodex der Ständegesellschaft festzuschreiben. Die Form der Darstellung einer Person sollte deren gesellschaftlicher Position angemessen sein. Schon Cicero hatte in ›De officiis‹ die soziale Dekorumslehre prägnant zusammengefasst, indem er verlangte, dass sich eine Person in ihrem Auftreten und in ihrer äußeren Erscheinung gemäß familiärem Status, Beruf, Geschlecht und Alter zu verhalten habe. [...] Auch vom Künstler wurde verlangt, solche sozialen Distinktionsmerkmale zu reproduzieren.

All diese Vorschriften, die der Künstler bei der Produktion eines Werks zu beherzigen hatte, wurden schließlich ganz in den Dienst der Überredung (*persuasio*) des Rezipienten gestellt. [...] Die eindrucksvolle Geltung der hier knapp skizzierten rhetorischen Tradition im Rahmen der neuzeitlichen Kunsttheorie und -praxis hatte vielfältige Gründe. Ihr auf die Antike zurückreichendes Alter war ebenso ehrfurchtgebietend wie ihr universeller Systematisierungsanspruch.«[81]

Darstellerisches Kalkül barocker Kunstauffassung

»Die rhetorische Kunstauffassung brachte – auch dies machte einen Teil ihres Erfolges aus – ein konventionelles Wissen auf den Begriff, das nicht nur dem Künstler, sondern auch dessen Auftraggeber und dem Publikum eine rationale Orientierung für das Verstehen von Kunst verschaffen konnte. Die Begrifflichkeit der Rhetorik leistete dies, weil sie zwischen den Künsten und anderen Bereichen der zeitgenössischen Lebensrealität zu vermitteln vermochte. Wie bereits erwähnt, war das *decorum* keineswegs ausschließlich und nicht einmal primär ein Kunstprinzip, sondern eine soziale Praxis. Im Rahmen der Dekorumslehre wurden Maximen des standes- und situationsgerechten Verhaltens festgeschrieben, das in der Art des Sprechens, der Mimik und des Gestikulierens sowie in der Kleidung zum Ausdruck kam. Dabei wurde im Verlauf des Barock die Angemessenheit des Auftretens immer nachdrücklicher eingefordert. Die Entwicklung der Hofgesellschaft, der Aufstieg des Machtstaates und die Herausbildung von konfessionellen Großgruppen zwangen Individuen in bisher unbekanntem Ausmaß zur Konformität. Unter diesen Umständen wurde das soziale *decorum* zunehmend einem darstellerischen Kalkül unterworfen, das in der Öffentlichkeit einen bestimmten Effekt zu erzeugen suchte und das letztlich auch der Künstler in seinen Bildern und der Architekt in seinen Bauten umzusetzen hatte.«[82]

Jakob Auer, *Apollo und Daphne*, vor 1688, Kunsthistorisches Museum Wien, Kunstkammer © KHM-Museumsverband

Kaiserliches Vergnügen

Des Kaisers und der Kaiserin Ganzfigurenporträts im DIN-A4-Format. Die Größe der abgebildeten Werke entspricht jener der Originale.

Jan Thomas, *Das Kaiserpaar Leopold I. und Margarita Teresa im Theaterkostüm der Pastorale »La Galatea« in Wien*, 1667
Kunsthistorisches Museum Wien, Gemäldegalerie
© KHM-Museumsverband

269

Eine Hochzeitspastorale

»Im Rahmen der großen Feierlichkeiten anlässlich der Hochzeit von Kaiser Leopold I. mit der spanischen Infantin Margarita Teresa wurde am 16. Februar 1667 auch die Pastorale *La Galatea* aufgeführt, mit der Musik von Pietro Andrea Ziani und dem Text von Antoni Draghi, der auf Ovids *Metamorphosen* basierte. Das Doppelportrait des Kaiserpaares von Jan Thomas zeigt Leopold im Kostüm des Schäfers Acis und die junge Kaiserin in dem der Galatea.«[83]

Die Staffelei der Malerin und Kopistin Marcela Chiriac während ihrer Arbeit im Schloss Ambras, 2020

Festlich gestimmt und gleichzeitig amüsiert präsentiert sich das Kaiserpaar vor einem Landschaftshintergrund, ein leichtes Lächeln umspielt ihre Habsburgerlippen. Während sie auf anderen Porträts einen ernsten, hoheitsvollen Eindruck vermitteln, wirken hier beide ungewöhnlich entspannt. Anstatt Kronen tragen sie mit Federn besetzten Kopfschmuck.

Anspielungsreich ist hinter Margarita die Göttin Diana dargestellt, die Herrscherin über Jagd und Fruchtbarkeit. Ist neben Leopold der Göttervater Zeus zu sehen, der die Nymphe Galatea beobachtet? In Ovids „Metamorphosen" verwandeln sich Nymphen in Sträucher und Menschen in Götter. Auch Leopold erscheint auf diesem Gemälde verwandelt – vom Kaiser zum Galan. In lockerer Haltung wendet er sich mit einem Schritt dem Betrachter zu. Der Wechsel von Spiel- und Standbein verleiht seiner Pose Eleganz. Auffallend zart sind Hände und Haut der beiden Figuren dargestellt. Margaritas Kleid ist aufwendig bestickt und mit kostbaren Applikationen sowie feinstem Hermelin bestückt. Jan Thomas zeigt hier die frisch Vermählten von einer anderen Seite der Macht: als feinsinnige Förderer der Künste.

Jan Thomas bediente sich zweier Kupferplatten als Bildträger. Die minutiöse Pinselführung ist meisterlich. Die vom Kunsthistorischen Museum vermittelte Malerin, die das Werk für das Hotel „The Leo Grand" kopieren soll, hat diese Technik übernommen. Das Ergebnis finden wir im „The Leo Grand".

Ob das Kaiserpaar bei der Aufführung von „La Galatea" auf der Bühne zu sehen war, ist nicht sicher:

> »Ähnlich der Portraitserie im Schloss Hrádek u Nechanic (Tschechische Republik), die ebenfalls Mitglieder des Hofes in Theaterkostümen zeigt, bedeutet dies nicht unbedingt, dass die Portraitierten auch tatsächlich auf der Bühne auftraten, sondern es unterstreicht vielmehr die Symbolhaftigkeit dieser höfischen Aufführungen. Es handelt sich um Repräsentation im doppelten Wortsinn: Die Stellvertreterfunktion der dargestellten Figuren ist ein durchgängiges Stilmittel des barocken Hoftheaters und wurde zugleich zur höfischen Propaganda eingesetzt – insbesondere durch die Bilddokumente und Festbeschreibungen, die anlässlich der jeweiligen Festveranstaltung angefertigt und verbreitet wurden.«[84]

Ob das Doppelporträt tatsächlich als »propagandistisches« Werk zu betrachten ist? Das Kleinformat und die Nahbarkeit der Dargestellten lässt mich vermuten, dass die Bildnisse eher für einen privaten Rahmen gedacht waren. Vielleicht schmückten sie gar die Privatgemächer des Paars oder des Kaisers. Wir wissen, dass Leopold eine umfangreiche Bibliothek mit Libretti, Notenbeispielen und anderer Literatur in seinem Gemach zur Hand hatte: die sogenannte »Schlafkammerbibliothek«.

Von Marcela Chiriac angefertigte und vom Kunsthistorischen Museum Wien beglaubigte Kopie des Gemäldes *Das Kaiserpaar Leopold I. und Margarita Teresa im Theaterkostüm der Pastorale »La Galatea« in Wien* (1667) von Jan Thomas, im fertigen »The Leo Grand« Hotel, 2022

Die Schlafkammerbibliothek

Nicht nur Machtdemonstration, sondern auch Liebe war Antrieb für Leopold, sich mit Musik zu befassen. Bereits in seiner Kindheit war er von Musik umgeben. Sein Vater, der selbst komponierte, und seine Stiefmutter ließen ihn in der »holden Kunst« ausbilden. Wie wir auf dem Kupferstich (s. 258), der den von Burnacini errichteten Theatersaal zeigt, sehen konnten, verfolgte die kaiserliche Familie das musikdramatische Geschehen auf der Bühne mithilfe von Libretti. Viele dieser Libretti waren Teil des Bestandes der sogenannten »Schlafkammerbibliothek« Kaiser Leopolds I. Diese Bibliothek war eine der wichtigsten Musiksammlungen der Zeit, enthielt aber auch Publikationen zu vielen weiteren Wissensgebieten. Unter den musiktheoretischen Traktaten finden wir zum Beispiel Athanasius Kirchers „Musurgia universalis".

Leopold I. komponierte einzelne Abschnitte für musikalische Werke und verwahrte die vielgeliebten Noten und Textbücher zum persönlichen Studium, wohl auch zu seiner persönlichen Freude, in seiner Privatbibliothek. Seine Sammlung musikdramatischer Werke umfasste mehr als 600 Titel,[85] darunter »alle dramatischen Werke, die am Hof (in seiner Anwesenheit) aufgeführt wurden«.[86]

Seine Vertrautheit mit dem venezianischen Repertoire belegt etwa die in der Bibliothek vorhandene Partitur von Monteverdis „Il ritorno d'Ulisse in patria".[87] Auch Pietro Andrea Zianis „Galatea" fand sich in seiner Sammlung. Beherbergte dieser Raum vielleicht auch die beiden Porträts, die seine Frau Margarita Teresa und ihn in Theaterkostümen zeigen?
Ich möchte es mir gerne so vorstellen ...

Überraschend tritt der Kaiser von rechts auf die Bühne:

Kaiser Leopold I.: Gnädigste Karla, das können Sie auch: Es ist so gewesen. Diese erste Hochzeit und die Feierlichkeiten habe ich immer in meinem Herzen getragen; die Gedanken daran gaben mir Kraft, auch als ich mich bereits wieder vermählt hatte. Beim Anblick des Gemäldes oder der Stiche der Theaterdekoration für »Il pomo d'oro« und beim Lesen des Librettos erinnere ich mich an den jungen Mann, dem die Zukunft offenstand, den Gott ausersehen hatte, wie sein Vorfahr Karl – dein Name gefällt mir übrigens sehr – über ein Weltreich zu herrschen, in dem die Sonne nie untergehen würde. Mit dem Verlust meiner ersten Frau verlor ich zwar das unbedingte Selbstvertrauen, von dem ich einmal durchdrungen war, aber ich versuchte oft, mich daran zu erinnern, es wieder zu entdecken, damit ich die Hürden der Welt mit Würden würde tragen können.

Karla: Das erinnert mich an ein Buch, das ich vor Kurzem gelesen habe. Ein nach deinem Ableben geborener Schriftsteller, Friedrich Schiller, schrieb es. Es blieb unvollendet. Es heißt –

Leopold: Liebe Karla, ich darf Sie hoffentlich so nennen, nenne du mich Leopold, ich kann die Geschichte bis heute wohl überblicken, ich kenne diesen Schriftsteller und ich glaube, ich weiß auch, welches Werk du meinst: »Demetrius«.

Karla: Ja. Es behandelt das Motiv des Glaubens.

Leopold: Glaube versetzt Berge. Manchmal frage selbst ich mich, wie ich im Angesicht meiner eigenen Zerbrechlichkeit an diese Chimäre eines kaiserlichen Sakralkörpers glauben konnte. Aber ich tat es, auch wenn man sich das heute schwer vorstellen kann.

Karla: Ich zitiere aus einem Buch über die Freundschaft zwischen Goethe und Schiller von Rüdiger Safranski: »Schiller hat es so formuliert: ›Ein großes, ungeheures Ziel des Strebens, der Schritt vom Nichts zum Throne und zur unumschränkten Gewalt ... Der Effekt des Glaubens an sich selbst und des Glaubens anderer. Demetrius hält sich für den Zaren, und dadurch wird er es‹. Das gilt für die Zeit, da der Glaube an sich selbst Demetrius emporträgt. Was aber, wenn der Glaube an sich selbst schwindet, der falsche Demetrius aber seine Rolle weiterspielt? Dann wird er zum Hochstapler.«

Leopold: Das hat Schiller ganz richtig erkannt. Wenn der Herrscher den Glauben an sich verliert, verschlingen ihn die anderen. Ich allerdings war in der glücklichen Lage, einer Dynastie anzugehören, die es bereits sehr lange vor mir gab. Diese lange Tradition war mir täglicher Ansporn, über mich hinauszuwachsen, sie war aber auch tägliche Versicherung, das Richtige zu tun. Nicht ich hatte mir diesen Platz ausgesucht, sondern der Herr selbst hatte ihn mir zugewiesen. Seinem Willen konnte und wollte ich mich nicht widersetzen. Diesen Respekt vor der Tradition hatten auch meine Getreuen, das war mein Glück. Wir spielten unsere auferlegten Rollen so gut wir konnten, so möchte ich meinen.

Karla: Das trägt ein künstlerisches Element in sich, wie ich vermute. Deswegen habe ich den Titel dieses Kapitels von »Der Kaiser als Mäzen« zu »Der Kaiser spielt mit« geändert. Es ging mir darum, zu zeigen, dass selbst die höchstrangige Figur im Spiel auch nur eine Spielfigur war wie alle anderen. Die Möglichkeiten jeder Figur sind anders, aber alle spielen sie mit.

Leopold: Nun, das Zeremoniell, das meinen Alltag strukturierte, musste einstudiert werden. Es gab keine Trennung zwischen privater und öffentlicher Person, wie das seit dem Erstarken des Bürgertums üblich wurde. Ob ich diese Lebensweise als künstlerische bezeichnen würde ...?

Karla: Ich möchte diesen Gedanken mit Safranski veranschaulichen. Er schreibt: »Ist nicht der Künstler ein Gaukler, der den Schein an die Stelle des Seins setzt, der den Leuten etwas vormacht? Zwar unterhält Demetrius keine direkte Verbindung zur künstlerischen Sphäre, aber als jemand, der vor den anderen einen Zaren darstellt, der er nicht ist, gehört er doch, wie die Künstler, zu der großen Familie der Illusionisten, die nur so lange, wie sie an sich selbst glauben, auch imstande sind, die anderen zu verzaubern. Das ist Schillers Selbstbekenntnis als Künstler in seinem letzten Stück über den Hochstapler Demetrius, den falschen Zaren. Der Dichter kann den magischen Zirkel seines Werkes nur schließen, wenn er trotz seines kühlen und reflektierten Artistentums vom eigenen Werk in den Bann geschlagen wird. Der Zauberer muß ein Stück weit auch sich selbst verzaubern können.« Da Demetrius an sich als Zaren glaubt, ist er verzaubert und vermag seine Umgebung zu verzaubern. Auch du musstest an dich glauben, um andere glauben zu machen – so vermute ich. Das Spiel der Illusion wurde in den Kirchen und auf den Bühnen gespielt und im Alltag gelebt.

Leopold: Nun, aus heutiger Sicht denken wir, dass es eine Illusion war, aber für uns damals war das Spiel echt. Das ist der alles entscheidende Punkt. Aber ja, mit dem Zauber konnte ich etwas anfangen. Ich versuchte tatsächlich, meinem Auftrag entsprechend, der Macht Bilder zu verleihen, die meine Untertanen in ihren Bann ziehen sollten. Ich gebe zu: Auch ich war von den Bildern, Texten und Klängen eingenommen. Das war der schönste Teil meiner Herrschaft. Und natürlich der Sieg über die Ungläubigen.

Karla: Es gibt ein Schauspiel von Calderón de la Barca mit dem Namen »La vida es sueño«, »Das Leben ein Traum«, uraufgeführt 1635, also noch vor deiner Geburt.

Leopold: Du triffst den Punkt, liebe Karla, dieses Theaterstück bringt den Geist des Zeitalters auf die Bühne: Die Welt war eine Bühne und wir Menschen die Schauspieler, die vor Gott ihr Bestes gaben. Ich glaube, mein Vater hat ein Buch mit dem Stück aus Madrid erhalten. Jedenfalls hat er mir davon erzählt, und die Idee des Stücks machte tiefen Eindruck auf mich. Das Fronleichnamsspiel »El gran teatro del mundo«, »Das große Welttheater«, bringt meines Erachtens diesen Aspekt noch besser zum Ausdruck. Denn hier tritt tatsächlich Gott auf, vergibt die Rollen, und am Ende des Stücks zeigt er sich als Richter. Das hat mich Demut gelehrt. Wir alle haben unsere Rolle zu spielen; wir alle sind verantwortlich für unser Glück nach dem Fallen des Vorhangs.

Karla: Ich zitiere aus »Das Leben ein Traum«:

Was ist Leben? Irrwahn bloß!
Was ist Leben? Eitler Schaum,
Truggebild, ein Schatten kaum,
Und das größte Glück ist klein;
Denn ein Traum ist alles Sein,
Und die Träume selbst sind Schaum.

Leopold: So fühlten wir, und doch nahmen wir diesen Traum sehr ernst. Denn nur er verhalf uns zu ewigem Leben nach dem Erwachen. Das war die Paradoxie der Zeit, die wir allerdings nicht als solche empfanden, wir lebten ja darin, wie Fische im Wasser, wie man sagt. Auch dieses Lebensgefühl war ein Grund, Andrea Pozzo aus Italien kommen zu lassen, nachdem ich von seinem illusionistischen Meisterwerk in Sant'Ignazio in Rom und seinem Traktat über die Perspektive gehört und gelesen hatte, wovon er eine Edition mir gewidmet hat. Er sollte uns mit seinen Himmelsgewölben zeigen, dass göttliche Freuden auf uns warten, wenn wir nur zu leben verstünden. Das ist unser freier Wille, wie es uns auch das Stück Calderóns lehrt: Wir sollen den uns gegebenen Platz mit Würde ausfüllen. Wir können unsere Chance vertun oder nutzen zur Ehre Gottes und für unser ewiges Leben. Das Volk brauchte solche Bilder, um sich zum Guten motivieren zu lassen. So wie es auch eines Bilds des Herrschers bedurfte, um an ihn zu glauben. Deswegen habe ich mich für die Untertanen kniend an der Pestsäule am Graben verewigen lassen. Ich wollte ihnen nahe sein und doch entfernt genug, dass sie an die göttliche Vorsehung glauben – an das Auserwähltsein unserer Familie Habsburg, an mich als Mittler zwischen Himmel und Erde, der den Willen Gottes auf Erden durchsetzt, und ihm, von der heiligen Jungfrau Maria unterstützt, die Nöte des Volks vorbringt. Das war mein einzig Begehr, Tag und Nacht. Die Musik versüßte mir die Tage und Nächte. Und so zog ich mich oftmals in meine private Bibliothek zurück und las in Libretti und Partituren. In meinem Inneren durchlebte ich so die Aufführungen wieder. Du weißt, oft wurde ein Werk nur ein einziges Mal aufgeführt. So aber konnte ich mich, wann immer ich wollte, an ihnen erfreuen.

Karla: In meiner Jugend habe ich ein Instrument erlernt. Ich musste das zu erlernende Stück auch innerlich durchspielen. Das nannte meine Lehrerin »Mentaltraining«.

Leopold: Durchaus, so kannst du dir das vorstellen. Nur nicht mit dem Ziel, ein Instrument besser spielen zu können, sondern einzig allein zu meiner Freude. Und um Inspiration für das nächste Musikstück zu finden. Wir veranstalteten jährlich viele Aufführungen. Da war es gar nicht so einfach, sich immer wieder etwas Neues und doch Traditionswürdiges auszudenken. Mit meinen Hofmusikern jedenfalls traf ich mich gerne und oft. Auch ohne großes Zeremoniell. In Künstlerkreisen ist es wichtig, der Inspiration ihren Raum zu geben. Nicht nur dem Kaiser. Gemeinsam hatten wir die besten Einfälle: Antonio Draghi, Francesco Sbarra, Lodovico Burnacini und ich, um nur meine längsten Weggefährten zu nennen.

Karla: Ich habe gelesen, dass du das Buch »Musurgia universalis« von Athanasius Kircher in deiner Privatbibliothek hattest. Inwiefern war das wichtig für dich?

Leopold: In seiner »Musurgia universalis« stellte sich der Gelehrte Athanasius Kircher der Aufgabe, das gesamte musikalische Wissen unserer Zeit zusammenzutragen. In weit ausgreifenden Untersuchungen widmete er sich unterschiedlichen Phänomenen wie der physikalischen Tonentstehung, der Instrumentenkunde, der Kompositionslehre und der Wirkung von Musik auf menschliche Affekte – das war mir besonders wichtig, auch in unseren Aufführungen am Hof. Denn wenn man des Menschen Herz nicht rührt, kann man ihn nicht dazu bewegen, sein Leben in die Hand zu nehmen und, wenn nötig, zum Besseren zu ändern. Die Auffassung des Jesuiten von der Musik als einer angewandten mathematischen Wissenschaft war der Zeit gemäß. Denn auch die Mathematik zeigt nur, dass Gott als Ursprung alles Seienden und als allmächtiger Weltenbaumeister anzusehen ist. Die Geometrie wurde daher zu einer wichtigen Wissenschaft, denn alles wurde nach perfektem Maß erschaffen; die höfische Ordnung sollte diese »höhere« Ordnung nachbilden.

Karla: Ja, das ist mir bereits bei den Figuren des Pferdeballetts anlässlich deiner ersten Vermählung aufgefallen. Alles war durch genaue geometrische Figuren bestimmt. Mit dir im Mittelpunkt.

Leopold: So ist es. Nochmals zu Kircher. Übrigens haben einige Mitglieder meiner Familie den Jesuiten unterstützt, so zum Beispiel auch mein Onkel Leopold Wilhelm, dem Kircher eine seiner Publikationen gewidmet hat. Kirchers Wunderkammer in Rom war europaweit bekannt. Wie gerne hätte ich sie einmal besucht. Abschließend: Mich faszinierte sein Versuch, alles mit allem in Verbindung zu bringen. Und die Musik hat in seinem System eine hervorragende Stellung. Das musste mir natürlich gefallen. Es war inspirierend, in dem Buch zu blättern und mit meinen musikalischen Weggefährten über die dargelegten Thesen zu debattieren.

Karla: Lieber Herr Kaiser, wenn ich schon eine Unterhaltung mit dir führen darf, möchte ich dir ein Gedankenspiel vorschlagen. Wir Nachgeborenen tun uns nicht immer leicht, die Lebenswelt unserer Ahnen zu verstehen. Könntest du uns dabei helfen?

Leopold: Wie kann ich das tun?

Karla: Wie wäre es, ein Dutzend Gegenstände auszusuchen, die deine Welt dem heutigen Menschen näherbringen können?

Leopold: Nun, ich erinnere mich noch gut, was mich in dieser Zeit umgab. Allerdings sind all die Gegenstände heute auf unterschiedliche Sammlungen verstreut, teilweise sogar in anderen Ländern.

Karla: Vielleicht beschränken wir uns auf das, was wir in Wien und im Schloss Ambras finden können? Wenn du möchtest, können wir gerne gemeinsam die Onlinedatenbanken der Häuser durchgehen. Das wäre mir eine ganz große Ehre.

Leopold: Und mir ein Genuss. So denn, treffen wir uns morgen wieder. Nun muss ich mir über die gestellte Aufgabe Gedanken machen.

Karla: Adieu, verehrte Exzellenz.

Leopold: Auf bald, liebe Karla.

Teatro della Gloria Austriaca

Lodovico Ottavio Burnacini, *25 Kupferstiche zu »Il pomo d'oro« von Francesco Sbarra und Antonio Cesti in altem Kolorit* (wahrscheinlich Widmungsexemplar für Kaiser Leopold I.), Szenenbild aus der Oper »Il pomo d'oro«, Szenenbild: »Teatro della Gloria Austriaca«, Prolog, Aufführung am 12. und 14. Juli 1668 anlässlich des Geburtstags der Kaiserin Margarita Teresa in Wien im Theater auf der Kurtine, 1668, Österreichische Nationalbibliothek Wien, Musiksammlung © ÖNB

Peter Paul Rubens, *Venusfest (Fest der Venus Verticordia)*, um 1636/37, Kunsthistorisches Museum Wien, Gemäldegalerie
© KHM-Museumsverband

Matthias Steinl, *Kaiser Leopold I. als Sieger über seine Feinde*, um 1690/93, Kunsthistorisches Museum Wien, Kunstkammer
© KHM-Museumsverband

DES STREITBAREN KAISERS HELFER

Benjamin von Block, *Kaiser Leopold I. im Harnisch mit Feldherrnstab*, um 1672, Detail Kunsthistorisches Museum Wien, Gemäldegalerie © KHM-Museumsverband

Der streitbare Kaiser

Benjamin von Block, *Kaiser Leopold I. im Harnisch mit Feldherrnstab*, um 1672
Kunsthistorisches Museum Wien, Gemäldegalerie © KHM-Museumsverband

Aus dem Gemälde blickt uns ein selbstbewusster, kampfbereiter und doch auch besonnener Herrscher entgegen. Die weiße Haut von Gesicht und Hand setzt sich leuchtend von den dunklen Haaren und der dunklen Rüstung ab. So zieht der Blick des Herrschers die Aufmerksamkeit des Betrachters auf sich. Von seinem Gesicht bewegt sich das Auge über Leopolds rechten Arm auf der hell glänzenden Spur seines Harnischs hinunter zur ebenfalls hell leuchtenden Hand.

Das Werk „Kaiser Leopold I. im Harnisch mit Feldherrnstab" weist drei Bildebenen auf: Den Hintergrund bildet ein an antike Architekturen erinnernder Baukörper mit Statuen (ein Teil eines Triumphbogens?). Im Mittelgrund sind ein die Figur des Herrschers fast gänzlich hinterfangender purpurner Vorhang und ein Tisch mit den Insignien der Macht – Krone, Reichsapfel, Zepter – zu sehen. Eine Ecke des Tisches leitet in den Vordergrund mit dem Dreiviertelporträt des Kaisers im ritterlichen Harnisch über. Leopold I. trägt einen perlen- und edelsteinbesetzten Umhang, dessen intensiv rotes Innenfutter seidig leuchtet. Auf dem edlen Tuch prangt die Kette des Ordens vom Goldenen Vlies. Leopolds Rechte hält den Feldherrnstab, fast drohend ausgestreckt: Der Kaiser ist bereit, für sein Reich in den Krieg zu ziehen – der Betrachter kann ihm und seiner Stärke im Ringen um die Hegemonie in Europa und als Beschützer des katholischen Christentums vertrauen.

Die Collane des Ordens vom Goldenen Vlies

»Die Collane wurde vom Ordenssouverän verliehen und symbolisiert die Grundvorstellung von der Gleichheit und Brüderlichkeit der Mitglieder eines weltlichen Ritterordens, wobei die Ordenszugehörigkeit als starkes, heiliges Band empfunden wurde. Das Verbindende dieser Idee wird in der vorliegenden Collane exemplarisch vor Augen geführt: Sie besteht aus lose ineinander gehakten Gliedern, die sich erst durch ihren Zusammenschluss gegenseitig Halt geben und ein Ganzes bilden.«[1]

Was ist der Orden vom Goldenen Vlies?

»Als Teil des burgundischen Erbes nach der Hochzeit Maximilians I. mit Maria von Burgund 1477 war der Orden nun den aufstrebenden Habsburgern ein willkommenes politisches Instrument, um den Zusammenhalt des inhomogenen Reiches zu stärken, indem man die adeligen Eliten der einzelnen Territorien in den Orden aufnahm. Das Goldene Vlies wurde unter Karl V. und Phillip II. zum Ausdruck kompromissloser Treue zur römisch-katholischen Kirche, zu einer Bastion habsburgischer Ideologie und zur Klammer zwischen den Zweigen des Hauses.

Die Symbolsprache des Ordens war vor allem für die barocken Habsburger enorm wichtig, da sie als ideologisches Fundament für den Anspruch auf kaiserliche Universalherrschaft und für die Stilisierung der Türkenkriege als Verteidigung des Christentums diente. Die Ordensmitgliedschaft galt unter den österreichischen Eliten als Gipfel einer Karriere, denn sie sicherte den uneingeschränkten Vorrang in der höfischen Hierarchie.«[2]

Collane des Ordens vom Goldenen Vlies, 2.–3. Drittel des 15. Jahrhunderts, Kunsthistorisches Museum Wien, Schatzkammer © KHM-Museumsverband

Samuel Oppenheimer und Prinz Eugen sehe ich als zwei wichtige Säulen des Erfolgs Leopolds I., weshalb ich ihnen auf die Spur kommen will. Bei Prinz Eugen ist das einfacher. Er hinterließ prächtige Bauten und einen glanzvollen Namen, während das Haus Oppenheimers abbrannte und seine Verdienste für den Kaiser vielen Autoren oft nur eine knappe Erwähnung wert waren.

Prinz Eugen von Savoyen: Ein streitbarer Kaiser braucht einen tüchtigen Feldherrn

Während Samuel Oppenheimer im Haus Bauernmarkt 1 lebte und arbeitete, kaufte Eugen von Savoyen 1694/95 ganz in der Nähe ein Grundstück und begann mit dem Bau seines repräsentativen Stadtpalais. Samuel und Eugen kannten einander wahrscheinlich – einer steuerte im Hintergrund die Finanzierung der Kriege und deren Proviantierung, der andere durchschaute und besiegte den Feind an vorderster Front.

1683 war für beide und für Wien ein entscheidendes Jahr. Prinz Eugen wurde von Ludwig XIV. abgelehnt und floh mittellos aus Frankreich nach Wien. Carlo Emanuele d'Este, Marchese di Borgomanero, nahm Eugen in sein Haus auf und führte ihn am Hof Leopolds I. ein. Bei seinem ersten Einsatz in dessen Diensten kämpfte er im alliierten Heer und an der Seite Ernst Rüdiger von Starhembergs und erlebte die Befreiung der belagerten Stadt: Die Osmanen waren nach dem Entsatz von Wien in der Schlacht am Kahlenberg am 12. September 1683 besiegt. Die somit gebannte »Türkengefahr« führte zu einem Bauboom unter den Adeligen Wiens.

Der Kupferstecher dieses Bildnisses hat auch Samuel Oppenheimer porträtiert (siehe S. 338). Im Vergleich dazu ist dieses hier ungemein aufwendig gestaltet. Den in Ritterrüstung gezeigten Prinzen umringt ein den Göttern gebührender Lorbeerkranz, der Orden vom Goldenen Vlies ziert seine Brust ganz ähnlich wie die Kaiser Leopolds I. (siehe S. 280). Wie bei Pfeffels Porträt Samuel Oppenheimers sind im Vordergrund Attribute seines Ruhmes symbolisch dargestellt: Die militärischen Siege werden durch Kanonen und Gewehre verkörpert. Dass er seine Siege im Dienste des Hauses Habsburg errang, zeigen die Doppeladler links und rechts oben.

Johann Andreas Pfeffel d. Ä. (Kupferstecher), *Prinz Eugen von Savoyen*, vor 1748 © Wien Museum

»In den hundert Jahren nach dem Dreißigjährigen Krieg entstanden allein in Wien knapp 60 Adelspalais. Vor der Türkenbelagerung im Jahre 1683 hielt sich die Bauleidenschaft noch in Grenzen: Nur 10 Paläste wurden bis dahin errichtet. Danach stieg die Anzahl der Bauten allerdings sprunghaft an: In den folgenden 60 Jahren entstanden weitere 46 Paläste für adlige Bauherren.

In keinem anderen Zeitraum war der Adel in Wien so getrieben von dem Wunsch nach einem Eigenheim wie unter den Kaisern Leopold I., Joseph I. und Karl VI. Davon wurde mit 25 Palais ungefähr die Hälfte der Bauten innerhalb der Stadtmauern errichtet, 31 Palais entstanden in der unmittelbaren Umgebung der kaiserlichen Residenzstadt jenseits des Glacis in den Vorstädten Wiens.«[3]

Ein Name öffnet Türen

Prinz Eugen war zwar von hoher Herkunft, aber seine Eltern hatten ihm kein Erbe hinterlassen – außer seinem klingenden Namen. Prinz Eugen konnte sich gute Hoffnungen machen, im Priesterstand ausreichend versorgt zu sein. Er entschied sich allerdings dagegen und nahm sein Schicksal selbst in die Hand. Und das Schicksal war ihm in Gestalt Leopolds I. gnädig – für den Kaiser und seine beiden Nachfolger gewann er zahlreiche Kriege, erweiterte das Reich der Habsburger nach Osten und verteidigte es standhaft gegen Frankreich. Auch die von ihm geführten Friedensverhandlungen erwiesen sich als für die Monarchie segensreich.

Das Schicksal wollte es anders: Auch Leopold I. war für den Priesterstand auserkoren worden, musste aber nach dem plötzlichen Tod seines Bruders die Nachfolge seines Vaters antreten. Zeitlebens war er der Kirche zugetan und seine Politik orientierte sich an seinen Glaubensgrundsätzen. Prinz Eugen dagegen floh vor den Fängen der Kirche in die Arme der Armee Leopolds I.

Woher kam Prinz Eugen?
Wie war es um seinen familiären Hintergrund bestellt?

»Sein Vater, Eugen Moritz (1635–1673), entstammte einer angesehenen Familie und galt als tüchtiger Offizier in der Armee von Ludwig XIV. (1638–1715), starb aber bereits 1673 unter nie restlos geklärten Umständen. Die Mutter, Olympia Mancini (1639–1708), war Surintendante der Gemahlin Ludwigs XIV., Maria Theresias von Österreich (1638–1683). Die Nichte des einflussreichen Kardinals Jules Mazarin frönte dem Intrigenspiel […]. Dies bedingte wiederum die Flucht aus Frankreich nach Holland, Spanien und schließlich Brüssel.

Um die Erziehung der Kinder hatte sich die Großmutter väterlicherseits, Marie von Bourbon (1606–1692), gekümmert – wenn auch mit einiger Nachlässigkeit, wie wir den Erinnerungen der Liselotte von der Pfalz (1652–1722) entnehmen dürfen. Die Lesart, dass Eugen als Jugendlicher missbraucht wurde und dies sein sexuelles Empfinden nachhaltig gestört hat, scheint plausibel. Erst in der Zeit des Exils versuchte Olympia ihren Mutterpflichten nachzukommen und ihre Kinder möglichst vorteilhaft zu vermählen. Jedoch heiratete nur der älteste ihrer Söhne, Louis Thomas (1657–1702), als einziges der damals noch lebenden sechs Kinder. Aus dessen unstandesgemäßer Verbindung mit Urania de la Cropte (1655–1717) gingen sechs Kinder hervor – darunter die erstgeborene Tochter Anna Victoria (1683–1763), die später die Alleinerbin ihres Onkels [Prinz Eugen] werden sollte.

Das liederliche Leben, das der jugendliche Prinz Eugen offensichtlich führte, stand auch in krassem Gegensatz zur geistlichen Laufbahn, für die er auserkoren war. In Ermangelung eines Erbes, das ihm eine solide materielle Basis geboten hätte, und angesichts seines wenig überzeugenden Äußeren – er war nur etwa 150 cm groß und hatte ein pockennarbiges Gesicht – schien dies eine vernünftige Lösung zu sein. Liselotte von der Pfalz meint 1710 voll Bewunderung: ›er war nichts als ein schmutziger, sehr debauchierter Bub, der gar keine Hoffnung zu nichts Rechts gab‹. Trotzdem äußerte sie an anderer Stelle, dass es wohl keiner unermesslichen materiellen Zuwendungen gebraucht hätte, um ihn zum geistlichen Stand zu bewegen. Schließlich entschied er sich dagegen, floh aus Frankreich, trat in das Heer Kaiser Leopolds I. (1640–1705, reg. 1758–1705) ein, nahm am Entsatz von Wien im Jahr 1683 teil und schlug eine militärische Karriere ein. Nachdem er sich über die Jahre hochgedient hatte, gelang Prinz Eugen als Kommandierendem 1697 mit dem Sieg in der Schlacht bei Zenta der endgültige Durchbruch. Anerkennung hatte er in seiner neuen Heimat jedoch bereits zehn Jahre zuvor gefunden, als er zum Ritter des Ordens vom Goldenen Vlies ernannt wurde.«[4]

Antike Helden und Götter sind gerade gut genug

Gerne sah sich Prinz Eugen allegorisch als antiker Held oder sogar Gott dargestellt: Der Sage des Herkules, der aufgrund seiner Taten in den Olymp Aufnahme fand, begegnet man in den Bauten des Prinzen ebenso mehrfach wie der Darstellung Apollos als Gottes des Lichts und der Musen. Den Zeitgenossen war wohl bewusst, wer sich hier im antiken Gewand verherrlichte.

»Dem Besucher des Palais in der Himmelpfortgasse zeigt sich Hercules bereits in den Relieffeldern, die die Portale flankieren. In der Durchfahrt sind imposante Kriegstrophäen aus Stuck zu sehen, ehe man das Treppenhaus betritt, wo der Blick an den beeindruckenden Atlanten empor zu dem kraftvollen Hercules gleitet. Dessen viele Male demonstrierte Stärke macht ihn zu einem Sinnbild für den erfolgreichen Feldherrn. [...] Hercules erscheint in weiterer Folge auch in den Deckenfresken von Audienz- und Paradeschlafzimmer, wobei im ersten Fall seine Aufnahme in den Olymp von der Hand Andrea Lanzanis zu sehen ist, während im zweiten Louis Dorigny (1654–1742) dessen Vermählung mit Hebe dargestellt hat.

Im Unteren Belvedere treffen im Marmorsaal als Empfangsraum zwei Ebenen aufeinander. Im zentralen Deckenfresko von Martino Altomonte (1657–1745) ist Apollo mit den Musen zu sehen [...]. Über den Fenstern und Türen wiederum befinden sich zehn Reliefs mit Szenen aus dem Leben Apollos, wohingegen die gefesselten Türken über den Kaminen auf die kriegerischen Verdienste des Hausherrn verweisen. Kunst und Krieg treffen auch in der Marmorgalerie aufeinander.«[5]

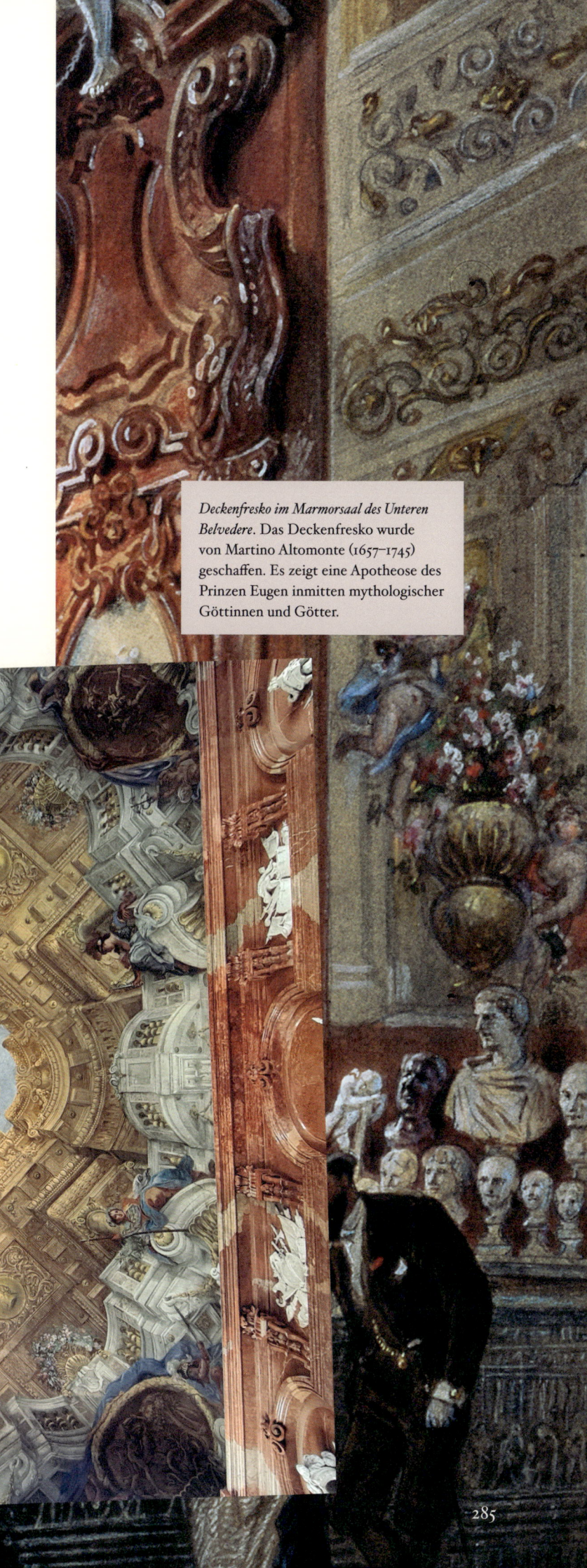

Deckenfresko im Marmorsaal des Unteren Belvedere. Das Deckenfresko wurde von Martino Altomonte (1657–1745) geschaffen. Es zeigt eine Apotheose des Prinzen Eugen inmitten mythologischer Göttinnen und Götter.

Im Lauf seiner Karriere erlangte der kleine Prinz große Reichtümer, die er in monumentale Bauwerke und andere kulturelle Leistungen verwandelte. Sein Stadtpalais in der Himmelpfortgasse (genannt Winterpalais, da er sich meist im Winter dort aufhielt), das Belvedere und Schloss Hof sind Repräsentationsbauten, die ihren Erbauer bis heute glorreich im Gedächtnis Österreichs weiterleben lassen. Prinz Eugens umfangreiche Bibliothek hat ihren Platz im Prunksaal der Nationalbibliothek gefunden und ist zu großen Teilen öffentlich zugänglich.

Das Stadtpalais des erfolgreichen Prinzen lag unweit des Bauernmarkts in der heutigen Himmelpfortgasse. Das prächtige Gebäude beherbergt heute das Finanzministerium.

Für den Bau des Stadtpalais war zunächst Johann Bernhard Fischer von Erlach verantwortlich – die Prunkstiege ist ein besonders eindrucksvolles Vermächtnis seiner Meisterschaft. Später, um 1704, übernahm der jüngere Architekt Johann Lucas Hildebrandt den Weiterbau. Günther Buchinger entdeckt an der barocken Fassade des Hauses Bauernmarkt 1 stilistische Elemente der Architektur Hildebrandts (siehe S. 385).

C. Ledermann jun., *Gruß aus Wien I. K. k. Hof-Bibliothek*, 1906 © Wien Museum

Salomon Kleiner, *Prospect Ibro Hoch Fürstl: Durchl: Printz Eugenii von Savojen Palatium in der Himmel-Port Gassen*, 1725
© Wien Museum

Ein philosophischer Gesprächspartner: Gottfried Wilhelm Leibniz

»Mehrere Male war Leibniz in Wien: 1688/89, 1690, 1699 (inkognito), 1700, 1701, 1702, 1708 und 1712–1714. Dabei war er mit drei Kaisern in Kontakt: mit Leopold I., Joseph I. und Karl VI. Im Laufe dieses Wien-Besuchs [von 1712 bis 1714] stellte Leibniz sich Kaiser Karl VI. als Berater in unterschiedlichen Themenfeldern zur Verfügung. In einer persönlichen Vorsprache unterbreitete er dem Kaiser seinen Plan für eine ›Sozietät der Wissenschaften‹; es handelte sich dabei um eine überarbeitete Fassung der Konzeptionen, die er bereits früher – in den Jahren 1700 und 1709 – vorgelegt hatte. Karl VI. ernannte ihn zum ›Wirklichen Reichshofrath auf der Gelehrten Bank‹ und zum Direktor der geplanten Akademie (deren Gründung sich dann jedoch als unrealisierbar erwies).«[6]

Die Österreichische Akademie der Wissenschaften beschreibt das auf ihrer Website so:

»Denn Leibniz ist zwischen 1688 und 1714 insgesamt sieben Mal nach Wien gereist, wo er enge Kontakte zum kaiserlichen Hof und zu Prinz Eugen von Savoyen knüpfte. Drei wichtige Werke wurden hier von ihm ausgearbeitet, und er entwickelte in Wien auch die Idee zu einer ›Sozietät der Wissenschaften‹, einer fächerübergreifenden Gelehrtengesellschaft. Auch wenn sein Plan nicht unmittelbar verwirklicht werden konnte, so geht die heutige ÖAW dennoch auf die Entwürfe von Leibniz zurück ebenso wie die Wissenschaftsakademien in Berlin, Leipzig und Moskau.«[7]

Carl Goebel d. J., *Kurzweil auf der Wache im Garten des Schlosses Belvedere in Wien*, 1867/80 © Österreichische Galerie Belvedere Wien

Leibniz lernte auch Prinz Eugen kennen und schätzen

»Auch mit einer Reihe von Personen im Umfeld des Kaiserhauses war Leibniz in Kontakt, wobei Prinz Eugen von Savoyen (1663–1736), der in Leibniz einen interessierten und gebildeten Gesprächspartner fand, von herausragender Bedeutung war. Das breite Spektrum der Themen dieser Unterredungen lässt sich nur in Umrissen erschließen; der angeregte Gesprächsstil zeichnet sich in Leibniz' Darstellung einer Kontroverse zu der damals viel erörterten Frage, wie die Berichte aus der jesuitischen Chinamission zu deuten wären, ab: ›Der Prinz disputirte gegen die Jesuiten wegen des Cultus Confucii, und ich vor sie.‹[5] Aus philosophiegeschichtlicher Perspektive sind die Gespräche mit dem Prinzen insofern von großer Relevanz, als sie den Kontext dafür bildeten, dass Leibniz drei seiner wichtigsten philosophischen Schriften 1714 in Wien verfasste.«[8]

Die Wertschätzung war wohl gegenseitig, wie man diesem Bericht nach folgern kann:

»Die Autographensammlung der Österreichischen Nationalbibliothek besitzt, neben handschriftlichen Briefen mit der Ortsangabe Wien, einen sechs seiner Traktate umfassenden Kodex, den Leibniz für Prinz Eugen zusammengestellt hat. Das Werk ›Principes de la nature et de la grâce fondés en raison‹ eröffnet diese ›nach der Art der Eugeniana in kaminrotes Maroquinleder mit goldenem Savoyerwappen gebundene‹ Sammlung. Dass Prinz Eugen dieses Geschenk hoch geschätzt hat, verrät ein Brief an Leibniz vom 6. Oktober 1714, in dem der französische Adelige Claude Bonneval belustigt berichtet, dass er und Prinz Eugen sich fast überworfen hätten ›nous nous sommes presque brouillés ensemble‹, weil ›dieser ihm den Codex absolut nicht zum Kopieren überlassen wolle. Vielmehr halte er ihn in einer besonderen Kassette […] verschlossen und wolle ihn – wie der Klerus im Dom von Neapel das Blut des heiligen Januarius – nur auf Respektsabstand zum Devotionskuß herzeigen.«[9]

1847 war es dann schließlich doch so weit: Die bis heute bestehende Akademie der Wissenschaften wurde gegründet. Diese setzte viele der bereits von Leibniz entwickelten Ideen einer angemessenen und umfassenden Wissenschaftspraxis um.

Ein stoischer Held

»Obwohl Prinz Eugen seine französische Heimat mit zwanzig Jahren enttäuscht verlassen hatte, blieb er ihren Idealen und Traditionen zeit seines Lebens eng verbunden. Dazu zählte auch das Idealbild des ›honnête homme‹, das nicht zuletzt durch ihn in die höfische Gesellschaft der Habsburgermonarchie und des Alten Reiches verpflanzt wurde.

Dazu gehörten seine Selbstbeherrschung und Zurückhaltung, die von vielen Menschen, die mit ihm in Kontakt kamen, als Kälte und Arroganz empfunden wurden, seine zur Schau getragene Unerschütterlichkeit gegenüber den Wechselfällen des Lebens, selbst gegenüber eigenem Vorteil, seine Loyalität gegenüber dem Herrscher, für dessen Dienst er sich entschieden hatte, aber auch die fast schon distanzierte Art, mit der er sich seinen Geschäften und Liebhabereien widmete. Stets blieb er darauf bedacht, sich von allen Extremen fernzuhalten oder sich zumindest diesen Anschein zu geben. [...] Wenn er, wie verschiedentlich behauptet wurde, die Selbstbetrachtungen Mark Aurels geschätzt hat, würde das nur die auch sonst bezeugten Einflüsse stoischer Lebensführung auf das Idealbild des ›honnête homme‹ bekräftigen.«[10]

Eine bissige Pointe: Friedrich der Große über Prinz Eugen

»Die letzten Lebensjahre des Prinzen Eugen haben Friedrich den Großen, der als preußischer Kronprinz ihm damals persönlich begegnet ist, mehrfach Anlaß zu Betrachtungen über die Vergänglichkeit der menschlichen Kraft und damit des Ruhms gegeben: des Savoyers Schicksal war ihm eine Lehre dafür, ›daß Gott die erhabensten Genies erniedrigen kann‹. Den auf errungene Erfolge stolzen Menschen, so schrieb er noch zu Lebzeiten des Prinzen an den Fürsten Wenzel Liechtenstein, die glaubten, Halbgötter zu sein und durch die Größe ihres Geistes vor Schiffbruch auch bei Vorrücken des Alters geschützt zu sein, denen wünsche er einen Freund zur Seite, der ihnen unaufhörlich wiederhole: denkt an den Prinzen Eugen, denkt an den Prinzen Eugen! Als König hat Friedrich dann in seinem Geschichtswerk über die eigene Zeit erneut auf das für die menschliche Eitelkeit demütigende Beispiel hingewiesen, das der furchtbare Unterschied zwischen den glänzenden Taten des Siegers von Höchstädt und Belgrad und Erscheinung und Wirken des altersschwachen Feldherrn und Staatsmanns am Abend seines Lebens biete. Er starb, so schloß er seine Ausführungen über ihn, einige Jahre zu spät für seinen Ruhm.«[11]

Unbekannt, *Wien, Heldendenkmal-Museum*, nach 1930 © Wien Museum

Ehre, wem Ehre gebührt

Die Habsburger allerdings hielten ihren Kriegsherren bis nach seinem Tode in höchsten Ehren. Auf militärischem Gebiet und in der europäischen Diplomatie trug Prinz Eugen zum Aufstieg der habsburgischen Machtstellung in Europa Entscheidendes bei. Er war an allen europäischen Höfen bekannt und geschätzt. Kaiser Karl VI. würdigte ihn zeitlebens als kaiserlichen Amtsträger und ließ ihn als fürstlichen Herrscher mit größten Ehren bestatten.[12]

»Mit den offiziellen Begräbnisfeierlichkeiten, die dem Prinzen am Kaiserhof nach seinem Tod im Jahr 1736 zuteil wurden, erbrachte Karl VI. vor den Augen der europäischen Fürsten den endgültigen Beweis dafür, dass Prinz Eugen innerhalb der kaiserlichen Hofgesellschaft ein Sonderstatus zukam. Ziel der Feierlichkeiten sei gewesen, so führt das ›Wienerische Diarium‹ aus, die kaiserliche Hochachtung für den Prinzen ›der gantzen Welt zu erkennen zu geben‹ und hierfür ›eine so prächtig sumptuose Leich-Begräbnuß und darauf folgende Exequien so viel das Ansehen Dero Allerhöchsten Gegenwart in dieser Dero Kaiserlichen Residentz-Stadt immer zulasset, auf der eigene Unkosten anstellen zu lassen‹. [...] Anderen verstorbenen Mitgliedern des kaiserlichen Hofes blieb diese Öffentlichkeit unter Karl VI. verwehrt. Ferner betont der Bericht, dass der Kayser selbst das Begräbnis ausrichtete, was seine besondere Wertschätzung für Prinz Eugen untermauerte.«[13]

August Wenzel Mantler, *Kaiser Karl VI. überreicht Prinz Eugen nach der Schlacht bei Belgrad den Ehrendegen*, 1865 © Österreichische Galerie Belvedere Wien

Carolus de la Haye, *Erinnerungsblatt an den Sieg des Prinzen Eugen von Savoyen in der Schlacht von Turin am 7. September 1706*, 1706 © Wien Museum

Carl Goebel d. J., *Der große Marmorsaal des Unteren Belvederes mit den Skulpturen der Antikensammlung*, 1876 © Österreichische Galerie Belvedere Wien

Maria von Oosterwijck, *Vanitas-Stillleben*, 73 × 88,5 cm, Öl auf Leinwand, 1668, Detail, Kunsthistorisches Museum Wien, Gemäldegalerie
© KHM-Museumsverband

CARPE DIEM

Fassadenrelief des Hauses am Bauernmarkt 1, um 1669, restauriert, Detail, 2019

Memento mori – Bedenke, dass Du sterblich bist!

Das barocke Lebensgefühl hatte viele Facetten: Lebensfreude, Lebensdrang und Sehnsucht nach Fülle vereinten sich mit dem Bewusstsein, dass alles menschliche Streben vergänglich, vielleicht sogar nichtig ist. Der Wunsch nach einem guten Leben im Jetzt und der Glaube daran, dass das wirkliche Leben erst mit dem Eingang in den Himmel erreicht sein würde, bildeten ein für die Kultur des 17. Jahrhunderts spannungsreiches Feld.

Auf dem Nährboden dieses Empfindens zog der charismatische Prediger Abraham a Sancta Clara bei seinen Massenpredigten in Wien Tausende in seinen Bann. Die Pestepidemie und die Türkenbelagerung waren für den Mönch eindeutige Zeichen des Gotteszorns, Strafe für menschliche Sünden. Bedenke, dass du für deine Taten zur Rechenschaft gezogen wirst – und das für alle Ewigkeit! Angst war und ist ein Instrument des Glaubens und begünstigt ideologische Engstirnigkeit. Gegen den Islam und die Juden hat Abraham a Sancta Clara oft genug gewettert. Dass Abraham, sein Namenspatron, als Vater der drei »abrahamitischen Religionen« Judentum, Christentum und Islam angesehen wird, hat diese nicht davon abgehalten, gegeneinander zu kämpfen.

Widersprüchliches Barock, mehrdeutiges »Carpe diem«

Die Erinnerung daran, den Tag zu nutzen und nichts auf morgen zu verschieben, hatte zwei Seiten: eine hedonistische, die dazu aufforderte, das Leben heute in vollen Zügen zu genießen, und die mit der Einsicht in die Endlichkeit menschlichen Seins verbundene Mahnung, der größeren Bedeutung des jenseitigen Lebens gewahr zu sein und die Gefahr zu bedenken, dieses im Genuss zu verspielen. Dieser Widerspruch war sicher auch den beiden Schwestern Maria Franziska und Maria Anna, den Besitzerinnen des Hauses Bauernmarkt 1 ab 1668, vertraut.

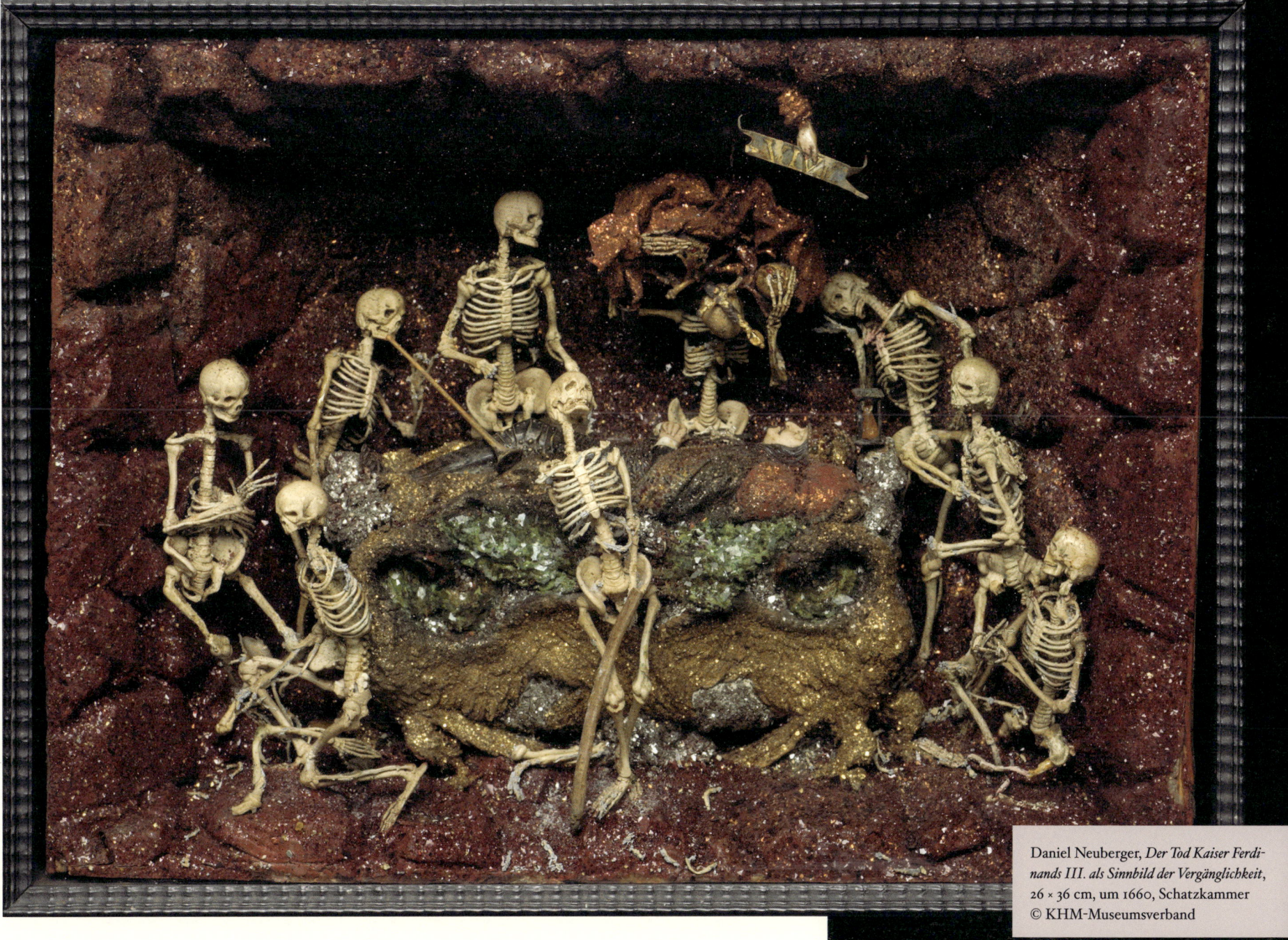

Daniel Neuberger, *Der Tod Kaiser Ferdinands III. als Sinnbild der Vergänglichkeit*, 26 × 36 cm, um 1660, Schatzkammer
© KHM-Museumsverband

Abraham a Santa Clara (1644–1709)
Was ist der Mensch?

Der Mensch ist ein Gras, das nicht lang steht,
Und ein Schatten der bald vergeht.
Der Mensch ist ein Schaum der bald abfließt,
Und ein' Blum, die bald abschiesst.
Der Mensch ist ein Rauch, der nicht lang währt,
Und ein Feu'r das sich selbst verzehrt.
Der Mensch ist ein Blatt, das bald abfallt,
Und ein Ton der bald verschallt.
Der Mensch ist ein Fluß, der bald abrinnt,
Und ein' Kerzen die bald abbrinnt.
Der Mensch ist ein Glas das bald zerbricht,
Und ein Traum, der haltet nicht.
Der Mensch ist ein Wachs, das bald erweicht,
Und ein' Rosen die bald erbleicht.
Der Mensch ist ein Fleisch, das alsbald stinckt
Und ein Schiffl, das bald versinkt.

Der Mensch ist wanckelmüthig wie das Aprillenwetter,
Unbeständig wie die Rosen-Blätter.
Der Mensch ist wie eine Sonn', die geht bald auf bald ab,
Am Morgen hell, zu Nachts schab ab.
Der Mensch ist ein kurtzer Lauten-Klang,
Ein rechtes Miserere-Gesang.
Der Mensch ist alles Unglücks-Ziel,
Der Eitelkeit ein Possen-Spiel;
Ein Schauspiel der Verächtlichkeit,
Und ein Spiegel der Sterblichkeit.
[...]

P. Abraham a Sancta Clara, *Abrahamische Lauber-Hütt. Ein Buch zur Lehre und Warnung, zur Erheiterung und Gemüthsergötzung für Jung und Alt*.²

Der Tod Kaiser Ferdinands III. als Sinnbild der Vergänglichkeit

»Der kaiserliche Wachsbossierer Daniel Neuberger stellt hier den Tod des Kaisers Ferdinand III. in außergewöhnlicher Weise als Allegorie der Vergänglichkeit dar. In schwarzer Rüstung, mit Krone und Kaisermantel angetan, liegt der Kaiser auf der Totenbahre. In seinen über der Brust gefalteten Händen hält er ein Kruzifix. Das hohe Bahrgerüst ist mit mehrfarbigem Flittermaterial bedeckt und wird an den Ecken von goldenen Adlern getragen. Neun Gerippe führen um den toten Herrscher herum einen Totentanz auf.«¹

»Ave Maria!«: Das Fassadenrelief zur Abwehr der Pest

Relief an der Fassade des Palais am Bauernmarkt 1, um 1669, unrestauriert

Der Marienkult verstärkte sich während der Gegenreformation, verfügte die katholische Kirche damit doch über ein klares Abgrenzungssymbol zum protestantischen Glauben. Die Marienverehrung manifestierte sich in der Malerei, der Bildhauerei sowie in prachtvollen Kirchenausstattungen in vielfältiger Weise.

Die beiden Schwestern dürften von der verbreiteten Marienverehrung inspiriert worden sein und entschlossen sich, das Relief, das bis heute die Fassade des Hauses schmückt, in Auftrag zu geben:

Die beiden Besitzerinnen des Hauses, die das Verkündigungsrelief in Auftrag gaben, hießen Maria – hier ist also ein streng katholischer Haushalt zu vermuten.

1648 Clemens Radolt

1668 Maria Franziska und Maria Anna Radolt, Töchter des Clemens Radolt

Nach 1668 Maria Anna Freiin von Ariazaga

Das höchst qualitätsvolle Relief in einer Ädikularahmung trägt die Inschrift:

»ASPICIENDO CAVE
NE INTERMITTAS AVE
O PIISSIMIA STELLA MARIS
A PESTE SUCCURRE NOBIS

Hüte Dich beim Anblick (dieses Votivbildes),
dass Du nicht das Ave (Maria) unterlässt!
O gütigster Meerstern,
errette uns von der Pest.«

Die Autoren Günther Buchinger und Doris Schön schreiben über das Relief:

Siehe Gesamttext von Günther Buchinger und Doris Schön S. 548.

»Das Verkündigungsrelief steht in Zusammenhang mit dem Pestjahr 1679. Das Relief dürfte aufgrund des Imperativs »succurre nobis« (errette uns) tatsächlich aus diesem Jahr und nicht erst aus späterer Zeit stammen, zumal auch die vorangestellte Gebetsaufforderung dem Zeitgeist entsprach: Legendär sind die Predigten des Abraham a Sancta Clara, der die Wiener zu Buße und Gebet aufrief, um die Stadt von der Epidemie zu befreien. Das Kunstwerk muss demnach von den Töchtern des kaiserlichen Hofkammerrats Clemens Radolt, Maria Franziska und Maria Anna, gestiftet worden sein. Eine Zuschreibung an einen bestimmten Künstler ist bisher nicht versucht worden, geschweige denn gelungen. Von der kunsthistorischen Literatur bislang nicht beachtet, sprechen auch die spezifische architektonische Rahmung und die begleitenden Putten mit Fruchtgehängen für die Entstehungszeit um das Pestjahr.«

Das Marienrelief fordert den Passanten auf, büßend sein Gebet zu verrichten. »Volksnah« zeigt es die religiöse Gesinnung der Hauseigentümerinnen und besticht durch gediegene Einfachheit.

Günther Buchinger und Doris Schön bezeichnen das Werk als »Verkündigungsrelief«. Eine Verkündigungsszene stellt im Allgemeinen den Moment dar, in dem der Erzengel Gabriel Maria ihr Auserwähltsein offenbart. Eine außerordentlich eindringliche Fassung dieser Szene malte Sandro Botticelli Ende des 15. Jahrhunderts, die heute in den Uffizien in Florenz zu bewundern ist.

Relief an der Fassade des Hauses am Bauernmarkt 1, um 1669, restauriert, 2019

Himmel und Erde (fast) auf Tuchfühlung

Ein Engel kniet vor der Heiligen Jungfrau, die er beim Studium der Heiligen Schrift überrascht hat. Blick und Handgeste lenken die Aufmerksamkeit auf die junge, schöne Frau nach oben. Diese sehen wir gesenkten Blickes den Gottesauftrag zögernd, doch bereitwillig annehmen. Die Figuren sind aufeinander bezogen, dem Betrachter fällt die Rolle des außenstehenden Beobachters zu.

Eine Reihe der Bodenquadrate bietet sich dem Blick des Betrachters besonders bedeutungsvoll dar: Teile der jeweiligen Gewänder der Figuren ragen über die weiße Rahmenlinie der Quadrate hinaus, überlappen einander jedoch nicht. Auf ähnliche Weise berühren annähernd mittig im Bild die Hand Marias und Gabriels einander fast und doch nicht.

Die durch die Quadratreihe und weiter durch das gesamte Bild verlaufende imaginäre Linie macht die Trennung deutlich: Nichts Figürliches überschreitet sie. Himmlische und irdische Sphäre kommen einander demütig und ehrfurchtsvoll nahe, ohne ineinander überzugehen; subtil und prägnant werden in diesem Meisterwerk die Nähe und der gleichzeitige Abstand von himmlischer und irdischer Welt ins Bild gesetzt. Das Verkündigungsbild Botticellis zeigt eine biblische Szene und ist gleichzeitig Ausdruck einer metaphysischen Weltanschauung.

Sandro Botticelli, *Verkündigung*, Tempera-malerei auf Holz, 150 × 156 cm, um 1489, Galleria degli Uffizi, Florenz

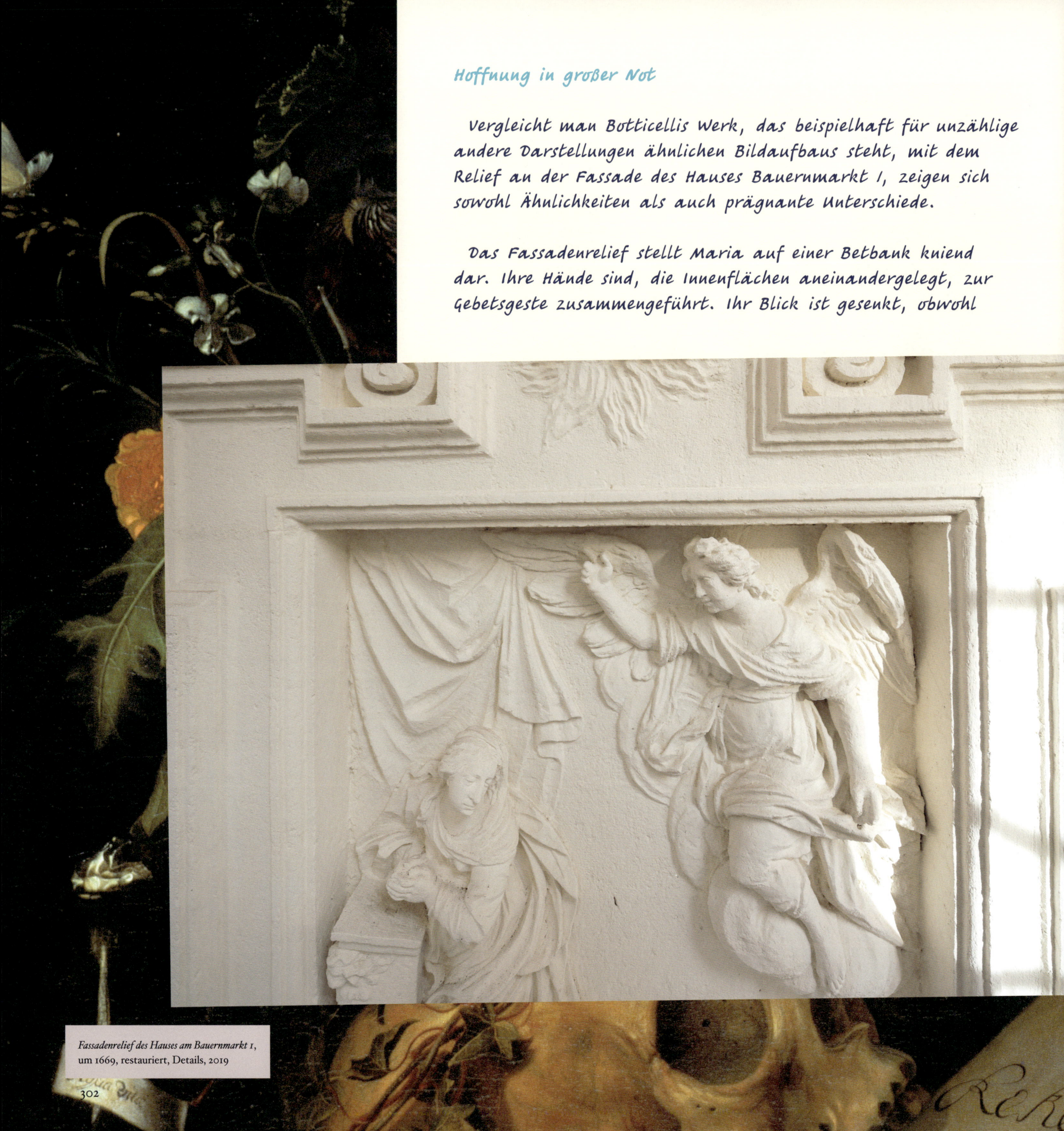

Hoffnung in großer Not

Vergleicht man Botticellis Werk, das beispielhaft für unzählige andere Darstellungen ähnlichen Bildaufbaus steht, mit dem Relief an der Fassade des Hauses Bauernmarkt 1, zeigen sich sowohl Ähnlichkeiten als auch prägnante Unterschiede.

Das Fassadenrelief stellt Maria auf einer Betbank kniend dar. Ihre Hände sind, die Innenflächen aneinandergelegt, zur Gebetsgeste zusammengeführt. Ihr Blick ist gesenkt, obwohl

Fassadenrelief des Hauses am Bauernmarkt 1, um 1669, restauriert, Details, 2019

der Verkündigungsengel über ihr auf einer Wolke schwebt. Maria blickt also nicht zum Engel empor, sondern zu den von der Gasse Aufschauenden und auf Gnade und Linderung ihrer Leiden hoffenden Christen hinab. Die Verehrte ist durch ihren Blick den Gläubigen nahe und in der irdischen Sphäre verankert.

Der rechts von Maria auf einer Wolke schwebende Engel schaut sie nicht demütig an, sondern blickt über sie hinweg nach oben. Sein Blick folgt der Geste seiner Hand, die mit dem Zeigefinger himmelwärts weist. Der Engel deutet auf eine Taube im Strahlenkranz, das Symbol des Heiligen Geistes.

Das Relief weist also mehrere Darstellungsebenen auf: Maria, die fürsorglich zu den Betenden hinabblickt, ganz dem Irdischen nahe. Das Feld zwischen Maria und dem Engel trennt auch hier die himmlische von der irdischen Sphäre. Und doch zeigt sich dem genauen Blick, dass die Welten miteinander in Verbindung stehen: Die Gestalt Mariens ist von einem Vorhang hinterfangen, der von der Spitze des rechten Engelflügels überlagert wird. Die Vorstellung, dass die Hoffnungen und Gebete der Gläubigen durch die Fürbitte Mariens über den Götterboten bis hinauf in himmlische Sphären dringen können, wird hier bildlich in Szene gesetzt. Von oben wird sich der gütige Gott durch seinen Mittler, den Heiligen Geist, der Leidenden erbarmen. Die nach unten stürzende Taube verstärkt den Eindruck. Dieses spannende Spiel der Blick- und Bewegungsrichtungen durchwirkt das Fassadenrelief mit einer raffinierten Dramatik.

Fassadenrelief des Hauses am Bauernmarkt 1, um 1669, restauriert, Details, 2019

Indiz für die Interpretation des Werks als Fürbitterelief ist die aufstrebende Geste des Engels. Er ist nicht (nur) als Verkünder, sondern als Übermittler der Bitten von Heilsuchenden dargestellt, die über Maria bei Gott Gnade erwirken sollen. Überspitzt formuliert sehen wir hier einen christlichen Hermes, dem in der griechischen Götterwelt die Rolle des Boten zwischen Mensch und Götterhimmel zukam. Himmlische und irdische Sphäre sind in diesem Bildprogramm verknüpft: Die Barmherzigkeit Gottes hilft den Bedürftigen – durch die vermittelnde Fürsprache Mariens – in ihrer Not auf irdischen Pfaden.

Diese Interpretation stützt auch der umgangssprachliche Name des Hauses »Zur Brieftaube«. Hat die im Relief dargestellte Taube zu dieser Bezeichnung angeregt? Die Taube, die Nachrichten zwischen Liebenden überbringt, überbrückt Distanzen, hilft, trotz des Geschiedenseins, miteinander in Verbindung zu bleiben.

Auf den ersten Blick bietet sich uns eine Verkündigungsszene dar. Bei genauerem Hinsehen und Analyse der Blickrichtungen und Figurenkomposition sowie Bedenken des Anbringungsorts und der Umstände der Beauftragung des Werks eröffnet sich eine erweiterte bzw. andere Interpretation: Maria ist hier nicht (nur) als eine den Heiligen Geist empfangende junge Frau dargestellt – wogegen auch ihr Aussehen und ihr mitleidender Blick in Richtung der zu ihr Aufschauenden spricht –, sondern (auch) als Mutter und Mittlerin, die ihren Sohn verloren hat und um der Menschen Heil besorgt ist. Ihr gütiger Blick nimmt den des Betrachters auf, der Engel hebt den Blick des Andächtigen hinauf zur Himmelssphäre und schenkt Hoffnung auf Erfüllung der Bitten und Gebete.

Die Faltenwürfe der Gewänder beider Figuren, die Engelsköpfe mit Fruchtgehängen links und rechts der Inschrift, die Taube, die aus einem Strahlenkranz herabzufliegen scheint – alle diese Merkmale sowie die Rahmung der Szene zeigen, dass die mit einem Sinn für künstlerische Qualität ausgestatteten Auftraggeberinnen ein aufwendiges Zeugnis ihres Glaubens und ihrer Sorge um ihre Mitmenschen gestiftet haben.

Andachtsbild versus Herrscherdank und -darstellung

Als 1679 in der Stadt Wien die Pest wütete, floh Kaiser Leopold I. aus Wien.

>»Überallhin folgte ihm der Notschrei der gequälten Stadt; das bischöfliche Ordinariat empfahl ihm, das Gelübde zu einem frommen Werk abzulegen, und als er sich am 18. Oktober dazu entschloß, wurde der Rückgang der Seuche mit dankbarer Befriedigung festgestellt. Das bischöfliche Ordinariat hatte dem Kaiser zwei Vorschläge unterbreitet; er wählte den ersten, eine marmorne Votivsäule der hl. Dreifaltigkeit und den neun Engelschören aufrichten zu lassen.«[3]

Die Realisierung dieses Gelöbnisses kann bis heute am Graben betrachtet werden, wenige Schritte vom Hotel „The Leo Grand" entfernt. Dass dieses Monument erst nach der Pest entstand, also nicht wie das Fassadenrelief zur Abwehr der Pest dienen

Salomon Kleiner (Zeichner), Johann August Corvinus (Kupferstecher), Johann Andreas Pfeffel d. Ä. (Verleger), *Prospect der H. Dreyfaltigkeits-Säulen auf dem Graben (Pestsäule, Graben)*, aus: Wahrhafte und genaue Abbildung (...), 3. Teil, Abb. 5, 1733 © Wien Museum

sollte, bezeugt eine der Inschriften, die sich auf der Nordseite, dem Petersplatz zugewandt, befindet:

»Tibi, inquam, Sanctissimae ac Individuae Trinitati: Ego Leopoldus Humilis Servus Tuus Gratias ago, Quas Possum, Maximas Pro Aversa Anno .MDCLXXIX. Per Summam Benignitatem Tuam Ab Hac Vrbe Et Avstriae Provincia, Dirae Pestis Lue: Atque in Perpetuam Debitae Gratitudinis tesseram, Praesens Monumentum Demississime Consecro.« – »Dir, der heiligsten und unteilbaren Dreifaltigkeit: Ich Leopold, dein demütiger Diener, ich danke dir, so sehr ich nur kann, dafür, dass im Jahr 1679 durch deine höchste Güte die unheilvolle Pestseuche von dieser Stadt und dem Land Österreich abgewendet wurde: und als ständiges Zeichen der gebührenden Dankbarkeit widme ich dir untertänigst dieses Denkmal.«

Der Kaiser nahm das Gelübde nicht auf die leichte Schulter: Die Planung des Denk- oder Dankmals nahm viele Jahre in Anspruch, und die Ausführung übernahmen mehrere erste Künstler des ausgehenden 17. Jahrhunderts. Es galt, mit innovativen Gestaltungsmitteln ein Werk auf Höhe des Zeitgeistes zu errichten. Die Pest- beziehungsweise Dreifaltigkeitssäule wurde zum Vorbild für viele weitere Denkmäler dieser Art in ganz Österreich. »Die 1694 vollendete Säule gilt als Initialwerk des Wiener Hochbarocks.«[4] Das ursprüngliche Konzept von Joseph Frühwirth wurde unter anderem von Johann Bernhard Fischer von Erlach, Paul Strudel, Lodovico Ottavio Burnacini, Johann Ignaz Bendel und Tobias Kracker weiterentwickelt und verwirklicht.

»Die Pestsäule am Wiener Graben ist zum Prototyp einer stattlichen Reihe von Wolkenpyramiden geworden, die man in der Folge zu Pestzeiten in den Städten und Dörfern der habsburgischen Länder errichtete.«[5]

Pestsäule am Graben, 1694 am Dreifaltigkeitstag geweiht (auch *Dreifaltigkeitssäule* genannt)

Die Pestsäule als Zeichen des habsburgischen Gottesgnadentums

»Die Habsburger schöpften aus der Religion das Recht auf unumschränkte Herrschaft, als Kaiser des Heiligen Römischen Reiches waren sie fest überzeugt von einem göttlichen Auftrag in der Ausübung des höchsten weltlichen Amtes der Christenheit. Das Gottesgnadentum war fest verankert in der Idee des Kaisertums. Im Haus Habsburg war es durch das Tragen zweier weiterer ›heiliger Kronen‹, der böhmischen St. Wenzelskrone und der St. Stephanskrone Ungarns, gleichsam vervielfacht. Dies bedeutete einen enormen Autoritätsgewinn im religiös verankerten Denken der Zeit. [...] Ein ideales Beispiel für die habsburgische Sicht der gottgewollten Ordnung stellt die Pestsäule in Wien, eine Stiftung Leopolds I., dar. Das Monument ist von einer vergoldeten Darstellung der Dreifaltigkeit bekrönt. Der massive Sockel steht für die irdische Macht des Hauses Habsburg, gekennzeichnet durch die Wappenschilder der Kronländer. Auffallend ist die Darstellung des Kaisers, der demütig kniend als Fürbitter seiner schutzbefohlenen Untertanen dargestellt ist. Zwischen diesen beiden Polen fungieren auf einer Wolkenpyramide die Landespatrone und Hausheiligen der Dynastie als Vermittler. Die öffentlich demonstrative Gottesfurcht war für viele Habsburger jedoch nicht nur leeres Ritual, sondern ein inneres Bedürfnis: Vor allem Ferdinand II. und Leopold I. haben zahlreiche Zeugnisse einer intensiven persönlichen Frömmigkeit, die sich zur Bigotterie steigern konnte, hinterlassen. Bis zu drei Messbesuche pro Tag oder mehrstündige, ja mehrtägige Gebete für das Wohl des Landes in Krisenzeiten waren Bestandteil des Hoflebens.«[6]

Auf dem Weg notiert

Vom „The Leo Grand" mache ich mich über den Petersplatz auf den Weg zur Pestsäule. Als ich nach links auf den belebten Graben abbiege, zeigt sich mir die golden bekrönte Säule wuchtig und gleichzeitig sich wie filigran tänzelnd gen Himmel bewegend. Engelsfiguren und Wolkenbänder fallen bereits aus der Entfernung auf. Die steil aufstrebende Wolkenpyramide wird durch einen dreiflügeligen Sockel gestützt, der als symbolischer Ausdruck der Dreifaltigkeit interpretiert werden kann. Die südwestliche Seite des Denkmals mag als Schauseite gelten: Prominent findet sich hier der Stifter Kaiser Leopold I. dargestellt.

Gebannt halte ich vor einer dramatischen Figurengruppe inne: Eine ausgezehrte, kopfüber rückwärts stürzende Frau mit zum Schrei geöffnetem Mund irritiert und fasziniert mich gleichzeitig. Die dramatische Szene zeigt einen steingewordenen Moment: Der flammende Glaube stößt die monströse Pest in den Abgrund und siegt. Indem das für die Ewigkeit errichtete Denkmal auf die Errettung vor der Pest 1679 verweist, veranschaulicht es einen Augenblick und bildet zugleich eine immerwährende Wahrheit ab: Der Glaube wird immer das Böse besiegen. Über das Kreuz der Allegorie des Glaubens wendet sich der Blick hinauf zu Leopold I. Ihm sind Krone, Schwert und Lorbeerkranz als Attribute beigegeben (siehe Abbildungen S. 310 und 311):

Der mit dem Schwert die Krone verteidigende Kaiser gereicht dem Reich der Habsburger zu ewigem Ruhm. Legt die vor einer Weltkarte platzierte Krone nahe, den Kaiser als Herrscher der Welt überhöht zu sehen? Hinter Leopold I. erblicken wir das Opferlamm, das Symbol des Christus, welches das Kreuz mit der Siegesfahne trägt. Könnte man das Bildprogramm so lesen, dass der durch den Willen Christi (das Gotteslamm) gestützte Kaiser für seine Macht und deren Erweiterung auf dieser Erde kämpft? Einem andächtigen Zeitgenossen mag dieser Eindruck entstanden sein.

Des Kaisers Blick ist zum Himmel gerichtet. Mit seiner Linken deutet er auf die Leiden seiner Untertanen, mit der Rechten zeigt er auf sein Herz: Aus ganzer Seele empfiehlt er seine Untertanen dem Göttlichen. Im Relief am Bauernmarkt übernimmt Maria die Mittlerfunktion, hier hat diese Funktion Leopold I. inne. Er ist das Bindeglied zwischen der Sphäre irdischen Leidens und der Himmelssphäre, zu der er seinen Blick richtet. Die Dreifaltigkeitssäule zeigt einen großen Abstand zwischen himmlischer und irdischer

Pestsäule am Graben, Detail

Sphäre: Vor unseren Blicken entfaltet sich ein himmlischer Engelschor, eine reiche Himmelssymphonie von Wolken und Engeln. An deren Spitze sind vergoldet Vater, Sohn und Heiliger Geist verherrlicht.

Diese filigran und gleichzeitig monumental bewegte Charakteristik eines öffentlichen Denkmals ist zu ihrer Entstehungszeit in Wien einmalig und wegweisend.

Die Inszenierung der »Pietas Austriaca«

Im bewussten Gegensatz zum französischen Widersacher inszenierten sich die Mitglieder des Hauses Habsburg besonders gottesehrfürchtig – die Tugend der Pietas (Demut) wurde von Leopold I. besonders in Szene gesetzt. Den Untertanen sollten so die Verbindung zu Gott und der Anspruch darauf, dass das Haus Habsburg auf Gottes Gnade beruht, besonders eindringlich vor Augen gestellt werden. Daher ist der Kaiser hier an der Pestsäule kniend dargestellt, »überragt [...] von dem kunstvollen Wolkenaufbau des Denkmals, der die Größe Gottes im Vergleich zur irdischen Macht des Kaisers deutlich macht«.[7] Aus der Herrschaftszeit Leopolds I. fehlen daher auch große Reiterstandbilder im öffentlichen Raum.

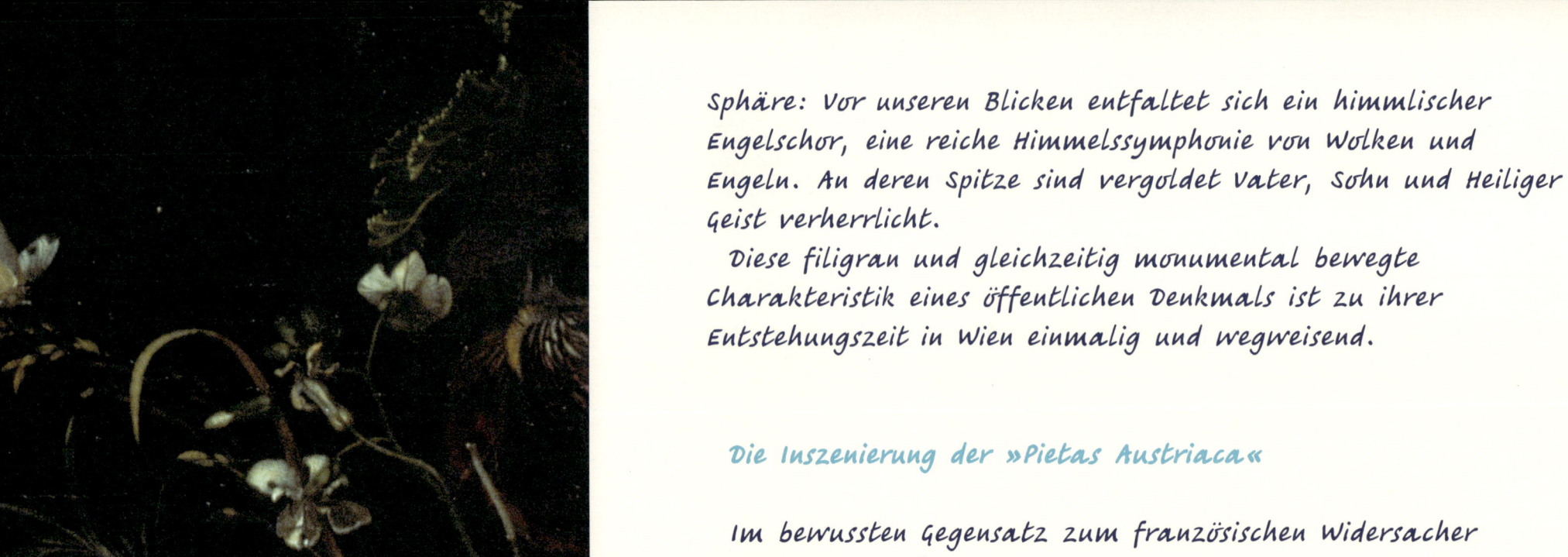

Pestsäule am Graben, Detail (Kaiser Leopold I. kniend)

»Der Kaiser wurde zwar durchaus in Theateraufführungen oder bei Arbeiten für die Schatzkammer des Hauses in triumphaler Pose zu Pferd gezeigt, doch fehlen solche Darstellungen, wenn es um den allen Schichten der Bevölkerung zugänglichen Denkmalbau an öffentlichen Plätzen geht.«[8]

Pestsäule am Graben, Detail

Ein Haus im Dreieck der Monumente

Als Dank für die Errettung der Stadt vor einem schwedischen Heer 1645, wenige Jahre vor dem Ende des Dreißigjährigen Krieges, gab der Vater Leopolds I., Ferdinand III., ein Maria geweihtes Standbild auf einer Säule in Auftrag. Ihren Standort sollte sie am Platz Am Hof bekommen. Mehr zu diesem für Wien sehr wichtigen Ort siehe S. 100.

Die heute den Platz schmückende, 1667 durch Leopold I. eingeweihte Säule sollte aus »Erz von Kanonen

Salomon Kleiner, *Ansicht des Platzes Am Hof in Wien mit der Mariensäule im Vordergrund*, 1724 © Wien Museum

gegossen werden, die von Feinden erbeutet worden waren«, wie der in Wien am 22. September 1664 abgeschlossene »Zweite Vertrag zwischen der Kaiserlichen Hofkammer und Balthasar Herold« festhält. Säule und Figuren wurden auch in diesem Fall nach Entwürfen des Theateringenieurs Lodovico Burnacini gestaltet.

Die Marienverehrung des Hauses Habsburg fand so an einem für Wien historisch sehr bedeutungsvollen Ort einen sichtbaren Ausdruck. Im Barock wurden zahlreiche Mariensäulen errichtet: Sie dienten den Habsburgern dazu, den Katholizismus, also den ihrer Meinung nach »rechten Glauben«, als einzig richtige Heilslehre zu bekräftigen.

»Die Marienverehrung war eines der Hauptelemente der ›Pietas Austriaca‹, der in der Barockzeit zur Haupttugend der Dynastie stilisierten Frömmigkeit der Habsburger. 1645 gelobte Kaiser Ferdinand III. angesichts der drohenden Gefahr durch die heranrückenden Schweden eine Mariensäule am Platz ›Am Hof‹ in Wien zu errichten. Diese wurde 1667 durch die noch heute dort befindliche Säule aus Bronzeguss ersetzt. In den Jahren 1675–1678 ließ Leopold I. vom Augsburger Goldschmied Philipp Küsel eine 129 cm hohe Nachbildung aus vergoldetem Silber anfertigen, die mit über 3000 Edelsteinen und Perlen besetzt sowie mit Emailmalerei verziert ist.«[9]

Mariensäule Am Hof, Detail

Diese Abbildung zeigt im Vordergrund die Mariensäule. Im Hintergrund sind die „Kirche zu den neun Chören der Engel" und das ehemalige Professhaus der Jesuiten zu sehen.

Nachbildung der Mariensäule vom Platz Am Hof in Wien – Pietas Austriaca

»In Erfüllung eines Gelübdes angesichts der Bedrohung Wiens durch die schwedischen Truppen im Dreißigjährigen Krieg ließ Kaiser Ferdinand III. Am Hof in Wien eine Mariensäule errichten. Die nach Münchner Vorbild von Johann Jakob Pock ausgeführte Säule wurde 1647 eingeweiht. Der Sohn Ferdinands, Kaiser Leopold I., schenkte siebzehn Jahre später die Marmorsäule dem Hofkammerpräsidenten Georg Ludwig Graf von Sinzendorf, der die Säule nach Wernstein am Inn (OÖ) verschiffen und dort aufstellen ließ. Leopold veranlasste ferner die Errichtung einer neuen Mariensäule Am Hof. Diese wurde nach Entwürfen von Lodovico Ottavio Burnacini von Balthasar II. von Herold in Bronze gegossen, den Unterbau fertigten Carlo Martino Carlone und Carlo Carnevale; die Einweihung erfolgte 1667. Als Zeichen seiner ausgeprägten Marienfrömmigkeit ließ der Kaiser diese Schöpfung auch als monumentale und mit reichem Edelsteinbesatz und Emails verzierte Goldschmiedearbeit für seine Schatzkammer ausführen. Das Denkmal steht auf einer quadratischen Grundfläche, die von vier Löwen getragen wird. Wie bei seinem Vorbild erhebt sich über Stufen eine Balustrade. Auf den Ecksockeln stehen Rauchfass schwingende Putti, auf den mittleren Sockeln befinden sich gegenreformatorische Heilige. Aus der umzäunten Mitte steigt ein Sockel mit verkröpften Eckpfeilern auf. Darauf stehen vier geharnischte Putti, die jeweils die zu ihren Füßen liegenden Gegner – Schlange, Drache, Basilisk und Löwe – bekämpfen. Hier manifestiert sich in allegorischer Form der Kampf gegen Pest, Krieg, Hunger und Ketzerei. Zwischen den Putti steigt eine Säule empor, auf deren Kapitell Maria steht. Zu ihren Füßen liegt ein von einem Pfeil durchbohrter Drache. Die unbefleckt empfangene Jungfrau wird so zur Bezwingerin des Satans, das katholische Prinzip siegt über die Feinde der Kirche. Dass die außergewöhnliche Goldschmiedearbeit am kaiserlichen Hof nicht nur als religiöses Repräsentationsobjekt, sondern auch als besonderes Kunstkammerstück geschätzt wurde, wird daran erkennbar, dass sie, aus der ›kleinen geheimen Schatzkammer‹ stammend, abwechselnd in der Weltlichen und in der Geistlichen Schatzkammer Aufstellung fand.«[10]

Philipp Küsel, *Nachbildung der Mariensäule Am Hof in Wien*, 1677–1679, Kunstkammer © KHM-Museumsverband

Der Josephsbrunnen am Hohen Markt geht auf ein Gelöbnis Kaiser Leopolds I. zurück. Dieses Gelöbnis bekundete Dankbarkeit für die gesunde Wiederkehr seines Sohnes Joseph I. von einer Belagerung der Festung Landau in der Pfalz während des Spanischen Erbfolgekrieges. Der Brunnen zeigt die Vermählungsszene zwischen Maria und Joseph mit einem Hohepriester und wird daher auch „Vermählungsbrunnen" genannt. Die heutige Gestalt allerdings gab dem Brunnen erst Kaiser Karl VI., der Sohn Leopolds I., der den Brunnen nach Zeichnungen von Joseph Emanuel Fischer von Erlach neu errichten ließ.

Salomon Kleiner (Zeichner), Johann August Corvinus (Kupferstecher), Johann Andreas Pfeffel d. Ä. (Verleger), *Die herrliche von Marmor aufgerichtete Ehren-Säule der Vermählung der Gebenedeytesten H. Jungfrauen Maria mit dem Hl Joseph* (Vermählungsbrunnen Hoher Markt), aus: Wahrhafte und genaue Abbildung (…), 3. Teil, Abb. 6, 1733 © Wien Museum

Josephsbrunnen, Hoher Markt

In diesem kontrastreichen Dreieck der Denkmäler steht das „The Leo Grand" Hotel:

Die Mariensäule Am Hof wurde vom Vater Leopolds I., Ferdinand III., gestiftet und von Leopold verändert und vollendet. Die Dreifaltigkeitssäule (auch Pestsäule) am Graben wurde von Leopold gestiftet und von ihm während seiner Regierungszeit konzipiert und fertiggestellt. Der Josephsbrunnen (auch „Vermählungsbrunnen") am Hohen Markt wurde von Leopold I. gestiftet und von seinem Sohn Kaiser Karl VI. vollendet. Die drei Denkmäler zeigen die stiftungsfreudige Frömmigkeit dreier kaiserlicher Generationen – zeitlich im Zentrum finden wir Leopold I., räumlich im Zentrum das Palais am Bauernmarkt 1.

Ein Spaziergang zu diesen verschiedenen Monumenten rund um das „The Leo Grand" Hotel lohnt sich, um verschiedene Eigenheiten und Charakterseiten der Stadt kennenzulernen.

Maria von Oosterwijck, *Vanitas-Stillleben*, 73 × 88,5 cm, Öl auf Leinwand, 1668, Kunsthistorisches Museum Wien, Gemäldegalerie © KHM-Museumsverband

Die Künstlerin Maria van Oosterwijck (1630–1693) ist eine begabte und begehrte Stilllebenmalerin ihrer Zeit. Ihre Gemälde werden von den Höfen König Ludwigs XIV., Kaiser Leopolds I. und König Jan Sobieskis angekauft. Dieses Werk, heute in der Sammlung des Kunsthistorischen Museums in Wien, zeigt in der Spiegelung der runden Flasche Teile des Ateliers und die Künstlerin selbst.

Nicolas Poussin, *Zerstörung des Tempels in Jerusalem durch Titus*, 1635, Detail, Kunsthistorisches Museum Wien, Gemäldegalerie
© KHM-Museumsverband

EIN KAISER-FREUND

lebt und arbeitet im Haus am Bauernmarkt 1

Johann Andreas Pfeffel (d. Ältere) und Christian Engelbrecht, *Samuel Oppenheimer*, um 1703, Detail, Österreichische Nationalbibliothek © ÖNB

Zur Erhaltung und Erweiterung seiner Machtfülle waren für Leopold I. geschickte Mitstreiter unerlässlich. Unter diesen ganz besonders herausragend finden wir Samuel Oppenheimer, der dem Kaiser unermüdlich und mit allen seinen Mitteln zur Seite stand.

Ende des 17. Jahrhunderts wurde der großzügige Gebäudekomplex am Bauernmarkt 1 „Wiesersches Haus" genannt. Auf dem Papier war Gottfried Wieser Edler von Wiesenthal Eigentümer, bewohnt wurde das Haus von Samuel Oppenheimer und seiner Familie mit ihren Bediensteten. Juden wurden zumeist nur mit besonderen Schutzprivilegien in der Stadt geduldet, wofür sie hohe Summen zahlen mussten. Diese Einnahmen bildeten oft einen wichtigen Teil der Staatseinkünfte.

Juden war es sehr lange untersagt, Immobilien in der inneren Stadt ihr Eigen zu nennen. Im Wiener Stadt- und Landesarchiv wird mir auf Anfrage das Hofquartiersprotokoll von 1703 vorgelegt, in dem das Haus Bauernmarkt 1 im Besitz von Regierungsrat Gottfried Wieser erwähnt wird. Das Dokument überbrückt Jahrhunderte – eine einmalige kleine Zeitreise. Hofquartiersprotokolle sind eine aufschlussreiche Quelle, welche die Besitz- und Raumverhältnisse der Häuser im ersten Bezirk Wiens gut nachvollziehbar macht.

Wie sah das Haus am Bauernmarkt 1 aus, als Oppenheimer hier wohnte? Siehe die Rekonstruktion s. 326–331.

Mehr über die Hofquartiersprotokolle findet sich im Beitrag Günther Buchingers und Doris Schöns, S. 531.

Die erste Seite des Hofquartiersprotokolls von 1703, Hofkammerarchiv

Günther Buchinger und Doris Schön über die Rolle des »christlichen Strohmanns«:

»Der 1692 als Besitzer des Hauses Bauernmarkt 1 eingetragene niederösterreichische Regierungsrat Gottfried Wieser wird überraschenderweise 1703 in einem Hofquartiersprotokoll als Quartiernehmer bezeichnet. Der namentlich nicht angeführte mysteriöse Hausbesitzer ließ damals seinen Quartiernehmer Wieser in eine andere Behausung transferieren, um die Quartierfreiheit für sein neu erbautes Haus am Bauernmarkt genießen zu können. Der offizielle Antrag und der behördliche Bescheid für die Quartierbefreiung wurden nie ausgestellt. Diese ungewöhnliche und für Wien singuläre Geschichte erklärt sich aus der Tatsache, dass der Hausbesitzer Jude und daher vom Realeigentumsrecht ausgeschlossen war. Dass es sich um Samuel Oppenheimer handelte, der als reichster Hofjude unter Kaiser Leopold I. tätig war, machte eine inoffizielle Vorgangsweise der Behörden möglich, und Oppenheimer konnte im Schatten eines christlichen Strohmanns die faktischen Hausherrenrechte ausüben.«

(Gesamttext siehe S. 562)

Die Dienste Oppenheimers für Kaiser Leopold I. in Zahlen:

»1674 als kaiserlicher Faktor, 1679 als Armeelieferant und ›kaiserlicher Kriegsfaktor‹ wurde der Bankier Oppenheimer zum wichtigsten Kreditgeber des Kaisers, der ihm 1684 187.000 Gulden, im Jahr des Erwerbs des Hauses am Bauernmarkt bereits 700.000 Gulden und ein Jahr darauf 2 Millionen Gulden schuldete.«[1]

Ein Retter in der Not

»Mitunter wandten sich hochrangige Fürsten direkt an jüdische Kreditgeber, wenn sie in Geldnot waren. In dieser Situation befand sich z. B. Kaiser Leopold I., nachdem seine Bitten um Anleihen von der österreichischen Aristokratie mit Hochmut und Spott verworfen worden waren. Mit den Juden hatte der Herrscher ein leichteres Spiel: sie waren ja seiner Gewalt völlig unterworfen und auf seine Gnade angewiesen.«[2]

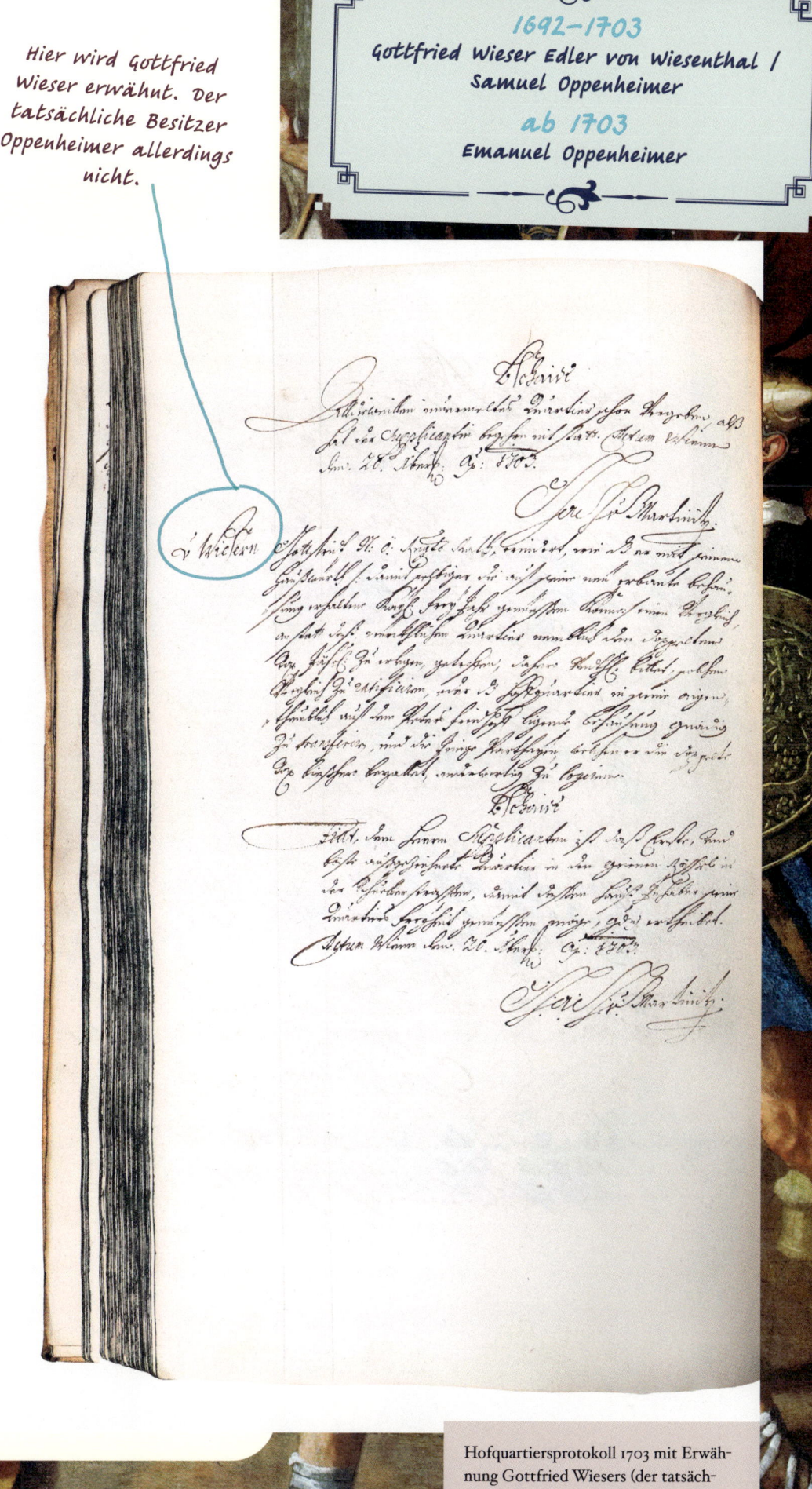

Hier wird Gottfried Wieser erwähnt. Der tatsächliche Besitzer Oppenheimer allerdings nicht.

1692–1703
Gottfried Wieser Edler von Wiesenthal / Samuel Oppenheimer
ab 1703
Emanuel Oppenheimer

Hofquartiersprotokoll 1703 mit Erwähnung Gottfried Wiesers (der tatsächliche Besitzer Samuel Oppenheimer kommt nicht vor), Hofkammerarchiv, Hofquartiersprotokoll 1703, fol. 54v.

Verkehrte Verhältnisse?

Doppelmoral, Hinterlist, Wiener Schmäh? Welche Bezeichnung trifft auf die Vorgehensweise eines »christlichen Strohmanns« zu, der für den Juden Oppenheimer im Grundbuch stehen muss, weil dieser aufgrund seines Glaubens kein Besitzrecht hat? Dazu fällt mir ein Stück aus dem 20. Jahrhundert ein: „Der Herr Karl", 1961 von Helmut Qualtinger und Carl Merz verfasst.

Der darin Porträtierte ist ein Mensch, der seinen Opportunismus durch seichte Erklärungen vor sich selbst verschleiert. Und es gelingt: Fast sympathisch wird dieser grobe Charakter, der es so ehrlich zu meinen scheint.

Ich muss an Adornos Wort aus den größtenteils zwischen 1944 und 1947 entstandenen „Minima Moralia" denken: »Es gibt kein richtiges Leben im falschen.« Adorno plädiert für den Unterschied zwischen wahr und falsch und tritt für die Notwendigkeit ein, sich den ungetrübten Blick für das Richtige zu bewahren. Dies auch in einer Umgebung, die andere Werte vertritt, aber sich gegen Menschlichkeit wendet. Darin sehe ich – auch wenn die beiden Denker im Methodologischen Gegner gewesen sein mochten – eine Nähe zu Karl Poppers Humanismus, der keine Ideologie, sondern Menschlichkeit an die erste Stelle stellt.

Wahrscheinlich waren sich die Beamten ihres frag würdigen Tuns beim Einschreiben in das Grundbuch nicht bewusst. Vielleicht empfanden sie es gar als Unrecht, dass ein Jude so stattlich wohnen durfte.

Auf der Website des Österreichischen Staatsarchivs finde ich folgenden Text zum Stück „Der Herr Karl":

»Der von Carl Merz verfasste und von Helmut Qualtinger kongenial personifizierte **Herr Karl** (1961) zeigt wie kein anderer Text dieser Zeit die mentalitätspolitische Ambivalenz des kleinen Mannes: opportunistisch, borniert, wehleidig, selbstgefällig.

Es ist eine Ökonomie des Mangels und des Überlebens, die den wirtschaftlichen Wiederaufbau zunächst kennzeichnet, eine Kultur des alltäglichen Improvisierens und Organisierens. Die terroristische, mörderische Dimension des Faschismus wurde aus dem öffentlichen Bewusstsein verdrängt; wohl wäre im Kontext des allgemeinen Traumas ein Neuanfang ohne Verdrängung auch nur schwer denkmöglich gewesen. Die antidemokratischen, autoritären, xenophoben Ebenen des Nationalsozialismus wirkten allerdings gleichsam unter der Oberfläche weiter und prägten eine auf das unmittelbare Hier und Jetzt konzentrierte und eingeengte Alltagskultur. Die Ökonomie des Mangels korrelierte mit einer Politik der Amnesie.

Kulturell dominant wurde vor diesem Hintergrund eine aus dem Austrofaschismus hergeleitete, katholisch inspirierte Austrophilie; eine restaurative Ästhetik des Sublimen und Soliden, die das Bild einer harmonischen, an ihren barocken Traditionen und aktuellen Bilderbuchlandschaften orientierten Wertegemeinschaft vermitteln sollte. [...]

Der Herr Karl (1961) gerät dann schlicht zum Geniestreich. ›Bei mia woa immer a bisserl das Herz dabei‹, ›Ich bin bitter enttäuscht worden‹, und ›Orgien im Gemeindebau‹: Mit der Figur des ewigen Spießers, in der auf eine radikal moderne Formensprache reduzierten Fernsehregie Erich Neubergs, legte Qualtinger eine beispiellos präzise und schonungslose Bestandsaufnahme der österreichischen Seele vor. Der gemeinsam mit Carl Merz verfasste Monolog eines sechzigjährigen Lagerhilfsarbeiters zählt zu den großen Texten der österreichischen Nachkriegsliteratur; er seziert wie kein zweiter die Abgründe opportunistischer Selbstzufriedenheit, faschistoider Borniertheit und selbstgenügsamer Verschlagenheit, aber zugleich doch auch das prekäre, perspektivlose Ausgeliefertsein des kleinen Mannes an die faktische Gewalt der Zeitenläufe. Text wie Darstellung stehen in der klassisch satirisch-analytischen Tradition eines Nestroy, eines Karl Kraus und, dies vor allem, eines Ödön von Horváth. In der Demaskierung, in der Entstellung seiner Figur zur Kenntlichkeit gelang Qualtinger eine einzigartige literarische Bestandsaufnahme der ›Banalität des Bösen‹.

Die Fernseherstausstrahlung vom 15. November 1961 löste einen hysterischen Proteststurm sondergleichen aus, wochenlang reagierte die Republik mit empörter Fassungslosigkeit auf diese – ihre – Geschichte. Qualtinger, so der Bildhauer Alfred Hrdlicka, habe den Leuten eben einen Spiegel vorgehalten: ›Sie haben sich darin gesehen, aber sich nicht erkannt.‹ Ein epochaler Theatererfolg sollte **Der Herr Karl** dennoch werden, auf Einladung österreichischer Emigranten gastierte Qualtinger schließlich für acht ausverkaufte Vorstellungen im Barbizon Plaza Theater am Broadway. Bis heute ist der Text Kult und ein schier unerschöpfliches Zitatenreservoir.«[3]

Juden im barocken Wien

Welche Einstellung herrschte in Wien gegenüber Juden, als Oppenheimer hier wohnte?

»Nach der Vertreibung der Juden aus Niederösterreich und seiner Hauptstadt Wien 1670/71 gab es fast 200 Jahre lang keine Gemeindegründung. Doch schon Ende des 17. Jahrhunderts ermöglichten einzelne privilegierte Juden religiöses und kulturelles jüdisches Leben in Wien. Einer der ersten Juden, der sich nach der Vertreibung wieder in der Stadt niederlassen durfte, war Samuel Oppenheimer, der zum Hofjuden Kaiser Leopolds I. (1640/1658–1705) aufstieg.«[4]

Die heutige Leopoldstadt mit ihrer Leopoldskirche hieß nicht immer so: Diesen Namen bekamen das Stadtviertel und die Kirche erst nach der Judenvertreibung und der Zerstörung der Synagoge 1670 unter Kaiser Leopold I.

Warum Oppenheimer in Wien trotz der Vertreibung der Juden kurze Zeit zuvor in Wien »willkommen« war, erklärt Selma Stern einleuchtend:

»Was die Haltung Leopolds I. betraf, so brachte erst das Jahr 1673 den entscheidenden Umschwung. Ludwig XIV. hatte im Bund mit mehreren deutschen Fürsten erneut Holland angegriffen, in kurzer Zeit einige Provinzen und das rechte Rheinufer erobert. Wollte der Kaiser seine Position im Reich nicht noch weiter schwächen, so musste er sich zu einer wirkungsvollen Tat entschließen. Indem er sich mit Spanien, Holland und Dänemark verbündete, wurde die erste große Koalition europäischer Nationen zur Bekämpfung des französischen Expansionsstrebens und zur Wahrung des europäischen Gleichgewichts geschlossen.

In dieser Zeit entschloss sich der Kaiser, Samuel Oppenheimer von Heidelberg, ›Jud von Heydelberg‹, wie er selbst unterzeichnete, die Versorgung der Armee mit Munition und Proviant anzuvertrauen. Es lässt sich vermuten, dass Leopold dieser Schritt nicht leichtfiel und er ihn nur auf Drängen seiner Feldherren und der Hofkammer tat, wie man das damalige Finanzministerium nannte. Denn er war geradezu besessen von den Lehren der katholischen Kirche und ständig in Begleitung von spanischen Jesuiten und bigotten Priestern. Erst drei Jahre zuvor hatte er die Juden aus Wien und Niederösterreich vertrieben und seit dieser Zeit keinem einzigen mehr den Aufenthalt in der Kaiserstadt erlaubt.

Unbekannt, »Vertreibung der Juden aus Wien 1670«, Jüdische neue Zeitung vom Marsch aus Wien und anderen Orten ..., 1670 © Wien Museum

Wenn Leopold I. zu diesem Zeitpunkt einen Juden in der wichtigen Aufgabe eines Kriegskommissars betraute, so tat er es, weil keiner der christlichen Kaufleute bereit war, dieses beschwerliche Amt zu übernehmen. Der Dreißigjährige Krieg hatte viele der großen Handelshäuser ruiniert, ihre Geschäftsverbindungen mit dem Ausland unterbrochen, das Kapital zerstört und den Kaufleuten den Mut zu waghalsigen Unternehmungen genommen. Die Wege im Reich waren unsicher geworden: Soldaten plünderten die Fuhrwerke, und die Waren verdarben auf den langen Fahrten von einem Land zum anderen und von Front zu Front. Diese Umstände, verbunden mit den unzähligen Zollschranken und unübersichtlichen Münz- und Maßverhältnissen, stellten keinen berechenbaren Verdienst in Aussicht. Hinzu kamen psychologische Momente aller Art, die viele Kaufleute abschreckten, sich an Kriegslieferungen zu beteiligen. Dem Kriegskommissar wurde allenthalben tiefes Misstrauen entgegengebracht. Er war der Sündenbock, der für die Fehler der Heeresleitung, für das Versagen der Staatsmaschinerie und für die leeren Staatskassen verantwortlich gemacht wurde. Erhielt der Soldat schlechtes Essen, ungenügende Besoldung oder minderwertige Ausrüstung, so wurde dem Kriegslieferanten dafür die Schuld gegeben. [...]

Für solche Aufgaben war es deshalb leichter, jüdische Unternehmer zu gewinnen als christliche. Jüdische Lieferanten konnten durch das Versprechen von Titeln und Privilegien gelockt oder, da sie keinerlei Rechte besaßen, durch die Druckmittel des Staates gefügig gemacht werden.«[5]

Die ständige Bedrohung einer Ausweisung aus der Stadt machte es dem Hof leicht, von Juden Geld und Leistungen zu verlangen. Dafür, dass Samuel Oppenheimer Kriege und Luxus des Hofes finanzierte, durfte er, wenn auch ohne Grundbesitzrechte, in einem prachtvollen Haus im Inneren der Stadt residieren.

*Ich suche nach Bildmaterial, um mir das Gelesene zu veranschaulichen, aber das ist gar nicht so einfach. Auf den Websites jüdischer Museen finde ich keine Onlinesammlungen; in den Publikationen zum Thema jüdisches Wien oder Judentum in Wien oder Geschichte der Juden in Österreich und anderen Ländern finde ich meist nur Abbildungen der Herrscher, die dies oder jenes für die jüdische Gemeinschaft getan haben.
Ein richtiggehendes Bild der jüdischen Hoffaktoren, ihrer Umgebung, ihrer Ideale, ihres Geschmacks zu bekommen, ist schier unmöglich. »Judenkarikaturen« möchte ich nicht integrieren. Ausschließlich Schriftsätze und Passbriefe sind auch nicht spannend. Zeremonielle Gegenstände passen nicht zum Thema. Erst später, ab der Zeit des Bürgertums, und noch später zu den berühmten Palästen der Ringstraße findet sich mehr.*

In welchem Haus hat Samuel Oppenheimer mit seiner Familie gelebt?

Blick von Südwesten auf die Fassaden zur Freisingergasse und zum Bauernmarkt. Die Ansicht zeigt das renaissancezeitliche Haus nach dem Umbau durch den Juristen Dr. Johann Prunner um 1590, der als Ratsverwandter der Stadt Wien und als Stadtrichter fungierte. Im Erdgeschoß befanden sich Verkaufsläden mit Waren aller Art. Durch Markisen geschützte Stände im Freien luden zum Einkauf ein. Das Einfahrtsportal in den Innenhof dürfte repräsentativ gestaltet gewesen sein. Die Geschäfte und die Wohngeschoße darüber sind nun nicht mehr Bestandteil unterschiedlicher mittelalterlicher Baukörper, sondern wurden zu einem einheitlich fassadierten Block zusammengefasst, der vermutlich einfach mit Gesimsen, gerade verdachten Fenstern und einer Eckquaderung gegliedert war.

Die Beschreibungen der Rekonstruktionen wurden von Günther Buchinger verfasst.

Blick in den ebenfalls mittlerweile einheitlich gestalteten Innenhof. Im Trakt zur Freisingergasse befanden sich weitere Läden, die vom Hof aus zugänglich waren, sowie gegenüber ein Pferdestall mit Heukammer. Der Hof wurde vermutlich intensiv zum Anliefern neuer Ware genutzt.

Vogelperspektiven über das Wohn- und Geschäftshaus von Nordosten und Südwesten mit Überblick über das gesamte Bauensemble. Der Trakt zur Freisingergasse ist bereits vollständig zweihüftig strukturiert, nur der Hoftrakt ist etwas niedriger dimensioniert. Die Ansicht vermittelt einen Eindruck vom Wohlstand eines renaissancezeitlichen Bürgerhauses, das ausreichend Raum zum Handeln und zum Wohnen, auch für Hofquartiersnehmer, bot.

Der Absolutismus und die jüdischen Hoffaktoren

Ein prachtvolles Reliquiar Leopolds I.: Für Luxus und Prunk des Hofes waren viele jüdische Hoffaktoren tätig.

Unbekannt, *Reliquienaltärchen Kaiser Leopolds I.*, um 1660/80, Kunsthistorisches Museum Wien, Geistliche Schatzkammer © KHM-Museumsverband

Absolutismus – Merkantilismus – »Hofjudentum«?

»Politisch war der absolutistische Staat darauf gerichtet, die bisherigen Kraftzentren des öffentlichen Lebens, namentlich die Stände und die Kirchen, zu entmachten. [...] Das wirtschaftliche System, mit dem die Herrscher ihre Länder zu materiellem Wohlstand zu bringen suchten, war der Merkantilismus. Merkantilismus bedeutete vor allem die Steigerung der Staatseinkünfte, die Vermehrung der Bevölkerung und speziell in Deutschland die Begünstigung der Einwanderung von Fremden, deren wirtschaftliche Betätigung das Land durch neue Methoden und Fertigkeiten stärkte. Das waren Ziele, für deren Verwirklichung man die Juden besonders nutzbringend verwenden konnte. Die Judenpolitik des fürstlichen Absolutismus folgte dem Grundsatz, dass man dem Staat eine aktive Handelsbilanz verschaffen müsse und dass hierfür von der Wirtschafts- und Steuerkraft der Juden Gebrauch zu machen sei. Staatsbeamte zögerten nicht mehr, Juden zur Ankurbelung der Wirtschaft und für das Wiederaufblühen der Städte heranzuziehen. [...] Der Absolutismus und seine Wirtschaftsform, der Merkantilismus, machten das Hofjudentum zu einer in ihrer Art völlig neuen Erscheinung in der Geschichte der Juden in den deutschsprachigen Ländern des 17. und 18. Jahrhunderts.«[6]

Barocke Prachtentfaltung braucht fähige Financiers

Barbara Staudinger beschreibt die herausragende Position der »Hofjuden« so:

»Der Bedarf an Hofjuden stieg im Dreißigjährigen Krieg und in seiner Folgezeit steil an. Die Finanzkraft der Territorien war durch die Verwüstungen des Krieges geschwächt: Große Banken und Handelsunternehmen wie die der Welser machten bankrott, die reichen Städte verarmten, und die Abwertung der Münze ruinierte das Kreditwesen und brachte den Handel zum Stocken. Andererseits erforderte der Krieg riesige Summen für den Unterhalt der Truppen. Juden wirkten als Kriegslieferanten für ganze Armeen. Nach dem Krieg herrschte bei einem großen Teil der Territorialherren beträchtliche Geldknappheit. Der Geldbedarf nahm aber noch zu, weil die verschwenderische Prachtentfaltung, wie sie für die Fürstenhöfe des Absolutismus charakteristisch war, gewaltige Aufwendungen verlangte. Riesige Summen mussten z. B. für den Bau repräsentativer Barockpaläste und würdiger Residenzen aufgebracht werden. Durch all diese Umstände bildete sich das Hoffaktorentum, bei dem der Hoffaktor in einem permanenten Dienstverhältnis zum Herrscher stand, zu einer ständigen und in allen großen Territorialstaaten eingeführten Institution aus. Da lag es im natürlichen Gang der Dinge, dass aus den jüdischen Heereslieferanten, ohne die im 17. und 18. Jahrhundert kein Krieg in Deutschland geführt wurde, Hofjuden entstanden. Ihre Verbreitung in deutschsprachigen Ländern war unübersehbar, und insgesamt ging ihre Zahl wohl in die tausende.«[7]

»Die Privilegierung einzelner war eines der zentralen Mittel kaiserlicher wie landesfürstlicher Judenpolitik. Ab dem Ende des 16. Jahrhunderts, als sich die jüdische Gemeinde Prags wesentlich vergrößerte und sich auch in Wien eine jüdische Gemeinde etablieren konnte, vergaben die Kaiser – zunächst Kaiser Rudolf II. (ab ca. 1580), in wesentlich größerem Maße jedoch seine Nachfolger – Hofjudenprivilegien an einzelne ökonomisch potente Juden, die nun gegenüber der restlichen Judenschaft nicht nur eine gesonderte Rechtsstellung einnahmen, sondern auch in einem besonderen Maß an den Hof gebunden waren. Die Institution des Hofjudentums war daher grundlegend mit dem wachsenden Finanzbedarf der habsburgischen Kaiser für die Hofhaltung und Kriegführung ab dem späten 16. Jahrhundert verbunden. Hofjudenprivilegien waren von der Zahlungsbereitschaft bzw. -fähigkeit einzelner abhängig, sie waren zeitlich befristet und mussten von den Erben (zumeist Ehefrauen und Kinder) des Privilegierten oder auch bei einem Herrscherwechsel erneuert werden.«[8]

»Was aber prädestinierte die Juden zum Amt des Hoffaktors? Ausschlaggebend war, dass sie auf Gedeih und Verderb auf die Gnade, um nicht zu sagen: die Laune, des Herrschers angewiesen und von ihm abhängig waren. Der Herrscher konnte auf seinen Hoffaktor Druck ausüben, ohne dabei befürchten zu müssen, dass jener gefährliche Machtgelüste hätte oder dass er aus welchen Gründen auch immer Verbindungen zu den Ständen und anderen Interessengruppen anknüpfen würde. Der Hofjude musste alles übernehmen, was man ihm zumutete, wollte er nicht seine Stellung, sein Vermögen, seine Sicherheit, ja sein Leben aufs Spiel setzen.«[9]

Selma Stern ordnet das Phänomen jüdischer Hoffaktoren am Beginn ihrer Publikation historisch folgendermaßen ein:

»Wenn wir mit dieser Arbeit die Wirkung der historischen Veränderungen auf die Juden untersuchen, so ermöglicht uns dies zugleich ein besseres Verständnis der Institution des Hofjudentums, die ein Produkt jener Epoche des Übergangs und der Wende war. Denn nur jene spezifische historische Konstellation, die Zeit des höfischen Absolutismus und des Merkantilismus oder Frühkapitalismus, da man an alten Institutionen zu zweifeln begonnen und noch keine neue Welt- und Lebenskonzeption gefunden hatte, konnte eine Erscheinung wie den Hofjuden hervorbringen, der ebenso dem Mittelalter wie der Neuzeit zugewandt war. Der Jude des 19. Jahrhunderts hatte Emanzipation und Assimilation weitgehend vollzogen, die geistigen und kulturellen Werte der Umwelt in sich aufgenommen. Der Jude des Barock sah sich vor eine schwierige Aufgabe und ein härteres Schicksal gestellt. Er wurde von niemandem geleitet, von keiner Schule, von keiner Universität und von keiner geistigen Bewegung getragen wie die Juden zur Zeit Moses Mendelssohns. Die Tore zu Erziehung und Bildung waren ihm noch verschlossen. Ohne Vorbereitung und ohne Übergang wurde er in eine Kultur gestoßen, die ihm fremder war als die Kultur der Aufklärung und die des 19. Jahrhunderts seinen Nachkommen. Zwar vermochte er noch nicht, die geistigen Werte seines Jahrhunderts zu durchdringen und sie mit den alten Werten des Ghettos zu verbinden, doch konnte er seine Energie in wirtschaftliche Leistung umsetzen. Auf diese Weise schuf er sich die materielle Grundlage für das Ringen um die politische, gesellschaftliche und kulturelle Emanzipation. Es heißt, dass die soziale und wirtschaftliche Revolution der intellektuellen vorangeht, dass erst die materielle Situation einer Gesellschaft sich ändern muss, ehe der Mensch bereit ist für einen geistigen Neuanfang. Genau diese Aufgabe haben die Hofjuden erfüllt. Indem sie die wirtschaftliche Lage der Juden verbesserten, lockerten sie das soziale Gefüge des Ghettos und machten sie für die Aufnahme der neuen Ideen ihrer Zeit empfänglich. Ohne den Dessauer Hofjuden Moses Benjamin Wulff hätte es keinen Moses Mendelssohn gegeben, ohne den pfälzischen Hoffaktor Juspa van Geldern keinen Heinrich Heine, ohne den Kölner Hofjuden Baruch Simon keinen Ludwig Börne. Die Berliner Hofjuden Ephraim und Itzig haben die jüdische Aufklärung des 18. Jahrhunderts vorbereitet, die österreichischen Hoffaktoren Oppenheimer, Wertheimer, Eskeles und d'Aguilar die berühmten Wiener Salons.«[10]

Ein guter Begriff?

Der Begriff »Hofjude« ist in diesem Zusammenhang auffällig, meinem Gefühl nach sogar störend – wäre es unserem heutigen Verständnis entsprechend vielleicht passender, von »jüdischen Hoffaktoren« zu sprechen? Am Hofe Leopolds I. wurde Samuel Oppenheimer oft einfach »der Jud« genannt. Auf dem nach seinem Tod und ihm zu Ehren geschaffenen Porträt (siehe S. 338) wird er als »kaiserlicher Oberkriegsfaktor« bzw. »Hof Jud« bezeichnet. Die Benennung war also üblich, und man wusste, was damit gemeint war. An sich könnte ein »Hofjude« jedoch vieles sein: ein Hofnarr oder ein Mundschenk oder irgendein anderer Bediensteter bei Hofe. Ein Christ bei Hofe wurde auch nicht »Hofchrist« genannt. Zudem: Gerade unter dem nationalsozialistischen Regime wurde der Begriff »Hofjude« missbraucht – wie z. B. in dem Buch „Hofjuden" von Peter Deeg. In dem Film „Jud Süß" (1940) wurde Joseph Süß Oppenheimer, der »Hofjude« Herzog Karl Alexanders von Württemberg, der einem Justizmord zum Opfer fiel, entsetzlich karikiert und zur Aufhetzung der Massen instrumentalisiert.

Spätestens seit damals sollte die Verwendung des Begriffs merkwürdig anmuten. Analog: Nur weil »Neger« oder »Mohr« im 17. Jahrhundert gängige Begriffe wurden und man wusste, was sie bezeichneten, ist das kein Argument dafür, sie heute zu benutzen. In der Forschungsliteratur ist »Hofjude« allerdings bis heute ein gebräuchlicher Begriff. Muss sich in diesem Bereich noch eine Sensibilität gegenüber dem Begriff entwickeln? Ist es heute rechtmäßig oder diskriminierend, mit dem Begriff »Hofjude« auf das Phänomen einer spezifischen Zeit hinzuweisen? Fragwürdig ist die Verwendung des Begriffs allemal.

Einen »hochfürstlichen Mohren« gab es übrigens auch in Wien: Angelo Soliman (ca. 1720–1796)

»Das Schicksal des Angelo Soliman, der im Wien des 18. Jahrhunderts als ›hochfürstlicher Mohr‹ zu einiger Bekanntheit kam, ist charakteristisch für den Umgang der ›aufgeklärten Gesellschaft‹ mit dem Fremden. Menschen mit schwarzer Hautfarbe galten in Mitteleuropa als menschliche Versatzstücke der exotischen Mode des Rokoko.

Soliman wurde um 1720 in Afrika geboren und von Sklavenhändlern als Kind nach Europa verkauft. In mehreren Adelshäusern zunächst als Lakai tätig, zeigten sich schon bald seine vielfältigen Begabungen und intellektuellen Fähigkeiten, die ihm das Wohlwollen der höheren Gesellschaft verschafften. Soliman sprach mehrere Sprachen und galt als ein brillanter Schachspieler. 1753 kam er in den Haushalt des Fürsten Joseph Wenzel von Liechtenstein. [...] Trotz seiner Verankerung in der Wiener Gesellschaft – Soliman war unter anderem Mitglied der Freimaurerloge ›Zur wahren Eintracht‹ und damit Logenbruder Mozarts – wurde sein Leichnam von Kaiser Franz II./I. für das k. k. Hof-Naturalienkabinett erworben. Ungeachtet der Proteste der Tochter Solimans wurde der Leichnam als Ausstellungsobjekt präpariert.«[11]

Johann Gottfried Haid (nach J. N. Steiner), *Angelo Soliman*, Schabblatt, um 1750 © Wien Museum

Barocke Abenteuerlust

»Obwohl der Hofjude ein Produkt seiner Zeit war, ein Produkt der einmaligen Konstellation des höfischen Absolutismus und Merkantilismus und der Kultur des Barock, so war er doch nicht nur ein künstliches vom Herrscher geformtes Werkzeug, ein bloßes Instrument des staatlichen Willens. Er war ein Individuum mit scharf umrissenen Zügen und ausgeprägten Eigenschaften, die erste erkennbare Persönlichkeit der neueren jüdischen Geschichte. Von den Hofjuden früherer Zeiten unterschied er sich durch die Vielseitigkeit seiner Betätigung im Bereich der Finanzen, der Diplomatie, des Handels und der Politik wie auch durch seine grenzenlose Unrast, sein Interesse an Spekulation und Tat, seine Freude am Erfolg, sein Streben nach Geld und Gewinn, seinen beruflichen Ehrgeiz und seine Anpassung an die zeitgenössische Welt in Sprache, Kleidung und Auftreten. Von den Hofjuden der Aufklärung und des 19. Jahrhunderts wiederum, die lediglich die Bankiers und die Finanzberater ihrer Fürsten waren und ihre Aufgabe in kühler Berechnung und professioneller Sachlichkeit erfüllten, unterschieden ihn seine Waghalsigkeit, seine Unbekümmertheit und seine barocke Abenteuerlust, was ihn in eine Linie stellt mit den Condottieri der Renaissance und den frühen Pionieren Amerikas.«[12]

Mehr zum Thema im Text von Peter Rauscher ab S. 568.

Dieses vernetzte System kam dann den späteren Hoffaktoren zugute. Während die großen Handelshäuser, wie zum Beispiel das der Familie Fugger, ihre Netzwerke und ihren Reichtum einbüßten, hatten einige jüdische Familien nach dem Dreißigjährigen Krieg genau diesen Vorteil: europaweite Verbindungen, die sie für die ihnen von den Fürstenhäusern übertragenen Aufgaben einzusetzen wussten. Aus einer Restriktion wurde unter veränderten historischen Bedingungen ein Vorteil.

Warum verfügten jüdische Kaufleute nach dem Dreißigjährigen Krieg über ein geschäftliches Netzwerk, das besser war als das ihrer christlichen Mitstreiter? Liefern Stefan Litts Ausführungen Hinweise dazu?

»Intensiv ist der Handel mit Leder, Gewürzen, Textilien, Metallen, Hausrat und anderen Dingen. Viele dieser Güter waren Produkte des ländlichen Lebens. Die Juden übernahmen zunehmend den Handel mit Überprodukten, die dann wiederum in Dörfern oder im kleinstädtischen Bereich von ihnen verkauft wurden, vielfach durch Hausierhandel in äußerst bescheidenen Maßstäben und großer persönlicher Armut. Andererseits wurden von ihnen in der Zeit des beginnenden Manufakturwesens die Produkte der frühen ›Massenproduktion‹ auf dem Land vertrieben. Einige Händler, insbesondere in Frankfurt a. M., nahmen in diesen Wirtschaftsbeziehungen, die bald überregional funktionierten, eine wichtige Mittlerrolle ein, als die Produkte zunehmend auch auf den großen Messen in Frankfurt selbst wie auch in Leipzig und anderswo gehandelt wurden. Dazu fuhren Juden mit eigenen oder angemieteten Fuhrwerken zu den Messeorten, an denen sie sich, wenn sie nicht als permanente Einwohner zugelassen waren, temporär aufhalten durften. Somit waren sie wenigstens zweimal im Jahr in Leipzig anzutreffen (wo sie sonst nicht leben durften), wobei sie dorthin aus allen Gegenden des Reiches strömten, auch von Ländern außerhalb der Reichsgrenzen. Dazwischen besuchten sie zahlreiche lokale Märkte, was dazu führte, dass Juden häufig lange von ihren Wohnorten fernblieben und oft auf den Landstraßen zu sehen waren. Diese Bedingungen schufen aber auch ein gut vernetztes System mündlichen bzw. schriftlichen Nachrichtenaustausches, das bei Begegnungen von mehreren Juden zustande kam. Das Zusammentreffen bei diesen Messen und Märkten führte dazu, dass sich in der Zeit des Aufenthalts eine Gemeinschaft mit gemeinsamen religiösen Bedürfnissen bildete, die sie, wenn es keine Synagoge am Ort gab, anderweitig befriedigen mussten. In den brabantischen Generalitätslanden der Vereinten Provinzen der Niederlande gab es in der Mitte des 18. Jahrhunderts eine Gesellschaft (mit Hauptsitz in Amsterdam), die zwei mobile Synagogen unterhielt und genau zu diesem Zweck die regionalen Märkte aufsuchte, um dort den Juden die korrekte Religionsausübung zu ermöglichen. Nach dem Dreißigjährigen Krieg, als die Phase der Konsolidierung jüdischen Lebens im Reich einsetzte, geriet das urbane Element wieder mehr und mehr in den Blickpunkt, sowohl in Hinsicht auf die Niederlassungen als auch in Hinsicht auf die Handelstätigkeiten. Es ist nicht zufällig, dass die Angehörigen der erfolgreichen Kaufmannsfamilien nach 1650 zu großen Teilen in den (wieder) erstandenen städtischen Zentren beheimatet waren, wozu Hamburg, Frankfurt, Prag, Metz, Fürth, Halberstadt, Berlin und andere zu rechnen sind. Sie waren auch diejenigen, die mit den zeitgleich etablierten Hofjuden und den Angehörigen der Geisteselite die Oberschicht der Juden bildeten. Parallel zur Urbanisierung ist daher eine allmähliche Umschichtung in den Erwerbszweigen zu beobachten, weg vom Geldverleih und hin zum Handel und Gewerbe.«[13]

Wer war Samuel Oppenheimer?

Samuel Bürgel engagierte für das Porträt des Hoffaktors einen renommierten Kupferstecher: Johann Andreas Pfeffel der Ältere (1674–1748) genoss in Wien höchstes Ansehen und hatte hier an der Akademie der bildenden Künste studiert. Nach seiner Tätigkeit als »k. k. Hofkupferstecher« zog er nach Augsburg und eröffnete dort mit Christian Engelbrecht eine erfolgreiche Kunsthandlung. Es war auch Pfeffel, der Salomon Kleiner beauftragte, sich nach Wien zu begeben. Von ihm stammen unter anderem die eindrucksvollen Stiche des Belvedere und der Menagerie des Prinzen Eugen.

Mehr zu Prinz Eugen siehe S. 282.

Johann Andreas Pfeffel (d. Ältere) und Christian Engelbrecht, *Samuel Oppenheimer*, um 1703, Österreichische Nationalbibliothek © ÖNB

Mich auf Bildmaterial und wissenschaftliche Literatur stützend, möchte ich den Versuch unternehmen, diesen Menschen und seine Umwelt besser zu verstehen.

Dieser Kupferstich zeigt das Abbild des berühmten und immens reichen Hoffaktors Samuel Oppenheimer. Kurz nach seinem Ableben 1703 beauftragte es sein treuer Mitarbeiter in Ofen, Samuel Bürgel. Oppenheimers Hüftbild ist in einem Medaillon zu sehen. Innerhalb eines ovalen Rahmens im Bild befindet sich die Inschrift: »Samuel Oppenheimer der Röm[isch].: Kais[erlicher].: Mayeste. Ober Kriegs Factor und Hof Jud.«

Das Medaillon gliedert sich in drei Bildebenen: Im Hintergrund sehen wir einen Vorhang, auf einem Tisch im Mittelgrund eine Uhr, ein Tintenfass mit Feder sowie einen Brief mit folgendem Text: »An meinen bestellten Samüel Bürgl / Jüden / in Offen«. Im Vordergrund blickt Samuel Oppenheimer aus dem Bild. Sein linker Arm ruht auf der Stuhllehne, die Hand hält einen verschlossenen Brief. Weist der Dargestellte mit der Geste seiner Rechten auf die um das Medaillon am unteren Bildrand dargestellten Gegenstände hin?

Oppenheimer übernahm als Kriegslieferant die risikoreiche Verproviantierung von Mensch und Tier der Regimenter an den vielen Fronten der vielen Kriege, welche die Habsburger führten. Steigbügel, Hafersack, Obst und Gemüse am linken Bildrand; um ein Gewehr hängt eine Tasche mit einem darauf applizierten Doppeladler; die Gegenstände am rechten Bildrand sind wahrscheinlich Elemente einer Soldatenrüstung (Helm, Mantel). <u>Alle sind Zeichen der unermüdlichen Dienste Samuel Oppenheimers im Auftrag Kaiser Leopolds I.</u> Zwischen Oppenheimers Hüftporträt und dem Vordergrund finden wir ein Medaillon: Es zeigt zwei Krebse (deuten sie auf das Tierkreiszeichen hin, unter dem Samuel geboren wurde?) sowie seine Initialen S und O.

»Die herausragende und politisch wirksamste Tätigkeit der Hofjuden war zweifelsohne die, die ihnen bei der Finanzierung der europäischen Kriege im Zeitalter des Absolutismus zufiel, insbesondere bei den beiden großen militärischen Konfrontationen mit Frankreich und dem Osmanischen Reich, aus denen die Habsburger siegreich hervorgingen. Der kaiserliche Heereslieferant während des Krieges 1673–1679 gegen die Hegemonialbestrebungen Ludwig XIV. in Europa war der Wiener Hofjude Samuel Oppenheimer (1630–1703), der seine Jugend in Heidelberg verbracht hatte und sich als erster Jude in Wien nach der Vertreibung von 1670/71 ansiedelte. Die kaiserlichen Truppen, die die seit 1682 vorrückenden Osmanen zurückschlugen und damit die Türkengefahr für Europa beseitigten, wurden durch riesige, von Oppenheimer beschaffte Summen besoldet. Er besorgte die Uniformen und den Proviant, die Pferde und ihr Futter sowie die Flöße, mit denen Kanonen, Pferde und Soldaten auf den Flüssen transportiert wurden. Es war mit sein Verdienst, dass Wien bei der Belagerung 1683 gerettet wurde, und er spielte eine entscheidende Rolle bei der Belagerung und Einnahme von Buda[pest] (1686) und Belgrad (1688). Als Ludwig XIV. in die Pfalz einfiel, übernahm Oppenheimer während einiger Jahre die Finanzierung eines Zweifrontenkrieges, indem er dem Kaiser das Potential seines weitverzweigten Netzes von jüdischen Finanziers in ganz Deutschland und den Niederlanden zur Verfügung stellen konnte. [...] Als Lieferanten der Höfe beschafften die Hofjuden jeden Artikel, der benötigt wurde, seien es Pferde, Schlachtvieh, Schmuck, Weine oder Hermelin.«[14]

Der Sockel, auf dem das Porträtoval ruht, trägt zwei Inschriften:

»Auß schuldigem Respekt gegen seinen Herrn hatt / dessen Contrafait in Kupfer stechen lassen Samüel Bürgl Jüd in Ofen«

Darunter in hebräischen Schriftzeichen:

»Ich erhob mich, um ihm zu Ehren zu handeln. Gehen Sie und sehen Sie sich das Porträt des bedeutenden und berühmten Schtadlan [Fürsprecher], Parnas [Aufseher] und Führers, des großen Rabbiners Samuel Oppenheimer an, möge sein Andenken gesegnet sein. Ausgeführt von seinem Diener, dem bescheidenen Samuel, Sohn meines Herrn und Vaters Juda Bürgl, möge Gott der Erlöser über ihn wachen, aus der heiligen Gemeinde Frankfurt a. M., derzeit in der Festungsstadt Ofen, Ungarn, 5464 [= 1703/04].«[15]

Richard I. Cohen und Vivian B. Mann zufolge handelt es sich um das erste Porträt eines Juden, das dessen weltliche Errungenschaften deutlich hervorhebt und ins Bild setzt. Gleichzeitig wird Oppenheimer in der edlen Kleidung eines gelehrten aschkenasischen Rabbiners gezeigt.[16]

Porträts von Juden aus dieser Zeit sind selten. Mit klarem Blick schaut Samuel aus dem Bild, ein leichtes Lächeln mag seine Lippen umspielen. Wer ist er? Wie ist es um seine Charakterzüge bestellt? Das Porträt vermittelt ein Gefühl des Changierens zwischen Nähe und Entrücktheit. Warum wurde das Werk in Auftrag gegeben? In wessen Besitz befand es sich? Da es sich um einen Kupferstich handelt, waren sicherlich mehrere, vielleicht sogar viele Abzüge dieses Porträts in Umlauf.

Zwei Hinweise geben Aufschluss über diese mir fremde Welt: Der Text „Melding Worlds: Court Jews and the Arts of the Baroque" untersucht das kulturelle Engagement jüdischer Hoffaktoren im Barock. Laut Richard I. Cohen und Vivian B. Mann etablierte sich diese Porträtform am Hofe Rudolfs II. in Prag. Das Bildnis Rudolfs II. feierte die Leistungen des Herrschers, der Adeligen und der Hofgesellschaft. Indem der Auftraggeber des Porträts diesen Bildtypus aufgriff, so Cohen und Mann, verband er seinen Arbeitgeber mit dieser Tradition höfischer Porträtkunst.

Interessant ist dieser Hinweis insofern, als Rudolf II. auch der erste Kaiser war, der das »Hofjudentum« in Österreich institutionalisierte.

Das Ideal einer Gesellschaft als funktionierendes Uhrwerk

Cohen und Mann betonen die Darstellung der Tischuhr: Uhren galten im 16. und 17. Jahrhundert symbolisch als Modelle der Welt. Sie wurden geschaffen und in Bewegung gesetzt, so wie Gott die Erde erschaffen und dann in Bewegung gesetzt hat. Alle Elemente der Uhr sind miteinander verbunden. Ihr reibungsloses Zusammenspiel garantiert das Funktionieren des Messgeräts. Die Autoren beschreiben die Bedeutung der Darstellung einer Uhr in Oppenheimers Porträt wie folgt:

»In der mechanistischen Weltanschauung des Zeitalters des Absolutismus wurde der Mikrokosmos eines kleinen Territoriums nach denselben Prinzipien aufgebaut wie der Makrokosmos, das Reich des Herrschers. Die Uhr, ein nach den Gesetzen des physikalischen Universums konstruiertes Instrument, symbolisierte die Beziehung zwischen Mikrokosmos und Makrokosmos, so wie Fürsten, Adelige und hohe Beamte ihren Herrschaftsbereich als Spiegelbild des Reiches und der Welt sahen. Im Kontext des Porträts von Oppenheimer war der Besitz einer Uhr ein Zeichen für seine hohe soziale Stellung in der Gesellschaft.«[17]

Die Motive des Auftraggebers Samuel Bürgel mögen strategischer Natur gewesen sein:

»Abgesehen von der Achtung vor seinem ehemaligen Arbeitgeber könnte Bürgls Initiative von einem Hintergedanken beseelt gewesen sein. Er ließ seinen Namen in drei der Inschriften des Oppenheimer-Porträts als Mittel der Selbstverherrlichung aufnehmen. Eine dieser Inschriften befindet sich auf einem Buchstaben innerhalb des Porträts, dessen Bedeutung durch die Nähe zu Oppenheimers Figur unterstrichen wird. Es könnte sich um einen diskreten Trick Bürgls handeln, der seinen Platz in Oppenheimers Reich nach dem Tod des Hoffaktors sichern wollte.«[18]

Über die Personen, an die sich das Werk richtet, vermuten die Autoren:

»Das Publikum, an das Kopien dieses Porträts verteilt worden sind, wahrscheinlich Agenten und Mitarbeiter, Juden und Nicht-Juden, mag sich geschmeichelt gefühlt haben, dieses Symbol des weltlichen Erfolgs erhalten zu haben.«[19]

Antonio de Pereda y Salgado, *Allegorie der Vergänglichkeit*, um 1634, Kunsthistorisches Museum Wien, Gemäldegalerie © KHM-Museumsverband

Zeitzeichen

eine erloschene Kerze
eine abgelaufene Sanduhr
ein abgelegtes Gewehr
Teile einer Rüstung
Totenschädel ohne Unterkiefer
eine gerissene Perlenkette bei den Bildnissen dreier Frauen
eine Goldkette
eine Cäsarenmünze
eine Weltkugel
ein Bildnis Karls V. in der Linken eines prächtig gekleideten Engels, dessen Rechte auf den Globus deutet (Karl V. war Herrscher über die halbe Welt – ein Reich, in dem die Sonne nie unterging)
eine prächtige Tischuhr: Mikro- und Makrokosmos im Einklang mit dem Weltgeschehen (mit des Herrschers starker Hand funktioniert das Räderwerk der Welt einwandfrei)
das dramatische Leuchten des Engels
das verhalten goldene Leuchten gemalter melancholischer Pracht

Mehr zu wissen bedeutet mehr zu sehen

Im Velázquez-Saal des Kunsthistorischen Museums fällt mir das Werk „Allegorie der Vergänglichkeit" nun in zweifacher Hinsicht auf. Der Idee des Memento mori und dem Vanitas-Lebensgefühl wird hier augenfälliger Ausdruck verliehen. Zudem wird eine mechanische Uhr dargestellt, die nun nach der Lektüre von Cohen und Mann ein differenziertes Bedeutungsspektrum eröffnet. Zuvor ist mir dieses Bildelement nicht besonders aufgefallen, nun weiß ich, dass es Zeichen eines spezifischen Gesellschaftsideals des Barock ist.

Auf Schloss Ambras in Innsbruck wird mir klar, wie ausgeklügelt Uhren im 17. Jahrhundert waren. Dort finde ich diese Tischuhr und lese folgenden Text dazu:

»An der Vorderseite der Uhr befinden sich fünf Zifferblätter. Das größte in der Mitte besteht aus sechs konzentrischen Kreisringen, von denen sich die beiden innersten, jeweils mit den Zahlen 1–24 versehenen Ringe auf die sogenannten Nürnberger Stunden beziehen (Beginn der Zählung ab Sonnenaufgang). Der folgende Ring gibt die ›welschen‹ Stunden an (Beginn der Zählung ab Sonnenuntergang, entsprechend dem Kirchentag, der sich von Abend zu Abend erstreckte). Der vierte Ring ist zweimal mit I–XII beziffert und repräsentiert die so genannte kleine oder deutsche Uhr. Am fünften Ring konnte man Viertelstunden und Minuten ablesen, während der äußerste Ring als Kalender diente, auf dem auch die wichtigsten Festtage vermerkt sind. Die kleinen Zifferblätter zeigen die Wochentage, die Tierkreiszeichen, die Sonntage und den Mondzyklus an und dienten zur Einstellung einer Weckfunktion – die Scheibe links unten ist mit ›WECK‹ bzw. ›WECK NICHT‹ beschriftet. Eine Punze an der linken Schmalseite belegt Augsburg als Herstellungsort. Die relativ strenge tektonische Form und die klar strukturierten Dekorelemente legen eine Datierung in die Jahre zwischen 1580 und 1600 nahe. Diese Tischuhr gleicht Arbeiten des Nikolaus Lanz, der in Innsbruck die Erzeugung kunstvoller Kleinuhren etablierte und auch Erzherzog Ferdinand II. belieferte. Sie vertritt einen zwischen 1550 und 1650 in Süddeutschland weit verbreiteten Typus, der auch als ›Stutzuhr‹ bezeichnet wird. Charakteristisch für ihn ist das quaderförmige Gehäuse mit den beiden breiten Hauptfronten, das von einer geschwungenen, teilweise durchbrochenen Haube bekrönt wird, unter der sich die Glocken des Schlagwerks befinden. An der Herstellung solcher Uhren waren meistens zwei Meister beteiligt: Der Uhrmacher, der auch der Unternehmer war und oft die gesamte Uhr signierte, fertigte das Uhrwerk aus Eisen oder Messing, der Goldschmied war für die Ausführung des Gehäuses aus festen, feuervergoldeten Kupferplatten zuständig.«[20]

Füreinander und doch nebeneinander: eine mechanische Einheit

Die Zusammenarbeit zwischen Kaiser Leopold I. und Samuel Oppenheimer führte zu großen Erfolgen für das Haus Habsburg. Wirkliches Verständnis für die Lebenswelt des jeweils anderen war wahrscheinlich keines vorhanden. Der folgende Satz Michail Bachtins, den ich bei Recherchen zu einem anderen Thema lese, mag ihr Verhältnis beschreiben:

»Ein Ganzes wird dann mechanisch genannt, wenn seine einzelnen Elemente nur in Raum und Zeit durch äußere Verbindung vereinigt und nicht von der inneren Einheit des Sinns durchdrungen sind. Die Teile eines solchen Ganzen sind, wenngleich sie nebeneinander liegen und einander berühren, einander in sich selbst fremd.«[21]

Tischuhr, Augsburg, um 1590/1600, Schloss Ambras Innsbruck, Unterschloss, Kunstkammer
© KHM-Museumsverband

Woher kam Samuel Oppenheimer?

Die Publikation „Samuel Oppenheimer und sein Kreis – Ein Kapitel aus der Finanzgeschichte Österreichs" von Max Grunwald (1913) gibt umfassenden Einblick in dessen Geschäfte und, sofern möglich, in seine Lebenswelt. Auch Grunwald sah sich vor die Schwierigkeit gestellt, aus nüchternen Fakten ein Lebensbild zu zeichnen. »Solche intime Quellen fließen über Oppenheimer leider sehr spärlich. Es mußte versucht werden, ein Mosaikbild dieser Erscheinung aus Steinchen zusammenzusetzen, die sich einzig und allein aus den Akten, hauptsächlich des Hofkammerarchivs, mühselig sammeln ließen.«[22] Wie glücklich wir Nachgeborenen, die sich auf seine minutiöse Arbeit stützen können!

Zur Herkunft Oppenheimers schreibt Grunwald ausführlich:

»Der Familienname Oppenheimer weist auf Oppenheim am Main. Weitere Beziehungen zwischen ihm und dieser Stadt sind nicht bekannt. Wir wissen nur, daß Vorfahren Samuel Oppenheimers sich unter den Juden befanden, die 1612 aus Frankfurt vertrieben wurden. Andere Zweige der Familie finden wir später wiederum in Frankfurt.

Samuel Oppenheimer wurde am 21. Juni 1630 geboren. Sein Geburtsort läßt sich nicht mit Gewißheit angeben. In jüdischen Quellen wird er zwar als Samuel Heidelberg angeführt. Doch ist ein Aufenthalt Oppenheimers in Heidelberg vor 1660 nicht zu belegen. Um diese Zeit tritt er als Armeelieferant, Kammeragent und Vertrauensmann des Kurfürsten von der Pfalz auf. Derselbe Karl Ludwig, der an Spinoza den Ruf nach Heidelberg hatte ergehen lassen, baute Oppenheimer die erste Staffel zu seinem Aufstieg.

Die Familie Oppenheimer genoß von alters her ein besonderes Ansehen. Kaiser Ferdinand II. hatte ihr in einem Schutzbriefe unbehinderten Aufenthalt und Handel überall, wo Juden wohnen durften, und freie Religionsausübung, auch das Beerdigungsrecht, eingeräumt. Von der Schmach des Judenzeichens blieben sie verschont. Wie Ferdinand III. hatte Leopold I., dieser im Jahre 1663, das Privilegium Oppenheimers bestätigt. In offenen Gewölben durften Mitglieder der Familie nach Elle und Gewicht Waren, auch Früchte und Wein, verkaufen. Das Wohnen an einem Ort war ihnen allerdings nur solange gestattet, als es der kaiserlichen Regierung oder der Ortsobrigkeit beliebte. Auf diesem Schutzbrief fußte die bürgerliche Existenz Oppenheimers und seines ganzen Kreises. Über die Eltern Oppenheimers ist, außer den Namen (Simeon Wolf und Edel), nichts bekannt. [...] Samuel selbst war mit Sandela, einer Tochter Manoach Carcassones, aus einer aus Frankreich nach Böhmen eingewanderten Familie, vermählt, die ihn um zwei Jahre überlebt hat. Der Ehe entstammten, wie es scheint, neun Kinder, darunter vier Söhne: Emanuel, Wolf, vermählt mit Frade, einer Tochter des Hofagenten Lefman Behrens in Hannover, durch seine Kinder mit den Familien Hirschel und Gomperz verwandt, Abraham und Nathan, der Vater Isak Nathan Oppenheimers. Als Samuels Schwiegersöhne werden Löb Deutz in Frankfurt, Emanuel Drach, Josef Guggenheim, Jacob Mannheimer und Low Sinzheim bezeichnet. [...] Eine Enkelin seiner dritten Tochter Frumet, vermählten Guggenheim, wurde die Frau Moses Mendelssohns.«[23]

Eine Tochter dieser Frumet, Dorothea Schlegel, wird uns im Kapitel „Das im Biedermeier erklingende Palais" wiederbegegnen (siehe S. 416).

In dem Haus, das Oppenheimer bewohnte, gab es im Erdgeschoß 13 Läden. Kann es sein, dass er es anderen Juden ermöglichte, hier ihre Waren zu verkaufen? Mehr zum Haus, das Oppenheimer bewohnte, findet sich auf den Seiten 326–331.

Mehr zum Thema Wien als Handelszentrum im Text Peter Rauschers ab S. 556.

Das Temperament eines Herkules

Oft wurde Herkules als Sinnbild für einen Aristokraten verwendet – im Gartenpalais Liechtenstein zum Beispiel ist ein prächtiger Saal dem Herkulesthema gewidmet und soll auf Größe und Kraft des Auftraggebers verweisen. Kaiser und andere Würdenträger ließen sich gern als Herkulesgestalten verewigen. Sie trugen die Last der Welt auf ihren Schultern und retteten sie. Jüdische Hofbedienstete hatten natürlich nicht dieses Selbstbewusstsein – oder durften es nicht haben, geschweige denn zeigen. Aber weshalb sollten nicht auch ihnen solche Attribute verliehen werden? Warum sollte es nicht zulässig sein, Samuel Oppenheimer auf diese Weise allegorisch darzustellen – auf seinen Schultern jedenfalls lasteten mehr als ein Vierteljahrhundert lang große Teile der Welt der Habsburger. Gerade im Hinblick auf seine immensen Anstrengungen für die Familie der Habsburger schiene mir eine solche Allegorie adäquat.

Globus mit Herkules als Trägerfigur, 1. Hälfte des 17. Jahrhunderts, Kunsthistorisches Museum Wien, Kunstkammer © KHM-Museumsverband

Selma Sterns Publikation „Der Hofjude im Zeitalter des Absolutismus" hilft mir dabei, die herkulischen Züge Oppenheimers zu vergegenwärtigen. Anschaulich beschreibt sie seine unermüdlichen Dienste:

»Nach der Ernennung Oppenheimers zum Kriegsfaktor (1677) begann für ihn eine Zeit atemberaubender Tätigkeit. Als 1688 Ludwig XIV. den Pfälzer Erbfolgekrieg begann, war es wiederum Oppenheimer, der es unternahm, die Truppen an Rhein, Main und Donau zu verpflegen. Während er selbst den Bau der Donauflottille anregte, setzte er gleichzeitig die vielumkämpfte, von den Franzosen stets bedrohte Festung Philippsburg in neuen Stand. Nichts entging seiner Aufmerksamkeit. Er verfolgte politische Aktionen, die Bildung und Lösung von Koalitionen, informierte sich über die Art und Weise der Truppenverpflegung und die geographische Lage der Garnisonen, beobachtete gespannt die militärischen Bewegungen der Feldherren und berechnete mit nüchternem Verstand die wirtschaftlichen Schwierigkeiten der Regierung. Er trieb seine zahlreichen Agenten, Geschäftspartner und Korrespondenten in ganz Europa, seinen Sohn und seine Beschäftigten zu immer härterer Arbeit, zu immer größeren Leistungen an. Ob er Pulver und Tücher aus Holland, Wolle und Salpeter aus Böhmen, Waffen und Munition aus Kärnten, Spezereien aus Hamburg oder Getreide aus Bamberg bestellte: stets scheint er, von rastlosem Tun getrieben, als einer, den keine Niederlage zu Fall bringen und kein Hindernis erschrecken konnte. Mochten seine Schiffe auch havarieren, seine Waren beschlagnahmt oder beschädigt, seine Transporte aufgehalten werden, mochten Geldsendungen verlorengehen, seine Kassen sich leeren oder Gläubiger ihn bedrängen oder bedrohen – nie verlor er den Mut. [...] Doch hatten diese Hemmnisse, wenn überhaupt, dann jenen Effekt, seine Schaffenslust und seinen Willen zu stärken.«[24]

Hans Tietze schreibt in seinem erstmals 1933 erschienenen Buch „Die Juden Wiens" über Samuel Oppenheimer und den Charakter seiner Tätigkeiten:

»Oppenheimers Betriebsamkeit ist phantastisch. Er war in erster Linie von Anfang an und bis zum Ende Armeelieferant und besorgte für alle Kriegsschauplätze Heeresbedarf jeder Art und jeder Menge; die Donauflotte war fast völlig sein Werk; darüber hinaus wurde er mehr und mehr zum Hoflieferanten und Hofbankier, machte Darlehens- und Wechselgeschäfte, versorgte den kaiserlichen Hofstaat mit Juwelen, Weinen, Konfitüren, Luxusartikeln aller Art, lieferte Bauholz für das Schloss Kaiser-Ebersdorf und versorgte das erzherzogliche Futteramt mit Hafer, Heu und Stroh. Er ist unerschöpflich, unermüdlich, unersättlich; kein Geschäft, dass er nicht an sich riß, keine Konkurrenz, die er nicht durch Unterbieten aus dem Felde schlug.«[25]

Ganz oben angekommen

»Die Position, die Oppenheimer sich gemacht hatte, war in und außerhalb der Judenschaft eine einzigartige; über seinem Namen lag für Freund und Feind der Glanz unvergleichlichen Reichtums, wie im XIX. Jahrhundert über dem Namen Rothschild. Glückel von Hameln schreibt nach dem Scheitern des Heiratsprojektes, das ihre Familie in verwandtschaftliche Beziehungen zu der Oppenheimers gebracht hätte: ›Es wäre schön gewesen, so hoch zu steigen.‹«[26]

Kaisertreue bis zum Tod

»Was war die treibende Kraft, die einen Mann von so großer kaufmännischer Erfahrung und unbezweifelt außergewöhnlichen Organisationsgaben veranlassen konnte, den Bogen seiner Unternehmungen immer weiter zu spannen und sich auf Geschäfte einzulassen, deren Unsicherheit er am eigenen Leib oft genugsam erfahren hatte? Er selbst hat als das einzige Motiv seine treue Ergebenheit an die Person des Monarchen bezeichnet; wenn man sich erinnert, wie die führenden Schichten, vor allem der hohe Adel, wohl jeden Tropfen ihres Blutes für den Kaiser zu opfern bereit, aber ihm keinen Kreuzer zu geben oder auch nur anzuvertrauen gewillt waren – die schnöde Ablehnung der sogenannten freiwilligen Kavaliersanleihe durch die Spitzen der Aristokratie lag nur wenige Jahre zurück –, wird es schon denkbar, dass es den verachteten und geduldeten Juden locken mochte zu leisten, was die Stützen des Thrones versagten, und das Geld, das diese für den Kaiser nicht hatten, grenzenlos und schlecht gesichert zur Verfügung zu stellen. [...] wahrscheinlich hatten Oppenheimers im jüdischen Optimismus wurzelnder Spekulationstrieb und Wagemut sich zu jenem Taumel gesteigert, dessen zauberische Wirksamkeit wir unter ähnlichen anormalen Zeitumständen im Krieg und nach dem Kriege selbst miterlebt haben.«[27]

Europaweites Vertrauen in seine Fähigkeiten

»Samuel Oppenheimer war als ›Jude von Kredit‹ weit und breit bekannt. Sein Name genoss in ganz Europa unbedingtes Vertrauen. Er galt als genialer Kaufmann, der beste in Deutschland seit dem Niedergang der Fugger. Konnte man daher nicht von ihm erwarten, dass, wann immer eine Regierung in finanzielle Not geriet, er ihr die Mittel zur Deckung des dringendsten Bedarfs vorstreckte? Konnte man ihm im Gegenzug nicht versprechen, dass er bei Lieferungen seinen Konkurrenten vorgezogen würde? [...] so wurde aus dem Kriegslieferanten, der anfangs nur gelegentlich und aus Freundschaft finanzielle Hilfe geleistet hatte, der erste Gläubiger des Kaisers.«[29]

Was Oppenheimers Unternehmungen und deren Voraussetzungen anlangt, kommt Selma Stern zu folgendem Schluss:

»Zweifellos lag Oppenheimers Erfolg letzten Endes in seiner Persönlichkeit begründet, seiner genialen kaufmännischen Fähigkeit, seinem einzigartigen Organisationstalent und seiner unerschöpflichen Energie. Tatsächlich hatte er, wie es in einer Eingabe heißt, oft Übermenschliches für den Kaiser geleistet.

[...] Aber diese Eigenschaften hätten zu nichts geführt, hätte er es nicht verstanden, sich mit einem Netz von zuverlässigen Agenten, Beamten und Lieferanten zu umgeben. Sie saßen an allen wichtigen Handelsplätzen Europas und versahen ihn mit Nachrichten und Waren, während er ihnen dafür Patente und Pässe, Kontakte und Monopole, Leibzoll- und Steuerbefreiungen, vor allem aber die Handels- und Niederlassungserlaubnis in Städten verschaffte, in denen sie als Juden seit Jahrhunderten nicht geduldet waren.«[28]

Auch um Prunk und Repräsentation in Friedenszeiten kümmert er sich

»Oppenheimers Anleihen wurden jedoch nicht nur für militärische Zwecke benötigt. Man drängte ihn, die Kosten für die Gesandtschaften in Madrid, München, Rom und Hannover zu übernehmen, die Pensionen für Generäle und Minister, den Unterhalt von Prinzessinnen und königlichen Witwen. Er wurde verpflichtet, große Geldsummen in Amsterdam, Hamburg und Venedig, in Frankfurt, Leipzig und Nürnberg aufzutreiben. Er zahlte die Kosten der Friedensschlüsse von Rijswijk und Karlowitz und bestritt 1694 den gesamten kaiserlichen Kredit von etlichen Millionen, obwohl er entgegen allen Versprechungen und Beteuerungen für seine Lieferungen nichts erhielt und sich vor dem finanziellen Zusammenbruch sah.«[30]

Ein Mann ohne Ehrungen

»Samuel Oppenheimer reiste beständig umher, war bald am Rhein, bald an der Donau, bald im Norden, bald im Süden des Reichs. [...] Seine Briefe verraten, dass er die Tat mehr liebte als das Wort und Planen und Schaffen besinnlichen Gedanken vorzog. [...] Sein Leben lang bemühte sich Samuel Oppenheimer vergebens darum, vom Kaiser als Lohn für seinen Dienst auch äußere Zeichen seiner Huld, wie Titel und Ehrenbeweise, zu erhalten.«[31]

Max Grunwald schreibt über Oppenheimer resümierend:

»Seine waghalsigen Unternehmungen ähneln oft einem Taumeln am Rande eines Abgrundes. Trieb ihn krasser Erwerbsinn? Bei seiner kaufmännischen Erfahrung wäre es dann nicht leicht zu begreifen, dass er sich immer wieder auf Geschäfte einlässt, die jeder andere ablehnte, und vor denen er, auch ohne die Mahnungen Wohlmeinender, durch seinen eigenen geschulten Blick eindringlich genug gewarnt wurde. Auch seinen Ehrgeiz sah er wenig befriedigt. Die Titel ›kaiserlicher Faktor‹ (seit 1674), ›Oberfaktor‹ (seit 1699) und ›Oberkriegsfaktor‹ (seit 1701) waren im Grunde alles, was er an Ehrungen erntete. Die Gnadenkette, die ihm – schon lange vor 1692 – zugesagt worden war, hat er nie erhalten. Im Allgemeinen wird er einfach ›Jud‹ tituliert. Oppenheimer selbst bezeichnet als einzigen Grund seiner unausgesetzten fieberhaften Tätigkeit in kaiserlichen Diensten treue Ergebenheit gegen die Person des Monarchen. Sein letzter Wille war trotz aller Enttäuschungen, dass auch seine Söhne Emanuel und Wolf ihr Leben dem Dienste des Kaisers widmen sollten. Für einen Juden von der Begabung Oppenheimers und seinem Drange zur Betätigung war dies damals die einzige Möglichkeit, in großem Maßstab seine Kräfte zu erproben und Befriedigung zu finden.«[32]

Am Ende ihrer Publikation zieht Stern über das Phänomen der jüdischen Hoffaktoren folgendes Fazit:

»Der absolutistische Fürst bediente sich des Hofjuden als eines Werkzeugs, durch das er die feudalen und patrimonialen Gewalten des Mittelalters, die ihm im Wege standen, beseitigte. Er machte den Hofjuden zu seinem Mitarbeiter und Berater seines Vorhabens, eine moderne merkantilistische Volkswirtschaft einzuführen und einen zentralistischen Staat zu errichten. In dieser Doppelrolle im Prozess der Beseitigung der alten Ordnung und des Aufbaus einer neuen wurde der Hofjude für die reaktionären Kräfte jener Zeit das Sinnbild des Wandels, der ihre Position gefährdete. Tief saß der Haß einer Elite, die ihre jahrhundertealten Privilegien und überkommen Vorrechte bedroht sah. Wenngleich er vordergründig dem Juden und dem Andersgläubigen galt, so war es nicht so sehr der Ketzer oder der Fremde, den sie zu treffen suchten. In erster Linie griffen sie den Mitbegründer der Banken und der Monopole an, der Industrien und Handelskompanien, den Träger des Luxus- und des Geldhandels. Wenn sie ihn auch vor aller Welt als Christenfeind anklagten, so war es nicht die christliche Kirche und Religion, die sie zu wahren suchten, sondern der Zunftzwang, die ständisch gegliederte Gesellschaft und die patrimoniale Staatsverwaltung. In diesem Kampf, dessen Tragweite und Bedeutung ihm verborgen blieben, war der Hofjude unterlegen. Denn die Kräfte, die ihn für seine Zwecke geschaffen hatten, zerstörten ihn, als ihr Ziel erreicht war.«[33]

Gelehrsamkeit als edle Pflicht

»Dem Grundsatz ›noblesse oblige‹ folgend und in Anerkennung der zentralen Bedeutung des Studiums und der Gelehrsamkeit im Judentum haben viele jüdische Hoffaktoren Erstaunliches für die jüdische Kultur und das Geistesleben in ihren Gemeinden und Ländern geleistet. Wie auch sonst in ihrer Lebenshaltung eiferten sie darin den Gepflogenheiten der fürstlichen Höfe nach. Dass wohlhabende Familienväter in ihren Häusern oder in eigens dafür errichteten Gebäuden Studierzimmer für Gelehrte einrichteten, deren Unterhalt sie bestritten, war im sephardischen Judentum seit alters her eingeführt und verbreitete sich jetzt auch im deutschsprachigen Judentum, und zwar in einer ähnlichen sozioökonomischen Situation. Die wohlhabenden Juden festigten auf diese Weise ihre Beziehung zu dem Gelehrtenstand, und das tagtägliche Studium der Gelehrten wurde wiederum den Mäzenen als religiöses Verdienst angerechnet.«[34]

Detail eines Grabsteins, Jüdischer Friedhof Seegasse, 2019

Samuels Neffe David Oppenheimer und die Bibliothek von Oxford

Prinz Eugen und Samuel Oppenheimer verband wohl, zumindest zeitweise, eine wechselseitige Wohlgesonnenheit. Denn »Prinz Eugen hat ihm nach einer Überlieferung aus der Türkenbeute manches wertvolle hebräische Werk für seine Bibliothek geschenkt«.[35] Diese wertvollen Folianten hinterließ Samuel später seinem Neffen David Oppenheimer (1664–1736), einem berühmten Gelehrten und Oberrabbiner von Prag. David war bibliophil und förderte die jüdische Literatur seiner Zeit. Er legte eine mehrere tausend Bände umfassende Bibliothek an, die in Böhmen ihresgleichen nicht kannte. Immer wieder nutzte er seine verwandtschaftlichen Beziehungen zum Wiener Familienzweig, um seltene Manuskripte zu erhalten. Heute ist seine bedeutende Sammlung von Schriften und Büchern ein Teil der Bodleian Library der Universität Oxford. Samuel Oppenheimer war ein Philanthrop, wie Max Grunwald an vielen Stellen seiner Publikation betont, so zum Beispiel hier:

> »Kein Armer verließ seine Schwelle unbeschenkt. [...] Der Gemeinde Padua half Oppenheimer ein Gotteshaus erbauen, wofür dort noch heute sein Seelengedächtnis gefeiert wird, ebenso wie in der Wiener Gemeinde, die in ihm der Überlieferung gemäß den Gründer ihres Versorgungshauses in der Seegasse ehrt. In Wahrheit ist er als der Gründer oder genauer: Neubegründer dieser Gemeinde überhaupt anzusehen. Unter dem Schutze seines Privilegs bargen sich die ersten Juden in Wien nach 1670.«[36]

Flammentanz gegen den jüdischen Glanz

Oppenheimers Reichtum war bereits zu seinen Lebzeiten sagenhaft. Dass ein Jude den Prunk des Hofes finanzierte und dabei selbst reich wurde, war für die Bevölkerung Wiens schon lange ein Ärgernis. Der schwelende Konflikt führte am 21. Juli 1700 zu einem schrecklichen Zwischenfall.

Günther Buchinger und Doris Schön schreiben darüber:

»1674 als kaiserlicher Faktor, 1679 als Armeelieferant und ›kaiserlicher Kriegsfaktor‹ wurde der Bankier Oppenheimer zum wichtigsten Kreditgeber des Kaisers, der ihm 1684 187.000 Gulden, im Jahr des Erwerbs des Hauses am Bauernmarkt bereits 700.000 Gulden und ein Jahr darauf 2 Millionen Gulden schuldete. Diese sich zuspitzende Situation führte zu gefährlichen Feindschaften mit Bischof Kollonitsch und dem Prinzen Eugen sowie schließlich 1697 zur Verhaftung Oppenheimers. Nachdem Oppenheimer gegen eine Bürgschaft von 500.000 Gulden wieder freigelassen worden war, eskalierte die Situation am 21. Juli 1700, als sich ein Aufruhr des Wiener Pöbels entwickelte. Gegenüber Oppenheimers Haus stand ein Wirtshaus, vor dem zwei Rauchfangkehrergesellen Mühle spielten und darüber von Angehörigen von Oppenheimers Haushalt angeblich verlacht wurden. Daraufhin verspotteten die Gesellen die Juden, indem sie mit der Hand auf die Bank klopften, ein damals verbreiteter Judenspott. Als sie damit nicht aufhörten, riefen die Verhöhnten die vor Oppenheimers Haus stationierte Rumorwache. Die Gesellen wehrten sich und erhielten von dem vor dem Haus zusammenströmenden Volk Unterstützung. Steine und Eier wurden auf das Haus geworfen, in dem sich Oppenheimers Kanzleien befanden, diese schließlich gestürmt, geplündert, demoliert und teilweise in Brand gesetzt. Die Menschen im Haus konnten sich nur durch Flucht in den Keller retten. Die in der Nähe stationierte städtische Hauptwache schritt nicht ein. Erst als die kaiserliche Burgwache eingriff und in die Menge schoss, zog sich diese zurück. Zwölf Personen wurden getötet oder verwundet. Bei Einbruch der Dunkelheit wurden auf dem Petersplatz Kanonen aufgefahren, um neuerliche Tumulte zu verhindern. Die Rädelsführer, ein Rauchfangkehrer und ein Schwertfeger, wurden noch am nächsten Morgen aus dem Bett geholt und zur Abschreckung am eisernen Gitter über dem Eingang des geplünderten Hauses gehängt. All jenen, die bei der Plünderung wertvolle Dokumente entwendet hatten, wurde Straffreiheit zugesichert, sofern sie diese umgehend der Obrigkeit übergaben. Da in den Kanzleien viele Schuldscheine vernichtet wurden, kann man davon ausgehen, dass Feuer gelegt wurde.« *siehe ab S. 562.*

Nicolas Poussin, *Zerstörung des Tempels in Jerusalem durch Titus*, 1635, Kunsthistorisches Museum Wien, Gemäldegalerie
© KHM-Museumsverband

»Der Stoff ist dem *Jüdischen Krieg* des Flavius Josephus entnommen. Der auf einem Schimmel herbeireitende Titus, der Sohn des regierenden römischen Kaisers, sieht ergriffen, wie sich, gegen seinen Willen, die alttestamentliche Prophezeiung von der Zerstörung des Salomonischen Tempels erfüllt. Die Chaotik des dramatischen Vorwurfs wird von Poussin in ein wohlgeordnetes Bildgefüge übersetzt. In der Strenge der Gestaltung, in der Klarheit des Raumes, in dem jedes Ding seinen ihm angemessenen Platz hat, ist dieses Werk Zeugnis für die entscheidende Wende Poussins zu einer präzisen Erfassung der Körper im Raum. Poussin schuf das Bild im Auftrag des Kardinalnepoten Francesco Barberini, der es dem kaiserlichen Gesandten als Geschenk des Papstes an Ferdinand III. übergab. Wollte man lobend auf den Sieg Ferdinands über die Protestanten bei Nördlingen (1634) anspielen oder kritisch an die Eroberung und Plünderung Mantuas durch kaiserliche Truppen erinnern (1627)?«[37]

Detail der Wandmalerei von Marcela Chiriac in der Rezeption des »The Leo Grand« Hotels, 2022

DAS BAROCKE PALAIS ENTSTEHT

Restaurierte barocke Stuckdecke, um 1730, Detail, 2022

Nach dem Großbrand im Jahr 1700 musste das Haus am Bauernmarkt größtenteils neu errichtet werden. Nur Erdgeschoß und Keller waren erhalten geblieben.

Ausführlich stellen die Geschichte des Hauses Bauernmarkt 1 Günther Buchinger und Doris Schön dar, siehe ab S. 562.

Samuel Oppenheimer begann zwar mit dem Neubau des Hauses, erlebte aber dessen Abschluss nicht mehr. Nach seinem Tod 1703 verkaufte sein Sohn Emanuel Oppenheimer das noch nicht fertiggestellte Haus einem neuen Besitzer.

Im Erdgeschoß sind die Mauern und Gewölbe der Renaissance bis heute erhalten geblieben. Heute überwölben sie die Rezeption des »The Leo Grand« Hotels, 2021.

Eine Urkunde im Wiener Stadt- und Landesarchiv verrät uns den nächsten Besitzer des Gebäudes: »Johann Bartholome Von Schweighardt, ein Röm. Kay. May. geheimber Secretarius der Spanischen Expedition«. Er ließ die Ruine zu einem Stadtpalais ausbauen.

Emanuel Oppenheimer konnte den Verkauf des Gebäudes nur mithilfe eines christlichen Strohmanns (»der Wohl Edl gebohrne herr Gottfried Wiser Edler herr Von Wisenthall«) tätigen. »Gottfried Wiser Edler herr Von Wisenthall« ist dieselbe Person, die im 17. Jahrhundert Samuel Oppenheimer den Kauf des Hauses »incognito« ermöglichte (siehe S. 321).

Günther Buchinger und Doris Schön beschreiben die Umstände wie folgt:

1705–1765 Johann Bartholomäus von Schweighardt
ab 1731 dessen Sohn Josef von Schweighardt

»Oppenheimer begann nach 1700 mit dem Neubau seines schwer beschädigten Hauses und ließ 1703 seinen Quartiernehmer aussiedeln. Durch seinen Tod im selben Jahr erlebte er jedoch die Bauvollendung des Hauses nicht mehr, das nun für Jahre als unfertiger Rohbau stehen bleiben sollte. Samuels Sohn Emanuel Oppenheimer konnte den Weiterbau nicht betreiben. Als Spätfolge der Ereignisse musste über Oppenheimers Nachlass der Bankrott verhängt werden. Kaiser Leopold befriedigte zwar die Gläubiger, darunter den König von England, doch geriet dadurch der Staat selbst in eine gefährliche Finanzkrise. Emanuel Oppenheimer verkaufte das Haus am Bauernmarkt als constituierter Mandatarius Gottfried von Wiesers 1705 dem geheimen Sekretär der spanischen Expedition Johann Bartholomäus von Schweighardt, einem hohen außenpolitisch tätigen Beamten, der den Neubau 1715 vollenden konnte, wie die einheitlichen dendrochronologischen Daten der Decken der Obergeschoße und des Dachstuhls belegen.«

Der gesamte Text findet sich ab S. 562.

Dass sogar der König von England zu den Gläubigern Oppenheimers gehörte, zeigt, wie gut vernetzt das »System Oppenheimer« war.

Mehr zum Dachstuhl ab S. 370.

Ansichten der Rezeption des »The Leo Grand« Hotels. Die Wandmalerei stammt von Marcela Chiriac, 2022.

359

Ein sich wandelndes Palais

Nach der Katastrophe am 21. Juli 1700 war also Oppenheimers prächtiges Haus mit Ausnahme der Mauern und Gewölbe des Erdgeschoßes und des Kellers zerstört.

Günther Buchinger und Doris Schön fassen zusammen:

»Resümierend zeichnet sich das Haus Bauernmarkt 1 in seiner erhaltenen Bausubstanz im Erdgeschoß und Keller durch eine <u>erstaunliche Heterogenität und ab dem ersten Obergeschoß durch eine ebenso überraschende Homogenität</u> aus. Während an den unteren Bauteilen die Geschichte von den Römern über das hoch- und spätmittelalterliche Ratsherrenhaus bis zum renaissancezeitlichen Geschäftshaus nacherzählt werden kann, lassen die oberen Bauteile die großzügigen Raumverhältnisse des Barock erleben. Zeitlich dazwischen liegt die Katastrophe des Jahres 1700, die sich als Negativbefund (Abbruch der Obergeschoße) am heutigen Bau substanziell nicht mehr ablesen lässt.«

Bauphasenplan des Erdgeschoßes, an dem sich die angesprochene Heterogenität der Untergeschoße des Hauses ablesen lässt. Die Funde datieren bis ins Mittelalter zurück.

Der Bauphasenplan des ersten Obergeschoßes zeigt die von Günther Buchinger und Doris Schön beschriebene <u>Homogenität</u> der Geschoße über dem Erdgeschoß. Im Lauf des 20. Jahrhunderts wurden die Räume allerdings drastisch verändert: Großzügig angelegte Räume wurden oft zu mehreren kleinen Kammern. Die gelbgrünen Markierungen verweisen auf Veränderungen im 20. Jahrhundert.

Bauphasenplan des Obergeschoßes, an dem sich die angesprochene Homogenität der oberen Stockwerke ablesen lässt.

Aus drei wird eins: Spieglein, Spieglein an der Decke

Während der Sanierungsarbeiten wurden viele Veränderungen des 20. Jahrhunderts wieder rückgängig gemacht. Im ersten Obergeschoß wird die Transformation zurück zum Zustand um 1730 besonders in dem prächtigen Saal mit Deckenspiegel sichtbar. Im 20. Jahrhundert wurde dieser Raum in drei kleine Abschnitte unterteilt (sichtbar im Bauphasenplan auf der vorherigen Doppelseite rechts). Man scheute sich nicht, das wunderschöne Stuckdekor, den sogenannten Deckenspiegel, zu unterteilen bzw. zu durchtrennen. Durch die Sanierungsarbeiten erhielt der Raum seinen ursprünglichen Charakter zurück.

Raum mit Deckenspiegel während der Sanierungsarbeiten. Die Spuren der im 20. Jahrhundert eingezogenen Wände sind an der Decke deutlich sichtbar. Die Restauratoren mussten die fehlenden Teile des wertvollen Deckenspiegels sorgsam ergänzen, 2020.

Detail des Deckenspiegels. Die Abbildung zeigt unterschiedliche Restaurierungszustände, 2020.

Ein Kunsthistoriker, der die Baustelle besuchte, stellte die These auf, dass die Stuckdecke ein Frühwerk Santino Bussis (1664–1736) sein könnte. Bussi ist zum Beispiel für die wunderschönen Stuckarbeiten des Barockschlosses in Klosterneuburg verantwortlich. Ein anderer Kunsthistoriker dagegen fand diese These zu gewagt. Die Wissenschaft ist sich auch nicht immer einig. Leider sind keine einschlägigen Archivalien erhalten geblieben. Eine endgültige Antwort werden wir daher nicht geben können.

Ein fehlendes Stuckornament musste ergänzt werden. Das gleiche Ornament war auf der gegenüberliegenden Seite des Raums noch vorhanden. Die Form des vorhandenen Stucks wurde mithilfe von Pauspapier übertragen, 2021.

Nach vielen Planungsschritten wurde beschlossen, die Stuckdecke nicht mit einer abgehängten Decke zu verdecken. Der Bauherr ließ die Stuckdecke restaurieren: Der mit zartem Rankenspiel, Blumen- und Muschelelementen ausgestaltete barocke Deckenspiegel sollte unter den vielen Putzschichten wieder zum Vorschein kommen. Für die Aufgabe wurde die traditionsreiche Kärntner Restaurierungswerkstatt Campidell engagiert. Bei einem meiner Rundgänge waren die Restauratoren gerade dabei, ein fehlendes Element zu ergänzen. Ich dokumentierte den Prozess, und David Campidell half mir zu verstehen, was gerade zu sehen war.

Die Umrisse der Form wurden mit einer Nadel in die Pause perforiert, 2021.

Der Restaurator brachte die Lochpause über der Fehlstelle an und betupfte die Umrisse mit einem Pausbeutel. Das Trockenpigment, das aus dem Beutel staubte, markierte die Umrisse der Stuckform an der Decke, 2021.

Hier sehen wir die aufgepausten Umrisse des Stucks als punktierte blaue Linien, 2021.

Hier sehen wir den Stuckantrag, 2021.

Auf meine Frage hin, warum der Deckenspiegel auf 1730 datiert wird, antwortet mir Günther Buchinger schnell und kompetent:

»Aus stilistischen Gründen: Um 1725 beginnt Bandelwerk, aber noch kombiniert mit Laubwerk, um 1730 reines Bandelwerk (wie hier), spätbarocke Formen aus der Zeit um 1740 sind noch nicht zu sehen.

Liebe Grüße
Günther Buchinger«

Hier sehen wir das fertige Ergebnis, 2022.

Restaurierte barocke Stuckdecke, um 1730, Detail, 2022

Der Dachstuhl

Von der Abbruchgenehmigung zum Erhalt der Konstruktion

Diesen einmaligen barocken Dachstuhl hätte es beinahe nicht länger gegeben: Obwohl bereits sämtliche behördliche Genehmigungen für den vollständigen Abbruch vorlagen, hatte sich der Bauherr entschieden, dieses wertvolle barocke Residuum zu erhalten und in die neue Nutzungsweise aufzunehmen. Die Zimmer der Obergeschoße erhielten durch dieses Element ihre heute charakteristische Atmosphäre. Die Schichten der Zeit sind in diesen Räumen besonders wahrnehmbar.

Leopold-Suite mit barockem Dachstuhl (während der Bauphase), 2021

Der Ausbau des zweiten Dachgeschoßes, 2018

Der barocke Dachstuhl in der *Leopold-Suite*, 2021

M&S Architekten erläutern den Prozess:

Der Gesamttext der M&S Architekten ist ab S. 494 zu finden.

»Der Abbruch des historischen Dachstuhls war behördlich schon genehmigt. Wie konnte er trotzdem erhalten werden, und was waren dabei die speziellen Anforderungen?

Der historische Dachstuhl lag direkt unter der Dacheindeckung, eine Wärmedämmung war seinerzeit nicht üblich. Die neuen Dachgeschoße sollten und mussten aber allen aktuellen bauphysikalischen und statischen Erfordernissen und dem Stand der Technik entsprechen. Es musste also das neue Dach um den alten Dachstuhl herum gebaut werden. Die größte Herausforderung war, dass diese neue Hülle sowohl den bestehenden Bebauungsvorschriften als auch den Anforderungen des Denkmalschutzes gerecht werden musste. Zentrale Themen waren die Höhe des Daches und die Proportion zum restlichen Gebäude sowie die Belichtung der Räume. Nicht zuletzt sollten die entstandenen Räume im Rohbaustadium dem Wunsch des Bauherren nach maximaler Flexibilität genügen und im Endzustand attraktive Hotelzimmer beherbergen.

Es folgten unzählige Abstimmungsgespräche mit Behörden, Gutachtern und Planern. Viele Ideen wurden entwickelt und so manche wieder verworfen, Genehmigungen Schritt für Schritt eingeholt. Immer wieder wurden Punkte detailliert mit dem Bundesdenkmalamt und der Baubehörde besprochen, und die Planung wurde an die rechtlichen Möglichkeiten angepasst.

Das Ergebnis ist ein stimmiger Mix aus Alt und Neu.«

Die *Leopold-Suite* mit dem zweigeschoßigen Wohnschlafraum und dem besonders wertvollen Teil des historischen Dachstuhls, der hier zur Gänze erhalten blieb. Von der freistehenden Badewanne auf der Galerie genießt man einen tollen Blick über den Innenhof zum Stephansdom, 2022.

Leopold-Suite mit barockem Dachstuhl während der Bauphase, 2021

»Das historische Gebäude wich in natura von den genehmigten Umrissen ab. Innerhalb der baurechtlichen Rahmenbedingungen musste ein Weg gefunden werden, diese Abweichungen mit der Wirklichkeit in Übereinstimmung zu bringen und das Dach so weit aufzuklappen, dass sich der historische Dachstuhl nach der Fertigstellung des Dachausbaus im Inneren der neuen Hülle befand.«

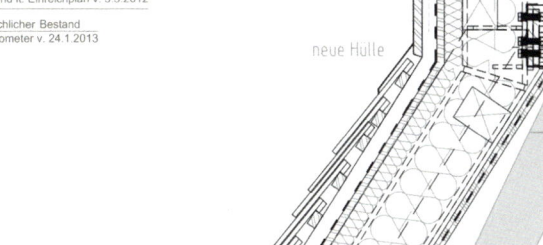

Der barocke Dachstuhl in mehreren Zimmern im ersten Dachgeschoß, 2021

Der barocke Dachstuhl in einem
Zimmer im ersten Dachgeschoß, 2021

Leopold-Suite mit barockem Dachstuhl
während der Bauphase, 2021

S. 376–379: Die fertige *Leopold-Suite* mit original erhaltenem barockem Dachstuhl, Maisonetteaufgang in die obere Galerie mit spektakulärem Ausblick, 2022

Ein stadtbild-prägendes Gebäude

Architekt Georg Driendl ist ständiges Mitglied des Bundesdenkmalbeirats und sieht in diesem Dachstuhl ein einzigartiges barockes Zeitdenkmal. Ich bat ihn, mir seine Eindrücke zum Haus Bauernmarkt 1 näher zu erläutern. Er schickte mir diesen Text, der das Haus aus dem Blickwinkel eines weitsichtigen Architekten in das Gefüge der Stadt und die Geschichte Wiens einordnet.

»The Leo Grand«, 2022

»Ein Spaziergang durch die Wiener Innenstadt, vorbei an Kaiserin Maria Theresia, die Ringstraße überquerend, durch die imperiale Neue Burg auf den Michaelerplatz mit seiner augenfälligen formalen Trendwende des beginnenden 20. Jahrhunderts, vorbei an den freigelegten Fundamenten Vindobonas, in den Kohlmarkt eintauchend, links gesäumt von der Hofzuckerbäckerei Demel und dem Verlag Manz, rechts vis-à-vis der Kartograf Freytag & Berndt und der Juwelier Schullin, begleitet von den üblichen Brands bis zum Graben, ums Eck, weiter, nach einem kurzen Blick durch die Jungferngasse auf die Peterskirche den Herrenausstatter Knieze passierend, an der Pestsäule vorbei in den Trattnerhof abbiegend zur Goldschmiedgasse, nach einem erneuten Auftauchen der Peterskirche in die Freisingergasse einschwenkend, einer Sogwirkung folgend Richtung Bauernmarkt: Hier fällt der Blick schließlich auf ein im Umbau befindliches Haus, das diese beiden Straßenzüge tektonisch verbindet.

Die Gläser der äußeren, an der Fassade bündig angeschlagenen Flügel, offensichtlich gegossen, lassen im Zusammenhang mit der auffälligen räumlichen Disposition des Gebäudes durch die spezifische Lichtbrechung der nicht planen Oberflächen einen charakteristischen »Lichtblick« im urbanen Raum entstehen. Der Ort dringt markant in die Wahrnehmung ein.

Ein unerwarteter Anruf im Atelier! Der Anrufer tritt mit der Bitte um eine Begutachtung im Zusammenhang mit der Revitalisierung eines Hauses an mich heran. Während des Gesprächs wird langsam klar, dass es sich um jenes Haus handelt, das sich so unmittelbar eingeprägt hat. Von öffentlicher Stelle soll dem Eigentümer und Verantwortlichen für das Gebäude und für seine Aktivitäten, unter anderem die Erhaltung des originalen Dachstuhls unter eigenwilligen Umständen, eine Anerkennung in Form einer finanziellen Unterstützung und damit eine Würdigung zuteilwerden. Es soll geprüft werden, ob ein angemessenes öffentliches Interesse vorliegt.

Der Dachstuhl des Gebäudes am Bauernmarkt 1 war vor Beginn der Revitalisierungsarbeiten offiziell dem Abbruch preisgegeben. Während der laufenden Abbrucharbeiten wollte es der Zufall, dass eine internationale Kommission auf der Durchreise sich zu einer Besichtigung anmeldete, um einen der letzten und schönsten original erhaltenen barocken Dachstühle der Wiener Innenstadt in Augenschein zu nehmen. Die Kommission ließ ihrer Begeisterung angesichts dieses seltenen Juwels freien Lauf, und dieser Funke entfachte das Feuer für eine Kehrtwende. Der Eigentümer reagierte vor dem Hintergrund des amtlichen Abbruchbescheides zuerst mit größter Verwunderung auf diesen historischen Schatz. Die Ursache für den Inhalt des Bescheids lag offensichtlich in der Fehleinschätzung eines Experten. Nun entschließt sich der Eigentümer des Hauses, wie er uns anlässlich der Besichtigung zur neuerlichen Begutachtung stolz erzählt, bekräftigt von der Richtigstellung der Werthaltigkeit durch die internationale Kommission, zu einem mutigen Schritt: nämlich dazu, mitten im laufenden Bauprozess die Zielsetzung um hundertachtzig Grad zu drehen und das Bauprogramm auf die Erhaltung des Dachstuhls hin abzuändern und dieser anzupassen und damit einen bedeutenden Zeitverlust und eine flexible Neuinterpretation der geplanten Nutzung in Kauf zu nehmen.

Am Bauernmarkt 1 ist es dank dieser Kehrtwende gelungen, den barocken Dachstuhl als Teil des Gesamtkonzeptes des Hauses und museales Element in den jetzt außergewöhnlichen Hotelzimmern in situ zu erhalten. Diese neue Dimension der Sichtbarkeit lässt uns die ursprünglich tragende Rolle nach wie vor sehen. Gleichzeitig kann am Gefüge der Konstruktion die stadtbildprägende Grundrissfigur des Gebäudes als bewusster Akt der Planung nachvollzogen werden. Damit kann die Erkenntnis, dass im 17. Jahrhundert das Stadtbild sehr selbstbewusst inszeniert wurde, sickern.

Das Haus Bauernmarkt 1 schafft aufgrund seiner eingebetteten Lage und basierend auf seiner äußeren Erscheinung einen markanten städtischen Raum und leitet als Vis-à-vis zum Eingang des Stephansdomes als Eckgebäude mit mehrfach geknickter Fassade und prominenten direkten Sichtbezügen über die Freisingergasse zum Petersplatz über. Bemerkenswert ist das steile Dach mit seiner Unzahl scheinbar unregelmäßig angeordneter Gaupen in zwei übereinanderliegenden Ebenen auf der, typisch für die Barockzeit, hierarchisch gegliederten Fassade und dem entsprechend ausladenden Gesimse als Abschluss. Daran lässt sich erkennen, dass die Figur des Hauses von Anbeginn mit höchster Sorgfalt und sicherem Gespür auf die Situation zugeschnitten wurde, ganz dem Stil der Zeit verpflichtet.

Ein Blick aus den markanten Augen des Daches lässt uns auch heute über den Bezug zur Nachbarschaft dieses Gespür erahnen. Verstärkt und fokussiert durch die teilweise Erhaltung des historischen Dachstuhls in situ wird dieses Gespür sogar für den Hotelgast von innen heraus als ein Stück Wiener (Bau-)Geschichte physisch nachvollziehbar. Auch für den Eigentümer und Hotelier entsteht ein Mehrwert, ist es ihm doch gelungen, ein Stück Kulturgut nicht nur zu bewahren, sondern sichtbar und erfahrbar zu machen: einen selten anzutreffenden historischen Dachstuhl als Corporate Identity eines Hotels, das seine Hülle und Konstruktion als Artefakt in sich trägt.

Mit der Transformation, hier durch Umnutzung einer ehemaligen Konzernzentrale aus dem 17. Jahrhundert in ein Hotel, erfährt das Haus eine adäquate Wertschätzung in der Gegenwart, und das Innenleben des Gebäudes bleibt durch die dadurch von Neuem mögliche Halböffentlichkeit für Gäste aus aller Welt zugänglich. Das ist eine sinnfällige Lösung, denn nun kann die Geschichte eines Hauses mitten in der Wiener Innenstadt auch in Zukunft weitererzählt werden – ein klares Statement gegen unüberlegten Abbruch und für die Wertschätzung von hochwertigem Bestand. Im Hotel kann nun jeder Gast des Hauses erleben, dass diese aufwendige Kurskorrektur als Symbiose zwischen Neuinterpretation und Baugeschichte für das stadtbildprägende Gebäude am Bauernmarkt 1 die richtige Lösung war.«

Georg Driendl

Die Fassade

August Stauda, *Die Fassade des Hauses Bauernmarkt 1 im Jahr 1902*
© Wien Museum

Das Foto wurde im Geburtsjahr Karl Poppers (1902–1994) aufgenommen. Mehr über Karl Popper ab S. 464.

Die Sanierungsarbeiten an der Fassade führten zu einem strahlenden Ergebnis: Heute erscheint sie wieder in frischen Farben und neuem Licht.

Restaurierte Fassade des »The Leo Grand« aus unterschiedlichen Blickwinkeln, 2021

»The Leo Grand«, 2022

Über die Fassade und ihren Verlauf schreiben Günther Buchinger und Doris Schön:

»Die hochbarocke Fassade wurde im Erdgeschoß vor den älteren Baubestand gestellt, um das Erscheinungsbild zu vereinheitlichen – eine Maßnahme, die an vielen Gebäuden der Wiener Innenstadt beobachtet werden konnte. Der mehrheitlich barocke Gesamteindruck der Wiener Innenstadt entstand weitgehend durch die Errichtung von Fassadenvorblendungen mit barocken Dekorelementen. Dahinter haben sich in vielen Häusern noch renaissancezeitliche und spätmittelalterliche Bauten erhalten, die durch bauhistorische Untersuchungen der letzten Jahrzehnte nachgewiesen werden konnten.

Das Resultat des Umbaus schlug sich massiv in der Gestaltung der Obergeschoße nieder, jedoch nicht im Grundriss des gesamten Gebäudes. Ein Vergleich der jeweiligen Ausschnitte aus dem Stadtplan von Werner Arnold Steinhausen aus dem Jahr 1710, also während des Umbaus, und aus dem Stadtplan von Daniel Suttinger aus dem Jahr 1684 zeigt die Übereinstimmungen sehr deutlich, wobei Suttinger noch eine abgeschrägte Gebäudeecke darstellte, während der Steinhausen-Plan dem heutigen Bestand entsprechend einen gekrümmten Fassadenverlauf mit annähernd orthogonaler Ecke aufweist.«[1]

Und über ihre Gliederung:

»Die vorgestellte Fassade wird durch eine streng horizontale Gliederung geprägt. Keine vertikalen Elemente, wie Säulen, Pilaster, Lisenen oder Putzfelder, stören die additive Reihung der Fenster, während Gesimse das erste Obergeschoß, die Beletage, vom zweiten und dritten Obergeschoß separieren. Das einzige Gestaltungselement sind die Fensterrahmungen und -verdachungen, die wiederum vollkommen unrhythmisch nur nach Geschoßen differenziert sind. Ihre hochmodernen Ausformungen – zwischen horizontalen Ansätzen mehrfach geschwungener Giebel mit Spitzen (Beletage) oder eingerollter Voluten (zweites Obergeschoß) – gehen deutlich über die klassischen barocken Dreiecks- oder Segmentgiebelverdachungen hinaus und stehen gemeinsam mit dem Bandelwerkdekor im dritten Obergeschoß in unmittelbarem Zusammenhang mit den zeitgenössischen Fassadengestaltungen Lucas von Hildebrandts, die in Wien am Bauernmarkt erstmals auch im bürgerlichen Bereich rezipiert wurden.«[2]

Daniel Suttinger, *Stadtplan von Wien*, 1684, Ausschnitt. Bei dem Haus mit der Beschriftung *Ihr gn(aden). h(er)r. Clement Edlen v(on). Radolt* handelt es sich um das Haus Bauernmarkt 1. © Wiener Stadt- und Landesarchiv

Werner Arnold Steinhausen, *Stadtplan von Wien*, 1710, Ausschnitt. Bei dem Haus rechts der Beschriftung *Alter Bauern Marckt* handelt es sich um das Haus Bauernmarkt 1. © Wiener Stadt- und Landesarchiv

Details der Fassade nach der Restaurierung, 2019

387

Eines Tages sehe ich eine junge Frau auf einem kleinen Hocker vor dem Haus sitzen und Details der Fassade skizzieren. Ich bin von ihren Zeichnungen fasziniert und spreche sie an. Die Fassade wirkt auf mich immer wie ein »geheimes« Theater. Was würden die Figuren und das Wanddekor wohl erzählen, wenn sie sprechen könnten? Genau das hat Paula Csorna, so heißt die junge Frau, die vielleicht bald an einer Kunstakademie studieren wird, zu erfassen versucht.

Paula Csorna, *Von der Fassade des Hotels »The Leo Grand« inspirierte Zeichnungen*, 2021

Bewegte Zeiten

Fast sechzig Jahre konnte die Familie von Schweighardt das prächtige neue Palais nutzen. Josef von Schweighardt vermachte das Haus zu zwei Dritteln der Peterskirche. Das verbliebene Drittel teilten sich das Kanonikatstift Dürnstein und eine Gräfin von Salvatore. Noch im selben Jahr 1765 wurde Eleonore von Pelsern, geborene von Führenberg, Gattin des bei der obersten Justizstelle tätigen Hofrates Johann Josef von Pelsern, die neue Besitzerin. Mehr als dreißig Jahre war es in ihrem Besitz, bis Rainer Franz von Thys das Palais 1802 erwarb. Er hinterließ es 1830 seinen vier Kindern.

Unglaublich viel passierte in der langen Zeit zwischen 1715 und 1830. Das Zeitalter der Aufklärung wurde ausgerufen und die Französische Revolution erschütterte das Machtgefüge Europas nachhaltig. Fürsten und Adelige schauten zitternd nach Frankreich, während das Bürgertum nach einer neuen Gesellschaftsordnung fiebernd mitzitterte. Die ersten Romane wurden zwar schon in der Renaissance und im frühen Barock verfasst, die Leselust erfasste Europa aber erst im Laufe des 18. Jahrhunderts. Das sogenannte Bürgertum formierte sich, diskutierte und tanzte in den Salons.

Einen Höhepunkt erlebte die Wiener Salonkultur in der Zeit des Wiener Kongresses 1814/15. In den Räumlichkeiten Fanny von Arnsteins und Joseph Sonnleithners, des Gründers der Gesellschaft der Musikfreunde und Verfassers mehrerer Libretti, unter anderem für Beethovens „Fidelio", wurde debattiert, musiziert und intrigiert.

Paula Csorna, *Von der Fassade des Hotels »The Leo Grand« inspirierte Zeichnungen*, 2021

Das Palais am Bauernmarkt 1 lag inmitten dieser brodelnden Atmosphäre der Jahrzehnte um 1800: Fanny von Arnstein betrieb ihren Salon an der Adresse Hoher Markt 1, während der Sonnleithner'sche Salon im sogenannten Gundelhof, Bauernmarkt 4, beheimatet war. Sonnleithners Neffe Franz Grillparzer wurde im Haus am Bauernmarkt 10 geboren. Das Palais Lobkowitz, in dem etwa die Uraufführung von Beethovens „Eroica" stattfand, war nur wenige Minuten vom Palais Bauernmarkt 1 entfernt. Es war also ein kulturell sehr belebter Stadtteil, in den die Familie von Thys aus Klagenfurt gezogen war. Es kann vermutet werden, dass die Bewohnerinnen und Bewohner des Hauses das mitbekamen und sich daran beteiligten.

Meine Recherchen zusammenfassend, möchte ich die Biedermeier jahre des Hauses am Bauernmarkt in Form einer fiktiven Geschichte skizzieren. Sie spielt im Jahr 1815 während des Wiener Kongresses. Die Tochter des Hausbesitzers, Marianne, war von der anregenden internationalen Atmosphäre begeistert – wichtige Themen wie die Machtverteilung in Europa und die Menschenwürde wurden diskutiert. Tauchen wir ein in einen Tag im Leben dieses jungen Mädchens im Jahr 1815.

Mehr dazu im Kapitel "Das im Biedermeier erklingende Palais" ab S. 411.

Fassadendetail Bauernmarkt 1 nach der Restaurierung, 2021

Die Wand als Palimpsest

Die Wände des Gebäudes wurden von einem Restaurator mit hohem Aufwand flächendeckend untersucht. An allen relevanten Oberflächen wurden Freilegungsproben erstellt, wodurch sich ein Überblick über das historische Farbkonzept ergab. In allen Räumen, in den Gängen und in den Stiegenhäusern konnten historische Farbschichten der verschiedenen Bau- und Umbauphasen seit der Sanierung des Gebäudes Anfang des 18. Jahrhunderts nachgewiesen werden. Insgesamt wurden

Sondage an einer der Wände im Gebäude am Bauernmarkt 1, 2019

im Schnitt 25 bis 30 Farbschichten freigelegt. Abhängig vom Bindemittelsystem, von der Dicke der Übermalungsschichten, der Oberflächenstruktur und der historischen Oberflächenbeschaffenheit waren die Farbflächen unterschiedlich gut freilegbar. Die Farbfassungen waren unterschiedlich gut erhalten, da die Oberflächen der Raumschalen oft abgewaschen, überspachtelt, überputzt und überstrichen wurden.

Eine äußerst komplexe Angelegenheit also.

Im Haus finde ich an zahlreichen Stellen Rechtecke und Quadrate. Nachdem ich die für das Bundesdenkmalamt verfassten Berichte der Restauratoren des Ateliers Karl Scherzer lesen durfte, weiß ich nun, dass es sich um sogenannte Sondagen handelt. Mit diesen wird beispielhaft gezeigt, welche Farbschichten welche Zusammensetzung aufweisen.

Hier exemplarisch die Beschreibung einer Sondage S02:

Sondage an einer der Wände im Gebäude am Bauernmarkt 1, 2019

S02 Treppenabsatz zwischen 2. und 3. Stock, Kante der Lisene, ca. 170 cm Fußbodenoberkante

A1 historischer Grobputz, Substanz hellgrau mit feinen Kalkspatzen und relativ viel bunter, aber vorwiegend dunkler Körnung; Überkorn weißlich bis dunkelgrau, ca. 3–11 mm groß, rund, teilweise kantig

B1 historischer Feinputz/Glättputz, weißlich mit feiner, dunkler Körnung, Schichtstärke ca. 1 mm

1 Erstfassung der Kalkfarbe ocker

2 darauf etwa 5 weitere Kalkfassungen in sehr ähnlichen Ockertönen

A2 Grobputz: erste Putzausbesserungen bzw. Neuverputzung der Wandfläche neben der Lisene; Grobputz braun, Kalkputz; Überkorn im Zuschlagstoff (Sand) weiß, braun, dunkelgrau, ca. 3–6 mm, groß und rund

B2 auf Grobputz A2 bzw. auf den ersten Farbschichten an der Lisene Feinputz B2; darauf ein hellbrauner Feinputz, Schichtstärke ca. 6 mm

C2 Grundierung und weitere Kalk- und Leimfarbfassungen; Leimfarbfassungen zum Teil polychrom, aber verschliffen

3 darauf etwa 6 weitere Kalkanstriche in Ockertönen

4 darauf etwa 8 weitere Kalk- und Leimfarbschichten in Ocker-, Blau-, Rot- und Violetttönen

A3 Grobputz: weitere Putzausbesserungen bzw. Neuverputzungen an der Wandfläche; Grobputz gelblichgrau; Überkorn im Zuschlagstoff (Sand) rund und bunt, ca. 3–10 mm groß

B3 darauf ca. 4 mm Feinputz in der gleichen Farbe

A4 weitere Putzergänzungen mit grauem Kalkzementputz

5 darauf ca. 3 letzte Fassungen, Leimfarbe in Beige bis Weiß

In den historischen Farbschichten wurden in manchen Räumen Freihandmalereien entdeckt. Auf diesen Abbildungen lässt sich die Problematik gut ablesen: Während mache Abschnitte der Malerei relativ gut freigelegt werden konnten, war es an anderen Stellen schier unmöglich. Die unterschiedlichen Farbschichten überlagerten einander an fast allen freigelegten Stellen derart, dass sie es dem Restaurator nicht erlaubten, die Malerei eindeutig zu rekonstruieren. Eine Restaurierung des Originalzustandes war also nicht möglich.

Die Profile an Decken, Gurtbögen und Lisenen waren wie der Deckenspiegel häufig durch ein dickes Farbschichtenpaket sehr stark überformt. Erst die behutsame Freilegung zeigte, wie filigran das Bandelwerkdekor gestaltet worden war.

Mehr über den Deckenspiegel ab S. 362.

Freigelegte Malereirückstände aus unterschiedlichen Zeiten in verschiedenen Räumen, 2021

Freigelegte Malereirückstände aus unterschiedlichen Zeiten in verschiedenen Räumen, 2021

Palimpsest: Gleichzeitigkeit des Ungleichzeitigen

Im Mittelalter war Schreibmaterial – zu dieser Zeit Pergament oder Papyrus – kostbar und wurde wiederverwertet. Um den vorhandenen Text zu entfernen, wurde er entweder mit einer Klinge oder einem Messer abgeschabt bzw. abgekratzt. In manchen Fällen kamen chemische Mittel wie etwa Zitronensäure zum Einsatz.

Heute werden derartig bearbeitete Schriftstücke Palimpseste genannt. Diese sind für die Wissenschaft von großer Bedeutung. Die älteren Texte wurden in den meisten Fällen nicht vollständig entfernt, und so ist es mit moderner Technik – meist kommt die Fluoreszenzfotografie zum Einsatz – möglich, die vermeintlich gelöschten Textabschnitte wieder sichtbar zu machen. Das sogenannte Archimedes-Palimpsest ist eines der bekanntesten seiner Art. Unter einem christlichen Text aus dem 13. Jahrhundert wurde die einzige griechische Version des Textes „Über schwimmende Körper" entdeckt.

Der Palimpsest-Begriff ist in Philosophie, Kultur- und Literaturwissenschaft zu einer fruchtbringenden Metapher avanciert. Mittlerweile untersucht auch die Architekturtheorie dessen analytisches Potenzial.

Ein Beispiel dafür liefert Remei Capdevila-Werning in ihrem Artikel „Palimpseste in der Architektur. Ein symboltheoretischer Zugang". Ein Ausschnitt daraus:

»Im übertragenen Sinne gilt der Begriff Palimpsest als eine Metapher für die Überlagerungen von Bedeutungen und Sinnstrukturen, die durch jüngere Einflüsse und neue Bedeutungen unsichtbar werden. In der Architektur, besonders in Archäologie und Denkmalpflege, wird Palimpsest als eine Art Geistererscheinung verstanden, als eine Spur von etwas, was nicht mehr da ist, wie zum Beispiel die Markierungen von ehemaligen Treppen in abgerissenen Häusern, die Informationen über die Baugeschichte eines Ortes liefern. Man kann aber Palimpseste in der Architektur nicht nur als physische Spuren von ehemaligen Bauten verstehen, sondern auch als komplexe Überlagerungen von Bedeutungen, also im übertragenen Sinne. Es gibt dann nicht nur eine Schrift unter einer neueren Schrift, sondern mehrere aufeinanderliegende Schichten. Im spezifischen Sinn ist die konzeptuelle Überlagerung von Bedeutungen durch jene physischen Spuren erkennbar.

Diese doppelte Bedeutung der Palimpseste in der Architektur kann man von einer symboltheoretischen Perspektive aus analysieren. Hier soll in spezifischer Weise der Begriff Palimpsest im Rahmen von Nelson Goodmans Philosophie als ein komplexes Symbol interpretiert werden, das in verschiedenen Symbolsystemen wirkt und deswegen verschiedene Bedeutungen erzeugt. Das wird durch die Erörterung des Restaurations- und Rekonstruktionsprozesses des 2009 wiedereröffneten Neuen Museums in Berlin gezeigt, für den der britische Architekt David Chipperfield und der Denkmalpfleger Julian Harrap verantwortlich waren. Dieses Gebäude ist ein besonders gutes Beispiel für Palimpseste in der Architektur, da das Hauptkonzept der Wiederherstellung des Museums war, so viele Materialschichten wie möglich zu erhalten und dadurch die Geschichte des Gebäudes deutlich zu machen. Die Erläuterung des Konzeptes des Palimpsests in der Architektur von einer symboltheoretischen Perspektive aus geht auf epistemologische Fragen ein, da der Prozess der Aufdeckung von Materialien auch Sinnbezüge offenlegt; letztlich geht es dabei um nichts weniger als die Wahrhaftigkeit der Interventionen in der Denkmalpflege.

Da der Begriff Palimpsest als Überlagerung von Sinnstrukturen ursprünglich und hauptsächlich in der Literaturwissenschaft vorkommt, ist es hilfreich zu beschreiben, wie er dort angewendet wird, um die Übertragung auf die Architektur besser zu verstehen. Hier wird diese Überlagerung als Intertextualität verstanden, jeder Text ist also ein Hypertext, der auf andere Texte verweist, sie modifiziert, neu schreibt und umschreibt. Texte haben dann einen palimpsestischen Charakter, wenn sie mehr oder weniger klare Spuren anderer Werke enthalten. Das ist genau das, was Gérard Genette wörtlich im Titel eines seiner Bücher sagt: Texte sind Palimpseste und werden als Literatur auf zweiter Stufe erörtert, das heißt, dass Texte auf einem anderen, nicht wortwörtlichen Niveau interpretiert werden müssen. Dieser literaturtheoretische Gebrauch des Begriffs kann aber nur teilweise auf die Architektur angewendet werden, weil die Überlagerung von Bedeutungen in einem Gebäude sich nicht (oder nicht nur) auf andere Gebäude bezieht – wie es in der Literatur passiert –, sondern auch auf die Geschichte des Gebäudes selbst und, indirekt oder auf zweiter Stufe, auf die Geschichte, die soziale und kulturelle Umgebung überhaupt. Das heißt: Während die palimpsestischen Untersuchungen der Literaturwissenschaften sich auf sich selbst beziehen oder intrinsisch sind, sind Palimpseste in der Architektur sowohl intrinsisch als auch extrinsisch.

Dass es Palimpseste in der Architektur gibt, bringt also mit sich, dass Gebäude zu einem gewissen Grad als Texte interpretiert werden können. Das heißt aber nicht, dass Gebäude einfach nur Texte sind. Man muss Palimpsest eher als eine metaphorische Übertragung verstehen, die erlaubt, Architektur aus einer neuen Perspektive zu untersuchen. Diese Metapher ermöglicht, wie Andreas Huyssen behauptet, die Einführung der Zeitlichkeit und damit der Vergänglichkeit in die tektonischen Künste oder Medien – normalerweise die stabilsten und unveränderlichsten, also Architektur, Skulptur oder sogar ganze Städte. Raum übernimmt dadurch eine zeitliche und historische Dimension; die Überlagerung von Bedeutungen ist nicht mehr synchron, sondern eher diachron.

Vielleicht kommt deswegen die Metapher des Palimpsests öfter in der jüngsten Theorie der Denkmalschutzpflege vor, da es einer der aktuellen Konservierungstrends ist, möglichst viele Spuren der Geschichte des Gebäudes zu erhalten. Statt totaler Rekonstruktionen, die nicht mehr erhaltene Strukturen makellos zurückbringen, wird heute versucht, das Vergehen der Zeit und der verschiedenen Phasen, die ein Gebäude erlebt hat, sichtbar zu machen. Diesem Denkmalpflegeprinzip liegt die Voraussetzung zugrunde, dass solche Interventionen wahrhaftiger und daher wertvoller sind als Rekonstruktionen, die ein Gebäude zu einem bestimmten Zeitpunkt seiner Geschichte gewissermaßen festfrieren. Dieses Verfahren entspricht genau dem Artikel II der Charta von Venedig, der im Jahre 1964 international anerkannten und gebilligten Richtlinie, die die zentralen Werte und Vorgehensweisen bei der Konservierung und Restaurierung von Denkmalen festlegt: ›Die Beiträge aller Epochen zu einem Denkmal müssen respektiert werden: Stileinheit ist kein Restaurierungsziel. Wenn ein Werk verschiedene sich überlagernde Zustände aufweist, ist eine Aufdeckung verdeckter Zustände nur dann gerechtfertigt, wenn das zu Entfernende von geringer Bedeutung ist, wenn der aufzudeckende Bestand von hervorragendem historischem, wissenschaftlichem oder ästhetischem Wert ist und wenn sein Erhaltungszustand die Maßnahme rechtfertigt.‹[3]

Ein origineller Nepomuk

Unbekannt, *Der heilige Johannes von Nepomuk*, ca. 1694, unrestauriert, 2017

Brückenheiliger und Beschützer vor übler Nachrede

Aber diese Nepomucken!
Von des Torgangs Lucken gucken
und auf allen Brucken spucken
lauter lauter Nepomucken!

(aus: Rainer Maria Rilke, „Heilige", 1896)

Als Rilke das Gedicht „Heilige" schrieb, war der Nepomuk-Kult bereits seit mehr als einem Jahrhundert etabliert – und seit mehr als zweihundert Jahren gab es die Nepomuk-Statue, die heute noch im Palais am Bauernmarkt 1 steht.

Dieses Foto wurde während der Grabungsarbeiten im Innenhof aufgenommen. Nepomuk überblickt hier eine stellenweise fast sechs Meter tiefe Grube, die bis in die Römerzeit zurückreichende Zeugnisse barg. Viele der Fundstücke wurden vom Wien Museum übernommen. Mehr zu den Ausgrabungen findet sich im Text von Oliver Rachbauer, S. 518.

Für weitere Informationen über Nepomuk wende ich mich an die Österreichische Akademie der Wissenschaften, die das Forschungsprojekt „Der hl. Johannes von Nepomuk als ›Hausheiliger‹ der Habsburger im Zeitalter des Barockkatholizismus" durchführt. Die wissenschaftliche Mitarbeiterin im Forschungsbereich Kunstgeschichte, Dr. Stefanie Linsboth, antwortet ausführlich:

Die Statue des hl. Johannes von Nepomuk[1]

Mathias Fuhrmann schildert in seiner 1767 veröffentlichten »Historischen Beschreibung« der Stadt Wien die Verehrung des hl. Johannes von Nepomuk und führt zahlreiche diesem Heiligen gewidmete Kapellen, Altäre und Statuen an. Die älteste dieser Statuen datiert er – wie bereits Sebastian Mitterdorffer SJ vor ihm[2] – in das Jahr 1694 und lokalisiert sie »am Seiterischen Haus aufm Alten=Bauernmarckt«.[3] Das Seiterische Haus (heute Bauernmarkt 11), das 1699 aus dem Besitz der Familie Zschiedrich in das Eigentum des namensgebenden Wechselherrn Carl Seiter übergegangen war, wurde 1875 abgebrochen und durch einen Neubau ersetzt.[4] Heute befindet sich an seiner Stelle ein von 1986 bis 1988 errichtetes Gebäude.[5] Die Statue könnte allerdings an einem neuen Aufstellungsort erhalten geblieben sein. Denn im Innenhof des Gebäudes Bauernmarkt 1 findet sich eine kürzlich von der Unternehmensgruppe LENIKUS restaurierte barocke Darstellung des hl. Johannes von Nepomuk, die in Anlehnung an Fuhrmann mit 1694 datiert wird.[6] Ein Charakteristikum barocker Nepomuk-Figuren sind die häufig nachweisbaren Überführungen an neue Standorte. Dies wurde oft aufgrund architektonischer Eingriffe, der Änderung von Straßenführungen oder der Regulierung von Flussläufen nötig, befanden sich Skulpturen des hl. Johannes von Nepomuk doch meist an Brücken und Wegkreuzungen. Die unmittelbare geografische Nähe zwischen den beiden Gebäuden am Bauernmarkt legt jedenfalls die Vermutung nahe, dass es sich bei der heute noch existierenden Statue um jene handelt, die Mitterdorffer und Fuhrmann am Seiterischen Haus beschrieben hatten und die zu einem bislang nicht bekannten Zeitpunkt an ihren heutigen Aufstellungsort transferiert wurde.

Die Verehrung von Johannes von Nepomuk (†1393) hatte sich nach dessen Tod, ausgehend von Prag, in Böhmen verbreitet und sich schließlich auf die katholischen Gebiete Mitteleuropas ausgedehnt. Um 1700 forcierten böhmische Adelige und Kleriker – unterstützt durch das Kaiserhaus – die Kanonisierung Nepomuks. Nachdem Ferdinand III. und Leopold I. den Seligsprechungsprozess befürwortet hatten, trugen Karl VI. und seine Frau Elisabeth Christine dazu bei, die Legitimation des Kultes in Rom zu erwirken.[7] Mit der Seligsprechung 1721 und der Kanonisierung 1729 wurde Johannes von Nepomuk auch von kirchlicher Seite offiziell anerkannt und der Verehrung des neuen Heiligen zusätzlicher Aufschwung verliehen. In Wien hatte diese 1689 ihren Anfang in der Minoritenkirche genommen[8] und zu Beginn des 18. Jahrhunderts zunehmend an Bedeutung gewonnen. Die Datierung der Statue – rund 30 Jahre vor der Seligsprechung – fällt somit in jene Zeit, in der sich die Verehrung Johannes von Nepomuks zwar in Wien auszubreiten begann, diese allerdings noch nicht durch eine Selig- oder Heiligsprechung legitimiert worden war.

Die Statue zeigt Johannes von Nepomuk in der Kleidung eines Kanonikers, mit Kruzifix und Märtyrerpalme in seinen Händen. Sie entspricht darin einem gängigen Darstellungstypus, der in erster Linie durch die 1683 auf der Karlsbrücke in Prag errichtete Statue geprägt worden war.[9] Außergewöhnlich und auffällig ist ein Detail: Der Heilige tritt auf den Kopf einer liegenden, sich um eine Kugel windenden Figur, die in dieser Form bei keiner anderen Nepomuk-Skulptur auftritt. Für ihre Deutung wurden Bezüge zum Typus der Maria Immaculata vorgebracht.[10] Die liegende Figur entspricht zwar weder einer Schlange noch einem Drachen, wie sie für Maria-Immaculata-Darstellungen charakteristisch wären, doch stellen die Sterne einen klaren marianischen Bezug her. Denn Johannes von Nepomuk ist neben Maria der einzige Heilige, der statt eines Heiligenscheines einen Sternenkranz um sein Haupt trägt. Üblicherweise wird Nepomuk – im Gegensatz zu den sieben Sternen dieser Statue – allerdings durch fünf Sterne ausgezeichnet. Sie sollen an jene Flammen erinnern, die nach seinem Sturz von der Karlsbrücke in die Moldau auf der Wasseroberfläche erschienen waren. Aufgrund seines Martyriums ist Johannes von Nepomuk als Brückenheiliger in das kollektive Gedächtnis eingegangen. Eine weitere seiner bedeutenden Eigenschaften, die nicht mehr derart präsent ist, könnte jedoch zur Deutung der liegenden Figur beitragen. Denn Johannes von Nepomuk wurde stets als Wahrer des Beichtgeheimnisses sowie als Beschützer des guten Rufes und vor übler Nachrede und Verleumdung verehrt und auf ebendiese Weise dargestellt. Einige Druckgrafiken zeigen ihn beispielsweise auf einer liegenden Personifikation der Verleumdung stehend, von deren Mund oder einer beigefügten Posaune Blitze ausgehen. Diese Elemente fehlen zwar in der hier besprochenen Skulptur, doch lohnt ein genauerer Blick auf den Kopf der sich windenden Figur. Die zum Mund geführte Hand, auf deren Finger die Gestalt beißt, könnte auf die Bedeutung des Sprechens bzw. des Schweigens hinweisen, weshalb die Statue – trotz der Unterschiede zu den erwähnten Druckgrafiken – als Triumph Johannes von Nepomuks über die üble Nachrede sowie als Darstellung seiner Funktion als Patron des guten Rufes gedeutet werden kann.

Auch wenn die Datierung 1694 nicht gesichert ist, ist die Statue zweifelsfrei ein prägnantes Zeugnis barocker Frömmigkeitspraxis und jener Verehrung des hl. Johannes von Nepomuk, die Ende des 17. Jahrhunderts in Wien einsetzte und ihn schließlich zu einem der populärsten Heiligen des Barock werden ließ.

Stefanie Linsboth

---

1 Der Beitrag entstand im Rahmen des vom Jubiläumsfonds der Oesterreichischen Nationalbank geförderten und am Forschungsbereich Kunstgeschichte des Instituts für die Erforschung der Habsburgermonarchie und des Balkanraumes der Österreichischen Akademie der Wissenschaften durchgeführten Forschungsprojektes »Der hl. Johannes von Nepomuk als ›Hausheiliger‹ der Habsburger im Zeitalter des Barockkatholizismus«.

2 Sebastian Mitterdorffer SJ, *Vienna Austriae Sancto Ioanni Nepomvceno Devota*, Wien: Wolfgang Schwendimann 1724, S. 72 f.

3 Mathias Fuhrmann, *Historische Beschreibung Und kurz gefaste Nachricht Von der Römisch. Kaiserl. und Königlichen Residenz=Stadt Wien und Ihren Vorstädten*, 2. Teil, 2. Bd., Wien: Krausische Buchhandlung 1767, S. 718.

4 Zur Besitzgeschichte des Hauses: Paul Harrer-Lucienfeld, *Wien, seine Häuser, Menschen und Kultur*, 1. Bd., 3. Teil, Wien 1952, S. 709 f.

5 Ebd.

6 Siehe u. a. Walter Brauneis, »Johannes von Nepomuk – Ikonographie und Verbreitung«, in: *Wiener Geschichtsblätter* 26 (1971), S. 231–240, hier S. 238; Elisabeth Kovács, »Die Verehrung des hl. Johannes von Nepomuk am habsburgischen Hof und in der Reichs- und Residenzhauptstadt Wien im 18. Jahrhundert«, in: *250 Jahre hl. Johannes von Nepomuk*, Ausst.-Kat. Dommuseum Salzburg, Salzburg 1979, S. 69–85, hier S. 70.

7 Bohuslav Balbín SJ, *Das Leben Des Heiligen Johannis von Nepomuck, Als eines Ertz=Martyrers über das Beicht=Sigill*, Augsburg: Johann Andreas Pfeffel 1730, S. 48; Kovács 1979, wie Anm. 6, S. 74 f.; Petr Maťa, »›O felix Boemia, quando sacerdotum consiliis regebaris‹. Geschichte als Argument im politischen Denken des höheren Klerus Böhmens und Mährens im 17. und frühen 18. Jahrhundert«, in: Joachim Bahlcke und Arno Strohmeyer (Hg.), *Die Konstruktion der Vergangenheit. Geschichtsdenken, Traditionsbildung und Selbstdarstellung im frühneuzeitlichen Ostmitteleuropa* (Zeitschrift für Historische Forschung, Beiheft 29), Berlin 2002, S. 307–322, hier S. 315.

8 *Wienerisches Diarium*, 26. Mai 1723, Bericht zum 25. Mai; Gerhardt Kapner, »Der Wiener Nepomukkult im Spiegel der zeitgenössischen Publizistik«, in: *alte und moderne kunst* 118 (1971), S. 19–24, hier S. 19.

9 Zur Statue auf der Karlsbrücke vgl. Peter Volk, »Nepomukstatuen – Bemerkungen zu den Darstellungsformen«, in: *Johannes von Nepomuk, 1393 * 1993*, hg. von Reinhold Baumstark, Johanna Herzogenburg und Peter Volk, Ausst.-Kat. Bayerisches Nationalmuseum München/Kloster Strahov, Prag, München 1993, S. 27–35.

10 Brauneis 1971, wie Anm. 6, S. 232.

Unbekannt, *Der heilige Johannes von Nepomuk im Innenhof des Bauernmarkt 1*, ca. 1694, unrestauriert, Detail, 2017

Die Figur unter der Statue des hl. Nepomuk im Palais am Bauernmarkt 1 zeigt im Gegensatz dazu einen gespaltenen Unterkörper: Bekräftigt dieser Unterschied der Darstellungsweisen die These Stefanie Linsboths, dass dieses Detail die Schutzfunktion des Heiligen vor übler Nachrede allegorisch unterstreichen könnte? Hätte dem Heiligen einfach ein »böses« Wesen beigegeben werden sollen, wäre das Detail nicht notwendig gewesen.

Dieses Meisterwerk Lucas Cranachs d. Ä. stellt uns ebenfalls ein Zwitterwesen vor Augen: Auf dem Unterkörper einer Schlange reckt sich ein jungenhafter Oberkörper dem ersten Menschenpaar, Adam und Eva, entgegen und bietet ihnen den verlockenden Apfel an. Satan verführt sie zu der Sünde, die das Menschengeschlecht aus dem Paradies verbannt.

Lucas Cranach d. Ä., *Paradies*, um 1530
Kunsthistorisches Museum Wien,
Gemäldegalerie © KHM-Museumsverband

Vielleicht kam es zu dieser originellen Nepomuk-Version, weil sich der Bildhauer auf keinen Darstellungskanon für den Heiligen stützen konnte (die Skulptur ist immerhin wahrscheinlich die erste mit diesem Motiv in Wien).

Das Nepomuk-Fest wurde im Laufe des 19. Jahrhunderts zu einem beliebten Volksfest. Auch Goethe reimte zu diesem Anlass:

St. Nepomuks Vorabend

Lichtlein schwimmen auf dem Strome,
Kinder singen auf der Brücken,
Glocke, Glöckchen fügt vom Dome
Sich der Andacht, dem Entzücken.

Lichtlein schwinden, Sterne schwinden;
Also löste sich die Seele
Unsres Heil'gen, nicht verkünden
Durft' er anvertraute Fehle.

Lichtlein, schwimmet! Spielt, ihr Kinder!
Kinder-Chor, o singe, singe!
Und verkündiget nicht minder,
Was den Stern zu Sternen bringe!

Johann Wolfgang von Goethe, *St. Nepomuks Vorabend*, Karlsbad, 15. Mai 1820

Ferdinand Georg Waldmüller,
Die Verehrung des Heiligen Johannes, 1844
© Wien Museum

Die Restaurierung der Statue

Auf alten Fotos ist sichtbar, dass die Nepomuk-Skulptur farbig gefasst war. Die unter den Füßen des Heiligen liegende Figur zum Beispiel zeigt deutliche Rotspuren. Leider stammen die Farbreste aus unterschiedlichen Perioden, sodass – wie der Restaurator mir erklärte – eine eindeutige Bestimmung der originalen Farbfassung unmöglich war. Daher erscheint die Statue heute ganz in Weiß.

Unbekannt, *Der heilige Johannes von Nepomuk*, ca. 1694, restauriert, 2022

Unbekannt, *Der heilige Johannes von Nepomuk im Innenhof des Hauses Bauernmarkt 1*, ca. 1694, unrestauriert, Detail, 2017

Gibt es möglicherweise einen Zusammenhang zwischen der Stärkung des Marienkults und der Einführung der Nepomuk-Verehrung? Eine Vermutung, die sich an der spezifischen Darstellungsweise des Nepomuk entzündet. Der Marienkult wurde im Zuge der Gegenreformation forciert. Auch der Nepomuk-Kult ist ein Kind dieser Geistesströmung: Er wurde von gegenreformatorischen Habsburgerkaisern begründet und gefördert. Kann es sein, dass Nepomuk das Jesuskreuz deswegen wie Maria ihr Kind in inniger Weise in Armen hält und von einem Sternenkranz umfangen ist?

Mehr über den Marienkult im Kapitel über das Fassadenrelief, S. 298.

Unbekannt, *Der heilige Johannes von Nepomuk*, ca. 1694, restauriert, Details, 2020

In der Sammlung Lenikus finde ich einen Druck, der einen Ausschnitt der Nepomuk-Statue zeigt. Ich frage den deutschen Künstler Carsten Fock nach seinen Ideen zu diesem Werk und er antwortet mit einem Brief:

Die Verwechslung und das Unverwechselbare

Seit nun einer ganzen Weile zieht es mich immer wieder nach Wien. Am Anfang waren es meine kindlichen Erinnerungen an Hans Moser-Filme, später ein grantelnder Literat auf meiner deutschen Lieblingsinsel mit österreichischem Pass, natürlich Hans Hölzel und schließlich die Kunst, die meine.

Seit nun fast zehn Jahren darf ich immer wieder Gast auf Einladung von Martin Lenikus am Bauernmarkt sein. In den ersten Jahren gab es dort im Haus Nummer 1 Ateliers, die ich regelmäßig aus Interesse und Freundschaft zu dort arbeitenden Künstlern, wie z. B. Nick Oberthaler, besuchte.

Gleich schon zu Anfang meines ersten Aufenthaltes fiel mir die sehr besondere Figur eines Heiligen im Hof des Gebäudes auf. Der heilige Florian war es nicht, wie ich erst dachte, da der sichtbare Heilige sehr bestimmt auf einer diabolisch wirkenden anderen Figur positioniert ist.

Ich dachte an einen Feuerteufel und an die Verkörperung des Bösen, doch es handelt sich um den Nepomuk, was mir später erst klar wurde.

Nach einer Weile und wiederholtem Arbeiten am Bauernmarkt 9 stieß ich in Vorbereitung zu meiner Ausstellung »The devil« in der damals Berliner September Galerie wieder auf dieses Motiv und arbeitete es in die Ausstellung ein. Diese Installation befindet sich heute im Bestand der Sammlung des Museums für Moderne Kunst in Frankfurt am Main. Zahlreiche dieser Werke sind unter anderen am Bauernmarkt entstanden.

Ein Jahr danach ergänzte ich diese Assemblage mit einem Siebdruck in kleinster Auflage: eine Abbildung und Bearbeitung des heiligen Nepomuk in einem neonfarbigen Verlauf.

Die Verwechslung ist als Gedankenspiel geblieben und der Nepomuk für mich immer noch unverwechselbar, einzigartig.

Ganz liebe Grüße aus Bamberg
Carsten

Carsten Fock, *untitled*, 2012

Franz Xaver Petter, *Stillleben mit Früchten, Blumen und Vögeln*, o. J., Detail

DAS IM BIEDERMEIER ERKLINGENDE PALAIS

Leopold Kupelwieser, *Gesellschaftsspiel der Schubertianer in Atzenbrugg*, 1821, Detail
© Wien Museum

Rauschende Feste und hitzige Konversationen in den Salons rund um den Bauernmarkt 1

Während die Familie von Thys im Haus am Bauernmarkt 1 lebte, erblühte das kulturelle Leben der Stadt. Vornehme Wohnzimmer und prächtige Empfangshallen wurden während des Wiener Kongresses zu wichtigen Orten des Gedankenaustauschs. Zahlreiche Salons und die dort geführten Debatten, angeregt durch neu erscheinende überregionale Zeitungen und Zeitschriften, belebten die Wiener Gesellschaft. Das sich herausbildende Bewusstsein des bürgerlichen Standes und der Wusch nach entsprechenden Freiheiten und Rechten führten schließlich zu den Ereignissen von 1848.

Wie sah ein Tag im Leben einer Tochter der Familie von Thys aus, als der Wiener Kongress 1814/15 in der Stadt tagte und tanzte?

> 1802 Rainer Franz von Thys
> 1830 vier Kinder des Franz von Thys

> Die junge Marianne von Thys betritt die Bühne.

Kindererziehung wird im Biedermeier zu einem wichtigen Thema. Eine eigene Ratgeberliteratur entwickelt sich. Auch Kindermode wird erstmals entworfen und es entsteht eine Spielzeugindustrie. 1845 erscheint das Bilderbuch „Der Struwwelpeter" des Frankfurter Arztes, Politikers und Dichters Heinrich Hoffmann.

Mariannes Erlebnisse am 2. März 1815

Marianne erwachte mit dem Gefühl: Das ist ein schöner, ein besonderer Morgen. Fast täglich erreichten sie Einladungen zu den aufregendsten Salons der Stadt und für heute hatte sie gleich zweien ihre Zusage gegeben. Nach dem Frühstück setzte sie sich ans Klavier und begleitete ihre singende Schwester. Ihren Musiklehrer wollen die beiden jungen Frauen in ihrer nächsten Stunde mit der Aufführung eines von ihnen komponierten Liedes überraschen. Die Brüder sind noch klein und spielen im Nebenzimmer mit der Kinderfrau. Vorgestern hatten sie den Geburtstag Josefs gefeiert; die neuen Spielzeuge werden nun erprobt.

Josef Danhauser, *Die kleinen Virtuosen*, 1843
© Österreichische Galerie Belvedere Wien

Marianne macht sich bereit und auf den Weg

Die junge Frau lebte in einem prächtigen Haus am Bauernmarkt 1. Damit befand sie sich in den Jahren des Wiener Kongresses in Gehweite mehrerer Salons. Das junge Mädchen genoss die kosmopolitische Atmosphäre der sonst eher ruhigen Stadt.

Nach dem gemeinsamen Mittagessen mit ihren drei Geschwistern und dem Vater zog sich Marianne mithilfe ihrer Schwester ihr feines Musselinkleid an.

Mehr über die Mode der Zeit ab S. 436.

Der Salon der aus Berlin stammenden Fanny von Arnstein fand in dem 1796 fertiggestellten Stadtpalais am Hohen Markt 1 statt.

Friedrich Campe, *Der große Wiener Friedens-Congres zur Wiederherstellung von Freiheit und Recht in Europa*, 1814/15
© Wien Museum

»Während des Wiener Kongresses war der Großhändler Nathan von Arnstein der Hausherr. Da er Jude war, wurde er im Grundbuch nicht vermerkt. Welche Abmachungen er mit der grundbücherlichen Eigentümerin getroffen hatte, ist nicht bekannt. Seine Frau, die Tochter des preussischen Hofmünzers Daniel Itzig war und ›die schöne Fanny‹ oder ›Baronin Vögele‹ genannt wurde, und er machten das Haus zum Zentrum des Wiener Gesellschaftslebens. Im Haus verkehrten alle ankommenden Fremden, darunter Prinzen, Fürsten, Grafen ebenso wie Kardinäle, Staatsmänner und berühmte Dichter. Vormittags besuchten die Gesandten der beim Kongress vertretenen Länder das Bankbureau Nathan von Arnsteins, am Nachmittag und abends trafen sie sich zu den Tees und auf den Bällen der Baronin.«[1]

Auch Samuel Oppenheimer, ein sehr wichtiger Hoffaktor unter Kaiser Leopold I., war als Jude vom Realeigentumsrecht ausgeschlossen und musste sein faktisches Hausherrenrecht im Schatten eines Strohmanns ausüben. Mehr dazu auf S. 320. Sigmund Edler von Wertheimstein dagegen konnte sich nach Einholung einer gesonderten Erlaubnis in das Grundbuch eintragen lassen. Mehr dazu auf S. 448.

Marianne von Thys lebte in einem prächtigen Haus am Bauernmarkt 1.

Carl Graf Vasquez, *Plan der Stadt Wien und Vorstädte mit Ansichten von Wohngebäuden*, um 1830/40 © Wien Museum

Marianne musste von ihrem Haus nur wenige Schritte zum Salon Fanny von Arnsteins am Hohen Markt gehen. Auf dem um 1830/40 entstandenen berühmten „Plan der Stadt Wien und Vorstädte mit Ansichten von Wohngebäuden (mit 22 Randveduten)" sind sowohl das Palais am Bauernmarkt als auch das Palais am Hohen Markt dargestellt. Ich wüsste gerne, nach welchen Kriterien Carl Graf Vasquez die 22 Häuser ausgesucht hat.

Marianne schlenderte den Bauernmarkt entlang, vorbei am Haus „Zum goldenen Wagen", dem Geburtshaus ihres bald berühmten Freundes Franz Grillparzer. Als sie den Hohen Markt erreichte, rastete sie kurz am Josephsbrunnen – es war ein ungewöhnlich schöner, warmer, sonniger Frühlingstag Anfang März 1815. 14 Uhr – sie war pünktlich und freute sich schon auf die Begegnungen im Salon ihrer schönen und gebildeten Freundin Fanny von Arnstein. Nach wenigen Schritten stand Marianne vor den Toren des imposanten Palais, trat ein und bemerkte bald ein bekanntes Gesicht unter den zahlreichen Gästen.

Marianne dachte: Ah, da ist ja meine liebe Dorothea. Von einem jüdischen Bankier geschieden, lebte die Tochter Moses Mendelssohns jahrelang mit Friedrich Schlegel in wilder Ehe, bevor die beiden endlich heiraten konnten – wie unkonventionell! Ihren Roman „Florentin" gab sie mir bald, nachdem wir einander kennenlernten. Das Buch beleuchtet die Liebe in all ihren unterschiedlichen Facetten – auch die unerfüllte, immer sehnsuchtsvolle. Freilich musste ich ihre Autorschaft erst erraten und darf das Geheimnis nicht weitererzählen, denn auf dem Deckblatt steht ein anderer Name. Frauen haben leider bis heute nicht die Möglichkeiten, die Männern zugestanden werden.

Die Atmosphäre im Salon Arnstein muss atemberaubend gewesen sein.

»Graf de la Garde beschreibt einen dieser Bälle im Hause Arnstein so: ›Der Baron Arnstein hat sich selbst übertroffen. Die seltensten Blumen, allen Klimas entlehnt, schmücken die Treppen, die Salons, die Tanzsäle mit herrlichstem Farbenglanz und süßestem Duft. Tausende von Kerzen und Spiegeln, Gold und Seide gleißen überall. Beschwingte Musik, wie man sie nur in Wien hört, bezaubert das Ohr. Auf das Konzert folgt ein Ball und auf den Ball ein Souper, bei welchem der Baron sich ein Vergnügen daraus gemacht, alle Jahreszeiten und Entfernungen als nicht vorhanden zu zeigen. Er hat die Erzeugnisse aller Länder und aller Klimas vereinigt. Die Säle sind mit Bäumen geschmückt, behangen mit reichen Früchten. Das nimmt sich einzigartig aus, mitten im Winter wie in einem Garten der Provence Kirschen, Pfirsiche und Aprikosen zu pflücken. Ein Raffinement des Luxus, das hier zum ersten Mal an den Tag gelegt wird.‹ (Graf August de la Garde, ›Gemälde des Wiener Kongresses 1814–1815‹, übersetzt von Dr. Hans Effenberger, 1912)«[2]

Im Empfangssaal drängten sich Menschen unterschiedlicher Nationen; sie unterhielten sich auf Französisch, Deutsch und Italienisch. Mehrere Stühle, Sofas und Sitzgruppen teilten den Raum in Abschnitte, zwischen denen sich die feinen Besucher frei bewegen konnten – schmetterlingsgleich wechselte man von Gespräch zu Gespräch, blieb selten für einen ganzen Nachmittag bei einem Thema und einer Gruppe. Feine Stoffe, exotische Pflanzen und kostbare Vasen ließen den Reichtum der Familie erahnen. Da Marianne bereits oft hier gewesen war, fühlte sie sich ausgesprochen wohl und begab sich sogleich zu ihrer Freundin Dorothea Schlegel, »von Schlegel« müsste sie eigentlich sagen, da das Ehepaar im Jahr 1814 in den Adelsstand erhoben worden war. Dorothea saß auf einem mit Seide überzogenen Armsessel, dessen gelb-beige gestreiftes Muster das zarte Hellblau ihres Kleides mit seinem gelben Taillengürtel unterstrich. Ihre Augen leuchteten in diesem Farbenspiel besonders schön.

Dorothea Schlegel: Die Urururenkelin Samuel Oppenheimers zurück in Wien

Während meiner Recherchen über die Aufklärung stieß ich unweigerlich auf Ideen und Texte Moses Mendelssohns. Überraschend wurde mir klar: Seine Ehefrau Fromet Gugenheim war eine direkte Nachfahrin Samuel Oppenheimers, seine Ururenkelin. Ihre älteste Tochter war eine ganz außergewöhnliche Frau: Brendel Mendelssohn wurde mit einem braven Finanzmann verheiratet, erlaubte sich aber eine Scheidung und Liebesheirat mit dem Philosophen und Schriftsteller Friedrich Schlegel – und hieß von da an Dorothea von Schlegel. Sie war vom Judentum zum Protestantismus und schließlich zum Katholizismus konvertiert. Ab 1809 stand Friedrich Schlegel in den Diensten von Erzherzog Karl von Österreich-Teschen, der die „Österreichische Zeitung" herausgab. So erfuhr Dorothea Schlegel an jenem denkwürdigen Tag vom Wohnort ihres Ahnen: dem Haus Bauernmarkt 1.

Marianne und Dorothea begrüßten einander, und bald darauf gesellten sich Friedrich von Schlegel und Wilhelm von Humboldt zu ihnen, die über eine ihrer Meinung nach notwendige Bildungsreform debattierten.

Wilhelm von Humboldt: Nun, wie Sie wissen, verehrter Herr von Schlegel, sollte meiner Meinung nach die Ausbildung eines autonomen Individuums oberste Maxime aller Universitäten sein. Dabei sollte als die verbindende Denkart aller Studierenden, was sage ich da – aller Menschen! – die Philosophie sein. Sie ist die grundlegende Wissenschaft des Geistes des Menschen, die es den Angehörigen verschiedener Disziplinen und unterschiedlicher Denkarten erlaubt, ihre Erkenntnisse auszutauschen und miteinander zu verknüpfen.

Friedrich von Schlegel: Da fällt mir ein Aphorismus ein, den wir um 1800 in unserer Zeitschrift „Athenäum" publizieren wollten: »Genie ist zwar nicht Sache der Willkür, aber doch der Freiheit, wie Witz, Liebe und Glauben, die einst Künste und Wissenschaften werden müssen. Man soll von jedermann Genie fordern, aber ohne es zu erwarten. Ein Kantianer würde dies den kategorischen Imperativ der Genialität nennen.« Ich stimme ihnen zu. Obwohl mein Bruder, seine Frau, Dorothea und ich in vielerlei Hinsicht unterschiedlicher Ansichten waren, konnten wir mit Hilfe philosophischer Begrifflichkeiten neue Gedankenwege beschreiten. Meist blieben wir geteilter Meinung, aber wir hatten die Denkungsart des anderen verstanden und in uns aufgenommen.

Wilhelm von Humboldt: Ja, da sprechen Sie den zweiten unendlich wichtigen Punkt an: Um wirklich des Menschen Möglichkeiten auszuschöpfen und dem Höchsten entgegenzustreben, gilt es ein Weltbürgertum zu schaffen! Was ich damit meine? Ich werde mich selbst zitieren: »So viel Welt als möglich in die eigene

Person zu verwandeln, ist im höheren Sinn des Wortes Leben.« Es gilt, sich mit den großen Menschheitsfragen auseinanderzusetzen: sich um Frieden, Gerechtigkeit, um den Austausch der Kulturen, die Beziehung zur Natur und noch viel mehr zu bemühen. Die universitäre Bildung soll daher nicht primär berufsbezogen sein, sondern von wirtschaftlichen Interessen möglichst unabhängig. Dann erst wird der Mensch in allen Lebensbereichen gebildet sein und sich überall seinen Platz erobern können.

Caroline Pichler – die Eheleute von Schlegel waren in ihrem Haus einquartiert und regelmäßige Besucher ihres bekannten literarischen Salons – hatte das Gespräch verfolgt und mischte sich nun ein.

Caroline Pichler: Vor allem ist es vonnöten, allen Menschen Zugang zu dieser umfassenden Bildung zu ermöglichen, ob Mann, Frau, Schwarz oder Weiß. Welche Bedeutung hätten sonst die Worte »Humanismus« oder »Aufklärung«? Sie wissen, ich habe über den Fall Angelo Soliman einen Artikel verfasst. Dieser Mann stammte aus Afrika und strandete als Sklave in Europa. Rasch lernte er Italienisch, Französisch und sogar Deutsch. Schachspielen wurde seine Leidenschaft, die er mit seinem Herrn, Fürst von Liechtenstein, teilte. Angelo Soliman war ein Mensch von höchster Würde und Bildung – und nun wird er wie ein wilder nackt und im Lederschurz ausgestopft der Bevölkerung vor Augen gestellt. Ein Skandal ist das! Aber das tut hier nichts zur Sache. Ich sehe Angelo Soliman als Beispiel: Wenn aus einem vermeintlich Wilden durch richtige Leitung, ich sollte wohl sagen, richtige Bildung, ein galanter, charmanter Herr voller Manieren und Güte werden kann – so ist dies sicherlich jedem Menschen möglich. Wir müssen also alles dafür tun, allen Menschen den Zugang zur Bildung zu ermöglichen! Ein solches Exempel zeigt, dass allein die Bildung alle Menschen aus ihrer Knechtschaft befreien kann. Was einmal gelang, kann immer sein. Aber natürlich wollen das die Plantagen- und Sklavenbesitzer nicht hören!

»Oh, sie werden es hören müssen«, sagte Humboldt bestimmt, und Schlegel stimmte zu: »Bei diesem Wiener Kongress werden wir erwirken, dass der Sklavenhandel verboten wird! Lassen Sie uns hoffen, gnädige Frau.« Plötzlich trat der hochbetagte Joseph von Sonnenfels in den Kreis der ins Gespräch vertieften Runde, setzte sich auf einen freien Stuhl ohne Rückenlehne und hob mit knarrender Stimme zu sprechen an.

Joseph von Sonnenfels: Das Besondere an dieser neuen Verordnung wird sein, dass sie nicht nur in einem Territorium gelten soll. Menschenrechte müssen ja überall dort gelten, wo es Menschen gibt. Nun ja, das hat es in der Geschichte der Menschheit noch nicht gegeben; es werden sich gleich mehrere Völker auf eine Grundidee menschlicher Würde einigen und gemeinsam durchsetzen – welch ein Sieg für alle! Meine verehrten Freunde Moses Mendelssohn und Gotthold Ephraim Lessing wären stolz darauf, dass die Forderungen der Aufklärung langsam politisches Echo finden. Wissen Sie, trotz der Differenzen Österreichs und Preußens haben wir immer Kontakt gehalten und unsere Ideen gemeinsam weiterentwickelt.

Nun gesellte sich Fanny von Arnstein zu ihnen.

Fanny von Arnstein: Verehrter Herr von Sonnenfels, referieren Sie nicht eben die Gedanken meines geliebten Lehrers Moses Mendelssohn? Wussten Sie, dass wir heute die Tochter dieses wunderbaren Mannes als Gast unter uns haben – sie sitzt gleich neben Ihnen. Darf ich vorstellen: Dorothea von Schlegel!

Dorothea von Schlegel: Ja, meine Mutter Fromet Gugenheim war die viel geliebte Frau Moses Mendelssohns. Sie ist übrigens eine Ururenkelin des Wiener Hoffaktors Samuel Oppenheimer. Er hat doch hier in Wien seine Geschicke in den Dienst des damaligen Kaisers Leopold I. gestellt – nicht wahr?

Moses Mendelssohn war Ehrenmitglied der „Berliner Mittwochsgesellschaft", die die „Berlinische Monatsschrift" herausgab. Berühmt sind die in der Zeitschrift erschienenen Aufsätze Immanuel Kants. Dessen „Kritik der reinen Vernunft" (1781) wurde sehr verhalten aufgenommen, zu umständlich sei die Abhandlung geschrieben. Dennoch wagte man den Versuch, ihn als Autor für die Monatsschrift zu gewinnen. Tatsächlich konnte Kant auch anders: Seine Artikel waren alltagsnah und rhetorisch einnehmend. 1784 erschien sein bis heute berühmter Beitrag „Beantwortung der Frage: Was ist Aufklärung?"

»Aufklärung ist der Ausgang des Menschen aus seiner selbstverschuldeten Unmündigkeit. Unmündigkeit ist das Unvermögen, sich seines Verstandes ohne Leitung eines anderen zu bedienen. Selbstverschuldet ist diese Unmündigkeit, wenn die Ursache derselben nicht am Mangel des Verstandes, sondern der Entschließung und des Muthes liegt, sich seiner ohne Leitung eines anderen zu bedienen. Sapere aude! Habe Muth, dich deines eigenen Verstandes zu bedienen! ist also der Wahlspruch der Aufklärung.«[3]

Joseph von Sonnenfels: Ja, natürlich! Mit diesem Fall habe ich mich – juristisch gesehen – eingehend beschäftigt. Wussten sie, dass in einer Nacht um 1700 sein Haus – soweit ich mich erinnere, ist das das heutige Gebäude an der Adresse Bauernmarkt 1 – fast niedergebrannt wurde? Viele Schuldscheine und andere wichtige Dokumente gingen damals verloren. Ich kann mir gut vorstellen, dass ein oder gleich mehrere Schuldner diesen Brand angezettelt haben. Angeblich hatten zwei Lausbuben den Streit begonnen, das kann sein, aber ich bezweifle, dass das die wirkliche Ursache war. Wie dem auch sei: Die angeblich Verantwortlichen wurden dann zur Abschreckung am Türstock des Haupttors in der Freisingergasse erhängt. Eine Schande für die Menschheit war das! Natürlich müssen Täter zur Rechenschaft gezogen werden, aber staatlicher Mord ist immer noch Mord! Dieser und viele andere Fälle bewegten mich dazu, mich zumindest für die Abschaffung der Folter einzusetzen. Immerhin wurde sie 1776 in unserer Monarchie verboten – das war einmalig in Europa. Möge es der Aufklärung gelingen, den Menschen zum Menschen zu machen!

Marianne dachte: Man munkelt, dass Sonnleithner geheimen Bünden wie den Freimaurern und gar den Illuminati angehört – die strengstens verboten sind. Die Illuminati sollen dem Staat besonders kritisch gegenüberstehen, weil sie darauf vertrauen, dass der Mensch den Staat nicht mehr nötig haben wird, wenn er wirklich zum Menschen geworden ist.

Aber halt! Was erzählt er da vom Haus Bauernmarkt 1? Da wohne ja ich nun! Samuel Oppenheimer hat hier gelebt und gearbeitet? Ich wohne also dort, wo einmal der Urururgroßvater Dorothea Schlegels gelebt hat. Ich muss sie zu uns zum Tee einladen.

Gedacht, getan – für den nächsten Tag waren sie verabredet.

»Seine Hochblüte erlebte Fanny von Arnsteins Salon – sie betrieb ihn in ihrem Stadtpalais am Hohen Markt oder in ihrem Landhaus an der Straße nach Schönbrunn – während des Wiener Kongresses. Jeden Dienstagabend versammelte sich eine Gesellschaft aus Adeligen und Diplomaten. Zu den Gästen gehörten unter anderem der päpstliche Nuntius in Wien, Kardinal Severoli, der Herzog von Wellington, Karl August von Hardenberg und Wilhelm von Humboldt. Fanny von Arnstein engagierte sich während des Kongresses für die Emanzipation der Juden und lehnte im Gegensatz zu den Berliner Salondamen ebenso wie ihr Ehemann und dessen Schwager Bernhard von Eskeles (1753–1839) die Taufe strikt ab. Die Berliner Einflüsse und Verwandtschaftsbeziehungen – auch Moses Mendelssohns getaufte Tochter Dorothea (1763–1839) lebte seit 1808 mit ihrem zweiten Mann, dem Dichter Friedrich Schlegel (1772–1829), in Wien – spielten bei Assimilation und Taufe eine nicht unwesentliche Rolle, blieb das Phänomen in Wien doch auf die Oberschicht beschränkt.«[4]

Mit Franz Grillparzer historischen Klängen lauschend

Marianne von Thys erschrak, denn sie hatte wegen der höchst anregenden Unterhaltungen die Zeit vergessen. Sie verabschiedete sich hastig und machte sich auf den Weg. Marianne sollte den gleichaltrigen Franz Grillparzer vor seinem Geburtshaus Bauernmarkt 10 treffen, um gemeinsam den Gundelhof mit der Adresse Bauernmarkt 4 zu besuchen. Denn hier veranstaltete sein Onkel Ignaz von Sonnleithner einen sehr beliebten musikalischen Salon.

Marianne verehrte Ignaz von Sonnleither, weil er ihr von ihren Lieblingskomponisten Haydn und Mozart erzählen konnte – er hatte sie persönlich gekannt! Er wusste auch zu berichten, dass die vorherige Besitzerin des Hauses Bauernmarkt 1, Eleonore von Pelsern, geborene Führenberg, eine Freundin und Förderin Haydns gewesen war. Während ihrer Klavierstunden stellte sich Marianne oft vor, wie der Meister hier in ihrem Salon einen Tee zu sich nahm oder sogar ein kleines Konzert für die Dame des Hauses gab – »Oh, könnten die Mauern doch sprechen!«

Franz Grillparzer: Ich habe eine Überraschung für dich: Heute soll Ludwig van Beethoven bei meinem Onkel zu Besuch sein.

Marianne: Erinnerst du dich, wie wir uns kennengelernt haben? 1804 waren wir und unsere Eltern im Salon der Familie Lobkowitz eingeladen. Hier wurde die „Eroica" unter Beethovens Leitung zum ersten Mal aufgeführt. Das war ein denkwürdiger, ein besonderer Tag für mich.

Das Palais Lobkowitz ist das heutige Theatermuseum, das unter vielen anderen Schätzen auch bedeutende Zeichnungen des genialen Barocktheateringenieurs Lodovico Ottavio Burnacini verwahrt und ausstellt (mehr zu Burnacini siehe S. 256). Der Saal, in dem am 9. Juni 1804 die 3. Sinfonie Beethovens uraufgeführt wurde, trägt heute den Namen „Eroica-Saal".

Im Gundelhof angekommen stellen Marianne und Franz fest, dass ein anderes Programm stattfinden wird. Herr Molitor, der sich für die Aufführung alter Musik einsetzt, und seine Musiker waren eingeladen worden, heute ihr Repertoire zum Besten zu geben.

EIN ÜBERBLICK

ÜBER DIE INSTRUMENTALMUSIK

DES 17. JAHRHUNDERTS

INTRODUZIONE ZU EINEM BALLETT
von *Claudio Monteverdi* (1608)

SINFONIA (OUVERTÜRE) ZU DER OPER »LA GALATEA«
von *Pietro Andrea Ziani* (1660)

Mehr zur Oper „La Galatea" auf S. 270.

SINFONIA (OUVERTÜRE) ZU DER OPER »IL POMO D'ORO«
von *M. A. Cesti* (1660)

Mehr zur Oper „Il pomo d'oro" auf S. 254.

INTRODUZIONE ZUM DRAMA »APOLLO DELUSO«
von *Kaiser Leopold I.*

Marianne und Franz kommen auf Kaiser Karl VI. zu sprechen.

Peter und Paul Strudel, *Statue Kaiser Karls VI. im Prunksaal der National-bibliothek*, 1735

Marianne: Nach Leopold I., dem Großvater Maria Theresias, und seinem älteren Bruder Joseph I. (1705-1711) regierte Kaiser Karl VI. Kannst du dich an unseren Ausflug zur Karlskirche erinnern? Es war Karl VI., der den Bau in Auftrag gab. Die Gemälde erweitern die Decke in himmlische Höhen und die beiden das Portal rahmenden Säulen sind der Trajanssäule in Rom nachempfunden.

Mehr über die verwandtschaftlichen Beziehungen auf S. 90.

Franz: Eine Skulptur des Kaisers Karl VI. findet sich übrigens in der Nationalbibliothek. Es bereitet mir höchstes Vergnügen, dort die prachtvoll eingebundenen Bücher der berühmten Bibliothek Prinz Eugens durchzublättern. Der Hauch vieler Jahrhunderte weht mich aus ihren Seiten an – das nächste Mal nehme ich dich mit, liebe Marianne. O schau, da ist wieder das Ehepaar von Schlegel!

Mehr über Prinz Eugen ab S. 282.

Dorothea von Schlegel: Ich habe die Einladung eigens wegen des Gerüchts angenommen, dass Beethoven heute hier zu Gast sein wird. Wissen Sie, liebe Marianne, meine Nichte Fanny Mendelssohn ist eine begnadete Musikerin und stellt in ihren Briefen Fragen über Fragen zu diesem Komponisten. Fanny Arnstein ist die Großtante von Fanny und Felix Mendelssohn-Bartholdy, die es in der Welt der Musik einmal weit bringen werden – da bin ich mir sicher. Ich frage mich, ob es Fanny einmal möglich sein wird, den Weg einer Musikerin zu gehen, oder ob sie gut heiraten und dann nur noch ihre Kinder großziehen wird. Ich wünschte, uns Frauen würden mehr Freiheiten zu wählen gewährt, welche Wege wir in unserem Leben gehen möchten. Ich war zwar immer kompromisslos in meinen Entscheidungen, aber leicht war es gesellschaftlich nicht ... Meine Söhne Philipp und Johannes sind Maler geworden.

Marianne: Dorothea, ich bewundere Ihren Mut und Ihre literarischen und intellektuellen Fähigkeiten. Wenn Sie erlauben, nehme ich Sie mir als bestes Beispiel einer

selbstbestimmten, freien und doch so hingebungsvoll liebenden Frau. Wollen Sie mir nicht mehr über Ihre Söhne erzählen?

Dorothea von Schlegel: Sie gehören der Gruppe der sogenannten Nazarener an. Ziel der Nazarener ist die Erneuerung der Kunst im Geiste des Christentums, wobei alte italienische und deutsche Meister, zum Beispiel das Genie eines Dürer, als Vorbilder dienen. Meine Söhne lassen sich auch von der deutschen mittelalterlichen Sagenwelt anregen. Sie haben viele Jahre die großen Meister Italiens studiert. Sie sind natürlich wie mein Friedrich und ich zum katholischen Glauben gewechselt. Wenn Sie uns besuchen kommen, kann ich Ihnen gerne einige ihrer Werke zeigen, liebe Freundin.

Mehr über Dürer ab S. 166.

Nach dem Konzert verabschiedeten sich Franz und Marianne sogleich von Friedrich und Dorothea. Sie wollten beim täglichen Ritual der abendlichen Zusammenkunft der Familie Thys zugegen sein.

Die Bewegung der Nazarener etablierte sich neben anderen deutschen Städten (zum Beispiel München) besonders in Frankfurt am Main. In dieser Stadt wird 1830 Philipp Veit, der Sohn Dorothea von Schlegels aus erster Ehe, zum Direktor des Städelschen Kunstinstituts berufen.

Philipp Veit, *Die Einführung der Künste in Deutschland durch das Christentum*, 1834/36 © Städel Museum, Frankfurt am Main

Gespannt lauschten die Eltern und Geschwister Mariannes und Franz' Schilderungen der Erlebnisse des Tages. Als Dank für die Gastfreundschaft rezitierte Franz Grillparzer einige Verse aus seinem dramatischen Märchen „Der Traum ein Leben", an dem er gerade arbeitete.

Abend ists, die Schöpfung feiert,
Und die Vögel aus den Zweigen,
Wie beschwingte Silberglöckchen,
Läuten aus den Feierabend,
Schon bereit, ihr süß Gebot,
Ruhend, selber zu erfüllen.
Alles folgt dem leisen Rufe,
Alle Augen fallen zu;
Zu den Hürden zieht die Herde,
Und die Blume senkt in Ruh
Schlummerschwer das Haupt zur Erde.[5]

Marianne antwortete mit einigen Zeilen aus Ludwig Tiecks Romanze „Kaiser Octavianus" aus dem Jahr 1804.

Mondbeglänzte Zaubernacht,
Die den Sinn gefangen hält,
Wundervolle Märchenwelt
Steig' auf in der alten Pracht.[6]

»In keinem bürgerlichen Wohnzimmer durfte das Klavier fehlen. Seine verschiedenen und komplizierten Formen waren geeignet, die Meisterschaft der Kunsttischler so recht unter Beweis zu stellen. Seit der Empirezeit war Wien ein Zentrum der Klavierfabrikation, aber auch die übrige Instrumentenerzeugung, besonders der so sehr geliebten Harfen und Lauten, hatte einen guten Ruf.«[7]

Nach der Verabschiedung von Franz setzte sich Marianne zum Abschluss des gelungenen Tages glücklich aus Klavier: Im Palais am Bauernmarkt erklangen noch lange Haydn- und Mozartmelodien.

Franz Grillparzer wird später gern nach Ischl zur Sommerfrische fahren – eine Tradition, die der nächste Besitzer des Hauses Bauernmarkt 1, Dr. Franz de Paula Wirer Ritter von Rettenbach, 1822 mit der Errichtung des ersten Solekurbades einleitete. Dazu mehr ab S. 442.

Pauline von Koudelka-Schmerling, *Blumenkranz mit Madonnenrelief*, 1834 © Österreichische Galerie Belvedere Wien

Die progressive Universalpoesie Friedrich Schlegels

1798 gründen die Brüder Schlegel die Zeitschrift „Athenäum", die zur wichtigsten Plattform der Frühromantik wird. Weitere Autoren sind Dorothea und Caroline Schlegel, Novalis, August Ferdinand und Sophie Bernhardi, Friedrich Daniel Ernst Schleiermacher, August Ludwig Hülsen und Karl Gustav Brinckmann. In dieser Zeitschrift – und in verschiedenen Essays, Briefen, Fragmenten und in dem Roman „Lucinde" – stellt Friedrich Schlegel seine Theorie einer progressiven Universalpoesie vor. Sie soll eine Synthese von Lyrik, Drama und Prosa sein und Literatur, Philosophie und Kritik verbinden, Kunst und Wissenschaft verflechten. Ein zentrales Merkmal der Universalpoesie ist die synästhetische Ansprache aller Sinne. Traum, Wirklichkeit und Poesie beeinflussen einander und sollen ineinanderfließen. Ewig im Werden, ewig Fragment soll die Universalpoesie sein und bleiben. Damit bricht Schlegel mit der Regelpoetik und der aristotelischen Forderung der Einheit von Raum, Zeit und Handlung. Das literarische Werk wird zum subjektiven Spielfeld des Autors. Aus der Verbindung von Philosophie, Prosa und Poesie ergeben sich neue Bedingungen für den Roman, dessen fragmentarischer Charakter mit unfertigen Handlungssträngen die Freiheit des Dichters abbildet.

Johann Baptist Reiter, *Lesender Knabe*, um 1860
© Österreichische Galerie Belvedere Wien

»Die romantische Poesie ist eine progressive Universalpoesie. Ihre Bestimmung ist nicht bloß, alle getrennten Gattungen der Poesie wieder zu vereinigen und die Poesie mit der Philosophie und Rhetorik in Berührung zu setzen. Sie will und soll auch Poesie und Prosa, Genialität und Kritik, Kunstpoesie und Naturpoesie bald mischen, bald verschmelzen, die Poesie lebendig und gesellig und das Leben und die Gesellschaft poetisch machen, den Witz poetisieren und die Formen der Kunst mit gediegnem Bildungsstoff jeder Art anfüllen und sättigen und durch die Schwingungen des Humors beseelen. Sie umfaßt alles, was nur poetisch ist, vom größten wieder mehrere Systeme in sich enthaltenden Systeme der Kunst bis zu dem Seufzer, dem Kuß, den das dichtende Kind aushaucht in kunstlosem Gesang.«[8]

Der bürgerliche Salon: Privat und öffentlich wirksam

Die Ausbildung privater Salons im frühen 19. Jahrhundert bedeutete keinen Rückzug in private Sphären. Im Gegenteil: Sie boten ein Forum, in dessen Rahmen sich das gerade entstehende Bürgertum über seine Werte im Gespräch miteinander austauschen konnte. Die Zusammenkünfte in den Salons waren zentral für die Entwicklung des Bewusstseins einer immer mehr politisch denkenden und handelnden Gesellschaftsschicht.

»Die Charakterisierung der Zeit des Biedermeier als eine Epoche des Rückzugs ins Private greift daher [...] in kulturgeschichtlicher Hinsicht zu kurz. Gerade durch die Öffnung der privaten Sphäre in erweiterte soziale Räume hinein und – in Wechselwirkung dazu – durch das vermehrte Eindringen des Öffentlichen ins private häusliche Leben entstand im Vormärz jene neue Form von politischer Öffentlichkeit, welche schließlich das entscheidende Fundament für die revolutionären Bewegungen der Jahre 1848/49 gebildet hat.«[9]

Wie der Weihnachtsbaum nach Wien kam

»Zu Beginn des 19. Jahrhunderts entstand auch in Wien nach Berliner Vorbild der Salon. Die Salongesellschaften ermöglichten erstmals intensive Kontakte zwischen Frauen und Männern, die unterschiedlichen Ständen und Religionen angehörten. Sie bleiben jedoch eine Modeerscheinung, eine Episode von kurzer Dauer. Juden wurden nur selten in ein christliches Haus geladen, da dies bedeutet hätte, sie in den eigenen Kreisen zu akzeptieren. Der Besuch eines jüdischen Salons war meist nur eine – wenn auch höchst anregende – Exkursion. Der Salon wurde nicht zuletzt von Berliner Jüdinnen, die nach Wien geheiratet hatten – hier ist vor allem Fanny von Arnstein (1758–1818), die Tochter des Berliner Gemeindevorstehers Daniel Itzig, zu nennen –, in die habsburgische Hauptstadt gebracht. Die Salons waren beweglicher als die höfischen Feste. Die jüdischen Gastgeberinnen selbst hatten sich soeben von einer Tradition gelöst und noch keine eigene entwickelt, was sie offener für alles Neue und Moderne machte. Sie brachten auch neue Bräuche von Berlin nach Wien, wie beispielsweise den Weihnachtsbaum, den Fanny von Arnstein 1814 aufstellte, was selbst die Geheimpolizei in einem Bericht vermerkte: ›Bei Arnstein war vorgestern nach Berliner Sitte ein sehr zahlreiches Weihbaum- oder Christbaumfest. Es waren dort Staatskanzler Hardenberg [...], Fürst Radziwill, Herr Bartholdy, alle getauften und beschnittenen Anverwandten des Hauses. Alle gebetenen, eingeladenen Personen erhielten Geschenke oder Souvenirs vom Christbaum. Es wurden nach Berliner Sitte komische Lieder gesungen. [...]. Es wurde durch alle Zimmer ein Umgang gehalten mit den zugeteilten, vom Weihnachtsbaum angenommenen Gegenständen. Fürst Hardenberg amüsierte sich unendlich; Herr von Humboldt war nicht dabei.‹

Fanny von Arnsteins Salon, der bedeutendste in Wien, war ein Treffpunkt der aus Deutschland zugereisten Intellektuellen. Zu ihren Gästen zählten die Schriftsteller Karl August Varnhagen, Friedrich und August Wilhelm Schlegel, Justinus Kerner, Ludwig Zacharias Werner, Theodor Körner und Karoline Pichler. Das Interesse der jüdischen Damen ging über die bloße Repräsentation weit hinaus und zeugte von profunder kultureller Bildung, wie die Sympathie zeigt, die Grillparzer der Baronin Henriette Pereira oder Goethe der Schwester des Freiherrn von Eskeles, Lea Fließ, entgegenbrachte. Das Haus Arnstein gehörte auch zu Beethovens Mäzenen.«[10]

Die Loslösung von Musik und Kunst aus höfischen Strukturen

Porträtlithografien

»Der entscheidende Wandel lag in der öffentlichen Wahrnehmung und Bedeutung von Kunst und künstlerischem Schaffen überhaupt – beides war nicht mehr das Privileg einiger weniger prominenter Höfe und Adelshäuser in einem geschlossenen, (hoch)aristokratischen Milieu, sondern Kunst als solche öffnete sich einerseits zur öffentlichen Aufgabe und Verpflichtung, andererseits aber auch zur Möglichkeit individueller Selbstrepräsentation immer breiterer Kreise. Nicht zufällig ist das Biedermeier auch jene Epoche, in welcher die Verbreitung von neuen Techniken der Bildgestaltung, wie beispielsweise der Lithographie, auch zu einer Demokratisierung der Portraitkunst führte: Eine Portraitlithographie war weniger zeit- und kostenintensiv als ein gemaltes Portrait und überdies unmittelbar technisch reproduzierbar – dadurch konnte das allgemeine Bedürfnis, sich selbst ins (meist geschönte) Bild zu setzen, auch in bürgerlichen Kreisen befriedigt werden. Der künstlerische Erfolg von Josef Kriehuber, dem gefragtesten Portraitlithografen des Biedermeier, verdankte sich hauptsächlich dieser neuen kostengünstigen Kunsttechnik.«[11]

Josef Kriehuber, *Frau Tschapek, Inhaberin der Leinen- und Seidenhandlung »Zur Jungfrau von Orleans«*, 1831 © Wien Museum

Josef Kriehuber, *Viktor (?) Fürst Odescalchi als Kind*, 1836 © Wien Museum

Das Bürgertum fördert ein freies Künstlertum

1812 gründeten Josef von Sonnleithner, Fanny von Arnstein und andere die bis heute bestehende Gesellschaft der Musikfreunde in Wien. Eine Initiative, abseits der Höfe die musikalische Kultur der Stadt selbst zu gestalten.

»Nun ist gerade im Blick auf die Biedermeierkultur zu bedenken, dass sich mit der Ausbildung einer spezifisch bürgerlichen Öffentlichkeit nicht nur Bildung und Wissenschaft, sondern auch das Kunst- und Kulturverständnis gewandelt hatten. Musik und bildende Kunst waren bis weit ins 18. Jahrhundert hinein in einem vorwiegend höfischen Kontext angesiedelt; sie verdanken sich höfischen Repräsentationsbedürfnissen und höfischer Förderung. Die Flucht des jungen Wolfgang Amadeus Mozart vom Hof des Salzburger Fürsterzbischofs, wo bereits sein Vater Leopold als Hofkomponist tätig gewesen war, nach Wien bedeutete schon damals – 1781 – den Versuch, die Kunst aus den Fesseln höfischer Traditionen zu befreien und ihr damit – auch in ökonomischer Hinsicht – den ihr zustehenden Eigenwert zu geben. Eine Generation später im Falle Ludwig van Beethovens hatte sich das Bewusstsein für diesen Eigenwert und für die Freiheit der Kunst so weit gewandelt, dass Beethoven, Sohn eines Tenors und Musiklehrers an der kurkölnischen Hofkapelle, seinen Beruf als Musiker, wenngleich in finanzieller Hinsicht noch von aristokratischen Mäzenen abhängig, in weitgehender Unabhängigkeit ausüben konnte. Mit Franz Schubert, jenem Komponisten der Biedermeierzeit, dem diese Etikettierung wohl am wenigsten gerecht wird, zeigte sich das Phänomen eines neuen Künstlertypus noch deutlicher. Der Sohn eines ursprünglich aus Mähren stammenden und in Wien tätigen Schulleiters und einer Köchin, der seiner schönen Stimme wegen als Sängerknabe im Jahr 1808 in der Wiener Hofkapelle aufgenommen worden war, befreite sich seinerseits von dem ihm zugedachten ›bürgerlichen‹ Beruf eines Lehrers, um sich – auch er bis zuletzt ohne geregeltes Einkommen und auf die Unterstützung von Freunden und Förderern angewiesen – ganz der Musik zu widmen.«[12]

»Auch die Künste zeigen dieses neu erwachende Selbstbewusstsein in vielerlei Hinsicht. Ähnlich wie für die Musik war die Biedermeierzeit auch für die bildende Kunst eine überaus fruchtbare Epoche, und auch hier zeigt sich sowohl bei den Künstlern als auch bei den künstlerischen Sujets ein deutlicher Trend zur Verbürgerlichung. Stärker als in der Musik konnte sich bei der bildenden Kunst bereits im Vormärz der Typus des freien Künstlers durchsetzen, der als Auftragskünstler tätig war, wobei die Auftraggeber neben dem Kaiserhof und anderen Adelshäusern häufig auch finanzkräftige Bürger, Kaufleute und Unternehmer waren.«[13]

Balthasar Wigand, *Aufführung der »Schöpfung« am 27. März 1808 in Gegenwart Josef Haydns im Festsaal der Alten Universität*, 1851–1900 © Wien Museum

Eine neue Wohnkultur: Gemütlich sollte es sein

Josef Franz Danhauser, *Der schlafende Maler*, 1841 © Wien Museum

Der Salon der Wohnung der Familie von Thys im Palais Bauernmarkt 1 ist mit kostbarem Mobiliar ausgestattet. Mit der Einrichtung hat man vielleicht Josef Danhauser betraut.

Josef Danhauser war der Erste, der mit der Idee reüssierte, alles zur Wohnkultur Nötige unter dem Dach einer Fabrik zu entwerfen, zu erzeugen und zu verkaufen. Der Maler Josef Franz Danhauser ist der Sohn des Gründers der Möbelfabrik Danhauser, die von 1804 bis 1838 florierte.

Im Barock sollte das Heim der gehobenen Schichten »repräsentativ« sein. Im Biedermeier entwickelte sich ein neues Gefühl, und damit wurde ein neuer Begriff populär: Gemütlich sollte es nun zu Hause sein. Wie sah das aus?

»Die bürgerliche Gemütlichkeit der Biedermeierzeit entfaltete sich zumeist im eigenen Haus oder in der Mietwohnung, die immer mehrere Räume umfasste. Immer stand die Arbeitsstätte des Familienvaters damit in engster Verbindung; sie befand sich im eigenen Wohnhaus oder in der unmittelbaren Nachbarschaft. Die Werkstätte, die Verkaufsgewölbe, die Warendepots, das Kontor waren dann im Erdgeschoss untergebracht und die Wohnräume lagen im ersten Stock. Die Gesellen, Diener, Angestellten wohnten unter dem gleichen Dache.«[14]

»Die Wohnung im ersten Stock betrat man von einem Korridor aus. Über einen Vorraum kam man in das Empfangszimmer, in das Wohnzimmer der Familie, in die ›gute Stube‹, die später [...] ›Salon‹ genannt wurde. Der Raum war mäßig groß, hatte zwei oder drei Fenster, und seine Wände waren in hellen Farben gehalten, die sich durch eine schmale Leiste oder ein gemaltes Simsornament von der Decke absetzten. Türen und Fenster waren hell gestrichen. Neben einfärbigen Wänden gab es auch tapetenähnliche Musterungen mit Streifen, Blatt- und Blumendekoren. Die Deckenmitte hatte eine gemalte oder stukkierte Rosette, von der der gläserne oder hölzerne Lüster herabhing.«[15]

»Neben dem Wohnzimmer, dem Herrschaftsbereich der Hausfrau, wo die Gäste empfangen wurden, umfasste die Biedermeierwohnung noch das Speisezimmer, das Arbeitszimmer für den Hausherrn, das Toilettenzimmer für die Hausfrau, das Schlafzimmer der Eltern, die Kinderzimmer und das Gesindezimmer. Jeder Wohnraum hatte seine bestimmte Funktion, und ›gemischte Zimmer, die mehreres zugleich sein können‹, liebte man nicht.«[16]

Das Mobiliar

»Für den Gesamteindruck des biedermeierlichen Interieurs war das Mobiliar von entscheidender Bedeutung. Selbst in den wohlhabenden Bürgerhäusern war die Möblierung sparsam und auf wenige Möbeltypen beschränkt, deren Formen und Proportionen in selbstverständlicher Zweckmäßigkeit den menschlichen Maßen und Raumverhältnissen angepasst waren. Dekoratives Beiwerk, goldene Leisten und bronzene Beschläge wurden nur spärlich verwendet und durften die von der Funktion bedingte Einfachheit nicht beeinträchtigen.«[17]

»An besonderer Stelle des bürgerlichen Wohnzimmers stand der Glasschrank zur Aufbewahrung von allerlei Kostbarkeiten und Andenken: die Vitrine. Sie barg ihre Schätze hinter zwei- und dreiteiligen Glastüren und vor einer spiegelnden Rückwand, die dieses Schatzkästlein vergrößern und besonders kostbar erscheinen lassen sollte.«[18]

Eine junge französische Malerin gibt in der Mode den Ton an

Die Mode des späten 18. und frühen 19. Jahrhunderts wurde von den Porträts einer ganz besonderen Künstlerin geprägt: Élisabeth Vigée-Lebrun (1755-1842). Aus ärmlichen Verhältnissen stammend, hatte sie das Talent zur Malerei von ihrem Vater geerbt, der es entdeckte und förderte. Zahlreiche Selbstporträts der Künstlerin sind erhalten. Das 1782 entstandene „Selbstporträt mit Strohhut" sorgte für großes Aufsehen und brachte ihr zahlreiche Aufträge ein.

Die strahlende Haut, der offene Blick, die leuchtende Farbgebung und die Spontaneität der Begegnung von porträtierter Person und Betrachter trafen genau den Geschmack der feinen Gesellschaft der Zeit. Und so dauerte es nicht lange, bis die junge Malerin nach Versailles gerufen wurde. Die gleichaltrige Marie Antoinette (1755-1793), eine Tochter Maria Theresias, wünschte von der begehrtesten Porträtistin Frankreichs auf Leinwand verewigt zu werden. Das Bild wurde zum Skandal: Zu menschlich, zu nahe hatte Élisabeth Vigée-Lebrun die Königin dargestellt. Was andere an ihren Werken liebten, wurde ihr in diesem Fall negativ ausgelegt. Für mich ist es ein wunderschönes Porträt der jungen Herrscherin.

Élisabeth Vigée-Lebrun, *Selbstporträt mit Strohhut*, 1782, National Gallery London

Vigée-Lebrun legte das Korsett bereits ab, als es noch unschicklich war, denn es störte sie ebenso beim Malen wie eine gepuderte Perücke. Die Malerin bewunderte die Mode der Antike und veranstaltete sogar eine ihrer berühmten Soireen unter diesem Motto: Von da an wurde die Antikenmode mit leichten Stoffen und hoher Taille in ganz Frankreich und bald auch darüber hinaus en vogue.

Élisabeth Vigée-Lebrun, *Marie Antoinette im Musselinkleid*, 1783, National Gallery of Art Washington

Eine neue Freiheit in der Revolutions- und Empiremode

Die Frauenmode änderte sich grundlegend. Die sanften Kleider der Antike dienten als Vorbild. Man stellte sich vor, dass diese Welt von jungen Mädchen in leichten Gewändern bevölkert war, die im Einklang mit Fauna und Flora lebten. Die Damengarderobe entledigte sich von vielen Zwängen: Korsett, Reifrock, Perücke und oftmals sogar die Haube ließ man im Kleiderschrank. Stattdessen trug man einfache, ärmellose und teils durchsichtige Gewänder aus weißem Musselin, dazu mit Bändern um die Waden geschnürtes Schuhwerk und locker hochgestecktes Haar.

»In der Zeit der sogenannten Restauration blieb bis zum Wiener Kongress 1815 die Mode der Empirezeit weitgehend erhalten. Die Kleider hatten nach wie vor die hohe Taille; die wieder verzierten Röcke waren röhrenförmig und fielen bis an die Knöchel. [...] Am Hals endete das Kleid in einer dichten Krause oder beim Ballkleid in einem Schulterkragen aus Spitzen. Die engen Ärmel gingen fast bis an die Fingerspitzen, oder es wurden lange Handschuhe getragen. Die Hüte erinnerten an Herrenzylinder, hatten vorn einen breiten, hinten einen schmalen Schirm.«[19]

Vielleicht war Marianne von Thys so gekleidet:

1815 waren hohe Taillen noch in Mode; allerdings erfreuen sich die Damen wieder vermehrt an Rüschen, Handschuhen und Hüten.

Unbekannt, *Eine Figur, Damenmode*, 1812
© Wien Museum

Georg Ferdinand Waldmüller, *Rosen im Glas*, 1831
© Österreichische Galerie Belvedere Wien

Johann Erdmann Gottlieb Prestel, *Kaiser Franz Joseph (1830–1916) und seine Braut bei einer Ausfahrt in der Umgebung von Ischl*, um 1853/54, Detail, Kunsthistorisches Museum Wien, Wagenburg
© KHM-Museumsverband

BEWOHNER IM STADTPALAIS

ab Mitte des 19. Jahrhunderts

Carl Spitzweg, *Der Rosenfreund*, ca. 1847/50, Detail © Städelmuseum Frankfurt am Main

Franz de Paula Wirer Ritter von Rettenbach

Von 1832 bis 1844 befand sich das Palais im Besitz von Franz de Paula Wirer Ritter von Rettenbach.

Josef Kriehuber, *Franz de Paula Wirer Ritter von Rettenbach*, 1835

Der begehrte Künstler Josef Kriehuber (1800–1876) porträtierte Franz de Paula Wirer Ritter von Rettenbach (1771–1844) im Jahr 1835. Franz Wirer war ein Arzt und Philanthrop, der bis zu seinem Tod 1844 zwölf Jahre im Haus Bauernmarkt 1 lebte. Als Hofarzt, Leibarzt von Kaiser Franz I. und Gründer des Solekurortes Ischl (ab 1906 Bad Ischl) genoss er höchstes Ansehen. Wirer war auch Mitbegründer der k.k. Gesellschaft der Ärzte Wiens und fungierte 1836/37 als Rektor der Universität Wien.

Wirer setzte sich vielfach für seine Mitmenschen ein:

»Mit seinem ärztlichen Berufe aber verband er den allerort helfenden des Humanisten, indem er, wo sich ihm Gelegenheit darbot, Anstalten für die arme und leidende Menschheit anregte und mitbegründen half.«[1]

Für seine Leistungen wurde er von Franz I. ausgezeichnet:

»[...] der Monarch zeichnete ihn durch Verleihung des Leopoldordens und Erhebung in den erbländischen Ritterstand aus mit Verleihung des Prädicates Rettenbach, welches wir auch als Bezeichnung schöner Punkte um Ischl, wie z. B. die Rettenbachmühle u. s. w., benützt finden.«[2]

Franz Wirer war von der Heilwirkung der Sole überzeugt. Jeden Sommer besuchten die Wiener Hofgesellschaft und gut situierte Bürger der Hauptstadt den Solekurort Ischl, um sich von den Stadtgeschäften zu erholen. Die Zahl der Gäste, unter ihnen illustre Namen wie Staatskanzler Metternich und Erzherzog Rudolf, wurde zunehmend größer. 1827 kurte das erzherzogliche Ehepaar Franz Karl und Sophie, die Eltern des späteren Kaisers Franz Joseph, hier zum ersten Mal. Auch Musiker und Künstler suchten in Ischl Erholung, Heilung und die Nähe zum Hof. So zum Beispiel Josef Kriehuber, Anton Bruckner und Johann Nestroy, später Arthur Schnitzler, Robert Musil und viele andere. Im Lauf der Zeit wurde das bis dahin verschlafene Ischl im Salzkammergut zu einem Kurort von europäischer Bedeutung.

Bis heute ist die sogenannte Sommerfrische in Österreich ein Begriff und das Salzkammergut für die Wiener ein beliebtes Ziel.

Bad Ischl und Sisi

1853 begleitete die in München und am Starnberger See aufgewachsene Elisabeth, die fünfzehnjährige Tochter des Herzogs Max Joseph in Bayern – heute bekannt als Sisi –, ihre Mutter und ihre ältere Schwester Helene auf eine Reise ins österreichische Ischl, wo Thronfolger Franz Joseph seinen Geburtstag feierte. Franz Joseph verliebte sich in Elisabeth und ließ noch am Abend seines Geburtstags seine Mutter bei Elisabeths Mutter um ihre Hand anfragen. Am darauffolgenden Tag erhielt Franz Joseph die Zustimmung, und die Verlobung wurde bekannt gegeben. Das Haus, in dem Elisabeths Mutter ihre Einwilligung gab, beherbergt heute das Museum der Stadt Bad Ischl.

Johann Erdmann Gottlieb Prestel, *Kaiser Franz Joseph (1830–1916) und seine Braut bei einer Ausfahrt in der Umgebung von Ischl*, um 1853/54, Kunsthistorisches Museum Wien, Wagenburg © KHM-Museumsverband

Begehrte Süße für den Kurort. Doktor Wirer und der Hofzuckerbäcker in Ischl

Als Leibarzt des Kaisers war Franz Wirer mit den Ansprüchen und Wünschen der Kaiserfamilie vertraut. Zwar hatte das schöne Ischl genug Salz, aber Süßes fehlte noch – es gab hier keinen Zuckerbäcker, der in ausreichend hoher Qualität Naschereien für die hohe Gesellschaft hätte herstellen können. 1821 konnte Wirer den noch jungen Wiener Zuckerbäcker und Weinhändler Johann Zauner für die Aufgabe gewinnen.

Körper und Gaumen der hohen Gesellschaft sollten gleichermaßen beflügelt werden. Im alten Wirerkeller, heute Zaunerkeller, begann 1821 die Erfolgsgeschichte der Konditorei Zauner.

Die Weitsicht Wirers war erstaunlich. Ihm war bewusst, dass es zum Erfolg Ischls neben einer angenehmen Badeanstalt noch anderer Einrichtungen bedurfte. Parks, Wanderwege, aber auch die Unterstützung der Armen und Waisen waren ihm wichtig. Dieser umfassende Blick und die Bereitschaft, mit eigenem Kapital für das Gelingen des Projekts Ischl zu sorgen, zeitigten Erfolg: Bad Ischl ist bis heute als Kaiserstadt bekannt und trägt zum Florieren der Region bei.

1844 überließ Wirer das Palais am Bauernmarkt 1 Ferdinand und Leopold Kappler sowie Ignaz Gassner, die es Dr. August Blühdorn weiterverkauften. 1846 war es Sigmund Edler von Wertheimstein, in dessen Besitz das Palais überging.

Ferdinand Georg Waldmüller, *Die Traun bei Ischl*, 1835
© Wien Museum

Sigmund Edler von Wertheimstein

1846–1858 Sigmund Edler von Wertheimstein

1846 erwarb Sigmund Edler von Wertheimstein das Palais am Bauernmarkt 1 von den Erben Franz de Paula Wirers Ritter von Rettenbach.

Im Buch mit der Nummer 34 WStLA, Gb. 1/31, 1839–1849, fol. 468, des Wiener Stadt- und Landesarchivs wird »Herr Sigmund Edler von Wertheimstein k.k. priv. Großhändler« genannt. Eine Zusatzerklärung verrät, dass Sigmund Edler von Wertheimstein eine Extragenehmigung zum Besitz des Hauses »mit Allerh. Entschließung vom 8. Febr. 1846 zur Erwerbung und zum Besitze eines bürgerlichen Hauses zu Wien aus Allerhöchster Gnade« erhalten hat.

Sigmund Edler von Wertheimstein stammte aus einer Familie, die sehr eng mit der von Samuel Oppenheimer verbunden war. Sigmunds Vorfahr kam im Fahrwasser von Samuel überhaupt erst nach Wien, wo sie dann unmittelbare Nachbarn gewesen sind. Als Nächstes möchte ich mir kurz die Geschichte der für Wien wichtigen Familie Wertheimer bzw. Wertheimstein vor Augen führen.

Zur Zeit Samuel Oppenheimers (1630–1703) war noch ein christlicher Strohmann zum Erwerb eines Hauses in Wien notwendig gewesen; fast zweihundert Jahre später konnten nun endlich auch Juden mit einer außerordentlichen Erlaubnis »mit Allerh. Entschließung« Hausbesitzer innerhalb der Stadt Wien sein.

Unter Sigmund Edler von Wertheimstein wurde die heutige „Oppenheimer-Stiege" erneuert und die Pawlatschen erbaut.

Die »Oppenheimer-Stiege« (»Sam's Wing«) im vierten Geschoß mit Werken von Carsten Fock (*Untitled*, 2016, links im Bild) und Tillman Kaiser (*Good Feelings Given in a Tender Way*, 2014, rechts im Bild), 2022.

Pawlatschen im Innenhof des »The Leo Grand«, 2022

Am Petersplatz: Geschäftspartner und Familie

Samuel Oppenheimer brachte seinen 28 Jahre jüngeren Neffen und Geschäftspartner Samson Wertheimer nach Wien, der hier eine glanzvolle Karriere als Gelehrter, Geschäftsmann und Rabbiner machte. Ab dem 2. Dezember 1684 wohnte Samson in einem Haus in der Nähe des Bauernmarkt 1 am Petersplatz. Wenn Oppenheimer mal nicht in der Stadt war, übernahm Wertheimer dessen Agenden.

Unbekannt, *Petersplatz und Peterskirche*, kleine Ansichtskarte, 1912
© Wien Museum

Im Buch „Jüdisches Wien" finde ich folgende Information zum Wohnort Samson Wertheimers:

»Ein Großteil der jüdischen Hoffaktoren hatte sich im Bereich des Petersplatzes und des angrenzenden Bauernmarktes eingemietet. Samson Wertheimer (1658-1724) bewohnte am Petersplatz das heute nicht mehr genau lokalisierbare ›Mazische Haus auf dem Petern‹. Er war im Gefolge von Samuel Oppenheimer als dessen Geschäftspartner nach Wien gekommen. Relativ bald emanzipierte er sich jedoch von Oppenheimer und begann auf eigene Rechnung zu arbeiten. Anders als sein ehemaliger Partner war er in seinen Transaktionen äußerst vorsichtig und beschränkte sich auf die Vermittlung benötigter Kapitalien. Von riskanten Liefergeschäften im Stil Oppenheimers hielt er sich fern.«[3]

Vielleicht lässt sich doch herausfinden, um welches Haus es sich genau handelt. Auf meine Email-Anfrage antwortete kurze Zeit später Günther Buchinger:

»Bin der Sache nachgegangen und komme zu folgendem Schluss: Das Mazische Haus wird im Wiener Diarium mit der Konskriptionsnummer 554 angegeben. Aus dieser Zeit stammt auch der Nagel-Plan von Wien, der mit 554 das Haus Petersplatz 9, also das heutige Hotel Wandl, angibt. Um 1700 gehörte es dem Hofkammerrat und Schlosshauptmann von Laxenburg Johann Jakob März von Spiegelfeld (also eigentlich Märzisches Haus, später Mazisches Haus). 1849 wurde das Haus niedergerissen und durch das heutige ersetzt.

Liebe Grüße
Günther Buchinger«

Samson Wertheimer lebte nur wenige Schritte von Samuel Oppenheimer entfernt.

Wer war Samson Wertheimer, der treue Helfer Oppenheimers?

Wertheimer war nach dem Urteil Max Grunwalds und weiterer Autoren ein ganz anderer Charakter als Oppenheimer und wurde am Hof dreier Kaiser hoch geschätzt. So schreibt Grunwald in seiner 1913 erschienenen Publikation „Samuel Oppenheimer und sein Kreis – Ein Kapitel aus der Finanzgeschichte Österreichs" über Wertheimer Folgendes:

> »Aus diesen Gefälligkeiten ohne Profit, allerdings auch ohne besonderes Risiko, da es sich nur um kleinere Beträge handelte, erntete Wertheimer glänzende Erfolge. Gerade sie bildeten einen der wichtigsten Gründe des Lobes, das ihm in den Schutzbriefen dreier Kaiser reichlich gespendet wird. Besonders in dem ersten wird, in offenbarem Gegensatz zu Oppenheimer, sein uninteressiertes Verhalten bei Naturallieferungen hervorgehoben. Daß ihm schon 1694 und später mehreren Familienmitgliedern Gnadenketten verliehen, Oppenheimer und dessen Söhnen aber nur verheißen wurden, musste diesen Stachel für Oppenheimer verschärfen.«[4]

Samson Wertheimer erhielt goldene Ketten von mehreren Kaisern und durfte sogar zur Krönung Karls VI. mit nach Frankfurt fahren. Samuel Oppenheimer blieben diese Gunstbezeigungen sein Leben lang verwehrt. Im Gegenteil: Oft befand er sich angeklagt im Gefängnis und musste von hier die Geschäfte zum Wohle des Reiches weiterführen.

Auch in der jüdischen Gemeinde genoss Samson Wertheimer höchstes Ansehen. Er war Landesrabbiner von Ungarn und Ehrenrabbiner von Eisenstadt.

Abraham Levi, ein Reisender, der 1719 eine Zeit lang in Wien weilte, schreibt über Samson Wertheimer:

»Was anbelangt die Juden in dieser Stadt Wien, so sind sie die reichsten in ganz Europa. Die vornehmsten sind: Der große, achtbare, weitberühmte Herr Reb Samson Wertinheim, welchen man mit dem gemeinen Sprichwort wegen seines großen Reichthums ›den Judenkaiser‹ nennt. Dieser Wertinheimer hat 10 kaiserliche Soldaten alle Zeit vor seinem Tor Wache halten, womit er nebst vielen anderen Freiheiten vor dem Kaiser begnadigt ist. Dieser Wertheimer hat gar viele Paläste und Gärten in Wien ... Auch ist er Rabbiner von Ungarn. Er ist so reich, dass er jedem seiner Kinder zur Heirath hat gegeben in comptant 200.000 holländische Gulden, und seine Kinder sind sechs. Er ist jetzunder ein alter Mann in den siebziger Jahren. Er führt sich in Kleidung gleich einem Polaken und hat einen langen weißen Bart. Er kommt gar oft zum Kaiser.«[5]

Samson Wertheimer stand in höchsten Ehren:

»Trotz seiner ungewöhnlich bevorzugten Stellung erhebt sich nirgends eine Stimme, die seine Geschäftsgebarung bemäkelt hätte. Alles hallt vielmehr von seinem Lobe wieder. [...] Zur Herstellung eines friedlichen Verkehrs der christlichen mit der jüdischen Bevölkerung Wiens hat Wertheimers Haus, in dem die vornehmsten Kreise verkehrten, nicht wenig beigetragen. Seine Lebenshaltung war eine vornehme. Er starb, vom Glück bis zuletzt begünstigt, am 6. August 1724 als der angesehenste und reichste Jude jener Zeit. Die Unterscheidung eines Karl Marx zwischen dem ›Sabbat‹- und dem ›Werktagsjuden‹ findet auf ihn keine Anwendung. Er kannte keine besondere Geschäftsmoral. So klar und scharf wie sein Verstand, so rein und redlich war sein Herz, eine Persönlichkeit, wie sie Lessing vorgeschwebt haben mag, als er seinen ›Nathan‹ schuf.«[6]

Die nächste Generation

Nach Samuel Oppenheimers Tod übernahm dessen Sohn Emanuel Oppenheimer die Geschäfte. Mit den Wertheimern blieb die Familie Oppenheimer über die nächsten Generationen eng verbunden: Einer der Söhne Samuels, Nathan, heiratete eine Tochter Wertheimers.

Die Söhne und Töchter der ersten »Hoffaktorengeneration« verhielten sich oftmals anders als ihre Väter. Wolf Wertheimer, Sohn des Samson Wertheimer, ist ein gutes Beispiel dafür:

Luxuriöser Lebensstil

> »Wolf vollführte eine der oben geschilderten Wandlungen innerhalb der Generationen von Hofjuden hin zum zeittypischen Leben eines einflussreichen Hofmannes. Er richtete selbst Jagden mit hochadliger Beteiligung unter Missachtung der zeitgleich stattfindenden jüdischen Festtage aus und suchte auch sonst ein repräsentatives Leben zu führen, was nicht immer ohne Konflikte mit der Umwelt ausging, die ein derartiges Auftreten vonseiten der Juden nicht in jedem Fall zu tolerieren bereit war. Dennoch dürften die so erlangten Beziehungen und Kontakte zu den einflussreichsten Persönlichkeiten seiner Zeit letztlich hilfreich bei seinen Bemühungen um die Rückgängigmachung der Ausweisung der Prager, böhmischen und mährischen Juden 1744/45 gewesen sein, die wesentlich in seinen Händen gebündelt wurden und letztlich von Erfolg gekrönt waren.«[7]

Der sagenhafte blaue Diamant

»Am Ende seines Lebens übertrug Samson Wertheimer 1710 seine Geschäfte seinem Sohn Wolf (1681-1763). Dieser war schon frühzeitig von seinem Vater in die Geschäfte mit einbezogen worden, so dass der reibungslosen Übergabe auf die nächste Generation eigentlich nichts im Wege stehen sollte. Nach dem Ableben von Samson erlangte Wolf zahlreiche Faktorentitel, zunächst den des kaiserlichen Oberhoffaktors, später kamen Ernennungen aus Kurbayern, Kurköln und Sachsen, respektive Polen hinzu. Durch die Heirat mit einer Enkelin des Samuel Oppenheimer stand Wolf quasi in der Tradition der beiden erfolgreichen, im Dienste der Habsburger stehenden Familien und ihrer finanziellen Beziehungen und Geschäfte. Diese äußerst komfortable Basis wollte Wolf offenbar zu weiterer Expansion nutzen, indem er sich verpflichtete, die exorbitant teure Hochzeit des bayerischen Kurprinzen und späteren Kaisers Karl Albrecht (Karl VII. 1697-1745) mit der Habsburger Prinzessin Maria Amalia zu finanzieren. Da die bayerische Kammer sich jedoch außerstande sah, die Kreditsumme rechtzeitig zurückzuzahlen, sich diese zudem durch anlaufende Zinsen noch fast verdreifachte, musste Wolf Wertheimer 1733 de facto seine geschäftliche Tätigkeit ruhen lassen und verschrieb sich in langwierigen Prozessen den Rückforderungen gegenüber den Wittelsbachern, die durch die kostspielige Hofhaltung Karl Albrechts selbst hoch verschuldet und am Rande der Zahlungsunfähigkeit waren. Auch wenn der unmittelbare Konkurs abgewendet werden konnte, war die ehemalige Stellung der Wertheimers stark beschädigt und nur der weit bekannte Name des alten Wertheimers verhinderte den tiefsten Fall.«[8]

Die jüngste Tochter Maria Amalias, Maria Josepha Antonia, heiratete den Sohn der legendären Herrscherin Maria Theresia: Joseph II. (der Urenkel Kaiser Leopolds I.). Dieser Kaiser war durch seine Reformen, die sog. »Josephinischen Reformen«, sehr wichtig für die jüdischen Gemeinden in ganz Österreich.

Zu dieser Hochzeit brachte Prinzessin Maria Amalia (Tochter Kaiser Josephs I. und Enkelin Leopolds I.) den ursprünglich 35,56-karätigen naturblauen Diamanten von Wien mit nach München. Zwei Generationen zuvor war der blaue Diamant vom spanischen Königshof nach Wien gereist: 1664 hatte ihn Infantin Margarita Teresa zu ihrem erwartungsvollen Gemahl Leopold I. als Geschenk mitgenommen. (Mehr über diese Hochzeit ab S. 234)

In diesem Gemälde ist der Diamant in der Krone zu sehen.

Joseph Karl Stieler, *König Ludwig I. von Bayern im Krönungsornat*, 1826, Bayerische Staatsgemäldesammlungen – Neue Pinakothek München

Aus Wertheimer wird »von Wertheimstein«

1745 begannen nun die Ratenzahlungen der Wittelsbacher zurück an die Familie Wertheimer. Die Söhne Wolf Wertheimers profitierten davon und wurden zwischen 1791 und 1796 nobilitiert und durften sich fortan »von Wertheimstein« nennen.[9] Das Rätsel, wie diese beiden Familien »Wertheimer« und »von Wertheimstein« zusammenhängen, ist somit gelöst: Ganz einfach, es ist eine Familie! Die Familie von Wertheimstein wird im Wien des 19. Jahrhunderts eine sehr wichtige Rolle spielen.

Die Nobilitierung erfolgte bei dieser Generation der Wertheimer unter Anerkennung der Verdienste ihres Urgroßvaters Samson (ein enger Freund unseres Samuel Oppenheimer), ihres Großvaters Wolf (dieser war mit einer Tochter Samuel Oppenheimers verheiratet) und ihres Vaters Samuel Wertheimer. Joseph Wertheimer wurde 1791 als Edler von Wertheimstein in den Adelsstand der sämtlichen Erbkönigreiche, Fürstentümer und Lande erhoben. Franziska von Wertheimstein, die berühmte Wiener Salons veranstaltete und den heutigen Wertheimsteinpark der Stadt Wien schenkte, ist eine Nachfahrin dieses Zweiges der Familie, die 1907 mit ihrem Ableben erlosch.
Der Besitzer des Palais, Sigmund Edler von Wertheimstein, stammte von Hermann, dem Bruder des oben genannten Joseph ab, der ebenfalls zwischen 1791 und 1796 nobilitiert worden war.

Kaspar van den Hoecke, *Esther vor Ahasver*, 1. Hälfte 17. Jahrhundert, Kunsthistorisches Museum Wien, Gemäldegalerie
© KHM-Museumsverband

»Esther, die Frau des persischen Großkönigs Ahasver, sinkt gerade in Folge einer Ohnmacht auf die Schulter ihrer Dienerin und bittet ihren Mann zu einem Festmahl – im Hintergrund links erkennbar –, dass sie veranstaltet, um die Juden im Persischen Reich zu retten (Altes Testament, Esther 5-7). Diese waren durch eine Intrige des Haman vom Tod bedroht. Esther gelingt die Rettung, Haman wird schließlich am Galgen gehängt – im Hintergrund rechts zu sehen. Zusammen mit Judith, Rahel und anderen wird Esther zu den starken Frauen des Alten Testaments gezählt, die gerne als tugendhafte Vorbilder kirchlicher Lehre dargestellt wurden.«[10]

Eine bekannte Familie: Louise Beyfus, Sophie und Heinrich Jaques

Der ab 1858 eingetragene Besitzer des Palais, Heinrich Jaques (1831–1894), war Neffe und Erbe seines Vormundes Sigmund Edler von Wertheimstein. Nach dessen Tod leitete er von 1856 bis 1859 das Bankhaus Hermann v. Wertheimstein Söhne, das er 1859 liquidierte. Ab 1879 war Jaques Abgeordneter für Wiens Innere Stadt im Reichsrat. Hier schloss er sich der Verfassungspartei an und setzte sich für die Schaffung eines Wahlgerichtshofes ein."

Unbekannt, *Eröffnung des Franz-Josefs-Kai am 1. Mai 1858*, 1858 © Wien Museum

Im Wandel der Zeit

Veränderte Gewohnheiten einer neuen Zeit lassen sich an der Biografie von Heinrich Jaques ablesen.

1858 Louise Beyfus, Sophie und Heinrich Jaques

»Die Französische Revolution wurde dann zum Auslöser eines Politisierungsschubes einer zunächst literarisch und kunstkritisch geprägten Öffentlichkeit. Das gilt nicht nur für Frankreich, sondern auch für Deutschland.«[12]

Und dies gilt wohl auch für Österreich, das damals noch von der Familie Habsburg regiert war. Jaques' politisches Engagement ist beachtlich. Seine theoretischen Überlegungen über Recht und Gesellschaft legte er in zahlreichen Schriften nieder.

Seine Publikationen sind:

„Theorie und Praxis im Zivilrecht", 1857.
„Denkschrift über die Stellung der Juden in Österreich", 1859.
„Unterrichtsrat und Unterrichtswesen in Österreich", 1863.
„Revolution und Reaktion in Österreich 1848–59", 1867.
„Die Wuchergesetzgebung und das Zivil- und Strafrecht", 1867.
„Abhandlungen zur Reform der Gesetzgebung", 1874.
„Alexis de Tocqueville", 1876.
„Eisenbahnpolitik und Eisenbahnrecht in Österreich", 1878.
„Bosnien als Neuösterreich", 1886.
„Österreichs Gegenwart und nächste Zukunft", 1888.

Eine neue Lese- und Schreibkultur

»Zwischen 1750 und 1800 verdoppelt sich die Zahl derer, die lesen können. Ungefähr 25% der Bevölkerung gehören am Ende des Jahrhunderts zum potentiellen Lesepublikum. Langsam vollzieht sich im Leseverhalten ein Wandel: Man liest nicht mehr ein Buch viele Male, sondern viele Bücher einmal. Die Autorität der großen, wichtigen Bücher – die Bibel, Erbauungsschriften, Kalender –, die mehrfach gelesen und studiert werden, schwindet, man verlangt nach einer größeren Masse von Lesestoff, nach Büchern, nicht dafür geschaffen, daß man darin liest, sondern daß man sie verschlingt. Zwischen 1790 und 1800 erscheinen zweieinhalbtausend Romantitel auf dem Markt, genauso viele wie insgesamt in den neunzig Jahren davor. Das wachsende Angebot will bewältigt sein. Das Publikum lernt die Kunst des schnellen Lesens. Ohne Muße kann es natürlich ein Leseleben nicht geben. In Friedrich Schlegels Roman »Lucinde« wird nicht von ungefähr das Loblied auf den *Müßiggang* angestimmt. *O Müßiggang, Müßiggang! Du bist die Lebensluft der Unschuld und der Begeisterung; dich atmen die Seligen, und selig ist wer dich hat und hegt, du heiliges Kleinod! Einziges Fragment von Gottähnlichkeit, das uns noch aus dem Paradies blieb.* Zum Glück hat es an Muße damals im bürgerlichen Leben nicht gefehlt. Und wenn doch, verlängert man die Lesestunden in die Nacht. Nicht nur die Aufklärung, auch die Lesewut verlangt nach mehr Licht.«[13]

Mit diesen Zeilen beschreibt Rüdiger Safranski zwar die Situation in Deutschland, aber auch in Österreich zeigt sich dieser Lesetrend.

Wilhelm Gause, *In einem Lesesaal – Leserinnen und Leser im Volksheim Ottakring*, 1906 © Wien Museum

Die neue Lese- und Schreibkultur lässt neue Institutionen und Vereinigungen entstehen, wie Habermas analysiert:

»Mit einem vor allem aus Stadtbürgern und Bürgerlichen zusammengesetzten, über die Gelehrtenrepublik hinausgreifenden allgemeinen Lesepublikum, das nun nicht mehr nur wenige Standardwerke immer wieder intensiv liest, sondern seine Lektüregewohnheiten auf laufende Neuerscheinungen einstellt, entsteht gleichsam aus der Mitte der Privatsphäre heraus ein relativ dichtes Netz öffentlicher Kommunikation. Der sprunghaft ansteigenden Zahl der Leser entspricht eine erheblich erweiterte Produktion von Büchern, Zeitschriften und Zeitungen, die Zunahme der Schriftsteller, der Verlage und Buchhandlungen, die Gründung von Leihbibliotheken und Lesekabinetten, vor allem von Lesegesellschaften als der sozialen Knotenpunkte einer neuen Lesekultur.«[14]

Gleichgesinnte vereinen sich

Die aus dem Kapitel „Das im Biedermeier erklingende Palais" bereits bekannten Personen Fanny von Arnstein und Joseph von Sonnleithner gründeten 1812 die Gesellschaft der Musikfreunde in Wien, den bis heute weltbekannten Musikverein. Dieses Ereignis reiht sich ein in eine Tendenz der Zeit, die Habermas folgendermaßen beschreibt:

Joseph ist der Bruder von Ignaz von Sonnleithner, der den Gundelhof unterhielt (siehe S. 422). Joseph schrieb zum Beispiel das Libretto für Beethovens „Fidelio", auch Franz Schubert stand ihm sehr nahe. Er war gleichzeitig Onkel und Freund von Grillparzer.

»Anerkannt ist inzwischen auch die Relevanz des in der deutschen Spätaufklärung entstehenden Vereinswesens; es erhielt eine zukunftweisende Bedeutung eher durch seine Organisationsformen als durch seine manifesten Funktionen. Die Aufklärungsgesellschaften, Bildungsvereinigungen, freimaurerischen Geheimbünde und Illuminatenorden waren Assoziationen, die sich durch die freien, d.h. privaten Entscheidungen ihrer Gründungsmitglieder konstituierten, aus freiwilligen Mitgliedern rekrutierten und im Innern egalitäre Verkehrsformen, Diskussionsfreiheit, Majoritätsentscheidungen usw. praktizierten. In diesen gewiß noch bürgerlich exklusiv zusammengesetzten Sozietäten konnten die politischen Gleichheitsnormen einer künftigen Gesellschaft eingeübt werden.«[15]

In diesem aktiven Gestaltungssinne einer sich bildenden bürgerlichen Öffentlichkeit ist Heinrich Jaques als Mitbegründer der Wiener Handelsakademie, des Schriftsteller- und Journalistenvereins Concordia und der Grillparzer-Gesellschaft beispielgebend.

Hietzinger Friedhof, Gruftgrab XI/118. Die Porträtreliefs Raimund Grübls, dessen Schwagers Hermann Beyfus und Heinrich Jaques' sind von Johannes Benk hergestellt worden.[16]

Interessanterweise schreibt Jaques eine eigene Abhandlung über Alexis de Tocqueville (1805–1859), der mit seiner Schrift über Amerika Berühmtheit erlangt hatte und als Begründer der vergleichenden Politikwissenschaft gilt. Dieser Denker beschreibt die positiven Möglichkeiten einer demokratischen Ordnung und sieht gleichzeitig deren Grenzen und Schwachpunkte. Gerade die neue Öffentlichkeit und ihre Ausdrucksformen sah er kritisch.

Jaques bewegte sich nahe dem inneren Kreis der politischen Führung Wiens. Seine Nichte Henriette Beyfus war Frau von Raimund Grübl, einem liberalen Wiener Bürgermeister.

Die familiären Verbindungen sind auf diesem Grabstein nachvollziehbar. Louise Beyfus, geb. Jaques, ebenfalls eingetragene Besitzerin des Gebäudes am Bauernmarkt 1 und Schwester von Heinrich, war die Schwiegermutter des Wiener Bürgermeisters Raimund Grübl.

Die nächsten Kapitel des Palais: Das Ehepaar Böhm und der Wiener Bürgerspitalfonds

Eduard und Maria Böhm erwarben das Palais 1859 von Sophie Jaques, Louise Beyfus und Heinrich Jaques.

Von diesen Besitzern ist in den Archiven nichts Genaues zu finden. Sie vermachten 1891 das Palais und damit dessen Mieteinnahmen einem Wiener Bürgerspitalfonds. Lange Jahre war zum Beispiel die Familie des Philosophen Karl Popper hier eingemietet.

Carl Spitzweg, *Der Rosenfreund*, ca. 1847/50
© Städelmuseum Frankfurt am Main

Ausgangspunkt Wien: Das Elternhaus Karl Poppers

Karl Popper ermöglicht in seinem Buch „Ausgangspunkte – Meine intellektuelle Entwicklung" Einblicke in die Genese seines Denkens. Es wird deutlich: Sein Leben und seine Arbeit bildeten eine Einheit. Eindrücke aus seiner Kindheit und Jugend konfrontierten ihn mit Problemen, die er zeitlebens weiterverfolgte. Sein Umfeld, die Erfahrung des Ersten Weltkriegs und die schwierigen Lebensverhältnisse der Nachkriegszeit machten ihn zu einem Verfechter des Humanismus. Leitsterne einer relevanten Gesellschaftsidee sollten Wahrheit und Menschlichkeit sein. Kein Menschenleben dürfe einem Ideal geopfert werden. Daher wandte er sich gegen den Marxismus wie auch gegen alle anderen (potenziell) totalitären Systeme. In dem Buch „Die offene Gesellschaft und ihre Feinde" zeigt Popper die lange Tradition von antiliberalen Gedanken historisch wie analytisch.

Das wichtigste Gut des Menschen sieht Popper in der Freiheit, die eigene Zukunft zu gestalten: »Die Zukunft hängt von uns selbst ab, und wir sind von keiner historischen Notwendigkeit abhängig.«[17] Bei Kant und Sokrates sieht Popper diesen Gedanken bereits entwickelt: »Freiheit bedeutete ihnen [Kant und Sokrates] mehr als Abwesenheit eines Zwanges: Freiheit war für sie die einzig lebenswerte Form des menschlichen Lebens.«[18] Diese Freiheit ist nicht einfach gegeben, sondern wir erringen sie mit jeder Entscheidung ständig neu: »Denn Kant hat gezeigt, dass jeder Mensch frei ist: nicht, weil er frei geboren ist, sondern weil er mit einer Last geboren ist – mit der Last der Verantwortung für die Freiheit seiner Entscheidung.«[19]
Mehr über Kant und die Aufklärung auf S. 420.

Karl Popper emigrierte 1937, auf Einladung des University College in Christchurch, nach Neuseeland.

In diesem Sinne kann das Buch „Die offene Gesellschaft und ihre Feinde", das Popper nach dem Einmarsch Hitlers in Wien zu schreiben begann, als Kampf gegen den Krieg und gegen jede Ideologie wider die Freiheit des Menschen gesehen werden: »Ich schrieb dieses Buch in den Jahren 1938 bis 1942. Es ist ein Buch zur Verteidigung einer gemäßigten demokratischen (›bürgerlichen‹) Gesellschaft; einer Gesellschaft, in der normale Bürger in Frieden und in vertrauter Freundschaft leben können«.[20]

»Der Einfluss des Elternhauses« – mit diesen Worten ist das dritte Kapitel von Poppers Darstellung seiner »intellektuellen Entwicklung« überschrieben. Dieses »Elternhaus« war das Gebäude mit der Adresse Bauernmarkt 1, in der sein Vater eine großräumige Wohnung gemietet hatte.

Dr. Simon Siegmund Carl Popper, Vater von Karl, war Jurist. Er arbeitete in der Kanzlei von Dr. Carl Grübl, die er schließlich übernahm. Carl Grübl bezeichnet Karl Popper in seinen Erinnerungen als den letzten liberalen Bürgermeister Wiens – »ein Vorgänger von Dr. Karl Lueger«. In der Liste der Bürgermeister Wiens allerdings ist kein Dr. Carl Grübl verzeichnet, sondern nur der uns bereits bekannte Dr. Raimund Grübl, der mit den vorherigen Besitzern des Hauses verschwägert gewesen ist. Wie wir gesehen haben, war Heinrich Jaques' Schwester die Schwiegermutter von Raimund Grübl. Wahrscheinlich also kannte Poppers Vater Jaques, der wie Grübl und Popper Rechtsanwalt war (mehr dazu siehe S. 458).

Die Wohnung seiner Eltern beschreibt Karl Popper so:

> »In meinem Elternhaus spielten Bücher eine große Rolle. Mein Vater, Dr. Simon Siegmund Carl Popper, war ebenso wie seine beiden Brüder Jurist und Absolvent der Wiener Universität. Er hatte eine große Bibliothek, und es gab überall Bücher – mit Ausnahme des Speisezimmers, in dem ein Bösendorfer Konzertflügel stand und viele der Werke von Bach, Haydn, Mozart, Beethoven, Schubert und Brahms. Mein Vater, der ein Zeitgenosse Sigmund Freuds war und dessen Werke er bei ihrem Erscheinen las, war Rechtsanwalt. Über meine Mutter, Jenny Popper (ihr Mädchenname war Schiff), werde ich mehr sagen, wenn ich auf Musik zu sprechen komme […].«[21]

Ich schlage natürlich gleich nach und finde diese Zeilen über seine Mutter:

> »Die Musik war eines der dominierenden Themen meines Lebens. Meine Mutter war sehr musikalisch: Sie spielte wunderschön Klavier. Es scheint, dass die Musik eines der Dinge ist, die in der Familie liegen [...]. Vielleicht kam die Begabung von meiner Großmutter mütterlicherseits, einer geborenen Schlesinger [...]. Meine Großeltern Schiff waren Gründungsmitglieder der berühmten Gesellschaft der Musikfreunde in Wien, jener Gesellschaft, die den schönen Musikverein in Wien gebaut hatte.«²²

Unser Wohnzimmer bis 1931.

Dorothea

Im Kapitel „Das im Biedermeier erklingende Palais" haben wir bereits weitere Gründungsmitglieder der Gesellschaft der Musikfreunde kennengelernt: Fanny von Arnstein und Joseph von Sonnleithner. Mehr dazu ab S. 433.

Poppers Kanzlei war auch in dieser Wohnung im Palais am Bauernmarkt 1:

> »Mein Vater arbeitete angestrengt in seinem Beruf. Er war ein Freund und Mitarbeiter von Dr. Carl Grübl gewesen, dem letzten liberalen Bürgermeister von Wien (ein Vorgänger von Dr. Karl Lueger), und er hatte Grübls Kanzlei übernommen. Die Kanzlei war ein Teil unserer großen Wohnung, im Herzen von Wien, gegenüber dem Riesentor der Stephanskirche.«

In der Fußnote zu diesem Satz schreibt Popper: »Das alte Eckhaus steht noch. Der Eingang war bis etwa 1920 Freisingergasse 4; später Bauernmarkt 1.«²³

Ansicht des Wohnzimmers der Familie Karl Poppers; Beschriftung wahrscheinlich von Dorothea Popper, einer Schwester Karl Poppers. Mit freundlicher Genehmigung der Universität Klagenfurt, Karl-Popper-Sammlung.

Karl-Popper-Sammlung Klagenfurt

Ein paar Tage nach meiner Ankunft in Wien kontaktierte ich die Karl-Popper-Sammlung in Klagenfurt. Gibt es dort Dokumente über seine Zeit im Haus am Bauernmarkt 1? Kurze Zeit später bekomme ich eine bildreiche Antwort.

Darunter sind zum Beispiel Fotos des Gebäudes aus den Jahren 1988 und 1992, die von Karl Popper oder seiner damaligen Assistentin Melitta Mew stammen. Ein fast unheimliches Gefühl beschleicht mich beim Anblick der Fotos, hatte doch Popper hier seine Jugendzeit mit seiner Familie verbracht, deren einziger Überlebender er war. Offensichtlich ist es ihm wichtig gewesen, diesen Ort während seiner Aufenthalte in Wien zu besuchen.

Thomas Hainscho von der Karl-Popper-Sammlung Klagenfurt schreibt zu diesen Fotos (eines links abgebildet): »Vier Aufnahmen des Hauses aus dem Jahr 1988. Es handelt sich um Diaabzüge, die Aufnahmen stammen mit hoher Wahrscheinlichkeit von Popper selbst oder von Melitta Mew, Poppers Sekretärin und Erbin.« Mit freundlicher Genehmigung der Universität Klagenfurt, Karl-Popper-Sammlung.

Im Wiener Adressbuch, dem „Lehmann", erscheint die Familie Popper erst im Jahrgang 1921/22 als am Bauernmarkt 1 ansässig. Allerdings lebte die Familie bereits viele Jahre zuvor hier, zog Karl Popper doch bereits 1920 aus der elterlichen Wohnung aus.

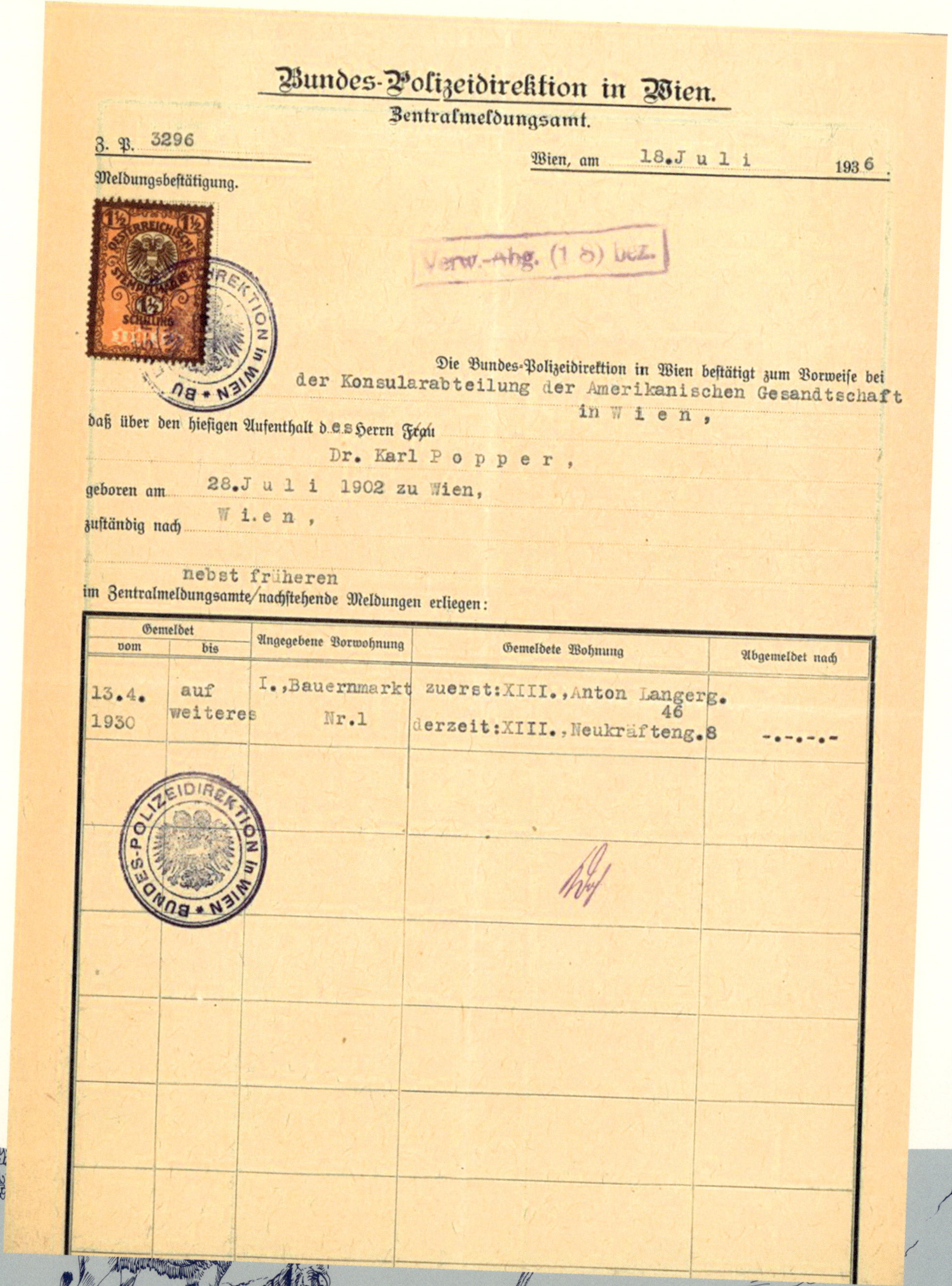

Bundes-Polizeidirektion in Wien.
Zentralmeldungsamt.

Z. P. 3296

Wien, am 18. Juli 1936.

Meldungsbestätigung.

Verw.-Abg. (1 S) bez.

Die Bundes-Polizeidirektion in Wien bestätigt zum Vorweise bei der Konsularabteilung der Amerikanischen Gesandtschaft in Wien,

daß über den hiesigen Aufenthalt des Herrn Frau
Dr. Karl Popper,
geboren am 28. Juli 1902 zu Wien,
zuständig nach Wien,

nebst früheren
im Zentralmeldungsamte nachstehende Meldungen erliegen:

Gemeldet vom	Gemeldet bis	Angegebene Vorwohnung	Gemeldete Wohnung	Abgemeldet nach
13.4. 1930	auf weiteres	I., Bauernmarkt Nr. 1	zuerst: XIII., Anton Langerg. 46 derzeit: XIII., Neukräfteng. 8	-.-.-.-

Meldungsbestätigung Poppers, ausgestellt am 18.7.1936 von der Bundes-Polizeidirektion Wien; »I. Bauernmarkt Nr. 1« wird darin als »angegebene Vorwohnung« bescheinigt. Mit freundlicher Genehmigung der Universität Klagenfurt, Karl-Popper-Sammlung.

Karl Popper mit seiner Schwester Dora (Dorothea) auf einem Balkon im Innenhof des heutigen »The Leo Grand«. Mit freundlicher Genehmigung der Universität Klagenfurt, Karl-Popper-Sammlung.

Karl mit seinen beiden Schwestern auf dem »Klopfbalkon« vor dem Küchenfenster der Wohnung der Familie. Mit freundlicher Genehmigung der Universität Klagenfurt, Karl-Popper-Sammlung.

The three children of the Popper family, from left to right:

Dora, Annie, and Karl,

at their home in Vienna, in about 1907.

Nüchterne Einträge verraten Einzelschicksale

Nüchtern zeigt diese Liste, die ich mit Hilfe des „Lehmann" anfertigen konnte, das Schicksal von Karl Poppers Familie, die zum größten Teil ermordet wurde. Sie zeigt auch das Schicksal eines Hauses, das Juden bewohnten – einige Mieter verschwanden nach 1938 sehr rasch. So auch die Familie Poppers.

MIETERLISTE

1937	1938	1939
Amon, Hans	Amon, Hans	Amon, Helene
Berger, August	Berger, August	Berger, August
Berger, Stephanie	Berger, Stephanie	Berger, Stephanie
Blumenfeld, Johanna	Brummüller, Marie	Grötzl, Johanna
Brummüller, Marie	Cach, Katherine	Hannel, Leopoldine
Cach, Katherine	Hannel, Leopoldine	Hausleithner, Katherine
Dreiseitel, Anton	Hausleithner, Katherine	Hofmann, Barbara
Filippi, Franz	Jung, Karl	Jung, Karl
Hannel, Leopoldine	Kwasnica, Rosa	Klaus, Marie
Hausleithner, Katherine	Klaus, Marie	Mathie, Adele
Jung, Karl	Klichar, Hans	Marusak, Alois
Kwasnica, Rosa	Mathie, Adele	Marusak, Marie
Klaus, Alois	Popper, Jenny	Riegler, Heinrich
Klichar, Hans	Popper, Simon	Schaufrau, Hermine
Mathie, Adele	Riegler, Heinrich	Schmid, Anna
Popper, Jenny	Schaufrau, Hermine	Schwoma, Aurelia
Popper, Simon	Schmid, Anna	Schüller, Julie
Riegler, Heinrich	Schüller, Julie	Swoboda, Franz
Schaufrau, Hermine	Swoboda, Franz	Unger, Anna
Schmid, Anna	Schwoma, Aurelia	Zemel, Eduard
Schüller, Julie	Tauffig, Karl	
Swoboda, Franz	Unger, Anna	
Zemel, Eduard	Zemel, Eduard	
Zierer, Max	Zierer, Max	

Wie fühlt es sich für einen Menschen an, der einzige überlebende seiner engeren Familie zu sein?

Das Ende ... ist ein neuer Anfang

Nach 1945 war das Palais im Besitz der Stadt Wien, von der es die Unternehmensgruppe Lenikus im Jahr 2001 erwarb.

2003 bis 2011 war hier ein umfangreiches Kunst-Atelierprogramm der Sammlung Lenikus angesiedelt. Das 2018 erschienene Buch mit dem Titel „Ephemerer Raum – Die Sammlung Lenikus" gibt unter anderem Einblicke in diese Geschichte des Gebäudes. Ab 2012 begannen die umfangreichen Bau- und Sanierungsarbeiten, welche die historischen Dimensionen des Hauses nachvollziehbar machten und deren Ergebnisse Auszugsweise in diesem Buch zu finden sind. Die Geschichte des Gebäudes ist nun ein integraler Bestandteil des täglichen Lebens des „The Leo Grand" Hotels.

»Das letzte Wort in der Geschichte ist noch nicht geschrieben.«[24]

Die Malerei Marcela Chiriacs auf den Wänden des original erhaltenen Renaissancegewölbes lässt den Blick über weite Landschaften schweifen. Inspiration für diese Gestaltung waren Salomon Kleiners Stiche der Tierwelt der Menagerie Prinz Eugens, die kaiserlichen Bergl-Zimmer Schönbrunns und der Gartenpavillon des Stift Melk, 2022.

»THE LEO GRAND«

ÖFFENTLICHE BEREICHE

Rechts: Sobald der Gast das vordere der für herrschaftliche Häuser üblichen zwei Treppenhäuser, die »Leopold-Stiege«, betritt – die andere ist nach Samuel Oppenheimer benannt –, begegnet ihm eine »türkische Landschaft«. Sie ist inspiriert von Stichen aus der »Voyage pittoresque de la Grèce« des Comte de Choiseul-Gouffier, deren erster Band 1778 veröffentlicht wurde, 2022.

Gegenüber: Der *Salon Orientale* mit Wand- und Bodenmalerei von Marcela Chiriac, 2022

Oben: Der *Salon Jungle* umfängt den Gast mit exotischem Flair, 2022.

Gegenüber: Der Innenhof ist das pulsierende Herz des Hauses: Hier treffen sich Wienerinnen, Wiener und internationale Gäste in einer anregenden Oase des Austauschs, 2022.

Oben: Der *Salon Asiatique* mit Wand- und Bodenmalerei von Charly Sacher, 2022

Rechts: Unsere Bar, 2022

Unten: Ungewöhnliche Einblicke in unsere »Stillen Orte«, 2022

Rechts unten: In den Aufzügen begrüßen den Gast Putti aus einem Werk von Carlo Maratta (1625–1713), das die Stiefmutter Kaiser Leopolds I. in Auftrag gegeben hat und das heute im Kunsthistorischen Museum hängt, 2022.

KUNST

Eine Auswahl von Werken zeitgenössischer Kunst aus unserer Sammlung hängt in den öffentlichen Bereichen des »The Leo Grand« Hotels (mehr über die Sammlung Lenikus in der Publikation »Ephemerer Raum – Die Sammlung Lenikus« aus dem Jahr 2018).

Oben links: Ansicht mit einem Werk von Hugo Canoilas (*Self portrait with trousers down*, 2014), 2022

Links: Der *Pinocchio* von Plamen Dejanoff (2006) im Innenhof des »The Leo Grand« Hotels, 2022

Oben Mitte: Ansicht mit restaurierter Nepomuk-Skulptur und einem Werk von Carsten Fock (*untitled*, 2012), 2022
Mehr dazu ab S. 400

Oben rechts: Ansicht mit einem Werk von Tillman Kaiser (*Rhythmisches Sehen*, 2012), 2022

Rechts: Ansicht mit einem Werk von Rudolf Polanszky (*Wälzild*, 1984), 2022

ZIMMER

Die *Majesty Suite* 71 mit Blick
auf den Stephansdom, 2022

Oben: Ein *Grand Deluxe* Zimmer, das mit seinen bunten Mustern, seiner Wärme und Gemütlichkeit besticht, 2022.

Rechts: Historisches Erbe und zeitgenössischer Komfort sind in unseren Zimmern harmonisch miteinander verbunden, 2022.

Oben: Ein Blick aus dem Gang in eine unserer bezaubernden Wunderkammern, 2022

Rechts: Aussicht auf die Peterskirche aus einem unserer *Sky Royal* Zimmer. Eine ruhige Ecke, in der man sitzen, staunen und verweilen darf, 2022.

ICH GLAUBE AN ROSA

GABRIELE LENIKUS
Kreativ-Direktorin der Unternehmensgruppe
LENIKUS und Interior-Designerin des
»The Leo Grand« Hotels

Ich glaube an Rosa.
Ich glaube, dass das Lachen
der beste Kalorienverbrenner ist.
Ich glaube an das Küssen, ganz viel küssen.
Ich glaube daran, stark zu bleiben, wenn
alles schief zu gehen scheint.
Ich glaube, dass glückliche Mädchen die hübschesten
Mädchen sind.
Ich glaube, dass morgen ein neuer Tag ist und
ich glaube an Wunder.

(Audrey Hepburn)

Jeder und jede begibt sich aus anderen Gründen auf eine Reise: Uns allen gemeinsam ist, dass wir nach jeder Rückkehr anders sind als zuvor. »Reisen bildet«, sagt man bis heute. Die »Grand Tour«, die »große Reise«, die sich ab dem 18. Jahrhundert entwickelte, diente dazu, jungen Menschen den »letzten Schliff« zu verleihen. Wir alle werden durch Erfahrungen geschliffen und das Reisen ist auf unserem Lebensweg eine besonders ereignisreiche »Schule«. Als frühere Flugbegleiterin ist mir genau dieses Zuhause-Sein in den Lüften und überall in der Welt und das gleichzeitige, ständige Erweitern der eigenen Grenzen, welcher Art sie auch sein mögen, immer gegenwärtig. Dieses Element des Reisens und gleichzeitigen Geborgenseins und Ankommens wollte ich durch die Gestaltung des Hotels mit allen Gästen teilen: Das »The Leo Grand« Hotel ist für alle, die hier verweilen, eine Oase der Entspannung und Inspiration auf dem Weg der eigenen Reiseroute, der individuellen »Grand Tour« durch das Leben.

Nach anfänglicher ausführlicher Recherche der Historie des Hauses war mir klar, dass ich mich auf das barocke Zeitalter und die in dieser Zeit vorherrschende Lebenseinstellung »Carpe Diem« – Nutze den Tag – und den Bewohner und vormaligen Eigentümer Samuel Oppenheimer konzentrieren wollte, der die barocke Pracht des kaiserlichen Hofes Leopolds I. zu großen Teilen finanzierte. Von diesem Ausgangspunkt machte ich mich auf die Suche nach »barocker Schönheit«, die ich zeitgenössisch interpretieren und mit der Geschichte des Hauses verbinden wollte.

Bei der Zusammenstellung der Einzelteile ließ ich mich von meiner Intuition leiten, wobei der Dialog der Einzelteile meine Suche bestimmte: Was würden sie sich zu sagen haben? Und wie würden sie mit dem Gast interagieren? In diesem Zusammenhang gibt es dann keine banalen Objekte mehr, sondern jedes noch so kleine Element bringt eine eigene Persönlichkeit mit, bildet eine weitere Nuance des Ganzen. Das Gespräch der Dinge sollte so offen und einladend sein, dass der Gast sich jederzeit einklinken kann. Ich wählte bewusst keine minimalistischen Weißabstufungen, sondern entschied mich für warme Farben wie Rosa- und Pinktöne: ›Think pink‹, wie es im Film »Funny Face« (1957) gegen das Alltagsgrau gesungen wird.

Praktikabilität und ästhetisches Ideal müssen natürlich immer miteinander im Verhältnis stehen; gerade bei einem Hotel wird viel der Funktionalität geopfert, bei diesem Projekt aber war uns allen klar: »Only the sky is the limit« und wir scheuten weder Mühen noch Kosten – dafür möchte ich Martin ganz großen Dank aussprechen. Um einen Satz der Exzentrikerin Iris Apfel (»I don't do minimal«) in meinem Sinne umzuwandeln: *I only do maximal*.

Allerdings musste ich mich bei diesem Projekt voller Demut vor den Gegebenheiten dieses historischen Gebäudes beugen und mein Streben nach Perfektion verwandelte sich zusehends in absolute Hingabe an die Tatsache, dass ein Haus mit Wubbeln, schiefen Kanten und nicht einem einzigen rechten Winkel einfach nur geliebt werden kann.

Aber nun genug der Theorie, wie meine Heldin Pippi Langstrumpf empfehlen würde: »Ob Plutimikation oder Division – an so einem Tag soll man sich überhaupt nicht mit ›ions‹ beschäftigen. Oder es müsste ›Lustifikation‹ sein«. Genießen Sie einfach das Hier-und-Jetzt-Sein in Ihrem persönlichen Refugium im Herzen Wiens und ich nehme Sie mit auf eine kleine »Grand Tour« durch das »The Leo Grand«:

Das rote Portal durchschritten, eröffnet sich eine Welt barocker Lebenslust, eine Bühne bietend für alle aus aller Welt. Sogleich in der Rezeption umgibt den Gast des Hauses eine fantastische Fauna und Flora: An heißen Sommertagen findet man hier ein kühles Plätzchen, umgeben von exotischen Farnen, wilden wie zahmen Tieren und Fabelwesen; an Regentagen öffnet sich hier ein blauer Himmel und weiße Tauben schweben mit Blumenkränzen über den Köpfen der Besucherinnen und Besucher.

Die Malerei Marcela Chiriacs auf den Wänden des original erhaltenen Renaissancegewölbes lässt den

Details in Rosa unterstreichen das Konzept von Gabriele Lenikus und verleihen dem »The Leo Grand« seinen einzigartigen Charme.

Unten rechts: Hier, in einem Badezimmer inmitten von Wien, wird der Gast an türkisblaues Meer, weiße Sandstrände und exotische Meereswesen erinnert.

Diese eigens für das »The Leo Grand« entworfenen Muster sind in den Zimmern und den Gängen des Hotels zu finden.

Blick über weite Landschaften schweifen. Inspiration für diese Gestaltung waren Salomon Kleiners Stiche der Tierwelt der Menagerie Prinz Eugens, die kaiserlichen Bergl-Zimmer Schönbrunns und der Gartenpavillon des Stift Melk. In den beiden Letzteren hatte der Künstler Johann Wenzel Bergl (1719–1789) exotische Naturoasen geschaffen.

Bergl war selbst nicht weit gereist, aber die Zeichnungen von Reisemalern inspirierten ihn zu seinen überzeugenden Naturdarstellungen. Auch Fabelwesen wie ein Einhorn finden in unserer Welt ihren Platz; hier im »The Leo Grand« gibt es ebenfalls den Raum für Ausgefallenes, Außergewöhnliches – ein Ort zum Träumen, zum Vor- und Nachdenken.

Im Volksmund trug das Haus unterschiedliche Namen, einer, der mir besonders gefällt, ist »Die Brieftaube«. Dieses Wesen überbrückt Distanzen, hält Fernes nahe und erinnert uns daran, überall in der Welt zuhause und immer mit den Geliebten verbunden zu sein.

Sobald der Gast das vordere der für herrschaftliche Häuser üblichen zwei Treppenhäuser, die »Leopold-Stiege«, betritt – die andere ist nach Samuel Oppenheimer benannt –, begegnet ihm eine »türkische Landschaft«. Sie ist inspiriert von Stichen aus der »Voyage pittoresque de la Grèce« des Comte de Choiseul-Gouffier, deren erster Band 1778 veröffentlicht wurde. Comte de Choiseul-Gouffier (1752–1817) war ein wissensdurstiger Gelehrter, Altertumswissenschaftler und Botschafter an der »Hohen Pforte« im Osmanischen Reich – ein Diplomat zwischen den Welten. Lange Zeit war Wien und das Reich der Habsburger von zwei Widersachern bedroht worden: Sowohl Frankreich als auch das Osmanische Reich hatten oftmals nach dessen Ländereien getrachtet. Wiederholt standen die Osmanen vor den Toren Wiens, konnten aber 1683 endgültig unter der Herrschaft Kaiser Leopolds I. in die Flucht geschlagen werden. Prinz Eugen von Savoyen und der Hoffaktor Samuel Oppenheimer, der hier in diesem Haus gelebt hat, trugen, jeder mit seinen Mitteln, zu diesem entscheidenden Erfolg bei. Auch wenn diese Geschichte nicht zu leugnen ist, so möchte ich hier in diesem Haus doch eine andere Story erzählen: Hier sollen die unterschiedlichen Kulturen aufeinandertreffen und sich gegenseitig bereichern. Daher gibt es nun einen »Salon Orientale« im Herzen von Wien: einen Ort des Dialogs und des offenen Miteinanders.

Wer es sportlich mag, der steigt die Treppen hinauf, wer es gemütlich möchte, dem begegnen in den Aufzügen Putti aus einem Werk von Carlo Maratta (1625–1713), das die Stiefmutter Kaiser Leopolds I. in Auftrag gegeben hat und das heute im Kunsthistorischen Museum hängt: Entscheiden Sie selbst, wer hier das wahre Engerl oder Bengerl ist.

Der Leoparden-Stern-Teppich in den Gängen der Regelgeschoße trägt mehrere Bedeutungen: Der Name »Leopold« lässt mich einerseits an einen Leoparden denken, ein geschmeidiges und schönes Krafttier, das sich mit viel Eleganz bewegt. Andererseits enthält der Name »Leopold« (althochdeutsch: Luitbald) gleichzeitig die alten Wörter für »Volk« (»luit«) und für »kühn«, »tapfer« (»bald«). Möge jeder und jede, gleich welchem »Volk« zugehörig, in diesem Haus Kraft, Tapferkeit und Eleganz schöpfen: Ein »Cat-walk« für alle Gäste.

Vor der Zimmertür angekommen, öffnet sich die lavendelrosafarbige Eingangstür: Jedes Zimmer-Entrée ist »vom Lockerl bis zum Sockerl«, wie man im Wiener Dialekt sagt, also ganzheitlich, mit einer eigens für das Hotel gestalteten Seidentapete ausgestattet.

Hier finden wir Kaiser Leopold I. und Samuel Oppenheimer inmitten eines »Établissement de luxe et de curiosité«, einer Menagerie, die Prinz Eugen in seinem Schloss »Belvedere« anlegen ließ, vereint. Darin wurden exotische Tiere gehalten und ungewöhnliche Pflanzen gepflegt. Jeder der drei Mitstreiter, die hier versammelt sind, brachte die eigene Expertise ein für die gemeinsame Sache, das Wohl der Monarchie: Nur so kann ein großes, ja sogar ein bedeutendes Reich entstehen. Umgeben von dieser kleinen Reise durch das »Établissement de luxe et de curiosité« lädt Sie das purpurrote Sofa zum Verweilen ein. Oder haben Sie Lust, ihren Liebsten einen Brief mit ersten Reiseeindrücken zu senden? Dann setzen Sie sich an die eigens für dieses Hotel gezimmerte, zierlich-verspielte Poudreuse, die gleichzeitig Schminktisch und Sekretär sein kann. In früheren Zeiten männlich konnotierter Schreibtisch und weiblich konnotierte Poudreuse sind hier vereint: Warum trennen, was noch besser gemeinsam funktioniert? Es geht mir um das Miteinander, um das Erschaffen eines Raumes, in dem vermeintliche Gegensätze harmonisch zueinanderfinden.

»O gütigster Meerstern, errette uns von der Pest«, steht auf dem filigranen Fassadenrelief des Stadtpalais. Ich wurde dadurch zu der Verbindung von Krone und Seestern inspiriert – Maria wird oft mit einem Sternenkranz umgeben dargestellt. Diese Zusammenschau der weltlichen Macht-Insignie der Krone und der höheren, astralen Sphäre ließ ich auf die Fliesen der Badezimmer des »The Leo Grand« Hotels einbrennen: unsere *Seestern-Krone*. Hier, in einem Badezimmer inmitten von Wien, wird der Gast an türkisblaues Meer, weiße Sandstrände und exotische Meereswesen erinnert.

Im Schlafzimmer begegnet dem Gast erneut die »Brieftaube«. Der Ruf dieses lieblichen, klugen Tieres als Friedenssymbol und Hoffnungsbringerin beflügelte mich zu einem speziellen Stoffentwurf für das bewusst übergroß gehaltene Betthaupt. Hier sind auch das Großreich Russland und Versailles vereint: »Les Colombes« (dt. »die Tauben«), ein für Katharina die Große (1729–1796) in Versailles gewobener Stoff, inspirierte mich zu einer eigenen Kreation. Dieser kostbare Stoff wurde im Waldviertel in einer »bukolisch« anmutenden Produktionsstätte hergestellt, von der Marie Antoinette sicher begeistert gewesen wäre. Übrigens:

Die rosa Kirschblüten des kleinen, filigranen Hockers kontrastieren mit dem gradlinigen dunkelblauen L-Stoff des sogenannten »Holíč-Chairs« (S. 488 rechts unten).

Der Teppich zu Ihren Füßen zeigt ein Porträt des Sonnenkönigs Ludwig XIV., der hier ruhig mal demütig den Fußabstreifer spielen darf.

Eine weitere Ideenquelle für die Gestaltung des Betthauptes war die Oper »Il pomo d'oro«. Die Aufführung dieser Oper dauerte fast zwei Tage und war Bestandteil der umfangreichsten Hochzeitsfeierlichkeiten, die je im Hause Habsburg stattgefunden haben. Hier geht die Braut Kaiser Leopolds I., Margarita Teresa, als Siegerin sogar noch vor den Göttinnen hervor – so jedenfalls

Die Detailaufnahme des *Skyroyal* Zimmers spiegelt den Charakter dieser Kategorie wunderschön wider.

lässt es der kaiserliche Bräutigam in die Oper einschreiben. Leopolds sinnlicher Mund, die »Habsburger-Lippe«, zeigt sich in der das Betthaupt abschließenden Form. Mögen hier alle Liebestäubchen, von Aphrodites heiligem Vogel geküsst, ihren Angebeteten in Liebe, Weisheit und Schönheit begegnen.

Die übergeordnete Einheit von Gegensätzlichem findet sich in der Gestaltung mehrmals – dem kraftvollen Leoparden im Kontrast mit sanften Täubchen sind wir bereits begegnet. Auch die Stoffe der Sitzmöbel ergänzen sich: Lieblich und streng münden sie gemeinsam in einen harmonischen Gesamteindruck. Die rosa Kirschblüten des kleinen, filigranen Hockers kontrastieren mit dem gradlinigen dunkelblauen L-Stoff des sogenannten »Holíč-Chairs«. Diesen entdeckte ich bei einer Besichtigung im slowakischen Schloss Holíč, verliebte mich sofort in seine hinreißende Form und ließ den L-Stoff dafür herstellen.

Wenn Sie gemütlich im Bett liegen oder es sich in den Sesseln bequem gemacht haben, werden Sie an den gekalkten Wänden ein hellbeiges Walzmuster erkennen: Hier lässt die junge Infantin Margarita Teresa ihre Zöpfe zu uns herab. Die Verwendung des äußerst aufwendigen Walz-Verfahrens ist meinem Respekt vor alten Traditionen geschuldet – außerdem sollen die denkmalgeschützten Wände nicht mit einer Tapete zugekleistert werden, sondern atmen können. So haucht der Atem der Zeit von den Wänden dieses Stadtpalais und erzählt unzählige Geschichten, wenn wir zuhören möchten. Übrigens begegnet Ihnen die Infantin noch an mehreren Stellen im Haus: So ließ ich sie auf einige Rollos drucken, um auch ihr, während sie den friedlich schlummernden Gast vor störendem Licht und Einblicken bewahrt, einen wunderbaren Ausblick auf den Stephansdom, den Trattnerhof und die Peterskirche zu gönnen.

In den Gängen und in den Treppenhäusern können Sie sich von zeitgenössischer Kunst faszinieren lassen: Aus unserer Sammlung Lenikus werden hier immer wieder andere Werke der interessierten Öffentlichkeit gezeigt. Kunst formt eigene Welten und öffnet Tore für mögliche Wirklichkeiten, die in der Zukunft auf uns warten. In diesem Sinne war es uns wichtig, Geschichte und Gegenwart, das Gestern, das Heute und das Morgen in der Gestaltung des Hauses miteinander zu vereinen. Das alles für Sie, verehrte Besucher und Gäste: Um einen Ort des Loslassens, des Ankommens und der Inspiration zu schaffen – romantisch, idyllisch, pittoresk darf es sein, mit einem Augenzwinkern und vielen Überraschungen.

Wenn Sie nun einige Tage, Wochen oder Monate bei uns zu Gast gewesen sind, möchte ich mich von Ihnen mit den Worten von Pippi Langstrumpf verabschieden:

»Am besten, ihr geht jetzt nach Hause, damit ihr morgen wiederkommen könnt. Denn wenn ihr nicht nach Hause geht, könnt ihr ja nicht wiederkommen. Und das wäre schade.«

Ich wünsche Ihnen eine gute Reise und freue mich, wenn wir uns das nächste Mal wieder begegnen dürfen: dieselben und doch anders.

Die wahre Entdeckungsreise besteht nicht darin,
neue Landschaften zu suchen,
sondern mit anderen Augen zu sehen.

(Marcel Proust)

Der Blick auf den Stephansdom aus einem unserer *Grand Deluxe* Zimmer. Von hier aus kann man das Geschehen der Stadt beobachten und die einmalige Lage des »The Leo Grand« genießen.

Wanddetail im Gebäude Bauernmarkt 1
während der Bauarbeiten, 2021

Baugeschichtliche Aspekte und historische Einordnung

M&S ARCHITEKTEN

Gutes braucht Zeit:
Die Herausforderungen
der Planung

ARCHITEKTUR UND STATIK

Die historische Bausubstanz

Zum Bau des Hauses am Bauernmarkt 1 führten dramatische Ereignisse im Sommer 1700. Das damals bestehende Gebäude, in dem Samuel Oppenheimer, der wichtigste Kreditgeber des Kaisers Leopold I., lebte und arbeitete, wurde fast gänzlich niedergebrannt. Samuel Oppenheimer begann daraufhin mit dem Neubau, erlebte dessen Fertigstellung im Jahr 1715 aber nicht mehr.

Das Erdgeschoß und die Unterkellerung aus der Renaissance mit älteren Mauerteilen, die teilweise aus dem späten 12. Jahrhundert stammen, überdauerten den Brand. Als Neubau wurden drei hochbarocke Obergeschoße und zwei Stiegenhäuser errichtet. Im Lauf der Zeit erfolgten weitere Umbauten und Adaptierungen.

Nach seiner 300-jährigen bewegten Geschichte wurde das denkmalgeschützte Haus nun akribisch saniert und unter größtmöglicher Beibehaltung der historischen Substanz, insbesondere auch des historischen Dachstuhls, um zwei neue Dachgeschoße ergänzt. Nun erstrahlt es als Hotel »The Leo Grand« in neuem Glanz.

Die Lage im Herzen Wiens

Das Gebäude liegt prominent im 1. Bezirk, nur einen Steinwurf vom Stephansdom entfernt. Es steht auf einem Eckgrundstück an Bauernmarkt und Freisingergasse, die beide trotz der zentralen Lage sehr ruhig sind. Über die Jasomirgottstraße ist der Blick vom Hoteleingang frei auf das gegenüberliegende Hauptportal des Stephansdoms, des Wahrzeichens von Wien. Aus den Zimmern an der Freisingergasse blickt man auf den Petersplatz mit der barocken Peterskirche, deren Vorgängerbau als älteste Kirche Wiens gilt. Sämtliche Sehenswürdigkeiten des 1. Bezirks sind fußläufig erreichbar.

Das Hotel »The Leo Grand«

Das Hotel ist ein Design-Boutique-Hotel mit 5-Sterne-Standard. Es beherbergt 76 Zimmer mit 200 Betten. Als eine von 6 Suiten präsentiert sich die *Leopold-Suite* zweigeschoßig als Maisonette zwischen den Balken des ältesten Teils des historischen Dachstuhls.

Die Beletage

Im »The Leo Grand« gibt es nicht nur eine Beletage. Mit ihren hohen Decken und Kastenfenstern atmen die mit prächtiger Staffage ausgestatteten Zimmer in allen drei barocken Obergeschoßen den typischen Charme eines historischen Palais.

Die Mansarde

Die Zimmer im zweigeschoßig ausgebauten Dach geben Geborgenheit und Wärme. Im 1. Dachgeschoß werden sie elegant von den Holzbalken des ehemaligen Dachstuhls gerahmt.

Der Empfang

Die Geschichte dieses besonderen Hauses wird bereits bei der vom Stephansdom und den Eindrücken der Wiener Innenstadt begleiteten Ankunft spürbar. Mit ihrer Geschichtsträchtigkeit nehmen Rezeption und Lobby im renaissancezeitlichen Gewölbe die Gäste in Empfang und laden in die Kaminecke zum Verweilen ein.

Der Innenhof

Der Innenhof wurde Mitte des 19. Jahrhunderts um umlaufende Laubengänge, die in Wien auch Pawlatschen genannt werden, ergänzt. Mit seiner auf Höhe des ersten Obergeschoßes angebrachten wandelbaren textilen Membrandachkonstruktion ist er das Herzstück des Hotels. Über den direkt von der Rezeption erreichbaren Innenhof gelangt man in beide Stiegenhäuser und erreicht die Aufzüge zu den

Lageplan

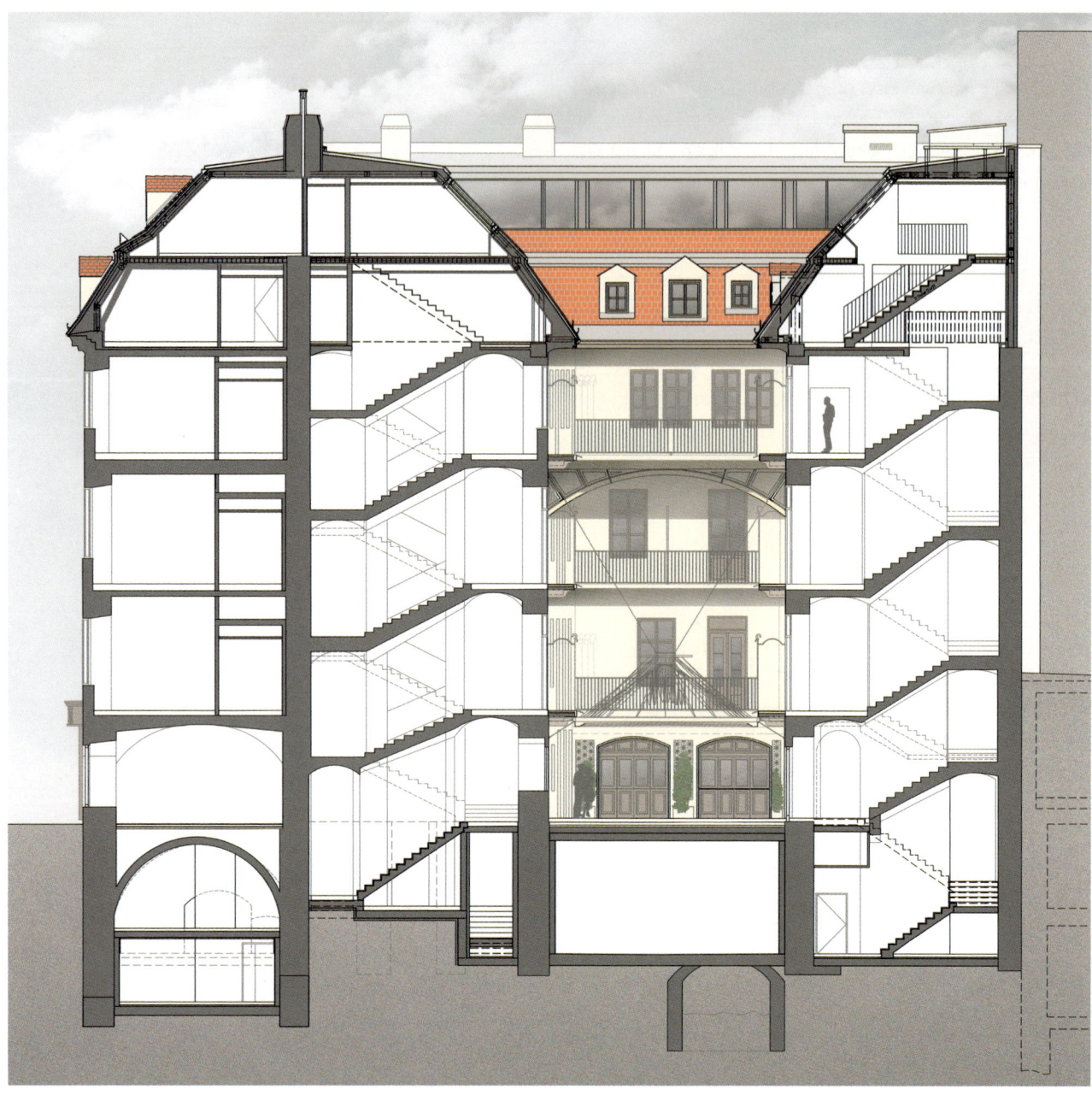

Schnitt A

Die fachkundige Fassadenrestaurierung der hochbarocken Obergeschoße und der sensible Neubau der Dachgeschoße erfolgten in enger Abstimmung mit dem Bundesdenkmalamt. Die Fassadengestaltung an der Ecke im Erdgeschoß stammt aus den 1920er-Jahren. Die neu errichteten Vorbauten erinnern an historische Geschäftsportale.

Zimmergeschoßen. Nunmehr ist der Hauptraum des ganztägig bespielten Restaurants im Innenhof situiert.

Das Restaurant

Das aparte Restaurant wird über die Gewölbe an der Freisingergasse erschlossen und erstreckt sich quer über das Gebäude in den Innenhof und bis in die historischen Gewölbe des Hoftrakts.

Der Veranstaltungsbereich

Im 1. Stock liegt ein zum Innenhof orientierter flexibler Restaurant- und Veranstaltungsraum für verschiedenste Events wie Seminare, Lesungen, Vernissagen, Hochzeiten, Private-Dinings und Galas. In den benachbarten barocken Kreuzgewölben findet sich ein Cateringbereich, der von der darunterliegenden Küche beliefert wird.

Dem Veranstaltungsbereich vorgelagert ist als Pausenbereich eine Terrasse mit Blick über den Innenhof.

Der Fitnessbereich

In einem historischen Gewölbe des Kellergeschoßes aus dem frühen 16. Jahrhundert wird ein Fitnessbereich für Yoga, Kraft- und Cardiotraining geboten.

Der Personalbereich

Im Erdgeschoß finden sich die Rezeption und das Direktionsbüro.

Die Sozialräume mit Umkleiden und Sanitärräumen sind zentral im Kellergeschoß untergebracht. Hier sind auch sämtliche Housekeeping-, Lager- und Technikräume zu finden.

Die Planung

Ende 2012 trafen Martin Lenikus und Christian Mascha einander am Rande einer Veranstaltung und kamen über ein kniffliges baurechtliches und denkmalpflegerisches Thema das Gebäude am Bauernmarkt 1 betreffend ins Gespräch. Martin Lenikus wollte den historischen Dachstuhl, dessen Abbruch bereits behördlich bewilligt war, unbedingt erhalten, und M&S Architekten sollten einen Weg finden. Aus dem damals überwiegend als Wohnhaus genutzten Gebäude, für das es einen fertigen Plan für die Umgestaltung zu einem Bürohaus gab, sollte ein Design-Boutique-Hotel werden. Eine komplexe Aufgabe für ein geschichtsträchtiges Haus in bester Lage.

Die Struktur des Gebäudes, die neue Nutzung als Hotel, die geltenden Bauvorschriften und die hohen Ansprüche des Bauherrn und des Bundesdenkmalamtes sollten unter einen Hut gebracht werden.

Wie geht man als Architekt*in an ein solches Projekt heran?

Das unterschied sich in diesem Fall von der Herangehensweise bei vielen anderen Projekten: Zum einen waren – im Gegensatz zur Planung eines Neubaus – das Gebäude und seine städtebauliche Ausrichtung bereits vorhanden. Die Fassade musste aus denkmalpflegerischen Gründen bis auf kleine Adaptierungen erhalten bleiben, wodurch die äußere Erscheinung fixiert war. Die Wände als tragende Struktur gaben in den Bestandsgeschoßen in weiten Bereichen die Raumaufteilungen vor. Zum anderen war zu Beginn das Hauptaugenmerk auf den Erhalt des historischen Dachstuhls gerichtet. Es wurde also bereits von Anfang an sehr detailliert an einem ganz bestimmten Bereich des Gebäudes, der Dachzone, gearbeitet.

Die Dachgeschoße

Die beiden Dachgeschoße beherbergen 29 Zimmer. Aus nahezu allen Zimmern bietet sich ein wunderbarer Blick auf den gotischen Stephansdom oder die barocke Peterskirche. Die Gaupen der Zimmer im 1. Dachgeschoß wurden in Lage und Größe dem ehemaligen historischen Dach nachempfunden. Die straßenseitigen Zimmer im 2. Dachgeschoß verfügen ebenfalls über Gaupen, wodurch sich ein harmonisches Zusammenspiel mit der historischen Dachlandschaft des ersten Bezirkes bildet. In die zum Innenhof hin orientierten Zimmer im 2. Dachgeschoß fällt über große Dachflächenfenster viel Licht, und auch die Bäder sind natürlich belichtet.

Im 1. Dachgeschoß wurde der historische Dachstuhl in das Gestaltungskonzept der Zimmer integriert. Nach einer sensiblen und fachkundigen Restaurierung kann er nun bewundert und die Geschichte des Hauses erfühlt werden.

Der Abbruch des historischen Dachstuhls war behördlich schon genehmigt. Wie konnte er trotzdem erhalten werden, und was waren dabei die speziellen Anforderungen?

Der historische Dachstuhl lag direkt unter der Dacheindeckung, eine Wärmedämmung war seinerzeit nicht üblich. Die neuen Dachgeschoße sollten und mussten aber allen aktuellen bauphysikalischen und statischen Erfordernissen und dem Stand der Technik entsprechen. Es musste also das neue Dach um den alten Dachstuhl herum gebaut werden. Die größte Herausforderung war, dass diese neue Hülle sowohl den bestehenden Bebauungsvorschriften als auch den Anforderungen des Denkmalschutzes gerecht werden musste. Zentrale Themen waren die Höhe des

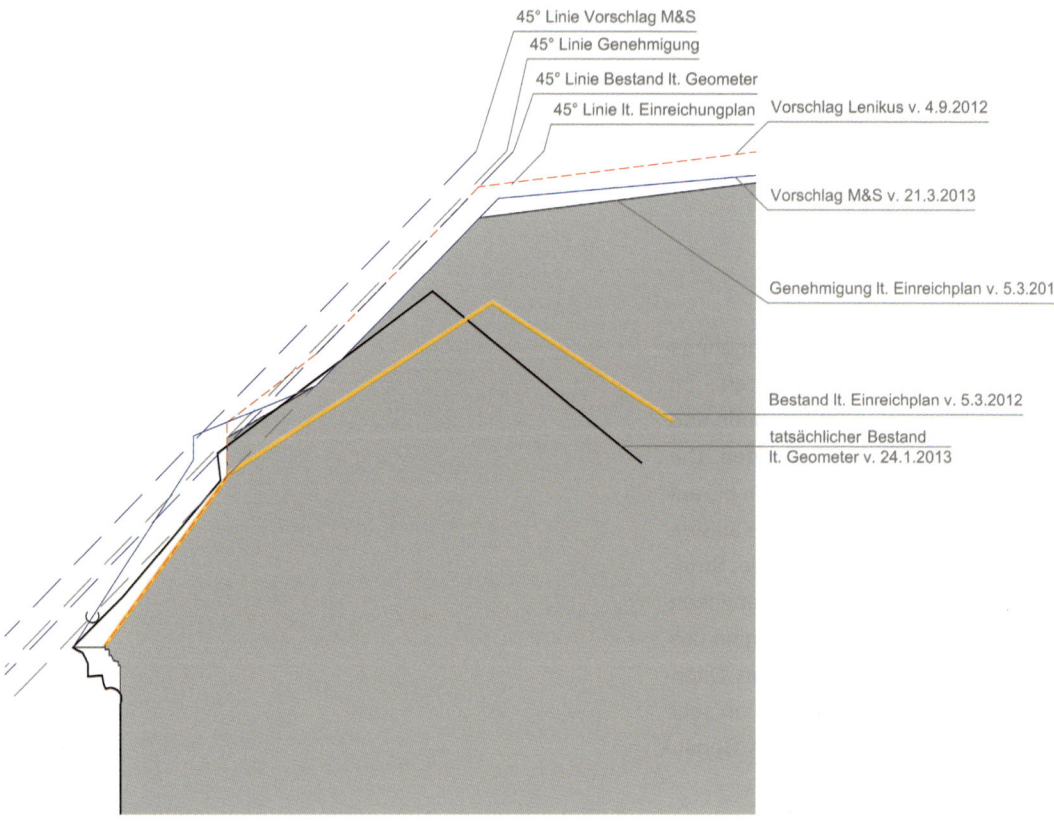
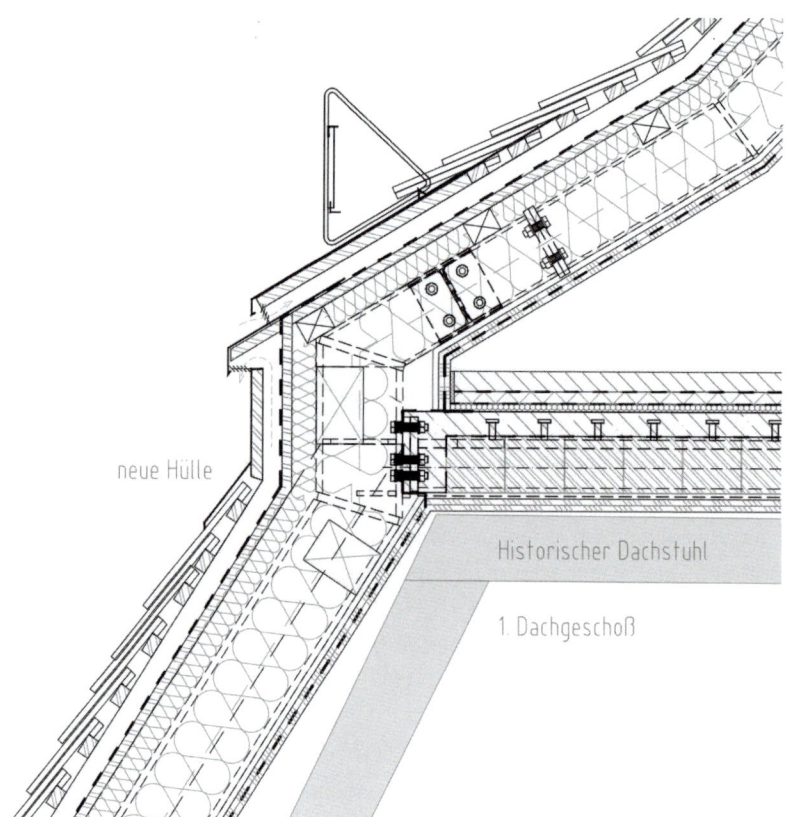

Das historische Gebäude wich in natura von den genehmigten Umrissen ab. Innerhalb der baurechtlichen Rahmenbedingungen musste ein Weg gefunden werden, diese Abweichungen mit der Wirklichkeit in Übereinstimmung zu bringen und das Dach so weit aufzuklappen, dass sich der historische Dachstuhl nach der Fertigstellung des Dachausbaus im Inneren der neuen Hülle befand.

↓ Die *Leopold-Suite* mit dem zweigeschoßigen Wohnschlafraum und dem besonders wertvollen Teil des historischen Dachstuhls, der hier zur Gänze erhalten blieb. Von der freistehenden Badewanne auf der Galerie genießt man einen tollen Blick über den Innenhof zum Stephansdom.

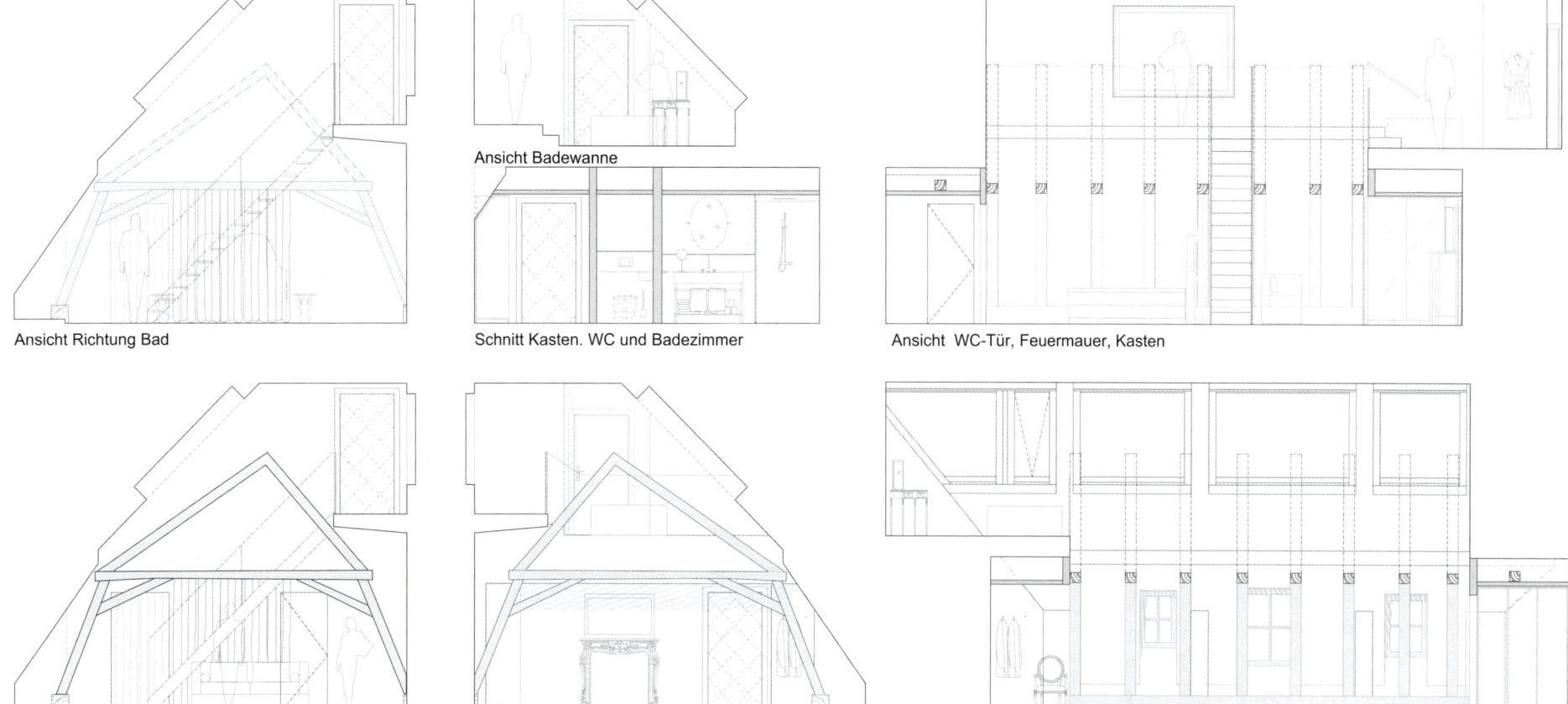

Ansicht Richtung Bad

Ansicht Badewanne

Schnitt Kasten, WC und Badezimmer

Ansicht WC-Tür, Feuermauer, Kasten

Ansicht Richtung Bad

Ansicht Richtung Kasten, Kamin und Zimmertür

Ansicht Eingangsbereich, Gaubenwand

Ansicht Kasten in Schräge

Daches und die Proportion zum restlichen Gebäude sowie die Belichtung der Räume. Nicht zuletzt sollten die entstandenen Räume im Rohbaustadium dem Wunsch des Bauherren nach maximaler Flexibilität genügen und im Endzustand attraktive Hotelzimmer beherbergen.

Es folgten unzählige Abstimmungsgespräche mit Behörden, Gutachtern und Planern. Viele Ideen wurden entwickelt und so manche wieder verworfen, Genehmigungen Schritt für Schritt eingeholt. Immer wieder wurden Punkte detailliert mit dem Bundesdenkmalamt und der Baubehörde besprochen, und die Planung wurde an die rechtlichen Möglichkeiten angepasst.

Das Ergebnis ist ein stimmiger Mix aus Alt und Neu.

Die Altbaugeschoße

In den drei Altbaugeschoßen mit ihren typischen hohen Räumen sind 47 Zimmer untergebracht. Viele erstrecken sich über zwei Fensterachsen, was zum Großteil der historischen Raumaufteilung geschuldet ist. Die Entwurfsplanung der Zimmer in den alten Räumen entwickelte sich fast von selbst, weil die bestehende Raumstruktur gut mit der künftigen Hotelnutzung in Einklang gebracht werden konnte. Die Bäder mussten auf Wunsch des Bundesdenkmalamtes als freistehende Boxen in die Räume gestellt werden, um Befestigungspunkte an den alten Mauern auf ein Minimum zu reduzieren und die bestehende Substanz möglichst wenig zu stören.

Da das Gebäude dem Stand der Technik entsprechen sollte, waren umfassende technische Einbauten nötig, die teilweise viel Platz einnahmen. Eine komplexe Aufgabe in der Ausführungsplanung war die Verflechtung des Bestandes mit den von den Fachplanern für die technische Gebäudeausrüstung geforderten Wand- und Deckendurchbrüchen, die in enger Zusammenarbeit mit dem Statiker und unter Bedachtnahme auf den Denkmalschutz geschah. Manchmal mussten Leitungswege geändert werden, wenn sie besonders erhaltenswerte Bereiche oder statisch sehr heikle Stellen durchbrochen hätten.

Bei der Untersuchung der Putzschichten durch den Restaurator stellte sich heraus, dass zwei Wände, die für die Zimmeraufteilung abgebrochen werden sollten, für das Bundesdenkmalamt besonders erhaltenswert waren. Unter dem modernen Farbanstrich fanden sich historische polychrome Wandmalereien. Die Planung der beiden Zimmer wurde sofort geändert. Unter Einbeziehung dieser besonderen Bestandswände weisen sie jetzt einen ganz speziellen Grundriss mit einer Trennung in Eingangs- und Schlafbereich auf.

Der Innenhof

Der Innenhof mit seinen Pawlatschen aus der Mitte des 19. Jahrhunderts versprüht als Herz des Gebäudes einen besonderen Charme. Er ist Dreh- und Angelpunkt der Kulinarik und der Erschließung des Hotels »The Leo Grand«.

Um ihn bei jedem Wetter nutzen zu können, wurde der Innenhof mit einem Witterungsschutz aus einer wandelbaren Membrandachkonstruktion ausgestattet.

Die Konstruktion hat einen Zentralknoten als Hochpunkt und schließt über dem Erdgeschoß umlaufend an die Pawlatschen an. Der Zentralknoten hängt an mehreren Seilen, die an Anschlusspunkten am Gebäude fixiert sind. Bei Bedarf kann die Membran elektrisch im Reversierbetrieb aufgespannt oder unter dem Zentralknoten zusammengefaltet werden. So ist je nach Wetterlage ein geschlossener Raum oder ein offener Innenhofbereich nutzbar.

Für die Überdachung des Innenhofes ergaben sich im Lauf des Entwurfsprozesses viele kreative Ansätze. Im ersten Entwurf bestand das Dach aus einer filigranen Stahl-Glas-Konstruktion, die den Innenhof über dem Erdgeschoß zwischen den Pawlatschen überspannte. Diese Idee wurde aufgrund der massiven Änderung der Raumwirkung durch die permanente Überdachung und aus denkmalpflegerischen Gründen wieder verworfen. Es folgten zahlreiche Überlegungen, von einfachen Schirmen über auf den Boden gestellte Bogenkonstruktionen bis zu fahrbaren Glasdächern in unterschiedlichen Ausgestaltungen und aufklappbaren Glasdächern. Alle Varianten hätten eine – je nach Entwurf mehr oder weniger – permanente Überdachung bedeutet, auch wenn manche in der Höhe verschiebbar gewesen wären. Das nun ausgeführte Membrandach ist die wandelbarste Lösung.

Die Menschen

Die Besonderheit dieses Projekts verdankt sich in erster Linie den Menschen, die daran beteiligt waren. Das gegenseitige Verständnis, das gemeinsame Ziel vor Augen und die Stärken und Eigenheiten jeder und jedes Einzelnen haben dazu beigetragen. Besonders hervorzuheben sind das Gefühl für Gestaltung und der unbändige, weit über die Planungsphase hinausreichende Optimierungswille des Bauherrn sowie die Fähigkeit zu Improvisation und schnellen Problemlösungen des Bauherrenvertreters Walter Hanausek. Er hat das Projekt von Beginn an in unermüdlichem Einsatz betreut und war für das Planungsteam und die Ausführenden bis zur Fertigstellung ein verlässlicher Partner.

Was werden wir als Architekt*innen aus diesem Projekt mitnehmen? Die Erfahrung, mit Kreativität und Feingefühl unseren Beitrag zur Revitalisierung dieses Hauses geleistet zu haben, und das Wissen, uns damit in seine lange, noch nicht zu Ende erzählte Geschichte eingefügt zu haben.

Nichts ist jemals fertig, und alles ist möglich.

Für die beiden Zimmer, deren Raumaufteilung geändert werden musste, um die besonders wertvollen Bestandswände erhalten zu können, wurden einfache dreidimensionale Darstellungen angefertigt.

Farb- und Materialdarstellung eines Zimmerentwurfes

Neben historischen Malereien fanden sich im Haus auch Beiträge zeitgenössischer Künstler.

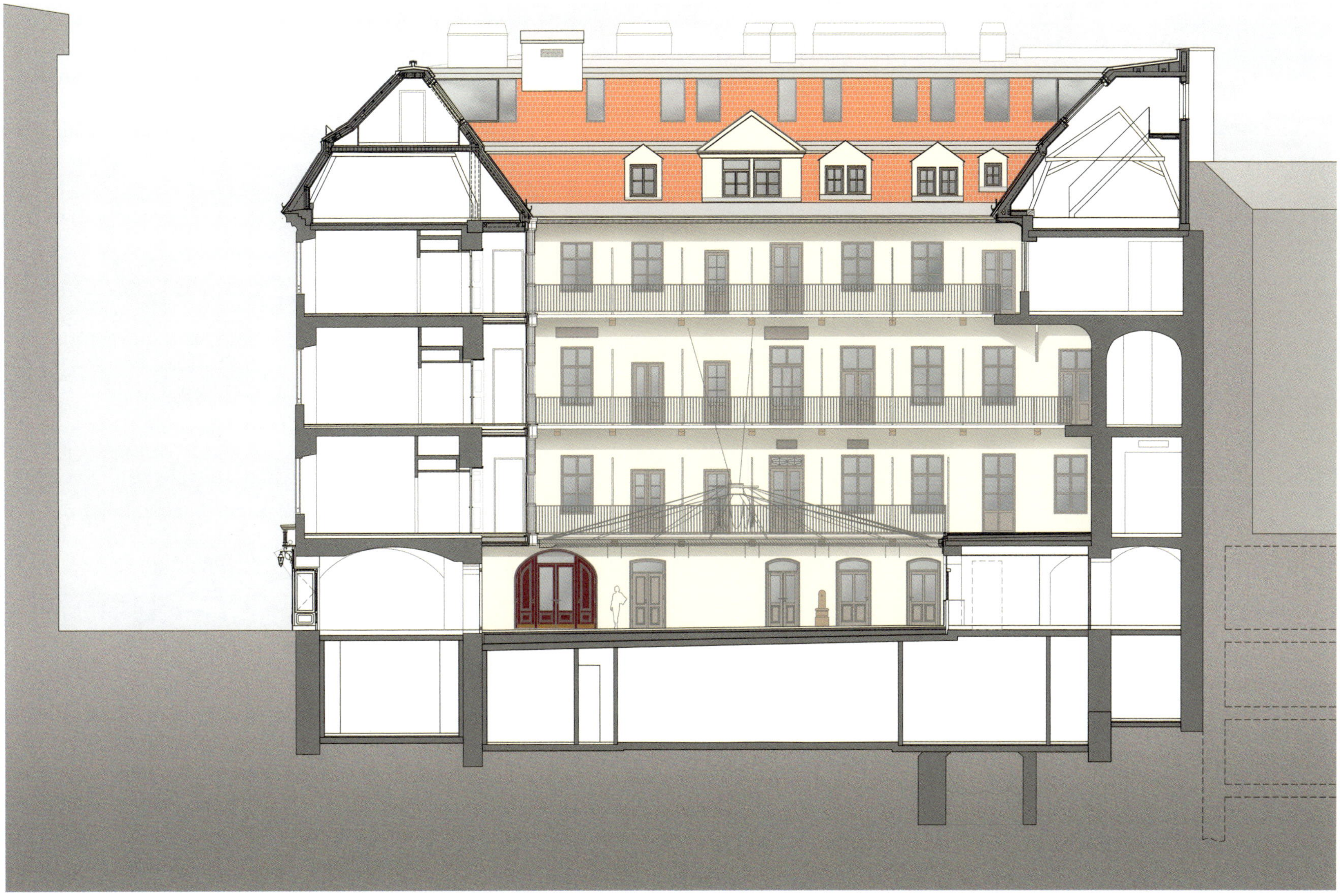

Schnitt B

Der erste Entwurf sah vor, den Innenhof mit einer filigranen Stahl-Glas-Konstruktion zu überspannen und so im Erdgeschoß einen permanent überdachten Innenraum zu schaffen.

Um eine von der Struktur des Gebäudes unabhängige Überdachung zu entwickeln, starteten wir bei dem den Möglichkeiten entsprechend einfachsten Witterungsschutz, dem Sonnenschirm. In kleinen Schritten wurde die Konstruktion immer massiver: über große Pendelschirme und Pagodenzelte zu freistehenden Pergolen mit verschiebbaren Bespannungen und Pneus. Im letzten Schritt kristallisierte sich das fixe Glasdach als permanente Variante heraus. Von der freistehenden Pergola ausgehend wurden Parabelbögen entwickelt, die – am Boden stehend im Innenhof platziert – durch Öffnen und Schließen der Bekleidung unterschiedliche Raumsituationen bieten können.

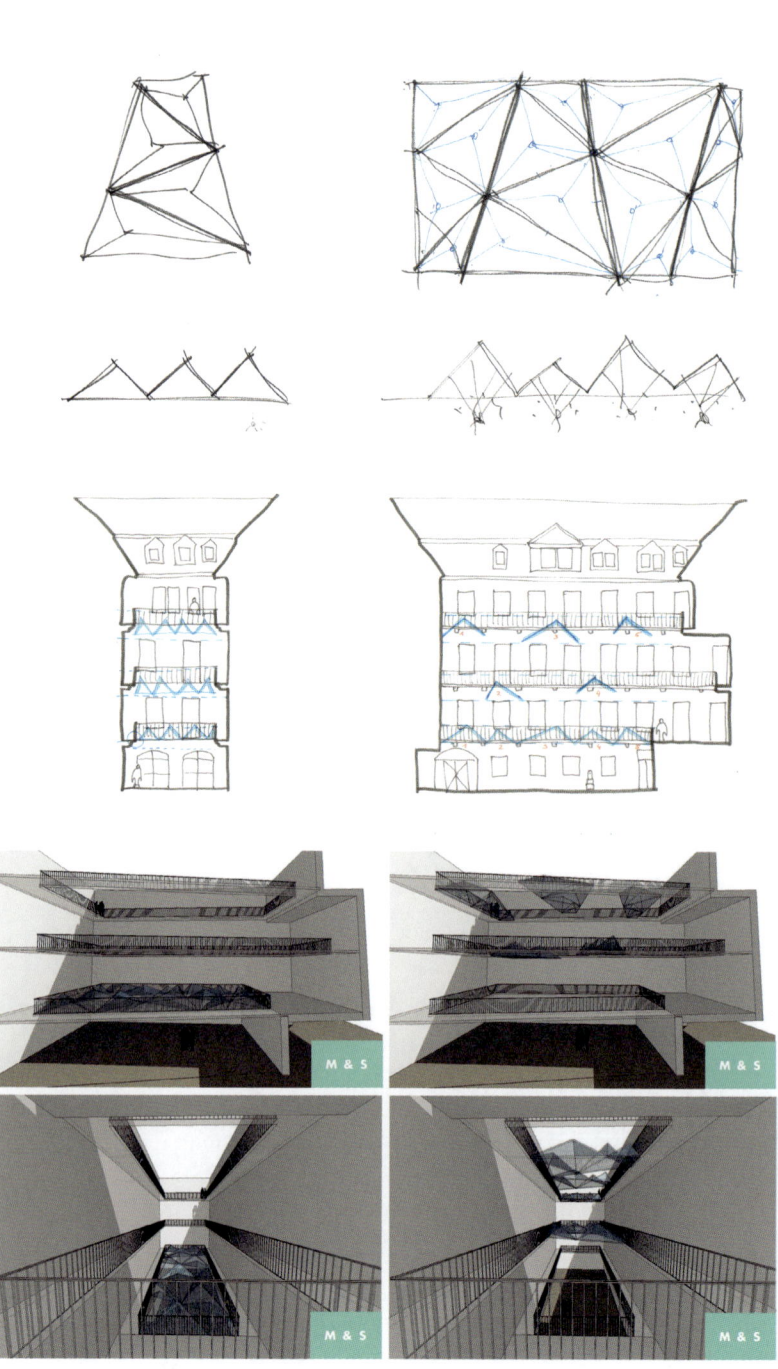

Für die Formfindung eines verschiebbaren Glasdaches wurde das konvexe Viereck des Innenhofes in fünf unterschiedlich große vierseitige Bereiche geteilt, welche im Anschluss in ungleichseitige Dreiecke aufgelöst wurden. Durch Extrusion der Mittelpunkte entstand eine heterogene Dachlandschaft, die an Eisberge erinnert. Die fünf Großstrukturen sind fahrbar. Drei Elemente erheben sich um zwei Geschoße, zwei Elemente um ein Geschoß. Aufgrund der durch den großen Querschnitt einströmenden Außenluft erwecken die schwebenden Elemente den Eindruck eines offenen Raumes.

In einer Weiterentwicklung des »Eisberg-Daches« wurden die fahrbaren Elemente auf drei reduziert und regelmäßig aufgeteilt. Es entstand eine komplexe Dachstruktur, die an historische Kronleuchter angelehnt ist. Die drei Elemente sind fahrbar und können dadurch eine offene oder geschlossene Überdachung bilden.

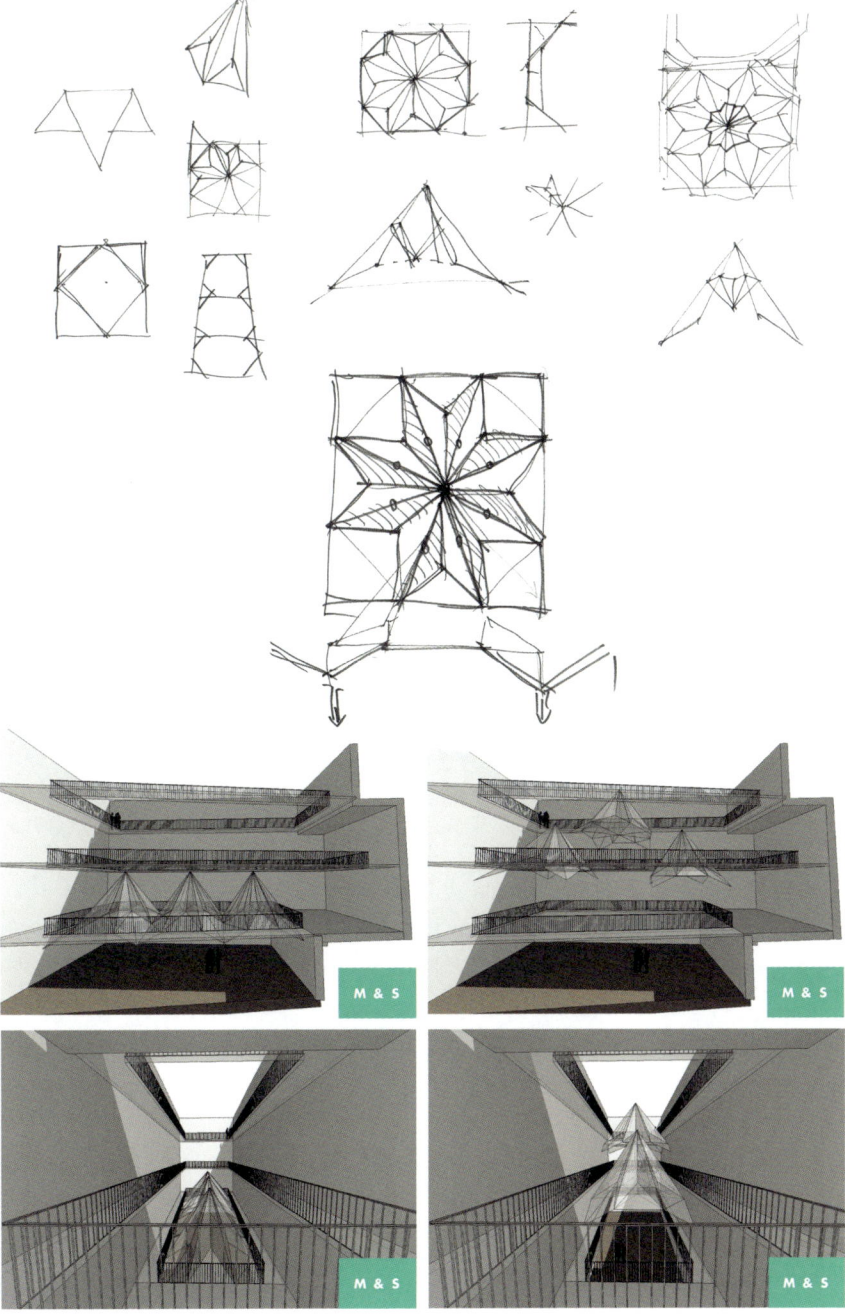

Das Öffnen und Schließen der im Mittelpunkt zusätzlich mit opulenten Kronleuchtern ausgestatteten Dachelemente ist ein spektakuläres Ereignis (beide Renderings © JAMJAM).

Die statisch erforderliche Unterkonstruktion für einen der drei »Kronleuchter« wurde in Holz nachgebaut, um die Dimensionen und Proportionen nachvollziehen zu können.

Das textile Dach ist lediglich über 4 Punkte an den historischen Innenhofwänden fixiert. Bei Schönwetter lässt es sich öffnen und im zentralen Knotenpunkt zusammenfalten.

BERNHARD PLOYER

Statische Betrachtung
des Umbaus des
Hauses Bauernmarkt 1

ARCHITEKTUR UND STATIK

Das Objekt Bauernmarkt 1 mit seiner historischen Geschichte birgt auch aus statischer Sicht eine Vielzahl von interessanten Merkmalen. Die statische Betreuung des Umbaus vom Beginn der Planung über die vielen unterschiedlichen Bauphasen bis hin zur Fertigstellung erforderte ein breit gefächertes Wissen in den verschiedensten Bereichen, von Fundamentunterfangungen, Mauerwerksverstärkungen und Sanierungen unterschiedlichster historischer Deckensysteme über die Herstellung von Auswechslungen historischer Wände und Decken und die Ertüchtigung des Bauwerks gegen Erdbebenbelastungen bis zur Errichtung eines neuen Dachtragwerks unter Berücksichtigung der beengten Platzverhältnisse und des Denkmalschutzes und Erfüllung vieler weiterer Anforderungen. Die Aufgaben, die der Tragwerksplaner bei diesem Projekt zu lösen hatte, waren extrem abwechslungsreich, anspruchsvoll, aber nach der Lösung unterschiedlichster Probleme auch sehr befriedigend und übertrafen jedenfalls alle Vorstellungen vor der Beauftragung mit dem Projekt.

Statischer Aufbau des Bestandsgebäudes

Das Gebäude am Bauernmarkt 1 wurde über viele Jahrhunderte gebaut, teilweise abgebrochen und erweitert wieder neu aufgebaut. Die Fundamente, die teils bis in eine Tiefe von 5 m, in einigen Bereichen aber auch nur wenige Zentimeter unter das Fußbodenniveau des Erdgeschoßes reichen, wurden bereits im Mittelalter aus Bruchsteinmauerwerk errichtet. Das Material der historischen Fundamente wurde nach diversen Gebäudeabbrüchen in einigen Bereichen für die Errichtung neuer Gebäudeabschnitte wiederverwendet. In anderen Bereichen konnte man feststellen, dass neben bestehenden Fundamenten neue Grundmauern errichtet wurden, die direkt an die bereits vorhandenen anschlossen. Aus diesem Grund lagert das Gebäude, wie wir es derzeit kennen, teils auf Fundamenten aus dem frühen Mittelalter (um 1200, siehe Bauphasenpläne S. 535) sowie späteren Epochen. Die Dicken der bestehenden Fundamente und der darüber errichteten Kellerwände liegen aufgrund dieser Bauweise zwischen 75 und 250 cm.

Eine große statische Herausforderung stellte die bei den Ausgrabungen vorgefundene sehr unterschiedliche Materialsubstanz der Fundamente bzw. Kellerwände dar, die zur Realisierung der Planung oft im Bauzustand temporär sehr aufwendig gesichert und für den Endzustand auf ein tragfähiges Niveau gebracht werden mussten. Speziell die Umsetzung der geplanten neuen Erschließungsgänge mit den dafür erforderlichen Durchbrüchen war ein schwieriges Unterfangen. Oft waren die Bestandspläne nicht vollständig. Die meterdicken Fundamentwände aus sehr schlechter Bausubstanz, auf denen verschiedene Gewölbe der Kellerdecke und die Lasten des mittlerweile sechsgeschoßigen Gebäudes gelagert waren, machten die statischen Planungen nicht einfacher.

Archäologische Grabungen

Da der Bauherr die historisch vorhandene Teilunterkellerung auf eine Vollunterkellerung des gesamten Bestandsgebäudes erweitert sehen wollte, war klar, dass das Bauwerk aufgrund des geschichtlichen Hintergrunds des innerstädtischen Bereichs vor Beginn der Bauarbeiten von einem archäologischen Team untersucht werden musste. Die Untersuchung der obersten Materialschichten war relativ schnell erledigt, ergab jedoch, dass sich unter dem Gebäude schon zu Römerzeiten bis in große Tiefen von ca. 5,50 m unter dem Straßenniveau neben vielen anderen historisch alten Mauerüberresten an der Ostseite ein Lager mit darunter situiertem Keller und an der Nordwestseite eine ebenfalls sehr tief liegende Zisterne befanden. Die Grabungen erwiesen sich speziell in diesen Bereichen als sehr schwierig, weil die Fundamente des Gebäudes schon nach rund 1 bis 1,5 m unter Niveau endeten und aufgrund der engen Platzverhältnisse während der Grabungen die Gefahr bestand, dass das Erdreich unter den Gebäudefundamenten nachgeben und es zu größeren Schäden am Gebäude kommen könnte. Aus Sicht des Statikers war diese Phase eine sehr kritische Zeit: Die Grabungen mussten mehrmals wöchentlich vor Ort überprüft werden. Zum Schutz des Gebäudes, aber selbstverständlich auch zum Schutz der Archäologen, die einen Großteil ihrer Tätigkeit weit unterhalb der Fundamentunterkanten des Bestandsgebäudes durchführen mussten, wurden statische Maßnahmen festgelegt und in Absprache zwischen Archäologen, Statikern und Bauherrn wöchentlich weitere Schritte abgestimmt. Zur Sicherung der Fundamente wurden aufwendige Pölzungen der »Baugrube« vorgenommen und Bereiche festgelegt, wo Erdreich in ausreichender Höhe und Stärke (Bermen) neben den Fundamenten erhalten bleiben musste. Die Grabungen konnten in dieser Form in allen für die Archäologie interessanten Bereichen ohne Schädigung der Gebäudestruktur und Gefährdung der bei der Grabung beteiligten Personen nach rund sechs Monaten abgeschlossen werden. Nach archäologischer Freigabe des Untergrunds für die geplanten Baumaßnahmen wurde die Baugrube zur Sicherung des Gebäudes mit rund 2000 m³ SSM-Beton verfüllt.

Fundamente

Beim Umbau des Gebäudes bestand ein Teil unserer Aufgabe als Statiker darin, die vorhandene Teilunterkellerung über die gesamte Gebäudegrundfläche sowie unter dem Innenhof zu erweitern und im Keller ein einheitliches Fußbodenniveau zu realisieren. Dazu mussten über 2000 m³ Erd- und Verfüllmaterial ausgehoben und ein Großteil der Fundamente mittels abschnittsweiser Unterfangung tiefer geführt werden.

Die Fundamentunterfangungen ergänzend wurde unter das gesamte Gebäude eine massive Stahlbetonbodenplatte eingezogen, um die Fundamente dem heutigen Stand

ABB. 1 Die schlechte Bausubstanz der Fundamente zeigte sich schon bei den ersten archäologischen Grabungen und ließ die Herausforderungen der geplanten Umbaumaßnahmen erahnen.

ABB. 2 Nach Abschluss der Ausgrabungen waren Besonderheiten wie die in dieser Aufnahme sichtbaren zu erkennen: Hier lagert die Eckstütze des Innenhofs auf einem rund gemauerten Gebilde aus porösem Ziegelmauerwerk, das ohne Verstärkungsmaßnahmen nur unter Ausnutzung aller Sicherheiten die Lasten des Gebäudes aufnehmen konnte.

ABB. 3 Um das Gebäude bei den Abbrucharbeiten durch Erschütterungen so wenig wie möglich zu beschädigen, wurden die Wände mit einer großen Mauersäge durchgeschnitten. Diese Arbeiten gestalteten sich im Gegensatz zum üblichen Einsatz eines Schremmhammers sehr zeit- und kostenintensiv, jedoch war nur so ein gebäudeschonendes Vorgehen möglich.

ABB. 4 Die Schnittflächen zeigen sehr schön die inhomogene Bausubstanz des Bruchsteinmauerwerks, aus dem der gesamte Keller sowie Teile der oberirdischen Geschoße errichtet wurden.

ABB. 5 Archäologische Grabungen im Innenhof

ABB. 6 Tiefste Ausgrabungsstelle im Bereich des unterkellerten römischen Lagers

ABB. 7 Einer von vielen archäologischen Funden im Innenhof

ABB. 8 Verfüllung des Innenhofs mit SSM-Beton nach Abschluss der archäologischen Grabungen, um bis zur Fortsetzung der Arbeiten die Fundamente gegen Grundbruch zu schützen

ABB. 9 Bauzustand einer abschnittsweisen Unterfangung des bestehenden Fundaments mit Betonfundamenten: Der erste Abschnitt ist bereits hergestellt und der Voraushub des zweiten Abschnitts unmittelbar daneben bereits durchgeführt.

ABB. 10 Die Unterfangungen mussten in einigen Bereichen bis zu 6,5 m tief hergestellt werden. Die Abbildung zeigt, wie der zweite Höhenteilbereich einer 6,5 m hohen Unterfangung händisch ausgegraben wird.

ABB. 11 Das ursprüngliche Fußbodenniveau befand sich an der Unterkante der weißen Putzfläche. Um die beiden nebeneinander liegenden Liftschächte bis in den Keller führen zu können, musste in diesem Raum das Fußbodenniveau um 5 m abgesenkt und die Unterfangung ca. 6,5 m tief hergestellt werden. Die Arbeiten konnten aufgrund der beengten Platzverhältnisse nur teilweise mit großen Geräten vorgenommen werden. Wo große Geräte nicht eingesetzt werden konnten, mussten die Grabungen händisch erfolgen.

ABB. 12 Das ursprüngliche Geschäftslokal am Bauernmarkt während der archäologischen Grabungen

ABB. 13 Der Bestandswand vorgesetzte Stahlbetonwand im Innenhof zur Lastabtragung der neuen Kellerdecke direkt in die neue Bodenplatte als die Bestandswände nicht zusätzlich belastende Lösung

ABB. 14 Die Betondecke im Innenhof über dem neuen Keller ist fertiggestellt und lagert nur auf den im Keller neu hergestellten Stahlbetonvorsatzschalen.

ABB. 15 Beginn der Vorarbeiten, um den Abbruch des halben Tonnengewölbes unter den tragenden Mauerwerkspfeilern realisieren zu können. An dieser Stelle sollten später der Stiegenabgang sowie ein Liftschacht entstehen. Im Bild werden gerade mit einem Kernbohrgerät Bohrungen für die »Nadelungen« vorgenommen. In jeder Stütze sind drei sogenannte Nadelträger erforderlich.

ABB. 16 Die Nadelträger werden vor Abbruch der Gewölbedecke mithilfe von Schwerlaststehern durch das Gewölbe auf die bereits hergestellte Bodenplatte abgestützt. Erst danach kann mit dem Abbruch des Tonnengewölbes begonnen werden.

ABB. 17 Die Säulen im Erdgeschoß lernten während der Herstellung des Stiegenhauses »fliegen«. Die Stahlträger und Schwerlaststützen übernehmen die Tragfunktion des Gewölbes, während darunter die neuen Stahlbetonstützen und der große Unterzug aus Beton errichtet wurden.

ABB. 18 Die Bewehrung der Stahlbetonteile wird in die Schalung eingebaut. Die Aufnahme zeigt den Zustand kurz vor Einbringung des Betons.

der Technik entsprechend zu verstärken. Die Einbindetiefen der neuen Fundamente konnten durch die massive Bodenplatte, die neben den Fundamenten einem möglichen Grundbruch entgegenwirkt, deutlich reduziert werden. Dass die vorhandenen Fundamentlasten des Gebäudes vor allem im Bereich der Mittelmauern aufgrund der massiven Wände und der großen Deckenspannweiten im Vergleich zu anderen Gebäuden verhältnismäßig hoch sind, erklärt die Notwendigkeit der statischen Verstärkungsmaßnahmen.

Kellerwände

Da das Grundmaterial der alten, nach dem Aushub freigelegten Fundamente bzw. Kellerwände aufgrund des losen, mit Hohlräumen durchzogenen Bruchsteinmaterials für die Lastabtragung nicht ausreichend dimensioniert war, mussten große Bereiche der Kellerwände durch Injektion von Zementsuspension stabilisiert und verstärkt werden. Um die bestehenden Fundamente und Kellerwände durch die im Urzustand nicht unterkellerten Bereiche nicht noch mehr zu belasten, war es statisch notwendig, die Lasten der neu angelegten Kellerdecken über vor die Bestandswände gesetzte Stahlbetonwände abzuleiten.

Kellerdecken

Die Kellerdecken der Bestandskeller wurden ausschließlich aus Ziegeltonnengewölben gebildet, die in einigen Bereichen auch zur Lastabtragung von auf dem Gewölbe situierten Ziegelpfeilern dienen. Erwähnenswert ist in diesem Zusammenhang beispielsweise der statisch aufwendige Eingriff in das Tonnengewölbe beim neu errichteten Stiegenabgang im nordwestlichen Teil des Gebäudes beim Eingang in der Freisingergasse. Zur Realisierung des Stiegenabgangs sowie des Materiallifts zur Erschließung des Kellers wurde hier das Tonnengewölbe halbseitig abgebrochen und der auf dem Gewölbe stehende Pfeiler im Erdgeschoß abgefangen. Der neu errichtete Stahlbetonunterzug im Gewölbescheitel übernimmt jetzt sowohl die Aufgabe der Abfangung der Erdgeschoßstütze als auch die der Aufnahme der horizontalen Druckkräfte des verbleibenden halbseitigen Gewölbes. Die Herstellung des Stiegenabgangs dauerte aufgrund des äußerst komplexen Arbeitsablaufs mehrere Monate und konnte ohne Schäden an der angrenzenden Gebäudesubstanz abgeschlossen werden.

Während der Herstellung des Innenhofkellers war es erforderlich, die Pfeiler neben den großen Toren der ehemaligen Stallungen mittels eines quer über den Innenhof gespannten Stahlträgers über den Köpfen der Arbeiter schweben zu lassen. Erst nach Fertigstellung der Innenhofdecke konnte der Auswechslungsträger wieder entfernt und die Wand auf die neu errichtete Kellerdecke »abgestellt« werden.

Stiegenhäuser und Liftschächte

Die Erschließung des Bestandsgebäudes erfolgt über zwei Stiegenhäuser vom Erdgeschoß bis ins Dachgeschoß. Beide Stiegenhäuser mussten zur Erschließung des Kellers nach unten um ein Geschoß »verlängert« werden.

Beim Stiegenhaus 2 im hinteren Bereich des Gebäudes war vor der Herstellung der Kellerstiege eine Unterfangung des massiven Gewölbebogens in Höhe der Kellerdecke erforderlich. Die Besonderheit dieser Unterfangung war, dass die Spindelwand, die über die gesamte Gebäudehöhe verläuft und auf der alle Stiegen lagern, direkt auf dem Gewölbebogen aufgestellt war. Erst nach Herstellung der neuen Spindelwand unterhalb des Gewölbebogens bis zu den neuen Fundamenten und der Verfestigung des Gewölbebogens zwischen neuer und alter Spindelwand konnte der Gewölbebogen in Verlängerung der Spindelwand im Durchgangsbereich abgebrochen werden. Durch die Lastumlagerung vom Gewölbebogen auf die Unterfangung waren Setzungen und folglich Risse in den Obergeschoßen nicht auszuschließen, wurden aber durch sorgfältige Arbeit auf ein Minimum reduziert.

Lift 3: Durchgang zum Innenhof und Gewölbedurchbruch zum großen Keller

Zusätzlich zu den beiden Stiegenhäusern wurden auch drei Personenlifte sowie ein Personallift vom Keller bis in das zweite Dachgeschoß errichtet. Die Liftschächte werden von neuen Stahlbetonwänden gebildet, auf die auch die Lasten der angrenzenden Geschoßdecken und des Dachtragwerks abgetragen werden. Um die Liftschächte realisieren zu können, war es notwendig, alle Geschoßdecken im Bereich der Liftdurchfahrt zu öffnen und eine Umlagerung der Decken auf die neuen Liftschächte durchzuführen. Aufgrund der Vielzahl unterschiedlicher Deckensysteme vom Keller bis zum Dachgeschoß geriet auch die Herstellung der Liftschächte in puncto statischer Planung und Ausführung zu einer sehr aufwendigen Aufgabe.

Obergeschoßdecken

Die vorgefundenen Wände der Obergeschoße bestanden hauptsächlich aus Normalformat-Ziegelmauerwerk mit Stärken zwischen 45 und 100 cm.

Die Decken über dem Erdgeschoß sind wie die Kellerdecken als Tonnengewölbe oder Kreuzgewölbe ausgebildet. Die Gewölbestärken des Gebäudes liegen je nach Spannweite zwischen 15 und 45 cm. Auf allen Bestandsgewölben wurden zum Ausgleich des Gewölbebogens schon bei der Herstellung der Decken Kiesschüttungen mit Stärken im Randbereich von bis zu 2,5 m eingebracht. Bei stichprobenartigen Kontrollen der Erdgeschoßgewölbe zeigten

ABB. 19 Die Schalungen für die Stützen und den Unterzug werden unter dem Bestand vorbereitet.

ABB. 20 Die Schalung des Unterzugs, während der Beton aushärtet

ABB. 21 Die seitliche Betonwand des Stiegenhauses über dem Unterzug als Abgrenzung zur späteren Schüttung über dem bestehenden Gewölbe unter dem Fußboden

ABB. 22 Der Lift wächst langsam vom Keller in das Erdgeschoß.

ABB. 23 Nach Abschluss der Rohbauarbeiten kann der Keller über die Stiege durch die Gewölbedecke begangen werden.

ABB. 24 Die Stützen der ehemaligen Stallungen standen ursprünglich auf einem massiven Ziegelfundament, das wiederum auf einem unterirdischen Kellergewölbe gelagert war. Die Aufnahme zeigt den oberen Teil des Fundaments der Mittelstütze zu Beginn des Aushubs.

ABB. 25 Um den Kellerausbau unterhalb der verbleibenden Stallungen ausführen zu können, wurden oberhalb der zukünftigen Kellerdecke zwei Stahlträger als Auswechslung eingebaut. Dadurch konnten die Fundamente ohne Beschädigung des darüberliegenden Gebäudes abgebrochen werden.

ABB. 26 Die Aufnahme zeigt den Zustand nach Abbruch der Fundamente und relativ weit fortgeschrittenem Aushub. Es fehlen nur mehr wenige Meter in die Tiefe, bis das Niveau der neuen Bodenplatte erreicht ist.

ABB. 27 Die bereits errichteten Kellerwände und die neue Mittelstütze unterhalb der Stallungen

ABB. 28 Nach Fertigstellung der Kellerdecke wurden nach mehrwöchiger Arbeit die Hilfsstahlträger wieder ausgebaut und die Stützen der Stallungen auf die Kellerdecke gestellt.

ABB. 29 Der Verbindungsgang zwischen dem neuen, in den Keller verlängerten Stiegenhaus 2 und den neuen WC-Anlagen wurde ohne zusätzliche Auswechslung direkt unter einem bestehenden Gewölbe hergestellt. Die Wände in den Obergeschoßen werden ausschließlich durch die Gewölbewirkung in sich und das Kellergewölbe getragen. Um den Bestand so wenig wie möglich zu verändern, wurde das bestehende Gewölbe beibehalten.

ABB. 30 Ausblick vor der Herstellung des letzten Stiegenlaufs im Bauzustand vom Zwischenpodest zum Durchgang im Keller in Richtung der neuen WC-Anlagen. Das alte Gewölbe konnte neben dem Stiegenabgang vollständig erhalten bleiben.

ABB. 31 Die Wand links des Durchgangs wurde durch eine Betonwand verstärkt.

ABB. 32 Stahlträgerauswechslungen und die Unterstellung des Gewölbes kurz vor der Herstellung des Durchbruchs sind bereits eingebaut. Vor dem Durchbruch waren viele statische Voruntersuchungen notwendig, um die Tragfunktion der Elemente der vielen unterschiedlichen Bauphasen, die in diesem Bereich zusammentreffen, ausreichend bestimmen und die richtigen statischen Maßnahmen treffen zu können.

ABB. 33 Durchbruch mit eingebauter Stahlträgerauswechslung und Steinrahmen im Erdgeschoß von der Innenhofseite. Der Steinrahmen wurde in der Bauphase provisorisch mit Holz abgestützt, um eine Schädigung durch Brechen zu vermeiden.

ABB. 34 Rohbaudurchbruch mit Blick Richtung Kellergewölbe

ABB. 35 Im Rohbau hergestellter Durchbruch

ABB. 36 Der Durchgang und das Gewölbe sind bereits verputzt.

ABB. 37 Alter Durchgang von Lift 3 Richtung Lager. Neben dem Bestandsdurchgang ist unter der Stichkappe ein in einer früheren Bauphase ausgemauerter Durchbruch zu erkennen, der wieder geöffnet werden soll.

ABB. 38 Bestandswand im Zwischengeschoß vor Herstellung des Durchbruchs

ABB. 39 Zur Herstellung des neuen Durchbruchs musste das über dem Gewölbe stehende Mauerwerk mit Nadelträgern abgefangen werden. Nach Herstellung des Durchbruchs wurde das Gewölbe vervollständigt.

ABB. 40 Oberfläche einer freigelegten Dippelbaumdecke. Der alte Fußbodenbelag wurde entfernt und die Schüttung abgesaugt. In Höhe der alten Schüttung wurden zahlreiche Schließen (Stahllaschen bzw. Flachstahl) gefunden, die eine horizontale Verankerung der Außenmauern zueinander gewährleisteten.

ABB. 41 Durch Wasser und Insekten geschädigte Dippelbaumdecke. Wenn möglich, wurde das geschädigte Holz entfernt (abgebeilt). In Bereichen, in denen das gesunde Holz eine Resttragfähigkeit aufwies, wurde die Dippelbaumdecke durch eine Betonrippendecke ersetzt. Das gesamte gesunde Holz wurde in diesen Bereichen auch bei starker Schädigung aus Gründen des Denkmalschutzes erhalten und in die neue Rippendecke verankert.

ABB. 42 Stark geschädigte Dippelbaumdecke im dritten Stock über dem gusseisernen Fachwerkbogen im Innenhof

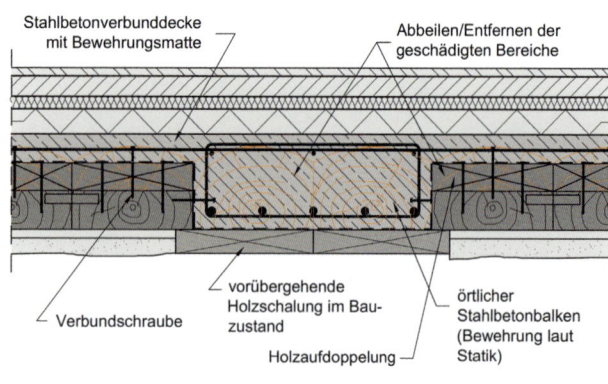

ABB. 43 Stahlbetonrippendecke bei Deckenfeldern mit geschädigten Dippelbäumen (Systemskizze)

ABB. 44 Abgebeilte Dippelbäume mit Vorbereitung für die Herstellung einer Betonrippenverbunddecke

sich an mehreren Stellen größere Risse mit einer Breite von 5–10 mm. Um jedes Risiko eines späteren Schadens zu vermeiden, entschied der Bauherr daraufhin, die gesamte Schüttung über allen Gewölben des Kellers und des Erdgeschoßes entfernen zu lassen, alle Gewölbe auf Schäden zu untersuchen und gegebenenfalls zu sanieren. Hunderte Kubikmeter Schüttung wurden folglich mittels eines überdimensional großen Staubsaugers abgesaugt, wobei sich herausstellte, dass durch einen lange zurückliegenden Wasserschaden an der Ecke Bauernmarkt/Freisingergasse alle straßenseitigen Gewölbe mit großen Rissen durchzogen waren. Die Sanierung erfolgte im Sinne des Denkmalschutzes durch Einkleben von Spiroankern quer zu den Rissen und anschließender kraftschlüssiger Verfüllung der Risse mit einer dünnflüssigen Kalk-Trass-Emulsion, die nach Aushärtung die Tragfähigkeit des Gewölbes wieder vollständig gewährleistet.

Der wesentliche Teil aller Decken in den Obergeschoßen wird von Dippelbaumdecken gebildet, vereinzelt finden sich auch in kleinen Bereichen Tramdecken.

Die Dippelbaumdecken wurden vollständig von Bodenbelag und Schüttung befreit. Bei einer detaillierten Untersuchung der einzelnen Bäume stellte sich heraus, dass diese in weiten Bereichen durch Wasserschäden und Insektenbefall über einen langen Zeitraum so sehr geschädigt waren, dass eine weitere Nutzung der Hölzer ohne zusätzliche statische Maßnahmen nicht mehr möglich war. Aus diesem Grund wurde beschlossen, die Holzdecken als Stahlbetonverbunddecken zu verstärken und in stark geschädigten Bereichen durch Herauslösen einzelner geschädigter Dippelbäume eine Betonrippendecke auszubilden. Dadurch konnte nicht nur wieder die Gebrauchstauglichkeit der Decken für lange Zeit gewährleistet werden, sondern durch die schubsteife Wirkung der Verbunddecken über das gesamte Gebäude wurde auch die Erdbebensicherheit des Hauses wesentlich erhöht. Die Verbunddecken garantieren auch eine geringere Schwingung und einen erhöhten Schallschutz für jede weitere Nutzung.

Soweit die Schädigung es zuließ, wurde der Deckenputz an der Untersicht der Dippelbäume in historischem Zustand erhalten. In den zu sanierenden Bereichen wurde der Aufbau der Deckenuntersicht der historischen Bauweise angepasst und der Deckenputz auf eine Schilfunterlage aufgebracht. Da der bestehende Deckenputz größtenteils nur noch lose mit der Dippelbaumdecke verbunden war, wurde er mit Stahldrähten an die Dippelbäume genagelt, um ein Herunterfallen auszuschließen.

Dachgeschoß

Das alte Dachgeschoß wurde durch einen Holzdachstuhl gebildet, der im neuen Gebäude größtenteils erhalten wird und nach aufwendigen Restaurationsarbeiten für die Nutzer sichtbar hergezeigt werden soll. Statisch wirkt er allerdings nur noch als »Möblierung«. Vorgabe für die Sanierung des Dachgeschoßes war eine zweigeschoßige Lösung, die eine möglichst große Raumnutzungsflexibilität ermöglichen sollte. Dadurch war es erforderlich, die Lasten des Tragwerks über eine sehr geringe Zahl von Stützen abzutragen. Erschwerend kam dazu, dass zum Zeitpunkt der Errichtung des Rohbaus die endgültige Nutzung noch nicht festgelegt war, wodurch die Worte »maximale Flexibilität« zu einem ständigen Begleiter aller Beteiligten wurden. Gewählt wurde eine Stahlholzkonstruktion, da diese die leichteste und schlankeste Ausbauvariante war und so das Bestandsgebäude so wenig wie möglich zusätzlich belasten würde. Aufgrund der Komplexität des Gebäudegrundrisses war eine Bemessung des Dachgeschoßtragwerks mittels 3-D-Modell am wirtschaftlichsten.

Die Hauptstahlrahmen, die von den Außenwänden zur Mittelmauer bzw. zu den Innenhofwänden zu spannen waren, wurden mit maximal 4,5 m festgelegt und mussten aufgrund der unregelmäßigen Anordnung der zu erhaltenden Bestandsgaupen und der zum Errichtungszeitpunkt ungewissen Endnutzung in der Planung variabel gestaltet werden. Die Rahmen wurden über den Außenmauern sowie den Innenhofwänden auf einem massiven Betonrost gelagert. Der Betonrost übernimmt gleichzeitig auch die Funktion der Gesimsesicherung, dient als Überlager über den Fenstern des dritten Obergeschoßes, überträgt die Horizontalkräfte zwischen Rahmen und Verbunddecke und fungiert zusätzlich als Umschließungsring des Gebäudes. Zum Zeitpunkt der Errichtung des Betonrosts war die genaue Position der Stahlrahmen noch nicht klar, wodurch der Rost in allen Bereichen für die nachträgliche Lagerung einer Stahlstütze dimensioniert werden musste. Um die Rahmen an jeder Stelle frei positionieren zu können, wurde die gesamte Konstruktion umlaufend eine 15 mm dicke Stahlplatte mittels Kopfbolzen im Rost als Schweißgrund verankert.

Durch die vorgegebene maximale Gebäudehöhe und den Wunsch nach zwei Geschoßen war die sehr geringe zur Verfügung stehende Höhe der Zwischendeckenkonstruktion zwischen dem ersten und zweiten Dachgeschoß bei gleichzeitig sehr hohen Spannweiten der Decken von bis zu 8 m eine weitere große statische Herausforderung. Zudem war dem Wunsch des Bauherrn nach hohem Schallschutz zwischen den Geschoßen und möglichst geringem Schwingungsverhalten der Decke Rechnung zu tragen.

Deshalb wurde zwischen den Stahlrahmen eine Vollholz-Brettstapel-Stahlbetonverbunddecke mit einer Gesamthöhe der Tragkonstruktion von max. 18 cm realisiert. In der Deckenebene über dem ersten Dachgeschoß wurden die Stahlrahmen durch massive doppelte Stahlbetonverbundträger gebildet, auf denen die Brettstapelverbunddecke aufgelagert werden konnte.

ABB. 45 Betonrippendecke kurz vor dem Betonieren. Das schadhafte Holz der Dippelbäume wurde entfernt, die Schalung der Betonrippen vorbereitet. In die Dippelbäume wurden Verbundschrauben eingedreht, die Bewehrung wurde verlegt. Nach Einbringen und Aushärten des Betons ist die Tragfunktion der Decke wieder vollständig gegeben.

ABB. 46 Die Sanierung des Deckenputzes wurde mit neuen Schilfrohrmatten als Putzgrund sowie Stahldrähten zur Sicherung des Bestandsputzes durchgeführt. Nach Herstellung der fehlenden Putzflächen mit natürlich hydraulischem Kalkporenputz wurde über die gesamte Decke eine Kalkglätte aufgebracht, die dann mit einem Farbanstrich versehen wurde.

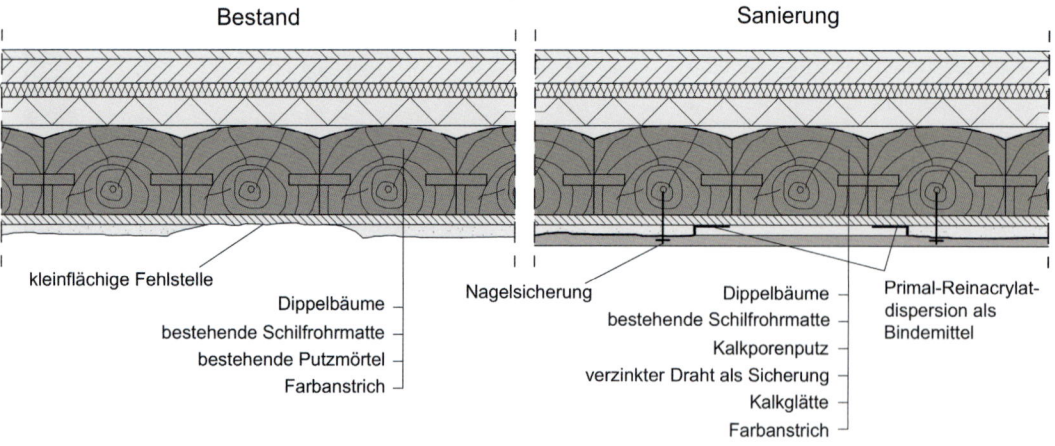

ABB. 47 Sanierung der Bestandsdecken in historischer Bauweise

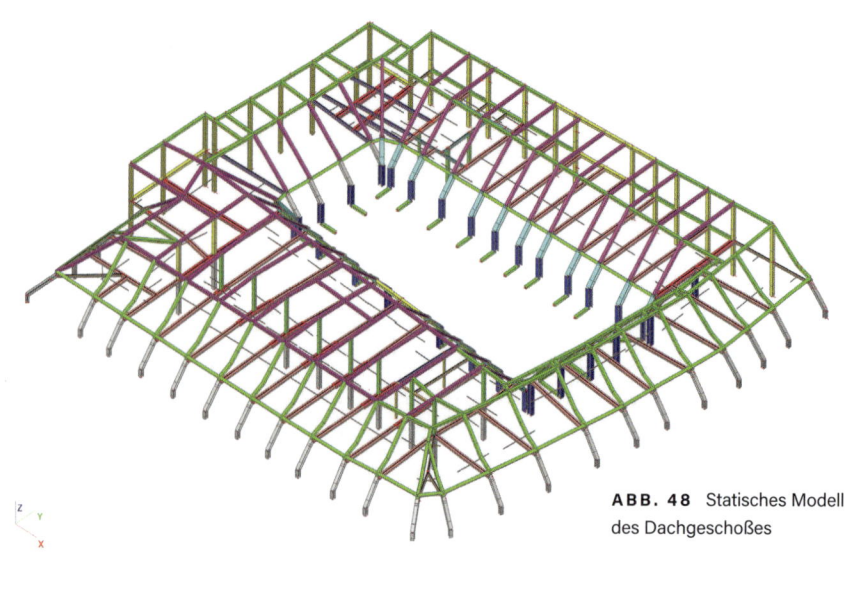

ABB. 48 Statisches Modell des Dachgeschoßes

ABB. 49 Die Bewehrung des umlaufenden Betonrosts zur Sicherung des Gesimses wurde mit der später eingebauten Decke verbunden.

ABB. 50 Die durchgängig verlegten massiven Schweißgründe ermöglichten eine variable Positionierung der zum Zeitpunkt der Herstellung der Gesimsverstärkung noch nicht definierten Positionen der Stahlrahmen. Die Gesimsverstärkung wurde noch unter geschlossenem Dach ausgeführt, um die Gebäudesubstanz während der langwierigen Arbeiten nicht durch Niederschlag Schaden nehmen zu lassen.

ABB. 51 Das Tragwerk des neuen Dachgeschoßes wurde abschnittsweise errichtet, um die Schädigung des Gebäudes durch Umwelteinflüsse wie Regen und Schnee so gering wie möglich zu halten. Die Aufnahme zeigt die Stahlkonstruktion des zweiten Dachgeschoßes mit bereits eingelegter Vollholzdecke vor der Herstellung der Verbunddecke.

ABB. 52 Im Bereich der Feuermauer wurden die Stahlträger aus statischen und brandschutztechnischen Gründen in die Betonwände integriert. Durch die Betonwände konnte die Horizontalaussteifung des Dachtragwerks deutlich erhöht werden.

Die fliegende Stiege im Dachgeschoß

Aufgrund der etwas unkonventionellen Ablaufplanung des Bauprojekts wurde zuerst der Dachgeschoßausbau fertiggestellt, danach die Unterkellerung des Bestandsgebäudes in Angriff genommen und im Anschluss mit dem Umbau des restlichen Bestandsgebäudes begonnen. Diese Reihenfolge der Bauphasen stellte alle Beteiligten über die Bauzeit von mehreren Jahren doch immer wieder vor anfangs unlösbar scheinende Probleme. Eines dieser Spezialprobleme tauchte beim Neubau des Deckenfeldes um den Doppellift im 3. Obergeschoß auf. Hier musste die bestehende, statisch zu schwach dimensionierte Stahlbetondecke aufgrund der Liftdurchführung über dem 3. Obergeschoß abgebrochen und neu errichtet werden. Auf dieser Decke lagerte zu diesem Zeitpunkt jedoch schon die neu errichtete Stahlbetonstiege vom 3. Obergeschoß ins 1. Dachgeschoß auf. Nach längeren Überlegungen wurde die Stahlbetonstiege mittels Spannstangen in den neuen Dachstuhl gehängt, um dann darunter die alte Decke abbrechen und die neue Decke errichten zu können. Aufgrund des nicht alltäglichen Anblicks des in 4 m Höhe hängenden Stahlbetontreppenlaufs wird diese Stiege allen Beteiligten als fliegende Stiege in Erinnerung bleiben.

Der Rückblick auf die Zeit des Planens und Umbauens und die damit verbundene Zeitreise durch die Bauwerksgeschichte zaubert allen Beteiligten immer wieder ein Lächeln ins Gesicht, da ihnen unmittelbar die vielen damit verbundenen – gleichermaßen fesselnden wie fordernden – Erlebnisse in den Sinn kommen.

ABB. 53 Da der bestehende Dachstuhl während der Errichtung des neuen Dachtragwerks im Urzustand bestehen blieb, mussten die Arbeiten um den Dachstuhl herum erfolgen.

ABB. 54 Die Aussicht auf den Stephansdom begleitete die täglichen Arbeiten im Dachgeschoß.

ABB. 55 Die fliegende Stiege nach Abbruch der alten Decke

ABB. 56 Die neue Decke wird unter dem hängenden Stiegenlauf wieder hergestellt.

ABB. 57 Der Stiegenlauf liegt wieder auf der neuen Decke auf.

OLIVER RACHBAUER

Die archäologische Grabung im Haus Bauernmarkt 1

IN DER RÖMERZEIT

Die Grenze des Römischen Reichs wurde auf dem Gebiet des heutigen Österreich von 15 v. Chr. bis in das 5. Jahrhundert durch den Verlauf der Donau definiert. Entlang des Flusses waren in den Lagern Enns (Lauriacum), Wien (Vindobona) und Petronell-Bad Deutsch Altenburg (Carnuntum) drei Legionen stationiert. Dazwischen bestanden mehrere Lager kleinerer Einheiten. Das Legionslager Vindobona stellte eines der Bollwerke des Römischen Reiches dar, welches die nördliche Grenze des Imperiums schützen sollte. Die ursprünglich ca. 22 ha große Befestigungsanlage bot Platz für bis zu 6000 Mann Truppenstärke und beherbergte neben den Quartieren zahlreiche Einrichtungen, um die Einsatzfähigkeit einer Legion gewährleisten zu können (siehe Martin Mosser, ABB. 5).[1]

Die archäologische Erforschung des Lagers Vindobona erweist sich im Regelfall als äußerst kompliziert, da es heute zur Gänze unter der dicht verbauten Wiener Innenstadt liegt. Lediglich bauliche Maßnahmen, wie sie auf dem Grundstück Bauernmarkt 1 im Jahr 2017 stattfanden, ermöglichen es Archäologen, neue Erkenntnisse zum Aufbau des Militärlagers zu gewinnen. Das Areal am Bauernmarkt stellt zudem einen archäologisch besonders interessanten Bereich dar, da der südöstliche Teil des Lagers, auf dem sich das Grundstück befindet, zu einem großen Teil unerforscht ist und bislang keine Erkenntnisse über die Nutzung dieses Lagerteils vorliegen. Durch die Ausgrabung auf dem Grundstück Bauernmarkt 1 ergab sich die einmalige Gelegenheit, einen Einblick in den Aufbau dieses Lagerteils zu erhalten, der mit den modernsten Methoden ermittelt wurde.

Archäologie – eine wissenschaftliche Disziplin am Puls der Zeit

Die Arbeitsmethodik der Archäologie ist, wie in den meisten Berufsfeldern, in den letzten Jahren und Jahrzehnten zunehmend durch fortschreitende Digitalisierung geprägt. Dies führte auch zu einer grundlegenden Änderung der Grabungsmethodik: Grub man früher flächig jeweils rund 20 cm tiefe Erdbereiche, sogenannte Plana, ab, die einzeln gezeichnet, fotografiert und deren Oberkanten mit dem Nivelliergerät vermessen wurden, so wird heute die sogenannte »Single-Layer-Methode« eingesetzt. Diese Methode basiert auf der Erkenntnis, dass jegliche menschliche, tierische oder geologische Aktivität in Form eines unterschiedlich großen Befundes im Boden erhalten bleibt. Dabei kann es sich beispielsweise um Fußböden, um Mauern oder Arbeits- bzw. Abfallgruben oder auch nur um die Begradigung eines Innenhofes handeln. Die Befunde werden entsprechend ihrer umgekehrten Entstehungszeit ergraben, fotografisch dokumentiert sowie verbal beschrieben und im Anschluss mittels digitaler Vermessungstechnik durch den Tachymeter aufgemessen. Dieser Vorgang wird bei sämtlichen Befunden wiederholt, sodass der archäologische Grabungsbereich von den jüngsten zu den ältesten Schichten dokumentiert wird, bis man – im Idealfall – den anstehenden geologischen Boden, in Wien eiszeitlichen Sand (Löss genannt), erreicht. Während bei einer Planumgrabung Archäologen willkürliche Dokumentationsebenen anlegen, wobei einzelne Befunde undokumentiert entfernt werden und Funde nur grob zuordenbar sind, ermöglicht die »Single-Layer-Methode« nicht nur die Aufnahme jedes einzelnen Befundes – egal welcher Größe –, sondern auch die exakte und damit datierende Zuordnung des Fundmaterials.

Spezielle Computerprogramme erlauben es, durch die Verwendung digitaler Fotos von archäologischen Befunden, die aus unterschiedlichen Blickwinkeln aufgenommen wurden, dreidimensionale Modelle zu erstellen. Diese Technik wird »Structure from Motion« oder kurz SfM genannt. Die Modelle ermöglichen es, die archäologischen Befunde nach der Grabung jederzeit im dreidimensionalen Raum zu betrachten und zu analysieren (ABB. 1, 2).

Überreste des Legionslagers aus dem 1. Jahrhundert n. Chr.

Im Bereich des Gebäudes Bauernmarkt 1 verweisen römische Relikte auf die ältesten nachweisbaren menschlichen Aktivitäten. Diese Relikte wurden in den folgenden Jahrhunderten durch jüngere Bauten überformt und damit teilweise zerstört. Besonders im nordwestlichen Teil des Hauses konnten nur mehr sehr wenige römische Überreste aufgedeckt werden, da hier im Spätmittelalter und in der frühen Neuzeit Unterkellerungen stattfanden, wodurch fast alle älteren archäologischen Befunde verloren gingen.[2] Ausnahmen sind einige römische Gruben, die zumindest zum Teil archäologisch dokumentiert werden konnten. Umso überraschender war es, im südwestlichen Teil des Hauses, in der ehemaligen Einfahrt, in den untersten Schichten Überreste des älteren römischen Lagers aufzufinden.

Das römische Lager von Vindobona entstand im 1. Jahrhundert n. Chr. zunächst aus Holz und Erde. Auch auf dem Grundstück Bauernmarkt 1 konnten Reste eines Garnisonsgebäudes aufgedeckt werden, dessen Wände aus Lössziegeln mit geringem Bindemittelanteil errichtet wurden und dementsprechend schlecht erhalten waren (ABB. 3). Gebäude aus Löss- oder Lehmziegeln waren in römischer Zeit gängig und sind nicht nur auf die älteren Phasen der römischen Bebauung beschränkt. Die stratigrafische Lage (das zeitliche Verhältnis) der Lössziegelwand unterhalb eines kaiserzeitlichen Traufgrabens (siehe unten) belegt jedoch den baulichen Zusammenhang mit der älteren Legionslagerphase. Von entsprechenden Gebäuden erhalten sich im Normalfall entweder Gruben, in die stehende Pfosten aus Holz gesetzt wurden, die den fachwerkartig ausgefüllten Rahmen des Gebäudes bildeten, oder kleine Gräben, in denen liegende Holzbalken, sogenannte Schwellbalken, eingetieft waren, die als Fundament für die erwähnten Löss- oder

ABB. 1 »Structure from Motion«-Aufnahme eines bei der Grabung aufgedeckten spätmittelalterlichen Kellergewölbes. Die dreidimensionalen Darstellungen von Objekten werden mittels digitaler Fotos errechnet (Foto: ARDIG).

ABB. 2 Überblick über die komplexe Grabungssituation im Innenhof: Links unten ist die römische Treppe zu sehen, an die links römische Erdbefunde anschließen. Oberhalb der Treppe zeichnet sich die linke Kante einer großen barocken Kalkgrube ab, deren Verfüllung bereits 2015 für ein später abgebrochenes Kranfundament ergraben wurde. Nach dem Abbruch wurde die Kalkgrube aus statischen Gründen wieder aufgefüllt (Foto: ARDIG).

ABB. 3 Die Reste der Lehmziegel sind im Bild gut erkennbar. Auf der linken Seite werden sie von dem Traufgraben der Porticus von Gebäude 2 geschnitten. Teilweise haben die Ziegel, die der Witterung ausgesetzt waren, ihre Form verloren und sind nur noch als gelbliche Ablagerung erhalten. In den Löchern standen ehedem die Pfosten für das Pultdach der Porticus (Foto: ARDIG).

ABB. 4 Im Hintergrund ist der Erdgeschoßgrundriss des Hauses Bauernmarkt 1 dargestellt, farbig darüber wurden die römischen Befunde eingetragen. Die dunkelrot markierten Bereiche zeigen die tatsächlich gegrabenen Gebäudebereiche, während die hellroten die vermuteten Fortsetzungen des unterkellerten römischen Hauses abbilden. Gut zu erkennen ist, dass alle Garnisonsgebäude eine einheitliche Ausrichtung aufweisen. Diese Ausrichtung wirkt bis in die Gegenwart nach, da im Hochmittelalter manchmal noch erhaltene römische Gebäudeteile integriert wurden und deren Ausrichtung übernommen wurde (Plan: ARDIG/Denkmalforscher).

ABB. 5 Die römische Treppe, die in das Erdgeschoß des großen Gebäudes führte. Die Stufen sind aus großen bearbeiteten Kalksteinblöcken gefertigt (Foto: ARDIG).

ABB. 6 Profilaufnahme im nordöstlichen Teil von Bauernmarkt 1. Auf der rechten Seite sind deutlich die von rechts nach links absinkenden römischen Erdschichten zu sehen, welche den römischen Keller verfüllen. Diese werden durch die Verfüllung des mittelalterlichen Grabens (ganz rechts) geschnitten, der bei der Zerstörung der römischen Mauer des unterkellerten Gebäudes entstand. Links neben dem Fundament des schmalen Wandpfeilers für das Gewölbe von EG9 liegt die dazugehörige Baugrube, die ihrerseits die Verfüllschichten des Kellers durchschneidet (Foto: ARDIG).

ABB. 7 Römische Haarnadel aus Bein, vermutlich spätantik (Foto: Wien Museum)

Lehmziegel dienten. Die Überreste des ältesten römischen Lagers waren durchwegs in den geologisch anstehenden Boden eingetieft und stellen damit die ältesten menschlichen Spuren in diesem Teil der heutigen Wiener Innenstadt dar.

Befunde aus dem 2. bis frühen 5. Jahrhundert n. Chr.

Im südöstlichen Teil des Grundstücks blieben vor allem Überreste aus der zweiten Phase des Legionslagers erhalten. Im 2. Jahrhundert n. Chr. ersetzte ein Neubau aus Stein das ältere Gebäude aus Holz und Lehmziegeln, von dem aufgrund der nicht vollständigen Unterkellerung des heutigen Hauses weite Abschnitte nachvollzogen werden konnten und einen Einblick in seine Bebauungsstruktur ermöglichen (ABB. 4). Vor allem fällt ein großer römischer Bau im zentralen Bereich des heutigen Gebäudes auf, der fast ein Drittel der Grabungsfläche einnahm. Leider konnte dieses Gebäude nicht in seiner vollständigen Größe ergraben werden, da sich sein Südteil außerhalb des Grundstücks Bauermarkt 1 befindet. Die Fundamente des Gebäudes wurden zum Großteil im Hoch- bzw. Spätmittelalter zerstört, sodass der Grundriss des Gebäudes nur noch anhand der erhaltenen Ausrissgräben erkennbar ist. Ausrissgräben entstehen, wenn Steinmaterial eines älteren Mauerwerks geborgen wird, um es in neuen Bauwerken wiederzuverwenden. Diese Vorgehensweise war in allen Zeiten gängige Praxis, um leicht an Baumaterialien zu gelangen. Der Ausriss der Fundamente könnte darauf hinweisen, dass die Mauern im Mittelalter oberirdisch erkennbar waren oder dass man im Zuge der Errichtung des spätmittelalterlichen Gebäudes auf die Fundamente stieß und sich dieses Baumaterial zu nutzen entschloss.

Während der Grabung zeigte sich, dass die Ausrissgräben des Gebäudes zumindest bis in 5,5 m Tiefe reichen. Hier wurde auch das einzige Stück der ursprünglich rund 1 m breiten Steinmauer freigelegt, das wohl aufgrund der schwierigen Bergesituation erhalten geblieben ist. Die Spuren des römischen Gebäudes konnten auf einer Länge von mindestens 20 m und einer Breite von ca. 15 m erfasst werden. Das Gebäude hatte demnach innerhalb des Grundstücks Bauernmarkt 1 eine Grundfläche von mindestens 300 m².

Bemerkenswerterweise wurde der geologische Boden nur an der Außenseite der Ausrissgräben aufgefunden, nicht jedoch entlang der Innenseite. Das Fußbodenniveau im Inneren des Gebäudes lag demnach um einiges tiefer und konnte während der Grabung nicht ermittelt werden. Die ausnehmend große Tiefe der Ausrissgräben überrascht insofern, als innerhalb der Wiener Innenstadt der anstehende geologische Boden im Normalfall rund 3,5 m unter dem Straßenniveau des 21. Jahrhunderts liegt. Die Tiefe der Fundamentierung des Gebäudes beweist, dass das Gebäude offenbar vollständig unterkellert war, obgleich der Zugang zu diesem Keller nicht aufgefunden werden konnte. Allerdings wurden schmale Binnenwände dokumentiert, die den Keller unterteilten.

Das Erdgeschoß des Gebäudes war über eine kurze, 1,5 m breite Steintreppe zu betreten, die an der nordwestlichen Schmalseite des Gebäudes lag. Die Stufen selbst bestanden aus massiven, bis zu 1,3 m langen behauenen Kalksteinblöcken, über die man in das rund 0,7 m über dem römischen Straßenniveau liegende Erdgeschoß gelangte (ABB. 5).

Zumindest das Kellergeschoß wurde bereits im 3. oder 4. Jahrhundert n. Chr. aufgegeben und mit mehreren relativ dünnen Erdschichten aufgefüllt, die hauptsächlich aus aschigen Brandschichten bestanden (ABB. 6). Diese Erdschichten liefern keinen Hinweis auf eine Brandkatastrophe innerhalb des Gebäudes, sondern müssen von anderen Bereichen des Lagers umgelagert worden sein, da größere Holzkohleteile vollständig fehlten. Im Zuge der Verfüllung wurden auch beschädigte Keramikgefäße, Öllämpchen und andere Alltagsgegenstände entsorgt, die 2017 geborgen werden konnten (ABB. 7). Besonders hervorzuheben sind aus Knochen gefertigte Schreibstifte, die als Stili bezeichnet werden; damit wurden Wachstafeln, sogenannte »tabulae ceratae«, beschrieben. Öllämpchen aus Ton waren in der Antike gängig und konnten aufwendig verziert sein (ABB. 8). Den größten Teil des Fundmaterials stellen Keramikfragmente von Gefäßen dar, die je nach ursprünglichem Verwendungszweck große Unterschiede in der Machart, Qualität und Formgebung aufweisen. Eher grobe Vorratsgefäße können von qualitativ hochwertigem Tafelgeschirr differenziert werden (ABB. 9 A-B).

Die Frage, ob das Gebäude nach der Aufgabe des Kellers bis zum Abzug der römischen Truppen im frühen 5. Jahrhundert nachgenutzt wurde, kann aufgrund des fast vollständigen Ausrisses des Fundaments im Mittelalter nicht beantwortet werden. Allerdings fanden gerade in der Spätantike massive Veränderungen innerhalb des Legionslagers statt,[3] sodass eine Weiterverwendung nicht ausgeschlossen werden kann.

Resümierend belegen die Grabungsergebnisse ein großes Gebäude mit zumindest einem Erd- und Kellergeschoß. Die ehemalige Existenz von einem oder mehreren Obergeschoßen kann mangels Erhaltung aus archäologischer Sicht nicht beantwortet werden. Große Gebäude innerhalb eines Legionslagers sind keine Seltenheit. Selbst Baracken für die Mannschaften konnten Längen von bis zu 80 m und Breiten von bis zu 20 m erreichen. Im Unterschied zu anderen Gebäuden innerhalb des römischen Militärlagers war dieses vollständig unterkellert. Römische Keller sind an und für sich nicht ungewöhnlich. Speziell im zivilen Bereich, aber auch in militärischen Anlagen konnten Keller aufgefunden werden – allerdings deutlich kleinere! So wurde beispielsweise im Bereich des Legionslagers Carnuntum unterhalb einer Baracke ein Steinkeller von ca. 1,8 × 2,5 m

ABB. 8 Römische Öllampe aus der Blütezeit des Legionslagers. Kleine Öllampen waren in der Römerzeit die häufigste Lichtquelle. Die Lampe wurde mit Öl gefüllt, das durch eine kleine Öffnung an der Seite durch einen Docht herausgezogen wurde und dann angezündet werden konnte. Das Nachfüllen der Lampe erfolgte durch die große zentrale Öffnung (Foto: Wien Museum).

ABB. 9A Fragment einer Terra-Sigillata-Schale, dem typischen römischen Tafelgeschirr, das sowohl im militärischen Bereich des Legionslagers als auch im zivilen Siedlungsraum genutzt wurde (Foto: Wien Museum)

ABB. 9B Fragment eines kleinen Topfes, sogenannte »Horreumkeramik«, spätantik (Foto: Wien Museum)

ABB. 10 Römische Mauer des Gebäudes 3 (siehe ABB. 4) (Foto: ARDIG)

ABB. 11 Querschnitt durch den Aufbau einer römischen Straße.
Der Straßenkörper besteht aus mehreren unterschiedlichen Schichten:
A gewachsener Boden, ausgeebnet und fest gestampft
B *statumen*: faustgroße Steine
C Bruchsteine, Zement und Lehm
D *nucleus*: nussgroße Kiesel, Zementstücke, Steinsplitter und Lehm
E *dorsum* oder *agger viae*: gewölbte Oberfläche (*media stratae eminentia*) aus behauenen Steinen, Silex oder Basalt, Steinquader je nach Gegend (die Form der Oberfläche sorgte dafür, dass das Regenwasser ablief und die unteren Schichten trocken blieben)
F *crepido, margo* oder *semita*: erhöhter Fußweg beidseits der Straße
G Eckstein
Die Oberfläche war im Bereich Bauernmarkt 1 nicht mehr vorhanden
(Foto: https://de.wikipedia.org/wiki/Römerstraße, 2018).

ABB. 12 Im Haus Bauernmarkt 1 war nur mehr der Unterbau der Straße erhalten. Dieser bestand aus einer Schotterlage, die über einer Lage aus Bruchsteinen aufgebracht war (Foto: ARDIG).

freigelegt.[4] Der römische Keller am Bauernmarkt mit einer Grundfläche von mindestens 300 m² bildet eine große Ausnahme. Eine reguläre Truppenunterkunft an dieser Stelle ist sehr unwahrscheinlich, zumal auch die hochwertige Treppe und das herausgebaute Erdgeschoß dieser Interpretation widersprechen. Vollständig auszuschließen ist die Möglichkeit einer von der Norm abweichenden Kaserne allerdings nicht. Der Keller könnte möglicherweise für Lagerzwecke genutzt worden sein.

Nordöstlich des unterkellerten Gebäudes konnte eine fragmentiert erhaltene Mauer eines römischen Gebäudes (siehe ABB. 4, Gebäude 3) ergraben werden. Die aus Steinen errichtete Mauer steht parallel zum Fundament des unterkellerten Gebäudes und wurde als sogenannte Schalenmauer errichtet. In diesem Fall wurden zwei gut gesetzte Bruchsteinlagen hochgezogen, während der Bereich dazwischen mit einer Mörtel-Kiesel-Bruchsteinmischung aufgefüllt wurde. Möglicherweise war die Mauer Teil eines größeren Baukomplexes, der in Verbindung mit dem unterkellerten Gebäude stand. Große Gebäudekomplexe sind in Legionslagern keine Seltenheit, etwa in Form von Werkstätten oder Magazinen. Im Zuge der Generalsanierung des Hauses Bauernmarkt 1 soll die vereinzelte Mauer in einen neu zu errichtenden Keller integriert werden (ABB. 10).

Südwestlich des unterkellerten Gebäudes konnte ein Fragment einer römischen Straße sowie ein Teil eines weiteren Gebäudes (siehe ABB. 4, Gebäude 2) ergraben werden. Von der Straße war der Unterbau in Form von Schotter und Bruchsteinlagen in einer Breite von über 3 m erhalten geblieben. Römische Straßen waren mit einem mehrlagigen Unterbau konstruiert, den man mit großen Steinplatten deckte (ABB. 11). Diese wurden jedoch bereits in spätantiker Zeit wiederverwendet, wie über dem Unterbau aufgedeckte spätantike Versturz- oder Abbruchschichten und Oberflächenbefestigungen erkennen lassen. Die Interpretation von Versturz- oder Abbruchschichten zählt zu den schwierigsten Aufgaben eines Archäologen und muss immer im Kontext des jeweiligen Gesamtbefundes gesehen werden. In diesem Fall deutet der Befund auf die wahrscheinlich im Zuge der Anhebung des Straßenniveaus geplante Entnahme der Steinplatten hin. Nach dem Entfernen der Platten wurde Abbruchmaterial als neuer Straßenunterbau aufplaniert, das mit einer neuen Oberfläche aus kleinen Steinen, Ziegelbruch und Kiesel befestigt wurde. Das Straßenstück verlor damit definitiv an Bedeutung, wohingegen die hochwertigen Steinplatten vermutlich an anderer Stelle weitergenutzt wurden. Steinraub war bereits in der Spätantike eine beliebte Methode, um schnell, einfach und kostengünstig an Baumaterial zu gelangen. Die großen Steinplatten einer römischen Straße boten sich besonders gut dafür an (ABB. 12).

Aufgrund der Ausrichtung des unterkellerten Gebäudes kann der Straßenverlauf in Nordwest-Südost-Richtung rekonstruiert werden. Südwestlich an die Straße anschließend stand ein weiteres Gebäude, von dem ein Fragment freigelegt werden konnte. Da sich nur ein kleiner Teil des Gebäudes innerhalb des untersuchten Bereichs befand, kann leider nichts über seinen Grundriss und seine Ausdehnung bzw. Nutzung (möglicherweise als Kasernenbau) ausgesagt werden. Das Haus wies dieselbe Orientierung wie das unterkellerte Gebäude auf. Der erhaltene Bauteil wird als Teil seiner Porticus interpretiert. Dabei handelt es sich um den Bereich vor einem römischen Gebäude, dessen Pultdach zur Straße entwässerte. Dadurch bestand die Notwendigkeit, Traufgräben vor den Gebäuden anzulegen, die dazu dienten, das Regenwasser der Dächer aufzunehmen. Neben der oben erwähnten Porticus konnte auch ein ca. 20 cm tiefer Graben befundet werden, der etwa einen halben Meter vor der Porticus verlief. Kasernenbauten waren oftmals mit Vordächern versehen (ABB. 13).

Römische Lagergebäude waren mit hölzernen Dachstühlen ausgestattet und mit Ziegeln gedeckt, weshalb Fragmente von Dachziegeln einen bedeutenden Teil des Fundmaterials darstellen. Die Ziegel stammten aus legionseigener Produktion und waren mit dem Herstellungsstempel der jeweiligen Legion versehen (ABB. 14).

Die Befunde belegen also die Errichtung dreier Gebäude, wobei das unterkellerte Haus eine Sondernutzung innerhalb des Lagers aufwies. Ihm benachbart stand nordöstlich ein Bau, dessen Schalenmauer auch in Zukunft sichtbar bleiben wird. Südwestlich lag eine Straße, die von einem Traufgraben begleitet wurde, in den das Regenwasser der Porticus eines weiteren Gebäudes entsorgt wurde.

Schlussbetrachtungen

Die Ausgrabung auf dem Grundstück Bauernmarkt 1 erbrachte – für die römische Kaiserzeit – überraschende Ergebnisse. Bislang bereits öfter freigelegte Überreste des frühesten Legionslagers von Vindobona entsprachen den Erwartungen. Das unterkellerte Gebäude, das ab dem 2. Jahrhundert n. Chr. entstanden sein kann, widerspricht jedoch in jeder Hinsicht den bislang rekonstruierten Bebauungsstrukturen. Es unterscheidet sich sowohl durch seine Größe als auch seinen gewaltigen Keller von jedem anderen bislang bekannten Bau innerhalb eines Legionslagers. Dies macht eine Interpretation der Funktion des Gebäudes derzeit noch unmöglich.

Zuletzt sei darauf verwiesen, dass die Orientierung der vorgefundenen römischen Gebäude und der heutigen Wiener Häuser oft in etwa übereinstimmen. Dies verdanken wir dem Umstand, dass die Fragmente der römischen Bebauung im 12. Jahrhundert noch teilweise sichtbar waren und in die hochmittelalterlichen Gebäude integriert wurden, die ihrerseits die Basis für jüngere Ausbauten bildeten. Auch innerhalb des Hauses Bauernmarkt 1 orientieren sich die mittelalterlichen Mauerverläufe an den römischen Mauerfluchten (siehe ABB. 4).

ABB. 13 Südlich der Straße liegt das Gebäude 2, von dem das Fundament der Porticus und der dazu gehörende Traufgraben erhalten sind (Foto: ARDIG).

1 Siehe den Beitrag von Martin Mosser, S. 524.
2 Siehe die Beiträge von Günther Buchinger und Doris Schön, S. 530–531, 532–537, 548–555, 562–567.
3 Siehe den Beitrag von Martin Mosser, S. 524.
4 Franz Humer, »Eine kurze Geschichte Carnuntums«, in: ders. (Hg.), *Ein römisches Wohnhaus der Spätantike in Carnuntum* (Archäologischer Park. Die Ausgrabungen, Bd. 5), St. Pölten 2009, S. 26. – Werner Jobst, *Provinzhauptstadt Carnuntum. Österreichs größte archäologische Landschaft*, Wien 1983, S. 55 und 62–71.

ABB. 14 Bruchstück eines Dachziegels mit dem fragmentiert erhaltenen Rest eines Legionsstempels. Die römische Zahl XIII verweist auf die 13. Legion. Da die Zeiten, in denen die betreffende Einheit hier stationiert war, relativ genau bekannt sind, eignen sich derartige Funde sehr gut für eine Datierung. In diesem Fall entstand der Ziegel am Ende des 1. Jahrhunderts n. Chr. oder am Beginn des 2. Jahrhunderts n. Chr. (Foto: Wien Museum).

MARTIN MOSSER

Das Legionslager
Vindobona

IN DER RÖMERZEIT

Reisende aus aller Welt besuchen Wien in erster Linie wegen seines »imperialen Glanzes«, der von den repräsentativen Bauten der Habsburgermonarchie ausgeht. Die antike Vergangenheit der österreichischen Bundeshauptstadt spielt für sie dagegen im Vergleich zu Rom oder Athen, wenn überhaupt, nur eine untergeordnete Rolle. Doch ähnlich wie in den europäischen Metropolen Paris, London, Köln oder Budapest waren es auch in Wien die Römer, die mit der Errichtung einer ersten städtischen Ansiedlung den Grundstein für die historische Entwicklung bis hin zur heutigen Millionenstadt legten.

Die römische Geschichte Wiens[1]

Bereits zur Zeit Cäsars, Mitte des 1. Jahrhunderts v. Chr., als der Donauraum sich noch lange nicht unter römischem Einfluss befand, lebte auf dem Gebiet des heutigen Wien, das damals noch von den keltischen Boiern besiedelt war, eine Gruppe römischer Kaufleute. Der günstig gelegene Handelsstützpunkt an der Donau ließ sie Kontakte nicht nur zu den Kelten selbst, sondern auch zu Bevölkerungsgruppen an der Nord- und Ostsee und in den Balkanraum bis zum Schwarzen Meer pflegen.[2] Doch dauerte es noch mehr als ein Jahrhundert, bis die Römer in Wien, dem römischen Vindobona, sowohl eine militärische als auch eine zivile Verwaltung installierten. Es war zunächst eine 1000 Mann starke Elitetruppe, die Reitereinheit der *ala I Flavia Britannica*, die im Zuge von kriegerischen Auseinandersetzungen mit den Germanen um ca. 90 n. Chr. im Bereich des heutigen Schottenklosters auf der Freyung ein Kastell erhielt. Nur wenige Jahre später begann mit der Machtergreifung Kaiser Trajans im Jahr 98 n. Chr. im mittleren und unteren Donauraum ein groß angelegtes militärisches Bauprogramm, das zum Ziel hatte, Germanen und Daker nördlich der Donau in Schach zu halten bzw. die Okkupation des dakischen Königreiches (im heutigen Rumänien) vorzubereiten. Im Zuge dessen erbauten zunächst die *legio XIII gemina* (13. Legion) und danach die *legio XIIII gemina Martia victrix* (14. Legion) ein ca. 22 ha großes Legionslager auf dem leicht erhöhten Plateau im Umkreis des heutigen Hohen Marktes, also etwa zwischen dem Tiefen Graben, dem Graben, der Rotenturmstraße und dem Donaukanal.[3] Das Lager Vindobona wurde schließlich 114 n. Chr. von der *legio X gemina* (10. Legion) übernommen, die bis in die Spätantike hinein hier stationiert war (ABB. 1). Im Umfeld der Militäranlage entstand eine Lagervorstadt (*canabae legionis*), die in etwa das Ausmaß des heutigen ersten Wiener Gemeindebezirks umfasste. Entlang des Rennwegs im dritten Bezirk entwickelte sich parallel dazu eine handwerklich geprägte Zivilsiedlung in Form eines Straßendorfes mit langgestreckten »Streifenhäusern«. Die »Wiener« 10. Legion war es dann auch, die im Zuge der langjährigen und verlustreichen Markomannenkriege (166–180 n. Chr.) unter Kaiser Marc Aurel eine besondere Rolle innehatte. Als nämlich die Römer am Ende des Krieges bis weit in das Germanengebiet (bis ins heutige Mähren) vordrangen, bildete sie die Kerntruppe des römischen Heereskommandos. Der Kaiser selbst verbrachte drei Jahre im benachbarten Carnuntum (171–174 n. Chr.) und wird, wenn auch nicht explizit nachzuweisen, während des Krieges mit einiger Sicherheit auch oftmals die Legion in Vindobona inspiziert haben. Nach dem Tod Marc Aurels, der – nach dem antiken Autor Aurelius Victor (*Liber de Caesaribus* 16, 14) zu schließen – in Vindobona verstarb,[4] und dem nachfolgenden Friedensschluss ist für etwa 50 Jahre eine wirtschaftliche Blüte festzustellen, und das Siedlungsgebiet erreichte seine größte Ausdehnung. Zahlreiche Gebäude, die zuvor als Lehmfachwerkbauten errichtet worden waren, wurden in Stein umgebaut, und vor allem der militäreigene Ziegeleibetrieb – mit dem Produktionszentrum im heutigen Hernals – erlangte überregionale Bedeutung.

Die politischen Wirren und ökonomischen Krisen im Römischen Reich des fortgeschrittenen 3. Jahrhunderts hatten auch für Vindobona negative Konsequenzen. Die zahlreichen Bürgerkriege und Germaneneinfälle führten zur Aufgabe der Zivilsiedlung und einem starken Bevölkerungsrückgang in der Lagervorstadt. Das Legionslager hingegen dürfte davon weniger betroffen gewesen sein. Doch führten die Militärreformen der Kaiser Diokletian und Konstantin am Beginn des 4. Jahrhunderts zu einschneidenden Veränderungen.[5] Die ursprünglich 6000 Mann starke Legionsbesatzung wurde auf maximal 2000 Soldaten reduziert, was zur Folge hatte, dass innerhalb des befestigten Lagerareals Platz für die Zivilbevölkerung frei wurde. Diese verließ nun endgültig die Lagervorstadt, und das Areal außerhalb der Umwehrung wurde nur noch als Friedhof genutzt. Wahrscheinlich ebenfalls im 4. Jahrhundert ereignete sich eine verheerende Naturkatastrophe in Form eines Hangrutsches, der durch Donauhochwasser und damit verbundene Unterspülungen des Prallhanges am Lagerplateau verursacht wurde.[6] Etwa ein Drittel der Lagerfläche fiel dieser Katastrophe zum Opfer. Übrig blieb die aktuell bestehende Geländekante entlang des heutigen Salzgries. Danach wurde das Areal neu befestigt, und in der zweiten Hälfte des 4. Jahrhunderts erlebte Vindobona eine letzte Blüte, als es sich zu einer dicht besiedelten Festungsstadt mit Militärbesatzung und ziviler Bewohnerschaft entwickelte. Mit dem Ende der Römerherrschaft im pannonischen Raum, in den Wirren spätantiker Migrationsbewegungen am Beginn des 5. Jahrhunderts, wurde auch Vindobona nach und nach verlassen. Die römische Festung lag bis zur Ankunft der ersten mittelalterlichen Siedler brach, ehe durch die Babenberger ab dem 12. Jahrhundert mit der Errichtung ihrer Residenz im Bereich des heutigen Platzes Am Hof die Stadt einen Neubeginn erfuhr.[7]

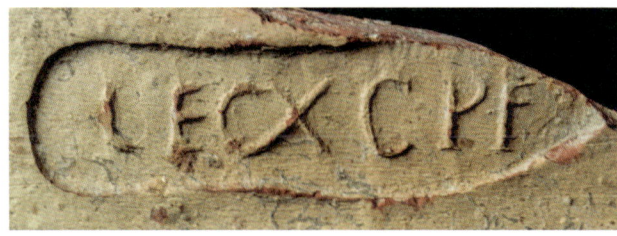

ABB. 1 Ziegelstempel der drei in Vindobona stationierten Legionen (Foto: Mario Mosser)

ABB. 2 Römischer Kanal im Bereich Graben/Trattnerhof aus dem Jahr 1911 (Foto: Wien Museum)

Die Entdeckung Vindobonas

Das Wissen um die römische Vergangenheit Wiens war bereits im Mittelalter durchaus präsent. Die damaligen Chronisten versuchten in erster Linie dem antiken Namen und dem damit verbundenen hohen Alter der Stadt durch Quellenstudium auf die Spur zu kommen, um so den Herrschaftssitz symbolisch aufzuwerten und zu legitimieren.[8] Der Bau der Stadtbefestigung nach der ersten osmanischen Belagerung (1529) und die dabei gemachten römischen Inschriftenfunde hatten im Zeitalter des Humanismus erste Sammlungstätigkeiten und erste wissenschaftliche Abhandlungen zur Geschichte Wiens zur Folge, wobei hier in erster Linie der Arzt und Philosoph Wolfgang Lazius (1514–1565) zu nennen ist. Die Bautätigkeit im Barock und im 19. Jahrhundert brachte eine immer größer werdende Anzahl antiker Fundgegenstände zutage, doch war es erst durch die Etablierung der Archäologie als Wissenschaft möglich geworden, diese Überreste auch systematisch zu erforschen. Wenn im 18. Jahrhundert Franz Freiherr von Prandau (1752–1811) das Standlager der römischen Legion noch in St. Marx suchte, so gab es nach der Mitte des 19. Jahrhunderts noch einen Gelehrtenstreit über die Position des Lagers im Bereich des Oberen Belvederes oder in der Wiener Innenstadt.[9] Die der Innenstadtlage den Vorzug gebende Meinung, verfochten vom Direktor des k. k. Münz- und Antikenkabinetts Friedrich Kenner (1834–1922) und dem Althistoriker Wilhelm Kubitschek (1858–1936), setzte sich schließlich durch.[10] Den letzten Beweis dafür lieferte die Auffindung der Tortürme und der Lagerumwehrung in der Naglergasse, an der Hohen Brücke und am Rabensteig während der umfangreichen Bautätigkeiten am Ende des 19. und zu Beginn des 20. Jahrhunderts (ABB. 2).[11] Aber erst durch die Methoden der modernen Archäologie ab den 1990er-Jahren – vor allem im Zusammenhang mit den Grabungen am Judenplatz (1995–1998) und im Bereich der Feuerwehrzentrale Am Hof (2007–2009) – gelang es, die historische und bauliche Entwicklung des Legionslagers von den Anfängen unter Kaiser Trajan über zahlreiche Um- und Neubauphasen hinweg bis zur endgültigen Aufgabe zu dokumentieren.[12] So wurde es auch nach und nach möglich, beinahe alle Gebäude innerhalb der römischen Fortifikationsanlage zu identifizieren.[13]

Das Legionslager: Gebäude, Struktur und Organisation (ABB. 3 und 4)[14]

Die hierarchische Organisationsstruktur römischer Legionen spiegelt sich auch im Grundriss ihrer jeweiligen Lager wider, von welchen etwa im gesamten römischen Reich 30 existiert haben. Die Lage der Gebäude konnte durchaus variieren, doch gab es innerhalb des vorgegebenen Gevierts standardmäßige Positionen für bestimmte Gebäude, die eine Rekonstruktion der Gesamtanlage erleichtern. So war die rechteckige Grundfläche durch ein Achsenkreuz, das dem Verlauf der Hauptdurchzugsstraßen entsprach, in vier Abschnitte geteilt. Dort, wo diese Straßen auf die Lagermauer trafen, standen die vier Tore als einzige Zugänge zur Anlage. Am Kreuzungspunkt der Achsen lag das Kommandogebäude (*principia*) der Legion mit dem Fahnenheiligtum (*aedes principiorum*), einer Versammlungshalle (*basilica*), Schreibstuben (*scholae*) und Waffenkammern (*armamentaria*).

Um die weitere Architektur des Lagers zu verstehen, ist es hilfreich, diese der inneren Organisationsstruktur der Legionsbesatzung gegenüberzustellen.[15] An deren Spitze stand der Legionskommandant (*legatus legionis*), der als römischer Senator während seiner zivilen und militärischen Laufbahn für eine bestimmte Zeit auch eine Legion zu befehligen hatte und es, wie zum Beispiel Hadrian oder Septimius Severus, danach sogar bis zur Kaiserwürde schaffen konnte. Der Palast des Legionslegaten (*praetorium*) war einer prächtigen stadtrömischen Villa nachempfunden und lag in der Regel unmittelbar neben den *principia*. Im Fall von Vindobona lag Letztere etwa im Bereich Jordangasse, Kleeblattgasse und Tuchlauben und das *praetorium* westlich davon am Judenplatz und im Umkreis der Kurrentgasse. Den nächsthöheren Rang in der Legion bekleideten die sechs Tribunen und der Lagerpräfekt (*praefectus castrorum*), die, bis auf den ranghöchsten senatorischen Tribun (*tribunus laticlavius*), alle dem Ritterstand, der in Eigentumskategorien zweithöchsten römischen Gesellschaftsschicht, angehörten. Deren Häuser, die ebenfalls in der Bauart städtischen Villen mit großzügigen Innenhöfen entsprachen, reihten sich entlang der Hauptdurchzugsstraße (*via principalis*) gegenüber dem Kommandogebäude aneinander und beherbergten, wie auch jenes des Legionslegaten, jeweils die Familie des Offiziers mitsamt Sklaven und einer Schar von Büroangestellten. Die Überreste dieser Tribunenhäuser liegen heute unter dem Hohen Markt und etwa im Verlauf der Wipplingerstraße. Ebenfalls im Umfeld des Hohen Marktes befanden sich die großen Thermen des Legionslagers mit Kalt-, Warm- und Heißwasserbecken sowie prachtvoll ausgestatteten Räumlichkeiten, die von allen Legionsangehörigen genutzt werden konnten. Daneben, im Bereich der heutigen Salvatorgasse, befand sich ein großes Lagerspital (*valetudinarium*), in welchem die kranken und verletzten Soldaten durch qualifiziertes legionseigenes Arztpersonal versorgt wurden.

Die 4000 bis 6000 Mann starke Besatzung war in zehn Kohorten gegliedert und jede Kohorte wiederum in sechs Zenturien. Die erste Kohorte mit dem *primus pilus* als ranghöchstem *centurio* an der Spitze sowie die 120 Reiter der Legion galten als die Elitetruppen. Überreste der Kasernen der ersten Kohorte konnten 1983/84 am Wildpretmarkt ausgegraben werden und lassen sich östlich der *principia* zwischen Tuchlauben und Kramergasse rekonstruieren. Jede Zenturie der übrigen Kohorten setzte sich aus jeweils 80 Soldaten mit einem *centurio* als deren Hauptmann zusammen. Ihre Mannschaftsunterkünfte bestanden aus langgestreckten Baracken mit einem größeren Kopfbau, in welchem der *centurio* mit seiner Familie untergebracht

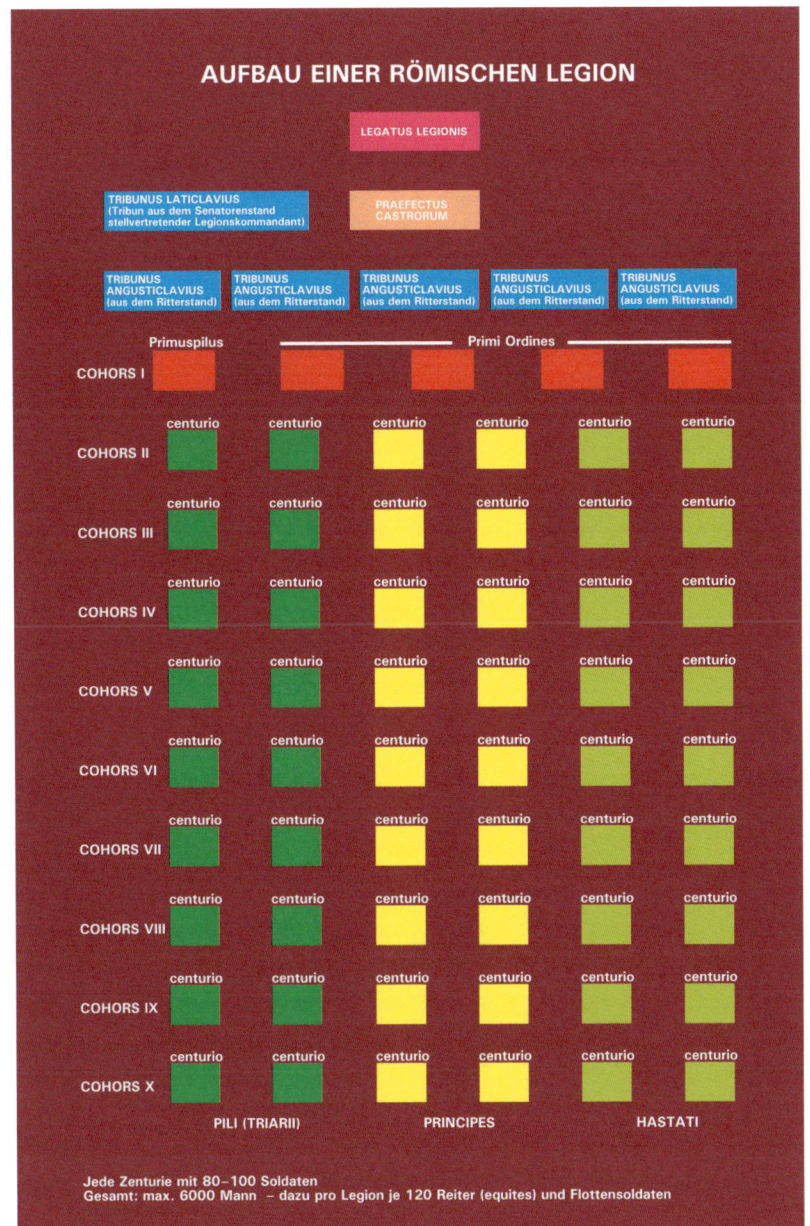

ABB. 3 Aufbau einer römischen Legion. Aus: Martin Mosser, *Judenplatz. Die römischen Kasernen* (Wien archäologisch, Bd. 5), Wien 2008, S. 28

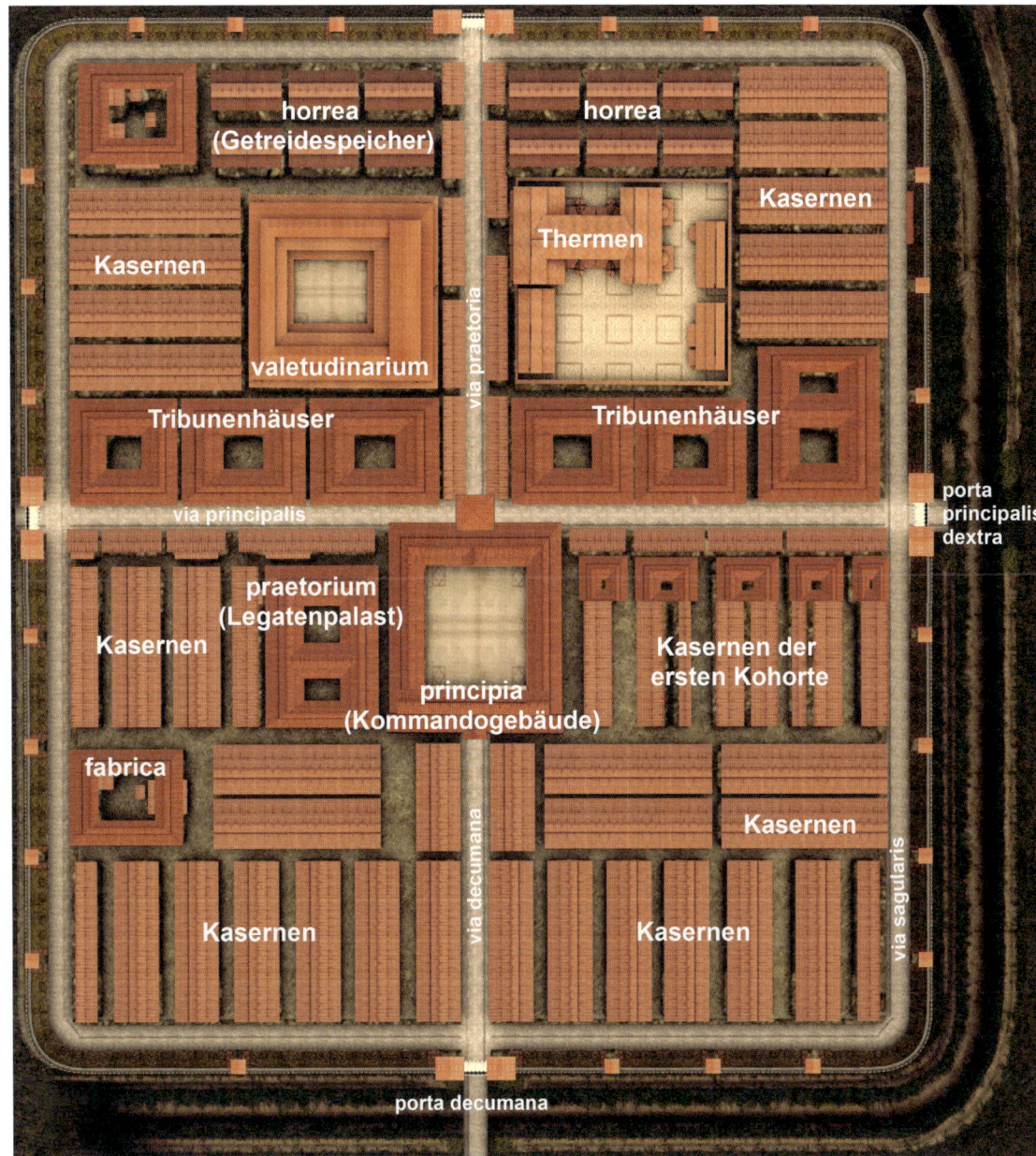

ABB. 4 Idealrekonstruktion eines römischen Legionslagers. Aus: Martin Mosser, *Judenplatz. Die römischen Kasernen* (Wien archäologisch, Bd. 5), Wien 2008, S. 22 (© 7reasons)

war. Die einfachen Soldaten hatten hingegen nur einen Vor- und Hauptraum (*contubernium*) mit ca. 35 m² Grundfläche zur Verfügung, den sie sich jeweils zu acht teilen mussten. Soldaten durften zumindest bis zum Beginn des 3. Jahrhunderts während ihrer Dienstzeit nicht heiraten, trotzdem gründeten sie Familien, die außerhalb des Lagers in der Lagervorstadt lebten. Die Kasernengebäude der Soldaten waren nach Kohorten gegliedert, über das gesamte Lagerareal verteilt und nur durch diverse Sondergebäude voneinander getrennt. In Wien sind durch Ausgrabungen die Kasernen am Judenplatz sowie auf dem Platz Am Hof am besten bekannt. Auf Letzterem konnten auch die Überreste der großen Legionswerkstätte (*fabrica*) mit metallverarbeitenden Betrieben und einer Malerwerkstätte dokumentiert werden.[16] In diesen arbeiteten legionseigene Handwerker, die neben Architekten, Baumeistern, Vermessern, Gefängnisaufsehern, Henkern, den genannten Ärzten und anderen mehr zur Gruppe der *immunes* zählten, also zu den vom normalen Militärdienst befreiten Legionsangehörigen.

Auf der Höhe der *fabrica* wurden bis zuletzt südlich der Kasernen der ersten Kohorte die üblichen Legionskasernen vermutet. Doch die Grabungen im Haus Bauernmarkt 1 im Jahr 2017 mit der Entdeckung eines großen Kellers[17] geben nun Anlass zu einer neuen Rekonstruktion der römischen Gebäude im südöstlichen Teil des Legionslagers (ABB. 5). Der Keller lag nämlich – durch eine geschotterte Straße von ihr getrennt – nördlich einer Mannschaftsbaracke und unmittelbar südlich einer weiteren Kaserne, deren Südmauer im Haus im restaurierten Zustand zu sehen ist. Ein Keller in diesem Ausmaß ist innerhalb der bisher bekannten Strukturen römischer Legionslager einzigartig. Seine Funktion ist daher vorerst nicht eindeutig zu klären. In Frage kommen ein Vorratskeller, eine Zisterne oder eventuell ein Versammlungsraum.

Ein Spaziergang durch das römische Wien (ABB. 5)

Es sind nur wenige Überreste der römischen Antike, die in Wien nach Ausgrabungen erhalten geblieben und öffentlich zugänglich gemacht wurden. Einen umfangreichen historisch-archäologischen Überblick zu Vindobona erhält man am besten im vom Haus Bauernmarkt 1 (ABB. 5, STANDORT 1) nicht weit entfernten Römermuseum am Hohen Markt (Wien 1, Hoher Markt 3),[18] wo neben einer informativen Präsentation auch Mauerreste von zwei Tribunenhäusern mit Fußboden- und Wandheizungen besichtigt werden können (ABB. 5, STANDORT 2).[19] Dabei handelt es sich um die am besten erhaltenen Strukturen aus der Römerzeit in Wien. Für einen Spaziergang über den sonst unsichtbaren Resten des römischen Legionslagers wendet man sich zunächst vom Hohen Markt nach Westen, wo man die Marc-Aurel-Straße erreicht – der einzige Straßenname in der Innenstadt, der einen direkten Bezug zur antiken Vergangenheit Wiens aufweist. Ein paar Schritte die Straße hinunter Richtung Donaukanal geht rechts die Sterngasse mit der Theodor-Herzl-Stiege ab, wo übereinander aufgeschichtete Quader einen eher traurigen Rest der einst so mächtigen römischen Lagerthermen markieren sollen (ABB. 5, STANDORT 3). Diese wurden in den 1960er-Jahren in Zweitverwendung innerhalb eines damals abgerissenen, auf das Mittelalter zurückgehenden Gebäudes entdeckt. Die Stiege hinauf zur Judengasse, dann nach links zum Ruprechtsplatz mit der mittelalterlichen Ruprechtskirche kann ein Blick über den Donaukanal in den zweiten Wiener Gemeindebezirk genossen werden, der zudem einen guten Eindruck von der Topografie des Lagerplateaus vermittelt (ABB. 5, STANDORT 4). Der südlichste schiffbare Altarm der in der Antike noch unregulierten Donau entsprach in etwa dem Verlauf des heutigen Donaukanals. Die erhabene Geländesituation ist auch noch auf dem Platz vor der Kirche Maria am Gestade zu erkennen, der zurück über die Sterngasse, die Fischerstiege hinauf und dann rechts am Ende der Salvatorgasse zu finden ist (ABB. 5, STANDORT 5). Hier präsentiert sich allerdings nur mehr die Topografie der Spätantike, denn der Abbruch, an dem heute die Marienstiege und die Stiege Am Gestade hinunterführt, ist erst durch den Hangrutsch in spätrömischer Zeit entstanden und dürfte danach als befestigter Stützpunkt einer römischen Donauflotte gedient haben.

An der nahen Hohen Brücke über den Tiefen Graben befindet man sich an der Stelle des westlichen Torturms des Legionslagers (*porta principalis sinistra*), durch den man in der Antike über eine einen Bach (später den umgeleiteten und kanalisierten Ottakringer Bach) überspannende Brücke aus dem Lager in die Lagervorstadt gelangte (ABB. 5, STANDORT 6). Die Wipplingerstraße zurück durch die Färbergasse oder über den Judenplatz erreicht man den Platz Am Hof, die Stelle der Babenbergerresidenz des 12. Jahrhunderts und im Legionslager Vindobona der Ort, wo die *fabrica*, Kasernengebäude, Backöfen, die Lagermauer und der an die Mauer anschließende Erdwall aufgefunden wurden. Eine kleine Präsentation dazu mit Überresten eines römischen Abwasserkanals, die aus den 1950er-Jahren stammt, kann im Keller des Hauses der Feuerwehrzentrale Am Hof 9 besichtigt werden (ABB. 5, STANDORT 7). Über die Naglergasse, die in ihrer anfangs gekrümmten Flucht noch heute dem Umriss des alten Römerlagers im Südwesten folgt, erreicht man den Graben dort, wo einst das südliche Lagertor (*porta decumana*) stand (ABB. 5, STANDORT 8). Aus diesem führte eine Römerstraße (heute Kohlmarkt) zum heutigen Michaelerplatz, wo in einem »Grabungsfenster« in der Mitte des Platzes unter anderem auch einige Mauerreste von Wohngebäuden der Lagervorstadt zu erkennen sind (ABB. 5, STANDORT 9). Der heutige Graben geht tatsächlich auf das dreiteilige Grabensystem, welches das Römerlager umgab, zurück. Es wurde im Mittelalter zu einem Stadtgraben adaptiert, wovon sich der heutige Name des breiten Boulevards herleitet. Am anderen Ende des Grabens, dort wo das Haas-Haus die Position des südöstlichen Eckturms des Legionslagers markiert, erreicht man den Stephansplatz mit dem Dom (ABB. 5, STANDORT 10). Dieser besteht vor allem im Eingangsbereich des Riesentores in seiner Substanz aus zahlreichen römischen Quadern, die in sekundärer Verwendung von den Ruinen der römischen Lagermauer

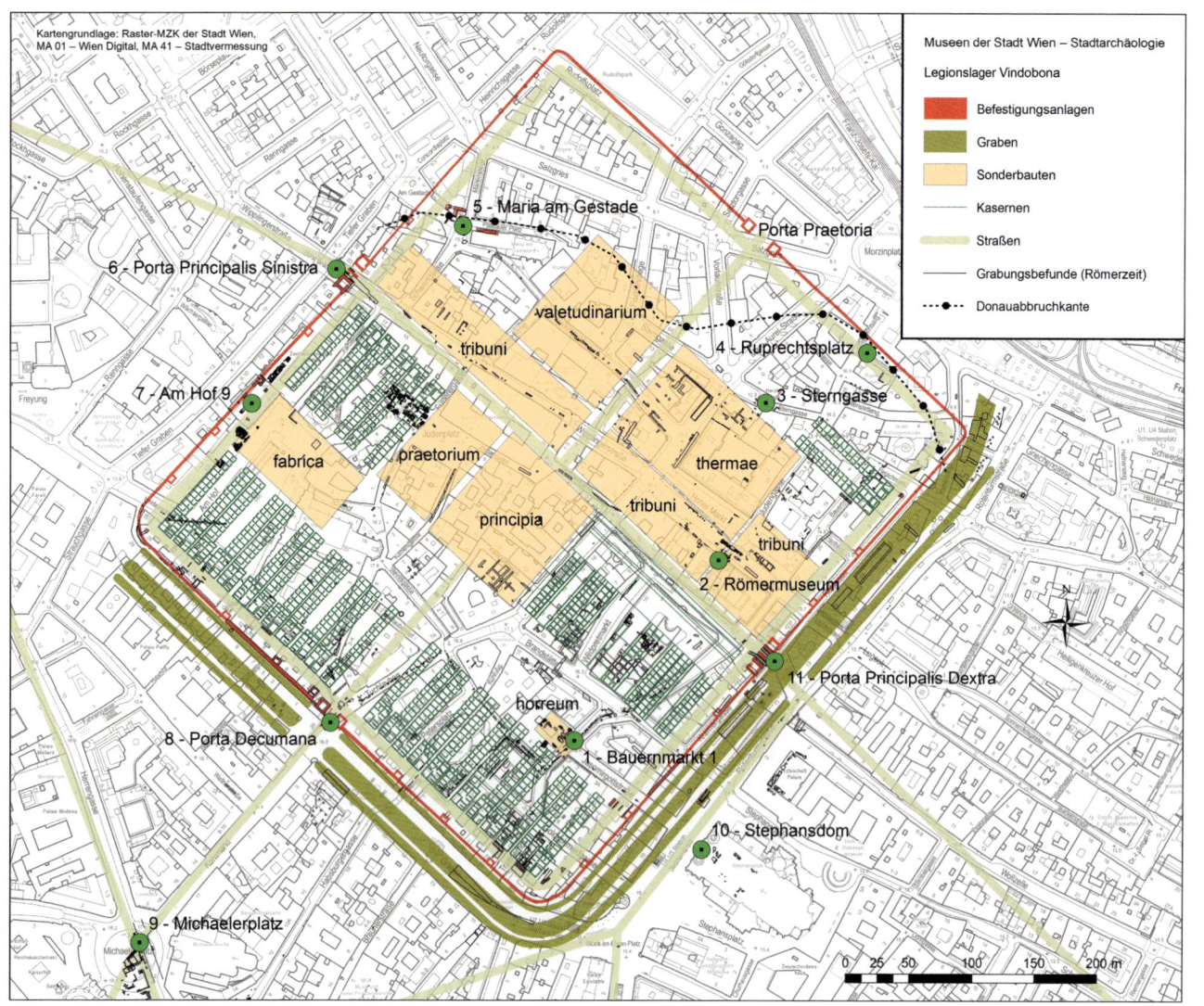

ABB. 5 Plan der Innenstadt mit Stellen, die einen Bezug zum Legionslager aufweisen (Plan: Martin Mosser, Plangrundlage: MZK der Stadt Wien, MA 01 – Wien Digital, MA 41 – Stadtvermessung)

stammen. So ist bei genauerem Hinsehen in der rechten Nische des Eingangsraumes die Grabinschrift für einen römischen Soldaten und seine Familie aus dem 3. Jahrhundert n. Chr. zu erkennen.[20] Die Rotenturmstraße hinunter erreicht man auf dem kleinen Platz am südöstlichen Ende der Ertlgasse den Endpunkt des Rundgangs. Dort stand in der Antike der dritte bekannte Torturm des Lagers (ABB. 5, STANDORT 11), die *porta principalis dextra*, woran heute noch ein Geschäft gleichen Namens erinnert.

Ein Ausblick

In Zukunft wird durch den rasenden Baufortschritt das bislang noch in der Erde verborgene materielle Erbe aus der Römerzeit unwiederbringlich verschwinden. Allerdings sind es genau diese Bauvorhaben, welche uns die Gelegenheit geben, viele neue Details und Informationen aus der Vergangenheit sichtbar zu machen, wissenschaftlich zu dokumentieren und der Allgemeinheit zugänglich zu machen. Es liegt also in der Verantwortung von Bauträgern, der Archäologie und der städtischen Behörden, die römische Geschichte, vor allem im historischen Stadtzentrum Wiens, im Sinne seines Weltkulturerbes lebendig werden zu lassen.

1 Michaela Kronberger/Martin Mosser, »Wien – Vindobona«, in: Verena Gassner/Andreas Pülz (Hg.), *Der römische Limes in Österreich. Führer zu den archäologischen Denkmälern*, Wien 2015, S. 242–267.
2 Kristina Adler-Wölfl/Martin Mosser, »Die spätkeltisch-römische Siedlung am Rochusmarkt in Wien«, in: Günter Schörner/Katharina Meinecke (Hg.), *Akten des 16. Österreichischen Archäologentages am Institut für Klassische Archäologie der Universität Wien vom 25. bis 27. Februar 2016*, Wien 2018, S. 11–27.
3 Zsolt Mráv/Ortolf Harl, »Die trajanische Bauinschrift der porta principalis dextra im Legionslager Vindobona. Zur Entstehung des Legionslagers Vindobona«, in: *Fundort Wien*, Bd. 11 (2008), S. 36–55.
4 Ekkehard Weber, »Römische Kaiser in Vindobona«, in: Robert Waissenberger (Hg.), *Vindobona. Die Römer im Wiener Raum*, Katalog der 52. Sonderausstellung des Historischen Museums der Stadt Wien, Karlsplatz (8. Dezember 1977–9. April 1978), Wien 1977, S. 73.
5 Martin Mosser, »The legionary fortress of Vindobona (Vienna, Austria): Change in function and design in the late Roman period«, in: Rob Collins/Matt Symonds/Meike Weber (Hg.), *Roman Military Architecture on the Frontiers. Armies and their Architecture in Late Antiquity*, Oxford 2015, S. 76–89.
6 Sabine Grupe/Christine Jawecki, »Geomorphodynamik der Wiener Innenstadt«, in: *Fundort Wien*, Bd. 7 (2004), S. 20–30.
7 Siehe den Beitrag von Günther Buchinger und Doris Schön, S. 533.
8 Manfred Alois Niegl, *Die archäologische Erforschung der Römerzeit in Österreich*, Wien 1980, S. 19.
9 Friedrich Kenner, »Die archäologischen Funde aus römischer Zeit«, in: Altertumsverein zu Wien (Hg.), *Geschichte der Stadt Wien*, Bd. 1, Wien 1897, S. 43 f.
10 Michaela Kronberger, *Siedlungschronologische Forschungen zu den canabae legionis von Vindobona. Die Gräberfelder* (Monografien der Stadtarchäologie Wien, Bd. 1), Wien 2005, S. 13–19.
11 Michaela Kronberger, »Die durchwühlte Schuttdecke. Die Erforschung des römischen Vindobona in Zeiten des städtebaulichen Umbruchs«, in: Wolfgang Kos/Christian Rapp (Hg.), *Alt-Wien. Die Stadt, die niemals war*, Katalog der 316. Sonderausstellung des Wien Museums (25. November 2004–28. März 2005), Wien 2004, S. 86–92.
12 Martin Mosser/Kristina Adler-Wölfl u. a., *Die römischen Kasernen im Legionslager Vindobona. Die Ausgrabungen am Judenplatz in Wien in den Jahren 1995–1998* (Monografien der Stadtarchäologie Wien, Bd. 5), Wien 2010.
13 Martin Mosser, »Befunde im Legionslager Vindobona. Teil VIII: Der Legionslagerplan – Grundrissrekonstruktion und Chronologie«, in: *Fundort Wien*, Bd. 19 (2016), S. 24–45.
14 Mike C. Bishop, *Handbook to Roman Legionary Fortresses*, Barnsley 2012.
15 Martin Mosser, *Judenplatz. Die römischen Kasernen* (Wien archäologisch, Bd. 5), Wien 2008, S. 22–32.
16 Markus Jandl/Martin Mosser, »Befunde im Legionslager Vindobona. Teil IV: Vallum, fabrica und Kasernen in der westlichen retentura – Vorbericht zu den Grabungen Am Hof im Jahr 2007«, in: *Fundort Wien*, Bd. 11 (2008), S. 4–34.
17 Siehe den Beitrag von Oliver Rachbauer, S. 518–523.
18 Michaela Kronberger, »A Roman Museum for Vienna«, in: Nigel Mills (Hg.), *Presenting the Romans. Interpreting the Frontiers of the Roman Empire World Heritage Site*, Woodbridge 2013, S. 85–91.
19 Alfred Neumann, *Forschungen in Vindobona 1948 bis 1967. 1. Teil: Lager und Lagerterritorium* (Der römische Limes in Österreich, Bd. 23), Wien 1967, S. 27–38.
20 Ekkehard Weber, »Steindenkmäler«, in: Waissenberger 1977, wie Anm. 4, S. 195, Kat.-Nr. S 85.

GÜNTHER BUCHINGER / DORIS SCHÖN

Die Methodik der Bauforschung: Die Vorgangsweise bei der bauhistorischen Untersuchung des Hauses Bauernmarkt 1

IM HOCH- UND SPÄTMITTELALTER

Auf Initiative des österreichischen Bundesdenkmalamtes werden gezielt denkmalgeschützte Gebäude im Vorfeld von Umbau- oder Sanierungsmaßnahmen bauhistorisch untersucht – mit Schwerpunkt auf der Analyse der schrittweisen Entstehung der heutigen Bausubstanz. Eine entsprechende wissenschaftliche Erforschung erfolgte in mehreren Schritten zwischen 2011 und 2017 auch am Gebäude Bauernmarkt 1. Ziel der Untersuchung war, das zeitliche Verhältnis der Mauern zueinander und ihr möglichst genaues Baualter zu ermitteln, um den Kernbau und dessen Ausbauphasen herauszuschälen. Zudem sollten ältere, heute vermauerte Tür- oder Fensteröffnungen aufgefunden werden, um sie eventuell für die Planung nutzbar zu machen, also im Bedarfsfall wieder öffnen zu können. Dazu wurden Öffnungen durch den am Mauerwerk aufliegenden Verputz angelegt, sodass Baufugen, angestellte Wände und die Struktur des Mauerwerks – die Art des Versatzes des Baumaterials – sichtbar wurden (ABB. 1). Die 2017 durchgeführte archäologische Grabung in den nicht unterkellerten Erdgeschoßräumen sowie im gesamten Innenhof legte weitere Überreste der Vorgängerbauten des heutigen Gebäudes frei, die das bisherige Bild weitreichend ergänzten.[1]

Zusätzlich zur bauhistorischen und archäologischen Methode kam die naturwissenschaftliche Disziplin der Dendrochronologie zum Einsatz, bei der Holzbalken im Mauerwerk, hölzerne Geschoßdecken sowie Dachstühle mittels schmaler Bohrkerne beprobt werden, um anhand der Jahrringabfolge das Fälljahr der Bäume zu bestimmen (ABB. 2).[2]

Der dabei nachweisbare weitreichende Umbau im Barock zeichnete sich auch bei der restauratorischen Befundung ab, die bemerkenswerte Reste der historischen Raumausstattungen freilegen konnte. Nicht zuletzt wurden sämtliche am Gebäude vorhandenen künstlerischen oder kunsthandwerklichen Detailformen wie die Fassadengestaltung, Gewölbeformen, aber auch Tür- und Fensterbeschläge analysiert.

Außerdem wurde mittels der bis ins Mittelalter zurückreichenden Archivalien die Besitzergeschichte rekonstruiert und zum aufgefundenen Baubestand in Bezug gesetzt. Die Aufarbeitung der Besitzergeschichte eines Hauses erfolgt über die Grundbücher, welche die Vergangenheit schrittweise erschließen. Aufgegliedert in Dienst- und Gewährbücher finden sich in diesen Archivalien unterschiedliche Informationen. In Dienstbüchern (auch Urbare genannt) sind die Besitzer eines Hauses sowie Jahr für Jahr ihre gegenüber der Grundherrschaft geleisteten Dienste in Form eines Geldbetrages und einer Arbeitsleistung (Robot) angeführt, allerdings ohne Erwerbsdaten zu nennen. Neben den Besitzernamen sind jedoch Seitenangaben zu finden, die sich auf die Gewährbücher beziehen, in welchen die Besitzerwechsel aller Häuser einer Grundherrschaft mit allen rechtlichen Bestimmungen und genauen Zeitangaben verzeichnet sind. Im Falle einer lückenlosen Dokumentation wie beim Haus Bauernmarkt 1 kann auf diese Weise mit den Grundbüchern des Wiener Stadt- und Landesarchivs die Besitzergeschichte bis in das späte Mittelalter (15. Jahrhundert) verfolgt werden. Für das Haus Bauernmarkt 1 existieren darüber hinaus sogar noch ältere Urkunden aus dem 14. Jahrhundert.

Ab 1563 kommen zu den Grundbüchern die sogenannten Hofquartiersbücher als wichtige archivalische Quellen für eine bauhistorische Untersuchung hinzu. Durch die Verwaltungsreformen unter Kaiser Ferdinand I. etablierte sich Wien als Beamtenstadt, deren Behördenvertreter, aber auch Bedienstete bei Hofe kostenfrei in Bürgerhäusern der Stadt einzuquartieren waren. Als Grundlage dieser neuen Steuerleistung wurden die Häuser von Beamten regelmäßig begangen und die Innenräume in den Hofquartiersbüchern systematisch aufgezählt (»beschrieben«). Je mehr Räume erfasst wurden, je größer also das Haus war, desto mehr Quartiersnehmer wurden von der Behörde bestimmt. Diese für die Hauseigentümer lästige Pflicht stellt heute für die Wiener Hausforschung eine unerschöpfliche Quelle dar. Auch für das Haus Bauernmarkt 1 konnten damit wesentliche Erkenntnisse gewonnen werden.[3]

Als wichtige archivalische Quellengattung treten im Barock zu den Grund- und Hofquartiersbüchern die Hofquartiersprotokolle. Bürgerliche Hausbesitzer hatten die Möglichkeit, sich von der Hofquartierspflicht befreien zu lassen, indem sie ihr Haus zur Zierde der Haupt- und Residenzstadt Wien verbesserten, also in der Regel aufstockten und neu fassadierten. Diese Investition konnte man quasi steuerlich absetzen, indem man sogenannte Baufreijahre beantragte, in denen man von Einquartierungen verschont blieb und die Wohnräume gewinnbringend vermieten konnte. Da bei großen Umbauten in der Regel zwölf Baufreijahre gewährt wurden, entwickelte sich im bürgerlichen Bereich rasch ein gewaltiger Bauboom, der mit der landesfürstlichen und aristokratischen Bautätigkeit Schritt halten konnte und Wien in eine Barockstadt von Weltgeltung (»Vienna gloriosa«) verwandelte. Von den meisten Bürgerhäusern sind daher Einträge in den Hofquartiersprotokollen erhalten, in denen der Antrag für die Befreiung von der Hofquartierspflicht und die Bewilligung (Baubeginn) sowie der Beginn der Befreiung (Bauvollendung) verzeichnet sind.

All diese Untersuchungsergebnisse mündeten in ein Gutachten zur Bau- und Besitzergeschichte sowie in Baualtersplänen, die gemeinsam eine Grundlage für die Entscheidungen des Bundesdenkmalamtes bildeten. Im Folgenden werden die damals gewonnenen Resultate zur baulichen Entwicklung des Gebäudes Bauernmarkt 1 in drei Kapitel unterteilt dargestellt und durch begleitende Texte in einen erweiterten historischen Kontext eingebettet.

ABB. 1 Diese an der Ostwand des Kellerraums KG 2 erstellte Sondage durch den Verputz legte ein Mauerstück frei, das aus sekundär verwendeten Werksteinen und Ziegeln errichtet wurde. Die Sondage erlaubte es, festzustellen, dass die Werksteine gleichzeitig mit der Kellerwand erbaut und nicht etwa nachträglich in die Wand gesetzt wurden. Am Mauerwerk der Wand, an den Werksteinen und den Ziegeln kam der gleiche Kalkmörtel zum Einsatz – bei den Ziegeln handelt es sich demnach nicht um eine vermeintliche verfüllte Fensteröffnung, sondern um einen dekorativen Wechsel im Mauerverband.

ABB. 2 Drei Bohrkerne, die dendrochronologisch analysiert wurden und von Bäumen stammen, die im frühen 18. Jahrhundert gefällt wurden

---

1 Siehe den Beitrag von Oliver Rachbauer, S. 518–523.
2 Wie ein Fingerabdruck liefern die unterschiedlichen Breiten der Jahrringe ein bestimmtes Muster, das mit Eichkurven synchronisiert werden kann, die von lebenden Bäumen ausgehend und mit historischen Hölzern in die Vergangenheit führend für verschiedene Holzarten und Regionen entwickelt wurden. Die Untersuchungen der letzten Zeit haben gezeigt, dass Holz in der Regel innerhalb von maximal fünf Jahren nach der Schlägerung und dem Transport von den Voralpen nach Wien verbaut wurde, sodass sehr exakte Datierungen einzelner Bauphasen möglich werden. Dendrochronologische Untersuchungen können Aufschluss über Bauphasen auch bereits aus dem Mittelalter bringen, im konkreten Fall reichten die Ergebnisse jedoch »nur« bis in den Barock, als das Haus Bauernmarkt 1 grundlegend umgestaltet werden musste.
3 Siehe den Beitrag von Günther Buchinger und Doris Schön, S. 549.

GÜNTHER BUCHINGER / DORIS SCHÖN

Ein mittelalterliches Patrizierhaus im Zentrum Wiens als Sitz einer Ratsbürgerfamilie

IM HOCH- UND SPÄTMITTELALTER

Ein Gebäude aus der Zeit um 1200

Die vorangegangenen Kapitel zur Archäologie gewähren einen Einblick in die Geschichte des Grundstücks von der ersten römischen Bebauung bis in das frühe 5. Jahrhundert, als das Lager letztendlich aufgegeben wurde. Hinweise auf die Nutzung der römischen Ruinen zwischen dem 5. und dem 9. Jahrhundert liefert in der Wiener Innenstadt archäologisch geborgenes Fundmaterial, das allerdings in nur sehr geringem Ausmaß auf uns gekommen ist und keinem kontinuierlichen Siedlungsbefund zugeordnet werden kann. Einige Gräber des 5. bis 10. Jahrhunderts belegen zumindest die temporäre Anwesenheit einer kleinen Anzahl von Menschen. Erst im 10./11. Jahrhundert mehren sich die Hinweise auf eine dauerhafte Neubesiedlung – die Reste des ehemaligen römischen Lagers wurden nun für eine Niederlassung genutzt, die ab dem 12. Jahrhundert prosperierte. Ab dem frühen 12. Jahrhundert gab es in Wien bereits vier Kirchen (St. Ruprecht, St. Peter, St. Stephan und Maria am Gestade), die ebenfalls einen siedlungsgeschichtlichen Aufschwung belegen. Überreste von Privathäusern aus diesem Jahrhundert blieben innerhalb der Wiener Innenstadt allerdings aufgrund späterer Um- und Ausbauten nur wenige bestehen. Lediglich in den Kellern der Häuser Judenplatz 8, Kleeblattgasse 7, des sogenannten Heiligenkreuzerhofs, einem Wirtschaftshof des Stiftes Heiligenkreuz im Wienerwald, und eines Vorgängerbaus des Alten Rathauses an der Wipplingerstraße blieben Steinmauern aus jenem Jahrhundert erhalten.[1] Die baulichen Überreste gehörten allesamt zu Gebäuden, die entlang der jeweiligen Straße standen. Archäologische Grabungen der letzten Jahre konnten belegen, dass um diese Steinhäuser Holzgebäude gruppiert waren, die als Wirtschaftsbauten oder Werkstätten dienten und sich in den Hinterhöfen befanden.

In Anbetracht der Seltenheit solcher Befunde ist es umso erstaunlicher, dass im Keller sowie im Erdgeschoß (KG 2, EG 6) des Hoftrakts des Hauses Bauernmarkt 1 zumindest zwei Wände eines parallel zur seitlichen Parzellenmauer stehenden Gebäudes aus dem späten 12. oder frühen 13. Jahrhundert erhalten sind, welche die Süd- bzw. den Ansatz der Ostwand eines Gebäudes bildeten (ABB. 1). Die Tatsache, dass die Mauer an der Ostseite des heutigen Kellerraums bis zum Fußbodenniveau reicht, liefert einen Hinweis darauf, dass der Bau sogar unterkellert war. Keller, zunächst nur wenige Quadratmeter groß, waren im gesamten Mittelalter und bis weit in die Neuzeit als Lager- und Kühlräume unabdingbar. Die jüngere Überbauung verhindert allerdings eine Aussage zur Gesamtgröße des Kellers auf dem Grundstück Bauernmarkt 1 bzw. des darüber stehenden Gebäudes.

Über die Besitzverhältnisse auf der heutigen Parzelle Bauernmarkt 1 in der Zeit um 1200 ist nichts bekannt. Der Umstand, dass die ab 1372 hier nachweisbare Familie Eslarn zu den alten Wiener Ratsbürgerfamilien zählte, lässt hier zunächst die Keimzelle ihres Familiensitzes vermuten. Da die Nachrichten über die Eslarn aber nicht weiter als bis ins späte 13. Jahrhundert zurückreichen, ist eine weitere Option zu erwägen: Die Eslarn waren seit mindestens 1327 in der Münzerstraße (heute Bauernmarkt) auch im gegenüberliegenden sogenannten Margaretenhof ansässig,[2] der zuvor im Besitz der bedeutenden, bereits seit 1208 greifbaren Familie der Paltrame war.[3] Nach Piterolf und seinem Bruder Paltram I. stieg die Familie in der übernächsten Generation mit Paltram III. vor dem Freithof zu hoher politischer Bedeutung und großem Reichtum auf (1267 und 1270 war Paltram III. Kammergraf König Ottokars II. von Böhmen, 1269 Stadtrichter und 1276 Bürgermeister von Wien). Nach Paltrams Flucht nach Bayern im Zuge der Kriegswirren von 1278 konfiszierte König Rudolf I. von Habsburg zwar dessen gesamten Besitz, erstattete diesen aber nach Paltrams Tod 1287 seinen amnestierten Söhnen zum Teil zurück.[4] Darunter befand sich auch der Margaretenhof mit einer Kapelle, der vor 1327 an die Eslarn ging und erst 1880 abgebrochen wurde. Einzelne erhaltene Werksteine der Kapelle, darunter ein Pfeilerbruchstück, befinden sich heute im Wien Museum und stammen aus der Zeit um 1250, also aus der Zeit Paltrams III.[5] Es besteht grundsätzlich die Möglichkeit, dass nicht nur der Margaretenhof, sondern auch der Vorgängerbau des Hauses Bauernmarkt 1 ursprünglich in Besitz der Paltrame war, die ja schon kurz nach 1200 als wichtiges Geschlecht in Wien nachweisbar sind, und dass beide Gebäude im frühen 14. Jahrhundert an die Eslarn gingen. Mangels weiterer Belege müssen beide Optionen offenbleiben. Jedenfalls dürfte der hochmittelalterliche, aus der Zeit um 1200 stammende Kernbau des Hauses Bauernmarkt 1 in Zusammenhang mit einer bedeutenden Wiener Ratsbürgerfamilie gestanden sein.

Spätmittelalterliche Erweiterungsbauten der Familie Eslarn

Die Nachrichten zu den Besitzverhältnissen des Hauses Bauernmarkt 1 nennen im 14. und 15. Jahrhundert beständig die Familie Eslarn. Das Geschlecht spielte bereits im 13. Jahrhundert eine wichtige Rolle in der Wiener Stadtgeschichte:[6] Konrad der Ältere Eslarn, ein Weinhändler, war 1287 Bürgermeister der Stadt Wien. Nach seinem Tod nach 1294 war sein Sohn Niklas von Eslarn (gestorben 1341) mehrfach Bürgermeister (1309–1313, 1316/17), Amtmann in Österreich (1311) und Münzmeister (1326/27). Der Sohn seines Bruders Otto, Konrad der Jüngere, war 1337/38 Wiener Bürgermeister. Dieses bedeutende Ratsbürgergeschlecht (vielleicht auch schon die Familie der Paltrame) verfügte über einen beeindruckenden Baukomplex, der aus dem Margaretenhof mit Kapelle, einem benachbarten Benefiziatenhaus, dem Wohnhaus des Kaplans der Kapelle,[7] und einem mittlerweile mehrteiligen Wohngebäude auf der gegenüberliegenden Straßenseite des Bauernmarkts bestand. Dieser Komplex von gewaltigen Ausmaßen erinnert an den Palast

ABB. 1 An der Südwand des Kellerraums KG 2 blieb über dem Zugang zu KG 1 hochmittelalterliches Bruchsteinmauerwerk erhalten. Das aus den Steinbrüchen kommende Material wurde in handliche, fast blockhaft wirkende Steine zurechtgeschlagen und in einzelnen horizontalen Lagen versetzt, wobei man danach trachtete, keine Lagenversprünge zu erstellen. Um 1200.

KASTEN 1 Die Mauern eines langgestreckten Gebäudes aus der ersten Hälfte des 14. Jahrhunderts treten in KG 8 an der Westseite und in einem kleinen Abschnitt an der Ostseite jeweils in den Schildbögen der Gewölbestichkappen auf und belegen, dass das Gebäude zunächst nicht vollständig unterkellert war (ABB. 2). Demnach wurde vermutlich unter Otto von Eslarn ein knapp acht Meter breites und mindestens zwanzig Meter langes nicht unterkellertes Gebäude errichtet, dessen Erdgeschoß spätestens in der Renaissance zerstört und neu erbaut wurde. Im Zuge der archäologischen Grabung wurde allerdings unter dem westlichen Abschnitt der heutigen Nordmauer von EG 14 ein spätmittelalterliches Bruchsteinfundament freigelegt, dessen Unterkante lediglich 1,4 m unter dem heutigen Niveau des Innenraums lag (ABB. 3) und das im Erdgeschoß in der Renaissance abgebrochen wurde. Das Fundament ist gegen die Baugrube gegossen, wodurch es nicht anhand seiner Struktur, sondern lediglich über seine stratigraphische Position datiert werden kann, weshalb die Mauer älter sein muss als die aus dem 16. Jahrhundert stammende Südmauer von KG 8. Im Rauminneren von KG 8 liegt das Fundament hinter einem jüngeren Gewölbe und ist daher heute nicht mehr sichtbar). Ein Zusammenhang mit dem Mauerwerk aus der ersten Hälfte des 14. Jahrhunderts ist sehr wahrscheinlich.

ABB. 2 An der Ostwand von KG 8 ist im dritten Gewölbejoch von Süden spätmittelalterliches Fundamentmauerwerk zu sehen. Die Versatzart unterscheidet sich bereits stark von jener des Hochmittelalters, da die Steine nicht mehr in einzelnen Lagen, sondern bereits zu Paketen, sogenannten Kompartimenten, zusammengefasst wurden. Diese neue Versatzart ermöglichte es, rascher zu bauen, da man das Steinmaterial nicht mehr vorsortieren musste. 1. Hälfte 14. Jahrhundert.

ABB. 3 Im Boden unter der Nordwand des Raums EG 14 wurde im Zuge einer archäologischen Grabung das Fundament der Südostecke eines spätmittelalterlichen Gebäudes freigelegt. Die Bruchsteine wurden bündig in die Baugrube gesetzt und mit Kalkmörtel abgegossen. Da das Erdmaterial der Künette durchlässig war, konnte der Mörtel aus den Fugen quellen und die Rückseite der Bruchsteine wie eine Art Grobputz überziehen.

des Kremser Stadtrichters Gozzo aus dem dritten Viertel des 13. Jahrhunderts, der ähnliche Ausmaße annahm.[8] Im Lauf des 13. Jahrhunderts war es den führenden Familien der Stadt möglich, in bedeutende Machtpositionen aufzusteigen und diese durch große Besitztümer zu untermauern.[9] Diese Tatsache spricht ebenfalls dafür, dass schon die Paltrame im 13. Jahrhundert die Parzellen am Bauernmarkt zu einer Besitzeinheit zusammengefügt hatten, während eine entsprechende Akkumulation erst im 14. Jahrhundert historisch weniger wahrscheinlich erscheint.

Otto von Eslarn war mindestens seit 1327 in der Münzerstraße (heute Bauernmarkt) im gegenüberliegenden Margaretenhof ansässig.[10] Ob er damals auch schon das Haus auf der Parzelle Bauernmarkt 1 besaß, ist zwar nicht belegt, doch in Anbetracht des Gesagten sehr wahrscheinlich. In diesem Fall müsste Otto von Eslarn in die Liste der namentlich bekannten Bauherren des gegenständlichen Hauses aufgenommen werden, da im Keller entlang der Freisingergasse die Fundamentmauern eines langgestreckten Gebäudes aus der ersten Hälfte des 14. Jahrhunderts erhalten sind (SIEHE KASTEN 1).

1372 ist Hermann der Ältere von Eslarn gesichert als Besitzer von Bauernmarkt 1 überliefert.[11] Das Patrizierhaus wurde am 17. Juni 1399 unter seinen Söhnen Hermann dem Jüngeren und Niklas dem Jüngeren geteilt.[12] Der Teilungsvertrag – ein bedeutendes, weil aus dieser Zeit sonst sehr selten erhaltenes Dokument (ABB. 4) – beschreibt den Gebäudekomplex sehr ausführlich (ABB. 5A–C). Dem Schriftstück zufolge war die Parzelle rund um den Innenhof mit mindestens zweigeschoßigen Trakten verbaut, die bereits ab dem Erdgeschoß nicht mehr erhalten geblieben sind. Sowohl die archäologische als auch die bauhistorische Untersuchung legte aber unter Bodenniveau eine Vielzahl von Mauern frei, die mit diesen archivalischen Angaben in

ABB. 4 Wiener Stadt- und Landesarchiv, Hauptarchiv, Urkunde 1431, 1399, 17. Juni, Wien

ABB. 5A Bauphasenplan Kellergeschoß
Schnittebene Fundamentoberkante + 2,5m

ABB. 5A, B, C Bauphasenplan des Kellers und des Erdgeschoßes. Laut Teilungsvertrag von 1399 kam man damals durch die Toreinfahrt (EG 14) zum Brunnen mit einer Brunnenkammer (Bereich KG 12/EG 13) und in den großen Innenhof. Auf dem Areal befanden sich ein Presshaus, zwei Rossställe über der Kohlengrube und ein Verschlag für Haushühner. Hofseitig liefen ringsum gedeckte Holzgänge, von denen die verschiedenen Stiegen ausgingen. Im Trakt zur Freisingergasse lag links der Einfahrt ein großer Keller, der allerdings kleiner gewesen sein muss als der heutige Kellerraum KG 8, wie die nicht unterkellerten Fundamentmauern aus der ersten Hälfte des 14. Jahrhunderts beweisen. Neben dem großen Keller lag eine kleine Grube, weiters ein hinterer Keller sowie rechts der Einfahrt ein kleiner Keller (Bereich KG 12). Zu beiden Kellern stieg man von der Toreinfahrt EG 14 hinab. Darüber lagen ebenerdig zwei Kaufgewölbe (Bereich EG 17, EG 13) mit zwei finsteren Nebengewölben. Weitere Innenräume waren der unter der Stiege gelegene große Verteilerraum (Mushaus) mit zwei anschließenden Kemenaten, von denen eine durch ein Stübl geteilt war, eine Vorratskammer, eine große Stube mit anstoßender Kammer neben einem Gang und die Küche, im Hinterhaus ein kleines Stübl unter zwei Vorratskammern, ein Zimmer unter einer großen Vorratskammer und mehrere Gemächer im Erd- und Obergeschoß. Ein Gang mit Kemenate, die als Abort benutzt werden durfte, führte in den Garten. Weitere Aborte befanden sich im Hof (Bereich EG 1) und beim Speisesaal. Das gesamte Anwesen war mit Dachziegeln gedeckt – zu jener Zeit noch eine Seltenheit im spätmittelalterlichen Wien und damit ein Hinweis auf die gute finanzielle Lage des Hausherrn.

ABB. 5C Bauphasenplan Erdgeschoß

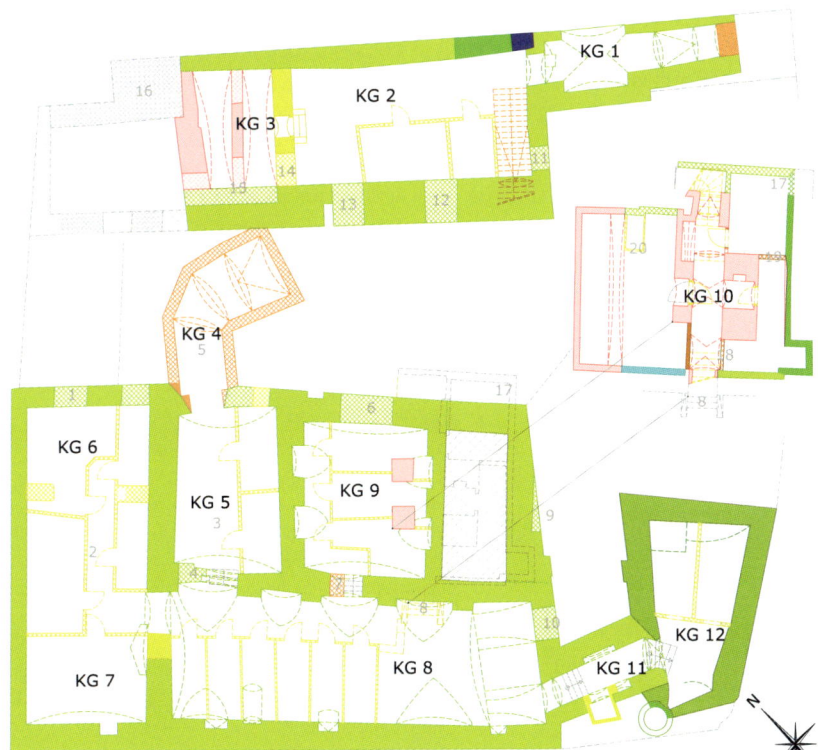

ABB. 5B Bauphasenplan Kellergeschoß

KASTEN 2 Im Innenhof legten die Archäologen ein Pfeilerfundament aus Bruchsteinen frei, dessen drei gegen die Baugrube errichtete Seiten bis in eine beachtliche Tiefe reichen (ABB. 6). Das Fundament ist älter als jenes der Westmauer des heutigen Raums EG 4–EG 6 und muss daher zu einem Vorgängergebäude gehören. Knapp südlich davon hat sich ein weiteres spätmittelalterliches Punktfundament erhalten, das in der Frühen Neuzeit an seiner Westseite dupliziert wurde. Dies wurde notwendig, da das Punktfundament auf den Verfüllschichten des römischen Kellers steht.[25] Diese Schichten sinken nach Westen stark ab, als ob an dieser Stelle nach dem Verfüllen des Kellers ein Hohlraum geblieben wäre, der erst Jahrhunderte später nachgab. Eine funktionale Zuordnung der Pfeilerfundamente ist nur mit Vorbehalt möglich – es könnte allerdings sein, dass die Pfeiler die im Teilungsvertrag von 1399 genannten Gänge trugen, die sich demnach an der Ost- und Südseite des Hofes befunden hätten.

ABB. 6 An der Ostseite des heutigen Innenhofs wurde während der archäologischen Grabung ein in große Tiefe reichendes Punktfundament aus Bruchsteinen freigelegt. Wie auch die übrigen spätmittelalterlichen Fundamente wurde auch dieses gegen seine Baugrube errichtet. Es dürfte einen Pfeiler unterstützt haben, auf dem – auf der Höhe des ersten Obergeschoßes – ein Außengang auflag. Vor 1399.

ABB. 13 An der Ostwand von KG 5 blieb ein Hinweis auf einen nicht unterkellerten Anbau aus der Zeit vor 1446 erhalten. Die Ostwand besteht dementsprechend aus Bruchsteinmauerwerk, das gegen die Baugrube errichtet wurde. Der bauzeitliche Setzungsmörtel wurde während der Untersuchung nicht entfernt, weshalb die Mauer nur undeutlich zu sehen ist.

Bezug gesetzt werden können. Zunächst fällt der Umstand auf, dass bereits 1399 im Trakt zur Freisingergasse links der Einfahrt ein großer Keller (Bereich KG 8), rechts der Einfahrt ein kleiner Keller (Bereich KG 12) und unter dem Hintertrakt ein weiterer Keller (KG 2) lagen, die allerdings im Zuge späterer Ausbauten neu errichtet wurden. Im Innenhof konnten Fundamente freigelegt werden, die vermutlich die im Teilungsvertrag genannten Gänge trugen (SIEHE KASTEN 2).

Bedingt durch den Niedergang des Geschlechts der Eslarn wurde das Haus bis 1493 wiederholt geteilt. Noch vor seinem Tod um 1418/19 musste es der Kaufmann und Ratsherr Hermann der Jüngere von Eslarn,[13] der offenbar die Haushälften wieder hatte vereinigen können, innerhalb kurzer Zeit zweimal verkaufen: 1409 an Chunrat Kunick[14] und 1410 an den sehr reichen und bekannten jüdischen Geldverleiher Jekel, den Sohn Hetschleins von Herzogenburg.[15] Allem Anschein nach gelang der Rückkauf wieder, doch wurde das Haus erneut geteilt. 1440 stand Jorg von Eslarn, ein Sohn Hermanns, an der *Gewer* des halben Hauses.[16] Seinen Brüdern Hans und Otto fiel die andere Haushälfte zu. Nachdem Jorg »lenger dann 33 jar ausserlands gewesen«, also offensichtlich verschollen war, kam seine Hälfte 1464 an seine beiden Cousinen Orea, Frau des Hanns Leschenprannt, und Anna, Frau des Ernreich Köppel, des Vormunds der von Jorg eingesetzten Erbinnen.[17] Die zweite Haushälfte war 1446 im Besitz von Jorgs Bruder Hans und hatte einen Wert von 225 Pfund Wiener Pfennig.[18] Diese hohe Summe[19] bestätigt, dass der Baukomplex damals bereits über zwei Obergeschoße verfügte. Nach dem Tod von Hans 1463[20] gelangte seine Witwe Ursula 1464 in den Besitz der Haushälfte[21] und verkaufte sie 1466 an Ernreich Köppel, den Ehemann der Mitbesitzerin der anderen Haushälfte.[22] Der Sohn Ernreichs und Anna Köppels, Hans, löste schließlich 1493 alle Anteile an den beiden Haushälften ab und beendete damit die verworrenen Besitzverhältnisse.[23]

In die Zeit vor 1446, als eine Haushälfte bereits 225 Pfund Wiener Pfennig wert war, kann eine massive Bautätigkeit datiert werden, in deren Verlauf der Trakt entlang der Freisingergasse aus der ersten Hälfte des 14. Jahrhunderts tiefgreifend erneuert wurde (SIEHE KASTEN 3). Nicht unterkellerte Baukörper schlossen sich an: erstens im rechten Winkel ein Gebäude (Bereich von KG 5), dessen Nordmauer in einer Flucht mit dem straßenseitigen Gebäude lag (ABB. 13), sodass beide Gebäude möglicherweise als zwei Hüften eines Baus anzusprechen sind; zweitens nördlich davon ein spätmittelalterliches Gebäude, das mit dem Giebel zur Freisingergasse stand und von dem das Fundament der Westfassade als Bestandteil der Westmauer von KG 7 erhalten blieb; drittens an der Ecke zum Bauernmarkt und traufständig zu diesem ein sehr kleiner Baukörper, der in seinem Nordwestteil einen Brunnen einschloss (EG 12/EG 13); sowie viertens im heutigen Hintertrakt ein zumindest teilweise unterkellertes Haus, dessen Keller im 15. Jahrhundert umgebaut oder erweitert wurde (KG 2).

Weite Teile der Bebauung sind somit in der ersten Hälfte des 15. Jahrhunderts entstanden. Die Versatzart des Baumaterials als Zwickelmauerwerk datiert die Fundamente in diese Zeit und deckt sich mit einer Bauzeit vor 1446, als der Ausbau aufgrund der hohen Wertangabe bereits stattgefunden haben muss. Die Familie Eslarn war damit für eine wesentliche Verdichtung der Parzelle verantwortlich – insbesondere dadurch, dass die bis heute bestehende Zweihüftigkeit des Trakts zur Freisingergasse zumindest ansatzweise damals begründet wurde. Die Tatsache, dass zu dieser Zeit mehrere Gebäude auf einer großen Parzelle standen, die erst später durch die Errichtung von Nebentrakten baulich miteinander zu einem Haus verbunden wurden, entspricht einer im spätmittelalterlichen Wien allgemein feststellbaren städtebaulichen Entwicklung.[24]

1 Siehe Paul Mitchell/Doris Schön, »Zur Struktur und Datierung des Mauerwerks in Wien«, in: *Österreichische Zeitschrift für Kunst und Denkmalpflege* LVI, 2002, Heft 4, S. 462–473.
2 Stiftsarchiv Zwettl, Urkunde vom 4. März 1327.
3 Richard Perger, »Die Grundherren im mittelalterlichen Wien. II. Teil: Geistliche Grundherrschaften des 13. und 14. Jahrhunderts«, in: *Jahrbuch des Vereins der Geschichte der Stadt Wien*, Bd. 21/22, 1965/66, S. 158; ders., »Die Grundherren im mittelalterlichen Wien. III. Teil: Bürgerliche und adelige Grundherrschaften«, in: *Jahrbuch des Vereins der Geschichte der Stadt Wien*, Bd. 23/25, 1967/69, S. 22 f.
4 Ebd., S. 23, 28 f.
5 *Wien im Mittelalter*, Kat. der 41. Sonderausstellung des Historischen Museums der Stadt Wien (18. Dezember 1975–18. April 1976), Wien 1975, S. 113, Nr. 253; Richard Perger/Walther Brauneis, *Die mittelalterlichen Kirchen und Klöster Wiens*, Wien/Hamburg 1977, S. 274 f.
6 Felix Czeike, *Historisches Lexikon Wien*, Bd. 2, Wien 1993, S. 218.
7 Stiftsarchiv Zwettl, Urkunde vom 23. August 1357.
8 Günther Buchinger (Hg.), *Die Gozzoburg. Das Haus des Stadtrichters in Krems* (Sonderpublikation des Vereins für Landeskunde von Niederösterreich), St. Pölten 2022.
9 Siehe auch den Beitrag von Herwig Weigl und Martin Scheutz, S. 538–547.
10 Stiftsarchiv Zwettl, Urkunde vom 4. März 1327.
11 Wiener Stadt- und Landesarchiv (WStLA), Hauptarchiv-Urkunde 823 vom 31. Dezember 1372.
12 WStLA, Hauptarchiv-Urkunde 1431 vom 17. Juni 1399.
13 Czeike 1993, wie Anm. 6, S. 218.
14 WStLA, Gewährbuch B, 1373–1419, fol. 207, 4, 1409, 27. Juli.
15 WStLA, Gewährbuch B, 1373–1419, fol. 209, 5, 1410, 5. März.
16 WStLA, Grundbuch 1/7, 1438–1473, fol. 270.
17 WStLA, Hauptarchiv-Urkunde 4088, 22. September 1464; WStLA, Grundbuch 1/7, 1438–1473, fol. 446.
18 WStLA, Grundbuch 1/7, 1438–1473, fol. 200v.
19 1 Pfund = 240 Pfennig. Je nach Schwere der Tätigkeit belief sich etwa der Taglohn eines Bauarbeiters 1459 auf 12 bis 16, der eines Weingartenarbeiters auf 7 bis 18 Pfennig; siehe Michael Adelsberger, *Lohn- und Einkommensverhältnisse im Wien des 15. Jahrhunderts dargestellt anhand der Rechnungsbücher des Wiener Pilgramhauses*, Masterarbeit, Universität Wien 2016, S. 38, 41.
20 Czeike 1993, wie Anm. 6, S. 218.
21 WStLA, Grundbuch 1/7, 1438–1473, fol. 567.
22 WStLA, Grundbuch 1/7, 1438–1473, fol. 136v.
23 WStLA, Grundbuch 1/8, 1474–1517, fol. 253v.
24 Ähnliche Tendenzen waren etwa in den Häusern Bäckerstraße 16, Blutgasse 3 und Rabensteig 3 feststellbar; siehe Günther Buchinger/Paul Mitchell/Doris Schön, »Katalog des Projekts ›Hausforschung in der Wiener Innenstadt‹ im Jahr 2002«, in: *Österreichische Zeitschrift für Kunst und Denkmalpflege* LVI, 2002, Heft 4, S. 506–514.
25 Siehe den Beitrag von Oliver Rachbauer, S. 518–523.
26 Paul Mitchell/Doris Schön, »Brunnen und Latrinen in historischen Wiener Profanbauten«, in: *Österreichische Zeitschrift für Kunst und Denkmalpflege* LVI, 2002, Heft 4, S. 475.

KASTEN 3 Vor 1446 wurde der Bau des 14. Jahrhunderts möglicherweise im Zuge einer Aufstockung neu fundamentiert, wobei neben den älteren Fundamentmauern jene aus der ersten Hälfte des 15. Jahrhunderts an den Wänden des heutigen, jüngeren Kellers KG 8 erhalten blieben. Ob in diesem Bereich weiterhin ein schmälerer Keller eingebaut war, der um 1590 durch den heutigen Raum ersetzt wurde, lässt sich nicht mehr beweisen. Auch an der Westwand von KG 7 blieb Fundamentmauerwerk aus der Zeit vor 1446 erhalten, was eine Erweiterung der älteren Verbauung nach Norden belegt (**ABB. 7**).

Dieser Bauphase sind weitere Bauteile zuzuordnen: Südlich der bereits 1399 genannten Einfahrt von der Freisingergasse (EG 14) entstand vor 1446 ein lediglich seicht unterkellerter Gebäudeteil (Bereich EG 12/13). Seine Ost- und ein Teil seiner Nordmauer blieben im heutigen Keller KG 12 erhalten (**ABB. 8**). Im Zuge der archäologischen Grabung wurde die ehemalige Nordostecke (**ABB. 9**) des kleinen Kellers (KG 12) an der Ecke zum Bauernmarkt freigelegt. Die Art des Mauerversatzes lässt an eine Entstehung kurz vor 1446 denken. Im Inneren des Kellerraums (KG 12) findet sich in der Nordwestecke die Außenseite des Hausbrunnens, der mit einem Viertelkreis in den Raum ragt (**ABB. 10**). Der Brunnen stand über mehrere Jahrhunderte in Verwendung; seine Position in der Einfahrt gleich neben der straßenseitigen Fassade ist typisch für die Häuser der Wiener Innenstadt.[26] Auch das kleine hochmittelalterliche Gebäude im Hintertrakt wurde in der ersten Hälfte des 15. Jahrhunderts umgebaut, wie ein kleiner Mauerteil belegt, der an der Ostseite von KG 2 an den schmalen hochmittelalterlichen Bauteil anschließt.

Gebäudeteile oberhalb des Innenhofniveaus blieben nicht erhalten. Allerdings legten die Archäologen Gebäudefragmente in der Nordostecke des Grundstücks frei, die einen größeren Keller im Bereich der heutigen Räume EG 30/31 belegen. Die Süd- und Ostmauer blieben erhalten (**ABB. 11**), wobei in der Ostmauer ein schmales Rundbogenportal (**ABB. 12**) aus Bruchsteinen bestand, das in einen neuen Keller unter EG 1 führen sollte, der allerdings nie fertiggestellt wurde. Die Grabung im nordöstlichsten Raum (EG 1) zeigte auch, dass sich bereits im frühen 15. Jahrhundert an dieser Stelle ein Erdgeschoßraum befand, dessen Wände durchwegs auf weitgespannten Entlastungsbögen aus Bruchsteinen standen. Die Bögen liefern einen Hinweis darauf, dass den mittelalterlichen Bauleuten die Instabilität des Untergrunds über den römischen Bauresten bewusst war. Möglicherweise sind die Entlastungsbögen aber auch in Zusammenhang mit einer Latrine zu sehen, deren Nachfolger archäologisch innerhalb des Raums EG 1 freigelegt werden konnte.

ABB. 7 An der Westwand von KG 7 blieb Fundamentmauerwerk aus der Zeit vor 1446 erhalten. Es endet an einer deutlichen horizontalen Fuge und liefert einen Hinweis darauf, dass das Gebäude damals nicht unterkellert war. Erst um 1590 wurde das spätmittelalterliche Fundament unterfangen, um fortan als Kellerwand zu dienen.

ABB. 8 Detail des Fundamentmauerwerks im oberen Abschnitt der Nordwand von KG 12 mit sehr unregelmäßigem Relief, das wieder auf seine Erstellung gegen die Baugrube zurückzuführen ist. Im Unterschied zum Mauerwerk auf Abb. 3 wurde hier jedoch bereits um 1590 der aus den Fugen gequollene Setzungsmörtel abgeschlagen. Vor 1446.

ABB. 9 Diese Abbildung zeigt den gleichen Mauerabschnitt wie Abb. 10, allerdings nicht innerhalb des heute noch erhaltenen Kellers, sondern an seiner Außenseite unter der Südwand des Erdgeschoßraums EG 14, wo er im Zuge der archäologischen Grabung freigelegt wurde. Das Mauerwerk bildet die Nordostecke eines kleinen Gebäudes. Vor 1446.

ABB. 10 Der Hausbrunnen stammt mindestens aus dem 15. Jahrhundert, könnte jedoch auch älter sein. Er ragt in der Nordwestecke des Raums KG 12 als Viertelsegment leicht in den Keller herein. Der Brunnen konnte von der Einfahrt im Erdgeschoß genutzt werden und lieferte bis in das 19. Jahrhundert das Wasser für die Hausbewohner.

ABB. 11 Im Zuge der archäologischen Grabung wurden viele spätmittelalterliche Fundamente oder Mauerabschnitte freigelegt. Im Bild das wieder gegen die Baugrube gesetzte Fundament der Südwand eines Kellers aus der Zeit vor 1446 im Bereich von EG 30/31. Eine deutliche vertikale Baufuge verweist auf einen Umbau im Keller, bei dem der Zugang verändert wurde. Die beiden Fundamentabschnitte werden links und rechts im Bild von Pfeilern aus Ziegeln überbaut, die im Zuge eines Ausbaus um 1715 errichtet wurden und die spätmittelalterlichen Fundamente nutzen.

ABB. 12 Diese Abbildung zeigt die Ostwand des gleichen Kellers wie Abb. 11 während der Ausgrabung. Ganz links ist ein ehedem rundbogiges Kellerportal zu erkennen, dessen oberer Abschluss nicht mehr erhalten ist. Seine Laibung ist teilweise noch von einem groben Verputz aus Kalkmörtel überzogen. Rechts besteht die Mauer aus einem mächtigen Bogen aus einzelnen Bruchsteinen, der auf dem anstehenden geologischen Boden (eiszeitlichem Löss) aufsitzt. Seine Existenz liefert einen Hinweis darauf, dass man während der Errichtung der Kellerwand wusste, dass man diese auf römischen Erdschichten bzw. sogar einer römischen Grube erbaute, die auf dem Bild von den Archäologen bereits ausgenommen wurde. Um Setzungsrisse im Mauerwerk der Kellerwand zu vermeiden, wurde die Wand auf einen sogenannten Entlastungsbogen gestellt, dessen Aufgabe es war, das Gewicht der Wand abzuleiten – nichts ist so stabil wie ein Bogen! Vor 1446.

MARTIN SCHEUTZ / HERWIG WEIGL

Die Wiener Ratsbürger vom 13. zum 16. Jahrhundert: Städtische Eliten im Wandel

IM HOCH- UND SPÄTMITTELALTER

Als Herzog Leopold VI. von Österreich sich ein eigenes Bistum für sein Land wünschte, rühmte er 1207 in seinem Ansuchen an den Papst seine Stadt Wien als eine der besten im Reich, nur von Köln übertroffen, von der Lage begünstigt und reich bevölkert.[1] Diese zweckorientiert robuste Einschätzung braucht man nicht auf die Goldwaage zu legen, aber einige Bedeutung musste die zur Residenz gemachte und gerade im Ausbau befindliche, stark wachsende Stadt am Donauweg doch bereits erreicht haben. Doch erst im Lauf des 13. Jahrhunderts beginnt die schriftliche Überlieferung, Informationen über die Oberschicht der aufstrebenden Stadt preiszugeben. Von ihr soll im Folgenden die Rede sein. Es sind nicht »die« Wiener und Wienerinnen, sondern – oft mit Migrationshintergrund – reiche Männer, die ohne die Arbeit der für uns Unsichtbaren nicht hätten reich sein können und deren Beziehungen, Karrieren und Status ohne ihre Heiraten, an denen nun einmal Frauen den halben Anteil haben, weder möglich gewesen noch verständlich wären.

Wer sind die Städter?

Will man sich diese Führungsschicht vorstellen, ist zu allererst die populäre Gegenüberstellung von mächtigen, gewalttätigen Adeligen und unfreien Bauern am Land einerseits und freien, wirtschaftstreibenden Bürgern in der Stadt andererseits zu verabschieden. Europaweit lebten adelige und dem Adel gleichgestellte Familien nicht nur in Städten, sondern hatten auch Anteil an ihrer Entstehung, ihrer Regierung und ihren Beziehungen zu Fürsten und Stadtherren. Sie konnten Gerichtsbarkeit ausüben, an kommunalen Gremien teilhaben, das soziale Leben dominieren und als Ritter in den Krieg ziehen. Sie hatten Grundbesitz auch außerhalb der Städte, aus dem sie Einkünfte bezogen und nutzten: Die Abgaben ihrer Bauern im Umland und den Ertrag ihrer Weingärten konnten die Stadtadeligen, denen Wirtschaft keineswegs fremd war, verkaufen.

Eine scharfe Grenze zu städtischen Händlern ohne adeligen Hintergrund kann nicht gezogen werden, da Macht und Reichtum immer zueinander fanden und die kapitalkräftige städtische Oberschicht sich lieber von jenen Menschen absetzte, die sich beim Broterwerb die Hände durch physische Arbeit schmutzig machten. Diese stellten als Handwerker, unter denen manche Meister reich werden konnten, oder als Dienstboten und wohl auch Taglöhner die überwiegende Mehrheit der Bewohner, doch galten sie in vielen Städten lange Zeit nicht als Bürger und waren von der politischen Teilhabe und der Bekleidung kommunaler Ämter, aber auch von der Kontrolle der Stadtregierung, ausgeschlossen. Erst im späten Mittelalter sollte sich das für die Handwerksmeister weithin ändern.

Wenn diese grobe Skizze des Städtertums vertrauten Vorstellungen über die mittelalterlichen Städte widersprechen sollte, so liegt das daran, dass sich Forschungsergebnisse, die komplizierte Verhältnisse zeigen, gegen vereinfachte, veraltete, aber gewohnte Bilder ebenso schwer durchsetzen wie aktuelle politische und soziale Analysen gegen Boulevard-Schlagzeilen. Da die Entwicklung der angedeuteten Verhältnisse und ihre gesellschaftlichen und rechtlichen Grundlagen hier nicht nachgezeichnet werden können,[2] werden wir uns vor ihrem Hintergrund dem Wiener Befund zuwenden.

Im Spätmittelalter wurde die Stadt von einem Ratsgremium geleitet, dem ein Bürgermeister vorsaß. Dem Rat stand eine größere Gruppe angesehener Bürger zur Seite, aus denen sich der Rat ergänzte und die auch als Gerichtsbeisitzer herangezogen wurden. Der Stadtrichter wurde vom Stadtherrn, dem Herzog von Österreich, ernannt und konnte ein Externer, aber auch ein Wiener sein.[3] Zunehmend wurden einzelne Aufgaben, wie die des für die Finanzen zuständigen Stadtkämmerers oder die des Spitalpflegers, an Ratsmitglieder als deren Hauptaufgaben übertragen. Die Funktionsperioden waren in der Regel auf ein Jahr befristet, doch konnte der Betreffende weiter bestellt oder wiedergewählt werden.[4] Dem Kreis der Familien, die auf dieser politischen und sozialen Ebene mitspielen konnten, gehörten auch die Inhaber des Hauses am Bauernmarkt – ehemals angemessener: Münzerstraße[5] – im Mittelalter an.

Wie erwähnt, erscheinen selbst die Mitglieder dieser prominenten Schicht zunächst nur sporadisch in den Quellen. Ein wenig Profil zeigt ein Herr Dietrich von Wien um 1200, der als Bürger, Besitzer eines Hauses, in dem auch Urkunden des Herzogs ausgestellt wurden, herzoglicher Amtmann, Münzmeister und Stadtrichter bezeugt ist, weitere Liegenschaften inner- und außerhalb der Stadt hatte und einen Kirchenbau finanzieren konnte. Der etwa zwei Generationen später über die Babenbergerzeit dichtende Bürger Jans (Enikel) von Wien charakterisiert ihn als schlauen und »unmäßig reichen« Geschäftsmann, was er als Münzmeister, der das Silber zu beschaffen hatte, auch gewesen sein muss.[6] Dietrichs Zeitgenosse Gottfried von Wien war herzoglicher Kämmerer und mit einem seiner Wiener Grundstücke Besitznachfolger des ermordeten jüdischen Münzmeisters Schlom; er stiftete eine Kapelle in seinem Stadthaus. Die Familie Piber gab einem Stadttor ihren Namen und könnte mit seiner Bewachung betraut gewesen sein.[7]

Solche Hausbesitzer und Funktionsträger gehörten zu einer fürstlichen Residenzstadt, zu deren Funktionieren sie beitrugen und von der aus sie ihren Herrn unterstützten.[8] Das Muster, das in Wien in der Folge noch deutlicher zutage treten wird, deutet sich hier schon an: Besitz von Häusern, wehrhaften Türmen – besonders im ältesten Teil der Stadt[9] – und grundherrliche Rechte in und vor der Stadt[10] sicherten die Nähe zum Hof und erhöhten das militärische Potenzial der Siedlung; Liegen- und Herrschaften am Land gaben eine standesgemäße agrarische, im Fall von Weingärten auch finanzielle Basis. Die Ausübung des Gerichts war eine herrschaftliche, adelige Aufgabe; Finanzverwaltung und Geldgeschäfte hingegen waren ein moderner Zug, ebenso die Verwendung von Siegeln, die ab der Mitte des

Erhaltene Spuren eines repräsentativen mittelalterlichen Wiener Stadthauses: Freigelegte Fassadenelemente in der Griechengasse 2–4, Wien I, Foto: Herwig Weigl

13. Jahrhunderts einsetzte.¹¹ Von »Beamten« darf man dabei nicht sprechen, da die Inhaber solcher Funktionen bis weit ins Spätmittelalter keine besoldeten Angestellten waren, sondern sie mussten sie pachten oder jedenfalls Geld vorschießen, um es sich im Rahmen ihrer Tätigkeit wieder zurückzuholen.¹²

In diese Zeit fällt auch das erste Stadtrecht für Wien (1221),¹³ das auf die wirtschaftlichen Bedürfnisse der Stadt reagierte und in verschiedener Weise für Rechtssicherheit sorgen sollte, etwa durch harte Strafbestimmungen, erbrechtliche Freiheiten und Sicherungen, Garantien der Rechte Externer und Schaffung von Zuständigkeiten: Hundert vertrauenswürdige Männer in der Stadt waren zu nominieren, damit jeder Bürger seine Rechtsgeschäfte vor mindestens zweien von ihnen als Zeugen abwickeln konnte, und 24 der »weisesten« Bürger sollten schwören, für das Wohl der Stadt zu sorgen, ohne dass der Richter sie behindern durfte. Mit gutem Grund sieht man hierin ein städtisches, vom stadtherrlichen Richter unabhängiges Ratsgremium, doch wer die konkreten Personen waren, die es bildeten, sieht man noch lange nicht, auch wenn man sich Leute vom Schlag des reichen Dietrich vorstellen möchte.¹⁴ Das Stadtrecht zog auch eine monetäre Scheidelinie durch die Wiener Gesellschaft: Bei Gewaltdelikten wurden Täter, die 50 Pfund Pfennige innerhalb der Mauern besaßen – es müssen Liegenschaften oder Renteneinkünfte in diesem Wert gemeint sein –, besser behandelt als andere.

Was tun die Wiener Elitefamilien?

Das 13. Jahrhundert brachte europaweit einen beträchtlichen Anstieg der Schriftlichkeit mit sich, und auch in und für Wien werden die Quellen um die Jahrhundertmitte deutlich zahlreicher. Das ermöglicht nun, verschiedene Familien genauer zu beobachten. Neben die grundbesitzende Oberschicht traten nun Familien, in deren Hand keine städtischen Grundherrschaften nachgewiesen werden können. Ihr Reichtum beruhte wohl auf kommerzieller Tätigkeit, zumal die Wiener dank ihrer Privilegien den Donauhandel anzapften: Fremde Kaufleute, auch die mächtigen Regensburger, mussten ihre Waren den Wienern anbieten, die damit den Ungarnhandel in die Hand bekamen.¹⁵ Auch mit Luxusimporten, die über Venedig zu beschaffen waren, wurde wohl schon Geld gemacht.¹⁶ Freilich müssen auch die Grundherren Handel getrieben haben – oder sie ließen ihn treiben: Wer ein Tuchgewölbe besaß oder Einkünfte aus einer Fleischbank bezog, muss weder nach Flandern gereist sein noch ungarische Ochsen begleitet haben, um die Waren selbst zu beschaffen.¹⁷ Umgekehrt erwarben die Kaufleute Liegenschaften, denn Häuser, Weingärten und rurale Grundherrschaften waren für alle, die es sich leisten konnten, eine erstrangige Kapitalanlage, über die zu verfügen auch den gesellschaftlichen Status zeigte und sicherte. Als Stadtrichter oder andere landesfürstliche – oder als Spitalmeister des Bürgerspitals und als Bürgermeister¹⁸ nun auch kommunale – Funktionäre finden wir Angehörige beider Gruppen, die ohnehin kaum zu unterscheiden sind. Untereinander waren sie versippt und verschwägert, womit auch ihre Liegenschaften auf dem Erbweg von Familie zu Familie wanderten.¹⁹

Die Verbesserung der Quellenlage und damit das Auftreten einer immer größeren Zahl immer besser bezeugter Akteure fallen mit der Regierungszeit König Ottokars II. von Böhmen als Herzog von Österreich und später auch Steier zusammen. Ob seine Herrschaft neuen Leuten den Weg an die Spitze ebnete oder sonstige Änderungen bewirkte, ist nicht zu entscheiden. Sicher aber fuhren seine Parteigänger nicht schlecht, wie sich an der bekannten Familie der Paltrame zeigt, die seit Beginn des Jahrhunderts nachweisbar ist, mit Paltram vor dem Freithof aber eine zeitweise dominierende Rolle gewann.²⁰ Paltram, vielleicht einer der Besitzer des Hauses am Bauermarkt,²¹ war Stadtrichter, aber auch Kammergraf für den Böhmenkönig, pachtete also eine Position in der Finanzverwaltung und verproviantierte dessen Armee im entscheidenden Krieg gegen die Ungarn. Vermutlich erklären seine Investitionen in die ottokarische Herrschaft sein Festhalten am König in dessen Kriegen gegen Rudolf von Habsburg, das ihm nach Rudolfs Sieg einen exzeptionellen Platz in dessen Stadtrechtsprivileg für Wien von 1278 bescherte: Er wurde gemeinsam mit seinen Söhnen und seinem Bruder zum Majestätsverbrecher erklärt, was dem Habsburger die sicher willkommene Konfiskation seines Besitzes ermöglichte, und verbannt; sollten ihn die Wiener zurückrufen, würden sie ihre Privilegien verlieren.²² Das stürzte die Familie nicht ins Elend. Der Herzog von Niederbayern belehnte Paltram mit einer Burg, und dieser leistete sich eine Pilgerfahrt ins Heilige Land, während einer seiner Söhne in den 1290er-Jahren wieder in Wien auftauchte und noch Stadtrichter wurde. In Wien hatte Paltram die fast obligate Hauskapelle gestiftet und die Zisterzienserinnen von St. Niklas vor dem Stubentor²³ wie auch eine Niederlassung des Ritterordens der Johanniter in Unterlaa maßgeblich gefördert. Diese leitete einer seiner Söhne als Komtur. Eine solche Rollenverteilung war für die Familienstrategie dieser Schicht bezeichnend.

Die Geschichte anderer Familien verlief weniger spektakulär, aber im Wesentlichen in den oben beschriebenen Bahnen – Grund-, Haus- und Herrschaftsbesitz inner- und außerhalb der Stadt, Funktionen in Herrschaft und Verwaltung, geldträchtiger Weingartenbesitz, Handel und Investition ins Handwerk, reiche Stiftungen an kirchliche Institutionen und Familienmitglieder in der Geistlichkeit. Prominent sind etwa die früh bezeugten Haimonen, Burgbesitzer in Mauer bei Wien und Stifter der späteren Rathauskapelle und heutigen Salvatorkirche,²⁴ auch die um die Niederlassung der Minoriten verdienten Schüttwürfel²⁵ oder die mit verschiedenen Beinamen auftretenden Greifen mit Gütern im ältesten Teil Wiens, bei Fischamend und Simmering, die ihre Grablege bei den Zisterziensern von Heiligenkreuz

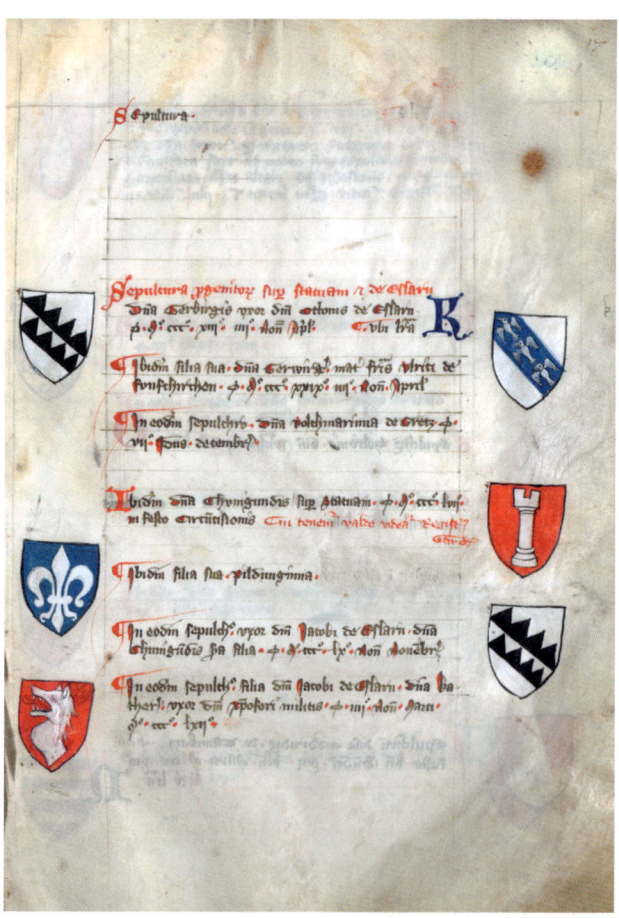

Eintragungen über Grablegen von Familien der Wiener Oberschicht im Wiener Minoritenkloster; links oben und rechts unten das Wappen der Eslarn (14. Jh.)
© Wiener Stadt- und Landesarchiv, Gräberbuch des Wiener Minoritenklosters, Hs. 3.4.A.284, fol. 17r

wählten, vielleicht eine Rolle bei der Gründung des Bürgerspitals spielten, Stadtrichter und Spitalpfleger stellten und mit Landadeligen, den Paltramen und deren Kollegen, dem Finanzmann Gozzo von Krems, verwandt waren.[26] Auch die Bei den Minderbrüdern hatten einen ottokarischen Münzmeister aufzuweisen, besaßen ein Haus am Bauernmarkt (Münzerstraße) und standen in guter Beziehung zu den Minoriten. Der Dynastiewechsel und die Verwandtschaft mit ihrem Standesgenossen Konrad dem Breitenfelder, der im späten 13. und im frühen 14. Jahrhundert in Rebellionen gegen die Habsburger involviert war,[27] schadeten ihnen nicht. Ihr prominenter Vertreter Weichard I., mit dem wir 1330 ein Ratsmitglied namentlich kennenlernen, ritt mit Herzog Friedrich dem Schönen zu dessen Königskrönung, und seine Frau war Hofmeisterin der Herzogin.[28] Die erwähnten Aufstände geben Anlass, noch die Familie der Haarmarkter zu nennen, deren Mitglied Konrad (II.) als Hubmeister, der die herzoglichen Einkünfte verwaltete, maßgeblich an der Niederschlagung des zweiten beteiligt war. Eine seiner Töchter trat ins prestigeträchtige, von König Rudolf I. gestiftete Dominikanerinnenkloster in Tulln ein, eine andere blieb in Wien im Himmelpfortkloster.[29] Die Auf der Säul, die aus St. Pölten kommen dürften und später Beziehungen nach Wiener Neustadt hatten, sollen wegen ihrer Verschwägerung mit den Eslarn, die uns noch beschäftigen werden, erwähnt sein.[30]

Die institutionelle Basis ihrer politisch-organisatorischen Tätigkeit bot das Gremium des (Stadt-)Rats, der seit 1278 aus 20 Mitgliedern bestand, die Hausbesitz in der Stadt haben mussten und jährlich von den mindestens 100 Genannten – den uns schon bekannten glaubwürdigen Zeugen – gewählt wurden. Sie traten mehrmals wöchentlich zusammen und brauchten bald ein eigenes Gebäude, das Rathaus, dafür. Der Bürgermeister als Vorsitzender und dann auch der Stadtrichter waren Mitglieder. Die Zahl der Genannten betrug seit 1340 über 200, unter denen die Handwerker rund die Hälfte stellten. Der Rat konnte ein Gremium von 40 Personen aus ihren Reihen, das zeitweise auch als »äußerer Rat« bezeichnet wurde, zur Unterstützung in wichtigen Angelegenheiten nominieren.[31] Ein eigenes Konsortium bildeten die Hausgenossen, die unter dem Münzmeister die Organisation und Verwaltung der landesfürstlichen Münzproduktion innehatten – und damit auch den Handel mit Edelmetall und das Recht auf Geldwechsel.[32] Einer der Münzmeister, ein Angehöriger der reichen Familie Tierna, sollte in den 1370er-Jahren gemeinsam mit vier Adeligen und Städtern die Finanzen der schwer verschuldeten Herzöge sanieren.[33]

Über Recht, Verwaltung und Finanz soll aber die Gewalt nicht vergessen werden. In den Stadtrechten versuchte man sie innerhalb der Stadtmauer zu unterdrücken, aber dies machte nur Sinn, wenn man sie verteidigen konnte.[34] Auch mussten die Städter mit dem herzoglichen Heer ausrücken, wenn auch nur im näheren Umfeld Wiens.[35] Dass in der Wiener Oberschicht ritterliche Ideale beschworen wurden, zeigt der ihr selbst angehörende Autor Jans von Wien im späteren 13. Jahrhundert: Er nennt nicht nur einen Bürgersohn als »Helden mit dem Schwert«, sondern lässt in seiner Darstellung auch die mit den oben erwähnten Greifen verwandten Brüder Preussel Kämpfe ausfechten, die eines Dietrich von Bern würdig wären.[36] Wehrhaft sollten aber alle Städter sein: Im frühen 15. Jahrhundert hinterließ ein Zimmermann nicht nur Hobel und Sägen, sondern auch Brustpanzer und Beinschienen, auch wenn seine damit bedachte Schwägerin die Rüstung kaum getragen haben wird.[37]

Jetzt endlich: »Ratsbürger«

Den älteren Verhältnissen wurde so viel Platz gewidmet, da sie einen Maßstab setzen, der in mancher Hinsicht verbindlich bleibt. Dafür können die späteren Änderungen in der Zusammensetzung der Wiener Führungsschicht hier nur summarisch besprochen werden, da sich der Kreis der zugehörigen Familien, die in den Quellen sichtbar werden, markant erhöht. Im 14. Jahrhundert werden auch explizite Nennungen als Ratsmitglied häufig, womit man die Ratsfähigkeit einer Familie zum Kriterium der Zugehörigkeit zur Elite machen kann. Rund 90 Familien stellten mindestens ein Ratsmitglied, wenn nicht mehrere. Darunter waren viele, die zuvor gar nicht nachweisbar sind und die durch sozialen Aufstieg oder Zuwanderung in diese Position gelangten, sie aber nur zum Teil über längere Zeit halten konnten.[38] Zugleich verschwanden manche der alten, Grund besitzenden Familien durch Exil, Abwanderung oder wirtschaftlichen Abstieg; andere hielten sich mit diversifizierten und vielfältigen Einkunftsquellen. Die Aufsteiger zur Ratsfähigkeit mussten reich genug sein, um akzeptiert zu werden und sich die zeitlich belastende politische Tätigkeit leisten zu können. Auch wenn sie, wie sinnvoll zu vermuten, vorwiegend Kaufleute waren, so versuchten sie doch, sich dem gegebenen Profil der städtischen Elite anzupassen, d. h. städtische Häuser zu sammeln, Liegenschaften am Land zu erwerben und als Funktionäre Geld zu machen und Prestige zu erwerben.[39]

Dasselbe gilt auch für die Handwerker, von denen sich jetzt einzelne im Rat nachweisen lassen. Wenn aber der erste »Handwerker« als Bürgermeister (1340–1343), Konrad der Wildwerker, ein das Luxussegment bedienender Kürschner und wahrscheinlich auch Ritter war und seine Besitzstruktur – samt Gewandkeller, Weingärten und Lehen des Bischofs von Passau – und seine Stiftungen an Kirchen der der alten Familien entsprachen, wird man kaum Sozialrevolutionäres erkennen.[40] Auch ein Michael Geukramer tritt uns als Ratsmitglied, Judenrichter, Steuerherr, Kirchmeister, Münzmeister, Bürgermeister und Hausbesitzer entgegen und verpachtete mehrere Kramläden, wird aber kaum hinter dem Verkaufstisch gestanden sein.[41]

Es war jedenfalls nach wie vor eine reiche Oligarchie, die in der Stadt den Ton angab. Vermögen war ein Hauptkriterium,[42] die Herkunft war es weniger, soweit sie nicht das Vermögen begründete. Dazu gehörte auch die Akzeptanz im Konnubium: Eine Analyse der Heiratsverbindungen bringt

Wappen der Familie Tierna am Eckpfeiler der von ihr gestifteten Kapelle an der nordwestlichen Ecke von St. Stephan in Wien

Siegel des Niklas Poll © Wiener Stadt- und Landesarchiv, Hauptarchiv-Urkunden, Nr. 83 (1322 VI 15)

Siegel des Niklas von Eslarn © Wiener Stadt- und Landesarchiv, Hauptarchiv-Urkunden, Nr. 1663 (1405 XI 19)

Siegel des Hermann von Eslarn © Wiener Stadt- und Landesarchiv, Hauptarchiv-Urkunden, Nr. 1663 (1405 XI 19)

über die Feststellung hinaus, dass die ganze Oberschicht versippt und verschwägert war, doch auffällige Ergebnisse.[43] So war etwa die Familie Poll, die mehrfach Bürgermeister, Stadtrichter und Ratsmitglieder stellte, mit auffällig vielen anderen ratsfähigen Familien verschwägert. Auch Verwandtschaften anderer Familien untereinander wurden oft über eine beiderseitige Verbindung mit den Poll hergestellt, die damit im Zentrum eines Netzes saßen. Die Eslarn und Swäml banden ihre eigenen Heiratscluster durch ihre Verbindung mit den Poll in deren Umfeld ein. Obwohl die Poll schon den ersten namentlich bekannten Bürgermeister Wiens im späten 13. Jahrhundert stellten, gehörten alte Grundherrenfamilien wie Haarmarkter und Bei den Minderbrüdern nicht zu ihrem Verwandtschaftsnetz; beide verschwanden im zweiten Drittel des 14. Jahrhunderts aus dem Rat.[44] Nur wenige Familien fungierten als genealogische Bindeglieder zum Herzogshof und den dort tätigen Adeligen. Auch in der Wahl der Kirchen, die man bestiftete, zeigen sich Unterschiede zwischen verschiedenen Gruppen, die sich teils an »alten« und »neuen« Familien orientieren.

Alte und neue Ratsbürgerfamilien: Geld, Kultur und Frömmigkeit

Im Lauf des 15. Jahrhunderts ändert sich die Zusammensetzung der oberen Bürgerschicht und ihrer Spitzen weiter, und neue Familien lösen die alten ab, sodass einem italienischen Beobachter die starke Fluktuation auffiel.[45] Handel, Kapital, das freilich weiterhin auch in Immobilien angelegt wurde, und Fürstendienst, der zu Nobilitierung und Ritterwürde verhalf, waren dominierend. Die Gründe der Transformation und ihr Ablauf sind nicht im Detail zu verfolgen. Bei manchen der aus der Oberschicht verschwindenden Familien lassen sich immerhin Schulden nachweisen, auch wenn die bekannten Summen oft keineswegs ruinös erscheinen und der Grund der Verschuldung – die situationsbedingt sein kann und keine Krise anzuzeigen braucht – unbekannt bleibt.[46] Es ist nicht ausreichend erforscht, ob sie nicht einfach abgewandert sind.

Die in anderen Städten feststellbaren Konflikte zwischen alten Eliten und Handwerkern scheinen in Wien nur begrenzt wirksam zu sein. Meistens brachen sie in politischen Krisen aus, wie bei der Belagerung durch Rudolf von Habsburg, den Aufständen gegen seine Nachfolger und bei den innerdynastischen Konflikten um 1400 und in der Mitte des 15. Jahrhunderts. Da konnten die Handwerker, die für ihr Einkommen auf ungestörten Kontakt mit dem Umland angewiesen waren, markant andere Interessen vertreten als die Oberschichtfamilien mit diversifizierten Ressourcen und außerhalb der Stadt angelegtem Geld; allerdings folgte die Parteinahme nicht immer diesen Kriterien. Zu Hinrichtungen auf beiden Seiten führte eine solche Frontstellung Anfang des 15. Jahrhunderts im Kampf der habsburgischen Brüder und Vettern um die Macht, das aber erst einige Jahre nach der in den Zwistigkeiten 1396 beurkundeten Ratswahlordnung, die den »Erbbürgern«, den Kaufleuten und den Handwerkern je ein Drittel der 18 Ratsplätze zusicherte.[47] Diese hier erstmals genannten »Erbbürger« waren wahrscheinlich Bürger, die nach wie vor mehr von ihren Renten als vom Handel lebten. In den Quellen sind sie aber von den anderen Reichen im Rat nicht zu unterscheiden.[48]

Die Vertretung der Handwerker im Rat nahm tatsächlich zu. Im Lauf des 15. Jahrhunderts stellten sie wenigstens ein Viertel der bekannten Ratsmitglieder – doch vorwiegend aus den geldträchtigeren Branchen – und die Kaufleute etwa gleich viel; bei zwei Fünfteln der Personen lässt sich keine Zuweisung vornehmen.[49] Viele hatten ihren Sitz im Rat nur sehr kurz, ein oder zwei Jahre, inne; der reiche und politisch hoch aktive Kaufmann Niklas Teschler († 1485) hingegen, ein Schwabe, in dessen Wiener Haus Kaiser Friedrich III., König Matthias Corvinus und König Maximilian I. tanzten oder zuschauten und Konfekt verzehrten, brachte es auf 35 turbulente Jahre.[50] Einzelne hatten studiert, ohne einen akademischen Grad anzustreben.[51]

Zu diesen nicht »berufsmäßig« festlegbaren Familien gehören die gut bekannten Würfel, die vom späten 13. Jahrhundert bis 1474 in Wien ansässig sind und das mehrfach genannte wirtschaftliche Profil aufweisen. Neben städtischem, Burgen- und Herrschaftsbesitz, Angehörigen mit Ritterwürde und reicher Stiftungstätigkeit sind die zahlreichen Funktionen, die ihre Mitglieder ausübten, auffällig. So stellten sie Ratsmitglieder, Bürgermeister, Stadtrichter, Grundbuchverwalter, Bürgerspitalmeister und Kirchenpfleger von St. Stephan für die Stadt, Münzmeister, Hansgrafen und Küchenmeister für die Fürsten, Bergmeister und Amtleute für das Stift Klosterneuburg und das Schottenkloster und wenigstens einen Chorherrn und einen Pfarrer, und sie waren Gläubiger der Herzöge.[52]

Leider sind die annähernd in derselben Zeitspanne, vom späten 13. bis ins späte 15. Jahrhundert, aktiven Eslarn, Besitzer des Hauses am Bauernmarkt, nicht so gut erforscht. Auf ihre prominente Stellung im Verwandtschaftsnetz wurde schon hingewiesen. In der Stadt besaßen sie außer zahlreichen Häusern auch Gewandkeller und Fleischbänke. Drei von ihnen waren Bürgermeister, mehrere Stadtrichter, oftmals waren sie Ratsmitglieder, einer auch in Wiener Neustadt; Tätigkeit als Grundbuchherr, Münzmeister und Bergmeister gibt es auch bei ihnen, und sie treten als Kreditgeber, auch für die Herzöge, und Stifter in Erscheinung; Einzelne wurden Ritter. Warenlieferungen an den Hof verweisen auf Handelstätigkeit mit Geschäftsverbindungen ins Reich und nach Ungarn. Ein Beichtbrief aus Rom[53] könnte auf eine Wallfahrt im Heiligen Jahr 1450 hindeuten. Eine Burg zu ihren Besitzungen in den Vororten und südlich von Wien scheinen sie nicht erworben zu haben.[54]

Karrieren konnten auf eine Generation beschränkt bleiben, wie die des Michel Menschein: Ab den 1370er-Jahren in Wien, war er 1394 Laubenherr, also Textilhändler, kaufte verschiedene Häuser und eine Badstube, saß zwischen

1397 und 1414 im Rat und hatte Beziehungen nach Nürnberg, Sopron, Friesach und Villach, die beide am Weg nach Venedig liegen, wo er vermutlich Geschäfte machte. Von 1415 bis zu seinem Tod 1420 geriet er aber in Schulden, was seine Witwe einen Großteil des Besitzes kostete. Bekannt ist er heute aber nicht als Geschäftsmann ohne nachhaltigen Erfolg, sondern als Auftraggeber der berühmten Neidhart-Fresken in seinem Haus, heute Tuchlauben 19, die zu den wenigen erhaltenen Wandmalereien in einem mittelalterlichen Wohnhaus gehören.[55]

Spektakulärer war die Laufbahn des aus Niederösterreich zugezogenen Simon Pötel, des Schwagers Simons von Eslarn.[56] Er arbeitete in der Handelsgesellschaft des um das Bürgerspital hoch verdienten Hans Scheibelwieser,[57] dessen Witwe er heiratete, womit er auch in dessen geschäftliche Positionen eintrat. Außer den obligaten inner- und außerstädtischen Liegenschaften erwarb er die Burgen Ebreichsdorf und Achau; als Münzerhausgenosse führte er eine Wechselbank. Seine Handelsgesellschaft betrieb lebhaften und einträglichen Handel mit Venedig, Ungarn und Oberdeutschland und gab Kredite an die Fürsten, die Stadt und andere Kaufleute. Als Wiener Ratsmitglied war er öfters in diplomatischen Missionen unterwegs, als Kirchmeister von St. Stephan mit der Finanzierung des Kirchenbaus befasst, und er stand als Kurator einer Stipendienstiftung der Universität nahe. Bürgermeister oder Stadtrichter war er nie, jedoch exponiert genug, um in den Parteikämpfen 1462/63[58] schwere Schäden zu erleiden, worauf er sich von kommunaler Tätigkeit zurückzog. 1483 starb er als Nobilitierter. Seinen zahlreichen Stiftungen für sein und seiner Frauen Seelenheil steht die Exkommunikation gegenüber, der er wegen seines Handels mit den gebannten Venezianern verfiel und um deren Lösung er die päpstliche Kurie ersuchte.[59]

Dasselbe tat auch der weniger prominente Wiener Ratsbürger und Venedigfahrer Wolfgang Hollabrunner, der mit den Kornmess in Bruck an der Mur – ihr spätmittelalterliches Haus ist heute eine der Attraktionen der steirischen Stadt – verwandt war und dessen Söhne kommunale Ämter bekleideten; einer brachte es aber zum Domherrn von St. Stephan, Passauer Offizial und Rektor der Universität.[60] In Erinnerung bleibt der Händler jedoch dank seiner frommen Stiftung in der Wallfahrtskirche in Tamsweg, wo er und seine Frau mit seinem Wappen auf einem Glasfenster abgebildet sind.[61] Gesellschaft leistet ihm in derselben Kirche der aus einer Tiroler Familie stammende Konrad (II.) Hölzler, dessen Vater bereits Wiener Ratsbürger und städtischer Amtsträger gewesen war. Vater und Sohn erhielten 1438 von König Albrecht II. den Ritterschlag. Auch der Jüngere wurde Ratsherr, Bürgermeister und Stadtrichter, stand mehrfach als Hubmeister an der Spitze der landesfürstlichen Finanzverwaltung und versah, wie andere Niederadelige auch, die Pflegschaft einer landesfürstlichen Burg, während er seine eigene, Pöggstall im Waldviertel, ausbaute. Im Zug politischer Turbulenzen wurde er dort belagert, musste vor der Kanone der vom Herzog gegen ihn geschickten Kremser kapitulieren und sich um teures Geld auslösen. Er legte sein Wiener Bürgerrecht zurück, erwarb es nach einigen Jahren jedoch wieder.[62]

Die großräumigen Geschäfts- und Heiratsverbindungen dieser Personengruppen wurden hier nur angedeutet, doch es ließen sich noch zahlreiche Beispiele anführen.[63] Auch wenn die Mehrheit aus Wien und den Ländern ob und unter der Enns stammte, finden sich unter ihnen Steirer, Salzburger, Tiroler, Bayern, Franken, Schwaben, Rheinländer, Böhmen, Mährer, Schlesier und Leute aus dem Königreich Ungarn einschließlich der heutigen Slowakei und Siebenbürgens.[64]

Nicht erst mit der Kaufmannstätigkeit geht Verständnis für Schriftlichkeit Hand in Hand: Schon ab der zweiten Hälfte des 13. Jahrhunderts führten die Vertreter der Wiener Oberschicht, wie auch der niedere Adel, eigene Siegel, 1288 übrigens erstmals nachweisbar auch eine Frau.[65] Niklas Würfel beschäftigte im späten 14. Jahrhundert mehrere Amtleute und Schreiber in seiner Güterverwaltung,[66] und Stefan Chriegler im frühen 14., Hans Scheibelwieser und Hermann Perman im 15. Jahrhundert organisierten die schriftliche Verwaltung des Bürgerspitals neu.[67] Bücher aus der privaten Wirtschaftsführung gab es zweifellos, doch es sind keine erhalten.

Die demonstrative Religiosität, die auch als Statuskriterium und soziale Positionierung diente, lässt sich an vielen Stiftungen von Gütern und Einkünften an kirchliche Einrichtungen, in denen dafür Messen für das Seelenheil der Stifter gesungen, Gebete gesprochen und Lichter unterhalten wurden, beobachten. Den Zugang zur inneren Überzeugung haben wir nicht, doch gibt es keinen Grund, generell an ihr zu zweifeln. Das ewige Gedächtnis, das sich die Stifter schaffen wollten, war freilich oft von begrenzter Dauer.[68] Von den Altären, Wandbildern, Glasfenstern, Grabsteinen, Epitaphen, Paramenten und liturgischen Gerätschaften, die um das gestiftete Geld angefertigt oder gekauft wurden und in den Schriftquellen genannt sein können, sind geringe Reste überliefert, aber selbst dann nur selten mit konkreten Personen in Verbindung zu bringen. Vom weltlichen Hausrat sind vielleicht die Scherben der Töpfe aus dem Keller, kaum aber

Glasfenster in der Wallfahrtskirche St. Leonhard ob Tamsweg (Salzburg): Der Wiener Handelsherr Wolfgang Hollnprunner (Hollabrunner) als Stifter; sein Wappen; seine Ehefrau Dorothea Hollnprunner als Stifterin © Bundesdenkmalamt (N 112.981, N 113.47, N 113.4818). Aufnahmen von Bettina Pregl. Fotos sind vor der Restaurierung aufgenommen worden.

Siegel des Michael Würfel © Wiener Stadt- und Landesarchiv, Hauptarchiv-Urkunden, Nr. 262 (1343 IV 06)

Porträtbuch des Hieronymus Beck von Leopoldsdorf: Der Wiener Bürgermeister Friedrich Piesch (von Pieschen) und seine Gemahlin Veronika (Sighart) © Kunsthistorisches Museum Wien

das repräsentative Tischgeschirr erhalten.[69] Ein Fund wie die Ausmalung eines bürgerlichen Festsaals mit Tanz- und Spielszenen, teils nach identifizierbarer literarischer Vorlage, im Haus Michel Menscheins ist exzeptionell.[70] Testamente können immerhin Aufschluss geben, was als vererbungswürdig betrachtet wurde, wie ein vergoldetes Gefäß, Silbergeschirr, ein Mörser und Zinnwaren, die der mehrmals im Rat sitzende Hans Glockengießer, der diesen Beruf auch ausübte, neben Bettzeug und Kleidungsstücken seiner Frau und seinem Bruder vermachte.[71] Sie erlauben auch einen Einblick in den Haushalt, wenn Dienerinnen, Diener und Gesinde bedacht wurden, wie es der Ratsherr Hans Kaufmann in einem Zusatz zu seinem Letzten Willen tat.[72] Dass sich Wiener Bürger am Fürstenhof orientieren konnten, belegt frappant der »Zwerg«, den sich Simon Pötel hielt und der ihm immerhin einen sorgfältig gemeißelten Grabstein wert war.[73]

Neues und Altes in neuen Zeiten

Nur ein kurzer Blick soll in die Zeit führen, in der das Haus am Bauernmarkt aus der Hand ratsbürgerlicher Familien gekommen war und umgestaltet wurde.[74] Die Jahre um 1520 waren schnelle Jahre für die Stadt Wien, die damals rund 30.000 Einwohner aufwies: Im Jahr 1521 suchte die Pest Wien heim, im Juli 1525 brannte die Stadt teilweise ab, am 12. März 1526 erließ der neue Landesfürst Ferdinand I., der Bruder von König Karl V., eine neue Stadtordnung und von Ende September bis Mitte Oktober 1529 stand erstmals eine große osmanische Armee vor der Stadt. Zudem hatte die Reformation in das durch Handelsbeziehungen mit dem mitteldeutschen Raum eng verflochtene Wien Einzug gehalten. Die Stadtordnung von 1526 skizziert das Tätigkeitsfeld des Wiener Stadtrates nur kurz, aber da die alte, 200 Köpfe umfassende Körperschaft der »Genannten«, welche das Recht zur Ratswahl besessen hatte, und das Kollegium der Hausgenossen 1522 aufgehoben worden waren,[75] setzte Ferdinand I. nun anstelle dieser altehrwürdigen Verwaltungskörper ein Gremium von hundert mit Hausbesitz versehenen »frommen« und »tauglichen« Bürgern ein:[76] Zwölf Bürger sollten den neuen, inneren – mit Exekutivgewalt ausgestatteten – Stadtrat bilden, zwölf Bürger versahen das Amt als Beisitzer des Stadtgerichtes und die restlichen 76 Bürger bildeten den Äußeren Rat.[77] Der Stadtrat und die Beisitzer wählten neue Äußere Räte, um kranke oder gestorbene Räte zu ersetzen, die Beisitzer wurden vom Landesfürsten ernannt. Die Last der Verwaltung der Stadt durch den Stadtrat, aber auch die zahlreichen Ämter wurden damit in einem deutlich engeren Personenkreis ausgespielt: Nicht mehr 18 Personen samt Stadtrichter stellten den Rat (wie vor 1526), sondern nur mehr zwölf. Die Belastung der bürgerlich-niederadeligen Elite der Stadt Wien durch bürgerliche Amtspflichten nahm dadurch ebenso zu wie die Kontrolle der Stadt durch den Landesfürsten und dessen beauftragten Stadtanwalt.[78]

Die Stadt lebte weiterhin einerseits vom Weinbau, was die Situierung der Stadt inmitten eines großen Weinbaugebietes ökonomisch nahelegte, und andererseits vom Handel aus und nach Italien sowie nach und aus Böhmen, Mähren und Ungarn: Die Handelszentren Venedig, Pressburg, Prag, Krakau, Breslau oder die oberdeutschen Städte waren im Wiener Handelsnetz, in der Korrespondenz der Händler und im Warentausch stets präsent. Daneben spielte die handwerkliche Tätigkeit in der Stadt eine große Rolle. Betrachtet man Tätigkeitsprofile der Wiener Bürgermeister am Beginn des 16. Jahrhunderts, so fällt auf, dass das topografische Zentrum der den Fernhandel der Stadt prägenden und seit 1511 bestehenden »Wiener Handelsgesellschaft« weiterhin rund um den Bauernmarkt lag. Der »Clan«[79] der Wiener Handelsbürger war nicht nur durch Geschäftsbeziehungen, sondern auch durch Heiratskreise eng vernetzt. Auch bürgerliche Juristen – Aufsteiger mit Universitätsbesuchen – fanden vereinzelt schon erfolgreich Eingang in dieses Netzwerk. Qualifizierte Migranten machten sich von verschiedenen mitteleuropäischen Punkten in die habsburgische Residenz auf: Händler aus Wiener Neustadt (Familie Straub), aus Schemnitz/Banská Štiavnica (Oberungarn, heute Slowakei) (Familie von Pieschen), aus Villach (Familie Schrantz), aus Hermannstadt/Sibiu (Siebenbürgen) (Familie Siebenbürger) oder aus dem heutigen Südtirol (Familie Fatzi) finden sich unter den Handels- und Ratsbürgern an der Wende zum 16. Jahrhundert. Personen wie die Wiener Bürgermeister Lienhard Lackner (1522), der streitbar-kluge und später hingerichtete Martin Siebenbürger (1521) oder der Kirchmeister von St. Stephan Hans Straub traten aber auch politisch deutlich sichtbar in Erscheinung und dominierten den Wiener Stadtrat – ohne diese Wiener Händler, die Haus an Haus im Bereich der Münzerstraße (des Bauernmarkts) residierten,[80] wurden in Wien zu Beginn der Neuzeit keine größeren politischen Entscheidungen gefällt. Sozial bewegte sich diese Händlerclique in den obersten Wiener Bürgerschichten: Einige Händler schrieben sich in die Wiener Gottsleichnamsbruderschaft ein, andere fungierten als Kirchmeister von St. Stephan; prestigeträchtige Grabmäler im Stephansdom unterstreichen den gesellschaftlichen Anspruch dieser Gruppe.[81] Zahlreiche Händler der »Wiener Handelsgesellschaft«, die sich in einer ursprünglichen, aber deutliche Worte findenden Namensgebung als »Societas leonis« (Gesellschaft des oder zum Löwen)[82] bezeichneten, beteiligten sich an der Rebellion gegen das alte Regiment Maximilians I. – einige Wiener Händler wie Martin Siebenbürger und Friedrich von Pieschen wurden zwar im Wiener Neustädter Blutgericht von 1522 mit Billigung Ferdinands I. hingerichtet, dennoch bestand die »Wiener Handelsgesellschaft« bis Mitte des 16. Jahrhunderts weiter. Das vielfältig genutzte Haus Bauernmarkt 1 zeigt in seiner baulichen Ausgestaltung mit großen und kleinen Vorratskammern und Kellern einerseits die Nutzung als Handelshaus, doch Stuben, Kammern, eine Küche und Ziegeldeckung kennzeichnen das Haus andererseits als »Patrizierhaus«.[83]

1 Vgl. Ferdinand Opll, »Wien – nach Köln eine der bedeutendsten Städte des Regnum Theutonicum. Ein Städtevergleich«, in: Wilhelm Janssen/Margret Wensky (Hg.), *Mitteleuropäisches Städtewesen in Mittelalter und Frühneuzeit. Edith Ennen gewidmet*, Köln 1999, S. 63–89, hier S. 63 f.; allgemein Peter Csendes/Ferdinand Opll (Hg.), *Wien. Geschichte einer Stadt*, Bd. 1: *Von den Anfängen bis zur Ersten Türkenbelagerung (1529)*, Wien 2001; vgl. auch https://www.geschichtewiki.wien.gv.at/Wien_Geschichte_Wiki.
2 Allgemein Eberhard Isenmann, *Die deutsche Stadt im Mittelalter 1150–1550. Stadtgestalt, Recht, Verfassung, Stadtregiment, Kirche, Gesellschaft, Wirtschaft*, Wien/Köln/Weimar 2012; Knut Schulz, »Die Ministerialität als Problem der Stadtgeschichte. Einige allgemeine Bemerkungen, erläutert am Beispiel der Stadt Worms«, in: *Rheinische Vierteljahrsblätter*, Bd. 32 (1968), S. 184–219; für Wien: Otto Brunner, »Das Wiener Bürgertum in Jans Enikels Fürstenbuch«, in: ders., *Neue Wege der Verfassungs- und Sozialgeschichte*, Göttingen 1968, S. 242–265; Herbert Knittler, »Zu den Führungsschichten in spätmittelalterlichen und frühneuzeitlichen Städten Österreichs«, in: Peter Csendes/Johannes Seidl (Hg.), *Stadt und Prosopographie. Zur quellenmäßigen Erforschung von Personen und sozialen Gruppen in der Stadt des Spätmittelalters und der frühen Neuzeit*, Linz 2002, S. 29–41.
3 Knittler 2002, wie Anm. 2, S. 33.
4 Richard Perger, »Der organisatorische und wirtschaftliche Rahmen«, in: Csendes/Opll 2001, wie Anm. 1, S. 199–246, hier S. 212–221.
5 Richard Perger, *Straßen, Türme und Basteien. Das Straßennetz der Wiener City in seiner Entwicklung und seinen Namen. Ein Handbuch*, Wien 1991, S. 21 f.; Heinrich Demelius, »Ehegüterrecht in der Münzerstraße im 15. Jahrhundert«, in: *Jahrbuch des Vereines für Geschichte der Stadt Wien*, Bd. 26 (1970), S. 46–75.
6 Richard Perger, »Die Grundherren im mittelalterlichen Wien. III. Teil. Bürgerliche und adelige Grundherrschaften«, in: *Jahrbuch des Vereines für Geschichte der Stadt Wien*, Bd. 23/25 (1967/69), S. 7–102, hier S. 10–13, 31 f.; Brunner 1968, wie Anm. 2, S. 245, 256 f.; Peter Csendes, »Das Werden Wiens – Die siedlungsgeschichtlichen Grundlagen«, in: Csendes/Opll 2001, wie Anm. 1, S. 55–94, hier S. 72; Klaus Lohrmann, »Das Werden von Stadt und städtischer Gesellschaft«, in: ebd., S. 247–290, hier S. 257 f.; Philipp Strauch (Hg.), *Jansen Enikels Werke. Weltchronik. Fürstenbuch* (Monumenta Germaniae Historica. Deutsche Chroniken und andere Geschichtsbücher des Mittelalters, Bd. 3), Hannover/Leipzig 1900, S. 630–634, V. 1665–1878; Fritz Peter Knapp, *Die Literatur des Spätmittelalters in den Ländern Österreich, Steiermark, Kärnten, Salzburg und Tirol von 1273 bis 1439. Die Literatur in der Zeit der frühen Habsburger bis zum Tod Albrechts II. 1358*, Graz 1999, S. 236 f., 247–253.
7 Perger 1967/69, wie Anm. 6, S. 8–10, 13 f., 17; Klaus Lohrmann, *Die Wiener Juden im Mittelalter*, Berlin/Wien 2000, S. 23–32.
8 Peter Csendes, »Vom späten 14. Jahrhundert bis zur Ersten Wiener Türkenbelagerung 1529«, in: Csendes/Opll 2001, wie Anm. 1, S. 145–190, hier S. 72; Herwig Weigl, »Preuhafen und Milchtopf. Die Ritter von Steyr und die Bürgergemeinde«, in: *Pro Civitate Austriae*, N. F., Heft 6 (2001), S. 24–66, bes. S. 27–30, mit Literatur.
9 Richard Perger, »Wohntürme im mittelalterlichen Wien«, in: *Beiträge zur Mittelalterarchäologie in Österreich*, Bd. 8 (1992), S. 103–115, bes. S. 109.
10 Richard Perger, »Das Ende der Stadtministerialität in den landesfürstlichen Städten Österreichs. Gedanken zu den Verordnungen Herzog Rudolfs IV. über die Ablöse der städtischen Grundrechte«, in: *Aus Österreichs Rechtsleben in Geschichte und Gegenwart. Festschrift für Ernst C. Hellbling zum 80. Geburtstag*, Berlin 1981, S. 645–657, hier S. 647 f.
11 Ivo Luntz, *Die allgemeine Entwicklung der Wiener Privaturkunde bis zum Jahr 1360*, Wien 1917, S. 8–13.
12 Brunner 1968, wie Anm. 2, S. 255 f.
13 Peter Csendes (Hg.), *Die Rechtsquellen der Stadt Wien*, Köln/Wien 1986, S. 30–39, Nr. 4.
14 Lohrmann 2001, wie Anm. 6, S. 247; vgl. Peter Csendes, »König Ottokar II. Přemysl und die Stadt Wien«, in: *Jahrbuch für Landeskunde von Niederösterreich*, N. F., Bd. 44/45 (1978), S. 142–158, hier S. 144.
15 Csendes 1986, wie Anm. 13, S. 37, Nr. 4, § 23 (1221).
16 Wolfgang von Stromer, »Bernardus Teotonicus und die Geschäftsbeziehungen zwischen den deutschen Ostalpen und Venedig vor der Gründung des Fondaco dei Tedeschi«, in: Paul W. Roth (Hg.), *Beiträge zur Handels- und Verkehrsgeschichte*, Graz 1978, S. 1–15, hier 1 f., 7.
17 Knittler 2002, wie Anm. 2, S. 35; Karl Uhlirz (Hg.), *Quellen zur Geschichte der Stadt Wien*, Bd. II/1, Wien 1898, Nr. 82; Leopold Sailer, *Die Wiener Ratsbürger des 14. Jahrhunderts*, Wien 1931, S. 56 f.
18 Ferdinand Opll, »Vom frühen 13. bis zum Ende des 14. Jahrhunderts«, in: Csendes/Opll 2001, wie Anm. 1, S. 95–144, hier S. 113 f.; Perger 1967/69, wie Anm. 6, S. 83.
19 Brunner 1968, wie Anm. 2, S. 250–253; Perger 1967/69, wie Anm. 6; Knittler 2002, wie Anm. 2, bes. S. 34 f.
20 Zum Folgenden: Csendes 1978, wie Anm. 14, bes. S. 146–149; Perger 1967/69, wie Anm. 6, S. 22–31; Brunner 1968, wie Anm. 2, S. 247 f.
21 Siehe den Beitrag von Günter Buchinger/Doris Schön »Ein mittelalterliches Patrizierhaus im Zentrum Wiens als Sitz einer Ratsbürgerfamilie« in diesem Band, S. 532–537, hier S. 533.
22 Csendes 1986, wie Anm. 13, S. 80, Nr. 12, § 29 (1278).
23 Christina Lutter, »›Locus horroris et vastae solitudinis‹? Zisterzienser und Zisterzienserinnen in und um Wien«, in: *Historisches Jahrbuch*, Bd. 132 (2012), S. 141–176, hier S. 158 f., 169 f.
24 Perger 1967/69, wie Anm. 6, S. 18–22.
25 Ebd., S. 41–43.
26 Ebd., S. 55–63; Brigitte Pohl-Resl, *Rechnen mit der Ewigkeit. Das Wiener Bürgerspital im Mittelalter*, Wien/München 1996, S. 12 f.
27 Opll 2001, wie Anm. 18, S. 113 f., 116 f.; Alphons Lhotsky, *Geschichte Österreichs seit der Mitte des 13. Jahrhunderts (1281–1358)*, Wien 1967, S. 71 f., 195.
28 Perger 1967/69, wie Anm. 6, S. 63–68.
29 Ebd., S. 69–72.
30 Ebd., S. 72–80.
31 Perger 2001, wie Anm. 4, S. 212–214.
32 Ebd., S. 226.
33 Sailer 1931, wie Anm. 17, S. 254, zur Familie: S. 249–263.
34 Zuletzt Sylvia Sakl-Oberthaler/Martin Mosser/Heike Krause/Gerhard Reichhalter (Hg.), *Von der mittelalterlichen Stadtmauer zur neuzeitlichen Festung Wiens. Historisch-archäologische Auswertung der Grabungen in Wien 1, Wipplingerstraße 33–35*, Wien 2016.
35 Csendes 1986, wie Anm. 13, S. 45, Nr. 6, § 2 (1237, spätere Übersetzung); S. 75, Nr. 12, § 2 (1278).
36 *Jansen Enikels Werke* 1900, wie Anm. 6, S. 646 f., V. 2436–2440; S. 665–671, V. 3395–3774 (Dietrich: V. 3605); Brunner 1968, wie Anm. 2, S. 248 f.; Perger 1967/69, wie Anm. 6, S. 56 f.; Knapp 1999, wie Anm. 6, S. 251.
37 Gerhard Jaritz/Christian Neschwara (Hg.), *Die Wiener Stadtbücher 1395–1430, Teil 4: 1412–1417*, Wien/Köln/Weimar 2009, S. 284, Nr. 2316 (1416); vgl. Gerhard Jaritz/Christian Neschwara (Hg.), *Die Wiener Stadtbücher 1395–1430, Teil 3: 1406–1411*, Wien/Köln/Weimar 2006, S. 261, Nr. 1023 (1404).
38 Sailer 1931, wie Anm. 17; Knittler 2002, wie Anm. 2, bes. S. 34 f.
39 Sailer 1931, wie Anm. 17, S. 69–95.
40 Ebd., S. 439–441; Opll 2001, wie Anm. 18, S. 121 f.; als Herr erstmals: Uhlirz 1898, wie Anm. 17, Nr. 107 (1328); vgl. Lothar Groß, »Zur Frage der Wiener Erbbürger«, in: *Mitteilungen des Vereines für Geschichte der Stadt Wien*, Bd. 1 (1920), S. 27–43, hier S. 33–35.
41 Sailer 1931, wie Anm. 17, S. 293 f.
42 Groß 1920, wie Anm. 40, S. 39 f.
43 Zum Folgenden siehe die Netzwerkanalyse von Elisabeth Gruber, »Wer regiert hier wen? Handlungsspielräume in der spätmittelalterlichen Residenzstadt Wien«, in: Elisabeth Gruber/Susanne Claudine Pils/Sven Rabeler/Herwig Weigl/Gabriel Zeilinger (Hg.), *Mittler zwischen Herrschaft und Gemeinde. Die Rolle von Funktions- und Führungsgruppen in der mittelalterlichen Urbanisierung Zentraleuropas. Internationale Tagung, Kiel, 23.11.–25.11.2011*, Innsbruck/Wien/Bozen 2013, S. 19–48, bes. S. 31–40 mit Grafiken 1–6; zu den jeweiligen Familien siehe Sailer 1931, wie Anm. 17.
44 Sailer 1931, wie Anm. 17, S. 166 f.
45 Knittler 2002, wie Anm. 2, S. 29, 36–38; zum politischen Rahmen und den ratsbürgerlichen Akteuren: Csendes 2001, wie Anm. 8, S. 145–176.
46 Sailer 1931, wie Anm. 17, S. 165–185, 488–491.
47 Csendes 1986, wie Anm. 13, S. 199 f., Nr. 46 (1396); Groß 1920, wie Anm. 40, S. 42 f.; Opll 2001, wie Anm. 18, S. 143 f.; Csendes 2001, wie Anm. 8, S. 145–148; Perger 2001, wie Anm. 4, S. 213 f.; Lohrmann 2001, wie Anm. 6, S. 277; Christian Lackner, »Des mocht er nicht geniessen, wiewol er der rechte naturleich erbe was. – Zum Hollenburger Vertrag vom 22. November 1395«, in: *Jahrbuch für Landeskunde von Niederösterreich*, N. F., Bd. 65 (1999), S. 1–15, hier 6 f., 10 f., 13 f.

48 Groß 1920, wie Anm. 40; Knittler 2002, wie Anm. 3, S. 36 f.
49 Knittler 2002, wie Anm. 2, S. 37, nach der prosopografischen Aufarbeitung durch Richard Perger, *Die Wiener Ratsbürger 1396-1526. Ein Handbuch*, Wien 1988, bes. S. 264–268.
50 Perger 1988, wie Anm. 49, S. 185, 268 f.; ausführlich Richard Perger, »Niklas Teschler und seine Sippe. Ein Beitrag zur Sozialgeschichte Wiens im 15. Jahrhundert«, in: *Jahrbuch des Vereines für Geschichte der Stadt Wien*, Bd. 23/25 (1967/69), S. 108–182, zu den Festen S. 125.
51 Zum Beispiel Perger 1988, wie Anm. 49, S. 189, 210, 219, 245.
52 Christina Mochty-Weltin, »Die Würfel – eine Wiener Ratsbürgerfamilie mit Grundbesitz in Niederösterreich«, in: Elisabeth Loinig/Stefan Eminger/Andreas Weigl (Hg.), *Wien und Niederösterreich – eine untrennbare Beziehung? Festschrift für Willibald Rosner*, St. Pölten 2017, S. 437–452.
53 Karl Uhlirz (Hg.), *Quellen zur Geschichte der Stadt Wien*, Bd. II/2, Wien 1900, Nr. 3382 (1450).
54 Sailer 1931, wie Anm. 17, S. 267–280, zu den Lieferungen: S. 275, 279; Perger 1988, wie Anm. 49, S. 193; Richard Perger, »Die Grundherren im mittelalterlichen Wien. II. Teil. Geistliche Grundherrschaften des 13. und 14. Jahrhunderts«, in: *Jahrbuch des Vereines für Geschichte der Stadt Wien*, Bd. 21/22 (1965/66), S. 120–183, S. 157, 160; zum Thema Ritter: Uhlirz 1898, wie Anm. 17, Nr. 1378 (1398); Anna Benna, »Eine Wiener Ratsliste und das Wiener Stadtrecht von 1340«, in: *Mitteilungen des Österreichischen Staatsarchivs*, Bd. 16 (1963), S. 1–27, hier S. 4.
55 Eva-Maria Höhle/Oskar Pausch/Richard Perger, »Die Neidhart-Fresken im Haus Tuchlauben 19 in Wien. Zum Fund profaner Wandmalereien der Zeit um 1400«, in: *Österreichische Zeitschrift für Kunst und Denkmalpflege*, Bd. 36 (1982), S. 110–144, hier S. 113–115; Perger 1988, wie Anm. 49, S. 255.
56 Perger 1988, wie Anm. 49, S. 171; Sailer 1931, wie Anm. 17, S. 278; zum Folgenden: Richard Perger, »Simon Pötel und seine Handelsgesellschaft«, in: *Jahrbuch des Vereins für Geschichte der Stadt Wien*, Bd. 40 (1984), S. 7–88.
57 Pohl-Resl 1996, wie Anm. 26, S. 33–36, 51–66; Perger 1988, wie Anm. 49, S. 240.
58 Csendes 2001, wie Anm. 8, S. 155–168.
59 Herwig Weigl, »Ambulans per plateam. Die Register der päpstlichen Pönitentiarie als Quellen zur Stadtgeschichte«, in: *Pro Civitate Austriae*, N. F., Bd. 13 (2008), S. 101–124, hier S. 113. Zum Venedighandel auch: Sailer 1931, wie Anm. 17, S. 56 f., 332 f.
60 Perger 1988, wie Anm. 49, S. 213; Richard Perger, »Wiener Bürger des 15. Jahrhunderts als Förderer der Leonhardskirche in Tamsweg«, in: *Jahrbuch des Vereines für Geschichte der Stadt Wien*, Bd. 26 (1970), S. 76–102, hier S. 84–88.
61 Ebd., S. 83 f. und Abb. 3 und 4.
62 Ebd. S. 77–81; Perger 1988, wie Anm. 49, S. 214; Andreas Zajic, »Große Herren und Aufsteiger, Fürstendiener und Hochverräter – Bausteine zu einer Nutzergeschichte von Schloss und Herrschaft Pöggstall«, in: Peter Aichinger-Rosenberger/Andreas Zajic (Hg.), *Schloss Pöggstall. Adelige Residenz zwischen Region und Kaiserhof*, Weitra 2017, S. 13–51, hier S. 17–20.
63 Sailer 1931, wie Anm. 17; Perger 1988, wie Anm. 49, S. 162–261.
64 Perger 1988, wie Anm. 49, S. 262–264; Perger 2001, wie Anm. 4, S. 208.
65 Luntz 1917, wie Anm. 6, S. 8, 10; Ilse Bodo, *Die Siegel der Wiener Ratsbürger des 14. Jahrhunderts*, Prüfungsarbeit am Institut für Österreichische Geschichtsforschung, Wien 1968.
66 Mochty-Weltin 2017, wie Anm. 52, S. 438 f.; Sailer 1931, wie Anm. 17, S. 455–458.
67 Pohl-Resl 1996, wie Anm. 26, S. 27–36, 68 f.
68 Ebd., S. 92–96.
69 Vgl. die Schausammlungen des Wien Museums und der Virgilkapelle am Stephansplatz: Hans Bisanz (Hg.), *Wien im Mittelalter*, Katalog der 41. Sonderausstellung des Historischen Museums der Stadt Wien, Wien 1975, S. 75–83, 99–126, 140–147; Michaela Kronberger, *Virgilkapelle*, Wien 2017, S. 92–125.
70 Höhle/Pausch/Perger 1982, wie Anm. 55; Gertrud Blaschitz/Barbara Schedl, »Die Ausstattung eines Festsaales im mittelalterlichen Wien. Eine ikonologische und textkritische Untersuchung der Wandmalereien des Hauses ›Tuchlauben 19‹«, in: Gertrud Blaschitz (Hg.), *Neidhartrezeption in Wort und Bild*, Krems 2000, S. 84–111.
71 Jaritz/Neschwara 2009, wie Anm. 37, S. 260–262, Nr. 2271 (1416); Perger 1988, wie Anm. 49, S. 202.
72 Jaritz/Neschwara 2009, wie Anm. 37, S. 336 f., Nr. 2402 (1416); Perger 1988, wie Anm. 49, S. 176. Hans Steinpeck, dessen Testament all diese Merkmale aufweist, war kein Ratsbürger; Wilhelm Brauneder/Gerhard Jaritz/Christian Neschwara (Hg.), *Die Wiener Stadtbücher 1395-1430, Teil 2: 1401-1405*, Wien/Köln/Weimar 1998, S. 260–263, Nr. 1023 (1404).
73 Perger 1984, wie Anm. 56, S. 83 f. mit Abb. 84.
74 Vgl. den Beitrag von Günter Buchinger/Doris Schön »Das bürgerliche Wohn- und Geschäftshaus des 16. und 17. Jahrhunderts« in diesem Band, S. 548–555.
75 Csendes 1986, wie Anm. 13, S. 262–266, Nr. 72–74 (1522).
76 Ebd., S. 278–285, Nr. 76 (1526).
77 Josef Pauser, »Verfassung und Verwaltung der Stadt Wien«, in: Karl Vocelka/Anita Traninger (Hg.), *Wien. Geschichte einer Stadt. Bd. 2: Die frühneuzeitliche Residenz (16. bis 18. Jahrhundert)*, Wien 2003, S. 47–90, hier S. 52.
78 Martin Scheutz, »Bürger und Bürgerrecht. Rechte, Pflichten und soziale Felder der mittelalterlichen und neuzeitlichen Bürger im Heiligen Römischen Reich«, in: Elisabeth Gruber/Mihailo Popović/Martin Scheutz/Herwig Weigl (Hg.), *Städte im lateinischen Westen und im griechischen Osten zwischen Spätantike und Früher Neuzeit. Topographie – Recht – Religion*, Wien/Köln/Weimar 2016, S. 123–148, hier S. 130–132, 143–147.
79 Richard Perger/Walter Hetzer, *Wiener Bürgermeister der frühen Neuzeit*, Wien 1981, S. 59.
80 Ebd., S. 60.
81 Ebd., S. 61.
82 Ebd., S. 5.
83 Siehe Buchinger/Schön, wie Anm. 74. Zur Hausnutzung in der Frühen Neuzeit: Julia A. Schmidt-Funke, »Städtische Wohnkulturen in der Frühen Neuzeit«, in: Joachim Eibach/Inken Schmidt-Voges (Hg.), *Das Haus in der Geschichte Europas. Ein Handbuch*, Berlin 2015, S. 215–231, hier S. 222–225.

GÜNTHER BUCHINGER / DORIS SCHÖN

Ein bürgerliches Wohn- und Geschäftshaus des 16. und 17. Jahrhunderts

IN DER FRÜHEN NEUZEIT

Der erste Ausbau durch Heinrich Franckh zwischen 1503 und 1518

Der große Gebäudekomplex des mittelalterlichen Patrizierhauses Bauernmarkt 1 verlor 1493 seine Stellung als ehemaliges Ratsherrenhaus und wurde in der Spätgotik und der Renaissance in zwei Schritten zu einem Wohn- und Geschäftshaus umgestaltet. Zunächst trat der letzte Besitzer des 15. Jahrhunderts Hans Köppel zwecks Ausgleichs einer Forderung das Haus 1503 um 800 Pfund Pfennig an Oswalt Ernst ab.[1] Dieser verkaufte es noch im selben Jahr ebenfalls um 800 Pfund Pfennig an Heinrich Franckh und dessen Frau Barbara.[2] Mit dieser Preisangabe ist der im Kapitel »Ein mittelalterliches Patrizierhaus im Zentrum Wiens als Sitz einer Ratsbürgerfamilie« beschriebene verdichtete Bau des 15. Jahrhunderts mit zwei Obergeschoßen charakterisiert.[3] Am 5. Oktober 1513 verzichtete Barbara gegenüber ihrem Gatten auf ihre Ansprüche auf das Haus, wofür sie mit einer Geldsumme abgefertigt wurde.[4] 1518 verkaufte Franckh das erstmals »Eslarn Haus« genannte Gebäude um die gewaltige Summe von 1645 Pfund Pfennig an Hanns Schober.[5] Zwischen 1503 und 1518 muss es demnach zu einem bedeutenden Ausbau des Anwesens gekommen sein, der auch am Baubestand nachvollzogen werden kann (SIEHE KASTEN 1).

Der zweite große Ausbau durch Johann Prunner um 1590

Von Hanns Schober kam das Haus zunächst erblich an seinen Sohn Stefan und von diesem 1545 an dessen Tante Margarethe Hohentonnerin, die 1552 ihren Gatten Leonhart Pleyer, »den man nennt Hohentonner«, zu sich schreiben ließ.[6] 1568 fiel Pleyer auch die Haushälfte seiner Gattin zu, und im Jahr darauf verkaufte er das ganze Haus dem Beisitzer des kaiserlichen Stadtgerichtes und Doktor beider Rechte Johann Prunner und dessen Frau Martha.[7] Aus der Zeit Hohentonners sind die ersten Hofquartiersbeschreibungen (ABB. 10) des Hauses erhalten.[8] Demnach befanden sich über sieben Kellern straßenseitig im Erdgeschoß dreizehn Verkaufsläden und hofseitig ein Stall für vier Pferde sowie die Senkgrube. Das straßenseitige Gebäude hatte zwei Obergeschoße, der hintere Hoftrakt nur ein Obergeschoß. Im ersten Obergeschoß des Straßentraktes befand sich ein Saal, darüber hinaus verfügte das Haus über sechs Wohnungen, von welchen fünf hofquartierspflichtig waren. Hier waren unter anderem ein Glaser, ein Leinwandhändler und zwei weitere Händler, die in höfischen Diensten standen, kostenlos einquartiert.

Die Hausbeschreibung offenbart so manches ungewöhnliche Detail: Die Existenz von nicht weniger als dreizehn Verkaufsläden ist erstaunlich und belegt gegenüber den zwei Läden von 1399 den großen Ausbau des Gebäudes im frühen 16. Jahrhundert. Offenbar fungierte das Gebäude seither auch als Geschäftshaus. Weiters überrascht die Existenz eines Saales im Obergeschoß, ein für ein Bürgerhaus ungewöhnliches Merkmal, das offenbar auf den Ursprung des Gebäudes als Ratsherrnsitz im 13./14. Jahrhundert zurückging.

Der Jurist Dr. Johann Prunner, unter dem das Haus in einer Beschreibung von 1587 im Wesentlichen noch unverändert war,[9] hinterließ 1592 seine Haushälfte seinen drei Töchtern Elisabeth, nachmals Frau des Oswald Hüttendorfer, Anna Wildin und Barbara. Elisabeth trat ihr Drittel ihrem Bruder Tobias Prunner im Austausch gegen einen anderen Grund ab, und auch Anna Wildin überließ diesem käuflich ihren Anteil. 1627 wurde das Haus vom Rat des Innern und Oberstadtkämmerer Andre Pfeiffer erworben,[10] der es 1632 seinem Sohn, dem Rat des Innern Dr. jur. Johann Baptist Pfeiffer, übertrug, wobei Schuldenlast auf dem Haus lag.[11] Unter Pfeiffer waren Dr. Radolt, der böhmische Hofsekretär Freysleben und der Reichshofkanzlist Georg Dempfl in drei Wohnungen einquartiert.[12] Im Hofquartiersbuch von 1639 ist eine Beschreibung des Hauses erhalten, das sich zu diesem Zeitpunkt noch im Besitz der Witwe Anna Prunner befand, die vermutlich die Gemahlin Tobias Prunners gewesen war. Demnach handelt es sich um eine Beschreibung aus der Zeit vor 1627, die erst 1639 offiziell in das Hofquartiersbuch übernommen wurde.[13] Laut den Angaben hatte sich die Kubatur des Hauses seit der letzten ausführlichen Beschreibung von 1587[14] in etwa verdoppelt. Der Keller bestand wie heute aus dem kleinen Keller rechts der Einfahrt (ABB. 11: KG 12), links der Einfahrt dem hofseitig mehrfach unterteilten (KG 5, KG 6, KG 7, KG 9) und straßenseitig großen

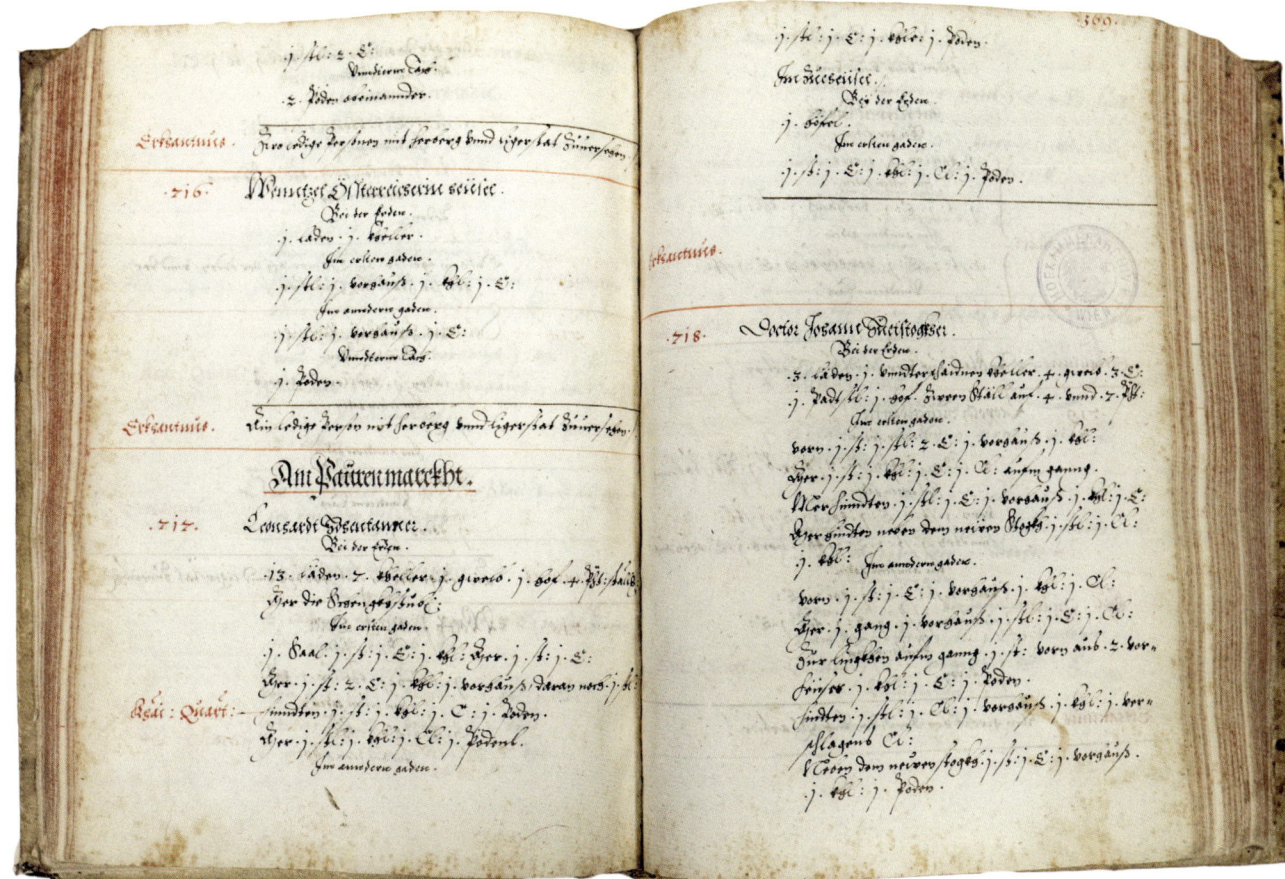

ABB. 10 Hofquartiersbuch 2, 1566, fol. 168v und 169, Österreichisches Staatsarchiv

KASTEN 1 Zwischen 1503 und 1518 errichtete man entlang des Bauernmarkts ein neues Gebäude (ABB. 1, Bereich EG 9), dessen Bruchsteinmauern bereits als Netzmauerwerk versetzt wurden und dessen Fundamente bis in 5 m Tiefe reichen (ABB. 2). Dieses gewaltige Maß resultiert aus der Tatsache, dass der Bau innerhalb des römischen Kellers steht, der mit einer Vielzahl an dünnen Erdschichten verfüllt wurde, deren Instabilität eine derartige bauliche Maßnahme notwendig machte. Östlich an dieses Gebäude anschließend entstand gleichzeitig ein 1 mal 2 Meter großes Becken (ABB. 3), das weitgehend aus mittelalterlichen Ziegeln errichtet wurde. In seinem vollständig verputzten Inneren befand sich entlang der Wände eine Holzverschalung, von der die Negativspuren erhalten geblieben sind. Ein entsprechendes Becken wurde auch im Keller des Erzbischöflichen Palais (Wollzeile 2) unmittelbar neben dem Fundament einer Weinpresse freigelegt. In beiden Fällen handelte es sich demnach um Becken, die in Zusammenhang mit dem Keltern standen – je nach Größe um ein Kelterbecken, in dem die Trauben in einem Korb gepresst wurden, oder um ein Auffangbecken, in dem der Saft gesammelt wurde. Das erhaltene Becken am Bauernmarkt muss aufgrund seiner Kleinheit dem Sammeln der Flüssigkeit gedient haben.

Die Archäologen legten weiters an der Westseite von EG 7 das Fundament einer Mauer frei, das belegt, dass die Ostmauer des Gebäudes (EG 9-Ostwand/EG 8-Westwand) bis an die Südwand des hochmittelalterlichen Gebäudes reichte (ABB. 4, EG 7) und damit in der Südostecke des Grundstücks einen kleinen Innenhof aussparte, der wahrscheinlich zum Bauernmarkt mit einer Hofmauer abgeriegelt war. Ein ebenfalls archäologisch freigelegtes Punktfundament (ABB. 5) in EG 7 könnte einen Freipfeiler getragen haben, der möglicherweise zu einem Gang auf der Höhe des Obergeschoßes gehörte, der das Gebäude entlang des Bauernmarkts über den Innenhof mit dem seitlichen Hinterhaus verband.

Etwas weiter westlich, an der Ecke zur Freisingergasse, wurde der kleine ältere Bau (EG 12/13) direkt an der Straßenecke vollständig unterkellert, wobei man an der Nordwestecke einen Teil der Außenseite des älteren Brunnens freilegte (SIEHE ABB. 10 auf S. 537). Im Kellerinneren beweist eine Fehlstelle im Gewölbe, dass der Zugang zu diesem kleinen Raum in der Nordostecke lag und damit offenbar an der gleichen Stelle wie der 1399 genannte Zugang in den Vorgängerkeller (ABB. 6). Um die Nutzung zu erleichtern, erhielt das Gewölbe gegenüber dem Eingang einen großen Schacht, um Waren direkt vom Gehsteig des Bauernmarkts einbringen zu können.

Im östlich benachbarten Erdgeschoßraum EG 11 legte die archäologische Grabung in der Nordwestecke einen Wendeltreppenturm frei, dessen Mauern aus Bruchsteinen entstanden, die als enges Netzmauerwerk versetzt wurden (ABB. 7). Der Schacht ist älter als der erhaltene Raum und verband früher das Erdgeschoß mit dem ebenfalls abgekommenen Obergeschoß.

Die Archäologen weisen auch Umbauten am nördlichen Ende des Grundstücks nach, wo der damals bereits bestehende Keller (Bereich EG 30/31) in zwei Räume unterteilt wurde, die L-förmig zueinander standen und nicht miteinander verbunden waren (ABB. 8). Etwas weiter östlich, unmittelbar in der Nordostecke des Grundstücks, musste die Latrine mit Ziegeln erneuert werden. Ihre westliche Hälfte blieb innerhalb des Raums EG 1 erhalten (ABB. 9), ihre östliche Hälfte liegt seit dem nächstfolgenden Ausbau um 1590 außerhalb des Raums. Möglicherweise befand sich auch bereits die Latrine des frühen 16. Jahrhunderts teilweise außerhalb des Gebäudes, wie Vergleichsbeispiele nahelegen. So lag etwa die Latrine des Hauses Judenplatz 8 unmittelbar an der Grundstücksgrenze und wurde vom nördlichen Nachbarn mitbenutzt. Dieses Recht sowie die Auflage, den Zugang zur Latrinenräumung zu gewähren, wurden über lange Zeit auch im Grundbuch vermerkt. Die Positionierung einer Latrine im hinteren Bereich der Parzelle konnte in Wien bereits mehrfach nachgewiesen werden.[25] Latrinen sollten so weit wie möglich von Brunnen, die meist unmittelbar an der Straße situiert waren, abgerückt werden, um Kontaminierungen zu vermeiden.

ABB. 2 Während der archäologischen Grabung wurde das Fundament der Südwand eines Hauses freigelegt, das zwischen 1503 und 1518 entstanden ist. Am Mauerwerk ist deutlich der Übergang zwischen dem Fundament und der Erdgeschoßmauer zu erkennen – also jener Bereich, in dem der Erdgeschoßfußboden lag.

ABB. 3 In einem ehemaligen Innenhof wurde ein kleines Becken freigelegt, das noch aus spätmittelalterlichen Ziegeln errichtet wurde. Die Ziegel unterscheiden sich anhand ihres Formats von 25 x 12 x 5 cm deutlich von den bis zu 33 x 17 x 8 cm großen Ziegeln, die im weiteren Verlauf des 16. Jahrhunderts in Wien verwendet wurden. Im Inneren des mit Kalkmörtel verputzten Beckens zeichnet sich anhand der Fehlstellen entlang der Beckenränder eine ehemalige Holzkonstruktion für eine wirtschaftliche Nutzung ab. Zwischen 1503 und 1518.

ABB. 1 Der Baualtersplan des Erdgeschoßes zeigt, dass beim Neubau des Hauses um 1590 einige ältere Wände übernommen wurden oder zumindest als Basis für neue Wände dienten, im weiteren Verlauf der Neuzeit wurde die Parzelle langsam verdichtet und große Räume durch die Einstellung von Binnenwänden unterteilt.

ABB. 4 Die Archäologen fanden an der Westseite des Raums EG 7 das Fundament eines Vorgängergebäudes. Das Fundament wurde dabei frei in der Baugrube errichtet und sieht damit gänzlich anders aus als jenes von Abb. 2. Wie ab der zweiten Hälfte des 15. Jahrhunderts und im frühen 16. Jahrhundert üblich wurden große Steine verwendet, deren vertikale Stoß- und horizontale Lagerfugen mit kleinen Steinen ausgezwickelt wurden. Zwischen 1503 und 1518.

ABB. 5 Unmittelbar östlich der Fundamentmauer von Abb. 4 wurde ein sogenanntes Punktfundament archäologisch freigelegt. Das Fundament diente für einen Pfeiler, auf dem ein Gang auf der Höhe des ersten Obergeschoßes auflag. Zwischen 1503 und 1518.

ABB. 6 An der Ecke Bauernmarkt/Freisingergasse wurde im frühen 16. Jahrhundert das spätmittelalterliche Gebäude unterkellert und eingewölbt. Der Zugang zum Keller erfolgte von der Einfahrt (EG 14), wobei entlang der Ostwand von KG 12 eine hölzerne Treppe in den Keller führte. Der ehemalige Zugang ist heute mit Beton verschlossen.

ABB. 7 Die Archäologen legten in der Nordwestecke des Erdgeschoßraums EG 11 ein Segment eines Wendeltreppenschachts frei. Im Inneren des runden Schachts stand ehedem eine Wendeltreppe, die sich aus einzelnen Steinstufen zusammensetzte, die gemeinsam mit einer mittig stehenden Spindel gearbeitet wurden. Nach der Aufgabe der Treppe wurde der Schacht auf seine heutige Größe eingekürzt und als Teil eines Abwasserkanals genutzt. Dementsprechend erhielt er einen Abschluss aus Ziegeln. Zwischen 1503 und 1518.

ABB. 8 Der im Bereich der heutigen Räume EG 30/31 im 15. Jahrhundert entstandene große Kellerraum wurde im frühen 16. Jahrhundert zu zwei kleineren Räumen umgebaut, die L-förmig zueinander lagen. Rechts im Bild ist das zur Hälfte abgebrochene Ziegelgewölbe eines Nord/Süd-verlaufenden Kellerraums zu sehen, links im Bild blieben von einem West/Ost-orientierten Keller nur mehr die Gewölbeansätze erhalten. Der Gewölbescheitel wurde um 1715 abgebrochen, da er sonst in das damals neu entstandene Erdgeschoß hineingereicht hätte. Dies belegt der kleine Vorsprung aus Ziegeln an der linken Wand, auf dem die Holzbretter des Erdgeschoßes ehedem auflagen. Zwischen 1503 und 1518.

ABB. 9 Im Boden an der Ostseite des Erdgeschoßraums EG 1 wurde die westliche Hälfte einer Latrine ergraben, die östliche Hälfte liegt seit dem Ausbau um 1590 in einem kleinen Innenhof. Latrinen lagen in Wien oft im hinteren Teil der Parzelle, um sie so weit wie möglich vom Hausbrunnen abzurücken. Zwischen 1503 und 1518.

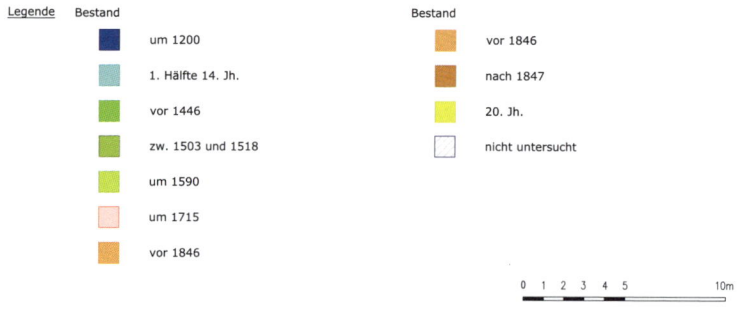

ABB. 11 Baualtersplan Kellergeschoß

Keller (KG 8) sowie dem unterteilten Keller (KG 2/3) hinten im Hof. Ebenerdig befanden sich neben den mittlerweile zwölf Verkaufsläden der Pferdestall, eine Heukammer und verschiedene Nebenräume. Ähnlich der heutigen Situation lagerte das Hauptgebäude L-förmig an Bauernmarkt und Freisingergasse, war im Gegensatz zu 1587 zur Freisingergasse hin nun vollständig zweihüftig strukturiert, wies also eine straßen- und eine hofseitige Flucht sowie ein teilweise ausgebautes Dachgeschoß auf. Am Bauernmarkt stand ein niedrigerer Stock mit zwei Obergeschoßen.

Bauherr dieser Erweiterung dürfte Dr. Johann Prunner um 1590 gewesen sein. Er war Ratsverwandter der Stadt Wien, Stadtrichter[15] und zählte zum Stadtrat, als dieser 1580 oder 1581 die Passionsreliefs in St. Stephan beauftragte oder zumindest restaurieren ließ.[16] Die archivalischen Nennungen lassen sich gut mit dem bauarchäologischen Befund in Verbindung setzen (SIEHE KASTEN 2). Die Errichtung einer großen, mehrteiligen Kelleranlage schuf die bis heute nachvollziehbare Struktur des Gebäudes. Von diesem Um- und Neubau ist das zweihüftige Erdgeschoß mit seinen

KASTEN 2 Um 1590 entstand der heutige große Keller unter den spätmittelalterlichen Häusern an der Freisingergasse, wobei die kleineren Vorgängerkeller, die noch 1566 in der Hofquartiersbeschreibung überliefert sind, ersetzt wurden. Die Mauern der heutigen Keller wurden als weit gezogenes, teilweise sehr lagerhaftes Netzmauerwerk errichtet (ABB. 12). Mit diesem Mauerwerk wurden die spätmittelalterlichen Fundamente im Bereich von KG 5, KG 7-Westmauer und KG 8 unterfangen, während man in KG 9 nur an der Nord- und Westseite spätmittelalterliche Fundamente unterfing, sonst jedoch einen neuen Kellerraum errichtete, der die östliche Flucht von KG 5 aufnahm. Mit KG 10 entstand zudem ein Halbkeller, der zunächst nicht mit KG 8 verbunden war. Den neuen Keller entlang der Freisingergasse verband man mittels eines schmalen Gangs (KG 11) mit dem spätmittelalterlichen Keller an der Ecke zum Bauernmarkt.

Am Beispiel des großen Kellers unter der Freisingergasse lässt sich nachvollziehen, wie es möglich war, ein bereits bestehendes spätmittelalterliches Gebäude zu unterkellern, ohne den Einsturz des darüberstehenden Gebäudes zu verursachen: Zunächst errichtete man an der Westmauer von KG 8 breite Wandpfeiler aus Bruchsteinen, die exakt unter den Fundamenten der Westfassade des Hauses situiert wurden und das Gewölbe tragen sollten. Dann wurden die Bereiche zwischen den Pfeilern vorwiegend mit Ziegeln geschlossen, wobei man auch mehrere flache Nischen anlegte, die erst im 19. Jahrhundert verfüllt wurden. An der Ostseite von KG 8 wurden hingegen die Wandpfeiler für die Gewölbe vor die eigentliche Mauerflucht gestellt und der Keller damit innerhalb des Gebäudes errichtet.

Damit offenbaren sich in diesem Kellerraum zwei Varianten eines Kellerneubaus in Miniertechnik. Das Fundament abschnittsweise freizulegen und zu unterfangen bietet die Möglichkeit, das Fundament zu verstärken und einen Keller zu errichten, der die Ausmaße des darüberstehenden Gebäudes aufweist.

ABB. 12 Der große Kellerraum KG 8 während des Umbaus, Überblick nach Norden. Um 1590.

ABB. 15 KG 8, Gewölbe mit rundbogigen Stichkappen. Um 1590.

Die zweite Option, einen Keller unter ein älteres Gebäude zu stellen, besteht darin, die neuen Kellermauern an den Innenseiten seiner Fundamente zu errichten und tiefer zu führen, wodurch der Keller geringfügig schmäler als das Gebäude darüber wird, jedoch als statisch eigenständiger Bau funktionieren kann.

Die Ursache für diesen massiven baulichen Eingriff könnte darin gelegen haben, dass die in diesem Bereich erhaltenen mittelalterlichen Keller in einem schlechten Zustand waren und saniert werden mussten, womit der Anstoß zu der aufwendigen Gebäudeunterfangung gegeben gewesen sein könnte.

Im rechten Winkel zu KG 8 entstand gleichzeitig ein weiterer Kellerraum (KG 6/KG 7) (ABB. 13), dessen neue Südmauer auch von den Archäologen unter der Nordmauer von EG 14 freigelegt werden konnte (ABB. 14). Mittig in der Trennwand zwischen den beiden Räumen KG 7 und KG 8 errichtete man ein Werksteinportal, dessen Ostkante allerdings im 20. Jahrhundert zerstört wurde. Über dem Portal fehlt das spätmittelalterliche Fundamentmauerwerk. Stattdessen findet sich hier Ziegelmauerwerk im gleichen Mörtel wie die restlichen Kellermauern – offenbar wurde das Fundament für den Einbau des Portals abgebrochen.

Der große Kellerraum (KG 8) wurde mit einem Nord/Süd-laufenden Tonnengewölbe überspannt, dessen Stichkappen einen für diese Zeit typischen rundbogigen Querschnitt aufweisen (ABB. 15). Einen Hinweis auf eine Planänderung beim Bau des Gewölbes findet man in der Südostecke von KG 8, wo ein Wandpfeiler zwar zusammen mit den beiden benachbarten Wänden angelegt, jedoch nie verwendet wurde. Bei der Errichtung des Gewölbes entschied man sich dafür, im südlichsten Abschnitt eine Quertonne einzusetzen, um hier den neuen Kellerzugang von der südlich liegenden Einfahrt EG 14 einzubringen (ABB. 16). Diese kleinen Quertonnen treten bei vielen Kellerabgängen des 16. und 17. Jahrhunderts in Wien auf und können geradezu als typisch betrachtet werden.[26]

Weiters entstanden auch die Kellerräume KG 5 und KG 9, die beide ursprünglich durch hohe rundbogige Öffnungen mit KG 8 verbunden waren. Das Ost/West-laufende Ziegelgewölbe von KG 9 wurde auf Wandpfeiler gestellt, die zumindest an der Nordseite auch die Aufgabe hatten, das spätmittelalterliche Fundament zu sichern und nicht zusätzlich zu belasten. Im Gewölbescheitel von KG 9 findet sich ein kreisrunder Transportschacht, über den Waren vom Erdgeschoß in den Keller abgeseilt oder hochgezogen werden konnten (ABB. 17).

Die Ostmauer von KG 5 zeigt ein interessantes Detail in Form eines hochrechteckigen Fensters mit Werksteinrahmen. Dabei handelt es sich um eine Fensteröffnung für einen zweiten Brunnen, der über dieses Fenster belüftet wurde, wie noch auf einem Plan von 1846 (ABB. 18) ersichtlich ist. Ähnliche Situationen konnten in den Kellern der Häuser Bäckerstraße 2 und Judenplatz 8 festgestellt werden.[27]

Geringfügig später wurde auch der spätmittelalterliche Keller (KG 2/3) im heutigen Seitentrakt zu einem größeren Raum mit Zugang vom Bauernmarkt ausgebaut. Dieser wurde aus Mischmauerwerk[28] errichtet, das als lagerhaftes Netzmauerwerk versetzt wurde. Als Bestandteil der Ostmauer von KG 2 entstanden zu Dekorzwecken drei fensterartige Rahmen (ABB. 19). Diese bestehen tatsächlich aus spoliierten Fenstergewänden mit 20 cm breiten Abfasungen, die teilweise massive Brandspuren aufweisen. Die Gewände bildeten ursprünglich wahrscheinlich querrechteckige Fenster, die beim neuerlichen Versatz mit Bruchsteinen in der Höhe vergrößert wurden. An der Westmauer von KG 2 finden sich keine Hinweise auf eine vergleichbare Dekoration. Der Zugang zu diesem langgestreckten Kellerraum erfolgte bis in das frühe 19. Jahrhundert über eine kurze Kellertreppe direkt vom Bauernmarkt.

ABB. 17 Im 16. Jahrhundert entstand im Kellerraum KG 9 gemeinsam mit dem Gewölbe auch ein Transportschacht. Derartige Schächte erlaubten es, Waren mittels Seilen hochzuziehen oder in den Keller abzusenken, was bequemer war, als sie über die steile Kellertreppe zu tragen. Um 1590.

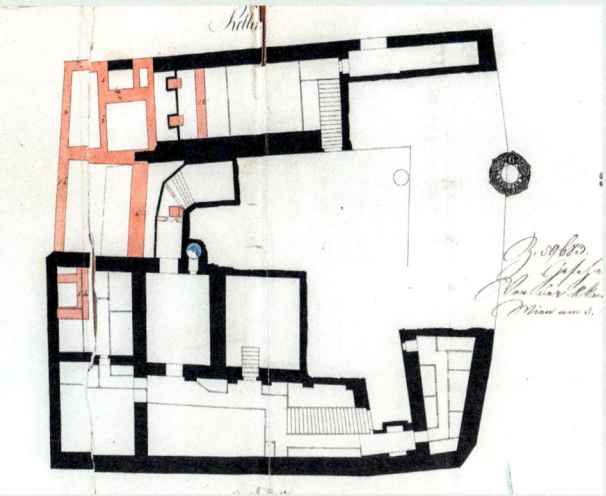

ABB. 18 Kellerplan von 1846 (Baupolizei, EZ 323)

ABB. 13 Das Foto zeigt typisches Netzmauerwerk aus dem 16. Jahrhundert, hier konkret aus der Bauphase um 1590, an der Nordwand des Kellers KG 7: Große Steine werden von kleineren Steinen umgeben und damit „ausgenetzt".

ABB. 14 Die Archäologen legten an der Nordseite des Erdgeschoßraums EG 14 die Außenseite der Südwand des Kellers KG 8 frei. Da die Einfahrt nicht unterkellert war – dies ist dem permanenten Durchzugsverkehr geschuldet –, ist das Mauerwerk hier wieder nur undeutlich zu sehen, da der Kalkmörtel, mit dem die Steine versetzt wurden, gegen die Erde der Künette gedrückt wurde. Rechts im Bild ist gerade noch die Südostecke des Kellers zu erkennen, in der Bildmitte wurde das Fundament des 16. Jahrhunderts im 20. Jahrhundert für einen Kanal durchbrochen. Dementsprechend sind hier auch moderne Ziegel zu erkennen. Um 1590.

ABB. 16 KG 8, Gewölbe mit Kellerzugang. Um 1590.

ABB. 19 Als man den Kellerraum KG 2 im 16. Jahrhundert errichtete, baute man an seiner Ostwand insgesamt drei fensterartige Rahmen aus Werksteinen und Ziegeln ein. Die Werksteine umrahmten ehemals Fensteröffnungen, zeigen aufgrund der Steinabplatzungen und der leicht rötlichen Farbe starke Brandspuren und verweisen so auf einen Brand, in dessen Folge sie ausgebaut und im Keller als eine Art Dekor wiedereingesetzt wurden. Aus Kostengründen wurden Steinmaterial und Ziegel immer wieder verwendet. Um 1590.

renaissancezeitlichen Stichkappentonnen und Kreuzgratgewölben nahezu vollständig erhalten, das einen eindrucksvollen Einblick in den Aufbau eines Geschäftshauses aus dem 16. Jahrhundert bietet.[17] Auch die imposante Kelleranlage muss mit der Nutzung durch zwölf Verkaufsläden in Zusammenhang gestanden haben. Die Wohngeschoße fielen hingegen einem späteren Brand und einem darauffolgenden Umbau zum Opfer.[18]

Die Bautätigkeit unter Johann Prunner belastete das Haus durch eine Hypothek, die 1632 und auch noch 1648 überliefert ist, als Johann Baptist Pfeiffer das Haus abermals übertragen musste, diesmal an seine Frau Maria Salome, geb. Straussin, welche es 1648 dem kaiserlichen Hofkammerrat und Direktor des General-Feldproviantamtes Clemens Radolt verkaufte, der hier zuvor schon einquartiert war.[19] Durch dessen Testament vom 5. November 1668 kam es an seine beiden Töchter Maria Franziska und Maria Anna und nach dem Tode Franziskas an Maria Anna Freiin von Ariazaga allein,[20] von ihr durch Kauf 1692 an den kaiserlichen Rat und Regenten des Regiments der niederösterreichischen Lande Gottfried Wiser Edler von Wiesenthal.[21] Bis in diese Zeit blieb das renaissancezeitliche Haus substanziell im Wesentlichen unverändert.[22] Weder archivalisch noch bauarchäologisch sind nennenswerte Umgestaltungen festzustellen. Lediglich ein Verkündigungsrelief an der Fassade zeugt von einer frühbarocken Ausstattungsphase des Hauses (ABB. 20). Das höchst qualitätvolle Relief in einer Ädikularahmung trägt die Inschrift:

ASPICIENDO CAVE	Hüte Dich beim Anblick (dieses Votivbildes),
NE INTERMITTAS AVE	dass Du nicht das Ave (Maria) unterlässt!
O PIISSIMIA STELLA MARIS	O gütigster Meerstern,
A PESTE SUCCURRE NOBIS	errette uns von der Pest!

Das Verkündigungsrelief steht in Zusammenhang mit dem Pestjahr 1679. Das Relief dürfte aufgrund des Imperativs »succurre nobis« (errette uns) tatsächlich aus diesem Jahr und nicht erst aus späterer Zeit stammen, zumal auch die vorangestellte Gebetsaufforderung dem Zeitgeist entsprach: Legendär sind die Predigten des Abraham a Sancta Clara, der die Wiener zu Buße und Gebet aufrief, um die Stadt von der Epidemie zu befreien. Das Kunstwerk muss demnach von den Töchtern des kaiserlichen Hofkammerrats Clemens Radolt, Maria Franziska und Maria Anna, gestiftet worden sein. Eine Zuschreibung an einen bestimmten Künstler ist bisher nicht versucht worden, geschweige denn gelungen. Von der kunsthistorischen Literatur bislang nicht beachtet, sprechen auch die spezifische architektonische Rahmung und die begleitenden Putten mit Fruchtgehängen für die Entstehungszeit um das Pestjahr.

Vermutlich mit dieser charakteristischen Rahmung dürfte eine verballhornte Bezeichnung des Hauses Bauernmarkt 1 in Zusammenhang stehen: Das 1518 erstmals »Eslarn Haus« genannte Gebäude wurde im Dialekt als »Eslornhaus« angesprochen, woraus sich der Name »Eselohrenhaus« entwickelte, der noch im 19. Jahrhundert überliefert ist.[23] Wie damals vermutet, soll dieser Begriff auf eine an der Fassade angebrachte architektonische Verzierung zurückgegangen sein. Damit könnte das Verkündigungsrelief gemeint gewesen sein, zumal die charakteristische Rahmung mit ausgestülpten Ecken noch heute in der kunsthistorischen Fachsprache als »geohrt« bezeichnet wird. Aus heutiger Sicht könnte demnach die Verballhornung »Eselohrenhaus« aus der Zeit um 1679 stammen.

1 WStLA, Grundbuch 1/8, 1474–1517, fol. 429v.
2 Ebd., fol. 430.
3 Siehe S. 536.
4 WStLA, Hauptarchiv-Urkunde 6026 vom 5. Oktober 1513.
5 WStLA, Grundbuch 1/9, 1518–1534, fol. 7.
6 WStLA, Grundbuch 1/11, 1551–1571, fol. 21v.
7 Ebd., fol. 357.
8 Hofkammerarchiv (HKA), Hofquartiersbuch 1, 1563, fol. 54v; Hofquartiersbuch 2, 1566, fol. 168v.
9 HKA, Hofquartiersbuch 7, fol. 113v; Hofquartiersbuch 10, 1587, fol. 295v.
10 WStLA, Grundbuch 1/14, 1625–1636, fol. 97v.
11 Ebd., fol. 276.
12 HKA, Hofquartiersbuch 11, 1637, fol. 61.
13 HKA, Hofquartiersbuch 12, 1639, fol. 160.
14 HKA, Hofquartiersbuch 10, 1587, fol. 295v.
15 *Archiv für österreichische Geschichte*, Bd. 49, Wien 1872, S. 479, 481.
16 Veronika Pirker-Aurenhammer/Agnes Husslein-Arco (Hg.), *Die Passionsreliefs vom Wiener Stephansdom*, Ausst.-Kat. Österreichische Galerie Belvedere, Schaudepot im Prunkstall (11. November 2009–7. Februar 2010), Wien 2009.
17 Siehe den Beitrag von Peter Rauscher, S. 556–561.
18 Siehe S. 563.
19 WStLA, Grundbuch 1/15, 1637–1669, fol. 273.
20 WStLA, Grundbuch 1/16, 1670–1698, fol. 509v.
21 Ebd., fol. 523.
22 HKA, Hofquartiersbuch 13, 1642, fol. 20; Hofquartiersbuch 17, 1664, fol. 133.
23 *Curiositäten- und Memorabilien-Lexicon von Wien. Ein belehrendes und unterhaltendes Nachschlag- und Lesebuch in anekdotischer, artistischer, biographischer, geschichtlicher, legendarischer, pittoresker, romantischer u. topographischer Beziehung. Von Realis* [= Gerhard Robert Walter von Coeckelberghe-Dützele], hg. von Anton Köhler, Bd. 1, Wien 1846, S. 414.
24 Doris Schön, »Von spätmittelalterlichen Mauern, renaissancezeitlichen Fenstern und barocken Fußböden. Bauforschung im Haus Wien 1, Judenplatz 8«, in: *Fundort Wien*, Bd. 6 (2003), S. 110.
25 So z. B. in den Häusern Judenplatz 8, Am Hof 12, Sonnenfelsgasse 15 oder Schönlaterngasse 6; siehe u. a. Paul Mitchell/Doris Schön, »Brunnen und Latrinen in historischen Wiener Profanbauten«, in: *Österreichische Zeitschrift für Kunst und Denkmalpflege* LVI, 2002, Heft 4, S. 478–480.
26 Zum Beispiel in den Kellern der Häuser Judenplatz 8, Herrengasse 21 und Sonnenfelsgasse 15.
27 Mitchell/Schön 2002, wie Anm. 25, S. 476.
28 Als Mischmauerwerk bezeichnet man eine mit Steinen und Ziegeln erstellte Wand.

ABB. 20 Verkündigungsrelief an der Fassade. 1679.

PETER RAUSCHER

Von der Grenzstadt zur Metropole: Wiener Handelsgeschichte in der Frühen Neuzeit

IN DER FRÜHEN NEUZEIT

ABB. 1 Gütertransport zu Wasser und zu Land an der Donaulände vor dem Roten Turm, Jacob Hoefnagel, *Vienna Austriae (Vogelschau von Wien)*, 1617 (Detail) © Wien Museum

Zentralität und Grenzlage

Die Geschichte Wiens in der Frühen Neuzeit (ca. 1500–ca. 1800) kann aus der Perspektive der politischen und ökonomischen Geografie erzählt werden. Dank ihrer Lage zwischen Alpen, Karpaten und Böhmischer Masse und durch ihre Funktion als zeitweilige Herrscherresidenz bereits seit dem 12. Jahrhundert bildete die Stadt früh sowohl einen Verkehrsknoten zwischen angrenzenden Großlandschaften[1] als auch ein politisches Zentrum. Verglichen mit den lange Zeit schlecht ausgebauten Landwegen waren schiffbare Flüsse vor dem Eisenbahnbau ab den 1830er-Jahren relativ effiziente Verkehrsrouten. Bis dahin schloss vor allem die Donau Wien an die oberdeutschen Gewerberegionen und Handelsstädte an und diente als wichtigste Route für den Gütertransport (ABB. 1). Die hohe Fließgeschwindigkeit des Flusses, Engstellen, Strudel und häufige Änderungen des Flusslaufs gefährdeten den Schiffs- und Floßverkehr auf der oberen Donau. Unterhalb von Wien bzw. Pressburg machten hingegen die geringe Strömung, die häufigen Sand- und Schotterbänke und die zahlreichen Schiffsmühlen den Fluss schwer befahrbar. Wien war daher in vielerlei Hinsicht das Ende des oberdeutschen Donauhandels, dessen Einzugsbereich im Westen nach Tirol, Salzburg, Schwaben und Bayern reichte.[2] Wichtige Handels- und Verkehrsknotenpunkte dieses Raums waren Hall in Tirol als Umschlagplatz für Güter aus dem Mittelmeerraum auf den Inn und von dort aus weiter auf die Donau, Salzburg, dessen Kaufleute ebenfalls im Italienhandel engagiert waren, und die süddeutschen Reichsstädte Augsburg und Ulm. Im weiter östlich gelegenen Regensburg, das auch der Wirtschaftsmetropole Nürnberg als Ausgangspunkt der Donauschifffahrt diente, wurden Güter aus Osteuropa und Kolonialwaren aus dem im Laufe der Neuzeit zunehmenden transkontinentalen Handel auf die Donau verladen. Neben dem Flusssystem der Donau standen für den Verkehr von Wien nach Osten, Norden und Süden keine brauchbaren Flussläufe als Fernhandelsrouten zur Verfügung. Mit dem Bau von Donaubrücken seit 1439 wurden die Straßen nach Norden und Süden unmittelbar in Wien miteinander verbunden und stärkten die Rolle der Stadt als Verkehrsknotenpunkt. Richtung Süden war es die Straße über den Semmering, die Wien an die Steiermark und von dort aus weiter über Kärnten an Venedig als das lange dominierende Fernhandelszentrum an der Adria anschloss. Die wichtigen Routen für den Ungarnhandel führten von Wien nach Ödenburg, nach Ungarisch-Altenburg und nach Güns bzw. Steinamanger.[3]

Die naturräumliche Lage Wiens und der Anschluss der Stadt an Fernhandelsrouten bildeten zusammen mit der wachsenden Bevölkerung nur einen Aspekt der strukturellen Bedingungen der Wiener Wirtschaft in der Frühen Neuzeit. Der andere Faktor war die Randständigkeit der Stadt. (ABB. 2)

Um 1500 hatte Wien den Charakter einer Grenzstadt zwischen dem Heiligen Römischen Reich und dem Königreich Ungarn, in der sich ein Großteil des Warenaustausches zwischen dem oberdeutschen Raum und dem (süd-)östlichen Europa vollzog. Die äußere politische Situation war höchst instabil. 1485 hatte der ungarische König Matthias Corvinus Wien erobert und nutzte die Stadt bis zu seinem Tod 1490 als Residenz. Eine dauerhafte Großreichsbildung gelang ihm im Gegensatz zu seinen habsburgischen Rivalen freilich nicht. Diese verfügten mit den österreichischen Erbländern über einen in unterschiedliche Länder und Herrschaften gegliederten, wenig geschlossenen Herrschaftsraum; zwar trugen die Habsburger seit 1438/52 mit der Würde des deutschen Königs bzw. römischen Kaisers den nominell höchsten weltlichen Titel der abendländischen Christenheit, finanzielle bzw. militärische Ressourcen waren damit aber kaum verbunden. Die Durchsetzung der Erbansprüche auf den burgundischen (ab 1477) und den spanischen Herrschaftskomplex (1516) führte zu einer Expansion der Dynastie Richtung Westeuropa und legte damit den Grundstein für einen Jahrhunderte andauernden Konflikt mit dem französischen Königtum. Im Osten hatten der Vorstoß des Osmanischen Reichs nach Ungarn und der Tod König

Ludwigs II. in der Schlacht von Mohács 1526 den Erwerb der Königskronen von Ungarn und Böhmen durch die Habsburger zur Folge. Ungarn konnte freilich nur teilweise behauptet werden und bildete bis in die 1690er-Jahre die Arena für die Auseinandersetzung zwischen den Habsburgern und den Osmanen, die immer wieder zum Konflikt zwischen »der« Christenheit und »dem« Islam stilisiert wurden. Erst mit den Siegen der kaiserlichen Armeen im »Großen Türkenkrieg« (1683–1699) konnte der habsburgische Herrschaftsbereich weiter in den Osten ausgedehnt werden. Wien rückte damit strategisch ins Zentrum der Habsburgermonarchie, wies aber wirtschaftlich nach wie vor eine Randlage auf. So beschrieben im Jahr 1700 die bürgerlichen Wiener Kaufleute die Konkurrenz der Linzer und Kremser Märkte als ebenso nachteilig für den Standort Wien wie die Aktivitäten der jüdischen Händler, die bei ihren Geschäften in den böhmischen Ländern und Ungarn Wien umgingen.[4]

Aus dieser Randlage trat Wien im Verlauf des 18. Jahrhunderts heraus. Die Stadt rückte nun nicht nur als Kaiserresidenz und Verbraucherzentrum, sondern auch als Gewerbe- und Handelsstandort ins Zentrum der Habsburgermonarchie. Nach dem Frieden von Passarowitz 1718 versuchte Kaiser Karl VI. die Dominanz Venedigs an der Adria zu brechen und erklärte 1719 Triest und Fiume zu Freihäfen. Um den Gütertransport zu verbessern, wurden seit den 1720er-Jahren von Wien ausgehend Straßen in alle Richtungen der Habsburgermonarchie ausgebaut: Nach Westen verlief die Trasse über Linz nach Brüssel, nach Osten über Hainburg und Pressburg in die Zips bzw. über Bruck an der Leitha nach Ofen; die nördliche bzw. nordwestliche Route über Hollabrunn nach Prag und weiter nach Hamburg bzw. über Mistelbach nach Brünn und Breslau. Südungarn und Kroatien wurden über Hornstein angebunden, der Süden nach wie vor über die Semmeringroute.[5] Wien baute damit seine Funktion als Knotenpunkt der Nord-Süd-Trassen zwischen dem Sudetenraum und dem Mittelmeer sowie der West-Ost-Verbindungen im Donauraum aus.

Als Handelshindernisse wurden von den Zeitgenossen die zahlreichen Mautstellen in den österreichischen Ländern kritisiert. Ein erster Durchbruch zur Schaffung eines einheitlichen Wirtschaftsraums der Habsburgermonarchie wurde freilich erst 1775/76 mit der Aufhebung der Binnenzölle in den »deutschen Erblanden« (österreichische und böhmische Länder) ohne Tirol und Vorarlberg erzielt. Das neu erworbene Galizien wurde bereits 1784 in dieses System integriert, erst 1825 folgten Lombardo-Venetien, Tirol und Vorarlberg und schließlich 1850 Ungarn.[6]

Nicht nur der Handel, auch die gewerbliche Entwicklung machte Wien zum ökonomischen Zentrum. Besonders die Seidenindustrie, die Baumwoll- und die Lederproduktion erlebten vor allem im ausgehenden 18. Jahrhundert einen rasanten Aufstieg.[7]

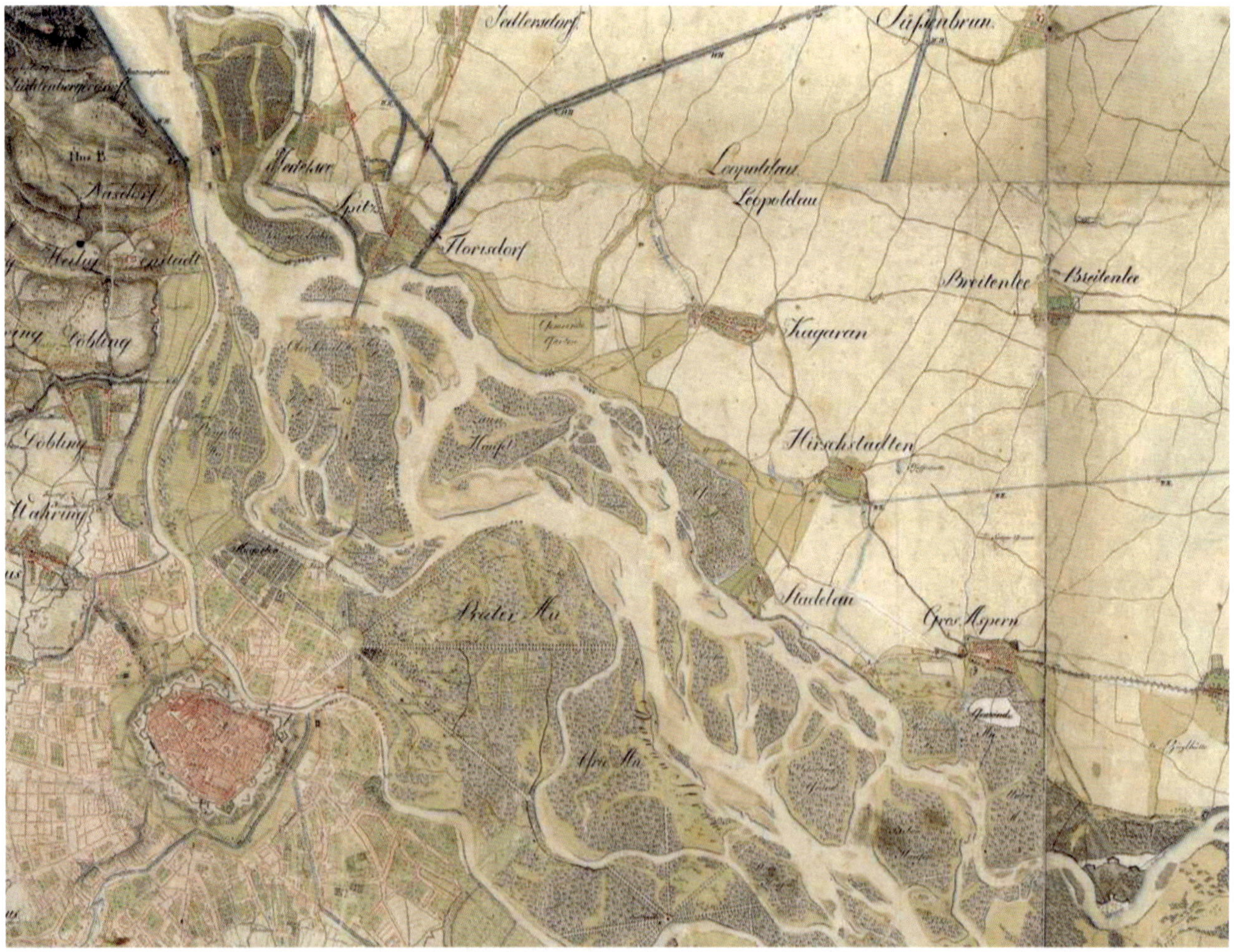

Bevölkerungs- und Stadtentwicklung: Von der Großstadt zur Metropole Mitteleuropas

Im Verlauf der Frühen Neuzeit entwickelte sich Wien zur unbestrittenen Metropole nicht nur der Habsburgermonarchie, sondern des gesamten zentraleuropäischen Raums. Wegen der Türkenbelagerung von 1529 sank die Bevölkerungszahl der Stadt, die um das Jahr 1500 inklusive der Vorstädte ca. 30.000 Menschen beherbergt hatte, auf nur noch etwa 12.000 Personen. Erst gegen Ende des 16. Jahrhunderts dürften die Einwohnerzahlen wieder das Niveau des ausgehenden Mittelalters erreicht oder sogar leicht überschritten haben. Wien lag damit deutlich hinter Prag und Köln und in etwa gleichauf mit den oberdeutschen Handelsmetropolen Augsburg und Nürnberg. Während diese und zahlreiche andere mitteleuropäische Städte im Dreißigjährigen Krieg starke Bevölkerungseinbußen hinnehmen mussten, ging Wien, wo seit Anfang der 1620er-Jahre der Kaiserhof wieder dauerhaft residierte, relativ unbeschadet aus diesem Konflikt hervor. Bis Mitte des 17. Jahrhunderts hatte die Stadt ihren agrarischen, vom Weinbau geprägten Charakter weitgehend verloren. Immobilienkäufe des Adels und der geistlichen Institutionen in der Stadt sowie der Bau von Gärten und Sommerresidenzen vor den Mauern verdrängten bis zur

ABB. 2 Wien an der unregulierten Donau im frühen 19. Jahrhundert.
Franziszeische Landesaufnahme von Nieder- und Oberösterreich 1809–1819, 1:28.800, B IX a 196–6, Kolonne XXI, Sektion 44, o. J., Originale im Österreichischen Staatsarchiv-Kriegsarchiv, Wien

Mitte des 18. Jahrhunderts den Weinbau aus dem Wiener Wirtschaftsleben, der sich nun auf die umliegenden Weinhauerdörfer beschränkte.[8]

In der zweiten Hälfte des 17. Jahrhunderts standen die Hafenstadt Hamburg und die Kaiserstadt Wien an der Spitze der deutschen Städte. Hier setzte nach der zweiten Belagerung der Stadt durch die Osmanen 1683 eine rasante Bautätigkeit ein. Mit einem Anstieg auf ca. 110.000 Einwohner im Jahr 1710 und auf 175.000 im Jahr 1754 überflügelte Wien in der ersten Hälfte des 18. Jahrhunderts Venedig und rückte bis 1800 mit ca. 230.000 Bewohnern deutlich vor Amsterdam, Berlin, Venedig und Hamburg an die vierte Stelle der größten europäischen Städte vor – übertroffen allein von den weit entfernten Metropolen London, Paris und Neapel.[9]

Die Bevölkerungszunahme Wiens nach 1683 vollzog sich besonders in den Vorstädten, die nach den Verwüstungen der Belagerung wieder auf- und ausgebaut wurden. Hier wohnten Mitte des 18. Jahrhunderts ca. 120.000 Menschen, in der eigentlichen Stadt innerhalb der Befestigung lediglich ca. 50.000 Personen. In die Vorstädte verdrängt bzw. dort angesiedelt wurden Handwerker, Lohnarbeiter und andere Stadtbewohner, während zahlreiche Adelige und Amtsträger der kaiserlichen und landesfürstlichen Behörden mit ihren Familien in die Stadt zogen. Der Anteil der Bürgerschaft am Hausbesitz nahm bis in die 1660er-Jahre dramatisch ab, während der von Adel und Klerus sowie der höheren Beamten stark zulegte. Bis 1779 war der bürgerliche Hausbesitz von 74 Prozent 1566 auf nur mehr 45 Prozent gesunken.[10] Besonders nach 1683 setzte eine rege Bautätigkeit des Adels ein, der inner- und außerhalb der Stadtmauern Palais und Gartenanlagen für sich errichten ließ.[11] Wien war nicht nur eine wachsende Stadt, Wien war eine Stadt immenser sozialer Unterschiede. Den größten Vermögen der Monarchie stand das Elend der sich entwickelnden Industriearbeiterschaft, des Heeres an Dienstboten und anderer unterbürgerlicher Schichten gegenüber.[12]

Diese Entwicklung der Bevölkerungsstruktur transformierte die Wiener Wirtschaft: Aus einer Handels- und Weinbaustadt entwickelte sich Wien in der Frühen Neuzeit zu einer typischen Konsumtionsstadt, in der lokale Erzeugnisse, besonders aber importierte Güter verbraucht wurden, die in erster Linie mit Einkünften aus den landesfürstlichen, adeligen oder kirchlichen Grundherrschaften außerhalb der Stadt bezahlt wurden.[13]

Rechtlicher Rahmen und Struktur der Wiener Händlerschaft

Eine wesentliche Entwicklung der Frühen Neuzeit war der Prozess der Staatsbildung. Korporative Autonomierechte etwa für Städte oder Zünfte gerieten vor allem im 18. Jahrhundert unter landesfürstlichen Regulationsdruck. Die Kaiser versuchten durch die Reduzierung der Binnenmauten, die Förderung von Gewerbebetrieben, die Einrichtung von Handelsgerichten und den Ausbau von Land- und Wasserwegen positive Impulse für ein wirtschaftliches Wachstum zu setzen; gleichzeitig sollte das einheimische Gewerbe durch Importhindernisse vor auswärtiger Konkurrenz geschützt werden.

Schon vor dem Einsetzen staatlicher Wirtschaftspolitik auf Kosten lokaler Sonderrechte bestand im frühneuzeitlichen Wien ein struktureller Konflikt zwischen den ökonomischen Interessen der bürgerlichen Kaufleute einerseits und den Bedürfnissen von Kaiserhof und Adelsgesellschaft nach Konsumgütern und – besonders im Fall des Hofs – Krediten andererseits. Die »bürgerlichen Kaufleute« zählten zur urbanen Oberschicht und bildeten, ohne die Spitzenämter zu erreichen, traditionell die zahlenmäßig größte Gruppe innerhalb der städtischen Selbstverwaltung.[14] Seit dem ausgehenden 17. Jahrhundert wurden die Kaufleute von der Beamtenschaft als führendem Berufsstand innerhalb der Ratsbürger abgelöst.[15] Wie in anderen Städten hatten sich die bürgerlichen Händler im spätmittelalterlichen Wien durch Monopolrechte in der Straßennutzung (v. a. der lukrativen Semmeringstrecke), durch das Niederlagsrecht (Stapelrecht), das fremde Händler zwang, ihre Waren Einheimischen zum Kauf und Weitertransport anzubieten, und durch das Verbot des Handels zwischen Fremden außerhalb der Jahrmarktszeiten um Christi Himmelfahrt und St. Katharina (25.11.) (Gästehandelsverbot) eine äußerst privilegierte Stellung gesichert.[16] An ihrer Spitze standen traditionell die Tuchhändler (»Laubenherren«). Wiener Kaufleuten war es verboten, mehrere Handelsgewölbe in unterschiedlichen Häusern zu besitzen oder zwischen den Jahrmarktszeiten ihre Waren außerhalb ihrer Gewölbe und Läden im Freien zu verkaufen.[17] In der Regel war die Warenpalette der Kaufleute breit gefächert. Eine Ausnahme bildeten der Eisenhandel sowie der Tuch- und Leinwandhandel, die von spezialisierten Kaufleuten betrieben wurden.[18]

Die Träger des Wiener Fernhandels waren in der Regel auswärtige bzw. zugezogene Kaufleute.[19] Spätestens als Kaiser Maximilian I. 1515 den sogenannten »Niederlegern« – hauptsächlich oberdeutschen, aber auch italienischen, savoyardischen, Schweizer und anderen Kaufleuten – gestattete,[20] ganzjährig Großhandelsgeschäfte in Wien abzuwickeln, war das Monopol der Wiener Kaufmannschaft auf den Fernhandel weitgehend gebrochen. Verteidigt werden konnte es lediglich im Handel mit Eisen, Leinwand und Wachs.[21] Zusätzlich zu den häufig protestantischen Niederlegern, die 1774 auf landesfürstliche Anordnung durch den Stand der Großhändler ersetzt wurden, traten die hofbefreiten Kaufleute, die zur Versorgung des Kaiserhofs mit besonderen Privilegien ausgestattet wurden, sowie die ebenfalls von kaiserlicher Seite in unterschiedlicher Anzahl privilegierten Juden[22] in Konkurrenz zu den bürgerlichen Handelsherren. Hinzu kamen seit der zweiten Hälfte des 17. Jahrhunderts Kaufleute unterschiedlicher ethnisch-religiöser Herkunft aus dem Osmanischen Reich. Die 1699

ABB. 3 Verlag T. Mollo (ab 1798) (Verlag), Johann Christian Brand (Künstler), Quirin Mark (Kupferstecher), "Zeichnungen nach dem gemeinen Volke besonders Der Kaufruf in Wien": *Griechischer Kaufmann. / Marchand grec.*, nach 1798 © Wien Museum

ABB. 4 Johann Christian Brand (Künstler), Sebastian Mansfeld (Kupferstecher), „Zeichnungen nach dem gemeinen Volke besonders Der Kaufruf in Wien": Huterinn. / Vendeuse de Chapeaux."[Hutverkäuferin], 1775 © Wien Museum

und 1718 zwischen dem Kaiser und dem Sultan abgeschlossenen Verträge von Karlowitz und Passarowitz, mit denen beide Monarchen die Handelsschranken zwischen ihren Herrschaftsräumen abbauten, förderten den Zuzug von Händlern aus dem Osmanischen Reich nach Wien.[23] Besonders die oft pauschal als »Griechen« oder »Raizen« bezeichneten orthodoxen Händler griechischer oder serbischer Herkunft bildeten eine signifikante, am Fleischmarkt ansässige Kaufmannsdiaspora im Wien des 18. Jahrhunderts:[24] Von den 233 Wiener Großhändlern des Jahres 1789 waren 91 »griechischer« Herkunft (**ABB. 3**).[25] Teilweise verwechselt wurden sie wahrscheinlich mit den ebenfalls in Wien ansässigen armenischen Kaufleuten.[26] Von den Zuzugsmöglichkeiten aus dem Osmanischen Reich nach Wien profitierten auch die sephardischen (»spanischen«, »türkischen«) Juden, die freilich nur eine kleine Minderheit bildeten.[27]

Für den Detailhandel waren die Krämer zuständig (**ABB. 4**). Die ursprünglich scharfe Abgrenzung zwischen Großhändlern und Detaillisten innerhalb der bürgerlichen Kaufmannschaft spielte im Verlauf der Frühen Neuzeit eine immer geringere Rolle. 1662 erkannte Leopold I. die vereinigte »Bruderschaft der Handelsleute und Krämer« an.[28] Scharf bekämpft wurden hingegen Hausierer und auswärtige Krämer. Abgesehen von den Lebensmittelhändlern verkauften im Jahr 1789 in Wien 44 Detailhändler Spezereien (importierte Lebensmittel wie Zucker, Kaffee, Reis etc.), 26 Seidenzeug, 31 Seidenzeug- und Kurzwaren, 6 Bett- und Weißwaren, 18 Kurrentwaren (Wollwaren, Baumwollplüsche, Manchesterwaren etc.), 12 Borten, 11 Visierwaren (Frauenhauben etc.), 7 Galanteriewaren, 14 Bücher, 3 Kunstgegenstände, 16 Nürnbergerwaren (Spiel-, Papierwaren), 12 Materialwaren (Harze, Öle, Rinden, Kräuter, Erde, Fette, Samen) und 4 Erdengeschirr (Tongefäße); 13 weitere waren Altwarenhändler (Tandler).[29] Im Erdgeschoß des Hauses Bauernmarkt 1 waren beispielsweise vom 16. bis zum 18. Jahrhundert allein zwölf bis vierzehn Krämerläden untergebracht.[30]

Die Topografie des Wiener Handels

Besonders der Lebensmittelversorgung der Bevölkerung dienten die zahlreichen Wochen- und Spezialmärkte, die auf den unterschiedlichen, häufig nach ihren wirtschaftlichen Funktionen benannten Plätzen abgehalten wurden. Hierzu zählten der Hohe und der Neue Markt, der Haar-, Kohl-, Kien-, Fisch-, Fleisch- oder Bauernmarkt oder die Plätze auf der Brandstätte (Tandelmarkt) und »Am Hof«. Im Laufe der Frühen Neuzeit wurden einige dieser Märkte vor die Stadtmauer verlegt, wie der Getreidemarkt vor das Kärntner Tor, der Heumarkt zwischen Kärntner Tor und Stubentor oder der Rossmarkt vom Stock-im-Eisen-Platz vor das Stubentor, wo auch der Ochsenmarkt (»Ochsengries«) stattfand. Der Holzmarkt, der am Fleischmarkt veranstaltet wurde, wurde 1742 in die Rossau übersiedelt, wohin auch der ursprünglich am Hafnersteig abgehaltene Häfenmarkt (Geschirrmarkt) umquartiert worden war.[31]

Die Vielfalt der Wiener Händler in religiöser, ökonomischer und sozialer Hinsicht führte einerseits immer wieder zu räumlichen Konzentrationen bestimmter Händlergruppen im Stadtraum, andererseits aber auch zu Konflikten um die begrenzten räumlichen Ressourcen und die mit ihnen verbundenen ökonomischen Chancen. Am deutlichsten lässt sich dies am Beispiel der jüdischen Einwohner erläutern, die als wirtschaftliche Konkurrenten und religiös stigmatisierte Gruppe immer wieder zu scharfen Protesten der die Interessen der bürgerlichen Kaufmannschaft vertretenden Stadt Wien Anlass gaben. So forderte die Stadt 1611 vom Landesfürsten die Sperre der jüdischen Handelsgewölbe in der Stadt,[32] und auch nach der Verlegung der jüdischen Wohnhäuser in die »Judenstadt« im Unteren Werd (heute Teil des 2. Wiener Gemeindebezirks) jenseits des Donaukanals kam es immer wieder zu Konflikten um die Weiternutzung der jüdischen Geschäftsräume in der Stadt. Die Sperrung der Handelsgewölbe konnte auch von der Obrigkeit angeordnet werden, um in Konfliktfällen Druck auf die Judenschaft auszuüben. Als vorteilhaft angesehen wurde, dass diese am Kienmarkt lagen, wo es kaum Durchgangsverkehr christlicher Bürger gab.[33] Die nicht zuletzt von den Kaufleuten und Krämern getragene antijüdische Politik der Stadt trug mit zur Ausweisung der Jüdinnen und Juden aus Wien in den Jahren 1669/79 bei.[34] Auch wenn Verhandlungen über die Rückkehr der Vertriebenen letztlich scheiterten, kamen unter anderen mit der Gruppe um Samuel Oppenheimer neuerlich Juden nach Wien.[35] Diese bezogen nun – wie vor 1625 – Wohnungen innerhalb der Stadtmauern wie etwa im Haus Bauernmarkt 1. Anders als die ehemaligen Bewohner der Judenstadt betrieben sie vor allem Engrosgeschäfte mit dem Kaiserhof. Dennoch protestierte der Handelsstand wiederum scharf gegen die Anwesenheit von Juden in der Stadt.[36] Um 1700 wohnten die Wiener Juden im Bereich Bauernmarkt – Kienmarkt – Rotenturmstraße – Petersplatz und Bräunerstraße.[37] Die Wohnorte der Juden lagen damit im traditionellen Viertel des Wiener Handels, dessen Zentrum sich vom Hohen Markt zum Graben verschob. Der Großhandel konzentrierte sich im 18. Jahrhundert auf den Fleischmarkt, wo sich vor allem die orientalischen Händler (»Griechen«) niedergelassen hatten, und auf das Gebiet zwischen Rotenturmstraße, Hohem Markt, Graben und Tuchlauben.[38]

Wien 1500 – Wien 1800: Ein Resümee

Im Laufe der Frühen Neuzeit entwickelte sich Wien von einer Grenzstadt im Südosten des Heiligen Römischen Reichs zum unbestrittenen Herrschaftszentrum und Verkehrsknotenpunkt der multinationalen Habsburgermonarchie. Der Aufstieg zur zentraleuropäischen Metropole war maßgebliche Folge der Funktion Wiens als Residenzstadt, die im Laufe des 17. Jahrhunderts immer stärker von Kaiserhof, Adel und Beamtenschaft dominiert wurde. Diesen höfischen Gruppen stand in Wien weder ein Patriziat noch eine starke Kaufmannschaft als städtische Elite gegenüber. Vielmehr wurde der Fernhandel im frühneuzeitlichen Wien von unterschiedlichen konkurrierenden Gruppen getragen. Neben den bürgerlichen Kaufleuten spielten die sogenannten Niederleger und die Hofhandelsleute, die als vom Landesfürsten besonders privilegierte Gruppen rechtlich außerhalb der Bürgerschaft standen, eine wesentliche Rolle im Fernhandel. Hinzu kamen die seit dem ausgehenden 17. Jahrhundert und zunehmend nach 1718 in Wien ansässigen Kaufmannsdiasporen aus dem Osmanischen Reich. Teilweise eng mit dem Herrscherhof verbunden waren jüdische Händler. Ihre Geschäftstätigkeit war häufig Anlass von Beschwerden der Stadt.

Die Funktion Wiens wandelte sich von einer noch stark vom Weinbau geprägten Handelsdrehscheibe zwischen dem süddeutschen Raum auf der einen und Italien und Ungarn auf der anderen Seite zu einer Konsumtionsstadt, in der ein Großteil der importierten Güter verbraucht wurde. Das andauernde Wachstum der Stadt, die Stärkung des heimischen Gewerbes durch Fabrikgründungen, Änderungen der Handelspraktiken oder der Ausbau der Verkehrswege sowie die Beseitigung von Binnenzöllen führten im 18. Jahrhundert dazu, dass Wien anderen Handelsplätzen wie Linz oder Krems den Rang ablaufen konnte. Andererseits hemmten die restriktiven Importbestimmungen der Habsburger die Entwicklung der Stadt zum internationalen Fernhandelszentrum.

1 Ferdinand Opll, »Kommentar«, in: Wiener Stadt- und Landesarchiv/Ludwig Boltzmann Institut für Stadtgeschichtsforschung (Hg.), *Österreichischer Städteatlas. Wien*, 1. Lieferung, Wien 1982; https://www.arcanum.hu/hu/online-kiadvanyok/OsterreichischerStadtatlas-osterreichischer-stadtatlas-1/wien-50FC/kommentar-511F/ (abgerufen am 31. Mai 2022).

2 Peter Rauscher, »Die Aschacher Mautprotokolle als Quelle des Donauhandels (17./18. Jahrhundert)«, in: Peter Rauscher/Andrea Serles (Hg.), *Wiegen – Zählen – Registrieren. Handelsgeschichtliche Massenquellen und die Erforschung mitteleuropäischer Märkte (13.–18. Jahrhundert)* (Beiträge zur Geschichte der Städte Mitteleuropas, Bd. 25), Innsbruck/Wien/Bozen 2015, S. 255–306, hier S. 262–268.

3 Peter Csendes, »Zur Wiener Handelsgeschichte des 16. Jahrhunderts«, in: *Wiener Geschichtsblätter*, Bd. 29 (1973), S. 218–227, hier S. 219.

4 Karl Fajkmajer, »Handel, Verkehr und Münzwesen«, in: Alterthumsverein zu Wien (Hg.)/Anton Mayer (Red.), *Geschichte der Stadt Wien*, Bd. 4: *Vom Ausgange des Mittelalters bis zum Regierungsantritt der Kaiserin Maria Theresia, 1740*, 1. Teil, Wien 1911, S. 524–584, hier S. 541 f.

5 Wolfgang Mayer, »Verkehr«, in: Peter Csendes/Ferdinand Opll (Hg.)/Friederike Goldmann (Red.), *Die Stadt Wien* (Österreichisches Städtebuch 7), 2. Aufl., Wien 1999, S. 351–364, hier S. 351 f.

6 Herbert Knittler, »Die Donaumonarchie 1648–1848«, in: Ilja Mieck (Hg.), *Europäische Wirtschafts- und Sozialgeschichte von der Mitte des 17. Jahrhunderts bis zur Mitte des 19. Jahrhunderts* (Handbuch der europäischen Wirtschafts- und Sozialgeschichte, Bd. 4), Stuttgart 1993, S. 880–915, hier S. 911 f.

7 Günther Chaloupek, »Die Ära des Merkantilismus«, in: Günther Chaloupek/Peter Eigner/Michael Wagner, *Wien – Wirtschaftsgeschichte 1740–1938, Teil 1: Industrie* (Geschichte der Stadt Wien, Bd. 4), Wien 1991, S. 37–98, hier S. 84–88; Andreas Weigl, »Der Textil- und Bekleidungssektor und die Protoindustrialisierung«, in: Karl Vocelka/Anita Traninger (Hg.), *Wien. Geschichte einer Stadt, Bd. 2: Die frühneuzeitliche Residenz (16.–18. Jahrhundert)*, Köln/Wien/Weimar 2003, S. 169–176, hier S. 170–174.

8 Elisabeth Lichtenberger, *Die Wiener Altstadt. Von der mittelalterlichen Bürgerstadt zur City*, Textband, Wien 1977, S. 123 f.; Erich Landsteiner, »Wien – eine Weinbaustadt?«, in: Vocelka/Traninger 2003, wie Anm. 7, S. 141–146; Peter Rauscher, »›Der Weinwachs so groß‹. Die Wiener Wirtschaft im ›langen 16. Jahrhundert‹«, in: Rudolf Leeb/Walter Öhlinger/Karl Vocelka (Hg.), *Brennen für den Glauben. Wien nach Luther*, Kat. der 413. Sonderausstellung des Wien Museums (16. Februar–14. Mai 2017), Wien 2017, S. 101–105.

9 Vgl. die teils deutlich abweichenden Zahlen in Andreas Weigl, »Stadtwachstum«, in: Vocelka/Traninger 2003, wie Anm. 7, S. 109–111; Herbert Knittler, *Die europäischen Städte in der frühen Neuzeit* (Querschnitte, Bd. 4), Wien/München 2000, S. 28, S. 264 f., S. 279.

10 Lichtenberger 1977, wie Anm. 8, S. 100–106.

11 Susanne C. Pils, »Adel: Zuzug. Adeliges Haushalten. Sozialtopographie«, in: Vocelka/Traninger 2003, wie Anm. 7, S. 242–255; Andreas Weigl, »Die (bürgerliche) Mittelschicht«, in: ebd., S. 255–263; Susanne C. Pils/Andreas Weigl, »Taglöhner, Arme, Bettler«, in: ebd., S. 263–267.

12 Wolfgang Häusler, *Von der Massenarmut zur Arbeiterbewegung. Demokratie und soziale Frage in der Wiener Revolution von 1848*, Wien/München 1979, S. 23–123.

13 Günther Chaloupek, »Die Konsumtionsstadt«, in: Chaloupek/Eigner/Wagner 1991, wie Anm. 7, S. 24–32, hier S. 27; Andreas Weigl, »Die Haupt- und Residenzstadt als Konsumptionsstadt«, in: Vocelka/Traninger 2003, wie Anm. 7, S. 137–141.

14 Vgl. z. B. Johanne Pradel, *Die Wiener Ratsbürger im ersten Drittel des 17. Jahrhunderts*, ungedr. phil. Diss., Wien 1972, S. 88–93; Richard Perger, »Die rekonstruierten Wiener Ratslisten 1641 bis 1668. Ein Forschungsbehelf«, in: *Jahrbuch des Vereins für Geschichte der Stadt Wien*, Bd. 56, Wien 2000, S. 55–125, hier S. 122 (»Handelsmann«). Zur Entwicklung des Wiener Bürgertums siehe Otto Brunner, »Das Wiener Bürgertum. Eine historisch-soziologische Skizze«, in: *Monatsblatt des Vereines für Geschichte der Stadt Wien*, N. F. 3 (1929–1933), S. 220–231.

15 Erwin Skoda, *Die Wiener Ratsbürger zwischen 1671 und 1705*, ungedr. phil. Diss., Wien 1974, S. 98–102; Irene Kunze, *Die Wiener Ratsbürger 1706–1740*, ungedr. phil. Diss., Wien 1974, S. 118–122.

16 Rauscher 2017, wie Anm. 8, S. 104.

17 Fajkmajer 1911, wie Anm. 4, S. 553 f.

18 Lichtenberger 1977, wie Anm. 8, S. 70.

19 Friedrich Engel-Janosi, »Zur Geschichte der Wiener Kaufmannschaft von der Mitte des 15. bis zur Mitte des 16. Jahrhunderts«, in: *Mitteilungen des Vereines für Geschichte der Stadt Wien*, Bd. 6 (1926), S. 36–71; Otto Brunner, »Neue Arbeiten zur älteren Handelsgeschichte Wiens«, in: *Jahrbuch des Vereines für Geschichte der Stadt Wien*, Bd. 8 (1949/50), S. 7–30, hier S. 25–29; Günther Chaloupek/Michael Wagner/Andreas Weigl, »Handel im vorindustriellen Zeitalter: Der kanalisierte Güterstrom«, in: Günther Chaloupek/Peter Eigner/Michael Wagner, *Wien – Wirtschaftsgeschichte 1740–1938, Teil 2: Dienstleistungen* (Geschichte der Stadt Wien, Bd. 5), Wien 1991, S. 1001–1036.

20 Zur Herkunft der Niederleger 1563 siehe ungenau Lichtenberger 1977, wie Anm. 8, S. 70 f. Zum frühen 18. Jahrhundert: Peter Rauscher/Andrea Serles, »Die Wiener Niederleger um 1700. Eine kaufmännische Elite zwischen Handel, Staatsfinanzen und Gewerbe«, in: Oliver Kühschelm (Hg.), *Geld – Markt – Akteure / Money – Market – Actors* (Österreichische Zeitschrift für Geschichtswissenschaften, Bd. 26, Nr. 1), Innsbruck/Wien/Bozen 2015, S. 154–182.

21 Lichtenberger 1977, wie Anm. 8, S. 130.

22 Siehe Friedrich Battenberg, »Hofjuden in Residenzstädten der frühen Neuzeit«, in: Fritz Mayrhofer/Ferdinand Opll (Hg.), *Juden in der Stadt* (Beiträge zur Geschichte der Städte Mitteleuropas, Bd. 15), Linz 1999; Rainer Gömmel, »Hofjuden und Wirtschaft im Merkantilismus«, in: Rotraud Ries/J. Friedrich Battenberg (Hg.), *Hofjuden – Ökonomie und Interkulturalität. Die jüdische Wirtschaftselite im 18. Jahrhundert* (Hamburger Beiträge zur Geschichte der deutschen Juden, Bd. 25), Hamburg 2002.

23 Chaloupek/Wagner/Weigl 1991, wie Anm. 19, S. 1014 f.; Erich Landsteiner, »Die Kaufleute«, in: Vocelka/Traninger 2003, wie Anm. 7, S. 205–214, hier S. 213.

24 Vaso Seirinidou, »Greek Migration in Vienna (18th–First Half of the 19th Century): A Success Story?«, in: Olga Katsiardi-Hering/Maria A. Stassinopoulou (Hg.), *Across the Danube: Southeastern Europeans and their Travelling Identities (17th–19th C.)* (Studies in Global Social History, Bd. 27, Studies in Global Migration History 9), Leiden/Boston 2017, S. 113–134; Anna Ransmayr, »Greek Presence in Habsburg Vienna: Heyday and Decline«, in: ebd., S. 135–170; Anna Ransmayr, *Untertanen des Sultans oder des Kaisers. Struktur und Organisationsformen der beiden Wiener griechischen Gemeinden von den Anfängen im 18. Jahrhundert bis 1918*, Göttingen/Wien 2018.

25 Lichtenberger 1977, wie Anm. 8, 131 f.

26 Vgl. etwa Karl Teply, »Die erste armenische Kolonie in Wien«, in: *Wiener Geschichtsblätter*, Bd. 28 (1973), S. 105–118, hier S. 107.

27 Rudolf Till, »Geschichte der spanischen Juden in Wien«, in: *Jahrbuch des Vereins für Geschichte der Stadt Wien*, Bd. 5 (1947), Nr. 6, S. 108–123, hier S. 117.

28 Fajkmajer 1911, wie Anm. 4, S. 552 f.

29 Lichtenberger 1977, wie Anm. 8, S. 132.

30 Siehe den Beitrag von Günther Buchinger/Doris Schön, S. 548–555.

31 Lichtenberger 1977, wie Anm. 8, S. 81 f., S. 133.

32 A. F. Pribram, *Urkunden und Akten zur Geschichte der Juden in Wien, 1. Abt.: Allgemeiner Teil 1526–1847 (1849)*, Bd. 2 (Quellen und Forschungen zur Geschichte der Juden in Deutsch-Österreich VIII/2), Wien/Leipzig 1918, S. 566 f.; Fajkmajer 1911, wie Anm. 4, S. 550.

33 A. F. Pribram, *Urkunden und Akten zur Geschichte der Juden in Wien, 1. Abt.: Allgemeiner Teil 1526–1847 (1849)*, Bd. 1 (Quellen und Forschungen zur Geschichte der Juden in Deutsch-Österreich VIII/1), Wien/Leipzig 1918, Nr. 55, S. 92.

34 Max Grunwald, »Geschichte der Juden in Wien 1625–1740«, in: Alterthumsverein zu Wien (Hg.)/Anton Mayer (Red.), *Geschichte der Stadt Wien*, Bd. 5: *Vom Ausgange des Mittelalters bis zum Regierungsantritt der Kaiserin Maria Theresia, 1740*, 2. Teil, Wien 1914, S. 65–99, hier S. 76 f.; Peter Rauscher, »›Auf der Schipp‹. Ursachen und Folgen der Ausweisung der Wiener Juden 1670«, in: *Aschkenas. Zeitschrift für Geschichte und Kultur der Juden*, Bd. 16 (2006), S. 421–438, hier S. 433 f.

35 Siehe auch den Beitrag von Günther Buchinger/Doris Schön, S. 562–567.

36 Pribram 1918, wie Anm. 33, Nr. 128, S. 283 f.; Nr. 131/1, S. 286 f.

37 Ebd., Nr. 121, S. 266 f. Zum Teil abweichend: Grunwald 1914, wie Anm. 34, S. 93/Anm. 1. Lediglich die jüdischen Pferdehändler und die Fuhrleute logierten in der Leopoldstadt.

38 Lichtenberger 1977, wie Anm. 8, S. 71 f., S. 136 f.; ebd., Karte 10.

GÜNTHER BUCHINGER / DORIS SCHÖN

Zerstörung und Wiederaufbau als barockes Stadtpalais

IM BAROCK

Der 1692 als Besitzer des Hauses Bauernmarkt 1 eingetragene niederösterreichische Regierungsrat Gottfried von Wieser wird überraschenderweise 1703 in einem Hofquartiersprotokoll als Quartiersnehmer bezeichnet. Der namentlich nicht angeführte mysteriöse Hausbesitzer ließ damals seinen Quartiersnehmer Gottfried von Wieser in eine andere Behausung transferieren, um die Quartiersfreiheit für sein *neu erbautes* Haus am Bauernmarkt genießen zu können.[1] Der offizielle Antrag und der behördliche Bescheid für die Quartiersbefreiung wurden nie ausgestellt. Diese ungewöhnliche und für Wien singuläre Geschichte erklärt sich aus der Tatsache, dass der Hausbesitzer Jude und daher vom Realeigentumsrecht ausgeschlossen war. Dass es sich um Samuel Oppenheimer handelte, der als reichster Hofjude[2] unter Kaiser Leopold I. tätig war, machte eine inoffizielle Vorgangsweise der Behörden möglich, und Oppenheimer konnte im Schatten eines christlichen Strohmanns die faktischen Hausherrenrechte ausüben.

1674 als kaiserlicher Faktor, 1679 als Armeelieferant und »kaiserlicher Kriegsfaktor« wurde der Bankier Oppenheimer zum wichtigsten Kreditgeber des Kaisers, der ihm 1684 187.000 Gulden, im Jahr des Erwerbs des Hauses am Bauernmarkt bereits 700.000 Gulden und ein Jahr darauf 2 Millionen Gulden schuldete.[3] Diese sich zuspitzende Situation führte zu gefährlichen Feindschaften mit Bischof Kollonitsch und dem Prinzen Eugen sowie schließlich 1697 zur Verhaftung Oppenheimers. Gegen eine Bürgschaft von 500.000 Gulden wieder freigelassen, eskalierte die Situation am 21. Juli 1700, als sich ein Aufruhr des Wiener Pöbels entwickelte.[4] Gegenüber Oppenheimers Haus stand ein Wirtshaus, vor dem zwei Rauchfangkehrergesellen Mühle spielten und darüber von Angehörigen von Oppenheimers Haushalt angeblich verlacht wurden. Daraufhin verspotteten die Gesellen die Juden, indem sie mit der Hand auf die Bank klopften, ein damals verbreiteter Judenspott. Als sie damit nicht aufhörten, riefen die Verhöhnten die vor Oppenheimers Haus stationierte Rumorwache. Die Gesellen wehrten sich und erhielten von dem vor dem Haus zusammenströmenden Volk Unterstützung. Steine und Eier wurden auf das Haus geworfen, in dem sich Oppenheimers Kanzleien befanden, diese schließlich gestürmt, geplündert, demoliert und teilweise in Brand gesetzt. Die Menschen im Haus konnten sich nur durch Flucht in den Keller retten. Die in der Nähe stationierte städtische Hauptwache schritt nicht ein. Erst als die kaiserliche Burgwache eingriff und in die Menge schoss, zog sich diese zurück. Zwölf Personen wurden getötet oder verwundet. Bei Einbruch der Dunkelheit wurden auf dem Petersplatz Kanonen aufgefahren, um neuerliche Tumulte zu verhindern. Die Rädelsführer, ein Rauchfangkehrer und ein Schwertfeger, wurden noch am nächsten Morgen aus dem Bett geholt und zur Abschreckung am eisernen Gitter über dem Eingang des geplünderten Hauses gehängt. All jenen, die bei der Plünderung wertvolle Dokumente entwendet hatten, wurde Straffreiheit zugesichert, sofern sie diese umgehend der Obrigkeit übergaben.[5] Da in den Kanzleien viele Schuldscheine vernichtet wurden, kann man davon ausgehen, dass Feuer gelegt wurde.

Oppenheimer begann nach 1700 mit dem Neubau seines schwer beschädigten Hauses und ließ 1703 seinen Quartiersnehmer aussiedeln. Durch seinen Tod im selben Jahr erlebte er jedoch die Bauvollendung des Hauses nicht mehr, das nun für Jahre als unfertiger Rohbau stehen bleiben sollte. Samuels Sohn Emanuel Oppenheimer konnte den Weiterbau nicht betreiben. Als Spätfolge der Ereignisse musste über Oppenheimers Nachlass der Bankrott verhängt werden. Kaiser Leopold befriedigte zwar die Gläubiger, darunter den König von England, doch geriet dadurch der Staat selbst in eine gefährliche Finanzkrise. Emanuel Oppenheimer verkaufte das Haus am Bauernmarkt als *constituierter Mandatarius* Gottfried von Wiesers 1705 dem geheimen Sekretär der spanischen Expedition Johann Bartholomäus von Schweighardt,[6] einem hohen außenpolitisch tätigen Beamten, der den Neubau 1715 vollenden konnte, wie die einheitlichen dendrochronologischen Daten der Decken der Obergeschoße und des Dachstuhls belegen.

Struktur des neuen Gebäudes

Die Obergeschoße des Gebäudes wurden damals zur Gänze neu errichtet, wie die gleichmäßige Raumstruktur bezeugt, die sich deutlich von der Raumaufteilung des Erdgeschoßes absetzt (ABB. 1). Die neuen Räume zur Freisingergasse erhielten gemalte Wanddekorationen, deren Reste im Zuge der Umbauarbeiten durch Restaurator Karl Scherzer freigelegt werden konnten. Auch im Hoftrakt wurde ein größerer Raum durch eine Stuckdecke (1OG 4/5) ausgezeichnet (ABB. 2).

Zwischen dem Trakt an der Freisingergasse und dem Hoftrakt entstand unmittelbar an der nördlichen Grundstücksgrenze ein schmaler Neubau (EG 29/30), der die spätmittelalterlichen Keller überbaute und im Erdgeschoß mit einem zweijochigen Platzlgewölbe überspannt wurde. In den Obergeschoßen brachte man schmale Räume unter, die beide Trakte verbanden. Im zweiten Obergeschoß (2OG 22) ist ein originales Kreuzgratgewölbe erhalten.

Im Erdgeschoß blieben sowohl in den Straßentrakten als auch im Hoftrakt die renaissancezeitlichen Räume der Verkaufsläden bestehen und wurden in den Neubau integriert. Diese Räume überstanden den Brand, da sie durchgehend gewölbt sind. Die Obergeschoßräume mit ihren hölzernen Decken wurden hingegen völlig zerstört und mussten neu errichtet werden.

Erschlossen wurden die neuen Geschoße durch zwei ebenfalls neu errichtete Stiegenhäuser, die im Erdgeschoß in die alte Struktur eingestellt wurden. Beim Hauptstiegenhaus handelt es sich um eine platzlgewölbte Zweipfeilertreppe (ABB. 3), die von der nun korbbogig tonnengewölbten Einfahrt von der Freisingergasse betreten werden konnte. Im Hoftrakt wurde eine kreuzgratgewölbte Nebenstiege

Bauphasenplan 1. OG

Plangrundlage: Mascha & Seethaler ZT GmbH
Wissenschaftliche Bearbeitung: Denkmalforscher Günther Buchinger, Doris Schön
Grafik: Mathias Slupetzky, Juli 2014

2. OG

ABB. 1 Die Bauphasenpläne des ersten, zweiten und dritten Obergeschoßes zeigen den barocken Neubau über dem Niveau des Erdgeschoßes.

ABB. 2 1 OG 4/5, Stuckdecke. Um 1730.

ABB. 3 Hauptstiegenhaus, platzlgewölbte Zweipfeilertreppe. Um 1715.

3. OG

ABB. 4 Nebenstiege mit Kreuzgratgewölben. Um 1715.

KASTEN 1 Die vorgestellte Fassade wird durch eine streng horizontale Gliederung geprägt (**ABB. 5**). Keine vertikalen Elemente, wie Säulen, Pilaster, Lisenen oder Putzfelder, stören die additive Reihung der Fenster, während Gesimse das erste Obergeschoß, die Beletage, vom zweiten und dritten Obergeschoß separieren. Das einzige Gestaltungselement sind Fensterrahmungen und -verdachungen, die wiederum vollkommen unrhythmisch nur nach Geschoßen differenziert sind. Ihre hochmodernen Ausformungen – zwischen horizontalen Ansätzen mehrfach geschwungener Giebel mit Spitzen (Beletage) oder eingerollten Voluten (zweites Obergeschoß) – gehen deutlich über die klassischen barocken Dreiecks- oder Segmentgiebelverdachungen hinaus und stehen gemeinsam mit dem Bandelwerkdekor im dritten Obergeschoß in unmittelbarem Zusammenhang mit den zeitgenössischen Fassadengestaltungen Lucas von Hildebrandts, die in Wien am Bauernmarkt erstmals auch im bürgerlichen Bereich rezipiert wurden.[20]

Über dem Traufgesims befinden sich zahlreiche Dachgaupen, die bereits Bestandteil des primär erhaltenen Dachwerks waren. Alle vier Trakte weisen ein für die Zeit modernes Mansarddach auf, das über dem zweihüftigen Westtrakt zur Freisingergasse als Firstgrabenmansarddach ausgebildet ist. Ohne den funktional problematischen Graben (Schneelast, komplizierter Abfluss des Regenwassers) wäre das Dach aufgrund der Breite des Trakts sehr hoch geworden, sodass dieser bautechnische Kompromiss eingegangen wurde. Der untere Bereich der Mansarde wurde seit dem Barock für Wohnzwecke verwendet und verfügte ursprünglich über Fachwerkwände. Sämtliche Trakte erhielten eine liegende Stuhlkonstruktion, um die Längsverbindung zwischen den Gespärren herzustellen – mit Ausnahme des Nordtrakts. Dessen kleines Mansarddach aus selbsttragenden Jochen wurde im unteren Bereich mit einer Holztonne verschalt, wovon heute noch Reste gebogener Bohlenstücke und geschmiedeter Nägel zeugen. Die ursprüngliche Funktion dieses Raumes ist unklar.

ABB. 5 Straßenfassade. Um 1715.

(**ABB. 4**) errichtet, deren Fundamentierung im Keller (KG 3) nachgewiesen werden konnte.

Im straßenseitigen Keller erfolgten lediglich geringe bauliche Veränderungen; hervorzuheben ist das neu errichtete Gewölbe in KG 6/7. Die Ost/West-laufende Tonne erhielt an ihrer Südseite über dem rundbogigen Werksteinportal zu KG 8 eine hochbarocke Stichkappe mit fünfeckigem Grundriss.

Die hochbarocke Fassade (**SIEHE KASTEN 1**) wurde im Erdgeschoß vor den älteren Baubestand gestellt, um das Erscheinungsbild zu vereinheitlichen – eine Maßnahme, die sich an vielen Gebäuden der Wiener Innenstadt nachvollziehen lässt. Der mehrheitlich barocke Gesamteindruck der Wiener Innenstadt entstand weitgehend durch die Errichtung von Fassadenvorblendungen mit barocken Dekorelementen. Dahinter haben sich in vielen Häusern noch renaissancezeitliche und spätmittelalterliche Bauten erhalten, die durch bauhistorische Untersuchungen der letzten Jahrzehnte nachgewiesen werden konnten.

Das Resultat des Umbaus schlug sich massiv in der Gestaltung der Obergeschoße nieder, jedoch nicht im Grundriss des gesamten Gebäudes. Ein Vergleich der jeweiligen Ausschnitte aus dem Stadtplan von Werner Arnold Steinhausen aus dem Jahr 1710 (**ABB. 6**), also während des Umbaus, und aus dem Stadtplan von Daniel Suttinger aus dem Jahr 1684 (**ABB. 7**) zeigt die Übereinstimmungen sehr deutlich, wobei Suttinger noch eine abgeschrägte Gebäudeecke darstellte, während der Steinhausen-Plan dem heutigen Bestand entsprechend einen gekrümmten Fassadenverlauf mit annähernd orthogonaler Ecke aufweist.

Johann Bartholomäus von Schweighardt hinterließ das Haus Bauernmarkt 1 1731 seinem Sohn Josef.[7] 1756 schloss Schweighardt einen Vergleich mit seinen Nachbarn, wonach in dem kleinen östlichen Lichthof weder Veränderungen an Fenstern, Türen und Rauchfängen noch Einbauten vorgenommen werden durften, die das Licht nehmen oder üblen Geruch verursachen würden.[8] Ebenso durfte kein Abfall in den Lichthof geworfen werden. Dieser Vergleich wurde fortan in jeder Gewährsbucheintragung übernommen.

Baumaßnahmen des späten 18. und 19. Jahrhunderts

Josef Schweighardt testierte zwei Drittel des Hauses der benachbarten Kirche St. Peter und ein Drittel dem Kanonikatstift Dürnstein sowie der Gräfin von Salvadore. Nach Einantwortung des Hauses wurde es im Jahr 1765 von den Erben an Eleonore von Pelsern, geborene von Führenberg, Gattin des Hofrates bei der obersten Justizstelle Johann Josef von Pelsern, verkauft.[9]

1802 erwarb das Haus Rainer Franz von Thys,[10] der es 1830 seinen vier Kindern hinterließ.[11] Drei Anteile kaufte 1832 Dr. Franz Wirer, Mitglied der medizinischen Fakultät und erzherzoglicher Hofrat;[12] am 27. Juni 1836 erwarb er auch den Anteil der Maria von Thyss. Wirer musste schon lange als Mieter in dem Haus gewohnt haben, da er bereits 1806 eine Küche in seiner Wohnung hatte umbauen lassen.[13] Entsprechende Details sind überliefert, da Kaiser Joseph II. im späten 18. Jahrhundert die Hofquartierspflicht abschaffte und stattdessen das Unterkammeramt als Baubehörde einführte, die fortan alle Umbaumaßnahmen zu bewilligen hatte. Sollten die diesbezüglichen Pläne und Akten nicht erhalten sein, so sind sie zumindest in den Baukonsensbüchern verzeichnet und die Adaptierungen damit nachvollziehbar. Kleinere Maßnahmen in Kellern wurden allerdings nicht immer gemeldet (SIEHE KASTEN 2).

Aus den 1830er-Jahren ist eine Ansicht des Hauses als Randillustration des Gesamtplans Wiens von Carl Graf Vazquez erhalten (ABB. 8).[14] Deutlich sind die ursprüngliche Hauseinfahrt zwischen den Geschäftslokalen und darüber das Verkündigungsrelief zu erkennen, das von der Vorgängerfassade im Hochbarock übernommen wurde.

1844 hinterließ Franz Wirer das Haus Ferdinand Kappler, Leopold Kappler und Ignaz Gassner, von denen es mit Kaufkontrakt 1845 an Dr. August Blühdorn, Mitglied der juridischen Fakultät,[15] der 1846 einen ebenerdigen Stall (wahrscheinlich EG 28–EG 31) adaptieren ließ,[16] und von diesem 1846 an den k. k. privaten Großhändler Sigmund Edler von Wertheimstein kam, nachdem dieser mit *Allerhöchster Entschließung* vom 8. Februar 1846 zur Erwerbung und zum Besitz eines bürgerlichen Hauses zu Wien aus *Allerhöchster Gnade* fähig erklärt worden war.[17] Im 19. Jahrhundert wurden die Einschränkungen bezüglich Realbesitzes für Juden in Einzelfällen durchbrochen, sodass Sigmund, ein Nachkomme Samson Wertheimers, eines Neffen Samuel Oppenheimers, das Haus für kurze Zeit wieder in Familienbesitz brachte[18] und einen Umbau vornehmen lassen konnte (SIEHE KASTEN 3). Weitere Besitzer waren 1858 Sophie Jaques, Louise Beyfus und Dr. Heinrich Jaques, 1859 Eduard Böhm, 1872 Maria Böhm, die das Haus dem Wiener Bürgerspitalsfond widmete, worauf eine Aufschrift an der Fassade Bezug nahm, und 1938 die Stadt Wien.[19]

Resümierend zeichnet sich das Haus Bauernmarkt 1 in seiner erhaltenen Bausubstanz im Erdgeschoß und Keller durch eine erstaunliche Heterogenität und ab dem ersten

ABB. 6 Werner Arnold Steinhausen, *Stadtplan von Wien*, 1710, Ausschnitt. Bei dem Haus rechts der Beschriftung *Alter Bauern Marckt* handelt es sich um das Haus Bauernmarkt 1.

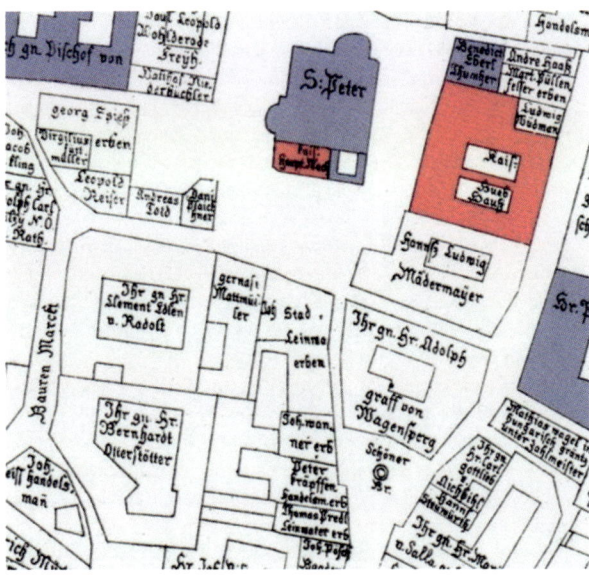

ABB. 7 Daniel Suttinger, *Stadtplan von Wien*, 1684, Ausschnitt. Bei dem Haus mit der Beschriftung *Ihr gn(aden). h(er)r. Clement Edlen v(on). Radolt* handelt es sich um das Haus Bauernmarkt 1.

ABB. 8 Carl Graf Vazquez, *Stadtplan von Wien*, 1830er-Jahre, Ausschnitt mit einer Ansicht des Hauses Bauernmarkt 1

KASTEN 2 Planmaterial aus dem Jahr 1846 zeigt, dass zu einem unbekannten Zeitpunkt in der ersten Hälfte des 19. Jahrhunderts ein neuer Kellerraum (KG 4) entstanden ist (siehe ABB. 18 auf S. 553). Der Keller liegt östlich von KG 5 und wurde L-förmig errichtet, um dadurch dem älteren Brunnen auszuweichen. An seinem östlichen Ende berührt der Raum fast den Keller unter dem Hoftrakt, war mit diesem jedoch nie verbunden, wie anstehender Löss zeigt, der hinter einem Loch in seiner Südmauer auszumachen ist. Der kleine Keller weist unmittelbar nach seinem Zugang zwei und im Bereich der Raumkrümmung drei weitere Stufen auf, wodurch sein Ziegelboden 0,7 m tiefer als der benachbarte Kellerraum KG 5 liegt. Möglicherweise handelt es sich bei dem neuen Raum um einen kleinen Eiskeller. Entsprechende Räume waren bis in das frühe 20. Jahrhundert die einzige Möglichkeit, Lebensmittel kühl zu lagern. Eiskeller waren in der Wiener Innenstadt in der Regel von den Hauskellern weitgehend isoliert und wurden im Winter mit Eis aufgefüllt, um die Lebensmittel darin zu lagern. Die Verkaufsstelle lag im Übrigen in unmittelbarer Nähe: das sogenannte Eisgrübel, ehemals Petersplatz 11.

Möglicherweise erhielt zum Zeitpunkt der Errichtung von KG 4 auch KG 5 eine neue Ost/West-laufende Ziegeltonne, wobei im Scheitel an der Ostseite ein primärer Schacht unbekannter Funktion entstand, der heute noch offen ist und leicht nach Süden ansteigend verläuft. Er diente wahrscheinlich der Luftzufuhr, da er sich in unmittelbarer Nähe des Fensters zum Brunnen befindet.

Im Keller unter dem Hoftrakt wurde der Kellerabgang (KG 1) vom Bauernmarkt vor 1846 zugunsten eines neuen Kellerabgangs aus dem Innenhof aufgegeben. Diese bauliche Veränderung deutet auf eine Nutzungsänderung des Kellers hin, der offenbar nicht mehr für gewerbliche, sondern nunmehr für private Zwecke genutzt wurde.

Obergeschoß durch eine ebenso überraschende Homogenität aus. Während in den unteren Bauteilen die Geschichte von den Römern über das hoch- und spätmittelalterliche Ratsherrenhaus bis zum renaissancezeitlichen Geschäftshaus nacherzählt werden kann, lassen die oberen Bauteile die großzügigen Raumverhältnisse des Barock erleben. Zeitlich dazwischen liegt die Katastrophe des Jahres 1700, die sich als Negativbefund (Abbruch der Obergeschoße) am heutigen Bau substanziell nicht mehr ablesen lässt.

1. Hofkammerarchiv, Hofquartiersprotokoll 1703, fol. 54v.
2. Mehr zum Begriff des »Hofjuden« siehe S. 332 ff. in diesem Band sowie den Beitrag von Peter Rauscher, S. 568–575.
3. Paul Harrer-Lucienfeld, *Wien, seine Häuser, Menschen und Kultur*, Bd. 1, 3. Teil, Wien 1951, S. 699.
4. Ebd., S. 700.
5. Max Grunwald, *Samuel Oppenheimer und sein Kreis (Ein Kapitel aus der Finanzgeschichte Österreichs)*, Wien/Leipzig 1913, S. 135 f.
6. WStLA, Grundbuch 1/17, 1699–1716, fol. 323v.
7. WStLA, Grundbuch 1/19, 1730–1747, fol. 463.
8. WStLA, Grundbuch 1/25, 1801–1807, fol. 184.
9. WStLA, Grundbuch 1/21, 1755–1771, fol. 382.
10. WStLA, Grundbuch 1/25, 1801–1807, fol. 184.
11. WStLA, Grundbuch 1/29, 1827–1833, fol. 316v.
12. Ebd., fol. 342; WStLA, Grundbuch 1/30, 1834–1839, fol. 229v.
13. WStLA, Baukonsensbuch 1 für die Innere Stadt, Nr. 577.
14. Wien Museum, Inv.-Nr. 34.839.
15. WStLA, Grundbuch 1/31, 1839–1849, fol. 352v.
16. WStLA, Baukonsensbuch 1 für die Innere Stadt, Nr. 577.
17. WStLA, Grundbuch 1/31, 1839–1849, fol. 468.
18. Siehe dazu S. 448 in diesem Band.
19. WStLA, Grundbuch 1/2b, Stadturbar 1753–1880, fol. 640v.
20. Ein wichtiges, nur wenige Jahre jüngeres Beispiel (1716–1718) ist das Urbanihaus, Am Hof 12; siehe Günther Buchinger/Bruno Maldoner/Paul Mitchell/Doris Schön, »Baugeschichte und Adaptierung des Urbanihauses, Wien I., Am Hof 12«, in: *Österreichische Zeitschrift für Kunst und Denkmalpflege* LXII, 2008, Heft 2/3, S. 176.
21. Baupolizei, Bauakt Innere Stadt EZ 323.

KASTEN 3 1846 plante zunächst August Blühdorn, den Trakt in der nordöstlichen Ecke des Innenhofes abzutragen, mit einem vierten Obergeschoß neu zu errichten und bis in den Keller zu fundamentieren (laut Plan war also keine Unterkellerung als Verbindung zwischen den Kellern des Straßen- und des Hoftraktes vorgesehen).[21] Diese Maßnahmen wurden allerdings nicht durchgeführt, wie die dendrochronologische Untersuchung des unverändert an dieser Stelle erhaltenen hochbarocken Dachstuhls belegt.

Da der Bauteil aber offensichtlich sanierungsbedürftig war, ließ Sigmund von Wertheimstein 1847 die hintere Treppe und die Substruktion der Treppe im Keller erneuern, einige Adaptierungen in den Obergeschoßen vornehmen sowie eine Pawlatsche vor den Hoftrakt stellen (**ABB. 9**).

Weiters entstanden in der zweiten Hälfte des 19. Jahrhunderts mehrere heute nicht mehr erhaltene Decken, etwa eine Kassettendecke in 1OG 8a, eine Holzdecke in 1OG 11 und eine Stuckdecke in 1OG 15.

ABB. 9 Pawlatschen im Innenhof, 1847

PETER RAUSCHER

Hofjuden

IM BAROCK

Lion Feuchtwanger, einer der herausragenden deutschsprachigen Schriftsteller des 20. Jahrhunderts, beschrieb in seinen Romanen *Jud Süß* (1925) und *Die Jüdin von Toledo* (1955)[1] die prekäre Stellung von Hofjuden zwischen ökonomischer und politischer Macht auf der einen und Ohnmacht als Mitglieder einer im christlichen Europa verfemten Minderheit auf der anderen Seite. In *Die Jüdin von Toledo* dienten die jüdischen Finanziers der mittelalterlichen spanischen Königreiche, im konkreten Fall der Schatzmeister des kastilischen Königs Alfons VIII., Abu Omar Joseph Ibn Shoshan (1135–1205),[2] als Vorbild für die fiktive Figur des Hofjuden Jehuda Ibn Esra, den Vater der königlichen Geliebten Raquel.[3] Juden als einflussreiche Personen am Hof muslimischer wie christlicher Monarchen gab es nicht nur im mittelalterlichen Spanien. Seinen Höhepunkt erreichte das »institutionalisierte Hofjudentum« in den Fürstentümern des Heiligen Römischen Reichs deutscher Nation von der Mitte des 17. bis zur Mitte des 18. Jahrhunderts. In dieser Zeit des Wiederaufbaus nach den Verheerungen des Dreißigjährigen Kriegs (1618–1648), der Entstehung »stehender«, d. h. im Gegensatz zu den früheren Söldnertruppen jederzeit verfügbarer fürstlicher Armeen, der Erbfolge- und der Türkenkriege und nicht zuletzt des barocken Schloss- und Klosterbaus »bildete sich das Hoffaktorentum, bei dem der Hoffaktor in einem permanenten Dienstverhältnis zum Herrscher stand, zu einer ständigen und in allen großen und kleinen Territorialstaaten eingeführten Institution aus«.[4] Solche Unternehmer im Dienste deutscher Fürsten waren häufig Juden. Diese wegen ihrer Nähe zu den Fürstenhöfen als »Hofjuden« bezeichneten jüdischen Kaufleute und Finanziers waren ein typisches Phänomen des Barockzeitalters »und insgesamt ging ihre Zahl wohl in die Tausende«.[5] Dieser Epoche entstammt die zweite Romanfigur Feuchtwangers: Joseph Süß Oppenheimer. Auch wenn »Jud Süß« verglichen mit Personen wie Samuel Oppenheimer und Samson Wertheimer in Wien oder Berend Lehmann (Halberstadt), Leffmann Behrens (Hannover) und anderen nicht der ökonomisch bedeutendste Hofjude seiner Zeit war, machte ihn sein spektakulärer, mit seiner Hinrichtung endender Sturz zum Vorbild für literarische wie filmische Werke, darunter der berüchtigte NS-Propagandafilm *Jud Süß* unter der Regie Veit Harlans von 1940.[6]

Hofjuden allgemein, als im Hintergrund wirkende »Strippenzieher« des deutschen Fürstenstaates, mit deren Hilfe die Untertanen ausgebeutet worden seien, waren Gegenstand des 1938 erschienenen und in Folge mehrfach aufgelegten unwissenschaftlichen Machwerks von Peter Deeg. Es bildete den ersten Band der geplanten Reihe »Juden, Judenverbrechen und Judengesetze in Deutschland von der Vergangenheit bis zur Gegenwart«, der im Nürnberger antisemitischen Propagandaverlag »Der Stürmer« veröffentlicht wurde.[7]

In den ersten beiden Nachkriegsjahrzehnten wurde die Hofjudenforschung im deutschsprachigen Raum von dem Geschichts- und Deutschlehrer Heinrich Schnee und dessen Hauptwerk *Die Hoffinanz und der moderne Staat* dominiert.[8] Die sechs Bände der *Hoffinanz* bestechen weniger durch ihre Analyse als durch ihren Materialreichtum, der das Werk trotz seiner zumindest latent antisemitischen Grundhaltung auch heute noch für die moderne Forschung bedeutsam macht.

In jeder Hinsicht in direktem Kontrast zu Schnee steht die wesentlich strukturiertere, ebenfalls auf archivalischen Quellen basierende Darstellung des Hofjudentums der jüdischen Historikerin Selma Stern.[9] Nachdem das Werk Sterns lange Zeit wenig rezipiert worden war, setzte erst in den 1990er-Jahren eine breitere Forschungs- und Publikationstätigkeit zum frühneuzeitlichen Hofjudentum ein.[10]

Im Gegensatz zu den wissenschaftlichen Publikationen der ersten Jahrhunderthälfte, vor allem der NS-Zeit, hatten die Hofjuden Ende des 20. Jahrhunderts jedes ideologische Potenzial verloren und dienten nun nicht mehr als »Projektionsfläche für antisemitische Klischees«.[11] Jüngere Darstellungen, die sich mit Hofjuden oder einzelnen Hofjudenfamilien beschäftigen,[12] widmen sich häufig den innerjüdischen Funktionen, den Verwandtschaftsnetzwerken oder den kulturellen Leistungen der jüdischen Wirtschaftselite, weniger ihrer ökonomischen Bedeutung. Gerade in der Integration in die jüdischen Gemeinden, in denen sie führende Rollen spielten, sah der Historiker Mordechai Breuer ein wesentliches Kennzeichen der Hofjuden nach dem Dreißigjährigen Krieg: »Der typische Hofjude war ein Wohltäter und Fürsprecher seiner Gemeinde.«[13] Ob Hofjuden aber innerhalb der jüdischen Gesellschaft als Vorreiter von Emanzipation (Gleichstellung), Assimilation bzw. Akkulturation (Übernahme bzw. Aneignung der Kultur der Mehrheitsgesellschaft) oder generell als Wegbereiter der jüdischen Moderne gesehen werden können, ist heute nicht unumstritten; das Gleiche gilt für die ihnen immer wieder zu- bzw. abgesprochene Rolle als die dominierenden Finanziers des Fürstenstaates, insbesondere der barocken Habsburgermonarchie.[14]

Auch wenn »Hofjuden« oder jüdische »Hoffaktoren« ein weitverbreitetes Phänomen der deutschen Fürstenhöfe des 17. und 18. Jahrhunderts waren, wurde der Wiener Kaiserhof allein schon wegen seiner Größe und seines Finanzbedarfs zum Zentrum des frühneuzeitlichen Hofjudentums.[15] Freilich hatten keineswegs alle in Wien legal wohnenden, sogenannten tolerierten jüdischen Familienoberhäupter den Status eines kaiserlichen Hofjuden oder Hoffaktors inne. Die Mehrheit der jüdischen Bewohner und Bewohnerinnen Wiens um 1700 lebte unter dem Schutz der Hofjudenfamilien Oppenheimer und Wertheimer oder ohne rechtliche Grundlage mehr oder weniger geduldet in der Stadt oder den Vorstädten. Bis 1723 wurden neben den Familien Oppenheimer und Wertheimer auch andere Juden privilegiert. Juden, die zur Ausübung ihrer Geschäfte nach Wien kamen, sich aber hier nicht dauerhaft niederließen, hatten spezielle Passzettel zu lösen. Eine Ausnahme bildeten Juden aus dem Osmanischen Reich, die sich seit dem zwischen dem Kaiser und dem Sultan 1718 in Passarowitz abgeschlossenen Handelsvertrag in Wien ansiedeln durften.[16]

1. Die Wiener Hofjuden um 1720 aus der Sicht eines jüdischen Reisenden

»Was anbelangt die Juden in dieser Stadt Wien, so sind sie die reichsten in ganz Europa. Die vornehmsten sind: der große achtbare weitberühmte Herr Reb Samson Wertinheim [Wertheimer], welchen man mit dem gemeinen Sprichwort wegen seines großen Reichthums den Judenkaiser heißt. Dieser Wertinheimer hat 10 kaiserliche Soldaten alle Zeit vor seinem Thor Wache halten, womit er nebst viel andern Freiheiten [Privilegien] von dem Kaiser begnadigt ist. Dieser Wertheimer hat gar viel Paläste und Gärten in Wien, auch hat er viel Güter und Häuser in Deutschland sowie zu Frankfurth am Main und zu Worms und in vielen andere Plätzen. Auch hat er viel Schulen bauen lassen und viel Geld unter die armen Juden in ganz Europa ausgetheilt, ja se[l]bst bis in Polen hat man von seinem Gelde ausgetheilt, auch im heiligen Land, in Jerusalem, allwo er Herr von dem Land genannt wird. Auch ist er Rabbiner von Ungarn. Er ist so reich, dass er jedem seiner Kinder zur Heirath hat gegeben in comptant [in bar] 200.000 holländische Gulden, und sind der Kinder sechs. Er ist jetzunder ein alter Mann in den siebziger Jahren. Er führt sich in Kleidung gleich einem Polaken und hat einen langen weißen Bart. Er kommt gar oft zum Kaiser. Der andere reiche Jud ist der Herr R. Mendel Openheimer [Emanuel Oppenheimer], welcher gleich R. Samson mit zehn Soldaten bedient wird, hat auch einen Lustpalast in Wien und noch mehrere Häuser und Gärten draußen vor der Stadt, er hat einen schönen Palast gebaut in der S[t]adt Mannheim am Rhein.

Dieser Openheimer ist ein Mann kurz von Statur, hat keinen Bart, hat auch sehr viel Bediente und ist sehr reich. Er speiset alle Tage an einer Tafel mit Silbergeschirr die armen sowie die fremden Juden. Wer nur will, kann hier zur Mahlzeit kommen. Sobald es zwölf schlägt, wird die Tafelglocke geläutet und es mag kommen, wer nur will in den großen Saal. Hier sind Bediente, die diese Tafel gleich ihres Herren Tisch bedienen. Nach gethaner Mahlzeit geht ein Jeder ohne sich zu bedanken wieder weg. Die andere Juden in Wien sind alle gar reich und sind ungefähr 25 Hausbesitzer.

[…] Ihr Begräbniß [Friedhof] ist ein luftiger Garten in einer Vorstadt. Schulen [Bethäuser] hat Jedweder in seinem Haus, und auch sind sie alle Diener und Verwalter von einigen Sachen des Kaisers. Der Wertheimer und Oppenheimer sind Proviant-Meister. Der Abraham Ulmer Lieferant von Heu, Andere wieder von Munition und Geschütz. Sie haben allhier ein ruhiges Leben.«[17]

Mit diesen Worten beschrieb der damals 17-jährige jüdische Reisende aus Horn in Westfalen Abraham Levi die Situation der Wiener Juden im Jahr 1719. Es handelte sich um die ausgehende »Goldene Zeit« der kaiserlichen Hofjuden, die mit dem Auftreten Samuel Oppenheimers in Wien in den 1670er-Jahren begonnen hatte und mit dem Tod Samson Wertheimers 1724 endete.[18] Levis Bericht nennt wesentliche Kennzeichen des Hofjudentums um 1700: die enge Beziehung der Hofjuden zum Kaiser, für den sie insbesondere im Bereich des Kriegswesens als Beschaffer von Proviant, Lieferanten von Heu für die Pferde sowie Waffen und Munition tätig waren. Im Gegenzug erhielten sie besondere Privilegien,[19] die ihnen im Vergleich zu anderen Juden eine hervorgehobene Rechtsstellung sicherten; der Reichtum der Hofjuden wurde nicht nur zur Repräsentation des eigenen sozialen Status verwendet, sondern kam durch den Bau von Synagogen und Lehrhäusern oder soziale Fürsorge wie die Speisung Bedürftiger dem Judentum generell zugute. Innerhalb der jüdischen Gesellschaft bildeten die Hofjuden einen Teil der Elite und konnten hohe Funktionen ausüben, die vom Vorsteher von Gemeinden bis – wie im Fall des »Judenkaisers« Samson Wertheimer – zum Landesrabbiner reichten. Ausführlich beschreibt Levi den sich unter anderem in der Wohnkultur ausdrückenden adelsähnlichen Lebensstil der Hofjuden, mit dem »die gegenüber der christlichen Umgebung empfundenen sozialen Defizite überspielt«[20] werden sollten. Nach außen nutzten sie ihr Kapital und ihre vielfältigen Kontakte, um gegenüber christlichen Obrigkeiten als Fürsprecher (Schtadlanim) in jüdischen Angelegenheiten aufzutreten. Samuel Oppenheimer bemühte sich wie andere vermögende Juden bzw. jüdische Gemeinden beispielsweise erfolgreich, die während der Eroberung Ofens (Buda) durch die vereinigten christlichen Truppen 1686 gefangenen Juden freizukaufen.[21]

Aus dem Text Levis werden nur sehr implizit die Widersprüche innerhalb der Hofjudenschaft bzw. die Spannungen mit ihrer christlichen Umwelt sichtbar: Während sich Wertheimer nach polnischer Art kleidete und den traditionellen Bart trug, hatte Emanuel Oppenheimer den Bart offenbar bereits abgenommen. Auch das von Levi konstatierte »ruhige Leben« der Wiener Juden war zweifellos weichgezeichnet. Die nicht allzu lange vor seinem Besuch in Wien zurückliegenden Übergriffe gegen das Haus Samuel Oppenheimers im Jahr 1700 stehen ebenso in auffallendem Widerspruch zu dieser Aussage wie die 1715 befürchteten Gewalttaten gegen die Wiener Juden wegen der angeblichen Ermordung eines christlichen Knaben[22] oder die von Levi selbst geschilderten Schikanen und Gefahren für Juden während der häufigen Prozessionen in der kaiserlichen Residenzstadt.

2. Die Wiener Judenstadt und das Hofjudentum bis 1670

Nur wenige Jahre vor dem Beginn der Geschäftsbeziehungen zwischen Samuel Oppenheimer und Kaiser Leopold I. Mitte der 1670er-Jahre schien es mit dem jüdischen Leben in Wien vorbei zu sein. Nach einem längeren Prozess befahl Leopold I. 1669 bzw. 1670 die Ausweisung aller Jüdinnen und Juden aus Wien, die bis Sommer 1670 vollzogen wurde.[23] Im vorangegangenen knappen halben Jahrhundert war mit der Wiener Judenstadt jenseits des Donaukanals im »Unteren Werd« eine der bedeutendsten jüdischen Gemeinden

Mitteleuropas entstanden. Dabei handelte es sich um einen auch baulich von der christlichen Nachbarschaft abgegrenzten Bezirk. Im Gegensatz zur Epoche Oppenheimers und zu den jüdischen Bewohnerinnen und Bewohnern Wiens bis Mitte des 19. Jahrhunderts verfügte die Judenstadt des 17. Jahrhunderts über eine weitreichende Verwaltungsautonomie und über eine voll entwickelte Gemeindeinfrastruktur. Die wirtschaftliche Tätigkeit der Wiener Jüdinnen und Juden umfasste den Warenhandel, die Pfandleihe oder den Handel mit »Pagament« (Bruchsilber zur Münzherstellung), Gold, Silber und Münzen. Hinzu kamen die Inhaber von Gemeindeämtern wie Rabbiner, Gemeindeschreiber oder Schächter sowie Ärzte. Selten waren jüdische Handwerker.[24] Durch ihre Geschäftstätigkeit traten Juden nicht nur in Beziehung zu weiten Teilen der Bevölkerung, sondern auch in direkte Konkurrenz etwa zur christlichen bürgerlichen Wiener Kaufmannschaft oder zum Schneiderhandwerk, das sich etwa 1644 über illegale jüdische Pfuscher (Störer) beschwerte.[25]

Bereits in den Jahren der Judenstadt standen einzelne jüdische Kaufleute in einem besonderen Naheverhältnis zum Kaiserhof bzw. zum Kriegswesen: Im Edelmetallhandel beispielsweise der »kaiserliche befreite (privilegierte) Münzlieferant« Juda Pollack, im Pferdehandel der »Hofrosshändler« Salomon Jakob Auspitz und Jakob Tröstl, im Getreidehandel für die kaiserliche Garnison Glatz (Kłodzko) Josef Prospero Levi sowie besonders die Tuchlieferanten für die von den niederösterreichischen Landständen finanzierten Truppen an der sogenannten Türkengrenze Jakob Fränkel und Zacharias Mayr. Da sie für die Stände (»Landschaft«) tätig waren, wurden Fränkel und Mayr sowie ihr zeitweiliger Kompagnon Löb Austerlitz als »Hof- und Landschaftsjuden« bezeichnet.[26]

Der 1664 verstorbene Zacharias Mayr ist ein hervorragendes Beispiel für wohltätige Stiftungen der Wiener jüdischen Wirtschaftselite: Er finanzierte die neue Synagoge inklusive Lehrhaus in der Judenstadt, die freilich wenige Jahre nach seinem Tod und der Ausweisung der jüdischen Gemeinde aus Wien in die Leopoldskirche (II., Alexander-Poch-Platz 6) umgewandelt werden sollte.[27]

So sehr die Zerstörung der jüdischen Gemeinde durch die Ausweisung von 1669/70 eine tiefe Zäsur der jüdischen Geschichte Wiens darstellt, so wenig änderte sie etwas an der Unverzichtbarkeit von Juden im Bereich der Heereslieferungen, des Münzwesens[28] und als kaiserliche Kreditgeber.[29]

3. Die eiserne Zeit: Kaiserliche Kriegführung und Wirtschaftstätigkeit der Wiener Hofjuden seit Samuel Oppenheimer

Die »Goldene Zeit« der Wiener Hofjudenschaft war ein halbes Jahrhundert fast permanenter Kriegführung an mehreren Fronten. Hauptkriegsgegner waren Frankreich im Westen und das Osmanische Reich im Südosten der habsburgischen Länder. Nach einem kurzen Krieg gegen das Osmanische Reich 1663/64 kam es unter ungarischen Adeligen zur »Magnatenverschwörung« gegen Kaiser Leopold I.[30] Die Aufdeckung der Verschwörung und die Hinrichtung der Anführer 1670/71 sowie das Aussetzen der ungarischen Verfassung mündeten in eine habsburgische Militärdiktatur, gegen die sich bewaffneter Widerstand erhob (Kuruzzenkrieg). Nachdem dieser 1681 beigelegt worden war, rückte 1683 die osmanische Hauptstreitmacht gegen die kaiserliche Residenzstadt Wien vor. Die Belagerung Wiens bildete den Auftakt des »Großen Türkenkriegs« (1683–1699), der erst nach über anderthalb Jahrzehnten beendet wurde.

Durch Siege über Kaiser Ferdinand III. (reg. 1637–1657) wie über das habsburgische Spanien war Frankreich seit der Mitte des 17. Jahrhunderts zur dominierenden Macht auf dem Kontinent aufgestiegen. Seit 1667 verfolgte König Ludwig XIV. (reg. 1643/61–1715) eine aggressive Politik gegenüber seinen östlichen Nachbarn, auf die letztlich auch der Kaiser reagieren musste. Dieser trat schließlich 1673 aktiv in den Holländischen Krieg (1672–1678) ein. Nur ein Jahrzehnt später begann mit dem Pfälzer Erbfolgekrieg (1689–1697), der parallel zum Krieg gegen die Osmanen ausgefochten wurde, ein neuerliches Kräftemessen mit Ludwig XIV. Nachdem 1697 Friede geschlossen worden war, änderten der Tod des spanischen Königs Karl II. 1700 und der beginnende Spanische Erbfolgekrieg (1701–1714) die Lage in Europa. Neuerlich stand der Kaiser in einer europäischen Koalition Frankreich gegenüber. Und wiederum musste sowohl im Westen wie auch im Osten gekämpft werden, da in Ungarn unter der Führung des Fürsten Franz II. Rákóczi ein weiterer antihabsburgischer Aufstand losbrach (1703–1711). Auch der Friedensschluss von Utrecht mit Frankreich 1714 brachte noch keine längere Friedenszeit. Denn bereits 1716 trat Kaiser Karl VI. an der Seite Venedigs in einen Krieg gegen den osmanischen Sultan ein, der allerdings bereits 1718 mit dem Frieden von Passarowitz beendet werden sollte. Noch 1717 waren Kämpfe mit Spanien um Sardinien und Sizilien ausgebrochen, die bis 1720 andauerten. Am Ende dieser Kette fast ununterbrochener Kriegführung über einen Zeitraum von nahezu einem halben Jahrhundert, davon lange Zeit an mehreren Fronten, hatte man den Vormarsch Frankreichs stoppen und erhebliche Gebietsgewinne im Südosten erzielen können. Damit war die Habsburgermonarchie zu einer europäischen Großmacht geworden.

Der Aufwand an Finanzmitteln und Kriegsmaterial (Monturen, Waffen, Munition, Pferde, Verpflegung für Mensch und Tier etc.) war freilich immens. Diese Kriege waren die Basis für die Geschäfte zahlreicher Hofjuden. Geradezu Prototyp und bedeutendster Vertreter der jüdischen Kriegslieferanten war Samuel Oppenheimer.[31] Die Leistungen Oppenheimers führt das ihm und seinen Söhnen Emanuel und Wolf verliehene Privileg aus dem Jahr 1699 ausführlich auf: Er sei bereits »in die vier und zwanzig jahr in unterschiedtliche weeg und insonderheit in vormahligen und jezt jüngst geendigten Rheinländisch-französischen, und bey dem wieder Türkhey geführten krieg mit großen sich auf millionen belauffenden geldtsummen im Röm. Reich und in Hungarn für unser alda militirte armeén erforderlichen proviant, munition und mehr andere dergleichen kriegs sorten, herbeyschaffung großer gelt summen zu außzahlung unserer rimonti und recroutirungs nothurfften auf unser queckhsilber, kupfer und anderer gefäll [Einnahmequellen] auffgebrachten anticipationen [Kredite], außzahlung vieler subsidien gelder, leistung nahmhaffter cautionen in Hollandt, wegen unsers schiff armaments wie nicht weniger eine geraumbe zeit hero zu unsern hoff gelieferte futterambts notthurfften, bey unserer anwesenheit zu Augspurg zu damahlig fürgewesten cronungen zur handt geschafften verschiedenen nothwendigkeiten, auch zu unser und unserer freindtlich viellgeliebten söhne deß Röm. auch zu Hungarn Königs und Ertzhertzogen Carls [...] hofstätten gelieferte livereén«[32] tätig gewesen. In diesen Worten wurde der immense Umfang der Geschäfte Oppenheimers für Leopold I. und seine Söhne umrissen. Oppenheimer war damals fast ein Vierteljahrhundert für den Kaiser tätig und hatte für die Kriege gegen Frankreich und das Osmanische Reich Millionen Gulden für Proviant und Munition, für die Bereitstellung von Rekruten und Militärpferden (»Remontierung«), für Kredite auf die kaiserlichen Bergwerke, für die Auszahlung von Subsidiengeldern verbündeter Mächte und für Kautionen in Holland sowie für die kaiserliche Donauflotte aufgebracht. Neben diesen Kriegslieferungen und Finanzoperationen hatte er das kaiserliche Futteramt beliefert sowie »Notwendigkeiten« – bekannt sind Juwelen und Silbergeschirr, Mosel-, Rhein-, Neckar- und Frankenwein, Konfituren,[33] Tuch, Hafer, Holz, Kohlen und Stroh[34] – für die Krönung des Kaisersohnes Joseph I. zum Römischen König 1690 in Augsburg und Livreen für die Hofdienerschaft Leopolds I. und seiner beiden Söhne beschafft. Der räumliche Umfang der Geschäfte Oppenheimers reichte vom Rhein bis an die mittlere Donau, von den habsburgischen Erbländern bis Holland. Seine Geschäftsbeziehungen umfassten die wichtigsten Finanzzentren wie London, Amsterdam oder Venedig.[35]

Doch auch die meisten anderen privilegierten Juden im barocken Wien waren abgesehen von Waren- und Kreditgeschäften für den Kaiserhof als Heereslieferanten tätig.[36] Eine Ausnahme bildete Samson Wertheimer, der Naturallieferungen wie Ochsen oder Getreide für die Armee unentgeltlich durchführte und sich stattdessen auf Finanzgeschäfte unter anderem mit dem kaiserlichen Hofkriegszahlamt konzentrierte.[37] Weitere Tätigkeitsfelder von Hofjuden lagen im Bereich der staatlichen (Teil-)Monopole im Salzwesen, im Münzwesen und im Tabakhandel.[38]

4. Hofjuden in der jüdischen Gesellschaft

Hofjuden, die sich selbst im Rahmen der jüdischen Gesellschaft als Aristokraten betrachteten, übten als Mitglieder der ökonomischen und kulturellen Elite des mitteleuropäischen Judentums wesentliche Funktionen innerhalb der jüdischen Gesellschaft aus. Typisch war ihr Einsatz als Wohltäter und Fürsprecher ihrer Gemeinden.[39] Vergleichbar mit der Einrichtung geistlicher Stiftungen durch vermögende christliche Bürger oder Adelige traten Hofjuden als Stifter von Synagogen und Lehrhäusern (»Klausen«) oder Spitälern auf.[40] Der Wiener Hofjude Abraham Spitz beteiligte sich etwa am Freikauf jüdischer Gefangener, förderte den Druck religiös-wissenschaftlicher Schriften und finanzierte ein Lehrhaus in Eisenstadt. Naftali Hirsch Spitz, ein älterer Bruder Abrahams, fungierte als Oberrabbiner in Worms. Abraham stammte aus Spitz in der Wachau, wonach sich seine Familie benannte. Nach der Vertreibung aus Niederösterreich ließ er sich zunächst im mährischen Nikolsburg (Mikulov), dann aber im ungarischen Eisenstadt (Kismarton) nieder, wo er auch während seines Aufenthalts in Wien sein Wohnrecht behielt.[41]

Als Vorsteher großer Haushalte beschäftigten Hofjuden eine Vielzahl Bediensteter, denen sie damit Möglichkeit zum Broterwerb und gesicherte Aufenthaltsrechte boten. Ihr Führungsanspruch, ihr herausragender gesellschaftlicher Rang und ihre besondere Rechtsstellung, durch die sie höfischen Gerichten unterstanden und der innerjüdischen Jurisdiktion entzogen waren, führten freilich nicht selten zu innerjüdischen Konflikten wie bei der Besetzung von Rabbinerstellen. Einflussreiche Wiener Rabbiner und Hofjuden waren etwa Samson Wertheimer als Oberrabbiner zahlreicher Gemeinden und Landesrabbiner von Ungarn oder dessen Schwiegersohn Bernhard Gabriel Eskeles als Rabbiner in Kremsier (Kroměříž) und Proßnitz (Prostějov) in Mähren sowie in Mainz. Als Landesrabbiner von Mähren folgte er seinem Vater Gabriel nach, als ungarischer Landesrabbiner seinem Schwiegervater Wertheimer.[42] Diese nepotistischen Züge, die auch andernorts nachzuweisen sind, belegen die große Bedeutung familiärer Beziehungen für Hofjuden.

Die von ihnen verfolgte Heiratspolitik lässt sich durchaus mit der dynastischen Politik des christlichen Adels vergleichen. So war etwa Samuel Oppenheimer über seine Kinder mit einflussreichen Familien im Heiligen Römischen Reich verwandt, auch die zahlreichen anderen Hofjuden waren untereinander verschwägert, »eine Tatsache, die für ihre finanziellen, diplomatischen und dynastischen Dienste von besonders großem Vorteil war, denn sie benutzten ihre Söhne und Familienangehörigen als Agenten und Leiter von Zweigstellen« und konnten Geschäftsgeheimnisse im engen Familienkreis besser schützen.[43] Auch Oppenheimer wählte führende Angestellte »zu einem nicht geringen Teil aus seiner weitverbreiteten Verwandtschaft«.[44]

5. Gewinn und Verlust

Das Engagement vieler Hofjuden in sehr risikoreichen Geschäftsfeldern wie der Heeresversorgung, dem Münzwesen und als fürstliche Kreditgeber hatten aufsehenerregende

Gewinne, aber mindestens ebenso spektakuläre Pleiten zur Folge. Samuel Oppenheimer, der von Kaiser Leopold I. kurz vor seinem Tod mehr als fünf Millionen Gulden zu fordern hatte, musste auf der Leipziger Messe im Frühjahr 1703 selbst die unglaubliche Summe von drei Millionen Gulden an seine eigenen Gläubiger bezahlen.[45] Ihr im Vergleich zu christlichen Finanziers größerer Wagemut und die auch bei einflussreichen Amtsträgern weitverbreitete Judenfeindschaft breiter Bevölkerungsschichten verschärften die geschäftlichen Risiken von Hofjuden. Die Stärke und gleichzeitig Schwäche der Unternehmen waren ihre weitgespannten Kreditbeziehungen. So beruhte beispielsweise das Unternehmen Samuel Oppenheimers offenbar auf einem hohen Anteil an Fremdfinanzierung bzw. einer relativ geringen Eigenkapitalquote seiner Firma.[46] Wurde die Kreditwürdigkeit wie bei Oppenheimers Festnahme 1697 öffentlich in Frage gestellt, stand nicht nur das Unternehmen des betroffenen Hofjuden selbst, sondern auch die seiner zahlreichen Kreditoren kurz vor dem Ruin.[47] Tatsächlich erlebten die Familien Oppenheimer und Wertheimer wie zahlreiche andere Hofjudenfamilien innerhalb kurzer Zeit einen kometenhaften Aufstieg und einen ebenso raschen Niedergang.[48] Freilich ist nicht zu vergessen, dass es auch unter christlichen Kaufleuten in Wien in den ersten Jahrzehnten des 18. Jahrhunderts zu zahlreichen Pleiten kam, darunter auch jener der von Kaiser Karl VI. privilegierten zweiten »Orientalischen Handelskompanie«, die mit dem Versuch, den Orienthandel zu monopolisieren, spektakulär scheiterte.[49]

6. Die Erben der Hofjuden

Trotz der in den ersten Jahrzehnten des 18. Jahrhunderts weiterbestehenden großen Bedeutung einzelner Hofjuden für die kaiserlichen Finanzen übertrafen die jüdischen Kredite in Summe die Leistungen christlicher Finanziers nicht.[50] Während der folgenden langjährigen Regierung Maria Theresias (1740–1780) sank die Bedeutung von Juden für die österreichischen Staatsfinanzen.[51] Dennoch sollten einige Nachkommen von Wiener Juden der Barockzeit auch in späteren Jahrzehnten eine bedeutende Rolle im Finanzwesen spielen. Dies traf zum Beispiel auf den Enkel Samson Wertheimers Bernhard Eskeles d. J. (1753–1839) oder auf Nathan Adam Arnsteiner bzw. von Arnstein (1748–1838), Sohn des kaiserlichen Hoffaktors Adam Isak Arnsteiner, zu. Beide leiteten das Bankhaus »Arnstein(er) & Eskeles« in Wien – bis zu seinem Zusammenbruch 1859 eine der führenden Wiener Banken – und waren sowohl an der Gründung der K. K. Privilegirten Oesterreichischen National-Bank 1816 als auch der Ersten österreichischen Spar-Casse 1819 beteiligt. Gemeinsam mit ihrem zeitweiligen Kompagnon Salomon Herz wurden sie von Kaiser Franz I. in den Adelsstand erhoben.[52] Wie frühere Hofjuden verfügten sie über hochrangige und weitreichende Familienbeziehungen. Beide waren mit Töchtern des preußischen Hoffaktors Daniel Itzig aus Berlin verheiratet.[53] Fanny von Arnstein, geborene Itzig und Gattin Nathan Adams, begründete in Wien ihren berühmten Salon, der zu einem der Mittelpunkte des gesellschaftlichen Lebens wurde.[54] Ebenfalls wie ihre Vorläufer traten Eskeles und Arnstein(er) als Stifter und Mäzene hervor.[55] Das Gleiche gilt für den Großhändler und Bankier Samuel (Sigmund) Edler Wertheimer von Wertheimstein, einen Nachkommen Samuel Wertheimers, der unter anderem als Spender für das neu errichtete Siechenhaus des von Samuel Oppenheimer gegründeten jüdischen Spitals in der Seegasse auftrat und nach seinem kinderlosen Tod sein umfangreiches Vermögen zahlreichen wohltätigen Institutionen vermachte.[56]

Trotz dieser Ähnlichkeiten war die Welt um 1800 eine andere als um 1700. Dies galt auch für die Rolle der Juden in Wien. Das rational-aufklärerische Gedankengut, das sich nach der Mitte des 18. Jahrhunderts zu verbreiten begann, stellte die traditionelle religiöse Intoleranz ebenso in Frage wie lang gepflegte religiöse Identitäten. Zahlreiche Juden näherten sich kulturell der Mehrheitsgesellschaft an, die ihrerseits zumindest den gebildeten und wohlhabenden mit weniger Ressentiments gegenübertrat als in vorangegangenen Jahrhunderten. Ausdruck dieser Annäherung waren Erhebungen von Juden in den Adelsstand, aber auch der nicht selten damit verbundene Verlust der jüdischen Identität. Mit dem Heereslieferanten und Finanzier Karl Abraham Wetzlar, der 1761 zum kaiserlichen Hoffaktor ernannt wurde, konvertierte 1776 ein bedeutender Hofjude zum Christentum und wurde 1777 mit dem Prädikat »von Plankenstern« in den Reichsfreiherrenstand erhoben.[57] Ein Jahr später konvertierte Josef Michael Arnsteiner, ein Bruder Nathan Adams, der 1783 nobilitiert wurde.[58] Jahrzehnte später waren Übertritte von Mitgliedern führender jüdischer Familien zum Christentum nichts Ungewöhnliches mehr. Auch die Kinder Bernhard Eskeles' und Nathan Adam von Arnsteins konvertierten wie andere Großhändler, Fabrikanten oder Bankiers und deren Kinder zum Katholizismus.[59]

Im November 1781 hatte Kaiser Joseph II. lokale Obrigkeiten angewiesen, die Untertanen zu ermahnen, »daß sie die Juden wie alle andere Nebenmenschen betrachten, und das bei einigen, besonders bei niedrigdenkenden Leuten gegen die jüdische Nazion bisher beobachtete Vorurtheil einer Verächtlichkeit ablegen«.[60] Das folgende Toleranzpatent für die Juden in Wien und Niederösterreich vom Januar 1782 brachte zwar keine Gleichstellung der jüdischen mit der übrigen Bevölkerung und setzte deren Niederlassung enge Grenzen, versuchte aber, die Juden durch Verbesserung ihrer Bildung und Ausweitung der Verdienstmöglichkeiten für den Staat nützlich zu machen. Besonders die Errichtung von Fabriken durch jüdische Unternehmer sollte gefördert werden.[61] Tatsächlich beteiligten sich jüdische Investoren an der Gründung von Fabriken und Banken. Trotz der großen Bedeutung des Bankhauses Arnstein & Eskeles für die habsburgische Kriegsfinanzierung gegen Napoleon und für die Ausgabe österreichischer Staatsanleihen, für die schließlich das Haus Rothschild eine führende Rolle einnahm, errichteten die jüdischen Bankiers im Vormärz bei Weitem kein Monopol, wie es de facto Samuel Oppenheimer erreicht hatte.[62] Die Beziehungen zwischen jüdischen Finanziers und dem von der Person des Kaisers zunehmend losgelösten Staat hatten sich seit dem Barock versachlicht. Ein von der Gunst des Kaisers abhängiger Hofjude war unter diesen Umständen nicht mehr nötig.

1 Auch erschienen unter dem Titel *Spanische Ballade*.
2 Zvi Averni, »Ibn Shoshan«, in: *Encyclopaedia Judaica*, 2. Aufl., Bd. 9, Detroit u. a. 2007, S. 692 f.
3 Kenneth R. Scholberg, »Jewess of Toledo«, in: *Encyclopaedia Judaica*, 2. Aufl., Bd. 11, Detroit u. a. 2007, S. 255 f.
4 Mordechai Breuer, »Frühe Neuzeit und Beginn der Moderne«, in: Mordechai Breuer/Michael Graetz, *Tradition und Aufklärung 1600-1780* (Deutsch-jüdische Geschichte in der Neuzeit, Bd. 1), München 1996, S. 85-247, Zitat S. 107; Friedrich Battenberg, »Hofjuden in Residenzstädten der frühen Neuzeit«, in: Fritz Mayrhofer/Ferdinand Opll (Hg.), *Juden in der Stadt* (Beiträge zur Geschichte der Städte Mitteleuropas, Bd. 15), Linz/Donau 1999, S. 297-325, hier S. 302-309.
5 Breuer 1996, wie Anm. 4, S. 107.
6 Siehe Vivian B. Mann/Richard I. Cohen (Hg.), *From Court Jews to the Rothschilds. Art, Patronage, and Power 1600-1800*, München/New York 1996, insb. die Beiträge von Yosef Kaplan und Michael Graetz. Zur Rezeption des Jud Süß Oppenheimer siehe u. a. Barbara Gerber, *Jud Süß. Aufstieg und Fall im frühen 18. Jahrhundert. Ein Beitrag zur historischen Antisemitismus- und Rezeptionsforschung* (Hamburger Beiträge zur Geschichte der deutschen Juden, Bd. 16), Hamburg 1990; Alexandra Przyrembel/Jörg Schönert (Hg.), *»Jud Süß«. Hofjude, literarische Figur, antisemitisches Zerrbild*, Frankfurt am Main/New York 2006.
7 Peter Deeg, *Hofjuden*, hg. von Julius Streicher, Nürnberg 1938.
8 Heinrich Schnee, *Die Hoffinanz und der moderne Staat. Geschichte und System der Hoffaktoren an deutschen Fürstenhöfen im Zeitalter des Absolutismus, nach archivalischen Quellen*, 6 Bde., Berlin 1953-1967. Zu Schnee siehe Stephan Laux, »›Ich bin der Historiker der Hoffaktoren‹ – Zur antisemitischen Forschung von Heinrich Schnee (1895-1968)«, in: *Simon Dubnow Institute Yearbook 5* (2006), S. 485-514.
9 Selma Stern, *Jud Süß. Ein Beitrag zur deutschen und zur jüdischen Geschichte* (Veröffentlichungen der Akademie für die Wissenschaft des Judentums, Historische Sektion, Bd. 6), Berlin 1929; Selma Stern, *The Court Jew. A Contribution to the History of Absolutism in Europe*, Philadelphia 1950; dt. Übers.: *Der Hofjude im Zeitalter des Absolutismus. Ein Beitrag zur europäischen Geschichte im 17. und 18. Jahrhundert. Aus dem Englischen übertragen, kommentiert und hg. von Marina Sassenberg* (Schriftenreihe des Leo-Baeck-Instituts, Bd. 64), Tübingen 2001.
10 Mann/Cohen 1996, wie Anm. 6; Breuer 1996, wie Anm. 4, S. 106-125; Rotraud Ries/J. Friedrich Battenberg (Hg.), *Hofjuden – Ökonomie und Interkulturalität. Die jüdische Wirtschaftselite im 18. Jahrhundert* (Hamburger Beiträge zur Geschichte der deutschen Juden, Bd. 25), Hamburg 2002, darin v. a. Rotraud Ries, »Hofjuden – Funktionsträger des absolutistischen Territorialstaates und Teil der jüdischen Gesellschaft. Eine einführende Positionsbestimmung«, S. 11-39; Marina Sassenberg, »Selma Stern und ›The Court Jew‹. Bemerkungen zur deutschen Erstveröffentlichung«, in: Stern 2001, wie Anm. 9, S. 250-260.
11 Sassenberg 2001, wie Anm. 10, S. 251.
12 Zum Beispiel Thekla Keuck, *Hofjuden und Kulturbürger. Die Geschichte der Familie Itzig in Berlin* (Jüdische Religion, Geschichte und Kultur, Bd. 12), Göttingen 2011.
13 Breuer 1996, wie Anm. 4, S. 107, 118-122, Zitat S. 119.
14 Vgl. Peter Rauscher, »Prekäre Güter: Hofjuden als Heeres- und Münzlieferanten in der Frühen Neuzeit. Ein Plädoyer für die (Re)Integration einer jüdischen Elite in die Wirtschafts- und Finanzgeschichte«, in: *Aschkenas. Zeitschrift für Geschichte und Kultur der Juden*, Bd. 23 (2013), S. 53-75.
15 Vgl. auch Schnee 1953-1967, Bd. 3, wie Anm. 8, S. 248.
16 Grundlegend zur Wiener jüdischen Geschichte bis 1740: Max Grunwald, »Geschichte der Juden in Wien 1625-1740«, in: Alterthumsverein zu Wien (Hg.)/Anton Mayer (Red.), *Geschichte der Stadt Wien*, Bd. 5: *Vom Ausgange des Mittelalters bis zum Regierungsantritt der Kaiserin Maria Theresia 1740, 2. Teil*, Wien 1914, S. 65-99, hier S. 93-99, zur Situation im Jahr 1723 siehe S. 97; Akten bis zur Mitte des 18. Jahrhunderts (und darüber hinaus) ediert bei A. F. Pribram, *Urkunden und Akten zur Geschichte der Juden in Wien, 1. Abt.: Allgemeiner Teil 1526-1847 (1849)*, Bd. 2 (Quellen und Forschungen zur Geschichte der Juden in Deutsch-Österreich, Bd. VIII/2), Wien/Leipzig 1918, Nr. 120-156, S. 266-330. Neuere Darstellungen bieten Barbara Staudinger, »Die Zeit der Landjuden und der Wiener Judenstadt 1496-1670/71«, in: Eveline Brugger u. a., *Geschichte der Juden in Österreich* (Österreichische Geschichte), Wien 2006, S. 229-337, und Christoph Lind, »Juden in den habsburgischen Ländern 1670-1848«, in: ebd., S. 339-446.
17 Bernhard Mandl, »Beschreibung Wiens von einem jüdischen Touristen aus dem Jahre 1719«, in: *Die Neuzeit. Wochenschrift für politische, religiöse und Cultur-Interessen*, 36. Jg., Nr. 39, 25. September 1896, S. 402 f.; ebd., Nr. 40, 2. Oktober 1896, S. 411-413, Zitat S. 412; Battenberg 1999, wie Anm. 4, S. 297 f.
18 Battenberg 1999, wie Anm. 4, S. 299.
19 Für Wien grundlegend: Barbara Staudinger, »›Auß sonderbaren khayserlichen gnaden‹. Die Privilegien der Wiener Hofjuden im 16. und 17. Jahrhundert«, in: *Frühneuzeit-Info* 12/1 (2001), S. 21-39; Staudinger 2006, wie Anm. 16, S. 263-266; Barbara Staudinger, »›Was braucht ein Jud einen Papagei?‹ – Hofjuden zwischen Kulturtransfer und Judenhass in der Frühen Neuzeit«, in: *Tagungsbericht des 25. Österreichischen Historikertag [!] St. Pölten, 16. bis 19. September 2008* (Veröffentlichungen des Verbandes Österreichischer Historiker und Geschichtsvereine, Bd. 34, Studien und Forschungen aus dem Niederösterreichischen Institut für Landeskunde, Sonderbd. 2010), St. Pölten 2010, S. 750-758, hier S. 750-753; Barbara Staudinger, »Die kaiserlichen Hofjuden in den habsburgischen Ländern«, in: Michael Hochedlinger/Petr Maťa/Thomas Winkelbauer (Hg.), *Verwaltungsgeschichte der Habsburgermonarchie in der Frühen Neuzeit, Bd. 1: Hof und Dynastie, Kaiser und Reich, Zentralverwaltungen, Kriegswesen und landesfürstliches Finanzwesen* (Mitteilungen des Instituts für Österreichische Geschichtsforschung, Erg.-Bd. 62), Wien 2019, 1. Teilbd., S. 222-226.
20 Battenberg 1999, wie Anm. 4, S. 300.
21 Max Grunwald, *Samuel Oppenheimer und sein Kreis (Ein Kapitel aus der Finanzgeschichte Österreichs)* (Quellen und Forschungen zur Geschichte der Juden in Deutsch-Österreich, Bd. 5), Wien/Leipzig 1913, S. 147.
22 Pribram 1918, wie Anm. 16, Nr. 132, S. 291.
23 Pribram 1918, wie Anm. 16, Nr. 115/VI, S. 225-227, Nr. 115/XII, S. 235; Staudinger 2006, wie Anm. 16, S. 330-332; Peter Rauscher, »›Auf der Schipp‹. Ursachen und Folgen der Ausweisung der Wiener Juden 1670«, in: *Aschkenas. Zeitschrift für Geschichte und Kultur der Juden*, Bd. 16 (2006), S. 421-438. Zur Judenstadt siehe Ignaz Schwarz, *Das Wiener Ghetto. Seine Häuser und seine Bewohner* (Quellen und Forschungen zur Geschichte der Juden in Deutsch-Österreich, Bd. 2), Wien/Leipzig 1909.
24 Sabine Hödl, »Die Juden«, in: Karl Vocelka/Anita Traninger (Hg.), *Wien. Geschichte einer Stadt*, Bd. 2: *Die frühneuzeitliche Residenz (16.-18. Jahrhundert)*, Köln/Wien/Weimar 2003, S. 282-302, hier S. 290 f.
25 Peter Rauscher, »Ein dreigeteilter Ort: Die Wiener Juden und ihre Beziehungen zu Kaiserhof und Stadt in der Zeit des Ghettos (1625-1670)«, in: Susanne Claudine Pils/Jan Paul Niederkorn (Hg.), *Ein zweigeteilter Ort? Hof und Stadt in der Frühen Neuzeit* (Forschungen und Beiträge zur Wiener Stadtgeschichte, Bd. 44), Innsbruck/Wien/Bozen 2005, S. 87-120, hier S. 105-108.
26 Rauscher 2005, wie Anm. 25, S. 93-95; Peter Trawnicek, *Tuchsold und Landschaftsjuden. Beiträge der Soldzahlung in Tuch durch die niederösterreichischen Stände und ihrer Finanzierung durch Wiener Juden im 17. Jahrhundert*, Diplomarbeit Univ. Wien 2000.
27 Staudinger 2006, wie Anm. 16, S. 292. Siehe das Hofjudenprivileg Kaiser Ferdinands III. für Zacharias Mayr, seine Frau Vögele sowie seine Söhne und Töchter, Wien, 1656 Dezember 18, in: Peter Rauscher (Bearb.)/Barbara Staudinger (Mitarb.), *Austria Judaica. Quellen zur Geschichte der Juden in Niederösterreich und Wien 1496-1671*. Mit einem Beitrag von Martha Keil (Quelleneditionen des Instituts für Österreichische Geschichtsforschung, Bd. 7), Wien/München 2011, Nr. 52, S. 195-197, zur Synagoge S. 196.
28 Siehe u. a. Grunwald 1913, wie Anm. 21, S. 213-215; Rauscher 2013, wie Anm. 14, S. 71 f.
29 Siehe u. a. Grunwald 1913, wie Anm. 21, S. 168.
30 Zum Folgenden siehe Thomas Winkelbauer, *Ständefreiheit und Fürsten-*

macht. Länder und Untertanen des Hauses Habsburg im konfessionellen Zeitalter (Österreichische Geschichte 1522–1699), Wien 2003, Teil 1, S. 151–173; Karl Otmar von Aretin, Das Alte Reich 1648–1806, Bd. 1: Föderalistische oder hierarchische Ordnung (1648–1684), Stuttgart 1993, S. 253–271; Bd. 2: Kaisertradition und österreichische Großmachtpolitik (1684–1745), Stuttgart 1997, S. 28–41, S. 97–248; Michael Hochedlinger, Austria's Wars of Emergence: War, State and Society in the Habsburg Monarchy 1683–1797 (Modern Wars in Perspective), London 2003, S. 153–202.

31 Grunwald 1913, wie Anm. 21, S. 69–82; Stern 2001, wie Anm. 9, S. 18–28; Rauscher 2013, wie Anm. 14, S. 64–67.

32 »Privileg Leopolds I. für Samuel Oppenheimer und seine Söhne Emanuel und Wolf, Wien, 1699 März 13«, inseriert in: Privileg Karls VI. für Emanuel Oppenheimer, Frankfurt, 1712 Januar 8, Österreichisches Staatsarchiv, Haus-, Hof- und Staatsarchiv, Reichshofrat, Schutzbriefe Kart. 6/7 (H–J, Juden A–K), Juden, Konv. B–J, Lit. E, fol. 19r–22r, Zitat fol. 19v–20r. Dazu Battenberg 1999, wie Anm. 4, S. 310–316.

33 Mit Zucker eingemachte oder überzogene Früchte etc.

34 Grunwald 1913, wie Anm. 21, S. 78/Anm. 4.

35 Ebd., S. 71–76, hier S. 74.

36 Ebd., S. 186–197, 202 f., 205–211, 214–216, 258, 263–265, 269–271, 276–281, 283–285, 291 f., 294.

37 Ebd., S. 219–247.

38 Ebd., S. 222, 267 f., 274–276, 295–300; Stern 2001, wie Anm. 9, S. 143 f.

39 Zum Folgenden: Breuer 1996, wie Anm. 4, S. 119–122.

40 Breuer 1996, wie Anm. 4, S. 121 f.; Staudinger 2008, wie Anm. 19, S. 756 f.

41 Bernhard Wachstein, Die Inschriften des alten Judenfriedhofes in Wien, Teil 2: 1696–1783 (Quellen und Forschungen zur Geschichte der Juden in Deutsch-Österreich, Bd. 4), Wien/Leipzig 1917, Nr. 847, S. 257–264.

42 Wachstein 1917, wie Anm. 41, Nr. 906, S. 350–370; Grunwald 1913, wie Anm. 21, S. 263; Staudinger 2008, wie Anm. 19, S. 755. Zu Wertheimer grundlegend David Kaufmann, Samson Wertheimer, der Oberhoffactor und Landesrabbiner (1658–1724) und seine Kinder, Wien 1888.

43 Breuer 1996, wie Anm. 4, S. 113.

44 Grunwald 1913, wie Anm. 21, S. 38 f., 74–76, Zitat S. 74, 76.

45 Ebd., S. 142 f., 151.

46 Siehe ebd., S. 133.

47 Stern 2001, wie Anm. 9, S. 239; Peter Rauscher, »Der Fall Oppenheimer und Gomperz 1697. Hofjuden und die Finanzierung des deutschen Fürstenstaats im 17. und 18. Jahrhundert«, in: Dieter Lindenlaub/Carsten Burhop/Joachim Scholtyseck (Hg.), Schlüsselereignisse der deutschen Bankengeschichte, Stuttgart 2013, S. 51–62.

48 Stern 2001, wie Anm. 9, S. 232–249; J. Friedrich Battenberg, »Ein Hofjude im Schatten seines Vaters – Wolf Wertheimer zwischen Wittelsbach und Habsburg«, in: Ries/Battenberg 2002, wie Anm. 10, S. 240–255.

49 Karl Fajkmajer, »Handel, Verkehr und Münzwesen«, in: Alterthumsverein zu Wien (Hg.)/Anton Mayer (Red.), Geschichte der Stadt Wien, Bd. 4: Vom Ausgange des Mittelalters bis zum Regierungsantritt der Kaiserin Maria Theresia, 1740, 1. Teil, Wien 1911, S. 524–584, hier S. 554.

50 P. G. M. Dickson, Finance and Government under Maria Theresia 1740–1780, Bd. 1: Society and Government, Oxford 1987, S. 153.

51 Siehe zum Folgenden Dickson 1987, wie Anm. 50, S. 140–153.

52 Hanns Jäger-Sunstenau, Die geadelten Judenfamilien im vormärzlichen Wien, ungedr. phil. Diss. Wien 1950, S. 37; Peter Eigner, »Österreichische Privatbanken und Privatbankiers im langen 19. Jahrhundert«, in: Peter Eigner/Helmut Falschlehner/Andreas Resch, Geschichte der österreichischen Privatbanken. Von Rothschild bis Spängler, Wiesbaden 2018, S. 19–80, hier S. 28 f. Zu Nobilitierungen von Juden siehe auch William O. McCagg, »Austria's Jewish Nobles, 1740–1918«, in: Leo Baeck Institute Year Book 34 (1989), S. 163–183. Siehe zum Folgenden auch die Zusammenfassung von Tina Walzer, »Der Wiener Kongress und die Juden der Stadt«, in: David. Jüdische Kulturzeitschrift, Bd. 107 (2015), S. 16 f.

53 Keuck 2011, wie Anm. 12, S. 48–52, 57–59.

54 »Fanny von Arnstein«, in: Wien Geschichte Wiki: https://www.geschichtewiki.wien.gv.at/index.php?title=Fanny_von_Arnstein&oldid=452989 (Version vom 31. Mai 2022).

55 »Bernhard Eskeles der Jüngere«, in: Wien Geschichte Wiki: https://www.geschichtewiki.wien.gv.at/index.php?title=Bernhard_Eskeles_der_J%C3%BCngere&oldid=451730 (Version vom 31. Mai 2022); »Nathan Adam von Arnstein«, in: ebd.: https://www.geschichtewiki.wien.gv.at/index.php?title=Nathan_Adam_von_Arnstein&oldid=460315; R. Granichstaedten-Cerva/J. Mentschl/G. Otruba, Altösterreichische Unternehmer. 110 Lebensbilder (Österreich-Reihe, Bd. 365/367), Wien 1969, S. 11, 32.

56 R. Müller, »Wertheimer von Wertheimstein Samuel (Sigmund) Edler«, in: Österreichisches Biographisches Lexikon, Bd. 16 (Lieferung 70), Wien 2019, 149 f.

57 Brigitte Andel, Adelsverleihungen für Wirtschaftstreibende während der Regierungszeit Maria Theresias, ungedr. phil. Diss. Wien 1969, S. 183–185; Jäger-Sunstenau 1950, wie Anm. 52, S. 184 f.

58 Jäger-Sunstenau 1950, wie Anm. 52, S. 37.

59 Georg Gaugusch, Wer einmal war. Das jüdische Großbürgertum Wiens 1800–1938, Bd. 1: A–K (Jahrbuch der Heraldisch-Genealogischen Gesellschaft »Adler« – Wien, 3. Folge, Bd. 16), Wien 2011, S. 28, S. 588; Jäger-Sunstenau 1950, wie Anm. 52, S. 106 f., 118 f. Zu den Konversionen siehe Anna L. Staudacher, Jüdische Konvertiten in Wien 1782–1868, Teil 1, Frankfurt am Main u. a. 2002, S. 225 f.

60 »Verordnung betr. Toleranz für die Juden, 1781 November 2«, in: Harm Klueting (Hg.), Der Josephinismus. Ausgewählte Quellen zur Geschichte der theresianisch-josephinischen Reformen (Ausgewählte Quellen zur deutschen Geschichte der Neuzeit – Freiherr vom Stein-Gedächtnisausgabe, Bd. 12a), Darmstadt 1995, Nr. 106, S. 261.

61 »Toleranzpatent für die Juden in Wien und Niederösterreich«, in: Pribram 1918, wie Anm. 16, Nr. 205/XVI, S. 494–500; Klueting 1995, wie Anm. 60, Nr. 113, S. 275–279.

62 Eigner 2018, wie Anm. 52, S. 22–38.

Endnoten zu Karlas Notizbuch

Meine Ankunft in Wien

1 Donecker/Svatek/Klecker 2021, S. 25.

Europa bei der Geburt Leopolds I.

1 www.khm.at/de/object/d72fbbccd9/, abgerufen am 28.04.2022.
2 www.khm.at/de/object/e2c420d928/, abgerufen am 28.04.2022.

Die Anfänge der Stadt Wien

1 Pohanka 1998, S. 14.
2 Martin Mutschlechner, »Habsburgs Himmel. Landespatrone und Hausheilige«, in: *Die Welt der Habsburger*, www.habsburger.net/de/kapitel/habsburgs-himmel-landespatrone-und-hausheilige, abgerufen am 28.04.2022.
3 www.khm.at/de/object/418fb3bda6/, abgerufen am 28.04.2022.
4 Röhrig 1975, S. 9.
5 Röhrig 1975, S. 23.
6 Röhrig 1975, S. 66.
7 Röhrig 1975, S. 78.
8 Scheibelreiter 2010, S. 200.
9 Ehrlich 2011, S. 26.
10 Pohanka 1998, S. 25 f.
11 Martin Mutschlechner, »Rudolf der Fälscher«, in: *Die Welt der Habsburger*, www.habsburger.net/de/kapitel/rudolf-der-faelscher, abgerufen am 28.04.2022.
12 Niederstätter 2001, S. 149.
13 Niederstätter 2001, S. 149.
14 Martin Mutschlechner, »Fast eine Krone. Der österreichische Erzherzogshut«, in: *Die Welt der Habsburger*, www.habsburger.net/de/kapitel/fast-eine-krone-der-oesterreichische-erzherzogshut, abgerufen am 28.04.2022.
15 Niederstätter 2001, S. 149.
16 Martin Mutschlechner, »Fast eine Krone. Der österreichische Erzherzogshut«, in: *Die Welt der Habsburger*, www.habsburger.net/de/kapitel/fast-eine-krone-der-oesterreichische-erzherzogshut, abgerufen am 28.04.2022.
17 Niederstätter 2001, S. 167, Hervorhebungen im Original.
18 Martin Mutschlechner, »Fast eine Krone. Der österreichische Erzherzogshut«, in: *Die Welt der Habsburger*, www.habsburger.net/de/kapitel/fast-eine-krone-der-oesterreichische-erzherzogshut, abgerufen am 28.04.2022.
19 Siehe Pohanka 1998, S. 17.
20 Pohanka 1998, S. 20.
21 Ehrlich 2011, S. 28.
22 Hinterschweiger 2014, S. 66.
23 Vogelweide 1944, 28,1–10. I, 28,31–29,3. IV.
24 »Neidhart Festsaal«, in: *Wien Museum*, www.wienmuseum.at/de/standorte/neidhart-festsaal, abgerufen am 28.04.2022.
25 »Neidhart Festsaal – Wandmalereien aus dem Mittelalter«, in: *Wien Museum*, www.wienmuseum.at/uploads/tx_wxlocation/Folder_Neidhart_Festsaal.pdf, abgerufen am 28.04.2022.
26 Niederstätter 2001, S. 354.
27 Niederstätter 2001, S. 354.
28 Niederstätter 2001, S. 354 f.
29 Niederstätter 2001, S. 353.
30 Hinterschweiger 2014, S. 12 f.
31 Eco 2004, S. 102.
32 Eco 2004, S. 105 f.
33 »Das Paradiesgärtlein«, in: *Digitale Sammlung Städel Museum*, www.sammlung.staedelmuseum.de/de/werk/das-paradiesgaertlein, abgerufen am 28.04.2022.
34 Eco 2004, S. 99.

Geschichte: »Zu Diensten!«

1 Leggatt-Hofer/Sahl 2018, S. 41.
2 »Der Spanische Saal«, in: *Schloss Ambras Innsbruck*, www.schlossambras-innsbruck.at/entdecken/das-schloss/der-spanische-saal/, abgerufen am 06.06.2021.
3 Popper 2006, S. 187.
4 Popper 2006, S. 187.
5 Popper 2006, S. 187.
6 Schumann 2003, S. 116.
7 Schumann 2003, S. 100.
8 Siehe Schumann 2003, S. 101 f.
9 Pfitzer 2015, S. 22 f.
10 Meid 2019, S. 81 f.
11 Silver 2012, S. 192.
12 Pfitzer 2015, S. 15.
13 Michel/Sternath 2012, S. 185.
14 Schauerte 2012b, S. 161.
15 Silver/Metzger 2012, S. 169.
16 Schauerte 2012b, S. 161.
17 Schauerte 2012a, S. 131.
18 Holleger 2012, S. 35.
19 Holleger 2012, S. 23.
20 Julia Teresa Friehs, »Maximilians Gedächtnispflege«, in: *Die Welt der Habsburger*, www.habsburger.net/de/kapitel/maximilians-gedaechtnispflege, abgerufen am 28.02.2022.
21 Grebe 2012, S. 80.
22 Grebe 2012, S. 82.
23 Text zum Werk Albrecht Dürer, *Philosophia*, 1502; in: Michel/Sternath 2012, S. 188.
24 Pfitzer 2015, S. 15.
25 Castiglione 2017, S. 6.
26 Castiglione 2017, S. 8.
27 Castiglione 2017, S. 9.
28 Machiavelli 2004, S. 77.
29 Machiavelli 2004, S. 24.
30 Castiglione 2017, S. 20.
31 Castiglione 2017, S. 49.
32 Castiglione 2017, S. 49.
33 Heller/Vocelka 1997, S. 265.
34 Siehe Leggatt-Hofer/Sahl 2018, S. 107.
35 Siehe Leggatt-Hofer/Sahl 2018, S. 108.
36 Holzschuh-Hofer 2014, S. 547.
37 Siehe Karner 2014, S. 536.
38 Siehe Karner 2014, S. 536.
39 Siehe Karner 2014, S. 536.
40 Siehe Karner 2014, S. 548 f.

Leopold, der gekrönte Jüngling

1. Martin Mutschlechner, »Leopold I., der Barockkaiser«, in: *Die Welt der Habsburger*, www.habsburger.net/de/kapitel/leopold-i-der-barockkaiser, abgerufen am 28.04.2022.
2. Karner 2010, S. 286 f.
3. Karner 2010, S. 284 f.
4. Martin Mutschlechner, »Der spanische Traum der Habsburger«, in: *Die Welt der Habsburger*, www.habsburger.net/de/kapitel/der-spanische-traum-der-habsburger, abgerufen am 28.04.2022.
5. Sandbichler 2021a, S. 97 (Katalogtext).
6. Schmitz von Ledebur 2021a, S. 24.
7. Schmitz von Ledebur 2021a, S. 23 (beide Zitate finden sich an dieser Stelle).
8. Thiel 2000, S. 189.
9. Schmitz von Ledebur 2021b, S. 93.
10. Sandbichler 2021b, S. 16.
11. Herbenová/Kybalová/Lamarová 1966, S. 167–170.
12. Thiel 2000, S. 200.
13. Thiel 2000, S. 193.
14. Thiel 2000, S. 200.
15. Schmitz von Ledebur 2021a, S. 28.
16. Thiel 2000, S. 200.
17. Thiel 2000, S. 200.
18. Kuster 2021, S. 97.
19. www.khm.at/de/object/af3303f852/, abgerufen am 09.5.2022
20. Swoboda 2008, S. 83.
21. Siehe Swoboda 2008, S. 82.

Der Kaiser spielt mit

1. Schumann 2004, S. 291.
2. Schumann 2004, S. 291.
3. Scharrer 2020, S. 19.
4. Heller/Vocelka 1997, S. 56.
5. Pons 2001, S. 413.
6. Pons 2001, S. 413.
7. Pons 2001, S. 413 f.
8. Pons 2001, S. 120.
9. Erben 2020, S. 51.
10. Erben 2020, S. 52.
11. Rode-Breymann 2010, S. 353 f.
12. Rode-Breymann 2010, S. 353.
13. Leibnitz 2016, S. 126.
14. Heller/Vocelka 1997, S. 56.
15. Siehe Seifert 2019, S. 26.
16. Seifert 2019, S. 23.
17. Michels 2019, S. 59.
18. Michels 2019, S. 59.
19. Elisabeth Th. Hilscher, »Leopold I.«, in: *Österreichisches Musiklexikon online*, https://dx.doi.org/10.1553/0x0001d75f, abgerufen am 28.4.2022.
20. Leibnitz 2016, S. 127.
21. Siehe Rode-Breymann 2010, S. 329.
22. Seifert 1985, S. 246.
23. Rode-Breymann 2010, S. 264.
24. Csáky/Leitgeb 2009, S. 49.
25. Rode-Breymann 2010, S. 355.
26. Zur Lippe 1986, S. 149 f.
27. Zur Lippe 1986, S. 150.
28. Risatti 2016, S. 294.
29. Alewyn 1989, S. 76 f.
30. Alewyn 1989, S. 77–79.
31. Müller 2020, S. 60.
32. Bauer 1997, S. 37.
33. Bauer 1997, S. 37.
34. Pečar 2003, S. 251 f.
35. Rink 1708, 2. Teil, S. 119
36. Scheutz/Wührer 2011, S. 19, Hervorhebungen im Original.
37. Bauer 1997, S. 41.
38. Bauer 1997, S. 36.
39. Alewyn 1989, S. 87.
40. Shakespeare, *Wie es euch gefällt*, II/7.
41. Alewyn 1989, S. 89 f.
42. Rink 1708, 2. Teil, S. 118 f.
43. Rink 1708, 2. Teil, S. 120.
44. Julia Teresa Friehs, »La Boum. Die Hochzeit von Leopold I. und Margarita von Spanien«, in: *Die Welt der Habsburger*, www.habsburger.net/de/kapitel/la-boum-die-hochzeit-von-leopold-i-und-margarita-von-spanien, abgerufen am 28.04.2022.
45. Schumann 2003, S. 269.
46. Alewyn 1989, S. 27.
47. Seifert 2014, S. 416.
48. Heller/Vocelka 1997, S. 267–269.
49. Zitiert in Leibnitz 2016, S. 129.
50. Seifert 2014, S. 425.
51. Rink 1708, 2. Teil, S. 123.
52. Seifert 2014, S. 399.
53. Scharrer 2020, S. 20.
54. Rink 1708, 2. Teil, S. 121.
55. Rink 1708, 2. Teil, S. 121.
56. Schwarzmann 1997, S. 39 f.
57. Rink 1708, 2. Teil, S. 144, 146–148.
58. Rink 1708, 2. Teil, S. 139 f.
59. Rink 1708, 2. Teil, S. 149.
60. Rink 1708, 2. Teil, S. 158.
61. Rink 1708, 2. Teil, S. 156 f.
62. Seifert 2014, S. 428.
63. Rink 1708, 2. Teil, S. 157 f.
64. Seifert 2014, S. 430.
65. Schwarzmann 1997, S. 46.
66. Seifert 2014, S. 400.
67. Schwarzmann 1997, S. 48.
68. Laß 2000, S. 100.
69. Schwarzmann 1997, S. 43 f.
70. Seifert 2014, S. 430.
71. Seifert 2014, S. 430.
72. Seifert 2014, S. 433.
73. Rode-Breymann 2010, S. 56.
74. Größing 2018, S. 84 f.
75. Erben 2020, S. 7.
76. Erben 2020, S. 9 f.
77. Erben 2020, S. 11.
78. Erben 2020, S. 13.
79. Von Engelberg 2016, S. 72.
80. Erben 2020, S. 31.
81. Erben 2020, S. 32.
82. Erben 2020, S. 37.
83. Ausst.-Kat. Petersberg 2016, S. 250.
84. Franke 2016, S. 250.
85. Siehe Haenen 2020, S. 433.
86. Haenen 2020, S. 433.
87. Siehe Haenen 2020, S. 433.

Des streitbaren Kaisers Helfer

1. www.khm.at/de/object/c275c187b1/, abgerufen am 28.04.2022.
2. Martin Mutschlechner, »Das goldene Vlies«, in: *Die Welt der Habsburger*, www.habsburger.net/de/kapitel/das-goldene-vlies, abgerufen am 28.04.2022.
3. Pečar 2007, S. 181.
4. Lechner 2013, S. 91.
5. Lechner 2013, S. 93.
6. Nagl-Docekal 2018, S. 3.
7. »Leibniz-Jahr 2016 – Der große Philosoph und Wien«, in: *Österreichische Akademie der Wissenschaften*, www.oeaw.ac.at/en/detail/news/leibniz-jahr-2016-der-grosse-philosoph-und-wien, abgerufen am 28.04.2022.
8. Nagl-Docekal 2018, S. 3.
9. Nagl-Docekal 2018, S. 4.
10. Auer 2013, S. 80.
11. Braubach 1965, S. 199.
12. Pečar 2003, S. 236 f.
13. Pečar 2003, S. 237 f.

Carpe Diem

1. www.khm.at/de/object/8be2758838/, abgerufen am 28.04.2022.
2. Abraham a Sancta Clara 1826.
3. Tietze-Conrat 1920, S. 3.
4. Martin Mutschlechner, »Die Pestsäule«, in: *Die Welt der Habsburger*, www.habsburger.net/de/medien/johann-august-corvinus-nach-salomon-kleiner-die-pestsaule-wien-kupferstich-1724.
5. Schikola 1972, S. 247.
6. Martin Mutschlechner, »Frommer Glaubenseifer als Herrschertugend«, in: *Die Welt der Habsburger*, www.habsburger.net/de/kapitel/frommer-glaubenseifer-als-herrschertugend, abgerufen am 28.04.2022.
7. Schumann 2003, S. 283.
8. Koch 1975/76, S. 34.
9. Martin Mutschlechner, »Nachbildung der Mariensäule«, in: *Die Welt der Habsburger*, www.habsburger.net/de/objekte/nachbildung-der-mariensaule-vom-platz-am-hof-wien-pietas-austriaca.
10. www.khm.at/de/object/6738da4075/, abgerufen am 28.04.2022.

Ein Kaiserfreund lebt und arbeitet im Haus am Bauernmarkt 1

1. Buchinger/Schön, »Zerstörung und Wiederaufbau als barockes Stadtpalais«, siehe S. 562–567 in diesem Buch.
2. Breuer/Graetz 1996, S. 112.
3. Wolfgang Maderthaner, »Dokument 96. Der Herr Karl«, in: *Österreichisches Staatsarchiv*, https://oe99.staatsarchiv.at/20-jh/der-herr-karl/#c1612, abgerufen am 13.05.2022.
4. Lind 2013, S. 341.
5. Stern 2001, S. 18 f.
6. Breuer/Graetz 1996, S. 106.
7. Breuer/Graetz 1996, S. 107 f.

8 Staudinger 2013, S. 263.
9 Breuer/Graetz 1996, S. 111.
10 Stern 2001, S. 3 f.
11 Martin Mutschlechner, »Angelo Soliman«, in: *Die Welt der Habsburger*, www.habsburger.net/de/kapitel/angelo-soliman, abgerufen am 28.04.2022.
12 Stern 2001, S. 13.
13 Litt 2009, S. 100f.
14 Breuer/Graetz 1996, S. 108.
15 Siehe Cohen/Mann 1996, S. 208, übers. v. Apollina Smaragd.
16 Siehe Cohen/Mann 1996, S. 99.
17 Cohen/Mann 1996, S. 99, übers. v. Apollina Smaragd.
18 Cohen/Mann 1996, S. 99, übers. v. Apollina Smaragd.
19 Cohen/Mann 1996, S. 99, übers. v. Apollina Smaragd.
20 www.khm.at/de/object/74d50af4e5/, abgerufen am 28.04.2022.
21 Bachtin 1979, S. 93.
22 Grunwald 1913, S. VI.
23 Grunwald 1913, S. 36–39.
24 Stern 2001, S. 23 f.
25 Tietze 2007, S. 78.
26 Tietze 2007, S. 80.
27 Tietze 2007, S. 81.
28 Stern 2001, S. 27.
29 Stern 2001, S. 79.
30 Stern 2001, S. 79.
31 Stern 2001, S. 81.
32 Grunwald 1913, S. 149 f.
33 Stern 2001, S. 249.
34 Breuer/Graetz 1996, S. 121.
35 Grunwald 1913, S. 147.
36 Grunwald 1913, S. 148.
37 www.khm.at/de/object/78b9cab199/, abgerufen am 28.04.2022.

Das barocke Palais entsteht

1 Buchinger/Schön, »Zerstörung und Wiederaufbau als barockes Stadtpalais«, siehe S. 562–567 in diesem Buch.
2 Ebd.
3 Capdevila-Werning 2015, S. 207–209.

Das im Biedermeier erklingende Palais

1 »Hoher Markt 1«, in: *Wien Geschichte Wiki*, www.geschichtewiki.wien.gv.at/Hoher_Markt_1, abgerufen am 28.04.2022.
2 »Hoher Markt 1«, in: *Wien Geschichte Wiki*, www.geschichtewiki.wien.gv.at/Hoher_Markt_1., abgerufen am 28.04.2022.
3 Kant 1784, S. 481–494.
4 Lind 2013, S. 428.
5 Grillparzer 1840, S. 6 f.
6 Tieck 1804, S. 38.
7 Feuchtmüller/Mrazek 1963, S. 73.
8 Schlegel 1967, S. 182 f.

9 Mazohl 2018, S. 387.
10 Lind 2013, S. 426–428.
11 Mazohl 2018, S. 385.
12 Mazohl 2018, S. 382.
13 Mazohl 2018, S. 380.
14 Feuchtmüller/Mrazek 1963, S. 71.
15 Feuchtmüller/Mrazek 1963, S. 71.
16 Feuchtmüller/Mrazek 1963, S. 71.
17 Feuchtmüller/Mrazek 1963, S. 72.
18 Feuchtmüller/Mrazek 1963, S. 73.
19 »Kleidermode der Restauration und des Biedermeiers«, in: *Wikipedia – Die freie Enzyklopädie*, https://de.wikipedia.org/wiki/Kleidermode_der_Restauration_und_des_Biedermeiers, abgerufen am 28.04.2022.

Bewohner im Stadtpalais ab Mitte des 19. Jahrhunderts

1 Windischgrätz 1889, S. 111.
2 Windischgrätz 1889, S. 113.
3 Feurstein-Prasser/Milchram 2016, S. 50 f.
4 Grunwald 1913, S. 220.
5 Battenberg 1999, S. 297.
6 Grunwald 1913, S. 242–250.
7 Litt 2009, S. 108.
8 Litt 2009, S. 108.
9 Litt 2009, S. 108.
10 www.khm.at/de/object/cd0f74b595/, abgerufen am 28.04.2022.
11 ÖBL 1965, Jaques Heinrich, S. 78.
12 Habermas 2019, S. 13.
13 Safranski 2018, S. 48. Hervorhebungen im Original.
14 Habermas 2019, S. 13 f.
15 Habermas 2019, S. 13 f.
16 »Raimund Grübl«, in: *Wien Geschichte Wiki*, www.geschichtewiki.wien.gv.at/Raimund_Grübl, abgerufen am 28.04.2022.
17 Popper 2003, S. 5.
18 Popper 2003, S. XXIX.
19 Popper 2003, S. XXIX.
20 Popper 2003, S. XIV.
21 Popper 1979, S. 6.
22 Popper 1979, S. 71.
23 Popper 1979, S. 288.
24 Zitat Helmut Schmidts, ehemaliger deutscher Bundeskanzler und ein Bewunderer Karl Poppers und seiner »Politik der kleinen Schritte«.

Literaturverzeichnis zu Karlas Notizbuch

Meine Ankunft in Wien

Donecker/Svatek/Klecker 2021
Wolfang Lazius (1514–1565) – Geschichtsschreibung, Kartographie und Altertumswissenschaft im Wien des 16. Jahrhunderts (Singularia Vondobonensia, Bd. 8), hg. von Stefan Donecker, Petra Svatek, Elisabeth Klecker, Wien 2021

Die Anfänge der Stadt Wien

Eco 2004
Umberto Eco, *Die Geschichte der Schönheit*, München 2004

Ehrlich 2011
Anna Ehrlich, *Kleine Geschichte Wiens*, Regensburg 2011

Hinterschweiger 2014
Hubert Hinterschweiger, *Wien im Mittelalter. Alltag und Mythen. Konflikte und Katastrophen*, Wien, Graz, Klagenfurt 2014

Niederstätter 2001
Alois Niederstätter, »Die Herrschaft Österreich«, in: *Österreichische Geschichte 1278–1411*, hg. von Wolfram Herwig, Wien 2001

Pohanka 1998
Reinhard Pohanka, *Wien im Mittelalter. Geschichte Wiens*, Wien 1998

Röhrig 1975
Floridus Röhrig, *Der Babenberger-Stammbaum im Stift Klosterneuburg*, Wien 1975

Scheibelreiter 2010
Georg Scheibelreiter, *Die Babenberger. Reichsfürsten und Landesherrn*, Wien 2010

Vogelweide 1944
Walther von der Vogelweide, »Sprüche zur Zeit Friedrichs II. (1215–1228). Leben«, in: *Die Gedichte Walthers von der Vogelweide*, Urtext mit Prosaübersetzung von Hans Böhm, Berlin 1944

Geschichte: »Zu Diensten!«

Ausst.-Kat. München 2012
Kaiser Maximilian I. und die Kunst der Dürerzeit, hg. von Eva Michel, Maria Luise Sternath, Ausst.-Kat. Albertina, Wien, München 2012

Ausst.-Kat. Nürnberg 2012
Der frühe Dürer, hg. von Daniel Hess, Thomas Eser unter Mitwirkung von Dagmar Hirschfelder, Ausst.-Kat. Germanisches Nationalmuseum, Nürnberg, Nürnberg 2012

Castiglione 2017
Baldassare Castiglione, *Der Hofmann. Lebensart in der Renaissance,* übers. von Albert Wesselski, 4. Aufl., Berlin 2017

Grebe 2012
Anja Grebe, »›Anderer Apelles‹ und ›haarig bärtiger Maler‹. Dürer als Thema in der deutschen Literatur um 1500«, in: Ausst.-Kat. Nürnberg 2012, S. 80–82

Heller/Vocelka 1997
Lynne Heller, Karl Vocelka, *Die Lebenswelt der Habsburger: Kultur- und Mentalitätsgeschichte einer Familie,* Wien, Graz 1997

Holleger 2012
Manfred Holleger, »Persönlichkeit und Herrschaft. Zur Biografie Kaiser Maximilians I.«, in: Ausst.-Kat. München 2012, S. 23–35

Holzschuh-Hofer 2014
Renate Holzschuh-Hofer, »Die Hofburg und ihre Ikonologie im 16. Jahrhundert«, in: *Die Wiener Hofburg 1521–1705. Baugeschichte, Funktion und Etablierung als Kaiserresidenz*, hg. von Herbert Karner, Markus Friedrich Jeitler, Richard Kurdiovsky, Wien 2014, S. 530–547

Karner 2014
Herbert Karner, »Die Hofburg und ihre Ikonologie im 17. Jahrhundert«, in: *Die Wiener Hofburg 1521–1705. Baugeschichte, Funktion und Etablierung als Kaiserresidenz*, hg. von Herbert Karner, Markus Friedrich Jeitler, Richard Kurdiovsky, Wien 2014, S. 548–563

Leggatt-Hofer/Sahl 2018
Renate Leggatt-Hofer, Reinhold Sahl, *Die Wiener Hofburg. Sechs Jahrhunderte Machtzentrum in Europa*, Wien 2018

Machiavelli 2004
Niccolò Machiavelli, *Der Fürst*, übers. und hg. von Philipp Rippel, Stuttgart 2004

Meid 2019
Volker Meid, *Gedichte und Interpretationen 1: Renaissance und Barock*, Stuttgart 2019

Pfitzer 2015
Klaus Pfitzer, *Reformation, Humanismus, Renaissance*, Stuttgart 2015

Popper 2006
Karl R. Popper, *Alles Leben ist Problemlösen. Über Erkenntnis, Geschichte und Politik*, 10. Aufl., München 2006

Schauerte 2012a
Thomas Schauerte, »Familie und Verwandtschaft als politisches Potenzial«, in: Ausst.-Kat. München 2012, S. 130–159

Schauerte 2012b
Thomas Schauerte, »Genealogie. Zwischen Dichtung und Wahrheit«, in: Ausst.-Kat. München 2012, S. 160–183

Schumann 2003
Jutta Schumann, *Die andere Sonne. Kaiserbild und Medienstrategien im Zeitalter Leopolds I.*, Berlin 2003

Silver 2012
Larry Silver, »Hans Burgkmair d. Ä. Der allegorische Reichsadler des Konrad Celtis«, in: Ausst.-Kat. München 2012, S. 192

Silver/Metzger 2012
Larry Silver, Christof Metzger, »Hans Burgkmair d. Ä. Die Genealogie Maximilians I.«, in: Ausst.-Kat. München 2012, S. 169

Leopold, der gekrönte Jüngling

Ausst.-Kat. Berlin 2021
Mode schauen – Fürstliche Garderobe vom 16. bis 18. Jahrhundert, hg. von Veronika Sandbichler, Katja Schmitz von Ledebur, Stefan Zeisler, Ausst.-Kat. Schloss Ambras, Innsbruck, Berlin 2021

Herbenová/Kybalová/Lamarová 1966
Olga Herbenová, Ludmila Kybalová, Milena Lamarová, *Das große Bilderlexikon der Mode. Vom Altertum zur Gegenwart*, Gütersloh 1966

Karner 2010
Herbert Karner, »Raumordnung und Identität – Spanisches in Wien?«, in: *Vorbild – Austausch – Konkurrenz, Höfe und Residenzen in der gegenseitigen Wahrnehmung*, hg. von Werner Parvicini, Jörg Wettlaufer, Ostfildern 2010, S. 284–287

Kuster 2021
Thomas Kuster, »Infant Philipp von Spanien (1605–1665) mit seiner Schwester Anna (1601–1666)«, in: Ausst.-Kat. Berlin 2021, S. 97

Sandbichler 2021a
Veronika Sandbichler, »Erzherzogin Margarete von Österreich, Königin von Spanien (1584–1611) mit einem Kind und einem Löwenäffchen«, in: Ausst.-Kat. Berlin 2021, S. 97

Sandbichler 2021b
Veronika Sandbichler, »Kleid im Bild – Mode schauen in der Habsburger Porträtgalerie«, in: Ausst.-Kat. Berlin 2021, S. 15–23

Schmitz von Ledebur 2021a
Katja Schmitz von Ledebur, »KleiderMacht – Fürstliche Garderobe vom 16. bis 18. Jahrhundert«, in: Ausst.-Kat. Berlin 2021, S. 23–32

Schmitz von Ledebur 2021b
Katja Schmitz von Ledebur, »Kurfürst August von Sachsen (1526–1586)« und »Anna von Dänemark, Kurfürstin von Sachsen (1532–1585)«, in: Ausst.-Kat. Berlin 2021, S. 93

Swoboda 2008
Gudrun Swoboda, *Die Wege der Bilder. Eine Geschichte der kaiserlichen Gemäldesammlung von 1600 bis 1800*, Wien 2008

Thiel 2000
Erika Thiel, *Geschichte des Kostüms. Die europäische Mode von den Anfängen bis zur Gegenwart*, 7. Aufl., Berlin 2000

Der Kaiser spielt mit

Ausst.-Kat. Petersberg 2016
Spettacolo barocco! Triumph des Theaters, hg. von Daniela Franke, Rudi Risatti, Andrea Sommer-Mathis, Ausst.-Kat. Österreichisches Theatermuseum, Wien, Petersberg 2016

Alewyn 1989
Richard Alewyn, *Das große Welttheater. Die Epoche der höfischen Feste*, München 1989

Bauer 1995
Volker Bauer, »Zeremoniell und Ökonomie. Der Diskurs über die Hofökonomie in Zeremonialwissenschaft, Kameralismus und Hausväterliteratur in Deutschland 1700–1780«, in: *Zeremoniell als höfische Ästhetik in Spätmittelalter und Früher Neuzeit*, hg. von Jörg Jochen Berns, Thomas Rahn, Tübingen 1995, S. 30–45

Bauer 1997
Volker Bauer, *Hofökonomie. Der Diskurs über den Fürstenhof in Zeremonialwissenschaft, Hausväterliteratur und Kameralismus*, Wien, Köln, Weimar 1997

Csáky/Leitgeb 2009
Moritz Csáky, Christoph Leitgeb, *Kommunikation – Gedächtnis – Raum. Kulturwissenschaften nach dem »Spatial Turn«*, Bielefeld 2009

Erben 2020
Dietrich Erben, *Die Kunst des Barock*, München 2020

Franke 2016
Daniela Franke, »Das Kaiserpaar Leopold der I. und Margarita Teresa im Theaterkostüm der Pastorale *La Galatea* in Wien 1666«, in: Ausst.-Kat. Petersberg 2016, S. 250

Größing 2018
Sigrid-Maria Größing, *Habsburgs Kaiserinnen. Rätsel und Schicksale der geheimen Herrscherinnen*, 2. Aufl., Wien 2018

Haenen 2020
Greta Haenen, »Die (dramatische Musik in der) Schlafkammerbibliothek Kaiser Leopolds I.«, in: *Musiktheater im höfischen Raum des frühneuzeitlichen Europa*, hg. von Heiko Laß, Matthias Müller, Margret Scharrer, Heidelberg 2020, S. 423–448

Heller/Vocelka 1997
Lynne Heller, Karl Vocelka, *Die Lebenswelt der Habsburger: Kultur- und Mentalitätsgeschichte einer Familie*, Wien, Graz 1997

Laß 2000
Heiko Laß, »Bauten für das höfische Musiktheater im 17. und 18. Jahrhundert«, in: *Musiktheater im höfischen Raum des frühneuzeitlichen Europa*, hg. von Heiko Laß, Matthias Müller, Margret Scharrer, Heidelberg 2020, S. 91–116

Leibnitz 2016
Thomas Leibnitz, »Die Musik der Kaiser im Spiegel der Wiener Hofmusikkapelle«, in: Ausst.-Kat. Petersberg 2016, S. 121–134

Michels 2019
Claudia Michels, »Oper am Hof Kaiser Karls VI.«, in: *Geschichte der Oper in Wien – Von den Anfängen bis 1869*, Band 1, hg. von Otto Biba, Herbert Seifert, Wien, Graz 2019, S. 50–75

Müller 2020
Matthias Müller, »Unfassbare Komplexität und überwältigtes Staunen: Die theaterhafte Inszenierung höfischer Räume im Dienst der königlichen Evidenz«, in: *Musiktheater im höfischen Raum des frühneuzeitlichen Europa*, hg. von Heiko Laß, Matthias Müller, Margret Scharrer, Heidelberg, 2020, S. 41–66

Pečar 2003
Andreas Pečar, *Die Ökonomie der Ehre. Der höfische Adel am Kaiserhof Karls VI. (1711–1740)*, Darmstadt 2003

Pons 2001
Rouven Pons, *Wo der gekrönte Löw hat seinen Kayser-Sitz – Herrschaftsrepräsentation am Wiener Kaiserhof zur Zeit Leopolds I.*, Egelsbach u. a. 2001

Rink 1708
Eucharius Gottlieb Rink, *Leopolds des Grossen, Röm. Kaysers wunderwürdiges Leben und Thaten. Aus geheimen Nachrichten eröffnet. Zwey Theile*, Leipzig 1708

Risatti 2016
Rudi Risatti, »Kuppelentwurf mit Darstellung der Dreifaltigkeit über perspektivischer Säulenarchitektur«, in: Ausst.-Kat. Petersberg 2016, S. 294

Rode-Breymann 2010
Susanne Rode-Breymann, *Musiktheater eines Kaiserpaars. Wien 1677 bis 1705*, Hildesheim 2010

Scharrer 2020
Margret Scharrer, »Musiktheater im höfischen Raum des frühneuzeitlichen Europa zur Einleitung«, in: *Musiktheater im höfischen Raum des frühneuzeitlichen Europa*, hg. von Heiko Laß, Matthias Müller, Margret Scharrer, Heidelberg 2020, S. 15–22

Scheutz/Wührer 2011
Martin Scheutz, Jakob Wührer, *Zu Diensten Ihrer Majestät. Hofordnung und Instruktionsbücher am frühneuzeitlichen Wiener Hof*, Wien 2011

Schumann 2003
Jutta Schumann, *Die andere Sonne. Kaiserbild und Medienstrategien im Zeitalter Leopolds I.*, Berlin 2003

Schwarzmann 1997
Eva Schwarzmann, *Die Oper am Hof Leopold I. – Sänger und Musiker im Dienste der kaiserlichen Repräsentation*, Wien 1997

Seifert 1985
Herbert Seifert, *Die Oper am Wiener Kaiserhof im 17. Jahrhundert*, Tutzing 1985

Seifert 2014
Herbert Seifert, »II. Oper am Wiener Hof – Leopold I. (1658–1705)«, in: ders., *Texte zur Musikdramatik im 17. und 18. Jahrhundert. Aufsätze und Vorträge*, hg. von Matthias J. Pernerstorfer, Wien 2014, S. 393–471

Seifert 2019
Herbert Seifert, »Die Oper in Wien. Von den Anfängen bis zu Kaiser Joseph I.«, in: *Geschichte der Oper in Wien – Von den Anfängen bis 1869*, hg. von Otto Biba, Herbert Seifert, Wien, Graz 2019, S. 23–49

Von Engelberg 2016
Meinrad von Engelberg, »Illusionsräume: ›All the world's a stage‹«, in: *Barock. Nur schöner Schein?*, hg. von Uta Coburger, Christoph Lind, Alfred Wieczorek, Regensburg 2016, S. 72–73

Zur Lippe 1986
Rudolf zur Lippe, »Hof und Schloß – Bühne des Absolutismus«, in: *Absolutismus*, hg. von Ernst Hinrichs, Frankfurt am Main 1986, S. 138–161

Des streitbaren Kaisers Helfer / Ein Kaiserfreund lebt und arbeitet im Haus am Bauernmarkt 1

Ausst.-Kat. Wien 2013
Das Winterpalais des Prinzen Eugen, hg. von Agnes Husslein-Arco, Ausst.-Kat. Belvedere, Wien, Wien 2013

Auer 2013
Leopold Auer, »Prinz Eugen und das Ideal des honnête homme. Verhaltensnormen von Eliten im Ancien Régime«, in: Ausst.-Kat. Wien 2013, S. 79–90

Bachtin 1979
Michail Bachtin, *Die Ästhetik des Wortes*, Frankfurt am Main 1979

Braubach 1965
Max Braubach, *Prinz Eugen von Savoyen. Eine Biographie*, 5 Bde, Bd. 5: *Mensch und Schicksal*, München 1965

Breuer/Graetz 1996
Mordechai Breuer, Michael Graetz, »Die Hofjuden«, in: *Deutsch-jüdische Geschichte in der Neuzeit: Band 1. Tradition und Aufklärung 1600–1780*, hg. von Michael Brenner, Michael A. Meyer, München 1996, S. 106–122

Cohen/Mann 1996
Richard I. Cohen, Vivian B. Mann, »Melding Worlds: Court Jews and the Arts of the Baroque«, in: *From Court Jews to the Rothschilds: Art, Patronage, and Power 1600–1800*, hg. von Vivian B. Mann, Fritz Backhaus, München 1996, S. 97–208

Grunwald 1913
Max Grunwald, *Samuel Oppenheimer und sein Kreis (ein Kapitel aus der Finanzgeschichte Österreichs)*, Wien, Leipzig 1913

Lechner 2013
Georg Lechner, »Prinz Eugen von Savoyen: Hercules und Apollo seiner Zeit«, in: Ausst.-Kat. Belvedere, Wien 2013, S. 91–128

Lind 2013
Christoph Lind, »Juden in den habsburgischen Ländern 1670–1848«, in: Eveline Brugger, Martha Keil, Albert Lichtblau, Christoph Lind, Barbara Staudinger, *Geschichte der Juden in Österreich*, hg. von Herwig Wolfram, Reprint der Ausg. 2006, Wien 2013, S. 339–445

Litt 2009
Stefan Litt, »Berufsstruktur und Existenz – 2. Handwerk«, in: *Geschichte der Juden Mitteleuropas 1500–1800*, hg. von Kai Brodersen, Martin Kintzinger, Uwe Puschner, Volker Reinhardt, Barbara Stollberg-Rilinger, Darmstadt 2009, S. 98–112

Nagl-Docekal 2018
Herta Nagl-Docekal, *Leibniz heute lesen. Wissenschaft, Geschichte, Religion*, Berlin, Boston 2018

Pečar 2003
Andreas Pečar, *Die Ökonomie der Ehre. Der höfische Adel am Kaiserhof Karls VI. (1711–1740)*, Darmstadt 2003

Pečar 2007
Andreas Pečar, »Schloßbau und Repräsentation. Zur Funktionalität der Adelspalais in der Umgebung des Kaiserhofes in Wien (1680–1740)«, in: *Die Kunst der Mächtigen und die Macht der Kunst*, hg. von Ulrich Oevermann, Johannes Süßmann, Christine Tauber, Berlin 2007, S. 179–201

Staudinger 2013
Barbara Staudinger, »Die frühen Hofjuden«, in: Eveline Brugger, Martha Keil, Albert Lichtblau, Christoph Lind, Barbara Staudinger, *Geschichte der Juden in Österreich*, Wien 2013, S. 263–270

Stern 2001
Selma Stern, *Der Hofjude im Zeitalter des Absolutismus. Ein Beitrag zur europäischen Geschichte im 17. und 18. Jahrhundert*, Tübingen 2001

Tietze 2007
Hans Tietze, *Die Juden Wiens. Geschichte, Wirtschaft, Kultur*, Wien 2007

Das barocke Palais entsteht

Capdevila-Werning 2015
Remei Capdevila-Werning, »Palimpseste in der Architektur. Ein symboltheoretischer Zugang«, in: *Architektur und Philosophie: Grundlagen. Standpunkte. Perspektiven*, hg. von Jörg H. Gleiter, Ludger Scharte, Bielefeld 2015, S. 207–217

Carpe Diem

Abraham a Sancta Clara 1826
P. Abraham a Sancta Clara, *Abrahamische Lauber-Hütt. Ein Buch zur Lehre und Warnung, zur Erheiterung und Gemüthsergötzung für Jung und Alt*, Wien 1826

Koch 1975/76
Ebba Koch, »Das barocke Reitermonument in Österreich«, in: *Mitteilungen der Österreichischen Galerie*, 63/64, Wien 1975/76, S. 32–80

Schikola 1972
Gertraud Schikola, *Ludovico Burnacinis Entwürfe für die Wiener Pestsäule*, Wien 1972

Schumann 2003
Jutta Schumann, *Die andere Sonne. Kaiserbild und Medienstrategien im Zeitalter Leopolds I.*, Berlin 2003

Tietze-Conrat 1920
Erika Tietze-Conrat, *Die Pestsäule am Graben in Wien*, Wien 1920

Das im Biedermeier erklingende Palais

Feuchtmüller/Mrazek 1963
Rupert Feuchtmüller, Wilhelm Mrazek, *Biedermeier in Österreich*, Wien, Hannover, Basel 1963

Grillparzer 1840
Franz Grillparzer, *Der Traum ein Leben. Dramatisches Mährchen in vier Aufzügen*, Wien 1840

Hensel 1879
Sebastian Hensel, Wilhelm Hensel, *Die Familien Mendelssohn. 1729–1847 nach Briefen und Tagebüchern*, Berlin 1879

Kant 1784
Immanuel Kant, »Beantwortung der Frage: Was ist Aufklärung?«, in: *Berlinische Monatsschrift*, Dezember 1784, S. 481–494

Lind 2013
Christoph Lind, »Juden in den habsburgischen Ländern 1670–1848«, in: Eveline Brugger, Martha Keil, Albert Lichtblau, Christoph Lind, Barbara Staudinger, *Geschichte der Juden in Österreich*, hg. von Herwig Wolfram, Reprint der Ausg. 2006, Wien 2013, S. 339–445

Mazohl 2018
Brigitte Mazohl, »Die Zeit zwischen dem Wiener Kongress und den Revolutionen von 1848/49«, in: *Geschichte Österreichs*, hg. von Thomas Winkelbauer, 3., akt. und erw. Auflage, Ditzingen 2018, S. 359–391

Schlegel 1967
Friedrich Schlegel, »Athenäums-Fragment Nr. 116 (1798)«, in: *Kritische Friedrich-Schlegel-Ausgabe, 2: Abt. 1, Kritische Neuausgabe. Charakteristiken und Kritiken, I. 1796–1801*, hg. von Ernst Behler unter Mitwirkung von Jean-Jacques Anstett und Hans Eichner, München, Paderborn u. a. 1967, S. 182 f.

Tieck 1804
Ludwig Tieck, *Kaiser Octavianus. Ein Lustspiel in zwei Theilen*, Jena 1804

Bewohner im Stadtpalais ab Mitte des 19. Jahrhunderts

Battenberg 1999
Friedrich Battenberg, »Hofjuden in Residenzstädten der frühen Neuzeit«, in: *Juden in der Stadt (Beiträge zur Geschichte der Städte Mitteleuropas, Bd. XV)*, hg. von Fritz Mayrhofer, Ferdinand Oppl, Linz 1999, S. 297–327

Feuerstein-Prasser/Milchram 2016
Michaela Feuerstein-Prasser, Gerhard Milchram, *Jüdisches Wien*, Wien 2016

Grunwald 1913
Max Grunwald, *Samuel Oppenheimer und sein Kreis (ein Kapitel aus der Finanzgeschichte Österreichs)*, Wien, Leipzig 1913

Habermas 2019
Jürgen Habermas, *Strukturwandel der Öffentlichkeit*, Frankfurt am Main 2019

Litt 2009
Stefan Litt, »Berufsstruktur und Existenz – 5. Hof-Finanzjuden«, in: *Geschichte der Juden Mitteleuropas 1500–1800*, hg. von Kai Brodersen, Martin Kintzinger, Uwe Puschner, Volker Reinhardt, Barbara Stollberg-Rilinger, Darmstadt 2009, S. 104–111

ÖBL 1965
»Jaques Heinrich«, in: *Österreichisches Biographisches Lexikon 1815–1950 (ÖBL)*, Band 3, Wien 1965

Popper 1979
Karl Popper, *Ausgangspunkte: Meine intellektuelle Entwicklung*, Hamburg 1979

Popper 2003
Karl Popper, *Die offene Gesellschaft und ihre Feinde, Band I Der Zauber Platons*, Tübingen 2003

Safranski 2018
Rüdiger Safranski, *Romantik. Eine deutsche Affäre*, München, Wien 2018

Windischgrätz 1889
Wolf Windischgrätz, *Biographisches Lexikon des Kaisertums Österreich – Siebenundfünfzigster Teil*, Graz 1889

Werkbeschriftungen Ahnengalerie

1 Unbekannt, *Infantin Maria Anna (1606–1646), Kaiserin, in ganzer Figur mit ihrem erstgeborenen Sohn Ferdinand (1633–1654)*, 1634, Kunsthistorisches Museum Wien, Gemäldegalerie © KHM-Museumsverband

2 Jan van den Hoecke, *Kaiser Ferdinand III. (1608–1657), Brustbild*, um 1643, Kunsthistorisches Museum Wien, Gemäldegalerie © KHM-Museumsverband

3 Unbekannt/österreichisch, *Erzherzog Ferdinand II. von Innerösterreich (1578–1637) im Harnisch, Kniestück, seit 1619 Kaiser Ferdinand II.*, um 1614, Kunsthistorisches Museum Wien, Gemäldegalerie © KHM-Museumsverband

4 Justus Sustermans, *Eleonore von Gonzaga (1598–1655), 2. Gemahlin von Ferdinand II., im Brautkleid*, 1621, Kunsthistorisches Museum Wien, Gemäldegalerie © KHM-Museumsverband

5 Frans Luycx, *Eleonore von Gonzaga (1628–1686) als Diana, Kaiserin, 3. Gemahlin von Ferdinand III.*, 1651, Kunsthistorisches Museum Wien, Gemäldegalerie © KHM-Museumsverband

6 Frans Luycx, *Erzherzog Leopold Wilhelm (1614–1662) in geistlichem Gewand, Brustbild*, um 1638, Kunsthistorisches Museum Wien, Gemäldegalerie © KHM-Museumsverband

7 Diego Rodríguez de Silva y Velázquez, *Erzherzogin Maria Anna, Königin von Spanien*, 1652–1653, Kunsthistorisches Museum Wien, Gemäldegalerie © KHM-Museumsverband

8, 24 Diego Rodríguez de Silva y Velázquez, *König Philipp IV. von Spanien (1605–1665)*, 1653–1656/59, Kunsthistorisches Museum Wien, Gemäldegalerie © KHM-Museumsverband

9 Bartolomé González, *Erzherzogin Margarete (1584–1611), Königin von Spanien mit einem Kind, das ein Löwenäffchen hält*, um 1603/09, Kunsthistorisches Museum Wien, Gemäldegalerie © KHM-Museumsverband

10 Diego Rodríguez de Silva y Velázquez, *Reiterporträt von Philipp III.*, um 1635, Prado, Madrid

11 Giovanni Maria Morandi, *Erzherzogin Claudia Felicitas (1653–1676), Kaiserin, als Diana, Gattin Kaiser Leopolds I.*, 1666 (?), Kunsthistorisches Museum Wien, Gemäldegalerie © KHM-Museumsverband

12 Jan Thomas, *Kaiser Leopold I. (1640–1705) im Theaterkostüm, in ganzer Figur*, 1667, Kunsthistorisches Museum Wien, Gemäldegalerie © KHM-Museumsverband

13 Jan Thomas, *Infantin Margarita Teresa (1651–1673), Kaiserin im Theaterkostüm*, 1667, Kunsthistorisches Museum Wien, Gemäldegalerie © KHM-Museumsverband

14 Unbekannt, *Eleonore Magdalena (1655–1720) von Pfalz-Neuburg, Kaiserin, Kniestück*, 1680, Kunsthistorisches Museum Wien, Gemäldegalerie © KHM-Museumsverband

15 Benjamin von Block, *Kaiser Joseph I. im Alter von sechs Jahren mit einem Hund, in ganzer Figur*, 1684, Kunsthistorisches Museum Wien, Gemäldegalerie © KHM-Museumsverband

16 Unbekannt, *Kaiser Karl VI (1685–1740), Halbfigur*, 1720/30, Kunsthistorisches Museum Wien, Gemäldegalerie © KHM-Museumsverband

17 Josef Kriehuber, Johann Höfelich, *Samuel Oppenheimer, Oberkriegs- und Hoffaktor von Kaiser Leopold I., Gründer des Wiener Israelitenspitals*, 1846 © Wien Museum

18 Johann Kupetzky, *Prinz Eugen von Savoyen*, undatiert © Österreichische Galerie Belvedere Wien

19 Peter Paul Rubens, *Anna von Österreich (1601–1666), Frau von Louis XIII., König von Frankreich*, 1625–1626, Rijksmuseum, Amsterdam

20 Peter Paul Rubens, *Porträt von Ludwig XIII. (1601–1643)*, ca. 1622–1625, Norton Simon Museum

21 Hyacinthe Rigaud, *Porträt König Ludwigs XIV.*, 1702, Louvre, Paris

22 Diego Rodríguez de Silva y Velázquez, *Infantin Maria Teresa*, um 1652/53, Kunsthistorisches Museum Wien, Gemäldegalerie © KHM-Museumsverband

23 Peter Paul Rubens, *Isabella von Bourbon*, um 1629, Kunsthistorisches Museum Wien, Gemäldegalerie © KHM-Museumsverband

Autorinnen und Autoren

Günther Buchinger und Doris Schön
Doris Schön ist Mittelalter- und Neuzeitarchäologin, seit 1996 Schwerpunkt auf dem Gebiet der Bauforschung. Günther Buchinger ist Kunsthistoriker, seit 2002 Schwerpunkt auf dem Gebiet der Bau- und Glasmalereiforschung, seit 2018 Präsident des Österreichischen Nationalkomitees des »Corpus Vitrearum Medii Aevi« (CVMA). Beide waren Mitarbeiter des Mittelalterteams des Projekts zur »Bau- und Funktionsgeschichte der Wiener Hofburg« an der Österreichischen Akademie der Wissenschaften; 2013 gemeinsame Gründung der Firma »Denkmalforscher« als Büro für bau- und kunsthistorische Forschung; Autoren zahlreicher wissenschaftlicher Publikationen.

Georg Driendl
1983 Diplom an der Akademie der bildenden Künste in Wien, 1983–1985 konzeptionelle Studien, städtebauliche Analysen, Arbeiten im Experimentalfilmbereich, 1996 driendl*architects – entwickeln von prototypischen Lösungen, Theorie für Baukultur, Mitglied des Denkmalbeirats Bundesministerium. Professuren: Chiba University Tokyo, Franzens Universität Innsbruck, TU Graz, TU Cottbus, TU Wien.

Sabine Haag
Geb. 1962 in Bregenz, ist wissenschaftliche Geschäftsführerin und Generaldirektorin des KHM-Museumsverbands (Kunsthistorischen Museum Wien, Weltmuseum Wien und Theatermuseum). Nach dem Studium der Kunstgeschichte und Anglistik in Innsbruck, Wien und den USA wurde sie 1990 Kuratorin der Kunstkammer des Kunsthistorischen Museums. Ab 2007 leitete sie die Sammlung als deren Direktorin. Seit 2009 ist sie Generaldirektorin des Kunsthistorischen Museums. Sie ist Mitglied des Stiftungsvorstands der Bregenzer Festspiele und seit 2018 Präsidentin der österreichischen UNESCO-Kommission. Sabine Haag ist Verfasserin und Herausgeberin zahlreicher Publikationen, erfolgreiche Kulturmanagerin und international agierende Netzwerkerin.

Stefanie Linsboth
Studium der Kunstgeschichte und Religionswissenschaft, 2021 Promotion; 2012–2014 Mitarbeiterin des Museums für angewandte Kunst in Wien, seit 2008 Mitarbeiterin der Österreichischen Akademie der Wissenschaften (Forschungsbereich Kunstgeschichte des Instituts für die Erforschung der Habsburgermonarchie und des Balkanraumes).

Gabriele Lenikus
Sie hatte das Glück, schon in jungen Jahren über den Tellerrand blicken zu dürfen. Von Kindesbeinen an bereits mit Begeisterung auf Reisen und später viele Jahre als Flugbegleiterin machte sich Gabriele Lenikus auf die weltweite Suche nach dem Außergewöhnlichen, nach den Stimmungen, Schönheiten und Fragen des Lebens. Eine fünfjährige Ausbildung zur Kunsttherapeutin erlaubte ihr, die heilende Wirkung von Kunst auf multidimensionale Weise selbst zu erspüren. Viele Früchte ihrer Erfahrungen in Trendscouting, Kunst und Design flossen sowohl in die Gestaltung der familieneigenen, nachhaltigen Boutiquehotels als auch in die journalistische Tätigkeit für diverse Magazine ein.

Martin Lenikus
Absolvent der Wirtschaftsuniversität Wien, arbeitet seit 1980 im Bereich Immobilien; 1989 Gründung der Wiener Unternehmensgruppe LENIKUS, die als Entwickler von design- und architekturorientierten Immobilienprojekten seit mehr als 30 Jahren »Made by LENIKUS« zu einem Begriff gemacht hat. Neben dem ökologischen Wohnbau entwickelt und betreibt das Unternehmen eigenständig auch nachhaltige Hotel- und Gastronomieprojekte sowie biologisch-veganen Weinbau. In diesen unterschiedlichen Geschäftsfeldern sowie mit der Sammlung Lenikus leistet die Unternehmensgruppe LENIKUS immer auch relevante Beiträge zur Regionalentwicklung. Dabei sind Nachhaltigkeit, Klima- und Umweltschutz sowie Ressourcenschonung im Sinne von ZERO WASTE – ZERO EMISSION ebenso bedeutende Eckpfeiler, wie das klare Bekenntnis zur Lebensfreude und Lust am Gestalten.

M&S Architekten
Seit 1995 arbeitet das Team aus kreativen und erfahrenen Architekten an verschiedensten Hotel-, Gewerbe- und Wohnbauprojekten. Unter der Leitung von Christian Mascha, Christian Seethaler und Deirdre Zipp folgt es dem Motto: Gute Architektur ist einfach, gleich wie viel Mühe sie gekostet hat!

Martin Mosser
Studium der Klassischen Archäologie in Wien. Seit 1992 bei der Stadtarchäologie Wien. Zahlreiche Publikationen zum römischen Wien und zahlreiche Grabungsleitungen im gesamten Wiener Stadtgebiet; Leitung von Lehrveranstaltungen für Studenten der Klassischen Archäologie an der Universität Wien.

Bernhard Ployer
Diplom-Ingenieur; Ingenieurkonsulent für Bauwesen. Geschäftsführer der Dr. PECH Ziviltechniker GmbH.

Oliver Rachbauer
Lehre als Einzelhandelskaufmann und Studium der Ur- und Frühgeschichte an der Universität Wien. Bis 2012 Mitarbeiter des Vereins Archäologie Service; seit 2012 für die Firma Ardig GmbH tätig.

Peter Rauscher
Dozent für Neuere Geschichte an der Universität Wien. Forschungsschwerpunkte: Finanz-, Verwaltungs- und Wirtschaftsgeschichte sowie Jüdische Geschichte im frühneuzeitlichen Europa. Seit 2010 Leiter des Projekts »Der Donauhandel« (https://www.univie.ac.at/donauhandel/). Weitere Informationen: https://homepage.univie.ac.at/peter.rauscher/.

Martin Scheutz
Tätig am Institut für Österreichische Geschichtsforschung und Professor für Geschichte der Neuzeit am Institut für Geschichte an der Universität Wien; Forschungsgebiete: Stadtgeschichte, Hofforschung, Selbstzeugnisse, Spitalgeschichte.

Apollina Smaragd
Studium der Musik und Kunstgeschichte. Direktorin und Kuratorin der Sammlung Lenikus. Liebt Bücher und die Künste.

Herwig Weigl
Tätig am Institut für Österreichische Geschichtsforschung und am Institut für Geschichte an der Universität Wien; Forschungsgebiete: Papstgeschichte, spätmittelalterliche Landesgeschichte.

Dank

Dieses Buch wäre ohne die hervorragende Mitarbeit Vieler nicht möglich gewesen. Allen Autorinnen und Autoren sei für ihre Expertise sowie die sachkundigen und spannenden Einblicke in die jeweiligen Themen ein großer Dank ausgesprochen.

Den fleißigen Helferinnen **Emine Delibeqa, Marlies Luger, Susanne Niederwimmer** und **Jelena Kuzmanovic** danke ich für ihre Geduld beim Erstellen unterschiedlichster Listen und Scans, die mir halfen, den Überblick über die Fülle der Informationen zu bewahren.

Tief empfundener Dank gilt **Wolfgang Astelbauer**. Wir schlossen gerade das Lektorat fast aller deutschen Texte ab und freuen uns auf das bald anstehende Korrektorat im Layout, als er Anfang des Jahres 2022 unerwartet verstarb. Mir bleibt es, dankbar zu sein für unseren zwei Jahre währenden Austausch, bei dem ich sehr viel von ihm lernen durfte. Seine Geduld, seine Aufmerksamkeit, seine Präzision, seine Sprach-Liebe sind in dieses Buch eingeflossen. Gleichzeitig darf ich Lektorin **Charlotte Eckler** (EN) und Lektor **Rainer Just** (DE) dafür danken, dass sie dieses umfangreiche Projekt kurzfristig annahmen und bis zum Schluss begleiteten. **Johannes Sachslehner** sei für das finale inhaltliche Endlektorat der deutschen Version vor Drucklegung herzlich gedankt. **Uta Hoffmann** danke ich für die schnellen und überlegten Übersetzungen.

Günther Buchinger führte sachkundig die grundlegenden Recherchen bezüglich der Besitzer- und Baugeschichte des Hauses am Bauernmarkt 1 in den Archiven durch, auf die ich mich stützte. Jede meiner Fragen beantwortete er mit großer Genauigkeit und Geduld.

Christoph Panzers Fähigkeit, Architektur in der Fotografie zum Sprechen zu bringen, bereicherte die Gesamtästhetik des Buches ungemein.

Christian Schienerls immerwährende Bereitschaft zum gemeinsamen Nachdenken und Experimentieren bei der grafischen Gestaltung des Buches, sein unermüdlicher, fein nuancierter Blick für die Einheit von Form und Inhalt waren unerlässlich für mich und das Gelingen des Projekts.

Sabine Haag als Generaldirektorin des KHM-Museumsverbandes half durch die großzügige Kooperation, die Opulenz dieser Publikation zu verwirklichen; auf **Annette Griessenbergers** schnelle Hilfe konnte ich mich in dieser Institution immer verlassen.

Die begeisterte Reaktion **Elisabeth Stein-Hölzls** auf meine Anfrage, das Buch in das Programm des Molden Verlags aufzunehmen, motivierte mich, die Arbeit mit Freude zu Ende zu führen.

Ganz besonders möchte ich **Martin Lenikus** danken, der mich vor allem durch sein uneingeschränktes Vertrauen täglich unterstützte, meine Idee des Buches zu verwirklichen. Er bestärkte mich darin, immer weiter nach der richtigen Form zu suchen und etwas Eigenes, ja vielleicht darf ich sogar sagen, etwas Besonderes entstehen zu lassen.

Mersolis Schöne danke ich für die gemeinsamen Spaziergänge durch Buchideen und Gedankenwelten.

Auch **Karla Popper** sei gedankt, deren Begleitung in den Museen, bei meinen Recherchen und während der Ausarbeitung ihrer Notizbuchtexte mich mit einem vertiefenden Einblick in die Geschichte Wiens und darüber hinaus beschenkt hat. Die Hoffnung ist, dass unsere Faszination für Kunst und Geschichte im Dialog mit jedem Leser, jeder Leserin nun weiterwachsen wird.

Apollina Smaragd

Unser großer Dank gilt allen Personen und Unternehmen, die zum Gelingen der Restaurierung und der Neugestaltung des Hauses Bauernmarkt 1 in das Hotel »The Leo Grand« beigetragen haben:

Technische Konsulenten: Bmstr. Dip.-Ing. (FH) Markus Berger GmbH, kunz Die Innovativen Brandschutzplaner GmbH, Miedler Ziviltechniker Ges.m.b.H., M&S Architekten ZT GmbH, Dr. Pech Ziviltechnikergesellschaft mbH, ZFG – Projekt GmbH

Restauratorische Sachverständige: Denkmalforscher GesBR, Kopp Restauratoren GmbH, Mag. art. Karl Scherzer

Bauschaffende: Ananbô SARL., Arteriors Home, Baierl & Demmelhuber Innenausbau GmbH, Bebau Bauges.m.b.H., B. Light GmbH, Belinda Tapezierer und Möbelhandel GmbH, Bickel Folientechnik GmbH, CHB-Design, Chubb Österreich GmbH, Dedar Milano SpA, Eichholtz BV, Élitis S. A, Englisch Dekor HandelsgmbH & Co KG, energy4rent GmbH, Essecca GmbH, EVVA Sicherheitstechnologie GmbH, Fratelli Fantini Spa, Glas Loley Lukas Konstruktiver Glasbau GmbH, Gruner-Zartl Metallbau GmbH, Heidenbauer Aluminium GmbH, Internova d.o.o., Karl Mach Gesellschaft m.b.H, Kone AG, Koch Membranen GmbH, KM Technik für Sonnenschutz e.U, Kone AG, Licht Loidl GmbH, Litas s.r.o., Lohberger Küchen Competence Center GmbH, OBAD Stempel GmbH & Co KG, Orac Deutschland GmbH, Osborne & Little Ltd., Papiers de Paris SARL, Pfeffer Hermann Andreas e.U., Pinsel & Co, Rech Mechatronik GmbH, Redl Gastrosystems GmbH, Restaurator David J. Campidell, Schaden Fenstersanierung GmbH, Schlosserei Eduard Hendler, Mag. Art. Karl Scherzer, Select Montageservice e.U., Securitas Sicherheitsdienstleistungen GmbH, Simacek Facility Management Group GmbH, Sturgyk GmbH, Thanner Gesellschaft m.b.H., Tischlerei Telser OHG, Unterleuthner Ges.m.bH, Vips & Friends

Künstlerische Malerei: Marcela Chiriac, Charly Sacher

Bildnachweis

Albertina Wien S. 140 und 142 (DG23016), 157 (DG1934/149), 167 (DG1934/477)
ARDIG – Archäologischer Dienst GesmbH S. 519, 520 (Abb. 3–6), 522 (Abb. 10, 12), 523 (Abb. 13)
Bundesdenkmalamt S. 543 (oben N 112.981, N 113.47, N 113.4818 (Aufnahmen von Bettina Pregl))
David J. Campidell S. 366 (unten)
Marcela Chiriac S. 270
Crazy Eye 3D-Studio S. 97 (Mitte)
Paula Csorna Cover, S. 388–390
Denkmalforscher GesBR S. 360, 361, 520 (Abb. 4), 535, 550 (Abb. 1), 552 (Abb. 11), 564–565 (Abb. 1)
Dom Museum Wien S. 114 (L/11)
JAMJAM – C. Schön GmbH S. 503 (unten rechts)
Karl-Popper-Archiv (KPA), Klagenfurt S. 466–469
Kunsthistorisches Museum Wien, KHM-Museumsverband: S. 7 (Mitte: GG 825, rechts: GG 3117), 8 (links: GG 9135, Mitte oben: GG 6745), 70 (GG 1589), 72 (GG 1613), 73 (GG 3283), 74 (links oben: GG 4508, rechts unten: KK 8933), 75 (unten: HZ_Min29_70a2), 76 (GG 527), 78 (GG 7976), 80 (oben links: GG 1124, Mitte unten: GG 1589, rechts: GG 1133), 86 (oben: GG 6308, unten: GG 3208), 87 (GG 324 8160), 90 (Bildnummern: 01 (GG 3113), 02 (GG 3283), 03 (GG 3407), 04 (GG 7146), 09 (GG 3139), 11 (3096), 12 (GG 9135), 22 (GG 353)), 91 (Bildnummern: 05 (GG 4508), 06 (GG 2754), 07 (GG 6308), 08 (GG 8160), 13 (GG 9136), 14 (GG 5617), 15 (GG3409), 16 (GG 8334), 23 (GG 538), 24 (GG 8160)), 103 (SK WS XIII 2), 141 (GG 825), 145 (GG 832), 146 (links: Hofjagd- und Rüstkammer, A 1348a), 159 (KK T XXXIII 7; Hintergrund: 142–159), 161 (KK 5333; Hintergrund: 160–173), 163 (GG 825), 170 (GG 835), 174 (GG 244), 175 und 176 (GG 3117), 184 (GG 3139), 188 (links: GG 3252, rechts GG 3141), 191 (GG 1533), 192 (Schloss Ambras Innsbruck, PA 496), 194 (GG 3199), 196 (GG 739; Hintergrund: S. 176–197), 199 (GG 9135), 204 (GG 1903), 209 (HZ_MIN20_104), 216 (GS_GSU2471), 219 (GG 680; Hintergrund: 200–219 und 230–235), 220 (GS_GSU2471), 231 (GG 7660), 233 (HZ_Min20_179), 235 (GG 321), 236 (links oben: GG 3691, rechts oben: GG 2130), 239 (GS_GFeU27), 240 (GS_GfeS3673), 249 (GG 9676), 257 (GS_GSU3229), 260 (GS_GSU6456), 261 (GG 9136), 262 (GG 3096), 263 (GG 5617), 267 (KK 4537), 268 (GG 9135), 269 (GG 9136), 277 (GG 684; Hintergrund: 220–229 und 236–277), 278 (KK 4662), 279 und 280 (GG 6745), 281 (SK, WS XIV 263), 294 (GG 5714), 297 (SK Kap 244), 314 (KK 882), 317 (GG 5714; Hintergrund: 296–317), 318 (GG 1556), 332 (SK, GS D 63), 342 (GG 771), 343 (KK 6855), 346 (KK 6010), 353 (GG 1556; Hintergrund: 320–325 und 332–353), 403 (GG 3678; Hintergrund: 400–409), 440 (Wagenburg, Z 37), 445 (wie 440), 457 (GG 9867; Hintergrund: 448–457), 544 (oben: GG_9691p483, unten: GG_9691p629)
Mario Mosser S. 525 (Abb. 1)
Martin Mosser, Stadtarchäologie Wien S. 527 (Abb. 3, nach Hannsjörg Ubl), 528
M&S Architekten S. 10 (oben links), 316 (unten), 373 (unten), 495, 496, 498–502, 503 (alle außer rechts unten), 504
Nationales Institut für Denkmalpflege (Tschechische Republik, Regionalfachstelle Brno) S. 248
Österreichische Galerie Belvedere Wien S. 91 (Bildnummer 18: 10241), 288 (4665/3), 291 (7767), 293 (2305; Hintergrund: 280–293), 412 (6071), 428 und 429 (7764; Hintergrund: 412–429), 430 (4029), 439 (2332; Hintergrund: 430–439)
Österreichische Nationalbibliothek Wien, Bildarchiv S. 319, 338
Österreichische Nationalbibliothek Wien, Musiksammlung S. 198, 212, 254, 256, 258, 275
Österreichisches Staatsarchiv-Kriegsarchiv, Wien S. 558
Christoph Panzer S. 4 und 5, 6 (links außen), 8 (Mitte unten), 9 (links und rechts unten), 10 (rechts), 11, 21, 24–60, 67, 68, 69 (oben), 93, 271, 295, 299, 302, 303–305, 354, 356, 358, 359, 362–365, 366 (oben), 370–380 (außer 373 (unten)), 383, 384, 386, 387, 391–397, 400, 405 (links unten), 406, 407, 449, 472–475, 477–481, 484, 485, 487 (rechts unten), 488, 489, 491, 505, 555, 564 (Abb. 2, 3), 565 (Abb. 4, 5), 567; Hintergrundfotos: 62–69, 356–375, 380–399
Bernhard Ployer, Dr. Pech Ziviltechnikergesellschaft mbH S. 507–517
Privatstiftung Lenikus S. 6 (Mitte oben), 61–63, 120–123, 197 (unten), 245–247, 250, 253, 320, 321, 350, 355, 367–369, 402, 405 (rechts oben), 409, 434 (Abb. 4), 476, 549, 553 (Abb. 18)
Christian Schienerl S. 10 (2–4 von oben links), 88, 92, 124–133, 326–331, 345; Hintergrundfoto: 96–99
Doris Schön S. 298, 531, 533, 534 (Abb. 2, 3), 536, 537, 550 (Abb. 2, 3), 551, 552 (Abb. 12, 15), 553 (alle außer Abb. 18)
Mersolis Schöne S. 7 (links), 23, 64, 65, 69 (unten), 95, 98 (links oben und rechts), 99 (rechts oben und unten), 104–107, 146 (rechts), 147–149, 171, 173, 179, 222, 223, 241, 251, 307, 309–311, 313, 316 (oben)
Apollina Smaragd S. 116, 119, 285
Städel Museum Frankfurt am Main S. 9 (rechts oben: SG 1153), 137 (HM 54; Hintergrund: 100–119), 426 (1114), 441 und 463 (SG 1153; Hintergrund: 458–463)
Werner Streitfelder S. 100, 482–483, 487 (oben und links unten), 490
Universitätsbibliothek Heidelberg S. 200–203 (Nutzung gemäß CC-BY-SA 4.0)
Herwig Weigl S. 539, 541 (oben)
Wiener Stadt- und Landesarchiv S. 385 (oben: Kartographische Sammlung, P1: 881, unten: Kartographische Sammlung, P1: 234), 540 (Gräberbuch des Wiener Minoritenklosters, Hs. 3.4.A.284, fol. 17r), 541 (unten), 542, 543 (unten), 566 (Abb. 6: Kartographische Sammlung, P1: 881; Abb. 7: Kartographische Sammlung, P1: 234)
Wien Museum S. 8 (ganz rechts: W 5054), 9 (Mitte: 18752), 79 (unten: W 4939), 82 (oben: 31030), 84 (oben: W 3989), 85 (oben: W 5735, unten: W 5054), 89 und 557 (80304; Hintergrund: 72–89), 91 (Bildnummer 17 (wie 8 und 85)), 94 (31018), 97 (rechts oben: 240717), 99 (links oben: 61632), 139 (168484), 181 (105454), 183 (14065/8), 282 (W 5737), 286 (167718), 287 (222678), 290 (223822), 292 (97456), 306 (105765/76), 312 (105765/11), 315 (14316), 324 (199198), 335 (215962), 382 (27736), 404 (8153), 411 (18752), 413 (81504), 414 und 415 (34839), 432 (links: 56325, rechts: 104538), 433 (33860/1), 434 (235107), 438 (M 30911), 447 (8152; Hintergrund: 442–447), 450 (205054), 458 (13656), 460 (307627), 520 (Abb. 7), 521, 523 (Abb. 14), 525 (Abb. 2: HMW 16028/4), 560 (oben: 97225/24, unten: 95836/7), 566 (Abb. 8: 34839)
Wikipedia-Commons S. 6 (Mitte unten: Public Domain, from the British Library's collections, 2013, ebenso 71 und 83), 75 (oben), 77 (oben und unten), 79 (oben), 81–83 (außer 82 oben), 84 (unten), 90 (Bildnummer 10), 98 (links unten, © Bwag/Commons), 91 (Bildnummer 8, 19–21), 96, 97 (unten rechts), 135, 180, 195, 197 (oben), 225, 227, 301, 410 (irinaraquel), 424 (2009, Politikaner, Attribution ShareAlike 3.0), 436, 437, 442, 455 (Rufus46), 462
7reasons Medien GmbH S. 527 (Abb. 4)

Impressum

Diese Publikation erscheint anlässlich der Eröffnung des »The Leo Grand« Hotels an der Adresse Bauernmarkt 1 in Wien im Jahr 2022.

Herausgeberinnen: Privatstiftung Lenikus, Apollina Smaragd

Redaktion / Bildredaktion / Projektleitung: Apollina Smaragd

Herstellungsleitung: Apollina Smaragd, Maria Schuster

Autorinnen und Autoren: Günther Buchinger, Georg Driendl, Sabine Haag, Stefanie Linsboth, Gabriele Lenikus, Martin Lenikus, M&S Architekten, Martin Mosser, Bernhard Ployer, Oliver Rachbauer, Peter Rauscher, Martin Scheutz, Doris Schön, Apollina Smaragd, Herwig Weigl

Lektorat: Wolfgang Astelbauer (Deutsch, Englisch), Charlotte Eckler (Englisch), Rainer Just (Deutsch), Johannes Sachslehner (Deutsch)

Übersetzungen der englischen Version: Charlotte Eckler, Uta Hoffmann, Paul Mitchell, Lisa Rosenblatt

Architekturfotografie Gebäude am Bauernmarkt 1: Christoph Panzer

Buchgestaltung / Visualisierungen historische Architektur: Christian Schienerl, Nina Sponar, SCHIENERL D/AD, Wien

Schriften: Ariata Stencil, Tatiana, Acumin

Coverillustration: Paula Csorna

Bildbearbeitung: Pixelstorm Litho & Digital Imaging, Wien

Druck und Bindung: Gerin Druck GmbH, Wolkersdorf

PRINTED IN AUSTRIA

Papiere: Africa-Leinen, 250 g, Munken Polar Rough, 120 g, Munken Lynx, 100 g

Africa-Leinen von Seveso besteht aus 100% Baumwollgewebe auf FSC-zertifiziertem Papier (40 g) und kommt ohne weitere Beschichtung aus.

Cradle to Cradle Certified® ist ein weltweit anerkannter Standard für sichere und kreislauffähige Produkte. Das für dieses Buch verwendete Papier Munken Polar Rough und Munken Lynx von Arctic Paper Munkedal wurde mit dem C2C Certified® Zertifikat auf Bronze Level ausgezeichnet.

Alle Rechte, insbesondere das Recht jeglicher Vervielfältigung und Verbreitung sowie der Übersetzung, auch nur auszugsweise, vorbehalten.
© 2022 by Privatstiftung Lenikus, Molden Verlag, Autorinnen und Autoren, Künstlerinnen und Künstlern, Fotografinnen und Fotografen.

Wir danken allen Inhaberinnen und Inhabern von Nutzungsrechten für die freundliche Genehmigung der Veröffentlichung. Sollte trotz intensiver Recherche eine Rechteinhaberin/ein Rechteinhaber nicht berücksichtigt worden sein, so bitten wir Sie, die Herausgeberinnen und den Verlag zu kontaktieren.

Liebe Leserin, lieber Leser,

hat Ihnen das Buch *Schichten der Zeit* gefallen? Dann freuen wir uns über Ihre Weiterempfehlung! Erzählen Sie Ihren Freunden davon, Ihrem Buchhändler oder bewerten Sie es online.
Wollen Sie weitere Informationen zu unserem Programm? Möchten Sie mit den Autorinnen und Autoren in Kontakt treten?
Wir freuen uns auf Austausch und Anregung unter **leserstimme@styriabooks.at**

STYRIA BUCHVERLAGE

© 2022 by Molden Verlag
in der Verlagsgruppe Styria GmbH & Co KG
Wien – Graz
Alle Rechte vorbehalten.
ISBN 978-3-222-15101-9

Bücher aus der Verlagsgruppe Styria gibt es in jeder Buchhandlung und im Online-Shop: **www.styriabooks.at**

Sie möchten mehr von der spannenden LENIKUS Welt entdecken?
Auf **www.lenikus.at** erfahren Sie mehr über bestehende und bevorstehende Projekte.